술레이만 시대의 오스만 제국

Soliman le Magnifique

술레이만 시대의
오스만 제국

W미디어

술탄들의 술탄이자 군왕들의 군왕으로서,
짐은 지상의 군주들에게 왕관을 나누어주는 자이자
이 땅 위 신의 그림자이니,
짐의 고귀한 조상들과 저명한 선조들이
그 무력으로써 정복하고 존엄한 황제인 짐 또한
불꽃같은 양날검과 승리의 군도로 정복한 백해와 흑해,
루멜리아와 아나톨리아, 카라마니아, 로마 지역,
둘카디르, 디야르바키르, 쿠르디스탄, 아제르바이잔,
페르시아, 다마스쿠스, 알레포, 카이로, 메카, 메디나,
예루살렘, 아랍 전 지역, 예멘 등지를 관장하는 술탄이며 황제이다.

― 술레이만 대제가 프랑수아 1세에게 보낸 편지

Contents

화려한 시대의 서막

1453년, 메흐메드 2세는 콘스탄티노플에 입성한다. 1492년, 크리스토퍼 콜럼버스는 신대륙을 발견하고, 가톨릭 세력은 이슬람 세력으로부터 그라나다를 탈환한다. 1519년, 카를 5세가 신성로마제국 황제로 선출된다. 1520년, 루터는 이단 선고를 받는다.

당시는 서방 세계가 근대로 진입하게 된 시점으로, 그 어떤 연대와 사건을 제시하든 이 모두를 지배하는 한 가지 사실이 있다. 바로 봉건 사회가 완전히 막을 내렸다는 점이다. 14세기와 15세기에 걸쳐 오랜 기간 유럽 대륙이 위기에 휩싸이면서, 유럽에서는 중세로부터 물려받은 모든 문명의 근간이 뿌리째 흔들렸다. 이 같은 위기를 겪은 뒤 봉건 시대가 종언을 고하고, 유럽 각국은 로마제국 멸망 이후 유례없는 경제·사회 급변기의 중심에 놓인다. 이는 거의 새로운 한 문명의 시작과도 같았으며, 유럽의 '재탄생Renaissance'을 의미했다.

서구권에서 나타난 위기 가운데 지난 천 년간 가장 심각한 수준이었던 당시 2세기 동안의 위기 상황은 가장 광범위한 유럽 지역에 영향을 미쳤다. 유럽 전역이 전쟁과 농민 반란으로 폐허가 된 상황에서, 흑해 카파Caffa(지금의 페오도시아)에서 시작된 흑사병이 고통의 무게를 더하고, 이로써 유럽은 극심한 기근 상태에 빠지며 사회적인 불안정이 가중된다.

기독교 국가들의 상황은 참담했다. 프랑스는 영국과도 분쟁을 벌였을 뿐 아니라, 프랑스 국왕은 부르고뉴 대공들과도 갈등 관계에 놓이고, 후스파 전쟁(체코 서부 보헤미아의 종교개혁가 얀 후스Jan Huss가 화형에 처해진 뒤, 보헤미아 후스파 교도들이 일으킨 반란 – 옮긴이)이 불거졌으며, 황제 체제가 붕괴됐다. 스칸디나비아 국가들과 유럽 중부 지역에선 무질서가 팽배하고, 게릴라 부대가 기승을 부렸다. 이탈리아와 에스파냐는 점차 쇠락의 길을 걸으며 무정부 상태에 빠져들었다. 교회에서는 전례 없는 분열이 이뤄졌다. 그리고 곧이어 중앙 유럽에는 새로운 위험이 점차 모습을 드러낸다. 바로 오스만 제국의 위협이다.

유럽 대륙은 계속해서 그릇된 방향으로 나아가며 숱한 분쟁에 시달렸고, 유럽이 가라앉는 건 피할 수 없는 일인 듯했다. 늘 '미개인'이라 부르던, 그러나 이미 오래 전부터 더는 미개인이 아니었던 이들이 몰려오고 있었기 때문이다. 얼마 전까지만 해도 번영을 누리던 힘 있는 나라들마저 끝없는 분쟁의 압박에 따라, 혹은 대담한 해적이나 외적의 침입에 따라 하나둘 역사의 뒤안길로 사라져갔다.

그런데 모든 걸 다 잃어버리고 더 이상 잃을 게 없어보이던 바로 그때, 유럽이 다시 재기에 성공한다. 1453년 카스티용 전투로 백년 전쟁이 막을 내리고, 14세기 유럽 전역을 휩쓸며 엄청난 피해를 몰고 온 흑사병의 열기도 점차 사그라졌다. 번영과 안정의 시대가 다시 찾아온 것이다. 유럽이 평화를 되찾으면서, 12세기와 13세기에 버금가는 부흥기가 수반된다. 인구는 다시 점차 늘어나기 시작했으며, 프랑스의 경우 1450년부터 1560년 사이에 거의 두 배 가까이 인구가 증가했다. 텅 비었던 마을들은 다시 사람들로 채워졌고, 도시는 점점 발전을 거듭한다. 농업 생산량이 개선됨과 동시에, 대규모로 작황이 이뤄지는 새로운 농업 방식이 등장한다. 포도밭은 확대되고, 축산업도 성장한다. 금속 제련술, 유리 제조업, 가벼운 나사 제조술, 견직공업, 아마 소재 가공업 등 새로운 산업 생산물이 생겨남과 동시에 기존의 산업 분야 또한 개선된다. 산업적 필요에 따라 급격히 수요가 늘어난 구리·은·철 등을 생산하는 광업이 급부상했고, 로마 시대 이후 버려졌던 폐광들이 다시금 운영된다. 합스부르크 왕가의 모든 재산은 이들이 보유한 광산에서 비롯되었으며, 왕가는 광산을 채굴하여 수익을 올리는 한편, 이를 담보로 돈을 빌리곤 했다. 빠른 속도로 성장하던 인쇄업은 제지업의 발전을 가져왔다. 다시금 찾아온 평화 속에서, 이 모든 산업 생산물의 원활한 교역이 이뤄졌으며, 전통적인 교역로가 다시 활기를 띠었다. 유럽 내부에서의 교역은 물론, 베네치아나 동유럽 국가들을 통해 동양에서 서유럽, 폴란드, 발트 해 국가들로의 교역이 이뤄졌다. 이에 더해 이제는 대서양 항구로부터 북유럽 및 중부 유럽으로의 교역도 점차 빈번해진다. 정기적으로 열리는 박람회와 대규모 은행 조직 덕분에 자본의 흐름은 수월해지고, 화폐 경제가 점차 확대되며 신용 거래도 확산된다.

이렇듯 서유럽은 모든 분야에서 재도약하는 모습을 보였으며, 예술과 문학의 부흥은 이 같은 상황을 반영하는 것이었다. 아울러 이는 세계를 탐사하러 떠나는 선원들의 항해 시도를 부추긴다. 유럽이 이제 다른 문명의 존재를 인식하게 된 것이다. 두 개의 대양을 사이에 두고 저 멀리 떨어져 있는 이들 문명 또한 프랑스와 이탈리아, 에스파냐 등과 같은 유럽 국가의 존재를 알게 됐다. 위대한 세기였던 16세기는 일단 만남의 시대였다.

16세기는 또한 국가 최고 원수로서 국왕과 황제들이 크게 족적을 남긴 시기이기도 했다. 14세기와 15세기의 최고 군주들은 국가의 존속을 위해 싸우는 한편, 봉건 영주들의 권력을 축소시킴으로써 자신들의 권위를 강화하고자 했다. 15세기 말 프랑스와 영국, 이탈리아, 포르투갈 등지에서 국왕과 제후들은 자신들의 권력을 침범하는 공작이나 남작들을 순종하게 만들었다. 프랑스의 부르봉 가문 같은 지주 귀족들은 오랜 기간 존속하기도 하였으나, 최고 군주에 맞서봤자 승산 없는 싸움이었다. 프랑스에서는 2세기 전쯤 국왕 필립 르 벨Philippe Le Bel의 법학자들이 로마법으로부터 물려받은 주권이란 오랜 개념을 되살려냈고, 이에 주권이 중시되는 세상이 됐다. 다만 유럽 중부나 동부는 상황이 좀 달랐다. 이 지역에서는 귀족들의 권력이 여전히 우세하며 근대국가의 성립을 저해했고, 국가의 기강이 잡히지 않은 이 같은 상황은 국가의 독립성을 훼손하는 한편 터키 군대의 승리를 가져온 요인이 되기도 했다. 그 외 다른 지역에서는 교황의 나라들을 포함하여 권력이 더 이상 심각하게 위협받는 상황은 없었다. 너나 할 것 없이 최고 군주들이 대외적으로나 대내적으로나 입지를 굳건히 하기 위해 여러 가지 수단과 방법을 동원했기 때문이다.

　체제 형태를 막론하고 모든 국가는 이제 어떤 상황에서든 주변국에게 그 존재를 인정받는 힘을 가져야 했다. 하지만 국가의 덩치가 점점 커지는 상황에서 봉건 군대만으로는 국가가 필요로 하는 바를 모두 충족시키기에 무리가 있었고, 대포의 발명으로 전쟁 기술이 급속도로 발전하면서 군사 전문가에 대한 수요가 높아졌다. 프랑스에서는 1439년 모든 군대가 국왕의 소유이며, 왕 이외에는 그 어떤 군대도 보유할 수 없도록 하는 법령이 선포된다. 1445년, 왕은 20개 기병대를 상시 병력으로 두고, 그로부터 3년 후에는 보병대가 꾸려진다. 프랑크 궁수들(전시 상황에서 필요한 경우 돈을 받고 궁수로서 전투에 참여하는 평민 – 옮긴이)은 프랑수아 1세 치하에서 7개 외인부대로 대체되고, 각각의 부대는 6천 명의 장정들로 구성됐다. 프랑스 포대는 곧이어 유럽 최강이 되었으며, 프랑스 국왕은 이탈리아 도시국가들로부터 외국인 용병도 모집한다. 에스파냐는 일종의 정규군을 조직하고, 이와 더불어 '코로넬리아Coronelia'라는 단위부대를 창설한다. 12개 대대로 이루어진 코로넬리아는 창병과 기병, 그리고 '아르케부스'라는 화승총 총수를 포함하고 있었다. 훗날 이는 '테르시오Tercio'라는 정예부대로 발전하며 가공할 위력을 보여준다. 유럽에서 이제 군대는 상시 전력으로 전환되고, 이 같은 방향으로 점점 더 군대가 발전하는데, 결과적으로 정부로서는 막대한 재정이 소요되는 재정 구멍이었다.

중세 시대 동안, 국왕은 제후와 귀족들로부터 거둬들이는 세금과 자신의 영지에서 만들어낸 생산물, 그리고 화폐 주조로 수입원을 마련했다. 군 조직이 발달하고, 대외 정책 및 왕의 야심으로 재정 지출이 늘어감에 따라, 이제 이 같은 수입만으로는 부족한 상황에 이르렀다. 따라서 이를 타개하기 위한 유일한 방법은 주기적으로, 그리고 상시적으로 세금을 거둬들이는 것이었다. 프랑스에서 세금안 표결을 위해 삼부회가 소집되는 경우는 점점 더 줄어들었으며, 샤를 7세 때부터는 정부가 직접 인두세와 상납금을 지정했다. 프랑수아 1세는 '저축 국고Trésor de l'Épargne'를 신설하여 국가의 모든 소득을 한 곳에 모으는 등 재정 구조를 새로이 개편한다. 국왕이 상시적인 인두세를 거둘 수 있도록 해주는 제도가 미비했던 영국에서는 헨리 7세가 귀족들을 대상으로 강제 차용금을 거둬들인다. 헨리 8세는 주교의 재산을 몰수하는데, 교회의 개혁은 왕실 재정을 늘리는 한 방법이었다. 에스파냐의 경우는 무슬림이나 유대인 등 '이교도'의 재산을 몰수했다. 교황이 지급한 '십자군 옥새'를 이용한 면죄부 판매도 이뤄졌으며, 신대륙으로부터 금이 오길 기다리는 한편 고위 기사 계급의 소득도 재정에 충당됐다. 유럽 전역에서는 소위 '은행가'라고 불리던 대부업자들이 앞으로 들어올 돈을 군주에게 상납했다.

유럽에서 전반적으로 나타났던 또 하나의 움직임은 국왕과 군주들의 통제권 강화이다. 이는 새로운 행정직의 탄생으로 이어지는데 '정부 관료'라는 신규 직종이 생겨난 것이다. 거의 모든 경우가 그러하듯이 관료라는 직위 역시 시작은 상당히 미미했다. 주교와 소귀족 사이에서 채용된 관료들은 최고 군주들의 야욕을 뒷받침하며 이들의 권한을 강화했다. 에스파냐와 프랑스, 영국 등지에서 국정자문회의(영국은 Star Chamber, 성실청星室廳)의 권력은 점차 커지는 한편, 대의 기구의 권한은 계속 줄어들었다. 이탈리아의 경우, 베네치아를 제외한 도시국가들은 나폴리 같이 아예 군주제를 채택한 경우도 있었고, 밀라노나 피렌체처럼 공화정보다는 군주정에 더 가까운 곳도 있었다. 절대왕정은 거의 도처에서 승승장구했으며, 이는 이제 국제적 차원으로 정치와 경제가 이뤄지는 유럽에서 권력을 중앙 집권화해야 할 필요성에 따른 불가피한 결과였다. 더욱이 얼마 후에는 각국의 엄청난 야욕이 서로 대립하게 될 것이었다.

상황이 이렇게 된 것은 역사적 우연이었을까, 아니면 왕성한 활력과 재도약의 기운으로 충만한 이 시대가 만들어낸 결과였을까? 유럽 거의 모든 지역과 동방 지역 국가들, 심지어 인도에서까지도 막강한 권력을 지닌 절대 군주가 100년 이상 군림하며 그 나라를 다스렸다. 이 절대 군주들은 군사 통제권을 쥐고 있는 군사 참모였으며, 외교관이자 최고 행정관이었고, 대개 예술적 소양도 뛰어났다. 이들은 늘 야심찬 인물로, 유약하고 소심한 측면을 보이는 경우는 드물었다. 학살과 살육이 이어졌고, 납치와 약탈이 기승을 부렸으며, 서약이 이뤄지는 즉시 이를 어기는 일도 비일비재했다. 그 누구도 상대를 비난할 생각을 하지 않았다. 저마다 의식적인 차원에서 똑같은 일을 저지르고 있다는 걸 모르지 않았고, 극성스레 내세우는 종교와 도덕을 혼동해선 안 된다는 사실도 모두가 알고 있었다.

16세기 역시 폭력과 무자비함이 난무하는 철의 시대였다. 1509년 영국에선 헨리 8세가 즉위하고, 1515년 프랑스에선 프랑수아 1세가 왕위에 오른다. 1516년 에스파냐에서는 카를 5세가 통치권을 잡는다. 그로부터 4년 후, 술레이만 대제가 오스만 제국의 칼을 거머쥔다. 거의 반세기 가까이 유럽 대륙과 외쿠메네(지구상에서 인류가 거주하는 지역 − 옮긴이) 일부를 다스린 이 네 사람에게는 각자의 힘을 보다 키우려는 욕심을 가졌다는 공통점이 있었다. 이를 위해 네 사람은 온갖 수단과 방법을 가리지 않았으며, 특히 전쟁이라는 방식을 동원했다. 네 사람 모두 호전적인 군주였으며, 평화가 자신에게 이로울 때에만 열렬한 평화 예찬론자였다.

이 가운데 가장 연장자인 영국의 헨리 8세는 단순한 허수아비 국왕이 아니었다. '뼛속까지 전제군주'였던 헨리 8세에게 있어 중요한 건 오로지 힘과 권력뿐이었다. 그는 자신이 직접 하나의 종교를 세웠으며, 그 무엇도 그의 뜻을 거스를 수 없었다. 설령 신이라고 해도 예외는 아니었다. 여섯 차례 결혼을 한 그의 두 아내는 형리의 손에 죽었고, 다른 두 명은 일방적으로 이혼을 당했다. 하지만 이 잔혹한 전제군주는 교양 있는 예술가이자 에라스무스를 신봉하는 인문주의자로, 전형적인 르네상스 군주였다. 그는 영국을 부유하고 힘 있는 나라로 만들었으며, 이로써 영국은 한때 유럽의 운명을 좌우하는 존재가 되기도 했다. 프랑수아 1세와 카를 5세도 차례로 헨리 8세의 호감을 사려고 노력했으며, 기회주의적 성향을 지닌 헨리 8세는 오랜 기간 이들 두 경쟁자와의 관계를 능숙하게 끌어간다. 이제 영국은 헨리 7세 초기의 미약한 영국과는 거리가 멀었으며, 돈 없고 음모론이 난무하던 약소국 영국은 온데간데없었다. 그로부터 반세기 후에는 엘리자베스 여왕이 영국을 다스린다. 부강한 나라 영국의 화려한 탄생이다.

두 민족 사이에선 종종 대양보다도 더 거리가 먼 해협 하나를 사이에 두고 영국의 냉혈한에 맞서는 프랑스의 군주는 프랑수아 1세이다. 그는 '세상에 존재하는 더없이 멋있는 군주'이자 기사이며 왕이었고, 정중한 신사이면서 유머 감각을 겸비한 매력 있는 남성이었다. 하지만 여러 비망록에서도 등장하는 문구처럼 "1515년 마리냥 전투에서 승승장구했던 프랑수아 1세는 파비아 전투에서의 대패 이후 명예만 빼고 모든 걸 다 잃었다." 그럼에도 화려한 시절이었던 16세기는 곧 그의 시대였다. 거의 전방위에 걸쳐 르네상스 바람이 불었고, 예술가와 학자들, 대문호들은 결국 '인간'을 제자리에 가져다 놓았으며, 이로써 인간은 그 존엄성을 인정받는 만물의 영장으로 거듭난다. 루아르 강 유역에는 여러 성들이 세워졌으며, 새로운 것이라면 무엇이든 개방적으로 받아들이는 왕은 화가와 조각가들을 자기 곁으로 불러들였고, 프랑스 최고의 고등교육 및 연구기관 '콜레주 드 프랑스Collège de France'도 프랑수아 1세가 세운 것이었다. 하지만 프랑수아 1세는 정치적 야망이 큰 인물이었고, 대담한 구상도 서슴지 않는다. 프랑스의 역사가 라비스Ernest Lavisse(1842~1922)는 다음과 같이 기술한다. "그는 왕권에 이득이 되는 부분에 대해 정확한 감을 갖고 있었다. 카를 5세와의 싸움에서 프랑수아는 능숙한 면모와 원기 왕성한 활력을 보여주었으며, 적절히 동맹 세력을 구하는 법도 알고 있었다. 프랑스의 세력과 독립을 지키기 위해서라면 터키인들에게 손을 내미는 일도 주저하지 않았다. 이 점에 있어 그는 굉장히 자유로운 의식적 측면을 보여주며, 아울러 제대로 된 상황 판단 능력도 갖고 있었음이 입증된다. 25년간의 재위기간 동안 대외적으로 심각한 사건들이 숱하게 벌어지고 있었음에도, 프랑스는 내부적으로 사회·경제적 발전을 이루었고, 지적인 측면이나 정신적인 측면에서도 상당한 발전을 이룩했다. 이는 부분적으로 나라의 운명을 바꾸는 계기가 되기도 했다."

이어 유럽이 세상에 눈을 뜨던 당시, 유럽을 대표하던 세 번째 군주는 카를 5세이다. 프랑스에서는 샤를 퀸트Charles Quint로, 에스파냐에서는 카를로스Carlos 1세로 불리던 카를Karl 5세는 프랑수아 1세의 맞수이자 적수였다. 헨리 8세와 프랑수아 1세가 관대한 성격에 쾌활하고 낙천적이며 저돌적인 군주였다면, 카를 5세는 입을 삐죽 내밀고 찌푸린 인상을 하며, 느리고 조용한 성품을 보여주는 인물이었다. 학문적 소양이 깊지 않은 그에게 있어 젊은 시절 유일하게 부덕한 측면이 있었다면 그건 바로 다른 군주들에 비해 가장 왕성한 탐욕을 갖고 있었다는 점이다. 겉으로는 무심한 척 하면서도, 속으로는 엄청난 생각을 품고 있는 사람이었으며, 그의 완강한 고집은 한 번도 변한 적이 없었다. 카를 5세는 계산적이며 고도로 신중한 성격에, 어떤 시련도 버텨내는 강건한 체력의 소유자였다. 침울하다 싶을 정도로 진중한 성격의 이 젊은 군주는 유럽의 패권을 장악하기 위한 경쟁에서 가장 열정적인 모습을 보여주었다. 끝없는 야욕을 지닌 카를 5세는 황제가 되고자 했으며, 이에 신성로마제국 황제의 투표권을 지닌 선제후選帝侯 일곱 명을 무작정 매수했다. 이들의 표심을 사기 위해 모든 조건을 흥정 없이 다 들어준 것이다. 카를 5세가 푸거 가문에서 돈을 빌려 선제후에게 뿌린 1억5천만 골드 프랑이 대륙의 운명을 결정하고, "한 사람의 손 안에 들어가기에는 지나치게 규모가 커진" 제국이 그 황제보다 더 오래 살아남지는 못했지만 어쨌든 그는 신성로마제국의 황제로 즉위한다.

전반적으로 활력이 넘치고 다채로운 이 시대는 광대한 프레스코화 같은 느낌이었다. 중대한 역사적 변화를 가져온 칼부림이나 다양한 모험담이 넘쳐났고, 교묘한 외교적 술책도 많이 등장했을 뿐 아니라, 세상을 향해 문이 활짝 열렸으며, 지적 수준의 발달도 이뤄졌다. 그러나 러시아 영토를 규합한 이반 3세, '폭군 이반'이라고도 불리는 이반 4세, 이란 사파비 왕조를 세운 이스마일 1세[1], 인도 무굴 제국의 바부르 대제와 악바르 대제 같은 위대한 군주들이 없었다면, 과연 이 시대가 그렇게 화려할 수 있었을지 의문이다. 유럽 동부에 위치한 이 지역들에 있어서도 16세기는 세상과 조우하며 내부적으로 통일을 이루고, 새롭게 국가를 세우며 본격적인 지식 발전을 이룩하던 시대였다. 이반 3세가 그리스 및 이탈리아 용병을 끌어들여 검과 총기로써 러시아의 기틀을 세운 것도 바로 이 시대였으며, 트라브존 제국 콤네누스 황제의 손자 이스마일 1세가 박트리아에서 파르스까지 이란을 하나로 만든 것도 바로 이 시기의 일이었다. 이스마일 1세는 '부리부리하고 위엄 있는' 눈빛 속에서 화려하게 반짝이는 뭔가가 있었으며, 이와 동시에 가공할 만한 잔혹함을 보여준 군주였다. 그리고 이 같은 역내 통일과 함께 시아파[2] 이슬람이 병합되는 가운데, 중국 및 이탈리아의 영향을 받은 구舊이란의 예술적 · 학술적 전통으로부터 하나의 기이한 문명이 탄생한다. 고상하고 세련된 문화는 아바스 1세 치하에서 전성기를 맞이한다. 1526년 인도의 델리를 점령한 바부르 대제는 이같이 정제된 문화를 뿌리 깊은 인도 예술에 접목시켜 몽골 지역의 르네상스를 탄생시킨다. 그리고 이는 16세기 말, 그 손자인 악바르 대제 치하에서 절정에 이른다.

1. 철의 민족

앞서 언급된 국왕과 황제들은 오랜 군주의 혈통을 물려받은 후계자들이었고, 적어도 유럽의 제왕들은 이에 해당했다. 이들은 자신의 영토를 지키고자 노력했으며, 대개는 그것을 더 넓히는 게 목표였다. 후발 주자인 중동 지역 제왕들은 술레이만 1세의 등장으로 비교할 수 없는 막강한 힘과 영광을 누린다. 이들은 동로마 제국을 물리쳐 정복한 뒤, 돌연 세계 무대에서 두각을 나타낸다. 오늘날은 유럽의 성문 앞으로 터키가 쳐들어온 게 그 당시로서 얼마나 떠들썩한 사건이었는지 상상하기가 쉽지 않다. 아울러 18세기, 혹은 그 이후까지 오랜 기간 사람들의 머릿속에서 입에 칼을 물고 있는 야만족의 모습으로 그려지던 투르크인들이 불러온 두려움이 어느 정도였을지 또한 쉽게 상상이 안 갈 것이다(터키와 투르크: 터키는 국명이고, 투르크는 형용사로서 종족을 지칭한다. 그러나 터키족과 투르크족이라고 할 때에는 종족의 기원상 동일하나, 일반적으로 현재 터키 공화국이 있는 아나톨리아 반도에 정착한 민족을 터키족, 중앙아시아에 거주했던 민족을 투르크족으로 구분하여 사용하고 있다 - 〈터키사〉, 이희수).

거의 10세기에 가까운 시기 동안, 투르크족은 '구舊세계 철기 민족의 하나'³로서 북방 유라시아 대초원(스텝) 지대에서 호전적으로 살아갔다. 알타이 산맥과 오르혼 강, 셀렝가 강 유역에서 출발하여 바이칼 호수까지 도달한 역사상 최초의 투르크족은 타브가츠Tabghaç(북위, 한자로는 '토파拓跋')인들이었다. 이들은 5세기 중국의 화북 지방을 점유하고, 이어 중국 문명 속에서 자리를 잡는다. 그로부터 100년 후에는 또 다른 투르크족이 몽골 지방과 투르키스탄 지역을 정복한다. 한국汗國에서 이란까지 폭넓게 걸쳐 있는 광대한 제국을 다스리던 투르크족은 수차례 중국 왕조를 위협했다. 문자는 룬 문자 이전의 소그드 문자를 사용했다.⁴ 552년, 돌궐(투르크의 한자 음역 - 옮긴이) 제국의 창시자 부민Bumin(한자로는 토문土門)이 세상을 떠나자, 제국은 둘로 양분된다. 텐산 산맥 동쪽에 위치한 몽골 지방은 부민의 아들인 무한木汗이 다스리는 동돌궐 제국이 되었고, 시베리아와 트란스옥시아나의 스텝 지대인 서부 지역은 부민의 동생인 이스테미가 다스린다. 이로써 그를 수장으로 한 서돌궐 제국이 세워진다.

730년경 새겨진 오르혼 비문은 다채롭고 활력 넘치는 표현으로써 이 위대한 서사시의 추억을 간직해준다. "투르크족의 지도자여, 투르크 전 민족이여, 부족민들이여, 모두가 경청하라! 저 위의 하늘이 무너져 내리지 않는 한, 그리고 지상의 이 땅이 꺼지지 않는 한, 그 누가 투르크 민족과 그 제도를 파괴할 수 있단 말인가? 짐은 애초부터 부유했던 사람들의 군주가 된 게 아니다. 집 안에는 먹을 것 하나 없고, 밖으로 나가서는 헐벗고 굶주리던 민족의 군주가 된 것이다. 짐과 짐의 아우 퀼테긴은 우리의 부친과 숙부께서 당신들의 백성들을 위해 이룩해 놓은 영광의 업적과 명성을 훼손하지 않기로 하였다. 투르크 백성들에 대한 사랑의 마음으로, 짐은 밤에도 자지 않고 낮에도 휴식을 취하지 않았다. 짐의 형제인 퀼테긴이 세상을 떠난 지금, 내 마음은 불안으로 가득하다. 두 눈을 뜨고 있어도 앞이 보이지 않으며, 이해력을 지닌 내 머리 또한 이제는 그 기능을 발휘하지 못한다. 짐의 마음이 심히 괴롭도다." 그리고 비문에는 이어 다음과 같이 적혀 있다. "내 선조들은 전 세계 수많은 부족들을 다스리고 평정했다. 선조들은 저들이 머리를 조아리고 무릎을 꿇게 만들었다. 흥안 산맥으로부터 철문鐵門(과거 박트리아와 소그디아 사이의 경계 – 옮긴이) 지대에 이르기까지, 이 양 극단의 사이에서 돌궐족의 지배 영역이 펼쳐져 있도다."[5] 이 제국은 740년경 멸망한다.

서돌궐 제국의 경우, 약 1세기 동안 위구르족이 다스린다. 외外이란 Iran extérieur 지역, 즉 베쉬발리크와 투르판을 중심으로 한 오아시스 지대의 사람들로부터 마니교와 이들의 기술을 받아들이면서 위구르 제국은 조금씩 문명화되어 간다. 곧이어 이 지역의 지배권은 위구르 제국에서 키르기즈국으로 넘어간다. 이렇게 멸망했던 제국은 중국령 투르키스탄에서 되살아나며 불교를 종교로 삼는다. 그리고 서쪽으로 간 투르크족은 이슬람으로 개종한다. 끊임없이 변화하고 싸움이 벌어지던 이 지역에서는 곧 가즈나조, 구리조, 셀주크조가 들어선다.

오래 전 아시아 깊숙한 곳으로부터 출발한 이 '철의 민족'은 사막과 계곡을 넘나들며 태평양에서 카스피 해까지 떠돌아다녔다. 제국을 건설하기도 하고, 이런저런 종교들을 받아들였다 버리기를 반복하며, 마침내 이란과 이어 아나톨리아의 혹독한 스텝 지대에서 중앙아시아와 비슷한 기후 조건을 찾아내고 여기에서 발걸음을 멈춘다. 이에 위대한 지도자 알프 아르슬란과 말리크샤, 명재상 니잠 알물크 등의 힘으로 셀주크 제국이 세워진다. 제국은 이어 반목하는 공국들로 분열된다. 이후 13세기가 되면 드디어 오스만 제국이 등장한다.

전설에 따르면, 오스만 계보의 시조이자 부족장인 술레이만 샤가 몽골의 습격을 받아 이란 동북부 호라산 지역으로부터 동 아나톨리아 지방으로 피신한 뒤, 칭기즈칸이 세력을 잃고 열세에 몰리자 다시금 이란으로 돌아간 것이라고 한다. 돌아가는 길에 유프라테스 강을 건너던 중 술레이만 샤가 익사하자, 그의 아들 가운데 둔다르와 에르투룰 두 사람은 이를 불길한 징조로 받아들이고, 이에 다시 발길을 돌려 서쪽으로 향한다. 그리하여 당도한 곳이 아나톨리아 중부 지역으로, 셀주크조의 터키족이 거주하던 곳이었다. 그 당시엔 싸움이 빈번했으므로, 이들도 느닷없이 한 전투에 휘말리고, 누가 싸우는지도 모르는 채 전투에 개입한다. 에르투룰은 그 중 가장 약해보이는 자의 편에 서서 싸움에 개입하기로 하는데, 그게 바로 코니아의 술탄 알라에딘이었다. 그는 몽골족과의 승산 없는 싸움을 이어가던 참이었다. 싸움에서 이긴 에르투룰에게는 소구트Söğüt 지역에 봉토가 하나 하사되는데, 지금으로 치면 부르사와 에스키셰히르 사이에 위치하는 곳이었다. 이로써 오스만 제국의 화려한 대서사시가 시작된다.

사실성이 느껴지기보다는 미화된 측면이 더 많아 보이는 이 전설은 오스만 제국이 태동한 지 한참 후인 15세기에 작성된 것으로, 다양한 민담에서 영향을 받은 것이었다. 따라서 여기에는 셀주크의 군주 술레이만 쿠트루무쉬의 삶이나 그 아들 킬리차르슬란의 삶, 몽골족 앞에서 메블라나 교단의 창시자 젤라레딘 루미가 도피한 행각 등이 뒤섞여 있다. 가장 믿을 만한 근거 자료에서는 역사상 가장 강력했던 제국에 자신의 부족 이름을 붙일 수 있었던 소집단 사람들이 무슬림 전사단 '가지Gazi' 출신이었을 것으로 보고 있다. 가지들은 아크리타이[6]가 비잔틴 제국을 보호하듯 이슬람 국가의 국경에 주둔하며 이교도를 무찔렀다.

오스만 제국에 있어 기독교 진영과의 싸움은 사활이 달린 중요한 문제였다. 그 싸움을 멈추는 날, 멸망의 길이 시작될 것이었다. '알라교의 도구이자 신의 검'으로서, 터키인들이 주를 이루던 가지들은 동 이슬람 역사에서 일찍이 모습을 드러낸다. 그리고 9세기부터는 호라산과 트란스옥시아나에서도 가지들이 등장한다. 가지들은 정처 없이 떠돌아다니거나 무리에서 추방된 이들을 무리 내로 편입하고, 또한 박해를 피해 도망친 이교도들이나, 심지어 약탈할 거리를 찾아 돌아다니는 기독교인들도 끌어들였다. 가지들은 이런 식으로 세바스테(시바스)나 이코니움(코니아)을 초토화시킨다. 곧이어 셀주크 제국 변방에 남아있던 투르크족들이 가지들 무리에 합류한다. 몽골의 습격으로 셀주크 제국은 (칭기즈칸의 손자 훌라구Hülägü 칸이 세운) 일한국—汗國의 속국이 되었고, 이에 따라 투르크 부족들의 이주가 서쪽으로 확대된다. 자신들이 머물 영토를 찾아 헤매던 투르크인들은 비잔틴 제국을 공격하고, 이어 가지들 무리에 결합한다.

장차 어마어마한 영향을 미치게 될 사건이 일어난 시기도 바로 이때였다. 유럽 동부의 비잔틴 방어선이 무너진 것이다. 1204년 이후로 콘스탄티노플을 점거하고 있던 4차 십자군의 라틴 세력은 이제 콘스탄티노플을 떠나고, 미카엘 팔라이올로구스 황제가 다시 수도로 돌아온다. 제국의 무게 중심은 이제 서쪽으로 옮겨간다. 팔라이올로구스 왕조에 적대적이었던 아크리타이들은 이제 비잔틴 제국의 국경을 지켜주지 않기로 한다.

이 틈을 타서 가지들이 벌떼같이 몰려오고, 비잔틴 제국의 폐허 속에서 저마다 군대의 위력에 따라 각자 나름의 영토를 확보한다. 이로써 아나톨리아 지방은 여러 개의 가지 공국으로 나뉜다. 가지들을 승리로 이끈 무리의 수장들은 왕조를 세우고, 몇몇은 금세 사라졌으나 대부분은 더 오래 살아남았다. 적어도 표면적으로는 이란의 대 셀주크 제국을 계승하고 있었던 코니아의 셀주크족과 가지들 사이의 관계는 상당히 느슨한 편이었고, 둘 사이의 주종 관계는 실질적으로 존재하지 않는 상황이었다. 에게 해와 맞닿아 있던 지역인 아이딘Aydin, 카라만 Karaman, 멘테스Menteş 등의 고위 관리 '베이bey'들은 노략질로 부를 채웠다. 오스만 베이bey osmanli의 경우는 이들에 비할 바가 아니었다. 그의 영토는 아나톨리아 지방 북서부, 터키와 비잔틴 제국의 경계에 위치하고 있었다. 바다로부터 멀리 떨어져 있었기 때문에 약탈을 이용해 수입원을 확보하는 것과는 거리가 멀었다. 하지만 오스만과 그 후손들에게는 유리한 상황을 이용할 줄 아는 능력이 있었고, 과감한 용기 또한 부족함이 없었다.

오스만의 천재성은 국가의 기반을 즉각적으로 마련했다는 데에 있다. 제국의 건설에 있어 셀주크 제국의 영향을 많이 받은 오스만 제국은 셀주크의 전통이나 길드 조직 등을 승계했으며, 구 이슬람 세계 및 이란 사산 왕조의 동방 세계로부터 물려받은 문명을 이어갔다. 1301년, 오스만은 비잔틴 황제가 파견한 군대를 격파한 뒤 니케아를 점령한다. 이 같은 전투에서의 승리로 그들의 명성이 높아졌고, 오스만의 주위로는 탈영병이나 산적들뿐만 아니라 지식인, 예술가 등 각 도시의 교양 계층 사람들까지도 모여들었다. 이슬람 세계에서 '울레마'라 칭하는 신학자 및 법학자 집단은 행정 구조의 기틀을 마련하며 관용의 원칙을 제시한다. 관용의 원칙은 무슬림들이 기독교도 및 유대교도 등 이교도에 대해 가졌던 원칙이다. 머지않아 이즈니크(옛 이름은 니케아) 및 부르사(옛 이름은 브루사)에는 셀주크의 이슬람 신학교 '마드라사'를 모델로 하여 신학교가 설립됐다. 14세기 중엽에는 대다수 공국들이 피나는 경쟁 속에서 힘을 다 잃어가던 반면, 오스만의 터키족이 세운 나라가 하나 탄생한다. 세력적으로 우위에 있던 이 나라는 아나톨리아 지방 전역으로 점차 위세를 떨쳐갔고, 이어 프로폰티스 해역(지금의 마르마라 해) 건너편 유럽으로까지 세력 확장을 꾀했다.

오스만 제국에 기회를 제공한 건 바로 비잔틴 제국이었다. 요안네스 6세 칸타쿠제누스는 오스만의 아들 오르한에게 숙적인 요안네스 5세 팔라이올로구스를 제거할 수 있도록 도움을 요청했고, 심지어 그에게 자신의 딸 테오도라를 결혼상대로 내주었다.[7] 그로부터 몇 년 후인 1354년, 오르한은 유럽 근해의 갈리폴리 요새를 함락시킨다. 얼마 전에 지진으로 무너진 지역이었다. 아시아 쪽으로 면한 우스쿠다르 여러 곳을 점령한 바 있던 오르한은 이제 유럽 내륙의 점령지를 통해 언제든 콘스탄티노플을 진압할 수 있었다.

이에 기독교 세계는 긴장하기 시작한다. 십자군 원정 계획은 이제 예루살렘의 해방에만 그 목적이 있지 않았다. 터키의 위협으로부터 비잔틴 수도인 콘스탄티노플을 구하기 위해서도 십자군이 조직된다. 로마 교회와 동방정교회 연합까지 다시 거론되었으나, 이미 때는 너무 늦은 상태였다. 발칸 반도의 국가들과 유럽 국가 그 자체도 이미 한창 무질서한 상태였고, 세르비아와 비잔틴, 불가리아 제국들은 서로 싸우기 바빴다. 동지중해 지역에서 제노바와 베네치아 사이의 경쟁은 그 어느 때보다 격렬했다. 피를 많이 흘린 비잔틴 제국은 이제 포획해야 할 사냥감이었다.

동방 이슬람 국가들에서 '알라의 손'이라 일컫는 하늘의 뜻은 바로 이 결정적인 순간에 지극히 신중하고 과감한 술탄을 오스만 제국의 수장 자리에 앉히는 것이었다. 이에 무라드 1세가 제국을 통치한다. 1362년 오르한의 뒤를 이어 왕위를 계승한 무라드 1세는 발칸 지역을 점령하기 시작한다. 즉위한 지 불과 몇 년도 안 된 상황에서, 그는 터키 북서부 마르마라 해에서 군대를 이끌고 아드리아 해안가로 향했다. 불가리아가 정복되고, 헝가리가 위협을 받자, 유럽은 두려움에 휩싸인다. 한 달 한 달 시간이 지날수록 터키 '불한당'들의 규모는 점점 더 커져 갔다. 그리스인을 필두로 한 수많은 남자들이 모험 정신과 약탈에의 유혹에 이끌려 술탄의 군대에 자원입대했다. 세르비아와 불가리아에서 봉건 영주와 수도회의 압박에 시달리던 이 지역 주민들은 끔찍한 사회적·경제적 상황 속에서 살아갔고, 이는 터키 군대의 점령을 수월하게 만들었다. 새로운 집권 세력은 가톨릭교회를 폐지했고, 동방정교회 입장으로서 이는 반가운 소식일 수밖에 없었다. 과거 세르비아와 불가리아 진영에서 싸웠던 수많은 병사들은 술탄의 군대에 합류하면서 세금도 면제받고, 농사지을 땅도 지급받았다. 귀족들은 자신의 봉토를 유지해준다는 조건 하에 기꺼이 자신의 기사들을 내주었다.

터키족이 갈리폴리 요새를 함락시킨 뒤, 이어 1362년에는 데모티카와 에디르네(아드리아노플)까지 점령하자, 기독교 세력도 반격을 시도한다. 하지만 소용없는 일이었다. 교황 우르바노 5세가 십자군을 소집하였으나, 이는 대답 없는 메아리에 불과했다. 백년 전쟁이 한창이었던 영국은 물론 프랑스도 반응이 없었기 때문이다. 아르메데 드 사부아 공작 정도가 개입하여 갈리폴리를 재탈환하였으나, 그가 혼자 무라드에게 맞서기엔 역부족이었다. 이에 그는 다시 이곳에서 물러나 이탈리아로 돌아간다. 그 당시 무라드는 계속해서 승승장구하던 상태였고, 그러다 결국 1389년 6월 15일, '티티새의 들판'이란 뜻을 지닌 코소보 폴레에서 라자르 왕자의 세르비아 군대를 격파한다. 이 전투에서 술탄 자신도 암살을 당했으며, 포로가 된 라자르 왕자도 처형된다. 이제 터키인들은 발칸 지역을 점령하게 되었으며, 그로부터 5세기 이상 이곳을 다스린다.

무라드의 뒤를 이은 바예지드 일디림Bâyezîd Yildirim('벼락'이란 뜻)은 대륙 정복에 좀 더 박차를 가한다. 1393년, 그는 다뉴브 인근에 위치한 불가리아 지역을 병합한 뒤, 이어 테살리아 지방과 발라키아 지방까지 장악한다. 이에 기독교 세력은 혼신의 노력을 기울인다. 헝가리의 지그문트 국왕은 십자군에 도움을 요청한다. 그리고 이번에는 서방 세계로부터 긍정적인 답변을 얻는다. 프랑스와 영국이 이에 화답한 것이다. 프랑스의 선봉에 나선 건 '겁 없는 장Jean sans Peur'이라고 불리던 부르고뉴 공과 장 드 비엔Jean de Vienne 제독, 부시코Boucicaut 사령관, 라 마르슈La Marche 공작, 필립 다르투아Philippe d'Artois 공작 등이었다. 예루살렘 성 요한 기사단장도 모습을 보였으며, 팔라티나 선제후도 등장했다. 십자군 병사의 수는 10만 명에 달했으며, 바예지드의 군대도 거의 비슷한 수준이었다. 양측은 십자군이 포위 공략하던 다뉴브 강 하구 니코폴리스Nicopolis 부근에서 격돌한다. 오스만 진영의 선제공격을 기다리자던 지그문트 국왕의 조언에도 불구하고, 참을성 없던 프랑스 귀족들은 공격을 감행한다. 프랑스군은 오스만 진영의 제1방어선 두 곳을 뚫었으나, 여기에서 그만 기력이 다해 전세에서 유리한 입장이었음에도 이를 제대로 활용하지 못한다. 당대 최고의 병력이었던 오스만 제국 측 기병대와 친위보병대 예니체리Janissary는 프랑스 기사단을 포위할 수 있었고, 아직 어느 쪽의 승리인지 예측이 불가능했던 몇 시간이 지난 후, 그때까지 잠잠했던 터키 쪽 세르비아 병력이 전세를 역전시킨다.

얼마 후, 바예지드는 아나톨리아 지방의 마지막 독립국 수장들을 제압한다. 이어 그는 콘스탄티노플의 운명을 마무리 짓기로 결심한다. 다행히 콘스탄티노플은 — 잠시 동안이나마 — 살아남았지만, 도시를 살린 건 기독교 세력이 아니라 또 다른 투르크인 정복자 티무르 랑Timur Leng(혹은 절름발이 티무르Timur le Boiteux)이었다. 저 멀리 중앙아시아 한복판에서 날아온 그는 서구권에서 타메를란Tamerlan으로도 알려져 있다.

1402년, 티무르 군대와 바예지드 군대는 아나톨리아 지방 한가운데에 위치한 앙카라에서 격돌한다. 오스만 제국의 군대에 패한 독립국 수장들이 티무르 군대로 가서 병력을 보충한 반면, 이들의 병력이 바예지드 군대에 합류한 경우는 많지 않았다. 그리고 세르비아 군사나 니코폴리스 군사처럼 티무르 군대로 간 병력이 전투의 운명을 결정한다. 전세가 불투명하다고 생각한 병사들은 결국 군주에 대한 충성심에 따라 움직였으며, 이로써 결국 티무르 군대에 합류하게 된 것이다. 바예지드의 군대는 패했고, 술탄은 포로가 되었다.

기독교 세력은 운명이 가져다준 이렇듯 좋은 기회를 제대로 이용하지 못했다. 전쟁에서 패한 오스만 제국의 힘이 약해지고, 내부적으로도 바예지드의 왕자들 사이에서 분란이 일어났기 때문에 발칸 지역의 재탈환이 가능한 상황이었다. 하지만 그 누구도 움직이지 않았다. 그로부터 몇 년 후, 바예지드의 아들 중 하나였던 메흐메드Mehmed 1세 셀레비Çelebi 경은 형제인 이사Isa, 술레이만Suleiman, 무사Musa 등을 제거하고 왕위에 오른다.

이제 제국은 다시 힘을 추슬렀고, 나라 안 질서도 확립됐다. 메흐메드 1세와 이후 1421년 그의 뒤를 이은 무라드 2세는 다시금 영토 확장 정책을 이어간다. 술탄들의 머릿속에서 궁극의 자리에 고정적으로 박혀 있는 단 하나의 목표는 콘스탄티노플(지금의 이스탄불)을 함락시키는 것뿐이었다.

기독교 세력은 다시금 터키인들의 기세를 꺾고자 한다. 비잔틴 황제와 교황의 간곡한 부탁에, 헝가리 국왕 라디슬라스 야기에오Ladislas Jagiellon와 트란실바니아(루마니아 북서부 지역) 태수 야노시 후냐디János Hunyadi는 오스만 제국을 침공한다. 1444년, 이들은 흑해 연안의 바르나Varna를 포위 공략한다. 십자군 병사들이 100리쯤 떨어져 있을 거라 생각했던 술탄 무라드 2세는 이들의 코앞에 진을 치고 4만 명의 병력으로 이들을 완전히 격파했다. 라디슬라스와 교황 특사 줄리오 카이사리니Julio Cesarini는 여전히 전투 현장에 남아있었다. 자신의 차례가 올 것을 직감한 비잔틴 황제 요안네스 8세는 술탄에게 값비싼 선물을 보내며 화친을 시도한다. 물론 이 전략이 성공을 거두지는 못했다. 그에 이어 왕위를 계승한 콘스탄티누스 11세는 로마 교회 측 대국들의 지원을 얻기 위한 마지막 시도로 동서 교회의 통일을 주장한다. 이에 완고한 정교회 사람들은 크게 분노하며 자존심을 세운다. "로마 교회 놈들의 주교관보다는 차라리 터키 녀석들의 터번이 콘스탄티노플을 뒤덮은 꼴을 보는 게 더 낫겠다"고 한 것이다.

어쨌든 상황은 이미 너무 늦어버렸다. 1451년, 무라드 2세의 뒤를 이은 메흐메드 2세는 야노시 후냐디, 베네치아와 제노바, 심지어 로도스 기사단 등과 평화 조약을 맺으며 비잔틴 고립 정책에 공을 들인다.

콘스탄티누스 11세의 호소에 대해 기독교인들은 여전히 묵묵부답이었다. 유럽은 비잔틴 제국의 명운을 그저 운명에 맡긴다. 유럽은 이제 그림자로서의 역할밖에는 하지 않았고, 콘스탄티노플이 오스만 제국의 수중에 떨어지는 건 피할 수 없는 수순이었다.

1453년 4월 6일 콘스탄티노플 공략이 시작되고, 이어 5월 29일 모든 상황이 종료된다. 전쟁 병기, 특히 엄청난 대포 등 오스만 측의 근대적 무기 앞에서는 그리스인들의 용기도 소용없었다. 오스만 제국의 병력은 비잔틴 제국의 여섯 배에 달하는 수준이었기 때문에 비잔틴 제국은 수적으로도 열세였다. 더욱이 술탄 메흐메드 2세의 콘스탄티노플 함락 의지도 확고했다. 비잔틴의 마지막 황제는 결국 손에서 무기를 내려놓을 수밖에 없었고, 주둔군은 몰살됐다. 매일 저녁, 술탄은 이제 이슬람 사원으로 바뀐 성 소피아 성당에서 이슬람 예배에 참석했다. 로마 제국의 왕좌 위에 이제 가지 전사의 후예가 올라선 셈이었다. 콘스탄티노플을 기점으로, 오스만 제국의 술탄은 이제 유럽과 아시아 지역에서 점차 세력을 넓혀가며 새로이 대륙을 정복해간다.

2. 세계 최강의 군대

1453년을 끝으로 로마 제국은 완전히 멸망했다. 오스만 제국의 군대가 거의 끝없는 성공을 거두며 승승장구한 것에 대해 과연 그 누가 놀라지 않을 수 있었겠는가! 거침없이 뻗어가는 이러한 승리의 기세를 몰아, 아나톨리아 동부의 작은 호전적 집단에 불과했던 가지 전사들은 불과 2세기도 안 되어 보스포루스 해협을 건넌 뒤, 유스티니아누스의 후손들이 지키던 비잔틴 궁전을 장악했다. 훗날 오스트리아 빈의 문 앞에서 영원히 유럽 침공의 길이 막을 내리게 될 때까지 지속된 오스만 제국의 이 같은 파죽지세는 어떻게 설명될 수 있을까?

우선 비잔틴 제국과 발칸 국가, 소아시아 지역에서 횡행하던 무질서 상태를 그 이유로 들 수 있다. 만일 비잔틴 제국이 유스티니아누스 1세나 바실리우스 2세, 알렉시우스 콤네누스 1세 치하와 같은 상태였다면 아마도 터키족의 역사는 셀주크 제국을 마지막으로 끝났을지도 모른다. 강성한 세르비아 제국 및 불가리아 제국들도 침입자들을 꼼짝 못하게 만들었을 것이다. 하지만 발칸 반도의 북부든 남부든 실제 상황은 그렇지 않았다. 콤네누스 왕조 시대에 갑작스레 두각을 나타낸 이후, 비잔틴 제국은 4차 십자군 원정대의 공격과 침략을 받았다. 1261년, 라틴 세력으로부터 떨어져 나온 동로마제국의 콘스탄티노플은 하나의 폐허에 지나지 않았다. 팔라이올로구스 왕조가 패권을 잡았을 때, 이들이 물려받은 제국의 모습은 기존의 세력도 많이 위축되고, 기력도 소진된 상태였다. 종교적 분란도 끊이질 않았고, 계급 간의 싸움도 지속되었으며, 비열한 술책이 난무했다. 이 모든 상황이 제국을 쇠약하게 만드는 데에 일조하였으며, 비잔틴 제국은 일단 그 자신과의 싸움에서 진 것이나 다름없었다.

세르비아와 불가리아 또한 같은 식의 내부 분쟁이 이어졌고, 이들 국가 역시 내적으로 통합을 이룰 만한 능력이 없는 상태였다. 이따금씩 도약하는 모습을 보이는가 하면, 기독교 수도회 기사들의 방종으로 코소보, 니코폴리스, 바르나 등이 새롭게 쇠락의 길을 걸었다. 제국은 차츰 쇠퇴하기 시작했으며, 너 나 할 것 없이 극심해지는 봉건제도로 점점 무너져 갔다. 백성들은 압제에 시달렸으며, 자신들의 짐을 덜어줄 1인자가 제국을 통치할 경우, 언제라도 이를 받아들일 태세였다. "간혹 농노들은 이슬람 군대의 깃발이 다가오는 것을 보며 환호했다. 이들은 마치 프랑스 대혁명 때 혁명군의 깃발을 반기던 사람들과 같은 기분으로 터키의 군기를 환영했다."[8]

오스만 제국의 뛰어난 지배력은 공정하고 온건하게 통치를 한다는 점이었다. 종교적 관용 정책을 취하고 있었기 때문에, 터키의 지배에 대해 호의적이지 않은 사람이라도 이들의 지배를 받아들이는 일은 그리 어렵지 않았다.[9] 이에 대해 토인비는 '팍스 오토마니카(오스만의 평화)'라는 말을 쓴다.

오스만 사람들은 유럽의 기사들에게 대적할 수 있는 유일한 존재였다. 오스만 군대는 잘 훈련된 막강한 병력과 신식 무기를 앞세워 기사단에 맞설 수 있었으며, 겁 없고 무질서한 기사단의 해이한 보병대에 대적할 수 있었다.

그 시대의 모든 사람들이 이와 같이 증언했다. 최소 2세기 동안 터키 군대는 세계 최강이었다는 것이다. 몽골 제국과 마찬가지로 오스만 제국도 하나의 국가가 되기 전 이미 군사 조직으로 존재했다. 행정 조직도 군대에서 생겨났고, 정부 조직과 군사 조직이 혼재된 상태가 오랫동안 지속됐다. 전시 중에는 모두가 군대의 지침을 따랐고, 술레이만 대제의 치세 말기까지도 사람들은 술탄이 이끄는 군대의 뒤를 따랐다. 정부의 고위 관리 대부분은 지휘권을 갖고 있었다. "전쟁은 대외적인 목표였고, 정부는 대내적 목표였으며, 군대와 정부는 일원적 조직으로 모두 같은 사람들이 관장하고 있었다."[10]

술탄 군대의 규율은 서방 세계를 두려움에 떨게 했다. 유럽 군대의 복장은 대개 거추장스럽기 일쑤였고, 군대의 구성도 오합지졸이었던 데다 기분에 따라 명령에 불복종할 때도 있었다. 기회가 나면 탈영하는 일도 예사였다. 반면 터키 병사들은 무적의 군대를 만들기 위한 모든 자질을 겸비했다. 상부의 명령에 복종했고, 과감하게 싸웠으며, 광적일 정도로 엄청난 충성심을 유지했다. 대사 기슬랭 드 뷔베크Ghislain de BUSBECQ[11]는 서신을 통해 이를 종종 언급했다.

"하루에 한두 번, 출정 중인 터키 병사들은 물에 밀가루 몇 스푼을 넣고, 약간의 버터 및 향신료를 넣어 만든 음료와 빵 한 조각을 먹었으며, 배급 받은 건빵이 있을 경우 이를 먹기도 했다. 병사들 중 일부는 육포를 한 봉지 가져오기도 했고, 밀가루 만들듯이 소고기를 분말로 만들어 가져오기도 했다. 가끔은 죽은 말고기를 먹기도 했다. 이 모든 부분들은 터키인들이 얼마나 많은 인내심으로 검소하고 경제적인 생활을 해나가며, 고비의 순간을 이겨내고 더 좋은 날들이 오기를 기다리는지를 보여준다. 출정 중인 상황에서도 통상 먹는 음식들은 쳐다보지도 않으며 (개똥지빠귀나 종달새 등) 맛있는 음식과 제대로 요리된 식사를 먹으려고 하는 우리 쪽 병사들과는 사뭇 다른 모습이다. 이런 음식을 병사들에게 안 주면 먹을 걸 제대로 안 준다고 원성을 높이며 스스로 피해자 행세를 하고, 음식을 주면 또 주는 대로 스스로 피해자 행세를 한다. 사실 사람들 저마다에게 있어 최고의 적은 바로 그 자신이며, 스스로의 과도한 욕심보다 더 치명적인 적은 없다. 외부의 적이 그를 죽이지 않더라도, 바로 그러한 지나침이 그를 죽이게 마련이다. 터키의 제도적 상황과 우리의 경우를 비교할 때면, 나는 우리의 미래가 두렵다."

출정 중인 터키군 진영에서 석 달 간 머물며 이곳의 상황에 대해 묘사하면서 뷔베크는 전체적으로 군 진영이 얼마나 조용하고 평온한지 기술한다. 이곳에서는 싸움이나 폭력 행위도 없었으며, 내부는 지독할 정도로 깨끗했다. 술주정뱅이도 찾아볼 수 없었다. 병사들은 물밖에 마시지 않았기 때문이다. 식사도 단출했다. 마늘, 소금, 식초로 양념한 오이와 무 몇 조각을 넣어 만든 죽을 먹었기 때문이다. 그는 "이들에게 있어선 시장이 곧 반찬이었다"며 재미있게 덧붙인다.

술레이만 시대의 이탈리아 연대사가 파올로 지오비오Paolo GIOVIO는 터키 병사에 대한 자신의 생각을 다음과 같이 요약한다. "터키군의 규율은 너무도 공정하고 엄격해서 고대 그리스·로마 시대의 군사 규율은 비교도 안 될 정도였다. 터키군이 우리 군보다 뛰어난 이유는 세 가지이다. 첫째, 상부의 명령에 신속히 복종한다. 둘째, 전투에서 자신의 목숨이 어떻게 될 것인지에 대한 걱정을 전혀 하지 않는다. 셋째, 빵과 술 없이도 장기간 버틸 수 있다. 이들은 약간의 보리와 물만으로도 만족한다."[12] 여기에서 주목할 점은 유럽에서 '(군수 물자의) 보급'이라는 단어가 이제 막 알려지기 시작했던 그 때 술탄의 군사 경리국은 상당히 잘 조직되어 있었다는 사실이다.

터키의 상설 군대는 '카피쿨루Kapikulu'라고 불리는 술탄궁(Porte)[13] 노예들로 구성된다. 이 상시 병력은 두 개의 대대로 이뤄지는데, 하나는 (군복무를 수행하는 대신 '티마르'라고 하는 봉토를 지급받는 기병대) '시파히Sipahi'이고, 다른 하나는 터키 국왕의 친위보병대 '예니체리 Janissary(가톨릭 소년들을 선발하여 술탄의 행정부나 군대 인력으로 쓰는 '데브쉬르메' 제도로 채용된 술탄궁 보병대)'로, 터키의 모든 군대에서 가장 눈에 띄는 병사들이다. 오스만 제국의 개국 초기에 창설된 친위보병대 예니체리는 15세기에 약 5천 명 정도의 규모였으며, 술레이만 대제 치하에서는 1만2천 명으로 늘어났다. 예니체리는 실제보다 더 큰 중요도가 부여되는 존재들이었다. 적어도 전시 상황에서는 그랬다. 그 어떤 시대를 보더라도 예니체리가 터키군의 전부인 적도 없었고, 외려 그와는 거리가 멀었다. 예니체리는 대개 적들이 다 소탕된 이후에 전투에 개입했다. 즉, 기병대와 비정규군이 포위 공격을 하고, 포대의 폭격이 있은 뒤에야 비로소 예니체리가 나서는 것이다. 따라서 이들의 병력이 얼마나 온전한지를 가지고 성패를 가늠할 수 있었다.

반면 예니체리가 미치는 정치적 영향은 지대했다. 이들은 굉장한 단결력으로 움직였기 때문에 이들이 요구하는 사항은 그만큼 무시하지 못할 요소였는데, 이들이 정권을 물러나게 한 경우도 적지 않았다. 예니체리들에게 옹립 지참금을 보내지 않으면 그 어떤 술탄도 왕좌에 오를 수 없었으며, 오랜 흥정과 수많은 혼란 끝에 그 금액도 특정 액수로 고정되었다. 예니체리들은 이런저런 명분으로 수차례 제국의 운명을 결정하였으며, 무라드 2세가 경쟁자를 물리치고 왕위에 오르는 데에도 예니체리의 공이 컸다. 술레이만의 부친인 셀림 1세가 1511년 형인 아흐메드를 이길 수 있었던 것도 예니체리의 지원 덕분이었다.

　이스탄불 주민들에게 있어 예니체리는 두려움의 존재였다. 술탄궁의 관료들은 외국 대사들에게 다음과 같이 충고했다. "특히 당신 직원들이 친위보병대 예니체리들과 다투지 않도록 하라. 그럴 경우, 우리는 저들을 위해서나 당신을 위해서나 아무것도 할 수가 없다." 예니체리들이 무리를 지어 어떤 동네를 휩쓸고 지나가면 마을의 상인들은 부랴부랴 가게 문을 닫았다. 도시가 항복한 후, 이곳을 약탈해가는 저들의 손길은 그 무엇으로도 막을 수가 없었다. 예니체리는 1521년에 로도스Rhodes 섬을, 1529년에는 부다Buda(페스트)를 휩쓸고 지나갔으며, 제 아무리 약조를 하고, 술레이만이 명령을 내리더라도 상황은 달라지지 않았다. 1514년 페르시아 원정 중, 군대는 힘겹게 아락스Araxe 지역에서 진군하고 있었는데, 지극히 냉정했던 셀림은 군대를 회군해야 했다. 예니체리들이 술탄의 막사에 창끝을 내리꽂으며 다시 수도로 길을 돌리라고 했기 때문이다. 하지만 간혹 평시 기간이 지나치게 길어져 전리품 수입을 거둬들일 길이 오랫동안 막히면 이들은 그 같은 상황을 견디지 못하고 술탄에게 전쟁을 재촉하며 압박을 넣기도 했다.

　그래도 기본적으로 예니체리는 술탄에게 무한한 헌신을 바쳤으며, 절대적 충성심을 보였다. 전시 중에는 술탄을 위해 기꺼이 자신의 목숨을 희생할 준비가 되어 있었으며, 이들은 마치 난공불락의 요새처럼 술탄을 옹호했다. 이 정예 부대와의 유대 관계를 표하기 위해 술레이만은 친위대의 한 대대인 '오르타Orta' 명부에 자신의 이름을 기재하고,

일반 병사와 동일한 봉급을 받는다. 그의 후임자 또한 술레이만의 선례를 따랐다.

독신을 강요받고, 혹독한 훈련에 처하며, 철의 규율을 따라야 했던 예니체리들은 더할 나위 없이 능숙하고 효율적으로 무기를 다루었다. 말없이 행군하는 이들을 보고 있던 유럽인들은 감탄해마지 않았다. 술레이만과 알현했던 내용에 대해 쓰면서 뷔베크는 이들이 "마치 규율 수도회의 수도사들을 연상시켰다"고 기록한다. 더욱이 이 친위보병들은 너무나도 굳건히 부동자세를 유지하고 있어서, 조금 멀리 떨어진 상태에서 이들을 바라보면 그게 사람인지 동상인지 알아볼 수 없었다고 한다.

술탄의 신변을 지키고, 전투에서 최후의 수단으로 투입되는 이 광적인 무슬림들은 모두 16세기까지만 해도 기독교 출신이었다. 술탄의 노예였던 이들은 '데브쉬르메Devşirme'라는 제도를 통해 징집되었다. 즉, 문관이 되기에 충분한 지적 능력을 갖추지 못했던 지방 소년들 가운데에서 소년병이 선정된 것이었다.

기독교 출신 소년들을 징집하는 '데브쉬르메' 제도는 오스만 제국의 오랜 관행이었다. 술탄이 징집을 결정하면, 각 지역(산작sancak)별로 문관 한 명과 친위보병 한 명을 포함한 위원회가 꾸려진다. 위원회는 마을을 돌아다니며 8~20세 사이의 남자아이들을 징발한다. 그리고 선발담당관 카디Kadi와 오스만 기병 시파히Sipahi의 주관 하에 신체적·정신적 자질을 판단한 뒤, 병사 혹은 문관이 되기에 가장 적합해 보이는 자들을 선발한다. 위원회는 농가의 아이들만을 징발하였으며, 독자인 경우는 절대 징용 대상에 포함시키지 않았다. 각 지역의 중앙 관아로 모인 아이들은 100여 명씩 무리를 지어 이스탄불로 보내진다.

가장 기량이 뛰어난 '이초란라리içoğlanlari'는 수도의 갈라타 샤라이Galata Saray나 이브라힘 파샤Ibrahim Pacha의 궁전으로 보내졌으며, 마니사Manissa나 에디르네Edirne 궁전으로 가는 소년들도 있었다. 그 외에 '튀르크 오란라리Türk oğlanlari'로 분류된 아이들은 아나톨리아 지방의 농장으로 가서 몇 년 간 밭을 경작한 뒤, 예니체리에 가담하는 경우도 있었다.

술레이만 대제의 시대와 그 후대 왕들의 치하에서 데브쉬르메 제도는 술탄궁의 예니체리나 시파히 등을 비롯한 정예부대 요원뿐만 아니라 행정 관료들까지도 선발해낸다. 심지어 술탄의 업무를 대행하는 대재상까지도 이들 가운데에서 뽑혔다. 이들은 모두 술탄의 노예였는데, 유럽에선 출신 성분이 모든 것을 좌우하던 그 당시 오스만 제국에서는 오직 본인의 재능과 자질만이 출세의 기반이었다. 칼리프의 나라 압바스 왕조나 노예 전사가 세운 맘루크 왕조 등 이전의 그 어떤 나라도 이렇게 폭넓은 계층을 기반으로 그렇듯 성공적인 노예 중심의 국가를 세우지는 못했었다. 노예들은 오스만 제국 초기부터 장교 및 문관 양성 교육을 받았는데, 특히 메흐메드 2세 때부터는 그 가치를 더욱 인정받게 된다. 15세기 초에 반란이 일어나며 제국의 기반이 흔들리자, 술탄들이 믿을 건 노예 출신의 이들 관료밖에 없다고 생각한 것이다. 술탄들은 반란의 위험 없이 무난하게 행정 권력을 위임할 수 있는 대상이 오직 노예들뿐이라고 생각했다. 이들은 주군과 더없이 확고한 관계를

맺고 있었기 때문이다. 터키 출신들의 반발에도 불구하고, 이 제도는
점차 발전하여 술레이만 대제의 시대 때 그 절정에 이른다. 술레이만
치하에서 모든 대재상들은 한 명도 빠짐없이 전부 다 이들 이슬람으로
개종한 기독교 출신 노예였다.

3. 정복 전쟁을 위해 태어난 열 명의 술탄

터키 군대가 계속해서 승리의 기세를 이어갈 수 있었던 건 군대를
이끄는 군 통수권자, 바로 오스만 제국의 술탄들이 있었기 때문이다.
"2세기 반이라는 기간 동안 그렇듯 눈부신 역량의 군주들을 열 명이나
배출해낸 유럽 왕조는 단 하나도 없었다."[14] 오스만 제국의 이 뛰어난
술탄들은 모두 정복자로서의 기질이 다분했다. 제국의 기틀을 세운 두
술탄, 오스만과 오르한은 훌륭한 지휘력과 조직력, 뛰어난 외교적 수
완이 특징이었고, 14세기를 주도한 인물 중 하나인 무라드 1세는 전쟁
의 1인자인 동시에 현명하고 신중한 성품의 소유자였다. 메흐메드 1세
는 바예지드가 앙카라 전투에서 대패한 이후 다시금 제국을 일으켰으
며, 무라드 2세는 바르나Varna에서 마지막 기독교 동맹을 무찔렀다. 콘
스탄티노플을 정복한 메흐메드 2세는 술레이만과 더불어 터키 역사상
가장 강력한 군주였다.

서양인들의 시각에선 적그리스도이자 잔혹한 형리로 인식됐고, 투
르크족의 시각에선 그 누구와도 비교되지 않는 천재적 지도자였던 메
흐메드 2세의 바람은 오직 전 세계를 지배하는 것뿐이었다. 전 세계의

통일은 그의 손 안에서 이뤄져야 했다. 콘스탄티노플 함락은 과거 우마이야 왕조 1대 칼리프 무아위야의 목표였다. 677년에 기어이 포위 병력을 물려야 했던 무아위야[15]의 설욕을 풀고 이슬람의 오랜 꿈을 이뤄준 메흐메드 2세는 이제 여기에서 더 멀리 나아가 시저와 알렉산더를 뛰어넘으려는 꿈을 품는다. 1481년, 52세에 메흐메드 2세가 세상을 떠난 게 아마도 유럽으로선 천만다행이었을 것이다. 당시 메흐메드는 발칸 반도 거의 대부분을 장악했고, 콤네누스 왕조로부터 비잔틴 제국의 마지막 영토 트라브존을 빼앗았다. 둘카디르 공국을 제외하고 유프라테스에 이르기까지 아나톨리아 전역이 그의 수중에 들어갔으며, 크림 반도 남부의 항구들까지도 손에 넣었다. 다만 두 군데 영토 공략에 실패한 곳이 있었는데, 바로 베오그라드와 로도스였다. 그의 증손자인 술레이만은 이 같은 실패를 만회한다. 하지만 술레이만의 성공에서는 선대 술탄 두 명의 힘이 컸다. 이들은 그가 영토 확장을 하는 데에 확고한 기반을 마련해주고 정복 전쟁을 더욱 진전시키는 데에 큰 역할을 하였으며, 술레이만이 장기간 연속으로 승리와 성공을 거둘 수 있는 환경을 조성해주었다. 한 사람은 정치적 수완이 뛰어난 지략가였으며, 또 한 사람은 전쟁의 수완이 뛰어난 용장이었다.

먼저 정복자 메흐메드 2세의 아들인 바예지드 2세는 아버지만큼이나 독실했으며, 회의적이고 향락적인 인물이었다(그는 메흐메드가 궁으로 들여온 이탈리아 화가들의 작품을 시장에 내다 팔거나 없애버렸다). 전쟁에 대한 욕심은 정권 안정에 대한 필요성보다 더 크지 않았다. 그는 일단 동생인 젬 왕자를 배척해야 했다. 아나톨리아 지방에서의 패배 이후 로도스 기사단에게로 가서 몸을 피한 그는 이곳에서 교황과 기독교 군주들의 인질 비슷하게 잡혀 있었다. 힘을 합친 열강들이 젬 왕자를 이용하여 제국에 맞설까봐 우려했던 바예지드는 동생이 붙잡혀 있는 동안 모든 대규모 작전을 자제한다. 대신 행정부를 조직하고 경제를 발전시키면서 크게 내실을 기했는데, 그에 따른 결실은 후대의 왕들이 거두게 된다.

1495년, 나폴리 인근에서 젬 왕자가 의문의 죽음을 당한다.[16] 이제 간간히 몰다비아 지역과 다뉴브 국가들을 상습적으로 공격하던 것을 빼고 터키족의 장기간 휴전 상태도 끝이 났다. 전쟁의 시작은 베네치아였다. 두 강국은 베네치아가 장악하고 있던 아드리아 해에서 서로 대결을 벌인다.[17] 기독교 해역에 술탄 깃발을 내건 함대들이 처음으로 줄지어 늘어선 것을 본 기독교인들의 놀라움은 곧 오스만 제국 사람들에 대한 적대심으로 발전한다. 함대의 구축을 시작한 건 메흐메드 2세였으나, 그 아들은 선왕의 건조 실력을 월등히 뛰어넘는다.[18] 이제 오스만 제국은 바다 위에서도 적들에 대항할 수 있었다. 베네치아가 동지중해를 자기 맘대로 주무르던 시절도 이제 얼마 남지 않았다. 레판토는 술탄에게 항복했고, 모돈, 코론, 나바리노 등도 함락됐다. 지상전에서는 보스니아의 오스만 군대가 저 멀리 비센차에 이르기까지 베네치아 소유의 영토를 휩쓸어갔다. 달마티아와 에게 해에서 벌어진 군사 작전 역시 모조리 베네치아 측의 패배였다. 1502년, 베네치아는 굴욕적인 강화조약을 수락한다. 오스만 제국의 침략을 받은 모든 곳을 잃었으며, 자킨토스 섬마저 조공으로 바쳐야 했다. 베네치아의 해상 패권은 무너졌다. 그럼에도 상업도시로서의 특권만은 지켜냈다.

이제 오스만 제국은 지중해 지역의 엄청난 강대국이 되었으며, 오랜 기간 오스만의 해상 제패 수준은 에스파냐, 프랑스, 베네치아, 이후 영국, 네덜란드 등 적국 혹은 동맹국 수준에 버금갔다. 오스만 제국의 펠로폰네소스 정복은 서쪽과 북쪽으로 진출하기 위한 발판이 되었다. 북서쪽의 정복을 시도하는 과정에서 사나포선 선장들이 배를 이끌고 와서 합류하였으며, 특히 이들은 해상전에서의 독보적인 경험들을 제공해주었다. 바예지드 2세 시절부터 오스만 제국은 유럽 정치판에 끼어든다. 이탈리아 전쟁에서는 프랑스 및 베네치아에 맞서 밀라노와 나폴리를 지원하였으며, 그로부터 몇 십 년 후에는 프랑스가 술탄과 동맹을 맺는다. 과거 스텝 지대의 일개 공국에 지나지 않았던 오스만 제국은 이제 유럽에서 세력 균형을 좌우하는 핵심 요소가 된다. 바예지드 2세의 영리한 정책이 그 발판을 마련해놓은 셈이다.

냉혈한으로 유명한 셀림 1세는 재위기간이 1512~1520년까지로 상당히 짧은 편이었지만, 짧은 재위기간 동안 엄청난 업적을 남긴 술탄이기도 했다. 셀림 1세를 단순한 술탄으로 보기에는 다소 무리가 있다. 그토록 짧은 기간 동안 시리아, 이집트를 정복하고 페르시아를 무찌른 건 제국의 운명에 상당한 영향을 미쳤다. 자신의 아버지를 포함하여 정적을 모두 없앤 셀림 1세는 마지막으로 남은 형제 하나를 제거한 뒤, 위험한 숙적인 페르시아 사파비조의 샤 이스마일에 대한 공격을 준비한다.

불과 몇 년 만에 샤 이스마일은 무슬림과 쿠르드족, 터키족의 신앙,

이슬람교 이전의 교리 등이 기이하게 결합된 이단 종교의 수장이 된다. 샤 이스마일의 세력 기반은 키질바시족과 투르크멘족이었다. 이들은 샤 이스마일을 맹신하는 한편, 오스만 제국의 술탄을 격렬히 반대했는데, 이스탄불의 술탄이 조세 특권을 바탕으로 자신들의 이권을 침해했다고 여겼기 때문이다. 이에 샤 이스마일은 이들을 발판으로 아나톨리아 동부에서 바그다드와 아무다리야 강에 이르기까지 빠르게 영토를 확장한다. 그는 에게 해 지역에서까지 반란을 선동했을 뿐 아니라, 바예지드 사후 셀림의 왕위 경쟁자였던 아흐메드를 지지하기도 했다.

따라서 술탄의 자리에 오른 셀림이 이토록 위험한 적을 공격해야 할 이유는 얼마든지 많았다. 술탄의 입장에서 그는 악질적인 이단인 동시에 오스만 제국에서의 분란을 일으키는 앞잡이였으며, 기독교 세계의 적인 이슬람 진영을 쳐부술 기회만 노리는 유럽 열강들과 손을 잡을 수 있는 잠재적 위험 요소였다. 바예지드 시대에 이스마일은 이미 대오스만 공격시 병력을 제공하겠다고 베네치아 원로원에 제안한 바 있었다. 당시 베네치아에서는 이스마일이 내민 손길을 거부했으나, 베네치아 쪽이든 아니면 다른 나라든 언젠가 그의 제안을 수락할 수도 있는 일이었다. 셀림은 이스마일을 치기에 앞서 베네치아와의 화친 관계를 좀 더 공고히 함으로써 이러한 위험 요소를 배제시켰다. 그는 또한 이슬람 신학 및 법학자 울라마Uléma의 수장 '셰이훌 이슬람şeyhül Islâm'으로부터 샤 이스마일과 그 추종자를 이단으로 선고한 유권해석 '페트와Fetva'를 받아냈다. 아나톨리아 지방의 키질바시 수장들은 체포되어 처형되었고, 이어 군대의 수장인 술탄은 아제르바이잔으로 출정을 떠났다.

이번 전쟁은 그리 수월한 게임이 아니었다. 군대가 여러 차례 동요 됐던 상황에서 셀림은 거의 질지도 모르는 상황이었다. 샤 이스마일은 타브리즈와 반 호수 사이에 위치한 지역인 찰디란Çaldiran에서 전투를 수락했고, 1514년 8월 23일에 총기를 앞세운 오스만 제국은 전세에서 크게 우위를 점하며 샤 이스마일을 대파한다. 이후 16세기와 17세기에 이르기까지 샤 이스마일의 뒤를 이은 후대 왕들은 가급적 오스만 제국 과의 전면전을 피했다.

셀림은 엄청난 승리를 거두었으며, 아나톨리아 지방에서는 그의 위 신이 높아졌다. 하지만 아직은 완전한 성공이 아니었다. 현재로서는 사파비 왕조의 위협을 잠재워둔 상황이지만, 이 같은 위험 요소가 완 전히 뿌리 뽑힌 건 아니었다. 페르시아 쪽에서의 위험을 완전히 제거 하지 못한 술탄은 다시금 아나톨리아 지방의 시아파에 대한 공격을 감 행한다.[19] 그 결과 그는 아직까지 자신의 지배권 밖에 있던 마지막 지 역 '둘카디르 공국'을 손에 넣었고, 이로써 시리아로 접근하는 길목이 확보된다. 남쪽으로 가는 길이 열린 것이다. 셀림은 그때까지 사파비 왕조에 속해 있던 쿠르드 귀족들을 복속하고, 1515년부터 오스만 제국 은 이란과 코카서스 지방, 레반트 지역으로 가는 모든 전략적·경제적 요충지를 확보한다.

그 다음 해에 셀림은 맘루크 제국의 운명을 끝낸다. 카이로의 술탄 칸슈 알 가우리Kansuh-al-Ghuri가 사파비조와 결탁하기로 결정한 것을 알 게 되고, 맘루크 술탄이 이끄는 군대가 이미 카이로를 떠났다는 사실을 접한 셀림 1세는 1516년 6월 5일, 행동을 개시한다. 그로부터 5주 후, 셀림의 군대는 대재상 시난 파샤Sinan Paşa의 군대와 합세하고, 이에 셀림은 자신의 군대를 보내 북쪽의 알레포를 두고 온 칸슈에 대적하도록 한다. 전투는 8월 24일, 마르지 다비크Marj Dabik 평원에서 벌어진다. 맘루크 왕국은 패망하고, 맘루크의 술탄은 목숨을 잃는다. 그로부터 나흘 후, 셀림은 알레포에 입성하고, 이곳의 이슬람 사원에서 압바스 조의 후손인 칼리프 알−무타와킬Al-Mutawakil[20]이 참관하는 가운데, 그때까지 맘루크 술탄이 보유하고 있던 '(메카와 메디나) 두 성지의 수호자'라는 칭호를 가져온다. 10월 9일, 셀림은 다마스에 도착한다. 이제 시리아는 앞으로 4세기 동안 오스만 제국의 차지가 된다. 터키의 정복자에게 나일 강으로 가는 길목이 열린 것이다.

오스만을 물리치러 출정을 떠난 칸슈는 투만 베이Tuman Bay에게 카이로의 섭정으로 맡기고 온 상태였다. 그는 맘루크 왕국에서 가장 인정받는 고위 관리였다. 칸슈가 사망하자, 투만은 스스로를 술탄으로 칭하고, 방어 태세를 갖추며 카이로를 수호한다. 리다니야에는 참호로 둘러싸인 진지가 구축되고, 수렵용 창을 깔아둔 외호와 대포로 진지를 에워쌌다. 만일 맘루크 제국의 이탈자들이 셀림에게 와서 이 사실을 고하지 않았더라면 이들의 전략은 성공했을지도 모른다. 하지만 저들로부터 정보를 접한 셀림은 계획을 수정하여 포대 결투를 지시한다. 대포의 위력이 오스만 제국에 비해 턱없이 모자랐기 때문에 맘루크 제국에게 있어 이 같은 전술은 치명적이었다. 계속되는 난투 끝에 전세는 결국 오스만 쪽에 유리해진다. 투만은 방어가 보다 수월할 것이라고 여긴 카이로로 후퇴하라는 명령을 내린다. 강력한 성벽으로 둘러싸인 데다 전 국민이 무장한 상태였기 때문이다. 전투는 무척 격렬하게 진행됐다. 도시는 집집마다 점령됐고, 사흘 밤낮으로 교전이 이어졌다. 피로 물든 거리에는 시신이 즐비했다. 1517년 1월 30일, 맘루크 제국은 결국 항복한다. 투만은 도피에 성공하고, 알렉산드리아 남부에서 기병대 4천 명과 함께 오스만에 대한 공격을 시도한다. 하지만 포로로 잡힌 투만은 카이로로 압송되고, 도시의 한 성문에서 교수형에 처해진다. 이로써 셀림은 이집트의 주인이 되었다. 그는 총독을 임명하고, 아랍의 수장들과 드루즈 족장, 레바논의 기독교 귀족들은 그에게 투항한다. 셀림은 맘루크 왕국 치하에서 과도하게 무거웠던 세금을 경감하고, 관세를 낮춘다.

맘루크 왕국의 뒤를 이어 동지중해를 장악한 셀림 1세는 성지의 열쇠와 함께 메카의 셰리프로부터 항복을 받아낸다. 장차 엄청난 여파를 미치게 될 이 같은 행위로 오스만 제국은 새로운 전기를 마련한다. 이제 이스탄불의 술탄은 국경 안의 한 국가를 다스리는 수장이었을 뿐만 아니라 무슬림 세계 전체를 보호하기 위해 신에 의해 선택된 군주이기도 했다. 셀림은 이제 다른 모든 무슬림 군주들을 뛰어넘는 위엄을 지니게 되었으며, (적어도 그의 생각에) 다른 군주들은 그에게 복종해야 할 의무가 있었다. 아울러 외부의 적들로부터 이슬람 세계 전체를 수호하는 것도 물론 그의 몫이었다.[21]

셀림의 후대 왕들은 그에 따른 정치적 영향에 대해 잘 알고 있었고, 술레이만을 필두로 오스만의 술탄들은 이제 '위대한 칼리프의 후예'이자 '이맘의 직위를 보유한 자'이며, '두 개의 성지를 수호하는 자'라는 타이틀을 갖게 된다. 오스만 법학자들은 술탄이 적법하게 '이맘'과 '칼리프' 직위를 갖게 되었다는 원칙을 세운다. '신앙'을 유지하고 이슬람법 '셰리아트Şeriat'를 수호하는 자이기 때문이다. 따라서 오스만의 술탄에게는 새로운 의무가 부과되고, 그 중 첫 번째는 이슬람 전 지역으로 오스만 왕가의 지배권을 확대하는 것이었다.

가장 위대한 가지 전사인 이스탄불의 술탄은 선지자 무함마드의 종교와 율법을 좀 더 널리 퍼뜨려야 했으며, 가장 정교에 가까운 수니파로서 이슬람의 세력 확장을 도모하는 과제를 안고 있었다. 오스만 제국의 정부에서 종교는 점점 더 중요한 위치를 차지한다. 이후로도 오스만 제국은 계속해서 종교적 특권을 지닌 계급이 권력을 장악하였으며, 이에 따라 종교는 근대사회로의 발전을 가로막는 걸림돌이 된다. 이슬람 세계는 여전히 구시대의 시민사회 수준에 머물고 있었으며, 이슬람 신학과 율법이 주된 사상적 흐름이었고, 특히 수니파만을 종교의 중심으로 삼으면서 오스만 제국은 모든 형태의 이단을 끊임없이 배척했다. 시아파와의 반목은 오스만 제국을 아시아적 기원과 스텝 문명으로부터 더 멀리 떨어뜨려 놓는다. 과거에는 두 종파 모두에서 이 같은 공통적 요소들 덕분에 서로 긴밀히 연계되는 측면이 있었으나, 둘은 점점 더 거리가 생겨났다.

레반트 지역과 나일 강 유역을 손에 넣음으로써 오스만 제국은 단지 무슬림 세계에서의 패권만 장악한 게 아니었다. 이에 따라 오스만 제국은 홍해 및 인도양과 만나게 된다. 지중해 진출 경로는 더욱 확대되었으며, 북아프리카로 뻗어나가기도 한결 수월해졌다. 또한 정복 국가로서 오스만이 계속해서 영토 확장 정책을 펴는 데에 필요한 자금줄도 확보됐다.

이제 셀림과 그 후계자들은 당시 세상에 알려진 가장 풍요로운 무역 중심지를 관할하게 됐다. 나중에 차차 살펴보겠지만[22], 포르투갈이 끼어들면서 인도, 말레이시아, 인도양 제도 사이의 거래나, 홍해와 동지중해 주요 무역 중심지에서의 거래가 꽤 번거로워진다. 하지만 이곳에서의 무역 거래는 한 번도 중단된 적이 없었다. 향신료와 옷감, 주요 식료품 등에 부과되는 관세나 통행세 등의 수입은 거의 끊임없이 오스만 왕실 재정을 키우는 데에 기여한다. 각 지역 지도자들이 상납하는 세금과 조공, 그리고 나일 강을 통해 실어오는 에티오피아와 수단의 금괴 덕분에 술탄의 수입은 몇 년 만에 두 배로 늘어났다. 거의 치세 말기까지 술레이만은 군사 작전의 재정을 대는 데에 별 어려움이 없었고, 수많은 건축물을 짓는 데에도 자금이 모자라는 일은 없었다.

레반트로 돌아온 뒤, 셀림은 이스탄불에서 2년 정도를 더 살았다. 그 사이에 그는 행정 구조와 데브쉬르메의 채용 제도를 재편하는 등 여느 때와 다름없이 열정적으로 활동하며 술탄의 권위를 보여주었다. 다만 그의 가장 큰 걱정거리는 함대를 좀 더 현대화하고, 그 수를 늘리는 것이었다. 그는 골든 혼의 카심파샤Kasimpaşa에 새로운 해군 조선소를 구축하고, 갈리폴리와 카디르가Kadirga의 기존 조선소도 더욱 확대한다. 붉은 수염 바르바로사Barbarossa가 술탄의 선박과 사나포선을 자기에게 맡겨달라고 제안하자, 술탄은 망설임 없이 이 제안을 수락한다. 이 같은 결정은 향후 해상에서 오스만 제국의 운명을 바꾸어 놓는다.

1520년, 셀림 1세가 세상을 떠났을 때, 발라키아, 몰다비아, 루멜리아 등 다뉴브 남부에 위치한 거의 모든 국가들은 이미 오스만 제국의 지배 하에 들어가 있었다. 알바니아와 모레아 지방도 병합되었고, 크리미아의 칸은 술탄의 봉신이었다. 오리엔트 지역에서 맘루크 제국은 붕괴됐고, 샤 이스마일은 대패했다. 모든 위협이 배제된 상황이었다. 당대 최고의 군대를 갖추고 막대한 재정을 확보한 오스만 제국은 이제 역대 술탄 가운데 가장 화려하게 빛나는 술탄을 맞이한다. 술레이만 대제가 무대의 전면에 오른 것이다.

제1부

술탄들의 술탄
Le sultan des sultans

제1장

파디샤의 첫 승리

　유럽인들에겐 화려한 왕으로, 터키인들에겐 입법자로 불리던 술레이만 1세는 1494년 11월 6일, 흑해 바닷가에서 태어난 것으로 추정된다. 그 해, 아버지인 셀림 왕자는 이 지역에서 총독을 맡고 있었다. 트라브존은 그로부터 30여년 전, 메흐메드 2세가 콤네누스 왕조를 누르고 정복한 지역이었다. 그리스와 코카서스, 이슬람 지역 사이에 위치한 덕분에 오랜 기간 번영을 누렸던 이곳은 각지의 대상隊商들이 통과하는 교차로에 위치한 중요한 시장이었다. 오랜 기간의 전쟁 끝에 이곳은 마침내 무릎을 꿇고 무슬림의 공격에 항복했다. 동맹국으로부터 버려진 트레비종드 왕국의 마지막 황제 다비드는 1461년 8월 15일, 도시의 열쇠를 술탄에게 넘겨준다. 그는 포로로 이스탄불에 끌려간 뒤, 몇 년 후 처형된다.

1. 아버지의 그늘

아시아 지역에서 비잔틴 제국의 마지막 영토였던 이곳의 총독 직위
는 비중이 큰 자리였다. 인근에 이란 사파비조가 자리 잡고 있었기 때
문이다. 사파비조가 다스리던 아나톨리아 동부는 시아파가 폭넓게 자
리한 시아파 강성 지역이었고, 반 오스만 세력이 존재하는 곳이었다.
여기에서 15년가량을 보낸 셀림 1세는 시아파의 사파비조가 제국에
있어 얼마나 위험한 존재인지 십분 인지하고 있었다.

콤네누스 왕조의 옛 도성이었던 아름다운 도시는 깊은 골짜기를 사
이에 두고 바다를 내려다보는 언덕 위에 길게 뻗어 있다. 비잔틴 제국
의 마지막 황제들은 다수의 교회를 축조했고, 그 가운데 몇몇은 존속
되었으며, 주랑柱廊과 장터도 세웠다. 튼튼한 장벽으로 에둘러 싼 호화
로운 건물들도 지어놓았다. 황제의 성은 도시를 내려다보고 있었으며,
셀림 1세가 기거하던 바로 이곳에서 술레이만이 세상에 태어나 울음을
터뜨렸을 것이다.

장차 술탄으로 즉위할 그의 어린 시절에 대해서는 거의 알려진 게
없다. 아무도 그의 부친을 왕위 후계자로 생각하지 않았기 때문이다.
술레이만에게는 남자 형제들이 있었던 것으로 보이나, 한참 후에 모두
처형됐다.[23] 그러니 역사 기록관들이 어린 시절 술레이만의 행적에 대
해서만 유독 기록을 남겨 두었을 리 없다. 오스만 제국의 역사가들은
왕자들 하나하나의 유년기에 대해 일일이 관심을 두지 않았으며, 이들
이라고 해서 지금의 우리보다 더 많이 아는 건 없었다.

술레이만의 어머니인 하프사 하툰Hafsa Hatun은 크리미아 타르타르조의 칸 멩글리 기라이Mengli Giray의 딸이었다. 크리미아의 칸들은 시르카시아 여인들과 혼인하는 경우가 많았는데, 술레이만의 외양에서 시르카시아인의 느낌이 나는 것도 이 때문이다. 술레이만의 어머니는 지성과 미모를 겸비한 인물로 알려져 있으며, 열일곱 살에 술레이만을 낳았다. 왕가의 후손으로 술탄의 아내가 된 경우는 술레이만의 어머니가 마지막이었으며, 이후로는 모두 노예 출신이 술탄후가 되었다. 크리미아의 칸들은 아시아를 정복한 칭기즈칸의 장자 주치Djöchi의 후손이었기 때문에, 크리미아계 어머니에게서 태어난 술레이만은 칭기즈칸의 피를 이어받은 셈이었다.

술레이만의 어린 시절은 당시 오스만 왕가의 다른 왕자들 및 상류층 자제들 대부분의 유년기와 비슷했을 가능성이 높다. 이에 생후 몇 년간은 어머니와 시중을 드는 하녀들의 손에서만 길러진 뒤, 일곱 살부터는 아버지가 개인적으로 교육 방향을 잡아주었을 것이다. 셀림 1세는 자상한 성격이 아니었으므로 꽤 거칠게 자식 교육을 시켰으리라 짐작되고, 신앙심이 깊으며 학식 수준이 높은 '호자Hoca'[24]가 그의 교육을 보살폈을 것이다.

술레이만의 스승들은 그에게 코란과 읽기, 쓰기, 산수, 음악 등을 가르쳤다. 체육과 활쏘기 등도 기본기를 알려주었으며, 젊은 시절 동안 이 같은 신체 활동이 그의 생활에서 큰 비중을 차지한다. 11살 무렵, 할례의식을 치르고 난 후에는 어머니의 곁을 떠나고, 여자들이 있는 구역에서도 벗어난다. 기거할 '집'이 한 채 부여되고, 시종과 함께 쓸

돈도 주어진다.

'랄라lala'라는 교육 감독관이 지식 교육 및 체육 교육을 담당한다. 같은 또래의 다른 상류층 자제들과 마찬가지로, 술레이만의 손에는 〈재상 40인의 역사〉, 힌두 설화 '칼릴라와 딤나'에서 유래한 유명한 소설 〈지혜로운 신밧드 이야기〉, 터키어로 번역된 〈천일야화〉 등 당대의 가장 유명한 책들이 들려 있었다. 뿐만 아니라 선지자 무함마드의 후예로 유명한 역사적 인물을 기린 무훈시 〈(용맹스러운) 세이트 바탈Seyyid Battal〉도 읽었는데, 세이트 바탈의 모험 가득하고 용감한 생애는 아나톨리아 지방 이슬람 문화권 최초의 서사시 소재로 사용되었다. 무함마드의 언어인 아랍어도 배우고, 페르시아어도 익혔을 것이다. 언어에 재능이 있던 그는 술탄이 된 이후 발칸 반도 출신의 주위 사람들과 함께 언어 숙달을 할 수 있었으리라 짐작된다. 오스만 제국 사회에서 왕자들은 수공예 기술도 익혔는데, 아버지와 마찬가지로 술레이만 역시 금은세공 기술을 배웠다.

15세가 되었을 때, 조부인 술탄 바예지드는 그를 지방 총독 '산작베이sancakbey'로 임명한다. 이는 당시 오스만 제국 왕자들에게 통상 주어지던 관직이었다. 카라히사르(세빈카라히사르²⁵) 지역이 그의 관할 하에 들어갔으나, 왕위 후계자로 내정된 삼촌 아흐메드는 이 소도시가 자신이 총독으로 있던 아마시아Amasya에 너무 가까이 위치해 있다고 생각한다. 이에 그는 술레이만을 볼루Bolu로 보낸다. 하지만 술레이만은 다시 한 번 다른 지역으로 거점을 옮겨야 했다. 볼루가 아마시아에서 이스탄불로 가는 길목에 있었기 때문에, 그곳에 자신의 왕위 경쟁자인 동생의 아들을 총독으로 임명하는 건 자신의 권위를 훼손시키는 일이라 생각했기 때문이다. 특히 그는 왕좌가 비는 날, 술레이만이 이스탄불로 가는 길을 차단하진 않을까 우려했다. 따라서 1509년 8월 6일, 어린 술레이만은 크림 반도의 카파(테오도시아)로 떠나 3년 간 여기에서 지내야 했다.

카파는 오랫동안 제노바의 중요한 상업 거점 역할을 했었다. 향신료나 비단, 면화 등 인도와 이란에서 건너온 일부 수입품은 일단 이곳에 도착한 후, 지중해로 해상 운송되어 유럽 전역에서 판매됐다. 카파는 1345년 무렵 대상들을 통해 중앙아시아에서 옮겨온 흑사병의 출발 거점이 되었다는 비운의 역사도 갖고 있다. 이후 제네바를 시작으로 대륙 전체에 흑사병이 퍼지면서 수백만 명이 희생됐다. 메흐메드 2세는 1475년에 크림 반도와 함께 이 지역을 손에 넣었다. 이후 오스만 제국의 속국으로서 이 지역에 대한 맹글리 칸의 통치권이 유지된다. 몇 년 후, 맹글리의 딸은 메흐메드의 손자 중 하나이자 술레이만의 부친인 셀림과 혼인한다.

2. 형제 살해법

바예지드가 다른 아들들 가운데 유독 셀림을 왕위 계승자로 생각한 건 아니었다. 왕위 계승 문제가 불거지자, 바예지드의 살아있는 다섯 아들들은 모두 왕좌를 원했다. 우선 장자인 아흐메드는 정치적 수완이 좋은 편이었고, 국민들의 사랑도 받았으나, 예니체리의 지지를 거의 받지 못했다. 이어 코르쿠드는 무인이라기보다 신실한 시인으로서의 성향이 더 강했으므로, 그 역시 예니체리의 지지를 받지 못했다. 반면 셀림은 이들의 지지를 얻고 있었다. 사파비조를 공격하는 과정에서 드러난 셀림 1세의 군사적 재능과 호전적 성향은 예니체리의 환심을 샀다. 나머지 두 아들은 곧 세상을 떠났고, 이에 왕위 계승 전쟁은 세 아들 간의 싸움으로 압축된다. 셋은 각자 이스탄불 근처에 위치한 지방 총독으로의 임명을 꾀하며 저마다 술탄이 되기 위한 싸움의 기반을 다진다. 수도 가까이에 있어야 술탄 자리가 비었을 때 신속히 대응할 수 있기 때문이다. 셀림은 장인이 칸으로 있는 크리미아 타르타르조의 지원을 확보한다. 그리고 이곳에서 술레이만이 부친에게 힘을 보태준다.

셀림이 결국 술탄 자리를 손에 쥐기까지는 3년의 세월이 더 흘러야 했다. 코르쿠드 왕자는 아시아 대륙 쪽에서 아버지에게 반기를 들었고, 셀림은 유럽 대륙 쪽에서 부친에 대항했다. 에디르네에서 패한 셀림은 크리미아로 몸을 피한다. 하지만 이번에는 아흐메드가 세 번째로 항전을 벌인다. 이에 술탄은 셀림에게 지원 요청을 하고, 셀림은 곧 대대적으로 예니체리를 끌어들여 바예지드로부터 왕좌를 물려받는다. 노쇠한 술탄은 셀림에게 보위를 물려준 뒤 고향인 데모티카로 향한다. 그는 길에서 돌연 객사했는데, 사람들은 "독이 순리를 재촉한 것"이라고 말했다.

술탄이 된 셀림은 코르쿠드와 다른 형제의 자식들을 압박했다. 이어 전투에서 아흐메드를 물리치고 그의 숨통도 조였다. 전해오는 이야기에 따르면, 셀림이 코르쿠드의 처형 판결을 내렸을 때, 이 소식을 알게 된 코르쿠드가 그의 잔인성을 비난하는 시를 지어 보내자, 이를 읽던 술탄의 눈에 눈물이 가득했다고 한다.

이 같은 일련의 처형 과정이 마무리된 후, 오스만 왕가에는 술탄과 그 자식들만 남았다. 술탄의 여러 딸들 가운데 하나는 대재상 뤼트피 파샤Lütfi Pacha와 결혼했고, 다른 하나는 재상 무스타파 파샤Mustafa Pacha 와 혼인했으며, 나머지 하나인 하디스Hadice는 (술레이만 시대에 대재상 이 되는) 이브라힘 파샤Ibrahim Pacha에게 시집을 갔다. 그리고 남은 유일한 아들 하나가 술레이만이었다. 이로 미루어볼 때, 셀림의 다른 아들 들은 모두 처형되었을 것으로 추정된다.[26]

술레이만은 이제 열일곱 살이 되었고, 셀림은 그를 우선 이스탄불의 총독 '카임마캄kaymakam'으로 임명하고, 이어 에게 해 연안의 사루칸 Sarukhan 총독에 봉한다. 이란 1차 원정 때 부친이 에디르네와 이스탄불 의 통치를 맡겼을 때에만 빼고 술레이만은 내내 이곳에서 머무르다 술 탄으로 즉위한다. 술레이만은 특히 마니사에서도 범죄자들을 소탕해 야 했다. 수도에서 그리 멀리 떨어지지 않은 곳에 위치해 번영을 누리 던 이 지역은 바예지드의 양위 전후로 내전이 끊이질 않았고, 이로 인 해 심각한 타격을 입었었다. 술레이만은 이 지역에 다시 평온을 되찾 아주었다. 그는 또한 행정 및 통치 경험을 얻게 되었는데, 이때의 경험 이 훗날 유용하게 쓰인다. 특히 이를 기반으로 자신의 이름을 붙여 법 전 '카눈나메Kanunname(오스만 세속 법전 - 옮긴이)'를 제정한다.

마니사에서 술레이만은 난폭한 부친의 분노와 의심으로부터 멀어질 수 있었다. 술레이만이 아버지에게 독이 묻은 셔츠를 보내어 암살을 기도했을 것이라는 주장도 있다. 술레이만의 어머니가 이 옷을 들고 가도록 한 시동侍童이 목숨을 잃었을 것이라고 하는데, 이를 확인시켜 주는 믿을 만한 근거 자료는 어디에도 없으며, 당시 셀림은 전권을 장악한 무소불위의 군주였다.

이스탄불에서 에디르네로 향하던 중, 술탄이 돌연 세상을 떠난다. 술탄의 죽음을 목격하거나 이 사실을 알게 된 몇 안 되는 사람인 시종장, 최고 재무관 등은 술레이만이 즉위하기 전까지 이를 비밀에 부치기로 한다. 이들은 재상과 고위 관리들도 행동을 같이 하도록 설득한다. 셀림의 사망 소식이 퍼졌다면 아마도 예니체리들이 정국의 혼란을 불러왔을 테고, 신임 술탄은 이를 진압하는 데에 많은 힘을 써야 했을 것이며, 이에 따라 왕실 재정이 크게 축날 것이기 때문이다. 이에 전령 하나가 술레이만에게 보내진다. 젊은 왕자인 술레이만은 수도로 향하기 전, 대재상 피리 파샤를 먼저 수도로 보내 이 소식의 사실 여부가 확인되길 기다렸다고 한다. 아버지의 계책이 아닐까 우려했던 것이다. 하마터면 자신이 목숨을 잃을 수도 있는 일이었다. 마침내 술탄의 서거 소식이 예니체리들에게 알려졌을 때, 이들은 그 어떤 혼란도 일으키지 않은 채, 단지 애도의 뜻으로 두건을 바닥에 던졌다고 한다. 그리고 콘스탄티노플을 향해 추모 행렬이 이어지기 시작했다.

1520년 9월 30일, 술레이만은 보스포루스 아시아 쪽 해안의 위스퀴다르Üsküdar(이탈리아어 명칭은 스쿠타리Scutari)에 도착한다. 그는 곧 수행하는 무리와 함께 갤리선 3척에 몸을 싣고 대재상이 자신을 기다리는 술탄궁으로 향한다. 다음날 새벽, (이슬람법의 해석이 허용된) 법학자 뮈프티müfti, 울라마, 고위 관리들이 어전회의실에서 술레이만에게 경의를 표한다. 이어 새로 즉위한 술탄은 에디르네 문으로 가서 장례 행렬에 동참한다. 술레이만은 다섯 번째 언덕까지 두 발로 운구 행렬을 따랐으며, 고인이 영면을 취할 묘소 근처에 선친을 기리는 사원을 짓도록 명한다.

3. 술레이만의 관용책

통치권을 잡은 술레이만이 즉위 후 제일 처음 한 일은 관례대로 예니체리들에게 즉위 지참금을 보내는 것이었다. 이들은 1인당 5천 아크체akçe[27]를 요구했다. 하지만 실제로 이들에게 지급된 금액은 3천 아크체였으며, 대신 급료가 인상됐다. 다른 병사들도 소정의 수당과 함께 급여 인상분이 지급됐다. 태자 시절, 술레이만을 보좌한 고위 관리들에게도 보상금이 돌아갔다. 신임 술탄은 자신의 재위기간이 관용과 정의의 시대가 될 것임을 곧 보여주고자 했다.

셀림 1세가 통치하던 8년은 공포의 시기였다. 셀림 1세는 손수 지은 2행시가 오스만 최고의 시로 꼽힐 만큼 뛰어난 소양과 지식을 겸비한 인물이었다. 과감한 정복자 기질을 갖고 있던 그는 정치적 지략도 뛰어났으며, 쉽사리 사람들의 목을 베던 관행은 오랜 기간 피가 끊이질 않은 제국의 역사에서도 비할 자가 없었다. 부친이었던 술탄 바예지드의 운명을 재촉한 것도 그였을 가능성이 높으며, 집안에서도 아들 술레이만을 제외한 모든 남자들은 다 처형했다. 페르시아와의 상품 교역 금지령을 어긴 상인 400명의 사형 선고를 허가해주지 않은 어느 회교 법전 해석가 뮈프티에게 "제국의 백성 3분의 2를 죽여 나머지 3분의 1이 잘 살도록 할 수는 없는가?"라고 묻던 그였다.

오랜 기간 유혈이 낭자했던 이 피의 시기가 지나고, 술레이만이 맨 처음 취했던 관용책들은 '햇볕이 내리쬐는 초원 위로 하늘에서 내린 단비'같이 느껴졌다. 술레이만은 일단 부친의 명으로 이스탄불에 감금된 이집트 상인 및 명사名士들 600명을 석방시켰다. 상품을 몰수당한 도매상들은 보상을 받았으며, 찰디란 전투 이후 터키로 압송된 페르시아 장인과 상인들은 본국으로 돌아가도록 허용되었다. 이란과의 교역도 다시 자유로워졌다. 불과 몇 주 만에 셀림과 그 측근들의 독단적 조치가 모두 폐지됐으며, 그 책임자는 벌을 받았다. 워낙 잔인하고 난폭해서 '잔혹한 폭군 제독'이라 불리던 자페르 베이Cȃfer Bey도 교수형에 처해졌다. 집권 초기부터 술레이만은 제국이 엄정히 다스려질 것임을 만천하에 알렸다. 이집트 총독에게는 다음과 같이 편지를 쓴다. "운명처럼 받아들이고 따라야 할 내 지엄한 명에 따라, 부자이든 빈자이든 도회지인이든 농촌 사람이든 모두가 그대에게 성심성의껏 복종해야 할 것이다. 만일 누군가 의무의 수행을 다소 지체한다면 설령 그가 태수나 고행자일지라도, 그에게 과감히 최고형을 선고하라."

1520년, 술레이만이 오스만의 칼을 쥐었을 때, 그의 나이는 스물여섯 살이었다. 그의 모습에 대한 여러 가지 묘사가 있는데, 그 중 하나는 베네치아 대사 바르톨로메오 콘타리니Bartolomeo Contarini가 남긴 것이었다. "키가 크지만 마른 체형이며, 섬세한 기질이다. 코는 다소 긴

타입이고, 얼굴선이 가는 편이며, 코는 매부리코이다. 콧수염이 길게 드리워져 있으며, 턱수염은 짧은 편이다. 전체적으로 호감 가는 분위기이나, 약간 창백하다."[28] 이 같은 얼굴 묘사는 1526년 알브레히트 뒤러Albrecht Dürer가 그린 옆모습과 상당히 일치한다. 한 번도 술레이만을 만난 적이 없었던 뒤러는 베네치아 사람들이 일러준 묘사에 따라 술레이만을 그렸다. 이보다 조금 더 늦게 히에로니무스 호퍼Hiéronymus Hopfer가 그린 또 다른 그림은 뒤러의 초상화를 거의 똑같이 베끼고 있었으나, 반대쪽 옆모습을 그려놓은 것이었다. 이들 초상화는 이 책의 표지에 사용된 술레이만의 초상과 상당히 흡사하나, 책 표지에 사용된 그림은 좀 더 나이가 들어 보이는 느낌이다.[29] 어느 쪽을 보더라도 코는 전부 매부리코 형태로 그려졌으며, 윗입술은 얇고, 턱은 꽤 두드러진 모습에, 귀는 작은 편이다. 목은 길고 가늘다. 젠틸레 벨리니Gentile Bellini가 그린 메흐메드 2세의 초상화[30]를 보면, 술레이만의 얼굴이 증조부인 메흐메드 2세와 놀라울 정도로 닮아 있다. 술레이만의 얼굴은 꽤 근엄한 표정인데, 터번을 거의 눈 위까지 내려쓰는 습관 때문에 엄격한 표정이 더욱 부각되어 보인다. 침착하고 냉혈한 느낌은 부친의 과격하고 다혈질인 기질과 대조적이다. 천부적으로 타고난 듯한 냉담함과 위엄이 느껴지는 태도는 영락없이 터키의 막강한 파디샤Padichah(황제) 같은 모습이다. 마치 그의 할아버지와 마찬가지로 전 세계를 지배하려던 야심을 가진 군주의 풍채가 느껴진다.

신임 술탄 술레이만은 독실한 무슬림이었으나, 광신도와는 거리가 멀었다. 시아파에 대한 그의 태도가 이를 증명한다. 적어도 집권 초기에는 그랬으며, 무슬림의 종교에서 지시하고 있는 바와 같이 기독교인에 대해서도 관대했던 술레이만은 이들에게 다만 조세의 의무 같은 의무 조항만 지켜주길 요구했다. 그 외 무슬림이 아닌 신하들의 종교에 대해서도 무심하게 넘어갔다.

술레이만이 정권을 잡았을 때, 오스만 제국은 엄청난 부를 누리면서 동시에 이슬람 세계에서 비교도 안 될 만큼 엄청난 입지를 차지하고 있었다. 맘루크 제국은 완전히 제압됐고, 시리아와 이집트는 병합됐으며, 칼리프이자 성지의 수호자로서 오스만 제국의 황제 '파디샤'가 누리던 특권은 어마어마했다. 카이로 지역 술탄들의 금고와 이곳에서 거둬들이는 수입은 이제 모두 오스만 황제의 차지였다. 사파비조도 (어쩌면 너무 일찍) 전투에서 물러났고, 바예지드가 치세 말기 베네치아 사람들에게 안겨준 패배는 기독교 세력이 장차 해상에서 가공할 적수를 맞이하게 될 것임을 알려주는 전조였다. 셀림은 터키 군대를 당대 최고의 군대로 완성시켰으며, 이에 더해 술레이만은 여러 지역을 돌며 총독으로 지냈던 10년 간의 경험 덕분에 사람들을 통치하는 기술에 있어 서툰 모습은 보이지 않았다.

따라서 오스만 제국 10대 술탄으로 보위에 오른 젊은 술탄 술레이만의 앞길에는 전도유망한 미래가 펼쳐져 있었다. 10이란 숫자도 상징하는 바가 많았다. 열 손가락의 숫자이자 선지자 무함마드의 동료도 열 명이었으며, 무슬림들에게 있어 10은 완벽의 숫자였다. 태어난 후, 우연히 코란에서 따와 붙여진 이름 '술레이만'은 동방에서 가장 추앙받던 고대 이스라엘 왕 '솔로몬'과 같은 이름이었다(술레이만Süleyman은 솔로몬Solomon의 터키식 발음이다 – 옮긴이). 신은 다윗에게 그리하셨던 것처럼 솔로몬에게도 '학식과 영감'[31]을 주지 않았던가!

4. 제국에서의 제1차 반란

술레이만은 경쟁 세력이 부상할 가능성을 사전에 차단하는 데에 각별한 주의를 기울였다. 셀림이 가족들을 학살한 이후 이제 황실 내에는 더 이상 그에게 대적할 경쟁자가 없었다. 예니체리들은 자신들의 손에 쥐어지는 돈과 술탄이 한 약속들에 만족했고, 상인과 백성들은 유능해 보이는 젊은 왕이 술탄 자리에 오르는 걸 기쁜 마음으로 지켜봤다. 이스탄불에서든 인근 지역에서든 술탄의 권위가 흔들릴 위험은 전혀 없었다. 그런데 예상치 않게 반란이 터진 곳은 바로 이집트였다. 동방 지역에서든 서방 유럽에서든 권력을 탐하는 자는 늘 있기 마련이었다. 자기 욕심이 강한 사람이라면 돈과 사람을 규합한 뒤 여기저기서 공국의 수장이 되는 것쯤은 그리 어려운 일이 아니었다. 그리고 오스만 제국의 한 고위 관리가 이를 시도한다.

셀림이 이집트를 정복했을 때, 태수였던 칸베르디 알 가잘리Canberdi al-Ghazzáli는 맘루크조의 술탄 투만을 배신하고 오스만 편에 붙는다. 그 대가로 가잘리는 시리아의 총독으로 임명된다. 하지만 오스만의 술탄에 대한 그의 충성심이 기존 카이로의 술탄에 대한 충성심보다 더 큰 것도 아니었다. 이에 그는 다마스 요새를 점거하기 시작하고, 이어 베이루트와 트리폴리도 점령한 뒤, 이 두 도시 사이의 해안 모두를 장악했다. 가잘리는 이집트의 총독 하이라 베이Hayra Bey에게 자신과 함께 일을 도모하자고 제안했다. 그러자 하이라 베이는 가잘리의 제안에 응하며, "일단 알레포를 장악하시오. 그러면 모든 일이 수월해질 거요. 그 후 당신에게 군대를 보내주리다"라고 이야기한다. 이와 동시에 그는 술레이만에게 이 같은 반란 음모를 알렸다. 가잘리는 함정에 빠진 것이다. 가잘리가 기병 1만5천 명과 화승총수 8천 명을 데리고 알레포에 대해 벌인 포위 공격은 한 달 반 동안 지속되나, 아무런 성과도 건지지 못했다. 그 사이에 술탄이 파병한 군대가 다가오고 있었다. 술레이만 군대의 지휘봉을 잡은 건 페르하드 파샤Ferhad Pacha였다. 가잘리는 포위를 풀고 다마스로 향한 뒤, 스스로를 술탄이라 칭한다. 하지만 페르하드 파샤가 성벽 밑에 기병 4만 명과 함께 엄청난 포대를 대기시켜 놓은 상태였다. 모든 걸 다 잃었다고 생각한 가잘리는 전투를 개시한다. 오스만의 군대는 자신의 군대보다 수적으로 여덟 배나 많았고, 그는 결국 전투에서 패한 후, 며칠 뒤 추격을 받던 중 목숨을 잃었다.

시리아의 통치는 이제 셀림 1세 치하에서 예니체리 대장이었던 아야스 파샤가 맡는다. 반면 페르하드 파샤는 아나톨리아 중부 악사라이Aksaray로 옮겨 가서 사파비조의 군대를 감시했다. 샤 이스마일은 가잘리의 반란 소식을 이미 알고 있었다. 샤 이스마일은 그에게 지원을 약속하며 격려를 아끼지 않았고, 반란 기도가 성공했을 경우를 대비해 신속히 군대를 집결시켜 두었다. 찰디란의 설욕을 갚을 기회가 오길 기다렸던 것이다. 그는 자신이 직접 반란을 일으키고 싶었지만, 동방 지역 군주 간의 협약에 따라 시리아에서의 작전을 무사히 성공으로 마친 것에 대해 찬사를 보내야만 했다.

그로부터 몇 년 후, 두 제국 간의 관계가 다시금 경직된다. 술레이만은 늘 자신을 공격할 틈을 노리는 적이 바로 곁에 있다는 사실을 의식하며 살아야 했다. 집권 초기에는 꽤 능숙하게 이스마일과의 관계를 조율하면서, 이쪽에서의 분란을 우려하지 않도록 조심하며 유럽을 공략했다.

5. 정적 카를 5세

술레이만은 왕좌를 굳건히 다졌다. 이제 서방에 대한 오스만의 정책을 펴기 시작할 때였다. 젊은 술탄은 오래 전부터 이에 대비했다. 태자로서 술레이만은 유럽 주요 국가들의 정치 상황과 이들의 군주 및 군대, 그리고 상업 교역 관계에 대해 끊임없이 정보를 얻고자 노력했다. 해외에서 파견을 나온 인력들도 만났으며, 특히 콘스탄티노플 주재 베네치아 대사들을 자주 접견했다. 왕국의 수도인 콘스탄티노플(이스탄불)은 상업 교역이 이뤄지던 매우 중요한 요충지이자, 두 대륙을 이어주던 교차로였다. 16세기나 지금이나 '정보' 조직은 비대해지기 마련이다. 술탄 주위에서 정무를 보던 거의 모든 이들은 슬라브족이나 그리스인, 알바니아인 등 이슬람교로 개종한 기독교인들이었다. "터키어 및 그리스어 사무국 곁에서 슬라브어 사무국도 운영되고 있었다."[32] 이에 따라 술탄의 정부는 세상에 눈을 뜬다. 베네치아를 중심으로 곳곳에 첩보원을 심어둔 덕분에 술탄은 아시아 및 유럽에서 벌어지는 일들에 대한 정보를 접할 수 있었다.

2년쯤 전인 1519년, 막시밀리안 1세가 사망하자 프랑스 국왕 프랑수아 1세 및 합스부르크 왕가 카를 5세 사이에 신성로마제국의 황제 자리를 둘러싼 치열한 경합이 벌어진다. 술탄은 결코 카를 5세의 황제 직위를 인정하지 않았으며, 늘 그를 '에스파냐 국왕'이라고만 불렀으나, 푸거 가문의 자금력을 발판으로 결국 황제에 즉위한 건 카를 5세였다. 그런데 술탄은 카를 5세가 신성로마제국 황제로 선출되면 유럽에서 그 어느 때보다 강렬하게 십자군 바람이 불 것을 이미 알고 있었다. 교황과 유럽 군주들이 실시한 십자군 원정 계획이 연이어 실패로 돌아갔음에도, 자신에게 대적하여 기독교 사회가 단결하게 되리라는 위험이 보다 실질적으로 구체화된 것이었다.[33] 1512~1517년까지 열린 라트란 공의회에서는 차기 십자군 원정에 대한 논의가 이뤄졌고, 교황 레오 10세는 칙서에서 각국 군주 및 국왕들에게 터키족에 대항하여 성전을 준비하라고 권고한다.

그렇다고 여기에 겁먹을 술레이만이 아니었다. 물론 과거 유럽의 가난하고 분열됐던 약소국들은 이제 상당한 군사력과 재정 능력을 갖춘 왕국으로 거듭났고, 용기와 결단력이 넘치는 인물도 많았다. 그러나 이들 국가를 개별적으로 놓고 봤을 때, 술탄의 힘은 이들을 훨씬 뛰어넘었고, 유럽 각국은 여전히 서로 분열되어 있는 데다 얼마 전 종교개혁까지 터지는 바람에 종교적으로도 심란한 상태였다. 다만 십자군 정신은 여전히 살아있었다. 내부 분란이 어떠하든 간에 기독교 진영의 국왕 및 군주들은 터키인들에 대항하여 전쟁을 일으키는 것에 대해 언제나 찬성하는 입장이었다.

술레이만에게 있어 이 같은 위험은 상상이 아닌 실제 상황이었다. 이제 기독교 진영의 수장 자리에는 신성로마제국 황제 카를 5세가 앉아 있었다. 신성로마제국 황제로서 에스파냐와 두 시칠리아 왕국, 네덜란드, 오스트리아의 왕좌를 거머쥔 카를 5세는 타협을 모르는 완강한 기독교인으로, 자신의 첫 과제가 군주들의 힘을 모아 이교도에 대한 전쟁을 벌이는 것이라 생각했다. 유럽의 대부분이 그러했듯이 그는 술레이만이 전쟁을 벌이기보다는 궁전 안에만 머무르는 인물이라 생각했기에 십자군 원정에 대한 계획은 더더욱 포기할 줄 몰랐다. 그러나 카를 5세는 잔혹한 아버지의 그늘 뒤에만 가려져 있던 이 젊은 군주가 군인으로서의 야심이 가득한 인물이라는 점을 곧 깨닫는다.

술레이만은 힘 있는 군주들이 유럽을 움직이는 것을 보고 유럽을 박살내려는 생각을 하였으며, 카를 5세와 국왕 및 군주들은 오스만 제국을 덮쳐 아시아에서 몰아낼 기회를 엿보았다. 술탄으로서의 야심과 가지로서의 의무에 따라 술레이만은 이슬람의 영토를 확장하고 기독교세계로부터 끊임없이 가해져오는 위험을 배격하기 위해 거의 쉴 새 없이 전투에 임한다. 유럽인들은 또 유럽인들 나름대로 이교도 정복자의 질주를 막아서고, 대륙 밖으로 몰아내기 위해 싸우며, 가능하다면 무력화시키려는 생각을 품는다. 하지만 실제 상황은 그렇게 단순하지 않았다. 시간이 지날수록 이런저런 일들이 점점 더 복잡해지는 양상을 띠었기 때문이다.

지중해에서는 북아프리카의 항구를 선점하기 위해 거의 주기적으로 치열한 전투가 벌어진다. 재위기간 동안 카를 5세는 "서지중해가 에스파냐의 수중에 들어와야 비로소 '레콩키스타(국토회복운동)'가 완성되는 것"이라고 항상 이야기하던 이사벨 1세의 유지에 따라, 에스파냐에서 지중해까지 에스파냐의 국경을 세우기 위해 노력한다. 그러나 현재로선 전투의 무대가 다른 데에 가 있었다. 카를 5세는 오스만의 셀림 1세가 동지중해를 장악한 이후로는 그들이 이를 통해 북쪽으로 밀고 들어올 것이라 확신했다. 유럽이 위태로워지는 것이다.

그를 가로막는 장애물은 무엇이며, 그가 세워야 할 방어벽은 무엇일까? 카를 5세는 중유럽의 방어를 동생인 페르디난트 1세에게 맡긴다. 페르디난트 1세는 막시밀리안 1세의 공동 상속자였다. 1521년, 그는 페르디난트를 헝가리 국왕 로요슈 2세의 누이인 안느와 혼인시키고, 이듬해 이 헝가리 국왕은 다시 페르디난트의 누이와 결혼한다. 카를의 목적은 국왕 로요슈에게 후사가 없을 경우, 페르디난트가 헝가리(와 보헤미아)의 국왕이 되는 일이었다. 아울러 이를 통해 슬라브족 권역까지 영토를 확장하려 했다. 카를로서는 오스만의 위협에 대한 소심한 반격이었다. 당시 카를은 에스파냐에서는 코무네로스 반란에 발목이 잡혀 있었고, 독일에서는 종교개혁 바람이 불어 본의 아니게 오스만에 힘을 실어주었기 때문이다.

터키인들의 위협과 관련하여, 카를은 종종 동생과 마찰을 빚었다. 카를에게 있어 1차적인 목적은 대혼란 속에서 신성로마제국의 틀 안으로 기독교인들을 통일시키는 것이었다. 제국 내적으로 노리는 건 부르고뉴와 이탈리아였다. 이를 두고 카를은 30년 간 정적政敵인 프랑수아 1세와 경쟁한다. 막시밀리안 1세를 비롯한 합스부르크 왕가의 선왕들과 마찬가지로, 그의 재정에는 한계가 있었다. 따라서 카를은 서유럽에서 2년 간 휴전 협정을 선포하고 대 오스만 전을 준비하라던 교황 하드리아누스 6세의 요구에도 귀를 막았고, 마찬가지로 동유럽 쪽에서 오스만 세력을 막아내는 데에 힘을 보태달라던 동생의 호소 역시언제나 뿌리쳤다. 독실한 기독교 신자로서 늘 종교 문제에 집착하며유럽 내부 정비에 신경 쓰던 카를은 진지하게 오스만과의 싸움을 벌일여력이 없었다. 기독교 진영의 십자군을 진두지휘하며 콘스탄티노플을 재탈환하겠다는 꿈은 그도, 그의 후임자도 결코 이루지 못할 하나의 꿈으로 계속해서 남아있게 된다. 이는 술레이만으로서도 하나의 기회였다. 하지만 술레이만 역시 전쟁터에서 본격적으로 카를과 대적하여 빈과 로마를 얻기 위해 그를 격파하려는 꿈을 제대로 실현시키지는못했다.

1520년 무렵, 기독교 세계와 오스만 제국 사이에서 시작된 싸움은세기 말까지 계속됐으며, 전 유럽과 중동이 싸움터에서 서로 뒤섞인다. 베네치아와 제노바는 근거리와 원거리 모두에 소유지를 두고 있어직접적인 관심의 대상이었고, 양측 모두에게 계속 구미가 당기는 먹잇감이었다. 프랑스는 독일-에스파냐의 위협에 맞서 자국을 보호하기위해서는 동쪽에 동맹 세력을 두는 게 유리하겠다고 판단하고, 독일의 신교도 군주들은 오스만을 이용하여 가톨릭 황제를 견제하려는 마음 반, 간접적으로나마 이교도의 도움을 받는 것에 대한 반감 반으로나뉘었다. 그리고 페르시아에는 정치 및 종교 면에서 오스만의 숙적인 사파비조가 있었다. 레판토 해전이 있기까지, 혹은 그 이후로도 1606년 오스만 제국과 신성로마제국 사이에 강화조약이 맺어질 때까지 열강들 사이의 관계는 이와 같았다.

6. 베오그라드 정복

14세기 말 세르비아 및 불가리아 제국들이 멸망하고, 이어 15세기 비잔틴 제국이 사라진 뒤, 동유럽 지역에서 오스만 제국의 실질적인 적수는 헝가리 왕국이었다. 야노시 후냐디와 마티아스 코르비누스의 치하에서 헝가리는 오스만의 공격을 막는 방어선 역할을 해주었다. 심지어 코르비누스 같은 경우, 발칸 반도에서 터키인들을 몰아내기 위한 십자군 원정 계획의 초안까지 세운 바 있다. 하지만 그 후로 헝가리의 힘이 약해진다. 코르비누스가 사망한 뒤, 헝가리 귀족들은 군주로서의 자질이 부족했던 라디슬라스 야겔로를 국왕으로 추대했다. 그 후임인 로요슈 2세 또한 선대 왕만큼 무능하긴 마찬가지였다. 두 사람 모두 오스만이 페르시아와 이집트를 공략하던 공백을 틈타 왕국의 질서를 바로잡고 전쟁에 대비할 수 있던 기회를 활용하지 못했다. 1503년 체결된 평화 조약이 공개적으로 깨진 건 아니었으나, 술탄의 파샤와 헝가리 국왕의 봉신들 사이에서는 싸움이 끊이지 않았다. 그러다 이 같은 도화선에 불을 지르는 사건이 발생한다. 술레이만이 강화조약을 갱신하는 조건으로 제안했던 연례 조공 납부를 촉구하러 온 콘스탄티노플 특사를 헝가리 사람들이 죽인 것이다. 이에 술탄은 불같이 화를 낸다. 전쟁에 돌입할 명분이 되고도 남을 사건이었다.

콘스탄티노플에서는 1520년 내내 전쟁 준비가 이어진다. 지방에서 기병대 '시파히'가 소집되고, 여기에 비정규군 병력이 충원된다. 군 이동 경로 곳곳에 현지 직업 기술인들과 식량물자, 동물들에 대한 동원령이 떨어졌고, 도로와 다리는 정비에 들어갔다.

술레이만의 목표는 다뉴브 국가들로 이어지는 관문인 베오그라드 정복이었다. 이 요새를 함락하면 다뉴브 유역과, 사바 강 및 티사 강 유역이 뚫려 빈과 부다페스트로 군대의 진격이 가능하다. 과거 메흐메드 2세는 베오그라드 앞에서 좌초된 바 있다. 술레이만이 이제 그 설욕을 갚아줄 때가 된 것이다.

출정일 6주 전, 최고 권력의 상징인 말 꼬리를 단 깃발 여섯 개 가운데 두 개가 황궁 제1정원에 게양됐다. 시일이 지나면, 깃발은 이스탄불 이외 지역의 제1주둔지인 다부드 파샤Davud Pacha로 옮겨진다. 이곳에는 예니체리 및 다른 연대가 주둔해 있었으며, 군대를 따라다니는 다수의 장인들도 함께 있었다.

헝가리는 다시금 터키군의 진격이라는 위협에 처하게 됐고, 이들은 유럽에 도움을 호소했으나, 유럽은 이를 외면했다. 그 당시 베네치아는 자국에 유리한 조건으로 술탄과 통상 조약 체결을 논의 중이었고, 교황의 고민은 다른 데에 가 있었으며, 폴란드 국왕과 신성로마제국 황제 등 저마다 전쟁 개입이 힘들다는 핑곗거리를 찾았다. 보름스 의회는 사실 이보다 더 중대한 고민에 빠져 있었다. 헝가리 특사가 도움을 호소했던 그 달에 마틴 루터가 구교와 관계를 끊었기 때문이다. 독일에서는 지금 터키인들과의 싸움을 논할 때가 아니었다. 카를 5세는 헝가리 국왕 로요슈에게 술탄과 휴전 협정을 맺어 시간을 벌라고 했다. 술탄도 같은 생각이었다면 괜찮은 전략이었겠지만, 술탄의 생각은 달랐다.

1521년 2월 6일, 술레이만은 엄청난 행렬을 이끌고 이스탄불을 떠나 자신의 첫 출정길에 올랐다. 전쟁터로 향하는 술탄의 출정은 언제나 성대한 장관을 이루었다. 대사들을 통해 이 소식을 접하였을 다른 국왕 및 황제들에게 자신의 위엄을 드러내려는 것이었다. 술탄 근위대에 속한 6천 명의 기병이 먼저 길을 열었다. 기병대의 말은 품종도 순수 혈통인데다 안장과 마구도 화려하게 빛났으며, 그 위에 올라탄 기병 자체도 금사金絲로 빛나는 비단과 벨벳 천으로 만든 호사스러운 제복을 입고 있었다. 어깨에 활을 맨 이들은 오른손에 단도를 쥐고 있었고, 왼손에 화살과 방패를 들었다. 기병대의 장신구에서 큰 비중을 차지하는 언월도는 보석으로 장식되어 가슴 위에 걸쳤다. 면화로 만든 푸른색의 가벼운 머리장식 위로는 까만 깃털이 나부꼈으며, 가톨릭 기병대의 장신구에서 흔히 볼 수 있는 투구나 갑옷은 그 어디에서도 찾아볼 수 없었다. 가톨릭 기병대는 이 거추장스러운 장신구 때문에 거동조차 불편했을 뿐더러, 이렇게 무장을 하고 나서도 목숨을 잃거나 포로가 되는 신세를 면하지 못하였다. 이들 뒤로는 예니체리의 행렬이 이어졌다. 예니체리는 모두 같은 색의 제복을 간소하게 차려 입었다. 머리에는 높이 올라오는 모자를 쓰고, 깃털 하나를 고정시킨 모자 끝을 뒤로 늘 어뜨렸다. 그리고 군대의 행렬에는 오로지 침묵만이 감돌았다.

이어 황실의 고위 관리들이 뒤따르고, 그 다음이 황실 근위병과 손에 활을 든 보병 순서였다. 화려한 마구를 장착한 명마들은 마구간지기들이 굴레를 이용하여 이끈다. 이들 뒤로, 술탄이 화려한 준마를 타고 간다. 수가 놓인 비단으로 길게 정복을 만들어 걸친 술레이만은 머리에 높은 터번을 썼고, 보석과 다이아몬드를 넣은 깃털 장식으로 터번 위를 장식했다. 시동 세 명이 그 뒤를 따랐는데, 한 사람은 물병을 들고, 다른 한 사람은 외투를 들었으며, 나머지 하나는 짐 가방을 들었다. 끝으로 개인적인 용무를 담당하는 환관들과 귀족 근위병이 뒤따랐다. 시동들은 가장 뛰어난 시동들 가운데에서, 그리고 터키 명문가 및 술탄 봉신들의 자제 가운데에서 200명을 뽑았다. 전쟁터에서 이들은 목숨을 걸고 끝까지 술탄을 보호한다.

　오스만 군대의 긴 행렬은 언제나 엄격한 질서 속에서 진군한다. 새벽에 일찍 야영지를 떠나 정오에는 미리 골라둔 주둔지로 가서 정착하며, 모든 준비가 다 끝나면 이어 술탄이 도착한다. 주둔지 중앙에 놓이는 술레이만의 막사는 황실에서만큼이나 성대하고 화려했으며, 그 곁에는 대재상과 고위 관리들의 막사가 위치한다. 이들이 있는 구역 주위는 벽이랑 비슷하게 그린 장막으로 에둘러 싼다. 이 주위에 예니체리 및 황궁의 시파히가 자리를 잡고, 좀 더 떨어진 곳에 지방 시파히 및 다른 군대가 진을 친다. 다음날 아침이면 다시 숙영지를 접고 이동하는 식이다. 오스만의 군대는 기독교인들이 놀랄 만한 수준의 엄격한 철의 규율에 복종한다. 모든 재산상의 손해가 보상되며, 모든 건 값을 치르고 구입한다. 절도 행각을 벌일 경우, 즉각 처형된다.

오스만 군대는 에디르네와 플로브디프를 통해 소피아에 당도한다. 곧이어 이곳으로 대포와 탄약을 실은 낙타 수천 마리를 이끌고 재상 페르하트 파샤가 도착한다. 불가리아의 소피아, 세멘드라, 비딘 등의 지역에서는 밀과 보리를 1만 수레 가량 제공해야 했다. 이렇게 해서 술탄의 막강한 군대는 북쪽으로 향한다. 사바 강에서는 아흐메드 파샤가 이끄는 대대 하나가 사박Sabac으로 향하고, 다른 대대 하나는 트란실바니아를 표적으로 삼는다. 대재상 피리 파샤가 지휘하는 세 번째 대대는 곧장 베오그라드를 공격한다. 술레이만은 사바 강 위에서 진격하는 부대 쪽에 있었다.

대재상 피리 파샤가 몇 주 전부터 베오그라드 성벽 아래에서 대기하고 있을 때, 술레이만이 나머지 군대와 함께 여기에 합류한다. 다뉴브 강과 사바 강이 합류하는 섬 위에서는 곧 포대가 자리를 잡는다. 오스만의 통상적인 전술에 따라 포대는 멈추지 않고 성채를 폭격하고, 몇 주 간 공격이 꼬리를 물고 이어진다. 하지만 별다른 성과가 없자, 술레이만은 프랑스인 혹은 이탈리아인으로 보이는 어느 변절자의 조언에 따라 요새의 가장 큰 탑을 폭파하라고 지시한다. 요새를 지키던 수백 명의 헝가리인 및 세르비아인들은 용감하게 항전을 지속했으나, (한 쪽은 가톨릭 교도였고, 다른 한 쪽은 동방정교회 교도였으므로) 결국 '종교적 반감'에 따라 세르비아인들이 목숨을 살려주는 대가로 항복을 하고 만다. 헝가리인들 대부분은 몰살됐다. 세르비아인들은 콘스탄티노플로 호송되어 도시 주변에 거주했다. 이곳은 구 페트라 지역으로, 보스포루스 해협의 유럽 쪽 해안에 자리한 숲 한가운데 있는 부지였는데, 오늘날까지도 베오그라드 숲이라는 이름이 그대로 전해진다. 도시의 교회 대부분은 회교 사원으로 바뀌었고, 여기에서 술레이만은 첫 금요 기도를 올렸다.

오스만 군대의 승전보는 빠르게 유럽 전역으로 확산됐다. 베네치아, 러시아, 라구사(지금의 두브로브니크)에서는 제일 먼저 특사를 파견하여 술탄을 알현한 뒤, 축하 인사를 전했다. 하지만 동유럽에서 가장 중요한 요새 중 하나가 함락되면서 '헝가리 관문'이라는 기독교 성벽이 무너지자, 기독교 세계에서는 앞으로의 일에 대한 걱정과 불안감이 팽배했다. 페르디난트 1세의 통찰력 있는 대사로서 이스탄불에 파견된 기슬랭 드 뷔베크는 약 30년쯤 후에 이렇게 기술한다. "베오그라드의 함락은 헝가리가 처한 비극적인 상황의 시초가 되었다. 이 사건으로 인해 이후 로요슈 국왕이 죽고, 부다페스트가 함락되었으며, 트란실바니아가 점령되고, 한때 번성했던 왕국이 파멸의 길에 접어들었다. 그리고 혹여 자신들도 같은 운명에 처하게 될까 걱정하는 유럽인들의 불안감도 시작됐다. 이 일련의 사건들은 기독교 세계의 군주들에게 있어 하나의 교훈이 되어야 할 것이며, 패망의 길을 가고 싶지 않다면 저들 또한 적에 대항하는 요새와 진지를 확실히 구축해야 함을 일깨워준다. 오스만 군대는 비온 뒤 급격히 불어난 세찬 강물줄기와 같다. 이를 저지하는 둑 안으로도 침투할 수 있지만, 틈새로 밀어닥치며 끝없는 파멸을 불러올 수도 있다. 이렇듯 이들을 가두어둔 장벽을 뛰어넘었을 때, 터키인들은 상식을 뛰어넘는 황폐함을 몰고 온다."

몇 년이 지난 후, 술레이만은 다시금 다뉴브 지역으로 향한다. 기독교 세력은 또 한 번 분열의 극치를 보여주고, 이에 다시 한 번 패배의 쓴맛을 보았으며, 이어 헝가리가 멸망한다.

7. 로도스 섬에서 추방된 성聖 요한 기사단

즉위 후 만 1년이 갓 지난 상태에서 술레이만은 제2차 출정을 준비한다. 유럽인들의 상상과 달리 그는 무능한 호색한과는 거리가 멀었다. 술레이만은 이제 다른 방향으로 기수를 잡는다. 이번에는 로도스 Rhodos 섬이었다.

정복자 메흐메드 2세는 1480년에 성 요한 기사단이 지키던 로도스 섬 앞에서 좌절되고 말았다. 그로부터 40년이 지난 후, 술레이만이 지중해에서 가톨릭 기사단을 장악해야 할 명분은 전보다 더 늘어났다. 13세기 말, 아크레 함락 후 이곳을 떠나 로도스 섬에 정착한 이 수도승 전사들은 이곳을 막강한 군사기지로 만들고, 인근 해역에서 해적질을 했다. 소아시아와 시리아 연안에서 노략질을 일삼던 이들은 콘스탄티노플과 알렉산드리아 사이의 교통로에서 늘 위협을 가했다. 이집트 및 나머지 제국 사이의 상거래 대부분이 이뤄지던 곳이었다. 오스만투르크의 상선들은 이들에게 걸려 조사를 받은 뒤, 물건을 압수당하고 승무원들은 포로로 잡히는 일이 비일비재했다. 바닷길로 메카를 향하던 무슬림 순례자들도 중간에 이들을 만나 순례길이 차단될 위험이 늘 도사리고 있었고, 잘못하면 목숨을 잃거나 노예로 끌려갈 수도 있었다. 반면 기독교 사나포선은 이곳을 피난처로 삼으며 기사단을 도왔다. 심지어 카이로에서 가잘리의 반란이 있었을 때에도, 기사단은 여기까지 건너와 가잘리에게 힘을 보태주었다. 이에 술레이만은 소아시아 연안의 수만 명에게 항구적 위협이 되는 이 강적과 결판을 내기로 결심한다. 두 번째 재상이었던 무스타파 파샤, 그리고 술레이만이 깊이 신뢰하던 유명한 선원 쿠르돌루 무슬리헤딘 라이스Kurdoğlu Musliheddin Reis는 술레이만에게 가급적 빠른 시일 내에 출정하도록 부추겼다.

술레이만은 일단 기독교 진영의 그 어떤 국가도 기사단을 도우러 오지 않으리라는 점을 확인하고자 했으며, 조사는 금세 끝났다. 그 어느 때보다도 당시에는 로도스 섬을 지키기 위해 자기 나라의 사람이나 선박을 희생시킬 의향이 있는 나라가 하나도 없었다.

프랑수아 1세 정도만이 가능하면 로도스 섬을 구하려는 의지가 있었을지 모르겠으나, 번번이 상황이 좋지 않았다. 1518년, 프랑수아 1세는 프레강 드 비두Prégent de Bidoux 함장과 샤누아Chanoy 대위를 로도스 섬으로 보내어 "오스만 쪽 상황이 어떤지 알아보고, 이들과 맞서 싸워 모든 문젯거리와 피해 상황들을 해결하라"고 지시한다. 이듬해 오스만의 위협이 구체화되자, 프랑수아 1세는 샤누아 대위가 지휘하는 작은 함대를 레반트로 보낸다. 하지만 베이루트를 공격하던 중, 대위는 그만 목숨을 잃는다. 1521년 6월, 프랑스 보베 출신의 필립 빌리에 드 릴 아당Philippe Villiers de l'Isle Adam은 성 요한 기사단의 제44대 단장으로 선출된다. 프랑스를 떠나기 전, 그는 프랑수아 1세를 알현했고, 왕은 그에게 지원을 약속한다. 그리고 얼마 후, 베르나르댕Bernardin 자작에게 선박 몇 척을 이끌고 섬으로 향하라는 명령을 내린다. 하지만 그로부터 몇 주 후, 카를 5세와의 전쟁이 벌어졌고, 기사단에게 가기로 한 함대는 이제 에스파냐 함대와 맞서 싸우게 됐다. 따라서 릴 아당 기사단장은 이제 프랑스 국왕으로부터 기대할 수 있는 게 아무것도 없었다. 카를 5세라고 상황이 더 나을 것도 없었다. 밖에서 프랑수아 1세와 싸움을 벌이던 카를 5세는 안으로도 온갖 문제에 시달리며 계속해서 진땀을 뺐다. 루터의 종교 개혁이 일어나고, 독일 사회 내부적으로도 소요 사태가 일어났기 때문이다.

술레이만은 이제 두려울 게 전혀 없었다. 다만 걱정이 되는 건 베네치아 하나였는데, 그들이 우려할 만큼 꽤 커다란 함대를 그 지역에 배치해두고 있었기 때문이다. 하지만 골든 혼의 해군 조선소에서는 오스만 함대의 건조에 더욱 박차를 가했으며, 베네치아 공국의 대사 마르코 멤모Marco Memmo는 베네치아의 상업에 매우 유리한 30개 조항을 포함하여 오스만 정부와 통상 조약을 체결한 상황이었다. 그 가운데 일부 조항은 15년 후 오스만이 프랑스와 체결한 최초의 협정인 '기독교계 거류민 권리보장 협정'의 내용에도 포함된다.[34] 또한 베네치아 공국은 키프로스와 잔테 섬을 소유하는 대가로 각각 조공 10만 두카와 500 두카를 술탄 정부에 지급하기로 약속한다. 베네치아는 지중해에서의 무역을 지키기 위해 무엇이든 할 태세였다. 동지중해에서 터키 선단의 이동을 관측하기 위해 함대도 한 척 보냈는데, 키프로스가 위협을 받지 않는다는 것을 확인하고 난 후에는 다시 기지로 돌아오라고 명했다. 유럽의 기독교 세력은 기사단을 스스로의 운명에 맡겼으며, 재정이 부족했던 교황 하드리아누스 6세 또한 마찬가지였다.

기사단 이외의 다른 적이 등장할 위험이 없다는 걸 확인한 술레이만은 1522년 6월 1일, 릴 아당 기사단장에게 항복을 촉구하는 서신을 보냈다.[35] 이슬람 율법에 따른 관행이었다. 나흘 후, 원정대의 총사령관으로 임명된 무스타파 파샤는 (오스만 역사가 하지 할리파Haci Halifa에 따르면 700척, 그럭저럭 합당한 추산치에 따르면 300척 규모로 편성된) 함대를 이끌고 이스탄불을 떠났다. 배에는 병력 1만 명과 육중한 포대들이 실려 있었다. 그 달 18일에 술탄은 육로를 통해 10만 명의 병력을 이끌고 우스쿠다르를 떠났다(기독교 진영에 따르면 이보다 훨씬 많은 수의 병력이었다고 한다). 7월 2일, 루멜리아와 아나톨리아 지방의 총독 '베이레르베이beylerbey'인 카심Kasim 파샤와 아야스Ayas 파샤는 퀴타햐Kūtahya에서 술탄과 합류했고, 28일에는 엄청난 군대가 로도스 바로 앞인 마르마리스 항구에 도착했다. 이곳에 정박해 있던 술레이만은 진지의 모든 포대를 다 동원하여 '환영식'을 펼쳐보였다고 연대사가들은 전한다.[36] 100개 이상의 대포들 중에서 괴물 같은 위력의 대포 12문이 있었는데, 그 가운데 가장 위력이 센 2개는 11∼12팜palme 정도 되는 포탄을 뿜어댔다고 한다. 술탄은 진지를 살펴보고 작전 시작 명령을 내렸다.

기사단 내부에서는 철의 규율이 지켜지고 있었기 때문에 기사단 역시 가공할 위력을 발휘했다. 도시는 일곱 군데의 보루로 나뉘어져 방어했고, 각각의 보루는 '국가군nation'[37] 이란 단위 집단의 책임 하에 놓였다. 북쪽에는 독일과 오베르뉴, 프랑스, 에스파냐 기사들이 배치되었으며, 프랑스와 독일 구역 앞에서 술탄군은 루멜리아 총독 아야스 파샤의 지휘에 따랐다. 오베르뉴 및 에스파냐 구역은 세 번째 재상 아흐메드 파샤가 맡았다. 동쪽으로는 영국이 지키는 보루가 있었는데, 술탄의 공격대가 중점을 두어야 하는 지역이었기 때문에 술탄의 이름으로 명령을 내릴 수 있었던 세라스케르serasker이자 재상인 무스타파 파샤가 담당했다. 술탄의 막사도 이곳의 바다가 내려다보이는 산 스테파노 고지에 차려졌다. 남부의 프로방스 보루 앞은 아나톨리아 총독 카심 파샤가 맡았고, 그 옆 이탈리아 요새 앞에는 대재상 피리 파샤가 갔다.

릴 아당 기사단장은 항구로부터 멀지 않은 성모 마리아 빅토리오 교회 인근에 사령부를 차렸다. 그에게는 7천 명의 병력이 있었고, 그 가운데 650명이 기병이었으며, 베네치아와 제노바 선원이 300명이었다. 나머지 병력은 꽤 잡다한 편으로, 섬 주민들도 포함되어 있었는데 무기와 의지로 무장했으나 실전 경험은 별로 없었다. 기사단장 곁에는 롬바르디아 지방 출신의 유능한 포병이자 기술자인 가브리엘 드 마르티넹고가 있었다. 하지만 화약과 탄환 보급은 장기적인 포위 공격을 감당하기에 부족한 수준이었다.

8월 1일, 루멜리아 총독이 전투를 개시한다. 대포 21문이 동시에 기사 발드너의 독일군 요새를 공격했고, 또 다른 22문은 성 니콜라 탑을 노렸다. 대포 42문은 영국과 에스파냐 요새를 겨냥했으며, 50문은 이탈리아 요새 쪽을 향했다. 굉음이 울려 퍼지는 가운데 모든 포들이 동시에 포문을 열었다. 9월 4일, 영국 쪽 요새에서 돌파구가 뚫렸다. 술탄군의 공격대는 여기를 집중 포격하고, 정신없이 포탄이 뒤섞이며 포격이 이어지는 가운데 (바타르 드 부르봉에 따르면) 터키인 2천 명이 사망한다. 그로부터 6일 후, 새로운 공격이 이어지나 별다른 소득은 없었다. 다만 방어진은 포대 사령관 기요 드 마르살락Guyot de Marsalhac을 잃었다. 연이은 공격이 지속됐지만, 방어진의 수비를 뚫지는 못했다. 오스만 군대가 폭약으로 성벽에 돌파구를 뚫어 공격하면 기사단은 번번이 이를 막아냈다. 이제 술레이만은 최종 결단을 내렸다. 릴 아당 기사단장은 시간을 벌려고 애를 썼다. 그는 여전히 기독교 국가들이 자신을 구하러 와주리라는 기대를 버리지 않았다.

9월 23일, 술레이만은 총공격을 명령한다. 진지의 사자使者들은 "명일, 총공격 시행, 땅과 돌은 모두 파디샤(터키 군주)에게 귀속되고, 피와 재산은 승리자에게 돌아갈 것이다"라고 소리쳤다. 새벽, 다시금 포문이 열리고, 이어 예니체리들이 동시에 모든 요새들을 공격한다. 그러나 기사단은 모든 공격을 막아낸다. 이 날이 전장에서 가장 끔찍한 하루였다. 바타르 드 부르봉은 이에 대해 "종교인, 비 종교인 할 것 없이 도시 전체가 무척 용감하게 전투에 임했다. 여자들은 모든 위험을 무릅쓰고 부대에 빵과 술을 날랐으며, 요새 위에서 공격진을 향해 내던질 무거운 돌도 운반했다"고 적는다. 폰타누스Fontanus의 설명[38]에 따르면, 그리스 여인 하나가 요새에서 남편이 죽자, 두 아이에게 입맞춤을 퍼부은 뒤 칼로 아이들을 찔러 죽였다고 한다. 이어 여자는 "살아서도 죽어서도 터키인들이 너희를 능멸하지 못하리라"라고 말하며 아이들의 시신을 불구덩이에 던졌고, 사랑하던 남편의 피가 묻은 외투로 몸을 감싼 채, 손에 칼을 들고 교전의 현장으로 몸을 던진 뒤, 곧 쓰러졌다.

전투는 양쪽 모두에 수많은 사망자를 만들어낸 채, 별다른 소득 없이 하루 종일 이어졌다. 오스만 군대는 4만5천 명의 병력 손실이 있었을 것으로 추측되고, 술레이만은 이 같은 패배에 분노를 참지 못한다. 그는 이 책임을 아야스 파샤에게 물었다. 그는 곧 체포되어 직위 해제된다. 다음날, 노기를 가라앉힌 술탄은 아야스를 풀어주고, 다시 직무에 복귀시켰다. 가장 피해가 컸던 곳은 술레이만의 누이의 남편이었던 세라스케르 무스타파 파샤의 진지였다. 그는 곧 이집트 총독으로 임명되고, 그 자리는 세 번째 재상인 아흐메드 파샤로 대체됐다.

10월 12일, 오스만 군대는 새로운 공격을 시도한다. 이번에는 영국 쪽 요새가 표적이었다. 그러나 예니체리 대장이 부상을 입었고, 술레이만은 전투 중지를 명한다. 매일같이 수많은 사망자를 만들어내는 전투가 두 달 간 이어진 후, 11월 30일 에스파냐 및 이탈리아 진영에 대한 공격으로 오스만 군대에선 3천 명이 목숨을 잃는다. 아흐메드 파샤는 일단 병기와 포대 외에는 쓰지 않기로 결심한다. 열흘 후, 술레이만은 성 요한 기사단장에게 협상을 제안한다. 사흘 안에 로도스 섬을 넘겨주면 주둔군이 자유롭게 퇴각할 수 있도록 해주겠다는 것이다. 만일 이 제안을 거부할 경우, 누구도 살아남을 수 없을 것이며, "고양이 한 마리" 빠져나가지 못할 것이라고 경고했다. 이에 기사단은 회의를 열었다. 안 그래도 화약과 탄환이 떨어져 가고 있었기 때문에 항복을 결심한 기사단은 주민 모두의 의견을 묻기에는 시한이 너무 짧다고 대답한다. 술레이만은 다시 폭격을 개시하고, 새로이 포대를 배치했다. 기사단장은 다른 방식으로 술탄의 뜻을 굽히려 시도한다. 그는 편지 한 통과 함께 기사 두 명을 오스만 진영으로 보냈다. 과거 술레이만의 조부 바예지드 2세가 로도스 기사단장에게 쓴 편지였다. 편지에는 로도스 섬을 기사단 수하에 두도록 한다고 보장하는 내용이 들어 있었다. 세라스케르 아흐메드 파샤는 답장을 보내는 대신 편지를 갈기갈기 찢어버리고, 코와 귀를 베어버린 두 기독교도 전령에게 종잇조각을 쥐어준 뒤 이들을 돌려보낸다.

성 요한 기사단장은 결국 항복을 결심한다. "수차례 구조 요청을 했지만 들어주지 않았고, 희망도 모두 빼앗긴 상태"[39]였기 때문이다. 기사 한 명과 섬 주민 두 명이 술레이만에게 가서 항복의 뜻을 전했고, 이에 술레이만도 이들의 조건을 수락했다. 이에 따르면, 12일 안에 기사단이 물러가되 반은 기사들로, 반은 섬 주민들로 이뤄진 인질 50명을 남겨둔다. 오스만 군대는 섬에서 멀리 떨어진다. 로도스 섬에 남아 있을 기독교인들은 5년 간 세금이 면제되며, (아이들을 데려가는) 데브쉬르메 제도도 5년 간 유예된다. 술레이만은 섬이 포위에서 풀려날 것을 약속하며 성실히 이행사항을 지켰지만, 예니체리들은 무장 해제 후 마을로 들어가서 마음껏 횡포를 부렸다. "이들은 성 요한 성당을 표적으로 삼고, 이곳의 벽화를 망쳐 놓았으며, 기사단장들의 묘소를 훼손하고, 고인의 유해를 흩뜨려 놓았다. 십자가상을 먼지구덩이에 굴리고, 제단을 뒤엎었다. 이 모든 모독 행위들이 성탄절 아침에 벌어진 일이었다."[40] 이 군인 무리들은 대부분 과거 기독교도 출신이었다.

다음날, 성 요한 기사단장은 술탄의 진영에 가서 항복한다. 술탄이 그의 얼굴을 보고 싶다고 했기 때문이다. 기사단장은 새벽같이 술탄의 막사 앞에 가서 기다렸으나, 술레이만은 눈비가 내리는 가운데 오랫동안 그를 밖에 세워둔 뒤, 느지막이 손에 입을 맞추는 걸 허락해주었다. 그 날은 로도스 섬이 함락된 뒤 처음으로 맞는 금요일이었다. 재상들과 다른 고위 관리들은 엄숙한 분위기 속에서 술탄을 알현하여 전쟁에서의 승리를 축하했다. 끝으로 릴 아당 기사단장이 들어왔다. 두 사람은 오랫동안 말없이 서로를 마주했다. 술레이만이 먼저 입을 열었다. 그는 "도시와 지방을 잃는 건 곧 군주들의 숙명"이라고 말하면서 기사단장을 위로했다. 그리고 원할 때 언제든 자유롭게 섬을 떠나도 좋다고 약속했다. 술탄은 대재상에게 "이 노장을 그의 성에서 내쫓은 게 진심으로 가슴 아프다"고 토로했다. 1523년 1월 1일, 릴 아당은 다시 술탄의 손에 입을 맞추었고, 술탄은 그에게 금으로 된 화병 네 개를 선사한다. 자정에 그는 생존자들과 함께 배에 올랐다. 기사 200명과 병사 1,600명이 채 안 되는 규모였다. 몇 년 후, 기사단은 카를 5세가 내어준 몰타 섬에 정착한다. 나폴레옹 전쟁 때까지 이들은 그곳에서 머문다.

로도스 섬의 함락 소식은 유럽 전역에 비통함과 놀라움을 불러일으켰다. 키프로스는 아직 베네치아의 수중에 있지만, 이 또한 언제까지 지켜낼 수 있을지 모를 일이었다. 도데카니소스 제도의 다른 섬들은 과연 무사할 수 있을까? 위험이 점점 다가오고 있었고, 곧이어 오리엔트 지역에서 기독교 세력의 영토는 아무것도 남지 않을 것 같았다. 기독교 진영의 군주들 가운데 술레이만이 유일하게 승전보를 알린 베네치아 총독은 축하 인사를 전해왔지만, 그의 심경이 어땠을지는 짐작이 가고도 남는다. 로도스 섬의 함락은 그에게 장차 있을 힘든 싸움을 알리는 서막이었다. 그는 키프로스의 방어를 강화하고, 함대를 구축한다. 그가 할 수 있는 일은 이것밖에 없었다.

8. 투르크 제국의 포대

콘스탄티노플의 술탄이 손에 들고 있던 무기 때문에 기독교 세계의 놀라움은 더욱 컸다. 술탄은 최고의 포대를 보유하고 있었으며, 술탄의 부대는 당대 최고의 위력을 자랑하는 최신식 무기를 사용했다. 그리고 이제 기독교 세계는 그 위력에 대해 더욱 확신을 갖게 됐다. 종종 기독교도들의 찬조로 현장에서 만들어지기도 했던 터키의 엄청난 대포는 가장 최신식 공정으로 만들어졌으며, 유럽 전역에서 명성이 자자했다. 또한 오스만 군대는 기독교도들이 갖고 있던 포탄도 사용했다. 페르낭 브로델의 연구에 따르면, 1521~1541년 사이에 헝가리에서 압수된 포탄은 5,000개였다. 오스만 군대는 유럽에서도 포탄을 사들였다. 프랑수아 1세는 1543년 헝가리 원정 때 술레이만에게 유럽의 포탄을 보내주었다. 터키에 총포를 들여온 건 에스파냐에서 이주해온 '마란(가톨릭으로 개종한 에스파냐 및 포르투갈 유대인 − 옮긴이)'들일 가능성이 높다. 하지만 대부분의 총포는 오스만 제국 내부에서 제조되었으며, 주로 이스탄불의 총포 주조 전문 구역인 톱하네Tophane 지구에서 만들어졌다. 이 지역의 명칭은 지금도 그대로 보존된다. 포대의 병영 또한 이곳에 위치했다. 그 외 다른 총포 작업소들은 지방에 흩어져 있었다. 포병은 약 1천 명 정도이며, 여기에 지뢰, 화포, 대포, 폭탄 운송

전담 병사들이 더해진다.

오스만 제국이 다른 이슬람 권역 국가들보다 우위에 설 수 있었던 데는 포병대의 힘이 컸다. 셀림 1세 역시 총기를 발판으로 시리아와 이집트를 정복했다. 그로부터 몇 년 후, 페르시아에서는 술레이만의 대포가 일주일 연속으로 이란 서북부 타브리즈Tabriz를 폭격한 뒤, 도시를 함락시켰다. 오랜 기간 오스만 군대는 군사 기술의 최선봉에 있었다. 오스만 군대의 무기가 빛을 잃기 시작했던 건 과거 그렇게 대승을 거두게 해주었던 무기를 버리고 신형 무기를 받아들이지 못했을 때부터였다.

하지만 16세기 초반의 상황은 그와 무관했다. 대 투르크 제국의 포격을 견뎌낼 수 있는 요새는 그 어디에도 없었다. 마찬가지로 예니체리 보병부대와 시파히 기병중대를 당해낼 군대도 없었고, 어마어마한 수의 지방 시파히 기병대를 막아낼 군대도 존재하지 않았다.

봉토가 없는 영주이자 해임될 수 있는 봉신인 직업 군인 티마를르Timarli는 토지에서 얻은 수입으로 먹고 사는데, 대개는 이 땅을 경작한 농노들로부터 거둬들인 세금 형태로 소득을 얻는다. 술탄의 소환이 있을 때에는 언제든 무장하고 이에 응해야 할 의무가 있다.

티마를르가 동원해야 하는 장비의 성격이나 인력의 수는 이들이 급여로 받는 '티마르'의 규모에 따라 달라진다. 연간 4천 아크체 이상의 티마르를 받는 시파히는 갑옷을 입힌 수하 군인 제벨뤼Cebelü를 동원해야 한다. 1만5천 아크체 이상의 티마르를 받는 경우, 3천 아크체 당 1명씩을 데리고 와야 하고, (시파히 상위 계급으로) 총독이며 대위급인 수

바쉬Subaşı는 4천 아크체 당 1인을, 총독이며 고위 장교급인 산작베이들은 5천 아크체 당 1인을 동원해야 한다. 시파히는 대개 활과 검, 철퇴, 창, 방패 등으로 무장을 해야 한다. 특정 소득(수바쉬는 3만 아크체, 산작베이는 5만 아크체) 이상으로는 말에 씌울 갑옷을 제공해야 하는데, 이 방어용 갑옷은 얇은 강철판으로 이루어져 있음에도 기독교 기병대의 갑옷보다 훨씬 가볍다(뉴욕 메트로폴리탄 박물관에 전시된 갑옷 기준). 이들은 또한 막사도 가져와야 하는데, 그 수와 형태는 할당된 소득 수준에 따라 달라진다. 높은 급여의 티마를르들은 다양한 용도로 쓰일 막사를 가져왔는데, 금고와 주방, 마구간 등으로 쓰일 막사를 이들이 조달했다.

이렇듯 각자 지참해야 할 군 장비들은 사전에 미리 정해져 있었으며, 사령부에서는 전시 동원에 어느 정도의 병력과 물자를 조달받을 수 있는지 정확히 알고 있었다. 티마르 급여로 수만 아크체를 받는 일부 티마를르들은 중대 전체를 이끌고 오기도 했다. 수바쉬의 지휘 아래 모든 군사가 정해진 날짜에 집결하고, 전시 동원이 완료되면 고위 관리인 '베이'급 단위에서 지휘권을 이어받아 집결지까지 이들을 이끌고, 전 군대가 집결지에 모이면 술탄이 병사들의 상태를 검열한다. 시대 혹은 추산치에 따라 5천에서 2만 명 가량으로 달라지는 이들 병력은 술탄 군대의 경기병이 되었다. 전투에서 이들은 본진의 좌우 측면 부대로 활약한다.

전쟁에 참전하는 대신 연간 수입 2만 아크체 미만의 규모로 주어지는 봉토 티마르는 기본적으로 모든 토지가 국가 소유라는 오스만 제국의 기본 방침을 기반으로 한다. 이에 따라 정부는 군역을 제공받는 대가로 영토의 일부에 대한 소유권을 지급한다. 따라서 기본적으로 티마르는 전투에서 두각을 나타낸 병사들에게 정부에서 지급하는 것이었다. 산작베이나 베이레르베이가 제안을 하고 술탄궁에서 승인을 하면 티마르의 지급이 확정된다. 봉토의 지급 내역은 봉토의 규모 총액과 함께 토지대장에 기록된다.[41] 당국의 승인이 있을 경우, 아버지의 '티마르'는 아들에게로 세습될 수 있었으며, 이때 그 아들은 군인 계급에 속하거나 술탄의 종인 '쿨kul'이어야 티마르의 세습이 가능했다. 하지만 적어도 일정 시기까지는 티마르의 세습이 자동으로 이뤄지지 않았으며, 귀족 계급의 요체가 되는 특권층이 생겨날 위험은 전혀 없던 상태였다.

티마르를 하사받은 자가 군역을 제대로 이행하지 않거나 병력 동원에 나서지 않을 경우, 반역죄를 지었거나 탈영을 했을 경우, 중죄를 저지르거나 신성모독을 범한 경우, 해당 봉토의 소작일을 담당하는 농민 '레아야reaya'에게 학대를 가한 경우에는 티마르가 다시 회수될 수 있었다. 따라서 티마르는 해당 군인의 완전한 소유가 아니었으며, 언제나 그에 상응하는 활동을 해야 했다.

이보다 수적으로는 더 적으면서 지위상으로 더 높은 군사 계급은 술탄궁의 기병대로, 이들 또한 '시파히'나 (6연대라는 의미로) '알트 뵐뤽altı bölük'이라 불렸다. 대오에서 제일 앞에는 '시파히', 엄밀히 말하면 '시파히 소년대sipahi oğlan'가 선봉에 나섰다. '시파히 소년대'는 데브쉬르메 제도를 통해 선발된 아이들 중 문관보다 무관으로서의 자질이 더 뛰어나다고 판단되는 아이들이 보내지던 군대였다. 이들이 그렇다고 평생 군대에서만 머문 건 아니었으며, 이들 또한 얼마든지 군대나 정부의 고위직에 이를 수 있었다. 대오에서 그 다음에 오는 게 술탄의 근위대인 '실라흐다르silahdar'였다. 이들은 전투가 벌어지는 동안 시파히 소년대와 함께 술탄을 보호하는 임무를 맡았다. 다른 두 대대인 (좌익 및 우익의) '울루페시ulufeci' 기병대와, 마찬가지로 좌우 진영으로 나뉜 (오스만 제국의 외국인 용병) '구레바gureba' 기병대는 콘스탄티노플 및 다른 도시의 외곽에 주둔했다. 각각의 본대에는 수장인 '아아ağa'가 있으며, 각 병사들은 이 대대장의 안위를 책임진다. 티마르를 받는 시파히와는 달리 이들 기병대는 고정된 급료를 받는다. 술레이만 시대에 이들 기병대의 전체 인원은 총 1만5천 명 가량이었으며, 이들은 각각 활과 언월도, 창, 도끼 등으로 무장했다.

이보다 수적으로 더 많은 아킨지Akıncı는 평시에 병력 3만으로, 유럽 국경 근처에 주둔하던 기병대였다. 전시 중에는 자원병들이 이에 합세하였는데, 이들은 대개 전쟁 중 노략질을 노린 건달들이었으며, 간혹 전쟁 중 공적을 올려 대대장의 관심을 끈 뒤, 정규군에 편성되길 노리거나 티마르를 지급받으려는 사람들도 있었다. 이 지원병들은 적진에 대한 기습 공격에서 얻은 전리품이나 직접 거둬들이는 세금으로 먹고 살았다.

전투 기간 외에는 1만여 명으로 유지되다 전시에는 세 배로 늘어나는 '아자브ajab'는 요새를 지키거나 해군으로 활동한다. 이들은 징병으로 선발되며, 매달 급여를 받는다. '데르벤치derbençi'들 또한 지방군으로, 도로와 요새를 지키며 대상들을 보호하고, 교량 유지를 담당한다. 부대 당 25~30명씩 편성되어 교대로 복무하는 이들은 토지 지급이나 세금 면제 등의 방식으로 보수를 받는다. 유럽에서 '마르톨로스martolos' 라고도 불리던 이들은 술레이만의 영토 정복 후, 다뉴브 강에서 헝가리에 이르는 길을 따라 구축된 요새를 지켰다.

당시로서는 굉장했던 술탄군의 병력에 맞선 기독교 진영에는 군역에 대한 급료 수준도 낮고, 제대로 무장된 상태도 아니었던 군대밖에 없었다. 독일군은 헝가리에서 더는 싸우고 싶어하지 않았다. 와인 질이 안 좋고, 빵도 분필가루 맛이 나는 저질이었기 때문이다. 헝가리 국왕 로요슈와 합스부르크 국왕 페르디난트는 두려움에 떨며 최악의 상황을 예상한다. 이들은 카를 5세에게 계속해서 전언을 보내며 서로마 진영에서의 평화 조약 체결을 애원하고, 이후 중유럽 및 동유럽 국가들에게 지원을 부탁한다. 신성로마제국의 황제는 일단 프랑수아 1세와 담판을 지은 뒤, 그에게 자신이 원하는 조건대로 평화조약을 요구하려 했다. 일단 그러고 난 후에야 헝가리로 관심을 돌릴 것이었다. 이탈리아의 경우, 현재로선 다뉴브 유역의 유럽 국가들 문제보다 종교적 문제가 더 중요했다. 이 모든 상황들로 미루어보면, 카를 5세는 술탄이 자신의 기지에서 멀리 떨어진 곳으로까지 원정을 와서 그토록 장기전을 벌일지 몰랐던 듯하다. 그가 완전히 틀렸다고 볼 수는 없지만, 어쨌든 한 가족인 로요슈와 페르디난트는 현실을 직시했다. 서유럽 진영에서 자신들을 구하러 와주지 않으면 자신들의 왕국은 전멸되고 말리란 걸 정확히 간파했던 것이다.

9. 술탄의 총애를 받던 미남자 이브라힘

로도스 섬에서 돌아온 몇 달 후, 술레이만은 그동안 오랜 우의를 다져온 그리스 출신 이브라힘을 대재상에 봉한다.

술레이만 시대의 대재상 이브라힘은 소설 같은 운명의 경이로운 생애를 살았던 인물이다. 당대 최고로 막강한 제국에서 서른 살도 안 되어 최고위직에 오른 그는 술탄의 여동생과 혼인을 하며 거의 술탄에 준하는 권력을 누렸다. 하지만 최고의 권세를 누리게 된 그 시점에 죄인으로 전락한 이브라힘은 술탄궁 벙어리 시종의 손에 의해 교수형에 처해진다.

연대사가들이 쓰기에 따라 술탄의 '총애자'라는 뜻의 '막불Makbul'이라 칭하기도 하고, '살해된 자'라는 뜻의 '막툴Maktul'이라 칭하기도 하는 이브라힘은 1493년, 그리스 코르푸 섬 맞은 편 아드리아 해 근처의 작은 마을 파르가Parga에서 태어났다. 기습 공격 당시 붙잡힌 그는 정부 고관을 통해 당시 카파(테오도시아)에 있던 술레이만에게 인도되었을 거라는 설이 있다. 가장 그럴 듯한 또 다른 설에 따르면, 해적들이 그를 납치한 뒤 마니사의 한 미망인에게 팔았는데, 아이의 뛰어난 머리와 천부적 재능에 놀란 이 미망인이 아이를 훌륭하게 가르쳤을 것이라는 설이다. 이로써 어린 이브라힘은 모국어인 그리스어뿐만 아니라 이탈리아어와 페르시아어, 터키어까지 익힌다. 배움에 욕심이 많았던 이브라힘은 바이올린과 비슷한 현악기 또한 훌륭한 솜씨로 연주했다고 한다. 이스탄불 궁의 왕립 학교를 다닌 뒤, 술레이만이 마니사 총독으로 있던 당시 그의 시동으로 일한다.

두뇌도 민첩했던 데다 키가 크고 호리호리한 호남형이었던 그는 젊은 왕자의 관심을 샀다. 거의 동년배였던 술레이만이 그와 급속도로 친해졌기 때문에 이브라힘도 초고속 승진을 거듭한다. 술탄으로 등극하자마자 술레이만은 그를 왕실의 매사냥 담당 관리로 임명하고, 이어 술탄의 개인 침전 '하스 오다'를 담당하는 최고 관리로 임명한다. 술탄이 집무를 보기도 하고 잠을 자기도 하는 '하스 오다'의 관리직은 오스만 제국의 직급 가운데 가장 높은 직위에 속한다. 이곳을 돌보던 시종은 상시 술탄을 접할 수 있었고, 술탄이 잠을 자는 동안에도 그 곁을 지켰으며, 술탄이 어딜 가든 함께 갔다. 오스만 제국의 세 국새 중 하나를 그가 맡고 있기도 했다. 그보다 직급이 낮은 다른 침전 관리 두 명과 함께, 술탄의 최고 침전 관리는 술탄의 모든 개인적인 용무를 담당했다.

그러니 영특하고 매력적인 이 젊은 남성에게 술탄의 사생활 깊숙이 들어가기 위한 기회가 제공되었으리란 점은 쉽게 짐작이 간다. 두 사람이 함께 있지 않을 때에도 둘은 술탄궁 내부에서 서로 짤막한 쪽지를 주고받았다. 술탄궁 정원에서 수행원 없이 둘이서만 산책을 한 것으로 알려져 있으며, 보스포루스나 골든 혼에서 배를 타고 노닐 때에도 술탄은 뱃사공 없이 이브라힘만 독대한 것으로 전해진다. 술탄과 시종 사이가 이렇게 친밀한 적은 없었으며, 둘 사이에 대한 스캔들이 확산되자, 사관들은 술탄의 명성에 누를 끼칠 수도 있는 둘의 관계에 대해 차라리 함구하는 편을 택한다. 따라서 오늘날 전해져오는 증언들은 대개 베네치아 대사들을 필두로 한 외국인들에게서 수집한 것이었다. 오스만 제국에서의 시종은 우리가 보통 상상하는 것과는 상당히 다르다. 막강한 권력을 지닌 인물의 시종이 되면 부와 권세를 거머쥘 수 있는 기회가 제공되기 때문이다. 이브라힘과 술레이만의 지나치게 친밀한 관계는 대중의 시선에서 봤을 때 다소 멀리 간 측면이 있었다.

초고속 승진은 대재상에게 있어서도 우려의 요인이었다. 17세기의 연대사가 보디에Baudier는 이브라힘이 술탄에게 자신을 그렇듯 높은 자리에 올리지 말아달라고 부탁했을 것이라 이야기한다. 이브라힘이라면, 편안하고 평온하게 살아갈 수 있는 것만으로도 자신이 수행한 업무에 대해서는 충분히 보상받는 셈이라고 말했을 것이라는 추측이다. 술레이만은 그의 겸손함을 치하했으나, 그에게 가장 높은 품계를 수여하고 싶었다. 술레이만은 그 어떤 상황이 오더라도 자신이 통치하는 기간 동안 만큼은 그가 목숨을 잃을 일이 없을 것이라 맹세했다. 하지만 "술탄도 사람인데다 그의 주변 환경은 얼마든지 변하기 마련이며, 술탄의 총애를 입는 자는 거만해지고 배은망덕해지기 십상이다. 이에 술레이만도 그 자신의 약속을 잊게 되고, 이브라힘도 그 자신의 충성과 맹세를 차츰 저버린다."[42]

1523년 6월, 이브라힘은 대재상에 임명된다. 정부의 수장이자 최고 행정 책임자이며, (예니체리를 제외한) 군대의 통수권을 지닌 자가 된 것이다. 오스만 제국에서 그 어떤 직위도 이 같은 명예와 권세를 누리지 못하며, 이만큼의 물질적 부를 손에 쥘 수 있는 자리도 없다. 술탄을 보좌하며 대리하는 대재상은 전시 중엔 더욱 폭넓은 권력을 쥔다.

일부 결정에 대해서는 술탄에게 묻지도 않고 처리할 수 있는 권한이 있으며, 모두가 그에게 복종해야 한다.

재상들 사이에서 '1인자'가 된 이브라힘은 곧 다른 세 재상들의 권력을 훨씬 뛰어넘는 엄청난 힘을 거머쥔다. 술탄 술레이만 혼자서 제국의 모든 짐을 짊어지기에 오스만 제국은 너무도 광대했다. 13년 간 그는 이브라힘을 또 다른 자신으로 여길 만큼 전적으로 신뢰했다. 술탄의 총애를 한 몸에 받던 이브라힘이 사라진 뒤에도 대재상에게 엄청난 권력을 위임하던 술탄의 습관은 달라지지 않았다. 자신의 결정을 일일이 묻지 않은 막중한 책임 권한을 대재상에게 계속 일임했던 것이다.

술탄 제1의 시종이자 국가의 중심인 대재상은 존경을 한 몸에 받으며 거의 술탄에 준하는 권세를 누렸다. 금요일 기도회에서도 거의 파디샤와 같은 열에서 예배에 참석했고, 축일에는 고위 관료들이 그에게 와서 치사를 드렸다. 그가 술탄을 찾을 때는 술탄의 밀사인 차부쉬 çavuş가 그의 곁을 보좌했다. 그는 날을 정해놓고 관료들과 지방 총독들을 접견했으며, 어전회의도 개최했다. 술탄의 궁에서 술탄처럼 각료회의를 주재한 것이다. 그는 모든 고위 관리들의 위에 있었으며, 울레마의 수장으로서 의전상으로 그와 동등한 위치에 있는 셰이흘 이슬람만이 예외에 속했다.

곧이어 술탄은 이브라힘에게 또 다른 권한을 준다. 루멜리아의 총독 '베이레르베이'직을 준 것이다.[43] 루멜리아 총독 베이레르베이가 될 경우, 유럽 지역 내 오스만 제국이 보유한 영토의 다른 모든 총독들보다 우위에 있으며, 전쟁이 일어날 경우 전 지역 군대의 통수권을 갖는다.

베이레르베이는 또한 술탄이 전시 작전을 위해 동원할 경우 지역 시파히들을 집결시켜야 한다. 동일 권한을 지닌 아나톨리아 지방 베이레르베이와 마찬가지로, 루멜리아 지방의 베이레르베이 또한 엄청난 소득을 올릴 수 있다. 대재상으로서 이브라힘이 받는 상당한 녹봉에 더해 추가 소득을 얻는 것이다. 뿐만 아니라 술탄과 다른 관리들의 선물도 끊임없이 받게 된다. 벼슬 청탁을 해오는 사람들의 선물이 줄을 잇는 것은 말할 것도 없고, 원하는 바를 얻고자 하는 외국 사신들 또한 그에게 줄을 댄다.

막강한 부를 누리게 된 이브라힘은 술탄궁 근처 히포드롬 광장(과거 마차 경주가 열리던 타원형 경기장 아트 메이단At Meydanı) 가에 콘스탄티노플에서 가장 화려한 궁전을 세운다. 술탄의 여동생인 하디스 하님 Hadice Hanım과 결혼한 곳도 바로 여기였다. 둘의 결혼식에 대해 기술한 국내외 연대사가들은 모두 그곳에서 펼쳐지던 결혼식 연회의 성대함에 강한 인상을 받았으며, 결혼식 자리를 통해 술레이만이 이브라힘에게 아낌없이 보여준 우정의 표시에 대해서도 놀라움을 금치 못했다.

술탄을 위해 금사로 수를 놓은 벨벳 천으로 옥좌를 덮어 히포드롬 광장 위로 설치해 두었고, 술탄에게 예식 참석 초청장을 보냄으로써 결혼식 연회가 시작되었다. 초대장을 들고 간 건 서열 2위의 재상과 예니체리 대장이었다. '호화로운 선물'로 사례를 받은 두 사람은 파디샤의 입에서 이브라힘에 대한 극찬을 들었다. 군대를 지휘하는 대장들과 고위 관리들에게는 '더없이 성대한' 축하연이 베풀어졌다. 술탄의 궁으로 신부를 데리러 가기 전날인 아홉 번째 날, 술탄은 이브라힘의 궁전을 찾는다. 창문에는 비단과 금사로 만든 천막이 걸려 있었다. (훗날 그 무지함 때문에 해임되는) 황실 가정교사 셈스 에펜디Şems Effendi와 뮈프티 알리 제말리Ali Cemali를 자기 옆에 앉힌 술탄은 과학과 문학 분야에서 최정상을 달리던 이스탄불 최고의 지성인들 사이에서 그들의 설전을 경청했다. 총 책임을 맡은 시종은 일단 대재상만을 위한 테이블 세팅을 하고, 이어 울레마들 모두를 위한 식사 자리를 준비했다. 이어 울레마들에게는 "다과류가 제공"됐다.

술탄궁으로 돌아온 술레이만은 (장차 셸림 2세가 되는) 아들의 탄생 소식을 접한다. 콘스탄티노플 점령 기념일에 들려온 소식이었다. 그로부터 이틀 후, 야자수로 만든 화려한 가마 행렬이 이어졌고, 이어 술레이만은 친히 이브라힘의 궁을 방문했다. 그리고 이곳에서 무도舞蹈, 경마, 활쏘기 시합, 그 외 다른 오락거리 등을 참관한 뒤, 대재상 부부를 위해 지어진 결혼 축가를 들었다.

10. 제국의 새로운 분란

이브라힘이 대재상의 직위로 파격적인 승진을 한 사실은 오스만 제국 내에서 반란을 일으키는 간접적인 원인이 되었다. 만일 반란이 성사되었더라면 아마 천문학적인 규모의 결과가 초래되었을 것이다. 물론 고위직 관리가 반란을 일으키고 한 지방을 장악한 뒤, 독립적 지위를 구축하고 잠정적으로는 술탄의 자리까지 노리던 게 이번이 처음은 아니었고, 더욱이 마지막도 아니었다. 다만 이번에는 상황이 꽤 심각했다. 반란이 일어난 곳은 이집트였는데, 얼마 전부터 오스만 제국의 소유 하에 들어간 곳이었다. 주모자는 제2재상 아흐메드 파샤로 능력이 특히 출중하고 대담한 인물이었다.

대재상 피리 파샤Piri Pacha가 사직하고 그 자리에 이브라힘이 기용되면서 아흐메드 또한 사임을 표한다. 아흐메드는 사실 피리 파샤의 해임 건에 대해 관심이 없지 않았다. 그의 자리를 노리고 있었기 때문이다. 하지만 결국 그 자리는 이브라힘의 차지가 됐고, 아흐메드는 자신이 결코 대재상의 직위에 오를 수 없음을 깨달았다. 이브라힘을 공격하는 건 불가능한 일이었고, 이에 그는 스스로 사의를 표하면서 이집트 총독직을 요구했다. 술레이만은 즉시 이를 수락했다. 그리고 곧 그것을 후회했다.

아흐메드는 카이로에 도착하자마자 음모를 가동하기 시작했다. 아흐메드는 자신이 맘루크의 고위 관리들을 포섭했다고 생각했다. 그리고 이어 교황 및 예루살렘의 성 요한 기사단장에 대해서도 물밑 작업에 들어갔다. 기사단장에게는 기독교 진영에서 자신에게 함대를 보내줄 경우, 로도스 섬에서 터키 주둔군을 철수시키겠다고 약조했다. 그는 또한 페르시아의 이스마일 샤에게도 지원 요청을 했다. 확답을 받은 건 아니었지만, 이 같은 구원 요청에 대한 답을 기다리는 동안 그는 카이로에 있는 예니체리 세력을 제거한다. 카이로의 모든 예니체리들은 대거 학살되었다. 이에 아흐메드는 술탄의 직위를 손에 넣고, 화폐를 주조한 뒤, 자기 이름으로 기도를 암송한다. 아흐메드의 반란은 성공할 가능성이 어느 정도 있었으나, 맘루크 왕조와 아랍의 수장들이 그의 뒤를 따르겠다고 했다가 이어 그를 저버렸다. 결국 아흐메드는 암살되고 만다.

이외에도 여러 반란 기도가 뒤를 이었다. 1524년 초에 있었던 한 반란은 주동자 세력이 발견된 즉시 무산되고 말았다. 이보다 조금 더 심각했던 다른 반란 음모는 카늠 카쉬피Canım Kaşifi라는 한 맘루크조의 인물이 주도한 것이었는데, 그는 나일 강 삼각주 지역에서 장정 수천 명을 규합하는 데에 성공한다. 이 지역의 오스만 총독은 예니체리와 포병대를 파병해야 했다. 결국 카늠은 목숨을 잃었고, 반란은 무산됐다.

얼핏 봐도 이집트에서는 무언가가 잘못되어 가고 있었다. 반란 기도는 끊이질 않았고, 주민들의 불만으로 이 같은 움직임이 더욱 부추겨지는 상황이었다. 제국은 이러한 반란 음모를 우려했다. 반란의 움직임은 점령자 오스만 제국에 대항하여 일어났으며, 일단 모든 반란 기도를 다 제압하긴 했지만, 언젠가는 그 같은 반란 음모가 성공할지도 모를 일이었다. 따라서 반란 음모가 발각되면 일단 신속히 개입하는 게 우선이었다. 술레이만은 오스만 제국의 고위 정부 요인들 가운데 이브라힘만이 유일하게 시리아와 이집트에서의 질서를 바로잡고, 자신에 대한 아낌없는 충성심을 유지할 인물이라고 생각했다.

술레이만은 대재상 사절단이 크게 이목을 끌길 바랐다. 술탄은 그에게 예니체리 대원 500명과 보병 2천 명을 내어준 뒤, 마르마라 해의 프린스 제도까지 직접 그와 동행했다. 대재상의 공석은 일 년간 지속된다.

오스만 제국의 술탄 파디샤가 보낸 특사는 지역 주민들에게 단순한 부임 관료라기보다는 군주의 느낌으로 더 크게 다가왔다. 이브라힘은 일단 알레포와 다마스부터 들렀다. 최근 가잘리가 일으킨 반란의 여파가 아직 남아있는 지역이었다. 그는 단시간 내에 매우 능숙하게 두 지역을 재정비했다. 장교 및 관료의 수장들은 직위 해제됐고, 셀림 1세가 구축했던 행정 조직은 개편됐다. 세 명의 장관이 나누어 통치하는 방식으로 바뀌었으며, 각 지역의 본부는 다마스와 알레포, 트리폴리에 두었다. 이어 대재상 이브라힘은 카이로로 향했다. 그의 성대한 입성은 기존 술탄들의 입성과 그 차원이 달랐다. 시동들도 금으로 수놓인 천을 몸에 둘렀고, 병사와 예니체리들은 화려하게 복장을 갖추었으며, 대재상 자신도 화려하게 마구를 갖춘 말 위에 올라타 있었다. 술레이만이 하사한 마구 장식의 가격만 해도 15만 두카 이상이었다.

이 모든 화려한 채비는 그 동안 수백 년에 걸쳐 맘루크조가 다스려 온 군주 자리를 대체하러 온 총독에게 막강한 권력의 이미지를 부여하기 위한 것이었다. 여전히 저항하던 부족들도 진압됐고, 이들의 수장은 교수형이나 참수형에 처해졌다. 부당함을 호소하던 모든 사람들이 자신의 입장을 표했으며, 빚으로 옥살이를 하던 죄인들은 석방됐다. 세제와 법제, 관료들의 임금, 질서 유지, 사탕수수 판매에 이르기까지 제 규정들을 정하는 법전이 공포되었다. 이에 따르면, 자신의 직권을 남용하는 관료와 규정 위반자에 대해서는 엄중한 처벌에 처하도록 했으며, 이들 사안에 대해 종종 사형에 처해지기도 했다. 이로써 이집트 지역에서는 총독인 베이레르베이, 예니체리들과 베이들, 아랍 부족들 사이의 권력 관계에 처음으로 균형이 잡힌다. 이러한 제도를 바탕으로, 총독 베이레르베이의 권력은 이를 견제하는 베이들의 권력으로 제한된다.

이제 이집트와 시리아에서는 19세기 초까지 별다른 움직임이 보이지 않는다. 불과 몇 달 만에 이브라힘은 굉장한 정치적 수완을 보여주었으며, 공복公僕으로서의 모범을 보였다. 이에 그의 명성은 점점 더 높아졌다.

제2장

술레이만의 화려한 업적

이브라힘이 다시 이스탄불로 돌아왔을 때, 이스탄불 내부의 상황은 그리 좋지 않았다. 술레이만이 이제 막 예니체리들의 반란을 진압한 후였기 때문이다. 술탄은 에디르네 지역을 장악하느라 장기간 자리를 비웠고, 오래 전부터 술탄이 돌아오지 않고 있는 수도 전역으로 소란이 확대됐다. 이 같은 상황으로 미루어볼 때, 당분간 군사 원정이 전무할 것이란 사실은 쉽게 짐작이 갔다. 자신들의 불만을 표출하기 위해 예니체리들은 이브라힘의 궁전과 여러 고위직 관리들의 관저, 그리고 유대인 구역을 초토화시켰다. 부랴부랴 수도로 돌아온 술레이만은 자신의 권위를 세운다. 그는 자신의 손으로 세 주동자를 숙청하고, 다른 사람들은 모두 원래 자리로 되돌렸다. 이어 술레이만은 돈을 나누어 주었다. 하지만 처벌은 엄중히 이루어졌다. 예니체리 대장 및 시파히 대장과 여러 장교들이 처형됐으며, 이후 예니체리들은 술레이만의 통치 기간이 끝날 때까지 더 이상 소란을 일으키지 못했다.

이제 파디샤의 칼날은 어디를 향하고 있을까? 페르시아일까, 헝가리일까? 이스마일 샤의 뒤를 이어 타흐마스프 샤Şah Tahmasp가 즉위하자 술레이만은 일단 축하의 표시로 서신을 보냈는데, 이 편지에서 그는 타흐마스프에 대해 자신이 갖고 있는 느낌을 길게 서술하고, 아울러 '지상에서 신의 그림자' 역할을 하는 자로서의 굉장한 거만함을 표출했다.

만일 잘못된 생각으로 물든 그대의 기질 안에, 잠깐이나마 명예욕과 과욕이 있었다면 그대는 오래 전에 이미 사라졌을 걸세. 짐은 타브리스와 아제르바이잔에 칼날을 겨누기로 결심하고, 이란과 투란Turan, 사마르칸트Samarcande와 호라산Khorassan에 막사를 세울 작정이었네. 내가 지금까지 이 계획의 실행을 미뤄둔 건 헝가리 사람들과 프랑크족에 맞서, 그리고 세상에서 가장 위대하고 놀라운 두 요새 베오그라드와 로도스 섬에 맞서 싸우기 위해 원정을 떠나느라 이 계획을 뒷전으로 했기 때문이지. 그러니 산처럼 거대하고 엄청난 내 군대가 그대의 나라를 뒤덮고 그대의 왕국을 초토화시키며 그대의 가족들을 몰살하기 전에, 고개를 숙여 왕좌를 내놓고, 그대의 조상들처럼 수도승의 옷으로 몸을 휘감으라. 내게 신의 은총으로 빵 한 조각을 구걸하러 온다면 내 그대의 배고픔을 채워줄 것이며, 그대는 그대의 나라를 잃지 않을 수 있을 것이다. 하지만 그대가 파라오의 교만함에 빠지고 사냥꾼의 광기에 도취하며 계속해서 잘못된 길을 간다면, 창과 검이 요란하게 부딪히는 가운데 대포의 포효소리를 들으며 패망의 시간이 왔음을 느끼게 될 것이다. 그대가 개미처럼 땅 속으로 파고 들어갈 때에도, 그리고 새처럼 공중으로 날아오를 때에도 나는 시야에서 그대를 놓치지 않을 것이다. 신의 가호로 나는 그대에게 달려들어 이 땅에서 그대의 비열한 존재를 퇴출시켜 버리리라.[44]

술레이만은 이 편지를 보냄과 동시에 갈리폴리에 수감 중인 페르시아인 일부를 처형했다. 그리고 상황은 여기에서 끝나지 않았으며, 몇 년 간 비슷한 긴장 상태가 유지된다.

1525~1526년 겨울 동안 군사 준비가 계속되었는데, 그 칼날이 어디를 향할 것인지는 아직 밝혀지지 않았다. 터키 군대가 승승장구할 수 있었던 기반인 포대의 정비에 온갖 정성을 쏟았으며, 조선소도 선박의 건조에 들어갔다. 봄이 되자 모든 준비가 완료됐다. 술레이만은 결정을 내렸다. 이번에 그의 군대가 노리는 곳은 헝가리였다.[45]

술탄이 헝가리 원정을 시도하는 이유는 여러 가지였다. 기본적으로는 그가 베오그라드 원정을 감행하던 때나, 기독교 진영으로 발길을 향하던 때와 같은 동기였다. 우선 이슬람 영토를 확장한다는 가지 전사로서의 의무를 다하는 게 첫 번째 이유이며, 이어 전 세계를 통치하는 군주 자리를 노리는 게 두 번째 이유였고, 신에게서 부여받은 자신의 역할에 대한 자각이 세 번째 이유였다. 술레이만에게 지속적인 위협을 가하던 주변국의 막강한 군주들은 에스파냐 국왕 카를 5세, 프랑스 국왕과 영국 국왕 등이었으며, 이란 사파비조의 군왕이나 모스크바의 군주는 그의 관심 밖이었다. 전자의 경우 이단으로 멸시할 뿐이었으며, 모스크바 역시 그로부터 20년 후인 폭군 이반 시대에 가서야 비로소 대외 정책을 수행했기 때문이다. 따라서 그가 싸움을 벌일 전쟁터는 유럽이었다. 파비아 전투에서 패한 프랑수아 1세가 카를 5세의 볼모로 잡혀 있던 당시, 그가 술레이만에게 구조 요청을 했을 때, 술레이만은 곧 이탈리아로 쳐들어가서 에스파냐 국왕을 몰아내기 위한 대대적인 원정 계획을 실행할 참이었다. 하지만 프랑수아 1세가 석방되자, 이 계획도 무산됐다. 그러므로 프랑스 국왕이 술레이만에게 헝가리를 공격하도록 부추겼다거나, 그에 따라 기독교 진영이 대패한 모하치Mohacs 참사의 책임이 프랑수아 1세에게 있다고 보는 건 잘못된 시각이다.

1. 모하치 전투에서의 대승

출정에 나서기 전, 술레이만은 다른 지역에서 평시 상태가 별 탈 없이 유지될 것임을 확인했다. 로도스 전투 이후 베네치아와의 관계는 순조로운 상태였으며, 베네치아 공국의 태도는 달라지지 않을 것으로 예상됐다. 오스만 제국으로부터 새로운 특권을 부여받은 라구사 역시 마찬가지였다. 타흐마스프 샤는 카를 5세와 모의를 하고 있었지만, 그렇다고 전쟁을 일으킬 능력이 있는 건 아니었다. 발라키아 공국은 오랜 난국 끝에 결국 항복했다. 이 과정에서 라둘Radul은 군주로서의 자질을 확인시켜 주었다. 러시아 귀족들의 선거로 추대된 승려 출신 군주 라둘은 정적인 블라드Vlad가 퇴위 당해 콘스탄티노플로 망명한 뒤 즉위한 인물이었다. 카를 5세의 경우, (신성로마제국에 대항하여 교황청을 주축으로) 코냑 동맹이 결성되면서 이에 대한 우려가 컸기 때문에 동부 지역에서의 상황에 개입하려는 시도는 하지 않았다.

술레이만은 헝가리의 분열 상황이 그 어느 때보다도 심각한 수준이라는 점을 알고 있었다. 농민들의 생활상은 더없이 비참했고, 투르크족에 대해 자신들을 해방시켜줄 구세주로 생각하는 사람도 많았다. 야노시 서폴러이János Szapolyai는 왕좌를 거머쥐려는 술책을 썼고, 마자르 귀족들 사이에선 반 독일 감정이 팽배하여 왕과 합스부르크 출신 왕비를 둘러싼 모든 독일인들을 궁에서 몰아내려고 혈안이 되어 있었다. 하지만 당시 헝가리는 황제의 지원이 절실한 상태였다. 헝가리 국민들 사이에 루터의 종교개혁 사상이 퍼져 있었고, 이들의 입장에서 터키인들의 승승장구는 부패한 로마 교회와 부조리한 사회 현실에 대해 타당한 벌이었다.

1526년 4월 21일 월요일, 술탄은 10만 병력과 대포 300문을 이끌고 아드리아노플 관문을 통해 이스탄불을 떠났다. 술탄은 대재상 이브라힘과 다른 두 재상 무스타파 및 아야스, 그리고 술탄궁의 통역관 유니스Yunis 베이와 수많은 고위 관리들을 대동했다. 술탄의 군대는 산을 피해 하천을 따라가면서 북서쪽을 향해 베오그라드로 진격했다. 악천후로 플로브디프와 니시 사이를 지나는 길이 무척 험난했다. 강한 폭우와 비바람이 몰아치며 강물이 불어나 교량이 떠내려갔으며, 도로는 차마 지날 수 없는 상태였다. 언제나 거의 완벽에 가까웠던 오스만 군대의 규율은 더욱 강화되었으며, 파종이 된 밭이나 말을 풀어둔 곳을 짓밟는 군인들은 처형됐다. 술레이만의 일지[46]에 따르면 심지어 재판관조차도 교수형에 처했다고 한다. 소피아에 도착한 대재상은 페트로바라딘Petrovaradin 요새로 진군하여 도시의 포위 공격을 준비하라는 명령을 받는다. 그 동안 술탄은 베오그라드로 가고, 이곳에서 보스니아와 헤르체코비나의 산작베이들이 군대를 이끌고 술탄의 부대에 합류한다. 크리미아 타르타르조의 칸 사아데트 기라이Saadet Giray도 이곳에 있었다. 이브라힘은 폭약을 이용하여 신속히 요새를 함락시켰고, 연대사가들에 따르면 그는 주둔군 수비대의 머리 500두를 술탄에게 바치며 승전보를 알렸다고 한다. 오스만 제국의 인명 피해는 25명밖에 되지 않았다.

술레이만의 원정은 다뉴브 강을 따라 계속 이어지며 부다를 향했다. 오스만 군대는 도시 일록Ilok을 정벌하고, 이어 에섹Eszek도 손에 넣었으며, 술레이만은 이곳에 드라바 강을 건너기 위한 다리를 짓도록 했다. 길이 280자(약 332m)에 폭 2자(2.40m)인 이 다리의 공사는 단 5일 만에 완료됐다. 오스만 군대의 가교架橋 공병工兵은 예니체리와 포병들이었다. 군대가 다리를 건너면, 술레이만은 다리를 폭파하라는 지시를 내려 퇴로를 차단했다. 이어 오스만 군대는 늪지대와 이탄지를 지나 모하치 평원에 도달했다. 드라바 강과 다뉴브 강의 합류점으로부터 약 20여 킬로미터 떨어진 곳이었다. 그리고 헝가리 국왕 로요슈 2세는 부다로 가는 길목을 차단하기 위해 바로 이곳에서 술레이만을 기다렸다.

여느 때와 마찬가지로 기독교 진영에서의 단합은 기대할 수 없었다. 헝가리 국왕 로요슈는 유럽 전역에 간곡히 도움을 요청했다. 그는 영국 국왕에게 "폐하께서 신속히 지원군을 보내주지 않으면 왕국은 함락되고 말 것입니다"라고 서신을 보냈으나, 영국의 왕은 움직이지 않았다. 이란이 소아시아 쪽에서 오스만 군대를 유인하여 교란작전을 쓰는 방법도 시도하였으나, 이 또한 허사로 돌아갔다. 당시 에스파냐에 있던 카를 5세는 아예 귀를 막고 있었다. 유럽 일부 국가와 교황청이 힘을 합쳐 자신에게 반기를 든 코냑 동맹에 대응할 병력도 충분하지 않은 상황이었다. 위험을 인식한 페르디난트는 여름이 오기 시작할 때부터 게르만 의회에 열심히 사태의 심각성을 호소했지만, 의회는 카를 5세가 일단 종교 문제 해결을 위해 총회부터 소집해야 한다는 입장을 고수했다. 총회가 18개월 내에 이뤄질 수 있도록 약조하고 난 후에야 비로소 의회가 헝가리로 2만4천 병력을 파견하기로 결정을 내리지만, 때는 이미 너무 늦었다. 재앙이 이미 목전에 도달했기 때문이다.

국방의 기틀이 되는 헝가리 귀족들 또한 별로 열의 없이 움직였다. 이들은 가능한 한 자택에서만 머물 뿐이었고, 이들에겐 국왕의 지위를 강화할 생각도 없었다. 헝가리 귀족 계층에게 있어 국왕이란 그 특권을 깎아내려야만 하는 대상일 뿐이었다. 합스부르크 쪽의 왕권도 마찬가지였다. 부왕副王 바토리Batory의 지지 세력과 베르뵈치Verboeczy 지지 세력 사이에서 분열된 귀족들은 전쟁터에서도 단합을 이루지 못했다. 헝가리 귀족들은 야노시 서폴러이의 병력과 크로아티아 지방 군주 프란지파니Frangipani의 병력(약 3만~4만 명) 지원을 기다리지 않은 채 왕에게 전투 개시를 촉구했다. 칼로차Kalocsa의 주교인 수도사로 거의 마지못해 총사령관에 임명된 팔 토모리Pál Tömöri는 자기 혼자 단독으로 승리의 수확물을 거두고 싶어 했다. 그는 사람이든 말이든 머리끝에서 발끝까지 철갑으로 무장한 헝가리 기병대에 대한 맹목적인 믿음을 갖고 있었다. 그는 헝가리 기병대보다 훨씬 더 신속하고 민첩한 오스만 기병대의 우월함을 망각했다. 그는 특히 오스만 포대의 막강한 전투력을 잊고 있었다. 동맹 지원군이 부재한 상태에서, 헝가리군의 병력은 3만 명 정도였으며, 오스만군의 병력은 그 두 배였다. 거기에 술레이만의 군대는 철의 규율을 지키는 병사들로 이루어져 있던 반면, 헝가리 군대의 병사들은 그 누구의 말도 듣지 않았다. 헝가리군은 방어 요새를 전혀 구축하지 않았기 때문에 승리의 가능성은 그만큼 더 적었다. 더욱이 전투의 장소 또한 이들이 직접 선택한 것이긴 하였으나, 아군보다는 적군이 진지를 구축하기에 더 유리한 곳이었다. 페레니Perenyi 주교는 얼마 안 가 2만 명의 헝가리 순교자들이 천국으로 향할 것이라고 예상했다. 그의 예언은 틀리지 않았으나, 사망자 수는 잘못 짚었다. 그의 예상치를 뛰어넘었기 때문이다.

전투가 일어나기 전날 정오 무렵, 술레이만은 전시 작전회의를 열었다. 이 자리에서 국경 지역 주둔군인 아킨지 대장은 중무장을 한 기독교 진영 기병대와의 정면 공격을 피하고, 대오를 벌려 이들이 지나가도록 내버려둔 뒤, 이어 측면에서 습격하자는 작전을 제안했다. 술레이만은 이 같은 전략을 승인했고, 바로 이 작전이 전투의 향방을 결정지었다. 대재상 이브라힘은 막대한 포상을 약속하며 대오를 둘러봤다. 그리고 최전선에 있는 루멜리아 군대를 진두지휘했다. 그의 뒤로는 아나톨리아 지원 병력이 있었고, 술탄과 막강한 포병대가 버티고 서 있었다.

8월 29일 오후 3시 경, 적군의 포대가 포탄을 쏘아 전쟁의 시작을 알렸다. 오스만 군대가 대기를 하고 있자, 페레니와 토모리가 이끄는 헝가리 기병대가 선제공격을 퍼부었다. 루멜리아군은 전방에서 충격을 흡수한 뒤, 퇴각하여 아나톨리아군에게 바통을 넘겨줬다. 이제 작전회의에서 아킨지 대장이 제안한 전술을 펼칠 차례였다. 아킨지들은 대오의 간격을 넓혔고, 헝가리 군인들은 술탄에게 접근해 그를 생포하고자 오스만 군대의 벌어진 대오 사이로 몰려들었다. 이에 아킨지들은 좌우 측면 공격을 개시했다. 당대의 사학자인 케말파샤자드Kemalpaşazade[47]는 풍부한 비유가 섞인 특유의 문체로 다음과 같이 당시 상황을 기술한다. "아킨지들이 맹렬한 기세로 분주히 움직이자, 피바다가 요동을 치며 성난 파도를 일으키기 시작했다. 붉게 물든 머리들이 바닥에 널브러지며 전장은 튤립 화단 같은 모양새를 띨 정도였다. 방패들은 장미의 심장이 부서지듯 쪼개졌고, 투구는 장미 꽃봉오리 같은 붉은 색으로 채워졌다. 피의 안개들은 보랏빛 구름이 되어 하늘로까지 올라갔고, 승리를 보장받은 장수들의 머리 위로는 장밋빛 하늘이 펼쳐졌다."

헝가리 기병대는 최선을 다해 꿋꿋이 싸웠다. 그 중 32연대는 전투를 지속하며 술레이만이 있는 곳까지 도달했다. 술레이만은 이 날, 생애 최대의 위기를 맞이했다. 술레이만의 근위병 여럿이 목숨을 잃었으며, 공격해오는 말들의 뒷다리를 베고 술레이만을 호위하며 목숨 걸고 싸워준 예니체리 덕분에 목숨을 부지할 수 있었다. 술레이만 자신도 용기 있게 싸우며 위기를 모면했다. 수많은 창과 화살이 그가 있는 곳으로까지 날아들며 갑옷 위에서 튕겨나갔다.

이제 오스만투르크 제국의 포병대가 활동을 개시한다. 로요슈 국왕이 남아있는 중대들을 이끌고 성벽 근처로 다가오자, 이곳에 연쇄적으로 이어지며 진지를 구축하고 있던 포대는 일제히 포탄을 쏘며 공격을 개시했다. 헝가리 기병대는 완전히 제압됐다. 이어 아킨지들은 아직 살아있는 적군들을 추격했다. "양측 군대는 서로 뒤섞인 채 계속해서 난투극을 벌였다. 서로 검이 부딪히며 번쩍이는 빛이 동방 지역을 훤히 비추었고, 화살과 창, 투창 등이 수도 없이 날아들며 전쟁의 불길은 더욱 크게 번져갔다. 언월도의 칼날로 갈라진 갑옷은 흡사 (칼처럼 긴 주둥이를 가진) 황새치가 그물을 다 뜯어놓은 것 같았다."

전투는 그렇게 밤까지 이어졌다. 미숙한 포병들이 운용하는 헝가리 포대는 완전히 무용지물이었다. 기병대는 갑옷과 장비의 무게로 기동력이 떨어졌고, 비록 용맹스럽게 싸웠으나 지휘 체계도 엉망이었고, 규율도 잡히지 않았다. 케말파샤자드는 헝가리 총사령관 팔 토모리에 대해 감탄해마지 않았다. "쇠처럼 단단한 그는 전쟁에서 타격을 입으면 입을수록 더욱 더 전쟁에 빠져들었다. 거대한 코끼리이자 치명적인 살모사 같았던 그는 적에게 달려들기 위한 발톱을 세우고 싸움에 쓸 돌을 집어든 채 고개를 꼿꼿이 세우고 있었다. 상처투성이가 된 상황에서도 미쳐 날뛰는 개처럼 다시 일어섰다. 나일 강 물살처럼 맹렬히 공격하며 달려갈 때에는 그 포효 소리로 사자와 호랑이가 줄행랑을 치게 만드는 코끼리처럼 엄청난 함성을 내질렀다."

헝가리 병사들은 사방으로 흩어졌는데, 대개는 습지로 파고들었다.

이 가운데 헝가리 국왕도 끼어 있었다. "부끄러움에 사로잡혀 어쩔 줄 몰라 하던 반군 무리는 말과 무기를 이끌고 강으로 발걸음을 재촉했고, 강에서는 곧 물에 빠져, 혹은 총에 맞아 목숨을 잃은 자의 수가 늘어났다." 술레이만의 완벽한 승리였다.

패주하여 달아나는 적들을 쫓기에는 시간이 너무 늦었고, 이에 오스만 군대는 전장에서 밤을 보내기로 한다. "전쟁에서의 승리를 기리는 나팔 소리가 자정 때까지 울려 퍼졌다." 다음날 술레이만은 이브라힘 및 제2재상과 함께 전쟁터를 둘러본 뒤, 붉은 색 막사 안에 마련된 금색 왕좌 위에 앉아 고위 관리들의 축하를 받고, 수많은 포상을 나누어 주었다. 헝가리 주교 일곱 명을 포함하여 2천 명의 참수된 머리가 술레이만의 막사 앞에 산처럼 쌓아올려졌다. 적의 사망자 수는 3만 명 정도로 추산되었으며, 그 중 4천 명이 기병대였다. 헝가리는 이 같은 패배에서 도저히 다시 일어설 수 없는 상황이었고, 내부 분열과 지휘 본부의 경솔함, 포병대 활용 능력 부족 등이 패인으로 지적됐다.

모하치에서의 승리로 대재상의 위신이 더욱 올라갔으며, 그에 대한 술탄의 총애도 마찬가지로 높아졌다. 술레이만은 "복을 가져다주는 신의 날개처럼 이 깃털이 그 그늘로써 그를 감싸줄 것"이라고 하며 이브라힘의 터번 위에 다이아몬드로 장식된 왜가리 깃털 장식을 손수 꽂아 주었다. 좌중은 술탄의 총애를 받는 이브라힘이 전투 중 보여주었던 능력과 용기를 추켜세웠다. 케말파샤자드는 승리의 공을 그에게 돌렸다. "전투를 눈부신 성공으로 이끌고, 부정한 신도들의 무리를 무너뜨리면서 이슬람의 영광을 높인 일등공신은 전투의 수장이었던 신중한 대재상 이브라힘 파샤였다. 그의 창은 마치 성난 매의 부리와도 같았으며, 피로 물든 그의 양날 검은 용맹스러운 사자의 발톱 같았다." 케말파샤자드는 또한 그를 "우주에 햇볕을 내리쬐는 태양"에 비유한다. 이브라힘은 맹렬히 먹이를 쫓는 사자였으며, 줄기 위로 가늘고 뾰족한 잎을 비죽비죽 내미는 실편백나무였다. 이러한 과장된 표현은 술탄 주위 관리들의 견해를 반영한 것이다. 이제 술탄에 버금가는 지위에 오른 대재상의 앞에는 창창한 미래가 펼쳐져 있었다. 그러나 제국에서 가장 막강한 권세에 오른 사람은 제일 눈에 띄게 마련이다. 이후 10년도 안 되어 그는 나락으로 떨어진다.

술레이만은 어머니에게 직접 편지를 써 승리의 소식을 전했다. 이스탄불과 지방 총독들에게도 승전보가 전해졌다. 총독들에게 보낸 편지는 모두 동일했다. 비유가 많이 섞인 다채로운 문체로, 술탄은 다뉴브를 향해 진격하던 군대의 행군에 대해서도 쓰고, 전시 준비상황 및 전투 그 자체에 대해서도 묘사했다. 그는 특히 이브라힘에 대한 칭찬을 아끼지 않으며 "자신의 타고난 모든 진가를 발휘한 이 영웅"을 치켜세웠다. 마지막 대목에서 그는 다음과 같이 표현한다. "너그러운 신께서 우리의 명예로운 군대에 전례 없던 승리를 안겨주시었다. 눈부신 업적을 남긴 그 어떤 술탄도, 막강한 위력의 칸들도, 심지어 선지자의 동료들도 이 같은 승리는 거둬들이지 못했다. 신을 모독하는 이들의 나라에 남아 있던 잔당들은 모두 제거되었다. 세상의 주인이신 신에게 영광을 돌릴지어다." 무슬림 세계에서도 이번 전쟁에 대해 이와 같이 해석했다. 과거 선조들이 국경을 넓히기 위해 노력했던 것과 마찬가지로 술레이만 또한 이슬람 세계의 승리를 위해 전쟁을 벌였던 것이다. "이 위대한 승리는 이슬람이 거둔 가장 위대한 승리 중 하나였다. 오늘날에 이르기까지 이 같은 대승을 거둔 파디샤는 단 한 명도 없었다."[48]

술레이만은 지체 없이 출정 명령을 내렸고, 9월 10일 술레이만의 군대는 부다 앞에서 숙영했다. 그는 궁 안에 자리를 잡고, 곧이어 주민들과 재산에는 어떤 해도 끼치지 않을 것임을 알렸다. 하지만 이 같은 술탄의 명령은 거의 지켜지지 않았다. 비정규군은 도시 일부에서 약탈과 방화를 일삼았으며, 이브라힘이 만류해도 소용없었다. 주변 도시에서도 몇 주간 약탈과 살상이 계속됐다. 케말파샤자드 또한 다음과 같이 기술한다. "아킨지들은 산처럼 쌓인 보물들 속에 파묻혀 있었고, 튤립같이 붉은 루비로 왕관을 만들었다. 예니체리들은 전리품을 너무 많이 챙긴 탓에 이들의 모자 안은 백합 같은 금들로 가득 채워졌다."

부다를 떠나기 전, 이브라힘은 성 안의 보물들과 헤라클레스, 다이아나, 아폴론 동상들을 포대의 군함에 실으라고 지시했다.[49] 그는 또한 헝가리 선대 왕 마티아스 코르비누스의 장서들을 가져갔는데, 그 장서들은 당대 최대의 규모였다. 헝가리 귀족들도 술탄에게 와서 순순히 항복했다.

11월 말, 술탄은 군중들의 환호 속에 콘스탄티노플로 귀환했다. 페트로바라딘을 제외하고 다른 곳에는 주둔군을 전혀 남겨두지 않았다. 전쟁은 기독교 진영을 응징하기 위한 원정에 해당했으며, 순전히 기독교 진영의 패배였다. 하지만 얼마 안 가 영토 점령도 실시됐다.[50]

모하치 전투는 유럽 전역에 엄청난 반향을 일으켰다. 누구도 헝가리 국왕을 도우러 와주지 않았지만, 모두가 헝가리의 패배를 애석하게 생각했다. 사실 몇몇 카산드라들을 제외하면, 유럽에서 그 누구도 오스만 제국이 이렇듯 베오그라드를 함락한 뒤 중유럽 깊숙이까지 쳐들어와서 부다를 함락시킬 것이라고 생각하지 않았다. 구교 진영에서든 신교 진영에서든 이 같은 참패가 신께서 기독교인들에게 죄에 대한 벌을 내리신 것이라고 생각했다. 그나마 종교에 눈이 덜 먼 사람들은 이 같은 패배의 원인이 다른 데에 있다는 걸 깨달았다. 기독교 진영의 내부 분열과 안이한 발상 및 이기주의가 "연속적인 분열을 일으킴으로써 유럽을 일개 소국으로 만들고, 그 같은 분열 사태가 기독교 군주국 사이에서 나날이 더 커져만 가고 있다"고 본 것이다.[51]

2. 술레이만, 헝가리 국왕을 임명하다

헝가리 국왕 로요슈는 처형되고, 기병대 대다수가 목숨을 잃었으며, 부다는 불에 탔다. 나라 안은 폐허가 됐고, 이 모든 불행에 더해 헝가리는 왕위를 둘러싼 내분까지 겪는다. 이 일은 약 20여년 후 왕국이 독립적 지위를 잃어버리는 데에 크게 영향을 미친다. 기독교 진영의 적에 맞서 전쟁터에서조차 단합을 이루지 못했던 헝가리 귀족들은 국왕을 선출하는 모습에서도 분열된 모습을 보여주었다.

카를 5세의 동생인 합스부르크 대공 페르디난트는 헝가리 로요슈 국왕의 누이인 안느와 혼인을 했기 때문에, 모하치 전투가 발발한 직후부터 자신의 왕위 계승 권한을 내세웠다.[52] 헝가리 귀족들 대부분은 외지인보다 현지 출신 대공의 왕위계승권을 더 선호했다. 외국 출신 국왕이 선출될 경우, 현지 출신 왕보다 다루기가 더 쉽지 않았기 때문이다. 모하치 전투가 발발하고 6주 후, 헝가리 귀족들은 트란실바니아의 태수 야노시 서폴러이를 왕으로 선출한다. 야노시 서폴러이는 결혼을 통해 폴란드 야겔론Jagellon 왕조와 연을 맺은 상태였다. 하지만 페르디난트 역시 지지 세력을 보유하고 있었고, 그 해 말이 되기 전에 그는 왕으로 선출되어 왕위에 오른다. 헝가리에 두 명의 왕이 생긴 것이다.

서폴러이는 서로마 진영의 세력 증강을 우려하는 모든 이들의 호감을 사고 있었다. 이들은 합스부르크 왕가와 특히 (서폴러이에게 막대한 후원금을 지원한) 프랑수아 1세, 바이에른 지역의 대공들, 교황 클레멘스 7세, 베네치아 공국, 잉글랜드 국왕 등의 세력이 커지는 걸 꺼려했다. 하지만 이러한 세력 견제는 실질적이라기보다 말로만 이뤄지는 상황이었고, 이에 얼마 후 페르디난트의 군대는 부다에서 서폴러이를 몰아낸다. 토카이에서 패한 서폴러이는 폴란드로 망명한다. 그를 구해줄 수 있는 건 이제 다뉴브 지역의 중재 역할을 맡고 있는 술레이만밖에 없었다.

1527년 12월 말, 서폴러이가 보낸 특사 야로슬라프 라스키Jaroslaw Laski가 콘스탄티노플에 당도한다. "문무를 겸비한" 라스키는 우선 대재상과 베네치아 대표 로도비코 알로이시 그리티Lodovico Aloysi Gritti[53]의 지지를 확보하는 일부터 시작했다. 안드레아 그리티 베네치아 총독의 서자였던 그리티는 "교활하고 아부를 잘하며, 돈 욕심이 많고 야심이 큰 인물로 언제든 파렴치한 술수를 쓸 준비가 되어 있었다."[54] 그런 그리티는 곧 이브라힘에게 상당한 영향력을 미치는 존재로 부상했다. 이 두 실세의 힘을 빌린 덕분에 라스키가 맡은 일은 단시일 내에 순조롭게 진행됐다. 더욱이 그는 선물을 이용하여 다른 재상들 또한 중립을 지키기로 언약을 받아둔 상태였다. 이브라힘은 일단 격한 언어로 말을 했다. "우리는 국왕을 죽였고, 왕의 거처를 점령했으며, 왕국은 이제 우리 손에 들어왔다. 왕관을 거머쥐는 것만으로 왕이 된다니 이 무슨 망발인가? 금이나 보석으로는 권력을 살 수 없다. 그 나라의 권력을 장악하는 건 우리 손에 달려 있다. 검으로 얻은 것은 검으로써 지켜져야 한다. 만일 그대의 주인이 술탄의 손을 잡고 그를 군주로 인정한다면, 그대의 주인은 왕국을 얻게 될 것이오, 페르디난트와 그 잔당들을 가루로 만들어버릴 우리의 도움을 받을 수 있을 것이다. 그리고 우리는 기마병의 말발굽으로 저들의 산을 납작하게 만들어버릴 것이다. 우리 터키족은 말보다 행동이 앞서는 민족이다. 필요하다면 우리는 간다. 우리는 부다를 또 하나의 콘스탄티노플로 만들어버릴 것이다."

라스키가 실패도 성공도 거두지 못한 채, 수주일의 시간이 흘러갔다. 그리고 마침내 라스키는 술탄과의 알현에 성공한다. 이제 술탄은 확실히 결정을 내렸다. 그가 인정한 헝가리 국왕은 서폴러이였다. 술레이만은 자기 마음대로 주무를 수 있는 약소국의 왕을 선호했다. 합스부르크의 대공은 야심이 큰 데다 신성로마제국에 속하는 나라들의 지지를 받고 있었고, 이 지역의 인적·물적 자원들이 모두 그의 뒤에 버티고 서 있었다. 서폴러이라면 그의 봉신이 될 것이었고, 페르디난 트라면 그의 적이 될 것이었다. 이에 술탄은 라스키에게 다음과 같이 말한다. "그대 왕의 투항을 기꺼이 받아들이노라. 물론 그대의 왕이 다스리던 지역은 지금까지 그가 아닌 짐의 것이었느니, 짐이 전쟁으로써 그리고 검으로써 정당하게 얻은 것이었다. 짐은 또한 오스트리아의 페르디난트에게 맞서는 그대의 왕에게 지원군을 제공해줄 터이니, 이에 그대의 왕은 평화로이 잠잘 수 있을 것이다." 라스키는 "유일신의 이름으로, 그리고 구세주이신 주 예수의 이름으로" 자신의 국왕이 술탄 술레이만의 친구이자, 그와 "동일한 적을 적군으로 삼는 아군이 될 것을 맹세"[55]한다. 얼마 후, 그리티는 헝가리 왕의 대표로 부임하고, 1528년 2월 28일, 오스만 정부는 서폴러이에게 페르디난트와의 1차 전투에 쓸 대포 50문과 화약 500퀸탈(약 50톤)을 지원해주기로 한다.

　페르디난트 진영에서는 서폴러이가 성공적으로 술레이만을 포섭한 것에 대해 발빠르게 정보를 입수했다. 이 같은 사태를 예상치 못했던 페르디난트는 자기도 콘스탄티노플로 사신을 급파한다. 하지만 페르디난트는 서폴러이보다 능숙하지 못했고, 페르디난트의 협상 인력 또한 라스키보다 능력이 떨어졌다. 협상단을 이끈 호보르단스키 Hobordansky는 베오그라드를 포함하여 헝가리에서 오스만이 가져간 모든 영토를 얻어오라는 지시를 받았다. 그는 이 같은 요구 사항을 굉장히 서툴게 전달했으며, 오스만 제국 사람들은 이 같은 요구에 놀라움을 금치 못한다. 이브라힘은 "다른 모든 기독교 열강들이 술탄의 비호 하에 몸을 피하는 상황에서, 그대의 주인은 어찌 오스만 제국의 황제 앞에서 감히 그토록 강력한 군주를 자처하고 나서는 것인가?"라고 물었다. 이에 호보르단스키는 그가 말하는 기독교 열강들이 어디냐고 반문했고, 이브라힘은 프랑스와 폴란드, 베네치아 공국, 트란실바니아 등이라고 대답했다. 그러자 호보르단스키는 페르디난트가 반환을 요구한 오스만 제국령들을 열거했다. 그러자 이브라힘은 "아예 콘스탄티노플을 내놓으라고 하지 그러는가?"라며 비꼬았다.

오스트리아에서 보낸 특사의 어조와 거만함에 심기가 거슬린 술레이만은 이들을 체포하고 이들의 거처를 감시했다. 오스트리아 특사들은 거의 9개월 동안 이곳에 갇혀 지냈다. 이어 숙소에서 풀려난 이들에게 1인당 200두카의 선물이 지급됐다. 술탄은 이들이 떠나기 전, 이들을 맞아 한 마디를 던졌는데, 그 어조로 미루어보아 앞으로의 상황은 결코 순조롭지 않아 보였다. "그대의 주군은 지금까지 우리와 화친 관계를 유지하고 이웃 국가로서 존중받으며 살았던 게 어떤 결과를 가져왔는지 몰랐던 듯하나, 이제 곧 그걸 알게 될 것이다. 그대의 주군에게 가서 전하라. 내가 곧 전력을 다하여 몸소 그를 만나러 갈 것이며, 그가 요구하는 것을 내 손으로 직접 돌려줄 생각이라고 말이다. 아울러 그대의 주군에게 우리를 받아들이기 위한 모든 준비를 다 해도 좋다고 전하라." 기고만장해진 호보르단스키는 술레이만이 동맹으로서 올 경우 페르디난트 대공이 이를 기쁘게 맞아줄 것이나, 적으로서 맞아줄 준비의 태세 또한 되어 있다고 대답했다.

외교 사절단들이 모두 떠나고, 술레이만과 이브라힘은 전쟁 준비에 들어갔다. 이번 기회를 통해 두 사람은 술레이만이 유일하게 적수라 생각하는 카를 5세의 군대를 모두 짓밟아주고 난 뒤, 오스트리아 빈까지 터키의 군대를 밀고 들어갈 참이었다. "황제를 자처하는" 카를 5세, 지금까지 끊임없이 정면승부를 피해온 그를 제압하러 떠나는 것이다.

일찍이 두 사람이 서로 만났었을 가능성은 별로 없었다. 카를은 동생인 페르디난트에게 티롤, 카른트너, 슈타이어마르크, 오스트리아 등과 같은 공국의 대공 지위를 양위했고, 다뉴브 지역의 방어를 맡았던 페르디난트는 합스부르크 왕가가 유럽 내에서 중대한 분쟁에 휘말렸을 때, 그 책임이 너무도 무거운 상태였다. 따라서 그는 지상에서 오스만 제국을 물리치는 데에 힘쓰기로 하고, 카를은 지중해 지역의 방어를 책임졌다. 뒤에서도 살펴보게 되겠지만, 카를은 이 지역에 대해 고심이 많았다. 따라서 40년이라는 재위기간 동안 그가 직접 군대의 수장으로서 오스만의 공격에 맞서기 위해 빈에 들른 건 1532년 단 한 차례뿐이었다. 운명은 결코 신성로마제국의 황제와 무슬림의 총사령관을 일대일로 대결시키지 않았다.

3. 위기에 처한 빈

술레이만은 재위 8년 만에 세 번째로 군대를 이끌고 북부로 떠났다. 술레이만은 이브라힘을 세라스케르, 즉 군 최고사령관에 봉했고, 그에게 친히 털외투 세 장과 화려하게 안장을 단 말 여덟 필을 하사하고, 아홉 번째 말에는 검과 활, 화려한 보석으로 장식한 화살통을 실었으며, 말꼬리 여섯 개와 군기도 네 개가 아닌 일곱 개를 싣도록 했다. 군기는 흰색, 녹색, 황색이 각각 하나씩이었고, 적색이 두 개, 줄무늬 있는 게 두 개였다. 이는 일곱 개의 행성이 전시 작전 동안 행운을 지켜 준다는 뜻이었다.

1529년 5월 10일, 원정대는 이스탄불을 떠났고, 성대한 출정식도 이젠 익숙한 행사였다. 술레이만은 예니체리와 시파히, 아킨지 수천 명의 한가운데에서 진군했고, 포대와 행정 및 경리 담당 관료들도 완벽한 규율과 질서를 지키는 가운데 그 뒤를 따랐다. 앞선 북부 원정에서와 마찬가지로 강물이 불어나면서 진군에 상당히 애를 먹었고, 이에 베오그라드까지 이르는 데에 두 달이나 걸렸다. 마리자Maritza 강 위의 다리 하나도 떠내려갔고, 홍수가 진지를 덮쳐 수많은 병사들이 익사했다. 술레이만의 군대는 모라바 강과 사바 강에서도 마찬가지로 난관을 겪었으며, (크로아티아 동북부에 있는 도시) 오시예크Osijek에서 드라바 강을 건널 때에도 상황은 다르지 않았다. 마침내 군대는 제국이 거둔 위대한 승리의 순간에 대한 기억이 깃들어 있는 모하치에 도달했다. 그리고 서폴러이는 이곳으로 술탄을 영접하러 와야 했다.

의식은 성대하게 치러졌다. 대재상은 예니체리 500명과 시파히 500명을 이끌고 서폴러이 앞으로 다가갔다. 서폴러이는 6천 명의 기병대를 이끌고 왔다. 엄숙한 분위기 속에서 술탄과의 알현이 이뤄지는 가운데 술탄은 궁전과 군대의 고위 관료 여덟 명 앞에서 서폴러이를 헝가리의 국왕으로 인정했다. 예니체리는 어전회의가 열리고 있는 막사 주위를 에워싸고 있었고, 이들 뒤로는 시파히와 루멜리아 군대가 자리를 지켰다. 오스만 관료들의 호위를 받으며 서폴러이가 앞으로 나왔다. 술레이만이 앞으로 세 발자국을 걸어가자, 서폴러이는 그의 손에 입을 맞추며 자리에 앉아줄 것을 권했다. 이 시기에 그려진 미세화 그림을 보면, 젊은 술탄 술레이만이 왕좌 위에 앉아 있는 모습이고, 서폴러이는 터키의 전통 의상 카프탄을 입은 채 술탄을 영접하고 있다. 그런 서폴러이에게 술탄은 제국의 소유가 된 헝가리 왕관(성 이슈트반 왕관)을 하사한다. 서폴러이를 자리에서 물리기 전, 술레이만은 그에게 다정한 말을 건넸으며, 금으로 된 마구 장식을 단 말 세 필과 금사로 짠 카프탄 네 벌을 선물로 하사했다. 기독교 진영의 헝가리 군주는 이제 콘스탄티노플 술탄의 봉신이 됐다. 곧이어 술탄은 "이 왕국은 짐의 소유이며, 나는 이곳에 내 신하를 왕좌에 임명한 것이다"라고 말했다. 그리고 다음과 같이 덧붙였다. "그에게 나는 왕국을 하사하였으며, 내가 원할 경우 다시 이를 회수할 수 있다. 이를 자유자재로 처분할 수 있는 권리는 짐의 권리이기 때문이다. 또한 이곳의 모든 주민들 또한 짐의 신하이니라." 헝가리의 독립적 지위라는 것은 허상에 불과했다.

모하치를 떠난 사흘 후, 술레이만과 그의 군대는 페르디난트의 지지 세력이 점거한 부다 앞에 자리를 잡았다. 터키 진영에는 프랑수아 1세의 대사 안토니오 랭송Antonio Rinçon이 있었는데, 그는 프랑스 국왕과의 동맹에 대한 기념금으로 지참금 4만 에큐를 들고 왔다. 포위는 짧게 끝났다. 다섯 번째 날, 오스만 군대는 도시의 성문 가운데 하나를 손에 넣었고, 그 다음 날 이들은 총공격을 개시하였으며, 도시는 오스만 군대에 항복했다. 예니체리들의 약탈 행위는 금지되었다. 이에 대한 보상 심리로 예니체리들은 수많은 주민들을 잡아다가 노예로 팔았으며,

오스트리아인들을 대거 학살했다. 어느 한 목격자의 증언에 따르면 "너무 많은 사람들의 목이 베어져서 그 수를 헤아릴 수 없을 정도"였다고 한다.

도시를 함락시킨 뒤 일주일이 지나고, 서폴러이는 엄숙히 헝가리 왕좌에 오른다. 예니체리 부대장이 의식을 주재했다. 술레이만은 이 자리에 참석하는 것을 자제하고, 심지어 재상을 대리로 파견하는 일도 피한다. 곧 제국에 복속될 일개 속국의 봉신에게 지나친 비중을 부여하지 않겠다는 점을 보여주려던 심산이었다.

가을이 다가오자, 술레이만은 지체 없이 빈으로 향하라는 명령을 내렸다. 혹독한 계절이 오기 전에 빈을 함락시킨 뒤, 이곳에서 겨울을 보내려는 그의 의지는 확고했다. 원정 거리는 상대적으로 짧았으며, 9월 27일에 12만 병력과 군용 낙타 2만8천 마리가 빈 어귀에 당도했다. 유럽의 심장인 빈의 성벽 앞에서 (그의 바람대로) 에스파냐 국왕의 패배를 예상하던 술레이만의 모습은 '화려한 왕'이라는 수식어처럼 그 어느 때보다도 화려하게 빛났다. 술레이만의 진영은 세머링Semmering이라는 마을 근처에 진을 치고 있었다. 기둥머리가 금박으로 장식된 기둥이 술레이만의 막사를 곁에서 에워쌌고, 금사로 된 천이 내부를 장식했다. 막사 주위는 예니체리 1만2천 명이 열을 지어 서 있었다. 이들 뒤로는 아시아 쪽에서 파병을 온 군대와 함께 아나톨리아의 베이레르베이들이 지키고 있었고, 더 멀리 떨어진 대재상 이브라힘의 막사 쪽에는 전방을 지휘하는 보스니아 총독과 후방을 맡는 세르비아 총독, 그리고 루멜리아 군대가 함께 있었다. 포대는 장포와 포신 등 대포 300

문을 구비해두고 있었다. 술탄이 가진 포대의 규모가 이게 전부는 아니었다. 기후 상황이 좋지 않아 대포의 수송이 지연됐기 때문인데, 작전 수행 중에는 심각한 문제가 될 수도 있는 부분이었다.

반면 포위된 도시의 군대는 병력 2만과 대포 72문이 전부였다. 니콜라 드 삼Nicolas de Salm 백작이자 로겐도르프Roggendorf 남작으로, 이곳의 총독인 필립 드 바비에르Philippe de Bavière가 군대를 지휘했다. 보헤미아와 에스파냐, 슈타이어마르크, 저지 오스트리아 등 신성로마제국의 군대와 "감히 투르크족에 대항할 생각을 한" 빈 부르주아 계층의 군대가 이들과 함께했다. 페르디난트는 린츠Linz에 진지를 구축하고 싶었다. 이곳이라면 형인 카를 5세와 지속적으로 연락을 취하며 필요할 때 구조 요청을 보낼 수 있기 때문이었다. 두 사람 모두 최악의 상황을 예상하고 있었다. 즉, 빈이 함락되고, 이어 오스만 제국과 독일에서 장기전을 벌일 상황까지 염두에 두고 있었던 것이다.

기독교 세계에서는 모두들 위험을 의식하고 있었다. 이제 이것은 멀리 떨어진 헝가리나 다뉴브 유역의 나라들하고만 관련된 일이 아니었다. 위험은 유럽 중심을 향해 다가오고 있었다. 이번에는 독일의 신교도들도 동원됐다. 이렇게 중대한 상황에 페르디난트를 버린다면 엄벌에 처할 것이라고 카를 5세가 위협했기 때문이다. 하지만 루터 자신도 황제와 그 동생을 돕는 데에 합의했고, 신교도들은 페르디난트의 우려와 달리 합스부르크 왕가가 처한 난관을 이용하여 독일에서의 내분을 일으킬 생각이 없었다.

도시의 방어는 상당히 조직적으로 이뤄졌다. 비가 끊임없이 내렸던 탓에 술레이만은 한 달을 놓쳤고, 게다가 홍수가 나서 상황은 페르디난트와 도시 주민들에게 유리하게 돌아갔다. 이 틈을 타서 포위 공격에 대비해 적절한 조치를 취할 수 있었기 때문이다. 성벽이 더욱 강하게 축조되었으며, 성벽 주위를 둘러싸고 있던 가옥은 파괴됐다. 물자와 보급품도 대량으로 비축하고, 혹시 모를 화재 대비 시설도 마련해 두었다. 도시의 모든 성문은 한 군데를 빼고는 모두 봉쇄됐다.

포위 공격은 통상적인 수순으로 이뤄졌다. 포격, 탈출, 학살, 처단, 영웅적 행위, 배신 등이 차례대로 일어난 것이다. 10월 7일에 신성로마제국 군대 800명이 카른트너 성문 부근에서 오스만 군대의 배후를 치기 위해 탈출을 시도했다. 하지만 작전은 제대로 수행되지 못했고, 결국 이들의 탈출 작전은 끔찍한 재앙으로 끝이 났다. 병사들 대부분은 도주했고, 오스만 군대는 이들을 뒤쫓았다. 그리고 그 날 밤, 오스만 군대는 전리품으로 적군의 머리 500개를 산처럼 쌓아올렸다. 오스만 군대는 빈의 바로 코앞에서 사흘 연속으로 도시에 폭격을 가했고, 술레이만의 대포는 성벽에 크게 돌파구를 뚫었다. 그런데 오스만 군대는 왜 도시로 돌진할 기회를 놓쳤을까?

그 당시 현장의 기후 상태는 좋지 않았고, 보급 물자가 바닥을 보였으며, 예니체리들은 술렁이기 시작했다. 술탄은 재상들과 군 지휘관들을 불러 모았고, 오스만 군 지도부는 마지막으로 총공격을 시행하기로 결정한다. 지도부는 병사들에게 금과 포상을 약속하여 이들이 다시 한 번 용기내어 싸우도록 독려했다. 예니체리 1인당 1천 아크체를 지급하기로 약속하고, 가장 먼저 성벽을 넘어 공격해 들어가는 병사에게는

3만 아크체를 포상으로 내걸었다. 10월 14일에 카른트너 성문 근처의 포구에서 3개의 대포가 맹렬히 발사됐다. 오후에도 새로운 공격이 이뤄졌다. 하지만 소용없는 일이었다. 오스만 군대의 모든 공격 시도는 니콜라 드 삼이 이끄는 제국군의 흔들림 없는 방어 전선에서 모두 허사로 돌아갔다. 빈은 쉽사리 함락되지 않았다. 이제는 포기를 해야 할 때였다. 이에 술레이만은 퇴각 명령을 내린다.

진영을 모두 철수하기 전에 술레이만은 어전회의를 열어 약속한 포상을 지급했다. 이브라힘은 보석으로 장식된 군도 하나와 카프탄 네 벌, 금화 다섯 자루를 상으로 받았다. 예니체리들에게는 1천 아크체[56]가 지급됐다. 술레이만은 자신의 퇴각 결정에 대해 자신의 병사들을 아끼고, 적에게 관용을 베푸는 것으로 변모시켰다. 그리고 자신은 개인적으로 카를 5세 및 페르디난트와 겨루고 싶었으나 이들이 뒤에 숨어 모습을 드러내지 않았으며, 자신은 결코 빈을 함락시킬 의도가 없었다는 사실을 주지시켰다. 그러나 오스만 사학자 카티브 메흐메드 자임Kâtib Mehmed Zaim의 설명이 보다 사실에 가까운 듯하다. 그는 다음과 같이 적고 있다. "술탄은 빈 성의 정복을 성공하지 못했다. 병영 위로 눈이 내려 빈 전체가 눈에 파묻히자, 천복을 누리는 파디샤 전하께서는 뒤돌아 처소 쪽으로 방향을 잡으셨다."

빈 쪽에서도 적군의 상황을 모르지 않았다. 축포를 쏘아올리고, 승전보를 알리는 종소리를 내보내며 빈 사람들은 오스만 군대의 퇴각을 환영했다. 반면 오스만 군대는 포위군으로부터 집요하게 공격을 당했다. 자신들이 처했던 위험에 대해 빈 병사들이 복수를 하는 것이었다.

아울러 포위 공격이 이뤄지던 수주간 오스트리아와 슈타이어마르크에서 아킨지들이 가한 수탈에 대한 보복 행위이기도 했다.

헝가리 부다에서는 서폴러이가 술탄의 손에 입맞춤을 하며 그의 '성공적인 작전 수행'을 축하했다. 그는 감사의 대가로 카프탄 열 벌과 금으로 마구 장식을 한 말 세 필을 받았다. 눈 속에서 그리고 물에 잠긴 길 위에서 수많은 병사들과 동물들을 잃으며 힘겨운 행군을 한 끝에 그로부터 두 달 후에 술레이만은 이스탄불로 돌아왔다.

빈을 목전에 두고 패배의 쓴 맛을 삼킬 수밖에 없었던 오스만 대군은 근대 태동기인 당시 상황에서 제 아무리 규율이 잘 잡히고 명령 체계가 훌륭한 군대라 할지라도 동방 지역으로부터 원정대를 이끌고 유럽 지역에까지 당도하는 것의 한계를 극명히 보여준다. 사실 말을 타고 달리던 유목민족이 창과 가벼운 활만 가지고 대륙의 끝에서 끝으로 이동하며 다니는 것은 그리 어려운 일이 아니었다. 이들은 무기 운반에 대한 걱정도 없었고, 식량을 신경 쓸 일도 없었기 때문이다. 하지만 군사 기술이 발달하면서 군대는 이제 여러 대의 대포와 상당한 양의 포탄을 짊어지고 힘겹게 길을 떠나야 했으며, 개중에는 이 같은 무기의 운반이 불가능한 길도 있었다. 뿐만 아니라 각종 물자를 가득 실은 수레도 끌고 가야 했다. 술레이만의 원정 행렬은 그 많은 무기와 짐을 싣고 수천 킬로미터를 이동하고 또 이동해야만 했다.

5월 10일에 이스탄불을 떠난 술레이만은 7월 중순이 지나서야 비로소 1,500km의 행군 끝에 베오그라드에 도착했다. 빈에 도착한 건 9월 27일이었다. 당시 유럽 날씨로는 기상 상태가 안 좋아지기 시작하는 시기였다. 10월 14일 일지에 술레이만은 "저녁부터 다음날 정오까지 눈이 내렸다"고 쓰고 있다. 이에 따라 이틀 후 그는 퇴각 결정을 내려야 했다. 그러니 술레이만은 철벽 수비가 이뤄지던 도시를 함락시키는 데에 고작 20여일 정도만을 쓸 수 있었을 뿐이다. 그는 보다 일찍 이스탄불을 떠나 더욱 오래 빈에 머무르며 공격을 지속해야 했었다. 하지만 16세기 전반기에는 계속 현지의 날씨가 좋지 않은 상태였고, 겨울은 빨리 찾아왔다. 동유럽과 중유럽 날씨처럼 이렇게 혹독한 기후 속에서 1년 내내 장기전을 벌인다는 건 사실상 불가능한 일이다. (이스탄불에서 가까운) 로도스 섬에서 기사단이 12월 말경 술레이만에게 항복을 하긴 했지만, 멀리 떨어진 발칸 반도에서의 상황이었다면 좀 더 일찍 귀환해야 했을 것이다. 따라서 빈 공격 당시에도 오스만 군대는 9월 중순부터 이미 돌아갈 채비를 해야 했다. 그렇지 않으면 예니체리들의 분노가 시작되고, 전염병이 군대와 동물들을 휩쓸어간다. 수세기 동안 유럽이 터키족의 손에서 무사할 수 있었던 건 장수들의 위업 덕분이 아니라 악천후의 기상 상태와 콘스탄티노플로부터 멀리 떨어져 있는 거리 덕분이었다.

빈을 함락시키려던 오스만 군대의 작전은 술탄 입장에서 성공한 작전이 아니었다. 이로부터 간접적으로 반사 이익을 얻은 건 프랑수아 1세였다. 카를 5세는 1529년 봄에 교황과 비밀리에 바르셀로나 조약을 체결하고, 이에 따라 그는 이탈리아에 대한 통치 권한을 얻었다. 이제 두 손이 자유로워진 상태에서 그는 다시 프랑스 국왕에게 맞설 수도 있었을 것이다. 그동안은 빈 공격 때문에 이를 못하고 있었던 것이다. 한 번에 두 가지 전쟁을 치를 수 없다는 건 카를 5세 또한 잘 알고 있었고, 프랑스 왕과 싸우면서 동시에 오스만의 위협을 잠재울 수는 없는 노릇이었다. 캉브레 조약을 통해 카를은 프랑스에게 부르고뉴를 되돌려 주었고, 대신 프랑스는 이탈리아에 대한 권한을 포기해야 했다. 카를은 유럽 내의 평화를 원했다. 그래야 오스만의 공격에 맞서 함께 힘을 합칠 수 있기 때문이었다. 하지만 결국 유럽 내부의 단합에는 성공하지 못했다. 자신의 바람과는 반대로 그는 이후 10년 간 거의 끊임없는 전쟁에 시달려야 했으며, 황제의 꿈을 추구하던 카를은 이제 헨리 8세와 프랑수아 1세, 술레이만이라는 다수의 적과 맞서 싸워야 했다.

4. 유쾌한 황후 록셀란과 화려한 황제 술레이만

술레이만은 이제 서른다섯 살이 되었다. 빈에서의 실패에도 불구하고 오스만은 제국의 전성기를 맞이하였으며, 술탄의 명성도 그 절정에 달해 있었다. 술탄의 순탄한 치세에 어두움을 드리울 만한 요소는 어디에도 없었다. 술레이만은 터키의 황제 파디샤이자 신의 사도의 대리인 칼리프였으며, 회교도의 총지도자였다. 1530년, 그런 술레이만의 총애를 받던 인물은 두 사람이었다. 하나는 그의 곁을 항상 지키던 대재상 이브라힘이었고, 나머지 하나는 황후 휘렘으로 유럽에서는 보통 '록셀란'이라 칭한다.

오스만 왕가의 왕자들에 대해서도 별로 알려진 게 없지만, 오스만 황실의 여인들에 대해서는 더더욱 알려진 바가 없다. 수세기 동안 대투르크 제국의 '하렘harem(이슬람 국가에서 여자들이 기거하던 처소)'에서 지내던 여인들의 수는 수천 명에 달했으나, 고위 관료들의 일부 경솔한 발설로 여행객이나 서방 외교관들이 전해들은 이야기 외에는 모두 완전히 베일에 싸여 있다. 하렘에는 이름 모를 수많은 여인들이 살고 죽고 스쳐갔으며, 여기에서 큰 지위를 누리며 살다 술탄의 왕자나 공주를 낳은 사람들도 있지만, 이들에 관해서는 전혀 알려지지 않았다. 다만 17세기의 저 유명한 황후 쾨셈Kösem처럼 권모술수로 사람들의 입에 오르던 몇몇 여인들의 이름만이 알려져 있을 뿐이다. 이들의 삶은 모두 술탄궁, 혹은 '톱카프Topkapı' 궁의 담벼락 안에서만 이뤄졌으며, 이들이 남긴 삶의 자취 같은 건 없었다.

개중에 록셀란의 생애는 우리에게 잘 알려진 경우다. 록셀란은 출생부터 시작하여 중간 중간 암운이 드리워진 삶에 대해서까지 꽤 상세히 밝혀져 있다. 폴란드에서의 속설에 따르면, 록셀란은 헝가리와 몰다비아, 폴란드 접경지대에 있는 드네스트르 강 유역 루테니아 지방의 로하틴에서 어느 가난한 사제의 딸로 태어났다고 한다. 원래 이름은 알렉산드라 리소프스카Alexandra Lisowska였을 것으로 추정되고, 폴란드에서 종종 약탈을 일삼던 타르타르인들의 손에 납치된 록셀란은 이브라힘에게 팔려가 그를 통해 술탄에게 소개되었을 것이라는 설이다. 이는 아직 그 누구에게도 사실로 확인된 바가 없다. '록셀란Roxelane'이라는 별명은 '러시아 사람Russe'이란 뜻에서 유래되었다. 키도 꽤 작은 편이었고, 베네치아 대사 브라가디노Bragadino에 따르면 "그렇게 예쁘지 않고 통통한 편non bella ma grassiada"이었던 록셀란은 특유의 쾌활한 기질 때문에 '유쾌한 여자'라는 뜻의 '휘렘Hürrem'이라 불렸다. 영리하고 교활했던 록셀란은 자신의 매력과 재능을 이용하여 자기 혼자만 계속해서 술탄의 애정을 독차지할 줄 아는 여자였다. 세간의 설에 따르면, 록셀란은 기타를 치며 술탄에게 슬라브 지역에 대한 향수를 담은 아리아를 들려주었다고 한다. 하지만 음악적으로 타고난 재능 이상으로 록셀란이 술탄의 곁을 지킬 수 있었던 건 그녀가 네 명의 아들을 낳아주었기 때문이다. 록셀란은 빠르게 술레이만의 마음을 혼자만 독차지하는 데에 성공한다. 브라가디노에 따르면, 술탄에게 젊고 아름다운 여인이 소개될 경우, 록셀란이 하도 극성을 부려 술탄은 이들을 다시 돌려보내야 했다고 한다. 이렇게 "소개된 여자들이 술탄궁에 남아 있을 경우, 록셀란이 그로 인해 괴로워 죽을지도 모를 것"이었기 때문이다. 페르디난트의 대사 뷔베크는 록셀란이 "사랑의 마력으로 마술 같은 수를 써서" 술탄의 애정을 유지했다고 전한다.

록셀란이 궁에 들어오던 당시, 하렘 최고위 계급인 카딘Kadın에 해당하는 인물은 술레이만에게 '무스타파'라는 아들을 낳아준 굴바하Gülbahar였다. 록셀란은 싸움을 벌여 자신의 라이벌인 굴바하를 제거했다. 베네치아 대사는 당시 상황이 거의 전쟁이나 다름없었다고 전한다. 록셀란은 머리카락이 뜯기고 얼굴이 할퀴어졌다. 이에 록셀란은 술탄 앞에 나서길 거부했고, 술탄에게 그런 모습을 보일 수 없다는 핑계를 댔다. 이때부터 술탄은 더 이상 굴바하와 관계를 갖지 않았고, 굴바하는 아들인 무스타파가 마니사 총독으로 임명됐을 때, 아들과 함께 하렘을 떠났다.

록셀란은 술탄궁을 휩쓸고 간 화재를 틈 타 임시로 새 궁전에 기거하는 기회를 잡는다. 이게 오늘날 '톱카프' 궁이라 일컫는 곳으로, 정계의 중앙 무대이자 술탄의 궁전이었으며, 술탄의 처소도 이곳에 마련되어 있었다. 록셀란은 백인과 흑인 환관들, 시종, 하녀 등을 대거 이끌고 궁으로 들어왔으며, 궁 안에 자리를 잡고 이곳에서 계속 지냈다. 이제 하렘의 공간이 정부 공간과 뒤섞이게 된 것이다. 그리고 이에 따라 안타까운 결과들이 초래된다.

얼마 후, 록셀란은 자신의 오랜 숙원을 달성하고, 이로써 평생 승승장구한다. 술레이만이 록셀란과 혼인을 한 것이다. 두 사람의 결혼은 궁에서 별로 인정을 받지 못했고, 오스만 제국의 연대사가들 가운데 그 누구도 이에 대해 언급하지 않았다. 이를 문서로 남긴 건 바로 뷔베크였다. 그의 서신에는 술레이만이 록셀란에게 지참금을 주었다는 내용이 실려 있다. 터키족의 관례에서 이는 곧 두 사람의 결합을 법적으로 인정한다는 뜻이었다.

두 사람의 혼인 관계는 제노바의 성 조르주 은행 관보에도 나타난다. "금주에 이 도시에서는 굉장히 특별한 일이 생겼다. 기존 술탄들에게서는 유례없는 일이었다. 제왕 술레이만이 '록셀란'이란 이름의 러시아 출신 여성을 황후로 맞아들인 것이다. 이 날 엄청난 축하 세례가 있었다. 결혼식은 술탄궁에서 이뤄졌으며, 축하연의 규모는 지금껏 봐온 그 모든 연회의 규모를 뛰어넘는 수준이었다. 군중 퍼레이드도 있었으며, 선물들도 당도했다. 밤에는 주요 거리에 환하게 불이 켜졌으며, 음악이 울려 퍼지고 온통 축제 분위기였다. 집집마다 꽃장식도 달아두었다. 히포드롬 광장 위로 연단이 세워졌는데, 이곳에서 록셀란과 궁정 사람들은 기병대의 대전을 관람했으며, 맹수들의 행렬과 하늘에 닿을 듯 목이 긴 기린의 행렬을 구경했다. 모두가 이 결혼에 대해 말했지만, 그 누구도 이 결혼이 의미하는 바에 대해 말할 수는 없었다."[57]

황후가 된 휘렘은 술탄과 혼인하여 그렇게 죽을 때까지 영향을 미칠 것을 기대한 게 아니었다. 록셀란에 대해서는 다소 과장된 면이 없지 않다. 술레이만은 주위의 말에 크게 휘둘리는 미약한 군주와는 거리가 멀었기 때문이다. 그는 잘했든 못했든 오로지 그 자신이 한 일에 대해, 그리고 46년이라는 스스로의 재위기간에 대해서만 책임을 졌다. 하지만 록셀란이 술탄과 이브라힘 사이의 긴밀한 관계를 시기했던 건 사실이다. 1537년, 록셀란은 이브라힘이 반대했던 대 베네치아 전쟁을 밀고나갔다. 외국 대사들은 황후에게 바칠 선물을 빠뜨린 적이 없었으며, 고위 관료들은 록셀란 덕분에 관직 임명을 받을 수 있었다. 록셀란은 자신의 딸 미흐리마Mihrimah의 남편 뤼스템Rüstem에게도 자리를 알아봐주었고, 계속해서 그를 비호해주었다. 뒤에 가서 살펴보겠지만 록셀란은 무스타파의 죽음과도 무관하지 않았다.

사람들이 말하는 것처럼 록셀란이 그렇게 악녀는 아니었을 것이다. 다만 역사에서 그녀에게 가하는 가장 큰 비난은 하렘 정치의 포문을 열었다는 점이다. 이후 이는 오스만 제국을 쇠약하게 만드는 요인이 된다.

5. 최고의 가지Gazi 전사

장년기의 술레이만은 마른 체형의 젊고 날렵한 외양을 하고 있었다. 하지만 베네치아의 브라가디노 대사가 전하는 바에 따르면, 그의 손만큼은 매우 단단했으며, "사람들은 그가 가장 팽팽한 활시위도 당길 수 있을 것이라고 말했다." 그는 또한 술레이만의 성격이 화를 잘 내는 성미인 동시에 침울한 기질도 있다고 덧붙였다. 아울러 술레이만은 실무에 거의 손을 대지 않았다고 한다. "그는 제국의 정사를 완전히 대재상에게 일임했으며, 대재상 없이는 술레이만을 포함한 왕실 그 누구도 아무런 결정을 내리지 못했고, 반면 이브라힘은 술탄이나 다른 그 누구의 자문을 구하지 않고 무엇이든 다 할 수 있었다."

회교도의 지도자이자, 신의 의지에 따라 성지의 수호자가 된 술레이만은 신의 임명으로 대 칼리프의 자리를 차지하게 되었다. 그런 술레이만은 이슬람 세계에서 자신의 역할에 대한 이상이 컸다. 그는 무슬림 세계 전체가 복종하며 '찬미하는 칼리프'였으며, 지상 위 신의 대리인으로서 압바스조 마지막 가지를 대체한 최고의 가지 전사였다. 과거 이슬람 지역과 기독교 지역 사방을 누비며 싸워갔던 선조들에게서 술레이만이 물려받은 가지 전사로서의 의무는 이제 전 세계를 그 무대로 하고 있었다.

독실한 신자였던 술레이만은 신이 늘 자신과 함께한다고 확신했다. 모하치 전투에 임하기 전에 그는 열정적으로 기도문을 낭송했고, 이는 역사로도 그 기록이 남아 있다. 자신을 낮출 줄 알았던 그는 전우의 관을 운구하던 사람들과 기꺼이 함께한다. 이슬람교를 믿지 않는 사람들에게는 관대하면서도 시아파 이단에게는 극도로 엄격했다. 시아파 교도 4만 명을 학살했던 부친만큼은 아니었지만, 술레이만 역시 시아파 추종자는 가차 없이 처단했다. 그가 멸시했던 유일한 존재는 수니파 정교회와 멀어진 페르시아의 샤뿐이었다. 이러한 이유와 정치적 이유에서 그는 페르시아의 샤를 짓눌러버릴 꿈을 꾼다.

이스탄불의 대형 사원 쉴레이마니예Süleymaniye에는 술레이만이 손으로 직접 쓴 코란 사본 여덟 부가 소장되어 있다. 술탄은 신학자들 간의 논쟁을 좋아했으며, 술레이만도 여기에 적극적으로 참여하여 코란과 (무함마드의 언행을 기록한) 하디스hadîth의 이런저런 부분에 대해 토론했다. 하지만 헬라인 출신의 학자 스판두지노Spandugino에 따르면 성 유물 앞에서 양초를 태웠던 메흐메드 2세처럼 다른 종교에 대해 학습을 하려고 신학자들의 모임에 참여한 건 아니었다. 여행객 앙투안 죄프루아Antoine Geuffroy에 따르면 "술레이만은 철학서와 자신의 신앙서를 즐겨 읽었다. 그는 자신의 종교에 대한 학습을 너무도 충실히 해서 그의 교전 해석가는 그에게 가르칠 게 아무것도 없었다."

그렇다고 술레이만이 자신의 종교를 맹신한 건 아니었다. 그는 코란에 쓰인 대로 '성서의 백성들'이 무슬림에 대해 무력을 쓰지 않는 한 이들에 대해 관용을 베풀었다. 오스만 제국은 이교도들의 삶과 자유, 재산을 보장해주었고, 술레이만은 비非이슬람 종교 자치구 밀레트Millet와 맺은 협약을 아무런 제한이나 지나친 열의 없이 순순히 지켜주었다. 그는 프랑수아 1세가 예루살렘에서 회교 사원으로 변한 교회를 돌려달라고 했을 때, 이에 대해서는 거부했다. 기도가 이뤄졌던 이상, 회교 사원을 하나라도 버리는 건 교리에 위배되기 때문이다. 하지만 그의 이 같은 거부가 오로지 종교적 이유에서였을 뿐, 다른 의도는 없었다는 걸 증명하기 위해 그는 기독교도들이 현재 점유하고 있는 기도실과 건물들은 모두 안전하게 그대로 유지된다고 덧붙였다. "누구도 기독교도들을 구속할 수 없으며, 어떤 방식으로도 이들을 학대해서는 안 된다."[58]

노년기의 술레이만은 기독교도들에게 포도주의 사용을 금지시켰는데, 이전에는 관대하게 허용해주었던 부분이다. 그가 금·은제 식기를 사용한 건 페르시아 대사를 접견했을 때 한 번뿐이었다. 회교 법학자들이 이러한 사치품에 대해 이슬람교의 계율에 어긋남을 주지시키자, 술레이만은 앞으로 궁궐 안에서 이뤄지는 모든 식사는 그 어떤 상황에서든 통상적인 중국 도자기로 된 식기에 음식을 담아내도록 하라고 명령했다. 세상을 떠나기 몇 년 전에는 도자기마저 버리고, 토기밖에 사용하지 않았다.

6. 정의의 의무

술레이만은 평생 종교에 근거하여 살았다. 그는 역대 어느 술탄보다도 국경을 더 넓게 확장했고, 투르크족의 명성을 전 지역에 화려하게 퍼뜨렸다. 하지만 자국의 역사에서 그는 '입법자'란 뜻의 '카누니Kanuni'로도 통한다.

신은 백성들에게 한 사람의 주인을 하사하고, 이 주인에게는 한 가지 의무가 있다. 바로 정의를 유지하는 일이다. 동방에서는 대대로 그렇게 믿어왔다. 사산 왕조의 코스로우Chosroès 왕은 "정의가 강력한 국가의 기반"이라고 말했다. 셀주크의 재상 니잠 알 물크Nizâm-al-Mülk가 쓴 정부의 서書, 〈시야스트나마Siyastnama〉에서도 "세상은 무신앙 속에서는 돌아갈 수 있지만, 부정의함 속에서는 돌아갈 수 없다"고 적혀 있다. 오스만 사람들에게 잘 알려져 있던 '형평성의 고리'라는 말은 정부가 국민들에게 정의와 안락한 삶을 보장해야 한다는 의무를 압축적으로 표현한다. "군대가 없으면 나라도 없고, 돈이 없으면 군대도 없으며, 국민들이 만족하지 않으면 부富도 모이지 않는다. 정의가 바로 세워지지 않으면 국민도 없고, 정의 없이는 국가도 없다."

국가는 국민들 사이에 정의를 실현해야 할 뿐만 아니라, 국민들에 대한 권력의 정의도 실현해야 한다. 술탄이 이행해야 할 제1의무는 술탄을 대신하여 정무를 수행하는 관료들의 횡포로부터 국민들을 지키는 일이다. 오래 전부터 군주는 국민과 관료들 사이에서 중재 역할을 맡았으며, 날짜를 정해두고 국민들의 하소연을 귀 기울여 들어주었다. 죄를 지은 관료는 가차없이 처단했으며, 그 자리에서 처형되는 경우도 많았다. 그리고 원칙적으로는 술탄에게 자신의 억울함을 털어놓았다는 이유로 그를 길거리에서 체포할 수 있는 권한은 누구에게도 없었다.

무슬림 국가에서 술탄은 이슬람의 신성한 율법인 성법 '샤리아Şeriat'를 지키는 수호자였다. 무함마드의 전통과 코란에 기반을 두고 있는 이슬람 율법 체계 샤리아는 아부 하니파Abu Hanifa 학파의 저명한 법학자들이 8세기에 성문화하였으며, 이는 오스만 법의 상위법에 해당한다. 샤리아는 특히 수정이 불가능한 데, 술탄은 다만 이에 대한 해석 권한을 가졌으며, 사회적 변화나 당시의 상황이 무슬림 공동체의 이익에 있어 필요로 할 경우, '카눈Kanun'이라는 법령으로써 샤리아의 내용을 보완할 수 있다. 신학자들의 동의 하에 받아들여진 '외르프Örf'의 원칙(술탄이 카눈을 공포할 수 있는 특권)을 적용하여 메흐메드 2세는 콘스탄티노플 정복 시 처음으로 조세와 형법, 법원과 정부 조직 등에 관한 법과 법령을 펴냈다. 이로써 오스만 제국은 제국의 면모를 갖추었으며, 내부 기관이 수립·강화된다.

그로부터 100년 후, 오스만 왕가는 세 대륙을 통치한다. 카이로에서 압바스조와 맘루크조의 뒤를 이은 오스만은 자국의 국경지대에서 종교와 인종에 무관하게 온갖 민족을 다 뒤섞어놓았다. 정부를 구성하고, 법제를 통일하며, 제국의 새로운 국민들을 보호·통제하는 것이 곧 술레이만과 법학자들의 임무였다.

정복자 메흐메드 2세의 증손자인 술레이만은 정의를 바로 세우겠다는 포부가 컸다. 동시대의 모든 사람들이 이를 확인했으며, 기독교인들 또한 마찬가지였다. 프랑스의 기욤 포스텔Guillaume Postel은 술레이만의 "인간미와 정의로움, 충직함"에 대해 말한다. 술레이만 자신도 쉴레이마니예 입구 위쪽에 새겨 넣은 문구에서 자기 이름 뒤에 '제국의 법을 전파하는 자'라는 수식어를 붙인다. 그 다음 세기에 제국에 시련이 닥쳤을 때, 사람들은 입법자 술레이만의 황금기를 떠올리며 제국이 이렇듯 쇠락의 길을 걷게 된 이유가 위대한 술탄의 법을 망각했기 때문이라 여겼다. 따라서 사람들은 그가 실행한 정의로운 행위들을 미화하며 되새겼다. 술레이만이 자식들에게 각자의 자리를 찾아주던 시기에 두 아들을 처형한 것 또한 정의를 바로 세우려는 행위로써 해석된다. 두 아들 모두 제국의 법에 반하여 들고 일어섰으며, 무고한 자들의 피를 흘리게 만들었다. 이들의 죄는 처벌받아 마땅했고, 술레이만은 이렇듯 비극적인 상황 속에서 무제한적인 자신의 힘을 현명하게 사용했다.

술레이만 및 그를 도와 법을 만드는 법률고문 에뷔수드Ebüsud, 울레마 수장 케말파샤자드 등은 엄청난 과업을 완수했다. 이들이 공포한 법령은 한 지역에서만 해당됐다. 이런 경우에 대개는 세금 문제나 토지 소유권 문제, 군인들의 지위 등이 주된 내용이었다. 따라서 산작베이가 다스리는 각각의 행정구역 산작에서는 실질적으로 자체 법인 카눈나메Kanunname가 있었다. 그 외 술탄이 공포한 다른 법들(카눈-이-후큼Kanun-i-Hukm)은 언제 어디에서나 적용 가능한 법들을 포함한다. 대개 술탄이 받은 질문이나 보고에 대한 처방들이 담겨 있는 이 법은 다시 제국 전체의 카눈나메에 통합된다. 제국 단위에서의 카눈나메는 메흐메드 2세가 제정한 법과 술레이만 자신이 만든 법령을 모은 것이다. 이렇듯 카눈나메는 꾸준히 수정되었으며, 이는 오늘날 법정에서의 판례가 법을 보완·발전시키는 것과 비슷하다.

술탄은 전권을 갖고 있으나, 그에게는 이를 써야 하는 의무도 주어져 있다. 오스만 제국같이 거대하고 영토가 산재되어 있는 나라에서 이는 늘 쉬운 일이 아니다. 총독, 시파히, 베이 등은 대부분 누구의 통제도 받지 않았으며, 이들은 별 위험 없이 자신들의 권한을 남용할 수 있었고, 조세 의무를 진 비非군사 계급 국민들인 레아야reaya는 이들의 직권 남용에 속수무책이었다. 술레이만의 주된 고민 중 하나는 자신의 권한을 위임 받은 사람들이 그 권력을 넘어서지 않도록 막는 것이었다. 모든 법제는 이런 방향을 추구하고 있었으며, 이와 관련하여 술레이만은 극도로 엄격했다. "그 누구도 술탄의 특별한 권한 위임 없이 해당 지역, 해당 국민에게 권력을 행사할 수 없다. 그 누구도 공식으로 정해진 조세 수준을 넘어서는 세금을 요구할 수 없으며, 법으로 정하지 않은 벌금과 부역을 요구할 수 없다." 오스만의 실정법이 추구하는 주된 목표 중 하나는 지방 군사 계급의 권력 남용으로부터 술탄의 국민들을 보호하는 일이었다. 이에 수많은 법령들은 다음과 같이 마무리된다. "백성들 가운데 하나가 그대들에게 베이들 및 다른 군인들, 혹은 조세 징수원에 대해 불평을 호소할 경우에 그대들은 이들이 부당한 짓을 저지르지 못하도록 막아야 한다. 그대들이 이를 할 수 없다고 생각할 때에는 이를 즉시 짐에게 알려야 한다. 만일 그러지 않는다면 바로 그대들이 처벌받을 것이다. 내 최고의 바람은 국민들이 평화롭고 안락하게 사는 것이오, 이 나라가 번영 속에서 살아가는 것이다."[59]

법은 또한 상인들이나 사기꾼, 투기꾼, 말썽을 일으키는 사람, 도둑 등 법을 악용하거나 무질서를 조장하는 수많은 사람들로부터 국민을 지켜주는 역할을 하기도 한다. 판사들이나 경찰 장교들은 가감 없이 벌을 집행해야 하며, 그렇지 않으면 스스로 처벌을 받는다. 처벌의 내용은 상세히 정해져 있었다. 가령 이 하나를 부러뜨린 경우에 죄를 지은 자가 부유하다면 200아크체를, 가난하다면 30아크체를 벌금으로 낸다. 나귀나 말, 소 한 마리를 훔친 도둑은 손이 잘리나, 200아크체를 내고 직접 이를 살 수도 있다. 홧김에 무슬림의 터번을 벗기면 1아크체의 벌금형에 처한다. 거짓 증언을 하거나 화폐를 위조한 자는 손이 잘리고, 해당 금액으로 변상할 수 있는 가능성은 없다. 어떤 여자에게 강제로 입맞춤을 한 경우에 입맞춤 1회 당 1아크체의 벌금을 지불해야 한다.

금리를 최대 10%로 정해둔 것처럼 매우 중요한 규정들은 물론이고, 술레이만은 간혹 실소를 자아낼 수도 있지만 국민들이 부당한 처우를 받지 않도록 하려는 자신의 마음을 잘 드러내주는 여러 가지 조치들을 취했다. 가령 과자를 만드는 사람은 과자 안에 특정 비율의 버터를 꼭 집어넣어야 하고, 설탕 장수는 아몬드와 꿀의 구매가에 따라 판매가를 정해야 한다. 마른 과일을 파는 사람은 10% 이상의 수익을 취할 수 없으며, 음식점 경영자는 구리 식기의 도금 상태가 불충분할 경우에 벌금형을 받는다. 대중목욕탕 소유주는 건물의 난방을 충분한 상태로 해야 하며, 실력 있고 깔끔한 직원을 보유하고 있어야 한다. 법관은 짐을 나르는 짐승에게까지 시정 명령을 내리지는 않는다.

술레이만의 후대 술탄들도 상품의 제조 및 판매에 대해 지극히 세세한 부분까지 규정을 정해두었다. 600개 이상 품목에 대해 정해 놓은 메흐메드 4세의 규정에 따르면, 샤베트는 사향과 장미수로 만들어져야 하며, 요구르트는 물과 전분을 사용하지 않은 채 만들도록 한다. 양초 제조자가 지저분하거나 오염된 기름을 사용하는 것은 금지되어 있으며, 곡물 장수는 낟알이 있는 채로 짚을 둘 수 없고, 제분업자는 낟알을 숨길 수 없다. 심지어 방앗간 안에서 암탉도 키울 수 없다. "시간을 알고 싶다면 수탉 한 마리만 키워야 한다."[60]

모든 사람은 술탄을 직접 알현하여 재판을 요구할 수 있다. 오스만 제국 초기에 이는 흔한 관행이었으나, 16세기에 들어서는 특별한 경우에만 술탄에게 직접 재판을 받았다. 따라서 어전회의는 최고재판소로서의 역할을 한 셈이었으며, 이 자리에서 원고는 자신의 고소 내용을 제기할 수 있었고, 대개는 당국의 직권 남용이나 특히 세금 부분과 관련하여 하소연하는 경우가 많았다. 어전회의는 (대개 고위 관료들을 심판하는) 고등법원의 역할도 담당했으며, 피고인이 없는 상태에서도 판결은 이뤄졌다. 만일 피고인이 죄를 인정한다면 집행 명령과 함께 술탄의 사신 차부쉬가 보내진다. 술탄의 사신은 처형된 자의 머리를 가져와 명령이 제대로 집행되었음을 보여준다.

이스탄불에서든 그 외 지방도시에서든 통상적인 법무는 회교도 재판관 카디kadi가 담당했다. 카디 판사들은 고등교육기관 메드레세 medrese에서 학업을 마친 뒤 판사로 부임한다. 행정 관료 및 군 지휘관 대부분과는 다르게 이들은 모두 무슬림 태생이며, 15세 혹은 20세까지 지속적으로 교육을 받았고, 이 같은 교육을 발판으로 이들은 최고 지위인 셰이훌-이슬람에까지 오를 수 있었다. 셰이훌-이슬람은 대재상과 함께 나라에서 제일 높은 지위에 속하며, 그 지위도 대재상과 동일했다. 셰이훌-이슬람은 종교법에 관한 모든 질문에 대해 글로 그 답변을 써놓은 '페트와'를 공포한다. 16세기에는 카디를 임명하는 일까지 맡았으며, 카디들은 그의 직권 하에 들어갔다. 위계질서상 그 다음에 오는 직위가 루멜리아와 아나톨리아의 두 군사재판관 카즈아스케르 kazasker이다. 이들은 군사재판이 우선적인 업무이나, 자신들의 직권 하에 있는 민사재판관들의 일까지 함께 담당하기도 한다. 국가의 기둥이 되는 이들은 재상들 바로 다음 직위에 온다.

이스탄불의 카디는 판사 서열상 제일 위였고, 그 다음이 다른 도시들의 카디였다. 유럽과 아시아에는 각각 200명의 카디가 있었으며, 이집트에 30여명 정도 있었다. 그 다음 지위가 지역구, 마을, 소도시 단위의 판사 나이브naib였으며, 이들도 메드레세를 나오지만 학업 성취 수준은 상대적으로 약간 떨어졌다. 또한 충분한 지원이 없어 카디로 임명되지 못했던 이들이 대개 나이브가 되었다.

오스만의 사법구조는 1인 판사 체제에 기반을 두고 있었다. 이 단독 판사는 샤리아와 카눈을 적용하며 광범위하게 영향력을 행사한다. 카디들의 직권이 법무 분야 상당 부분에 걸쳐 있기 때문에 그만큼 영향력이 크다고 할 수 있다. 자신의 관할구에서 술탄의 임명을 받으면 술탄을 대행하여 직접 관할 지역을 책임지며, 술탄으로부터 그 명령도 직접 하달받고, 재무를 포함하여 해당 지역의 행정 전반을 관할한다. 모든 분야에서 술탄의 명령이 제대로 이행되고 있는지도 감시한다. 특정 행정 관료들이 저지르는 부정행위들이 있을 때, 이를 술탄에게 보고한다. 오스만 제국에서 최고위 지방관리들은 산작베이(군 사령관), 수바쉬(경찰 총장), 카디 세 직급이었으며, 이 중에서 카디가 가장 큰 영향력을 행사했다. 카디는 지방 총독인 베이레르베이의 견해를 전혀 고려하지 않아도 됐다. 베이레르베이들은 카디의 행동으로 영향을 받는 부분에 대해 중앙정부에 고할 수 있었지만, 카디는 이에 개의치 않을 수 있었던 것이다. 오스만 제국에서 법관은 다른 모든 직위에 우선했으며, 법관의 대리인은 다른 이들보다 우선할 수 있었다.

제국의 규모가 막대하여 일부 관리들의 직권 남용을 피할 수 없었다고는 하나 술레이만 치하에서 사법질서는 제법 만족스러운 수준이었다. 유럽인들은 오스만의 신속하고 형평성 있는 재판에 놀라움을 금치 못했다. 1535년과 1550년에 걸쳐 두 차례 오스만 제국을 방문한 기욤 포스텔은 여러 차례 이에 대해 언급했다. 그는 오스만 사법부의 신속하고 정직한 판결을 높이 샀으며, 이를 부도덕하고 부조리한 프랑스 재판에 비교했다. 술탄이 어전회의실 앞에서 유리창을 통해 재판을 지켜볼 수 있던 점에 대해 언급하며 그는 이렇게 적는다. "감히 내 생각을 말하건대, 신께서 선한 천사를 보내시어 기독교의 제왕에게도 이와 같이 최고위 재판관들이 모두 재판을 볼 수 있도록 해주신다면 얼마나 좋겠는가! 우리는 200~300명의 능력을 동원하여 유쾌하게 진리를 캐내는 일은 기대할 수 없을 것이며, 또한 아라크네의 나라에서와 같은 훌륭한 법을 만들 방도를 찾아내지 못할 것이다."[61] 1579년에 터키를 방문한 뱅상 르 블랑Vincent Le Blanc도 놀라며 다음과 같이 쓴다. "기독교인이든 유대인이든 터키인이든 상관없이 사소한 백성의 그 어떤 하소연이라도 귀 기울여 들어주며, 백성들은 진리를 주장하기 위해 변호사의 달변을 이용할 필요도 없다. 보다 관련성이 떨어지는 재판부라 하더라도 진심으로 임하기 때문이다."[62]

7. 세계 최고의 절대군주

"타고난 군주에 하늘같은 위엄을 보이며 화려한 궁궐 한가운데에서 위풍당당한 모습"을 보이던 술레이만은 베오그라드와 로도스 섬, 모하치 등지에서 승리를 거두고, 기독교 세력의 유럽 중심부까지 원정대를 이끌고 감으로써 사람들의 머릿속에 당대 최고의 군주로 자리잡았다. 넘치는 부를 손에 쥐고 있던 술레이만은 부족함 없이 돈을 쓸 수 있었고, 값진 물건들이 주위에 가득했으며, 수많은 하인들도 마음껏 거느릴 수 있었다. 즉위한 직후부터 술레이만은 대대적인 건설 정책을 실시하여 콘스탄티노플의 모습을 달라지게 만들었고,[63] 제국의 모든 대도시에 자신의 흔적을 남겨두었다.

술레이만은 연회나 의식 또한 성대하게 열었다. 동방의 유명한 군주인 코스로우Chosroès나 하룬-알-라시드Haroun-al-Rachid가 열었던 연회를 떠올리면 될 것이다. 그 성대함의 극치를 달렸던 건 아들인 무스타파 왕자와 메흐메드 왕자, 셀림 왕자의 할례의식 때였다. 의식은 베네치아에 고위 관료를 보내어 술탄의 '친구' 자격으로서 총독을 초대하는 것부터 시작됐다. 유럽의 군주 가운데 이 같은 대우를 받을 수 있는 건 베네치아 총독이 유일했다. 이와 같이 특별히 베네치아에 파견된 사신은 세레니시마의 상원 앞에서 자신을 소개했다. 그는 금사로 짠 옷을 입고 있었으며, 우호의 뜻이 가득 담긴 유창한 언변으로 술탄께서 우방국인 베네치아의 수장을 친히 이 즐거운 의식에 불러들이고 싶어한다는 뜻을 전했다. 총독은 노쇠함을 이유로 초대를 사양하고, 대신 루이지 모체니고Luigi Mocenigo를 특사로 보내기로 하고, 현지의 주재 대사인 피에트로 제노Pietro Zeno 또한 함께 자리에 참석하도록 했다. 두 사람 모두 왕자들의 이 의식에 대한 설명을 남겨두었다.

1530년 6월 27일 아침, 술레이만은 말을 타고 히포드롬 광장을 찾는다. 광장에는 왕좌가 세워져 있었으며, 왕좌 위로는 "금으로 반짝이는" 천막이 쳐져 있었다. 재상들과 베이레르베이, 예니체리 수장에게 둘러싸인 술탄은 고위 관료들의 하례 인사와 선물을 받았고, 이어 다음날은 전직 재상들과 쿠르드족 수장, 베네치아 대사들의 축하를 받았다. 베네치아 대사들은 "선물들이 지금까지 봐왔던 모든 수준을 뛰어넘을 만큼 화려했다"고 전한다. 인도산 숄과 모슬린, 그리스의 하늘하늘한 천, 베네치아의 벨벳, 금화로 가득한 은접시, 보석이 박힌 금술잔, 청금석 쟁반, 중국 도자기, 러시아 모피, 아랍 암말 등 굉장한 선물들이 당도했다. 사람들은 또한 맘루크 족과 어린 소년, 에티오피아 및 헝가리 노예 등도 술탄에게 바쳤다. 얼마 후 모의전투가 벌어졌다. 나무로 된 두 개의 탑을 공격하는 것인데, 불꽃이 터지고 팡파르가 울리는 가운데 나무 탑은 화염에 휩싸인다. 그 다음날에는 곡예사, 음악가, 어릿광대, 재주꾼들이 박수를 자아내는 공연을 펼쳐보였다. 넷째날엔 할례의식을 치를 왕자들을 고위 관료들이 차례로 데려오고, 이어 토론회와 주요 쟁점에 대한 종교 강론을 참관했다. 울레마 중 하나는 반박할 말을 찾지 못해 너무도 자존심이 상했던 나머지 이 때문에 죽었다는 속설도 있다. 끝으로 할례의식이 거행되었는데, 의식은 술탄의 손에 입을 맞추며 축하를 올리는 것으로 마무리됐다. 축하연은 골든 혼 인근의 연수 평야에서 경마 레이스를 펼치는 것으로 끝났다.

이 같은 의식은 술레이만의 재위기간 중 가장 성대했을 게 분명하며, 아마 오스만 제국의 역사상 가장 화려한 행사였을 것이다. 연중 때때로 다른 행사도 많았다. 이슬람 축일도 있었고, 술탄 출정식과 (대개 승리의) 귀환식도 있었으며, 신임 대사의 소개 행사도 있었다. 콘스탄티노플 함락 후, 메흐메드 2세는 행사의 서열을 정하고, 부분적으로는 비잔틴 제국에서 영향을 받은 의식도 제정했다. 그리고 술레이만은 이를 발전시키고 명확히 정립했다. 머리 규정이 복잡했는데, 술탄 혼자만 두 개의 왜가리 깃털 장식이 된 높은 터번을 쓸 수 있었다. 재상들의 터번은 이보다 높이가 낮았으며, 상단에 금띠가 둘러져 있었다. 정부 관료들의 터번은 술탄의 터번을 따라하되 그 높이를 낮추었고, 예니체리 장교들은 깃털 장식이 된 투구 형태의 모자를 썼다.

외국 대사들은 종종 오스만 사람들의 축일 행사에 대해 고국의 군주에게 소개하고, 그 성대함에 입이 벌어졌던 놀라움을 전했다. 그 중 기슬랭 드 뷔베크의 설명이 가장 화려하다. "술탄은 어전 의자 위에 앉아 있었는데, 의자의 아래쪽은 세련된 장식이 들어간 고급 양탄자와 쿠션이 깔려 있었다. 술탄은 자기 곁에 활과 화살을 두고 있었으며, 시종이 팔로 우리를 잡고 있었다. 예전에 한 크로아티아인이 자신의 군주였던 세르비아 전제군주의 죽음에 대한 복수를 하기 위해 술탄을 죽이려는 생각으로 무라드에게 접견을 요청한 이후 생긴 관행이었다. 술탄의 손에 입을 맞추려는 시늉을 한 뒤, 우리는 왕좌 맞은편의 벽 쪽으로 안내됐다. 이 과정에서 술탄에게 결코 등을 보이지 않으려 각별히 신경써야 했다. 어전회의실 안에는 고위 장교들과 왕실 근위대, 시파히, 예니체리 등이 있었다. 사람들은 모두 백옥같이 하얀 비단 천으로 수많은 주름을 만든 터번을 쓰고 있었고, 형형색색의 각종 의상은 눈부시게 빛났으며, 곳곳에서 금빛과 은빛, 자색으로 반짝거렸다. 비단, 새틴 등도 빛을 발했다. 이 엄청난 장관에 대해서는 그 어떤 말로도 정확히 그려낼 수 없다. 이렇게 아름다운 광경을 나는 처음 봤다. 이 수많은 화려함 속에서 내가 특히 놀랐던 건 엄숙하고 조용한 분위기가 유지되는 가운데 완벽하게 규율과 질서가 잡혀 있었다는 점이다. 다른 군대와 떨어져서 열을 맞춰 서 있던 예니체리들은 너무도 움직임이 없어서 사람들이 시키는 대로 이들에게 인사를 할 때까지 군인인지 조각인지 분간이 안 갈 정도였다. 내가 인사를 하자, 이들이 모두 고개를 숙여 인사를 받아들이는 모습에서 사람임을 깨달았다."

술레이만은 화려하고 반짝이는 건 뭐든지 다 좋아했고, 금으로 수를 놓은 천이나 보석들도 무척 좋아했다. 베네치아 여행객 사누도Sanudo는 선대 왕 가운데 그 누구도 술레이만만큼 보석을 좋아하지 않았다고 한다. 오늘날 톱카프 궁의 금고에서 보이는 것들은 그가 소유한 부가 어느 정도였는지 짐작할 수 있게 해줄 뿐이고, 당시 궁전 안에는 엄청난 금은보화가 쌓여 있었다. 베네치아의 한 금은세공인은 술탄의 주문으로 금 왕관을 하나 제작했는데, 여기에는 루비 네 개와 그만큼의 다이아몬드, 풍부한 진주, 커다란 에메랄드와 터키석 등이 장식으로 들어갔다. 당대의 모습을 그린 판화를 보면 술탄은 머리에 거의 눈까지 내려오는 기이한 터번을 두르고 있고, 이 터번이 중세의 투구처럼 목과 귀까지 덮고 있는 모양으로 나타나 있다. 터번 위로는 다채로운 깃털 장식이 올라와 있다. 술탄은 결코 이를 벗어들고 있는 일이 없었는데, 대사를 접견할 때에는 간혹 금과 보석으로 반짝거리는 왕좌 근처에 이를 내려놓기도 했다. 그에게 군주로서의 인상을 심어주기 위해서였다.

"하늘 위에 단 하나의 신밖에 없듯이, 땅 위에도 단 하나의 군주밖에 없다."

술탄을 찾아오는 방문객들에게 이브라힘이 했던 말이다.

제3장

다뉴브 강에서 유프라테스 강까지
계속되는 정복 전쟁

1530년 10월, 페르디난트 대공의 새로운 사절단이 콘스탄티노플에 도착한다. 크로아티아 태생의 시종 니콜라 유리치치Nicolas Juritchitchi가 사절단을 이끌었고, 그와 함께 람베르크Lamberg 백작도 동행했다. 이들의 임무는 술레이만에게 가서 헝가리 반환을 요구하는 일이었다. 2년 전 호보르단스키의 사절단이 실패하고 돌아온 일에 대한 2차 시도였다. 당시 호보르단스키의 고압적이고 공격적인 태도는 양국 군주들 사이의 긴장을 더욱 고조시켰다.

1. 합스부르크 왕가의 오만함

이번에 유리치치와 람베르크는 다른 식으로 접근했다. 어떤 식으로든 임무를 성사시키라는 페르디난트의 지시가 있었기 때문이다. 사실 헝가리에서 그의 입지는 점점 줄어들고 있었다. 사람들은 이제 그가 왕국 내부의 결속을 다질 수도, 그렇다고 터키인들을 몰아낼 수도 없다는 점을 깨닫기 시작했기 때문이다. 신성로마제국이 군대를 많이 보유하고 있었다면 문제가 달라졌을 수도 있다. 하지만 페르디난트는 충분한 병력을 확보하지 못했다. 그를 왕으로 뽑았던 귀족들 역시 터키인들을 몰아내기 위한 노력이 전혀 이루어지지 않으리란 점을 알았더라면 자기네들이 서폴러이를 지명했던 사람들과 멀어지지 않았으리라는 점을 숨기지 않았다. 페르디난트는 자신의 능력껏 노력하였으나, 오스트리아나 보헤미아 등 다른 기독교 국가들은 위험에 대한 인식을 제대로 하지 못한 채, 신성로마제국에 속하지 않은 헝가리 사태에 대해 별로 걱정하지 않았다. 형인 카를과 마찬가지로 페르디난트 역시 합스부르크 왕가의 고질적인 문제로 힘들어 하고 있었다. 재정부족 문제는 조부인 막시밀리안이 남기고 간 부채 때문에 상황이 더욱 악화되어 있었다. 종교 문제 또한 그의 일을 한층 더 꼬이게 만들었다. 신성로마제국에 속한 몇몇 나라들은 루터의 종교개혁에 공감하며, 투르크족에 대항할 후원금을 내는 대신 종교적 자유를 요구했다. 게다가 페르디난트는 '로마인의 왕Rex Romanorum'[64]으로 선출될 준비를 하고 있었다. 그는 독일 선제후들의 환심을 사야 하는 입장이었다.

기독교 국가들은 이제 서서히 자국의 정체성을 인식하기 시작했고, '이교도에 대한 전쟁'의 후원금 문제에 대해서도 격렬하게 토론했다. 이 문제는 신성로마제국과 다른 나라들의 의회에서 끊임없이 의제로 등장했으나 결코 해결되지 않았다. 카를 5세 역시 다른 누구보다 종교 문제로 실랑이를 벌이던 참이었으므로, 동생이 처한 난관을 해결해주는 데에 힘을 보탤 수 없었다. 카를 자신 또한 같은 처지였기 때문이다. 에스파냐와 이탈리아 남부도 언제 위험에 처할지 모르는 상황이었고, 오스만의 해군 제독 바르바로사는 다시 알제리를 정복하며 지중해 중부를 장악했다. 이탈리아에 대한 점유권을 찾으려는 프랑수아 1세와 술레이만의 계획도 결코 가볍게 볼 일이 아니었다.

페르디난트의 전권 사절단이 이브라힘과 가진 첫 번째 회담은 잘 풀리지 않았다. 유리치치와 람베르크는 독일어로만 이야기했고, 부득이한 경우에는 라틴어도 섞어 썼다. 이브라힘에게는 이탈리아어 통역관밖에 없는 상황이었다. 양측은 크로아티아어로 말하는 데에 합의했다. 이브라힘은 얼마 전 카를 5세의 군대에 의해 자행되었던 1527년 로마 약탈에 관해 이야기를 꺼냈고, 교황과 프랑수아 1세에 대해서도 언급했으나, 카를 5세에게는 '에스파냐 왕'이라는 호칭만을 썼으며, 페르디난트는 그 이름으로만 지칭했고 '보헤미아와 헝가리 왕'이라는 직위는 사용하지 않았다. 이브라힘은 페르디난트가 에스파냐 왕에 대해 빈의 총독일 뿐이며, 헝가리에 대한 권한은 전혀 갖고 있지 않다는 점을 사신들에게 주지시켰다. 카를에 대해서도 그가 왕관을 쓰고 있기 때문에 스스로 황제라고 생각하나, 진정한 황제의 직위는 검에서 나온다고 주장했다. 그리고 페르디난트가 헝가리를 포기하고, 그가 점유한 헝가리 지역을 반환해야만 비로소 강화조약이 수립될 수 있으며, 술레이만이 헝가리 국왕으로 임명한 서폴러이를 내버려두고 카를이 다시 에스파냐로 돌아가는 것 또한 평화의 전제 조건이었다.

사절단은 돈을 주면 이브라힘의 생각을 바꿀 수 있으리라 믿었다.

하지만 그는 이들에게 "나의 주군께서는 재물이 필요하지 않다"고 말하며, 오스만 국고에는 재물이 넘쳐난다고 이야기했다. 대재상과의 협상은 완전히 결렬되었다. 결국 이들은 술탄을 알현한다. 사신들에게 강한 인상을 주기 위해 술탄궁은 더없이 화려하게 꾸며졌다. 술탄궁의 첫 번째 정원에는 코끼리 두 마리가 보였고, 두 번째 정원에는 사자 열 마리와 표범 두 마리가 사슬에 묶여 있었다. 그리고 어전회의실 앞에는 예니체리 3천 명과 국왕 친위대, 황실 근위대가 집결되어 있었다. 이들은 모두 금사가 수놓인 모자를 쓰고 있었다. 사절단은 먼저 대재상에게로 안내됐다. 대재상은 다른 재상들 및 고위 관료들로 둘러싸여 있었다. 이어 시종장이 이들을 술탄에게로 안내했다. 유리치치는 서폴러이가 점하고 있는 헝가리 일부에 대한 반환을 재차 요구하며, 빠른 답변을 기대한다고 집요하게 주장했다.

분위기에 압도되지 않고 술탄 앞에서 이 같은 주장을 한 것에 대해 그는 내심 만족하고 있었다. 하지만 그로부터 이틀 후에 이브라힘은 이들을 불러들여 헝가리를 페르디난트 측에 반환하는 건 말도 안 되는 일이라고 반복했다. 이미 두 차례나 오스만 군대가 정복한 곳이기 때문이다. 여기에서 또 다시 같은 주장을 반복하는 건 부적절한 처사였고, 이는 위험을 불러올 수도 있었다. 이에 사절단은 접견의 중단을 요청한 뒤 서둘러 자리를 빠져나오는 수밖에 없었다.

이들의 임무는 완전히 실패했다. 사절단은 요령 없이 합스부르크 왕가 특유의 거만함으로 회담에 임했다. 동방 지역 사람들이나 이 지역 풍토에 대해서는 아는 바가 전무했다.

술레이만은 평화에 대한 의지가 그 어느 때보다도 적은 상태였다. 그는 자신의 유일한 적수인 카를 5세와 마침내 겨뤄볼 때가 왔다고 생각했다. 상황은 유리하게 돌아갔고, 그에게 있어 '에스파냐 왕'의 거만함은 그의 오랜 숙적을 물리치라는 뜻으로밖에 해석되지 않았다. 술탄은 '독일 내 에스파냐 왕의 부관'인 페르디난트에게 전쟁을 선포했다. 카를의 대리인을 통해 카를 5세 그 자신에게 전쟁을 선포한 것이나 다름없었다. 황제는 한 명으로 족했다. 카를은 사라져야 할 존재였고, 그와 함께 게르만 제국 또한 없어져야 했다.

2. 에스파냐 왕에 맞선 독일 전쟁

1532년 4월 25일, 술탄은 다뉴브 지역으로 새로운 원정을 떠났다. 그는 예니체리 1만2천 명, 아나톨리아 군사 3천 명, 루멜리아 군사 1만 6천 명, 정부군 기병대 2만 명 및 그 외 아킨지, 대호 공병 및 가교 공병 등을 포함하여 10만 명이 넘는 대군을 이끌고 원정길에 올랐다. 이전 원정 때와 마찬가지로 준비된 대포는 300문이었다. 베오그라드에서는 칸의 형제인 사히브 기라이Sahib Giray가 1만5천 타르타르인을 이끌고 와서 병력을 보강해주었다. 오시예크에서도 산작베이가 군대를 동원했다. 그러니 술레이만은 전투 병력 10만 명을 포함하여 15만에서 20만 명에 이르는 대군을 이끌고 카를 5세를 만나러 간 것이었다.

세르비아 남동부의 니시Niš에서는 페르디난트가 보낸 특사들과 노가롤라 백작, 람베르크 백작 등이 다시금 평화회담을 제안해왔다. 페르디난트를 헝가리 왕으로 인정해주는 대가로 이들이 2만5천 두카, 이어 10만 두카를 제시해봤지만 소용없는 일이었다. 술레이만은 이들을 퇴짜 놓으며 다음과 같이 말했다. "에스파냐의 국왕은 오래 전부터 터키인들과 겨루고 싶다고 말해왔다. 신의 은총으로 짐은 군대를 이끌고 그를 만나러 가노니, 자신이 생각하기에 스스로 크다고 생각한다면 전쟁터에서 나를 기다리고, 그러면 신의 뜻이 이뤄지는 것이다. 만일 그가 나를 만나고 싶어하지 않는다면 나의 제국으로 조공을 보내도록 하라."

술레이만은 프랑수아 1세의 대사 안토니오 랭송의 요청도 들어주지 않았다. 베오그라드에 특파된 랭송은 술레이만에게 독일이 아닌 이탈리아에서 카를 5세를 격퇴해달라고 부탁했다. 술레이만은 그의 요청을 거절했지만, 지중해 지역에서는 바르바로사가 프랑수아 1세를 도와 밀라노와 제노바를 손에 넣을 수 있도록 해주겠다고 약속했다.[65] 술레이만의 계획을 바꾸기에는 이미 너무 늦은 상태였다. 랭송은 병으로 계속 라구사에 발이 묶여 있었다. 그는 술레이만이 출정을 떠나기 전, 이스탄불에서 그를 만났으나 유럽 내 기독교 세력의 최고 군주인 카를과의 대항전을 만류할 수 있을 것 같지는 않아 보였다.

술레이만이 카를과 직접적으로 만난 건 아니었으나, 신성로마제국의 군대는 마지막으로 대 오스만 항전에 참여한다. 카를이 처한 난국은 일시적으로 상황이 호전되었다. 뉘른베르크에서는 신교도와의 협약이 체결되었고, 이에 따라 아우크스부르크 화의에서 내렸던 결정들, 즉 신교도를 로마 교단으로 다시 받아들이고 성찬 형식론자를 척결하는 내용 등이 (일시적으로) 폐기된다. 신교도들은 일단 터키인들과 맞서 싸우는 데에 힘을 보태주었다. 오스만의 위협 속에서 카를이 부분적으로 수용한 이 협약에 따라 독일은 어느 정도 숨통이 트인다. 또한 이탈리아와 에스파냐의 병력도 오스트리아를 지키기 위해 빈으로 모여들었다(다시금 빈에 대한 술탄의 포위 공격이 있을 것이라는 예상에 따라 빈에서는 신속히 방어진이 구축됐다). 이들 병력은 수적으로는 얼마 되지 않아 술레이만의 군사력에 맞서기에는 역부족이었다. 다만 오스트리아 진영은 이들 병력을 잘 활용하여 오스만 군대의 진군을 늦출 수 있었다. 이번에도 역시 악천후가 오스만 군대의 발목을 잡고 있었다. 날씨 때문에 이들은 그리 비중이 높지 않은 요새에서도 병력 손실을 입어야 했다. 오스트리아 측으로서는 천우신조였다.

본격적인 접전은 빈 남동부에서 1백여 킬로미터 떨어진 쾨세그Köszeg 요새 앞에서 벌어졌다. 술레이만은 헝가리 남부에서 방어가 허술했던 수많은 지역들을 정복했으나, 이 때문에 진군은 그만큼 더뎌졌고, 대재상이 이끄는 오스만 군은 8월 9일에 이르러서야 비로소 쾨세그의 작은 도시 앞에 당도했다. 고작 800여명 정도에 불과했던 쾨세그 방어군을 이끄는 건 니콜라 유리치치였다. 2년 전 페르디난트의 사절단으로 콘스탄티노플을 찾았던 인물이다. 오스만의 포대는 도시를 쑥대밭으로 만들었고, 포격으로 성벽에 돌파구가 뚫렸다. 하지만 더 이상 이렇다 할 성과는 거두지 못했다. 오스만의 모든 공격이 격퇴된 것이다. 포위 16일째, 술레이만은 유리치치에게 전하길 항복하여 매년 조공을 바치든지, 아니면 자신에게 즉각 2천 플로린을 줄 것을 요구했다. 유리치치는 자신에겐 그 정도의 돈이 없으며, 자기 소유가 아닌 페르디난트 소유의 그곳을 내줄 권한 또한 자기에겐 없다고 대답했다. 술레이만의 명령은 세 차례 반복되었으나, 세 번 다 거절당했다. 이브라힘은 곧 공격 명령을 내렸다.

"예니체리와 아자브는 진지를 펼쳤고, 성벽에는 이미 여덟 개의 기가 꽂힌 상태였다. 방어벽이 취약해진 도시 사람들은 성벽 너머에서 서로 밀착되어 최후의 순간을 기다렸다. 노인과 아이, 여자들이 하늘을 향해 너무도 요란하게 비명과 절규를 외치자 놀란 공격군이 뒤로 후퇴할 정도였으며, 심지어 군기 두 개를 포위군의 손에 버려두고 왔다. 이러한 신속한 변화는 양측 진영 모두에게 너무나도 기적적으로 보였다. 오스만 군대는 천상의 기사가 내려와 자기들을 향해 검을 휘두른 것이라고 생각했고, 기독교 병사들도 안거Anger 강 슈타인Stein 지역의 수호성인 성 마르탱을 알아본 것이라고 생각했다.[66]

유리치치의 놀라운 방어력에 놀란 이브라힘은 그에게 통행증을 가지고 자신의 진영에 오도록 요청한다. 전투 병력의 절반 이상을 잃고, 더 이상 쏠 대포도 없었던 유리치치는 이브라힘의 제안을 수락했다. 대재상은 존경의 뜻을 표하며 그를 맞이했고, 그의 상처가 다 나았는지 물었다. 그리고 마지막엔 술탄의 이름으로 그에게 도시와 성을 하사했다. 서로 간에 선물 교환도 이뤄졌다.

얼마 후, 술레이만은 엄숙히 어전회의를 열고, 이 자리에서 (별 다른 소득 없이 몇 주를 허비했던) 포위 공격의 다행스러운 마무리에 대한 치하를 받았다. 페르디난트의 특사들이 다시금 알현을 청해왔다. 이들은 이번에도 서폴러이가 차지하고 있던 헝가리의 반환을 요구했다. 이전보다 더 수확을 얻은 건 없었다. 그리고 이들은 위협적인 편지 한 통을 가지고 다시 페르디난트에게로 향했다. 편지는 금색 및 쪽빛 글씨로 쓰여 있었으며, 금자루 안에 끼워 보내졌다.

쾨세그 요새를 함락시킨 술레이만은 이제 신속히 빈으로 향할 수 있었다. 빈은 새로운 포위 공격을 버텨낼 준비에 여념이 없었다. 그런데 모두의 예상과는 다르게 오스만 군대는 서쪽, 슈타이어마르크 쪽으로 방향을 잡았다. 파디샤는 그저 자신의 목표를 추구했을 뿐이었다. 제대로 된 전장에서 카를과 만나 그를 짓누를 속셈이었다. 모하치를 잡은 뒤 부다(페스트)를 쳤던 것처럼, 그 다음에 빈을 함락시키려던 게 아닐까? 하지만 카를은 로요슈 국왕과는 달랐다. 그는 계속 빈에 있었으며, 빈 밖으로는 나오지 않았다. 전세가 자신에게 불리하게 돌아갈 가능성이 있었기에 카를은 술레이만과 전쟁터에서 격돌하는 상황을 피하려 했을 뿐만 아니라, 오스만 군대가 방향을 바꾼 것을 알게 된 즉시 도시를 떠나 다시는 그곳으로 발걸음을 하지 않았다. 페르디난트는 오스만 군대가 떠난 뒤 다시 헝가리를 손에 넣는 게 얼마나 쉬운 일인지 그에게 설득시키려 애를 썼다. 하지만 카를은 "퇴각 중인 터키인들에게 그렇게 개인적으로 반격하는 것은 제국의 명성에 이롭지 않을 것"이라 판단했고, "그렇듯 대군을 거느리는 것은 필요하지도 않고, 합리적이지도 않을 것"이라고 생각했다. 제국군도 헝가리에서 오스만 군대를 공격하는 것을 거부했을 가능성이 높다. "이들은 오직 독일을 지키기 위해서만 나설 뿐 터키인들이 물러선다면 헝가리로 가진 않을 것이다."[67] 카를 5세는 카른트너를 통해 이탈리아로 간 뒤, 이어 에스파냐로 돌아갔다.

술레이만은 9월 내내 슈타이어마르크를 쑥대밭으로 만들어 놓았다. 오스만 군대의 공격 속에서 도시는 차례로 하나둘 쓰러져 갔다. 술레이만은 그라츠Gratz 앞에서 숙영을 했으나, 이곳으로 들어가지는 않았다. 마리보르Maribor 앞에서 밀려난 그는 도시 안으로 들어갈 수가 없었다. 술레이만은 베오그라드까지 진군한 뒤, 이곳에서 이브라힘의 군대와 조우했다. 정부 통역관인 유니스 베이Yunis Bey는 후원금을 요구하는 편지를 갖고 베네치아로 특파됐다. 편지에는 이렇게 쓰여 있었다. "대군주께서 딱한 도망자가 기거했던 도시 그라츠까지 당도하셨다. 이 자는 자신의 목숨을 부지하기 위해 이곳에서 도망치고, 지옥길을 따라간 비非 종교인 백성들을 내버렸다." 여기에서 말하는 "딱한 도망자"란 곧 카를 5세를 말하는 것이었다.

1532년 11월 18일, 7개월간 자리를 비운 술레이만은 콘스탄티노플로 돌아갔다. 5일간 점등식과 축하연이 벌어지며 '에스파냐 왕에 맞선 독일 전쟁'의 성공적인 마무리를 기념했다. 사실 이번 원정은 실패한 것이나 다름없었다. 쾨세그 요새에 대한 포위 공격이 중요한 시기에 군 병력 손실을 가져왔기 때문이다. 오스만의 역사가들은 술탄이 이 지역으로 카를 5세를 유인하려 했던 것이라고 생각한다. 이곳에서 전쟁을 벌일 경우 오스만 군대의 기병대가 진지를 구축하기에 유리했기 때문이다. 이 지역에서라면 술레이만의 기병대가 손쉽게 제국군을 눌러버릴 수 있었을 것이다. 그렇다면 카를이 그런 술레이만의 작전

흐름을 꿰뚫어본 것일까? 하지만 술레이만은 곧 작전의 방향을 바꾸었다.

3. 오스만의 새로운 함대

술탄의 즐거운 귀환에 찬물을 끼얹는 소식이 전해진다. 모레아 지방[68]의 코론 요새가 카를 5세의 안드레아 도리아Andrea Doria 제독에게 빼앗겼다는 소식이었다. 이곳을 지키고 있던 건 오직 대포 14문뿐이었다. 도리아 제독은 대포 150문을 보유하고 있었고, 그의 함대는 35개 대대와 갤리선 88척으로 막강한 전력을 자랑했다. 그는 이어 파트라스Patras로 향했으며, 이곳 역시 마찬가지로 함락됐다. 코린트 만으로의 진입을 통제하던 두 요새도 곧 같은 운명에 처한다. 안드레아 도리아 제독은 이 지역을 모두 초토화시킨 후, 겨울이 오자 물러갔다.

술레이만과 이브라힘은 탄탄했던 이 요새들을 잃어버린 것에 대해 별로 중요하게 생각하지 않는 듯했다. 하지만 에스파냐 함대가 알제리 북서부의 항구 틀렘센Tlemcen, 호나인Honein과 셰르셸Cherchell을 점령한 뒤(1530~1531), 펠로폰네소스 지역으로 원정을 온 것에서는 카를 5세의 각오가 드러난다. 이는 곧 (스페인의 국경을 전략적으로 지중해 남부로 넓혀가는) 히메네스Ximénès 정책[69]을 추구하겠다는 그의 의지임과 동시에 또 다른 형태로 십자군 원정을 이어가겠다는 그의 뜻이었다. 오스만이라고 이를 모를 리 없었다. 코론 섬과 펠로폰네소스의 요새들은 상대적 비중밖에는 차지하지 않았으나, 카를 5세가 여기에서 멈추지 않으리라는 사실은 오스만 측에서도 잘 알고 있었다. 지중해에서는 2차전이 곧 열릴 예정이었다. 로도스 섬의 점령으로 오스만 제국은 동 지중해에서의 연락망을 안전하게 확보할 수 있었다. 그런데 이제 오 스만의 함대는 지중해 전역에서 에스파냐 및 그 동맹군의 함대와 맞서 싸워야 했다. 함대를 이끄는 건 명성이 자자한 제노바 군주 안드레아 도리아 제독이었다. 그를 놓친 건 프랑수아 1세의 실수였다. 이후 그 는 신성로마제국의 황제 밑으로 들어가서 막강한 위력을 보여주었기 때문이다.[70] 술레이만은 도리아 제독에게 하이레딘 선장을 맞붙이는 재기를 발휘한다. 바르바로사란 별칭으로도 유명한 하이레딘은 오랜 해상 경험을 지닌 사나포선 선장으로, 그 과감함에 있어 도리아 제독 보다 전혀 뒤질 게 없는 인물이었다. 뒤에 가서도 다시 살펴보겠지만, 술레이만은 하이레딘 '바르바로사' 선장을 오스만 함대의 총 제독으로 임명한다.

사나포선과 그 선장들이 쌓아온 경륜과 대담함을 바탕으로 한층 더 강력해진 오스만의 대 지중해 정책은 그때까지 주저하던 모습과 달리 본격적으로 활개를 펼치게 된다. 이는 일단 술레이만과 그 아들의 통 치기간 동안 합스부르크 왕가의 에스파냐 함대와 반세기 이상 거의 끊 임없이 해상에서 격돌한 것으로 나타난다. 양측의 싸움은 레판토 해전 에 이르러서야 끝이 난다. 저 멀리 아시아 대륙 구석으로부터 이동해 온 투르크족의 후예들은 서둘러 바다에 대한 지식을 깨우쳐야 했다. 그리고 이들은 16세기에 제국의 엄청난 재정을 바탕으로 이를 실현해 냈고, 제국의 삼림자원 또한 여기에 기여했다. 16세기 중반 무렵에 가면 오스만 제국의 함대는 수적인 측면에서 봤을 때 지중해 국가들의 모든 함대를 다 모아놓은 것에 버금가는 수준이었다. 1571년 레판토 해전 당시 오스만은 함선 300척을 보유하고 있었고, 베네치아 소유의 함선은 120척을 넘지 못했으며, 제노바가 25척, 교황이 12척을 보유한 정도였다. 에스파냐는 50척에서 100척 사이의 함선을 보유했다. 프랑스의 경우에는 해상 쪽은 별로 중요시 하지 않았다. "1570년 무렵까지 지중해는 터키인들의 소유였다."[71]

4. 수세기에 걸친 평화

펠로폰네소스와 코린트 만에서의 배후 공격은 비록 제한적이긴 하였으나, 시기적으로 좋지 않은 때에 벌어진 것이었다. 유럽 중부로의 원정이 겉으로는 성공적이었던 것처럼 비춰졌으나, 앞서 살펴봤다시피 이는 실패한 원정이었다. 특히 술레이만은 이후 페르시아로 다시 원정을 떠나야 하는 상황이었다. 오래 전부터 그는 동 아나톨리아 지방에서 자신의 권위를 세우고 싶어했고, 바그다드 정복도 꿈꾸었다. 하지만 오스만 제국에서 철의 규칙으로 여겨지는 한 가지는 바로 두 개의 전선에서 동시에 전투를 벌이는 일은 어떻게든 피하라는 것이었다. 따라서 오스만 중앙정부는 유럽 쪽 적진에서 평화가 유지되도록 확고히 만들어두어야 했다. 심지어 카를 5세가 이란의 새로운 샤 타흐마스프와 손을 잡았던 만큼 유럽 쪽 상황을 진정시켜 두어야 할 필요성은 더욱 컸다. 카를과 타흐마스프는 장차 적절한 시기에 합세하여 술레이만을 치기 위해 미리 손을 잡아둔 상태였다.

　카를 5세와 페르디난트 역시 강화조약의 필요성이 절실했다. 독일에서는 난국이 점차 중첩되던 상황이었고, 신교도 군주들은 슈말칼덴 동맹을 구성하여 (가톨릭의) 비텔스바흐 왕가 및 프랑수아 1세와 가까워진 상태였다. 카를은 뒤로 후퇴하여 차기 공의회가 열릴 때까지 반대파 군주들에게 걱정을 끼치지 말아야 했다. 그에겐 다른 할 일이 있었다. 지금 오스만 문제에 신경 쓸 때가 아니었다. 게다가 언제나 그랬듯이 카를과 페르디난트 형제는 돈이 없었다.

　오스만 제국이든 합스부르크 왕가든 다시 긴 싸움을 벌이기 전에 숨 돌릴 틈이 필요했다. 앞으로 또다시 둘 사이에 전투가 벌어진다면 지금까지 해왔던 것 못지않게 전쟁이 길어지리란 점은 모두가 잘 알고 있는 사실이었다. 또한 페르디난트가 콘스탄티노플 측에 사절단을 보내어 강화조약 체결 문제에 대해 논의하고자 했을 때, 오스만 측으로부터 돌아온 답변 역시 호의적이었다. 곧이어 제롬 드 자라Jérôme de Zara가 이끄는 사절단이 콘스탄티노플에 도착했다. 술레이만은 즉시 휴전을 수락했다. 이제 술레이만을 봉건군주로서 받아들이고 따른다는 의미로 페르디난트가 그란Gran(에스테르곰Esztergom) 시의 열쇠를 보내주면 이 휴전협정은 영구 평화협정으로 바뀌는 것이었다. 얼마 후 두 번째 사절단이 열쇠를 가지고 왔으나, 카를 5세의 서신도 함께 동봉되어 있었다. 편지에서 카를은 헝가리 지역을 페르디난트에게 반환할 것을 술레이만에게 재차 요구했다. 대신 그에게 코론 요새를 돌려주겠다는 조건을 내걸었다. 카를이 전한 이 두 가지 메시지는 중대한 외교적 실수였다. 지난 몇 년 간의 힘들었던 관계 속에서도 합스부르크 왕가의 두 형제는 결정적으로 아무것도 배운 게 없었다.

협상은 대사들이 가져온 전통적인 선물 수여부터 시작됐다. 대재상은 커다란 다이아몬드로 장식된 금메달 하나와 이보다 큰 루비 하나, '배 모양'의 진주 등을 받았다. 이어 이브라힘은 오스만 제국의 부와 권력을 찬양하는 일장연설을 시작했다. 카를의 특사는 다시 한 번 헝가리와 코론 요새를 맞교환하자는 제안을 했다. 이에 대해 이브라힘은 코론을 갖고 말고는 관심이 없는 데다 오스만의 최고 정부는 협상으로 이를 얻는 게 아니라 요새를 다시 정복하는 방식을 더 선호한다고 대답했다. 헝가리의 경우, 이는 서폴러이에게 주어진 지역이며, 그가 계속 이곳을 맡을 것이라고 이야기했다.

그런데 카를의 편지를 읽던 중, 그의 길고 긴 직함 가운데 한 가지 문제가 발생했다. 카를이 자신을 예루살렘의 왕이라고 칭한 것이다. 이브라힘은 "어찌 감히 예루살렘의 왕을 사칭할 수 있는 것인가? 예루살렘의 주인은 우리의 위대한 군주라는 점을 모르는 건가? 어찌하여 나의 주군으로부터 이 자리를 빼앗으려 하는 것인가? 어찌하여 그 분께 무례를 범하는 것인가?"라며 대사들을 나무랐다. 이어 대재상은 카를의 쓸데없는 위협을 더욱 비꼬았다. "그는 우리에게 전쟁을 하자고 말했고, 루터파에게는 개종을 강요하려 했다. 하지만 이 모든 게 말뿐이었다. 그에게는 황제로서의 자격이 없다. 황제라면 한 번 시도한 일은 완수해내야 하고, 한 번 입 밖에 뱉은 얘기는 행동으로 보여줘야 한다. 그렇지 못하다면 황제 자격이 없다."

오스트리아 사절단은 대화 중에 이브라힘이 보여준 엄청난 거만함에 놀라움을 금치 못했다. 이브라힘은 술탄에 대해서도 거의 모욕적인 언사를 서슴지 않았다. 이브라힘은 사절단에게 이렇게 말했다. "제 아무리 촌놈이라도 나는 술탄으로 만들 수 있다. 나는 내가 원하는 자들에게 영지를 나누어줄 수 있으며, 내 군주께서는 여기에 그 어떤 감시의 눈길도 두지 않을 것이다. 또한 술탄이 무언가 내 마음에 들지 않는 명령을 내릴 때에는 아무것도 집행되지 않을 것이다. 일을 마무리짓는 것은 바로 나의 의지이지, 그의 의지가 아니다." 술레이만에게 그가 총애하던 신하를 제거하라고 부추기던 사람들에게는 더없이 좋은 명분을 흘린 것이다.

결국 파디샤는 "수세기에 걸친 평화"를 유지하는 데에 동의하고, 페르디난트를 '자신의 아들로서' 대하기로 약속했다. 사절단의 특사들은 아무런 수확도 얻지 못했다. 서폴러이는 여전히 헝가리 왕국을 지키고 있었고, 헝가리의 국경은 차후 술레이만을 대신하여 그리티가 확정한다.[72] 페르디난트와 서폴러이 양측에서 체결되는 모든 조약은 술탄의 승인을 받기로 했다. 이브라힘은 사절단이 떠나기 전 이들에게 "대군주께서는 그의 아들 페르디난트 왕에게 있어 최고의 친구도 될 수 있고, 최고의 적도 될 수 있다"고 알렸다. 그리고 이렇게 덧붙였다. "만일 에스파냐의 카를 국왕이 강화를 원한다면 그가 최고 정부에 사절단을 보내야 한다."

술레이만이 페르디난트와 맺은 휴전협정은 전혀 술레이만의 발목을 잡지 못했다. 술레이만은 자신이 원하는 때에 얼마든지 이를 파기할 수 있었기 때문이다. 그는 아무것도 양보한 게 없었다. 유럽 쪽 후방을 든든하게 묶어 놓은 술레이만은 이제 자유롭게 페르시아 원정을 떠날 수 있게 되었다.

5. 바그다드 정복

수니파의 오스만 술탄과 시아파의 이란 샤 사이의 반목은 앞서 살펴 봤다시피 아주 오래 전으로 그 역사가 거슬러 올라간다. 종교 중심지 와 도심지에서 멀리 떨어져 사는 국경지대 주민들은 13세기에서 15세 기에 이르기까지 수피교 수도승 데르비시의 영향을 받았다.[73] 메블라 비Mevlevi 종단 같이 가장 온건한 수피 종파의 영향도 있었고, 칼렌데 리Kalenderi나 후루피Hurufi처럼 이단적 색채가 강한 종파의 영향도 있었 다. 오스만 제국 초기에는 이와 같은 이교적 요소가 많았는데, 이런 이 교도들은 자신들이 중앙정부로부터 피해를 입고 산다고 생각했다. 세 금 납부 명령과 같이, 이전에는 없던 제약들을 중앙정부가 가해왔기 때문이다. 15세기 중엽, 메흐메드 2세가 사유지와 기부 유산을 공용 징수함으로써 이들의 반발심은 더욱 커졌다.[74]

그로부터 1세기 후에도 상황은 달라지지 않았다. 이 무슬림들은 티 무르나 그 후손들에게로 가서 결탁하지도 않았다. 이들이 찾아간 건 사파비조라는 새로운 집권 세력이었다. 이란 북서부 아르다빌Ardabil 의 셰이흐şeyh(종단이나 부족의 수장)들은 시아파 극단주의를 따르던 세 력으로, 이로부터 얼마 후 2백년 이상 동안 페르시아를 다스린다. 바예지드의 패배 이후 그 왕자들 사이에서 경쟁이 일어나고, 또한 맘루크조와 사파비조 사이에서 지지 세력이 나뉘면서 분열은 더욱 심화된다. 게다가 셀림 1세가 콘스탄티노플에서 권력을 잡았을 때, 그는 이들 두 세력, 맘루크조 및 사파비조와 완전히 담판을 짓기로 결심했다. 이들 세력이 완전히 제압되지 않으면 오스만 제국에 있어 영원한 위협이 될 것이었기 때문이다. 셀림은 이집트의 맘루크를 제압하는 데에는 성공했으나, 찰디란 전투에서 샤 이스마일에게 승리를 거두었다고는 해도 이란에서는 패권을 잡는 데에 실패했다. 막강한 군주의 지위에 오른 이스마일 샤는 아나톨리아 지방과 트라키아 지방의 시아파들 사이에 영향력이 큰 존재였던 만큼 더더욱 가공할 위력을 지닌 적이었다. 따라서 오스만 중앙정부의 눈에 시아파는 아무리 봐도 미심쩍은 존재였다.[75]

술레이만 또한 샤 이스마일을 지지하던 키질바시[76] 등 시아파 세력이 제국에 위협이 된다는 사실을 인지하고 있었다. 그는 또한 메소포타미아 지역에서 수니파에 대한 박해가 있었다는 것도 알고 있었다. 가령 수니파의 명사들을 처형하고, (터키인들이 따르던 전례의식의 창시자) 아부 하니파[77]와 압둘카디르 질라니Abdulkadir Gilani의 묘소도 훼손하였으며, 수니파 사원도 시아파 사원으로 바꾼 것이다. 게다가 사파비조가 소유한 영토는 인도양으로 진출하려던 오스만의 계획에도 장애가 됐다. 포르투갈에서 희망봉을 발견함으로써 동남아시아와 서유럽 사이에서 중동 지역이 전통적으로 해왔던 중개 역할도 위험에 처하게 됐다. 1517년 이후로 홍해와 이집트 항로를 장악한 오스만 제국이 동아시아 지역에서 오는 물건들이 거쳐 가는 메소포타미아 지역과 페르시아만 지역의 항로 또한 점유하지 않는다면 술레이만은 더 이상 살아 갈 방도가 없었다.[78] 끝으로 사파비조의 영토는 이스탄불의 오스만 제국이 이란 지역을 넘어 동맹 외즈벡Özbek 제국과 손을 잡는 데에도 걸림돌이 되었다.[79]

따라서 술레이만이 이란의 샤에 대항하여 원정을 시도할 이유는 얼마든지 많았다. "두 이라크 사이의 군사작전"이었던 이 전쟁은 2년 간 지속된다. 이 전쟁으로 사파비조가 패배한 것도, 패망한 것도 아니었으나, 이를 통해 오스만은 중동 지역에서 거대한 영토를 점유하게 되었고, 오스만은 이를 거의 4백년 가까이 보유한다.

오스만이 전쟁을 개시하기 위해 찾아낸 명분은 두 가지였다. 비틀리스Bitlis의 베이 셰레프 칸Şeref Khan이 이란의 샤에게 돌아서며 배신한 것이 첫 번째 이유였고, 바그다드에서 과거 샤를 버리고 술레이만에게 도시의 열쇠를 넘긴 사파비조 총독이 암살된 사건이 두 번째 이유였다. 오스만 중앙정부는 도시의 열쇠를 소유한 자로서 오스만 술탄이 이 도시의 유일한 주인이며, 다시금 이 지역을 점령한 샤 타흐마스프가 술레이만에 대한 공격을 감행하며 이단인 시아파를 바그다드에 퍼뜨린 것으로 간주했다.

1533년 가을, 오랜 준비 과정을 마친 끝에 이브라힘은 군대의 총사령관인 세라스케르 자격으로 비틀리스 및 이란령 아제르바이잔으로 출정을 떠났다. 아나톨리아와 아제르바이잔을 지나면서 이브라힘의 군대는 악천후와 험준한 산의 기복 때문에 여러 가지 난관에 봉착했다. 하지만 크게 싸울 일은 별로 없었다. 이브라힘이 (지금의 터키 남부) 코니아에 당도하기도 전에 과거 타흐마스프를 배신한 아제르바이잔 총독이 비틀리스 반란군 총독의 머리를 보내왔기 때문이다. 얼마 후, 반Van 호수 지역 사파비조 요새의 지휘관들은 술탄에게 복종하겠다는 의사를 표명해왔다. 이브라힘과 그의 군대는 알레포로 방향을 잡고, 이곳에서 겨울을 보냈다. 만일 바그다드로 진격했더라면 분명 도시를 함락시킬 수 있었을 것이다. 오스만 군대는 이미 이라크 북부 키르쿠크Kirkuk와 모술Mosul 지역에 있었는데, 놀랍게도 이들은 압바스조의 수도를 손에 넣는 오랜 꿈을 보다 일찍 실현하지 않았다. 당시 이브라힘은 정적인 재무대신 이스켄데르 셀레비Iskender Çelebi 때문에 바그다드 함락 계획을 이행하지 않았던 것일까? 그가 자신을 크게 실패할 작전으로 유인할까봐? 아니면 페르시아 지역의 총독들이 미리 빼돌린 사파비조 도피 세력으로부터 압박을 받았던 걸까? 쿰Qom, 카찬Kachan, 레이Ray를 어렵지 않게 손에 넣은 뒤, 이어 바그다드를 정복할 수 있으리라 생각한 건 아닐까?

봄이 오자, 오스만 군대는 이란 서북부 타브리즈 지역으로 향했다. 족장들과 사파비조 주둔군 사령관들은 하나둘 항복 의사를 표해왔고, 1534년 7월 16일, 이브라힘은 타흐마스프가 이제 막 포기하고 떠난 사파비조 왕국의 수도 타브리즈에 당당히 입성했다. 이브라힘은 이곳에 요새 하나를 세우고, 주둔군도 정착시켰다. 두 달 후엔 술레이만도 이곳으로 합류했다. 술레이만은 콘스탄티노플에서 아제르바이잔으로 개선 행군을 하였으며, 백성들은 저 멀리서 그에게 경의를 표해왔다. 타브리즈에서 길란Gilan과 키르반Chirvan의 수장들도 술탄에게 무릎을 꿇었다. 키르반의 아들은 타브리즈의 총독으로 임명됐고, 이어 술탄의 군대와 이브라힘의 군대는 남쪽, 바그다드로 향했다.

기상 상태가 좋지 않아 진군이 쉽지 않은 상황이었다. 이란 서부 하마단을 행군하는 과정에서 수많은 동물들이 죽어나갔고, 한 연대사가에 따르면 대포 300문 중 100문 가량은 더 이상의 운반이 불가능하여 바닥에 묻어두어야 했고, 수레도 불에 탔다. 대포를 버리고 가야 했으며, 오스만 군대가 버리고 간 대포는 사파비조가 챙겨갔다. 여기에서도 술탄 군대의 주된 적은 악천후였다. 술탄의 참모는 물류 이동에 대비할 수 없었다. 아니, 이것에 대비하는 법을 몰랐다고 볼 수도 있다. 20만 대군의 물자를 보급하는 일은 어려운 일이었고, 이를 준비하는 과정 역시 고도의 정성을 쏟아야 한다. 따라서 문제가 생기지 않을 수가 없었다. 보급 물자가 부족한 경우가 너무도 많아 고위 관료 니샨즈 nişancı(외무대신) 중 하나가 원정 도중 아사하는 일도 생겨났다. 그리고 타흐마스프는 으레 그러하듯 화재를 일으키는 전술을 사용했다. 기동력이 떨어지는 오스만 군대는 날렵한 사파비조 기병대를 따라잡을 수가 없었다. 오스만은 절대 사파비의 속도를 따라잡지 못했고, 이란을 정복할 수도, 심지어 아제르바이잔에 지속적으로 권력을 세울 수도 없었다.

샤 타흐마스프의 군대는 결코 모습을 보이는 법이 없었다. 심지어 오스만 군대가 기진맥진한 모습으로 메소포타미아 평원에 도착하기 전, 자그로스 산맥을 힘겹게 지나가는 동안에도 투르크인들을 공격하려는 시도조차 하지 않았다. 오스만이 바그다드가 보이는 곳에 당도했을 때, 샤 타흐마스프의 총독과 그 군대는 이미 자리를 뜬 후였다. 대재상이 먼저 도시를 탈환하러 출정을 떠났고, 며칠 후인 1534년 술탄이 도시에 입성했다.

칼리프들의 도시 바그다드는 당시 암흑 그 자체일 뿐이었다. 이미 1184년, 아랍인 여행자 이븐 조바이르Ibn Jobair는 안타까운 도시의 모습을 다음과 같이 그린다. "도시의 건물 대부분이 사라졌고, 남은 건 오직 도시의 허울 좋은 이름뿐이었다. 도시는 마치 누군가 머물고 지나간 흔적이 지워지는 것 같았으며, 무언가의 자취가 서서히 흐려지는 느낌이었고, 상상력의 덧없는 환영 같았다. 시선을 끄는 아름다움 같은 건 더 이상 없었으며, 여유롭게 유유자적하고자 하는 사람들을 이끄는 매력도 이젠 찾아보기 힘들다. 도시에 남은 건 맹수 같은 야생의 느낌뿐이다." 또한 1437년, 술레이만이 입성하기 1세기 전에 알 마크리시Al Makrisi는 다음과 같은 글을 남겼다. "바그다드는 폐허 상태이다. 이곳에는 사원도, 신도들도 없고, 기도하는 소리도 들리지 않으며, 장도 서지 않는다. 야자수 대부분은 말라 비틀어졌다. 이곳은 이제 도시라고 부를 수 없는 상태이다."

물론 이 두 여행자가 남긴 기록에서 아랍 특유의 과장된 표현은 고려해야 한다. 이븐 조바이르는 '탐스러운' 정원이라든가, '셀 수 없이 많은' 사람들 등과 같이 과장을 섞어 표현하고 있다. 이 지역에서 지식인들이 완전히 사라진 건 아니었으며, 상거래도 여전히 활발했다. 하지만 압바스조의 두 번째 칼리프 알 만수르Al Mansur가 762년에 세웠던 수도의 모습과는 거리가 먼 게 사실이었다.

완벽한 순환 형태의 원형 도시 바그다드는 '평화의 도시'라는 뜻으로 더 유명한데, 도시는 곧 빠르게 대규모 주거 밀집 지역이 되었으며, 상당히 큰 상업·지식 중심지로 발돋움했다. 도시를 에워싸고 있는 반경 2킬로미터의 성곽에는 성문이 네 개밖에 없었다. 도시 한가운데에는 칼리프의 거처인 성대한 궁전이 있었는데, 그 화려함과 호사스러움에 있어 사산조와 우마야드조 시대에 지어진 모든 건축물을 뛰어넘었다. 비잔틴 황제의 성대한 궁전만이 이에 비교될 수 있었다. 위로는 높은 돔 천장이 얹어져 있었는데, 녹색의 돔 천장 아래에서 칼리프는 외국 사신들을 맞이했고, 여기에 들어갔다 나온 사신들은 그 화려함에 입이 떡 벌어질 정도였다. 도시 옆으로는 상인 지구가 펼쳐져 있었는데, 이곳에서는 아람(셈족) 출신의 토착민과 아랍 정복민, 이란인, 터키인, 유대인, 기독교인, 그리고 러시아와 (수단 북부) 누비아, 투르키스탄 등지에서 데려온 노예 등 다양한 지역 출신의 적극적인 경제활동 인구를 만날 수 있었다. 지적인 활동도 왕성했던 이 지역에서는 모두가 서로 갑론을박 하였으며, 모든 종교적 성향들이 다 자리잡고 있었다. 칼리프들은 학술 및 철학 연구를 장려했다(그 중 알-마문Al-Mamun 같은 경우는 그리스 작가들의 저서도 번역 출간이 이뤄지도록 힘썼다).

수도 건립 후 50년이 채 안 됐던 8세기 말, 하룬 알 라시드 치세에 바그다드는 상상할 수 없을 정도로 엄청난 번영을 누렸고, 정치 및 종교 면에서의 싸움으로 이런저런 부침을 겪는 가운데에서도 오래도록 영향력을 유지했다. 도시가 쇠약해지고, 이어 압바스 왕조가 패망하게 된 데에는 이 같은 정치·종교적 갈등의 역할이 적지 않았다. 12세기 말, 바그다드는 점점 더 격렬해지는 위기로 흔들렸고, 이에 또 다른 무슬림 중심지인 카이로가 바그다드를 뛰어넘었으나, 바그다드는 지식 및 상업 중심지로서의 높은 지위를 오래도록 유지했다. 이후 셀주크조의 술탄들이 등장하여 칼리프들과 권력을 나눠 갖고 — 대개는 술탄 혼자서만 권력을 독점하였으며 — 이어 12세기 말 일종의 '칼리프 르네상스'가 일어나면서 이슬람 세계에서 명성이 높던 이 도시가 다시금 빛을 발하였다. 하지만 1258년 칭기즈칸의 손자 중 하나인 훌라구의 침입으로 '평화의 도시' 바그다드는 지방도시로 전락했고, 이후 티무르가 주민 수만 명을 처형하면서 도시는 완전히 무너진다. 백양 왕조의 투르크메니스탄 군주들 치하에서 도시의 패망이 점점 더 가속화되었으며, 그런 상태에서 이후 샤 이스마일이 도시를 차지한 것이었다.

과거 압바스조의 수도였던 도시를 손에 넣은 술레이만은 이제 칼리프조의 적법한 계승자가 되었다. 그는 도처에 수니파의 깃발을 꽂았고, 무슬림 세계에서 그의 명성은 계속해서 높아져 갔다. 이교도가 빠져나간 바그다드에 입성한 즉시 그가 제일 처음으로 보였던 행보는 투르크족의 정교회 의식을 만든 아부 하니파의 묘소를 복원하는 일이었다. 그의 묘소가 사파비조의 손에 훼손되었기 때문이다. 일설에 따르면, 사파비조는 성인의 유해를 불태웠었는데 기적의 힘으로 이를 무사한 상태로 되찾을 수 있었다고 한다. 술레이만은 묘소 근처에 사원 하나와 메드레세 하나를 세우도록 지시한다. 한발리 학파의 유명한 학자 알-질라니Al-Gilani의 묘소도 원상복구되었고, 회교 사원 카디미야

Kazimayn의 건설 공사도 박차를 가했다. 술레이만은 시아파 성지로도 발걸음을 했다. 수니파와 시아파를 모두 포함하여 이슬람 세계 전체를 자신의 휘하에 두면서, 술레이만은 오스만 왕가가 무슬림 세계 전체를 포괄한다는 점을 확고히 한다.

이 같은 건설 및 복원 사업을 지시한 술레이만은 메소포타미아 지역에 오스만 행정부를 설치하고자 힘쓴다. 제국의 다른 지방들과 마찬가지로 총독이 한 명 임명되었고, 예니체리 및 시파히 주둔군이 바그다드 및 다른 여러 도시에 상주했다. 바그다드의 방어체계도 복구·강화되었다. 술레이만은 토지대장을 작성하고, 봉토를 배분했다.

곧이어 바그다드는 '팍스 오토마니카Pax ottomanica' 하에서 태평성대를 누리며 새로운 번영기를 맞이한다. 몇 년 후에는 이라크 남동부의 바스라Basra 또한 오스만의 손에 들어간다. 오스만 제국은 이제 인도양으로까지 뻗어 나간다.[80]

1535년 4월 2일, 술레이만과 그 군대는 바그다드를 떠나 이란 서북부 타브리즈로 향한다. 쿠르디스탄 지역과 우르미아호 유역을 지나는 데에도 3개월이 소요됐다. 날씨는 좋았지만, 행군은 힘들었다. 타브리즈에 도착한 뒤, 술레이만은 샤의 궁전에 머물렀다. 당시 그는 곧바로 타흐마스프와 대적할 수 있으리라 생각했을 것이다. 그리고 이로써 페르시아의 위협을 영원히 잠재울 수 있으리라 생각했다.

하지만 이란의 샤는 언제나 그러했듯 자신의 군대와 함께 후퇴했다. 타흐마스프는 자신의 권역에 있었고, 술레이만은 남의 권역에 있었다. 자신의 원래 기지에서 멀어지면 물자의 보급이 힘들어진다. 불가능하다고 볼 수는 없지만, 이는 분명 쉽지 않은 일이다. 술레이만의 군대는 무거웠고, 타흐마스프의 군대 같이 좀처럼 잡히지 않는 적과 싸우기에는 기동력이 너무 떨어졌다. 이란의 산악지대와 사막 깊숙이 들어가는 일은 미친 짓이었다. 오스만 군대는 결코 살아 돌아올 수 없었을 것이다. 레이, 쿰, 카찬 지역에 이르기까지 이란의 평원을 정복하겠다던 이브라힘의 계획은 실현되지 않았다.

타브리즈에서 일주일을 보내고 난 후, 술레이만은 퇴각 명령을 내린다. 원정을 더 연장한다는 건 불가능한 일이었다. 이번 원정이 제국에 바그다드 정복이라는 영광을 안겨다주기는 했으나 그에 따른 손실도 만만치 않았다. 3만 명 가량의 병력이 배고픔이나 특히 추위로 죽어갔고, 말과 낙타도 2만2천 필이나 손해봤다. 새로이 겨울 원정을 떠나기에 군대는 사기도 떨어졌고, 체력적으로도 버틸 힘이 없었다.

1536년 1월 초, 술레이만과 이브라힘은 이스탄불로 귀환했다. 이어 2월 18일, 이브라힘은 술탄의 이름으로 프랑스와 첫 협정을 맺었다. 그로부터 한 달 후, 제국과 유럽은 막강한 권력의 대재상 이브라힘이 비참한 최후를 맞이했다는 소식을 접하며 놀라움을 금치 못한다.

6. 이브라힘의 비극

1536년 3월 15일 아침, 이브라힘은 톱카프 궁의 늘 자던 침소에서 죽은 채로 발견됐다. 멀지 않은 곳에 술탄의 침소도 있었다. 그의 옷은 찢겨져 있었고, 벽에는 (수년 후에도 그 자국이 사라지지 않았던) 혈흔이 남아 있었다. 이 같은 정황으로 미루어보건대 이브라힘은 격렬히 공격을 막아냈던 듯하며, 술탄의 벙어리 시종들은 오랜 몸싸움 끝에야 비로소 대재상의 목에 밧줄을 걸 수 있었을 것이다. 그의 시신은 해군조선소 뒤, 칸페다Canfeda의 다르빗슈 수도원으로 옮겨졌으며, 그가 묻힌 곳에는 장장 13년이라는 세월 동안 거의 파디샤와 동급의 권력을 행사하던 인물이 잠들어 있는 장소라는 그 어떤 표기도 되어 있지 않았다.

대재상이 어떤 상황에서 죽음을 맞이했는지가 삽시간에 퍼지면서 이 막강한 권력자의 죽음에 대해 다들 말이 많았다. 사람들은 술레이만이 그토록 오랜 기간 자신의 분신으로 여기던 자를 죽인 이유에 대해 궁금해 했다. 술레이만이 자신의 가장 가까운 지인에게는 입을 열었을지 모르나, 역사에는 이에 관한 어떤 흔적조차 남아있지 않다.

술레이만이 대재상을 살해한 것에 대한 정치적 동기는 설득력이 약하다. 이브라힘이 과연 카를과 페르디난트의 편에 서서 술레이만을 배신했던 걸까? 그의 유죄를 입증하는 서신의 흔적 또한 오스트리아 왕가의 고문서 자료 안에서 결코 찾아볼 수 없었을 뿐더러, 그런다고 한들 유럽과의 동맹이 이브라힘에게 그 어떤 이득이 있었을지도 생각하기 힘들다. 이브라힘은 거의 무제한적인 부와 권력을 누리고 있었으며, 따라서 자신을 거의 군주에 준하는 위치로 만들어준 사람과 나라를 배신하며 이적 행위를 해봤자 그게 무슨 득이 되겠는가? 그렇다면 재무대신 이스켄데르 셀레비가 처형 전에 주장했던 대로 엄청난 금을 갖고 있는 페르시아 샤에게로 돌아서며 배신을 했던 걸까? 이브라힘은 엄청난 부를 거머쥐고 있었으며, 자신을 죽음에 이르게 한 자에 대한 끔찍한 증오심을 품고 있던 사람의 말이라면 충분히 의심해볼 소지가 있다.

아마도 록셀란의 계략이라는 설에 크게 무게가 실리는데, 의욕적이고 야심만만한 술탄후 록셀란은 이브라힘을 끔찍이도 싫어했다. 그가 살아있는 한 록셀란은 결코 술탄의 머릿속을 자기 혼자 완전히 독차지할 수 없었다. 록셀란은 왕위를 이을 후계자들을 낳아주었다는 이유만으로 황후가 된 게 아니었다. 한 해 전, 술레이만의 모친 하프사 하툰이 작고하면서 록셀란의 정적과 이브라힘의 후견인이 한꺼번에 사라졌다. 이제 록셀란에게는 이브라힘만이 유일한 장애물이었다. 대재상을 시기하던 무리가 그에 대해 퍼뜨리던 비방들을 술탄에게 그대로 옮기면서 록셀란이 서서히 술탄의 머릿속에 이브라힘에 대한 반감을 키웠으리란 건 얼마든지 가능한 일이다. 게다가 록셀란은 한 번 종교를 바꾼 이 거만하고 건방진 기독교인에 대해 별로 감정이 좋지 않았던 여론에서 들끓었던 루머에 대해서도 고스란히 술탄에게 전했을 것이다. 따라서 모하치 전투 이후 부다에서 이브라힘이 세 개의 동상을 가져와 히포드롬을 장식했을 때, 이스탄불 전체가 치를 떨며 대재상에 대해 이슬람의 규정을 어겼다고 비난했다. 사람들은 그를 우상 숭배자 취급했으며, 시인 피가니 셀레비Fighani Çelebi는 "세상에 두 종류의 아브라함이 있다. 하나는 성상을 파괴하였으며, 다른 하나는 이를 다시 일으켜 세웠다"는 풍자시를 지었다. 크게 노한 이브라힘은 나귀로 시인을 끌고 가 교살하라고 명했다. 이브라힘의 정적들은 그가 이슬람으로 개종한 후에도 여전히 기독교인이었다고 주장했다. 이브라힘이 성전聖

典에 대해 보이는 경멸감이 그 증거라는 것이다.

이브라힘의 아내로, 술레이만의 누이였던 하디스 또한 그가 잘 되길 바랄 이유가 없었다. 하디스가 비록 이브라힘의 아들 메흐메드 샤 Mehmed chac를 낳긴 했으나, 이브라힘은 무흐지네Muhsine라는 후처를 들였고, 그게 내내 하디스의 심기에 거슬렸다.

하지만 아무리 하렘의 음모가 있었고, 이스탄불 전체에 그에 관한 루머가 많았다 한들 이것만으로 술레이만의 생각에 영향을 주기는 힘들었다. 그는 자신의 의지가 강한 사람이었고, 주위의 영향을 별로 받지 않는 편이었다. 아무래도 그를 죽음으로 몰고 간 결정적인 이유는 이브라힘의 행동 그 자체에 있었다고 보는 게 맞을 듯하다. 특히 최근에 그가 저지른 몇몇 실수들이 결정적이었다.

처음에는 자신감도 별로 없고 겸손했던 이브라힘은 시간이 지나면서 믿을 수 없을 정도로 거만해졌다. 페르디난트의 특사들이 평화협상을 위해 이스탄불을 찾아왔을 때, 그가 이들에게 어떤 식으로 말을 했는지는 앞서 살펴본 바 있다. 이 말들을 포함하여, 그가 파디샤와 관련하여 내뱉은 다른 수많은 모욕적인 언사들은 술탄에게까지 보고가 됐을 게 분명하다.

오랜 페르시아 원정 중 언젠가 이브라힘은 자신이 '세라스케르 술탄'이라는 직위를 갖는다고 공표한 적이 있었다. 페르시아에서 지방 총독은 보통 '술탄'이란 칭호로 불렸으나, 터키인들에게 있어 술탄은 오직 콘스탄티노플의 술탄 한 사람뿐이었다. 술레이만의 생각 또한 마찬가지였다.

이브라힘의 자만함 외에도 데프테르다르defterdar(재무대신)를 추락시키고 이어 그를 처형시킨 흑색 음모도 있었다. 재무대신 이스켄데르 셀레비와 대재상은 서로 싫어하는 앙숙이자 정치적 라이벌이었다. 대재상은 술탄으로부터 그를 직위해제하라는 명을 받아낸 뒤, 그를 산 채로 두는 게 위험하다고 판단하고 결국 사형을 시킨다. 재무대신은 바그다드 시장터에서 교수형에 처해졌다. 그런데 다음날 밤, 이 불행한 망자의 영혼이 술레이만의 꿈에 등장한다. 재무대신은 자신의 처형에 대해 술탄을 나무랐고, 그의 목을 조르겠다고 위협했다. 술탄은 두려웠다. 술탄은 곧 재무대신이 무고하며, 대재상이 부당한 일을 벌였다고 확신한 듯하다. 그리고 아마 술탄은 이스켄데르 셀레비가 사형에 처해지기 전 이브라힘에 대해 페르시아와의 음모라든가 술탄 자신에 대한 역모라든가 하는 여러 가지 혐의를 내뱉었던 것에 대해서도 떠올렸을 것이다.

이제 파디샤도 이브라힘의 존재 자체를 견딜 수 없는 날이 왔다. 술탄은 그를 없애라고 명했다. 뒤에 가서 보겠지만, 술탄의 두 아들인 무스타파와 바예지드 또한 술탄의 권위에 대해 반란을 일으킨 죄로 목숨을 내놓아야 했다. 제국을 이루는 모든 요소 하나하나는 다 술탄의 소유였다. 가장 막강한 세력을 가진 신하부터 가장 존재감이 없는 신하에 이르기까지 신하들의 목숨은 모두 술탄의 손에 달려 있었다. 그는 모든 것을 내어주지만, 반대로 모든 것을 다시 돌려받을 수 있다. 이렇듯 지극히 동양적인 권리의 개념에 따라, 대재상과 대신들이 죽거나 해임되면 그 재산은 술탄의 금고로 환수됐고, 술탄의 금고가 곧 나라의 금고요, 나라의 금고가 곧 술탄 개인의 금고였다. 이브라힘이 그러모은 엄청난 재산은 전부 다 술탄에게 몰수됐다.

터키의 군주는 이렇듯 전권을 가진 전제군주였으며, 그의 신성한 권위 행사에 제약을 가할 수 있는 건 오직 무함마드의 법인 샤리아뿐이었다. 그런데 실제로는 군대의 장단에 맞춰주며 이들의 뜻을 고려해야 했고, 특히 예니체리들의 의견을 반영해야 했다. 그리고 때때로 불같이 일어나는 이스탄불 시민들의 여론도 무시할 수 없었다.

콘스탄티노플[81]은 상당히 큰 대도시였으며, 인구도 굉장이 많았고, 그 출신도 다양했다. 도시 안에서는 진짜든 아니든 각종 소문들이 퍼져 나갔으며, 시민들과 정부의 문무 관료들 사이의 관계가 밀접했으므로 소문이 확산되는 속도도 엄청나게 빨랐다. 위기 중에는 별 것 아닌 일로도 충분히 불씨가 지펴질 수 있었다. 시민들은 자신들의 의견을 표명하고, 소동이 끊이지 않았으며, 군대가 개입하는데 이들이 언제나 최고 군주의 편을 드는 건 아니었다.[82] 간혹 술탄이 오랫동안 수도를 비우는 것만으로도 사람들의 불만이 초래되기도 했다. 1525년, 술레이만의 에디르네 정복이 지연됐을 때에도 술탄은 서둘러 수도로 돌아와야 했다. 예니체리들이 소란을 피우기 시작했기 때문이다. 이스탄불 주민들도 거리로 모여들었다. 오스만의 술탄들은 특히 셰이흐나 데르비시 같은 종교인들을 두려워했는데, 이들은 그 뒤를 따르는 신도들을 끌어들였기 때문이다. 간혹 수도에서의 반란이 지방으로까지 확산되는 경우도 있었다. 농민들은 일손을 놓고 거리로 나와 수동적인 저항을 했다. 농민들은 밭도 갈지 않았으며, 이에 따라 생산량이 줄어들고 세수도 감소했다. 따라서 정부는 세금 감면 같은 방식으로 불만을 잠재웠다.

또한 오스만의 술탄은 종교 계율을 어겼다는 트집을 잡히지 않도록 노력했다. 매주 금요일이면 파디샤는 엄숙한 마음으로 예배에 참석했다. 이슬람교의 희생절 쿠르반 바이람Kurban bayram 행사 때는 양 3천 마리의 목을 베어 죽이는 의식이 거행되었고, 가난한 자들에게 그 고기를 나누어주었다. 매년 성지 메카로 순례를 떠날 때에도 화려한 기념식이 펼쳐졌다. 오스만투르크 제국의 술탄은 기회가 닿을 때마다 항상 자신의 신앙심을 드러내 보임으로써 스스로가 이슬람 신도들의 지휘관이라는 사실을 인지시켰다. 신앙심이 강한 터키인들이었기에 술탄이 신을 모독하는 불경한 언행을 보이거나, 이슬람의 절대 법전인 샤리아를 어겼다면 신속히 그리고 가차 없이 술탄을 단죄했을 것이다.

호남형의 젊은 대재상 이브라힘이 비극을 맞게 된 배경에는 분명 그의 불경한 평소 언행에 대한 국민들의 불만이 깔려 있었을 것이다. 최후를 맞기 이전 몇 년 간 이브라힘은 무함마드의 종교를 무시하는 태도를 서슴없이 보여주었고, 감히 콘스탄티노플의 광장에 동상들을 세우는 과감함까지 보였다. 스스로에 대해 무려 오스만의 왕손보다도 더 위대하다고 생각했던 이브라힘의 이 같은 행각이 술탄의 생각에 영향을 미치지 않았을 리 없다. 술탄이 제아무리 막강한 권력을 지닌 군주라고 할지라도 대재상을 깎아내리는 루머에 대해 모조리 귀를 막고 있을 수는 없었다. 늘 그렇듯 사람들은 비방의 대상자에 대해 실제로 그가 저지른 것보다 더 부풀려서 그의 악행을 전했고, 실제로 그가 책임져야 할 잘못된 행동에 대해서도 더 부풀려서 말했다.

술탄의 총애를 받던 최고 권력자 대재상의 죽음이 국내외에 미친 여파도 이제 서서히 가라앉았다. 아야스 파샤가 새로운 대재상으로 임명되었고, 유럽에서 이미 '화려한 왕'이라 칭하던 술탄의 명예로운 치세도 계속해서 이어졌다. 이브라힘의 재산은 국고로 환수됐고, 히포드롬 광장에 있던 그의 궁전은 시동 양성학교가 되었다. 골든 혼 쉬트뤼제Sütlüce에 있던 그의 정원은 오랫동안 대중들의 산책 장소로 활용됐다. 다년에 걸쳐 새로운 건물들이 들어서면서 기존의 건물들도 하나둘 사라져 갔다. 그의 시신이 묻힌 장소를 알려주던 나무도 오래 전에 죽었고, 한때 오스만의 술탄에 대적할 수 있을 만한 권력을 가졌다고 생각했던 한 인물의 남은 유해가 어디에 가 있는지 아는 사람은 아무도 없었다.

이브라힘의 죽음과 '두 이라크의 힘겨운 전쟁'으로 술레이만의 통치 1기가 마무리되었다. 그가 총애하던 신하의 갑작스러운 죽음으로 제왕으로서 술레이만의 청년기도 끝이 났다. 술레이만의 그 어떤 개인적인 친구도 이브라힘을 대신하진 못했다. 술레이만이 술탄궁으로 받아들여 함께 신학에 관한 이야기나 시에 대해 논하던 자들 또한 그저 그 지식과 재능을 높이 산 신하일 뿐, 술레이만의 진정한 친구가 되지는 못했다. 이후로 술레이만은 자기 이외의 모든 사람들과 선을 그었으며, 다른 사람과의 거리는 점점 더 멀어졌다. 유일하게 그가 속 얘기를 나누던 사람은 (모친이 세상을 떠났기에 이제) 록셀란 하나뿐이었고, 그가 유독 아끼던 아들 메흐메드와 지한기르Cihangir에게도 아마 속내를 털어놓았을 것이다. 하지만 이외에 다른 그 누구하고도 술레이만은 깊은 관계를 맺지 않았다. 엄격한 군주라는 타이틀은 그를 점점 더 궁전 안에 고립시켜 두었고, 술탄궁을 나설 때도 그는 늘 성대하고 화려한 행렬에 둘러싸였다. 이에 따라 그에게는 범접할 수 없는 동양의 군주라는 이미지가 굳어졌다.

이제 대정복의 시기도 지나갔고, 바그다드가 아마 술레이만의 재위 기간 중 마지막으로 정벌한 지역이었을 것이다. 이후 아나톨리아 동부, 에게 해와 북아프리카 제도, 홍해 등 다른 지역들이 추가적으로 함락되며 그의 영토 정벌을 완성시켜 주거나 순차적으로 자연스레 정복된다. 이제 제국은 영토 확장의 정점을 찍은 것 같았다. 후대에도 다른 술탄들이 눈부신 군사업적을 남겼고, 제국은 여러 지역을 잃거나 되찾거나 하였으며, 대재상들은 엄격하고 확실하게 나라를 이끌었다. 하지만 젊은 술탄이 밖으로 대대적인 정복 전쟁을 벌이고, 안으로 현명하게 통치하던 시절과는 달랐다. 오스만 제국의 전성기를 논한다면 이는 단연 바로 이 시기였다.

< 제4장 >
───

유럽 기독교 진영과의 대결

술레이만이 맨 처음 유럽 중부를 공격한 후로 15년 이상이 흘렀다. 베오그라드와 부다를 차례로 함락시킨 뒤, 술레이만의 군대는 빈까지 밀고 들어갔다. 유럽의 중심인 서부 유럽으로 계속해서 진출하기 위한 술레이만의 행보를 그 누구도 멈추게 할 수 없을 것 같았으며, 그 옛날 이브라힘 또한 서방에서 사신들이 오면 종종 이들에게 자신의 주군께서는 원할 때 그곳을 취할 것이라고 말했다. 세상 그 어떤 군대도 술레이만의 진군에 걸림돌이 되지 못했으며, 오직 기후와 거리만이 군사들을 지치게 하며 성공의 문턱에서 번번이 발목을 붙잡았다. 술레이만은 아군 병사들의 한계를 그 누구보다도 잘 알았다.

가톨릭 세계에서 황제로 군림한 카를 5세의 경우, 기독교의 적에 맞서 다뉴브 지역 사태에 개입하려는 결단은 내릴 수 없는 처지였다. 카를과 동생 페르디난트는 유럽 내부적으로 영국 및 프랑스 국왕과 전쟁을 치르며 출혈이 심한 상황이었고, 특히 독일 내부의 종교개혁 세력과도 싸움을 벌이느라 여력이 없었다. 카를은 십자군 운동을 끈질기게 고집했는데, 에스파냐의 경우에 다른 어느 곳에서보다 십자군 운동의 전통이 뿌리 깊게 박혀 있었다. (중세시대에 이베리아 반도를 정복한 회교도) 무어인의 높은 인구 비중으로 인해 수많은 문제들이 야기됐기 때문이다. 카를은 무슬림들을 유럽 밖으로 영원히 내보내고 싶었다. 하지만 신의 섭리에 따라 무언가가 벌어지지 않는 한 이 같은 꿈이 그저 하나의 허상일 뿐이라는 점은 카를 자신도 잘 알고 있었다. 그에게는 이 같은 꿈을 실현할 만한 수단이 없었으며, 또한 오스트리아 왕가가 회교도와의 전쟁에서 결정적으로 승리를 거두어 영향력을 키우고 세력을 확장하는 상황을 유럽 내에서 반길 사람은 아무도 없었다. 술레이만과 마찬가지로 카를 5세 또한 1535년의 상황에서는 다뉴브 지역보다는 다른 곳, 즉 지중해 지역에 대한 개입이 이뤄져야 한다고 생각했다.

카를 형제의 에스파냐도, 술탄 술레이만의 유럽도 16세기 초에는 해상강국이 아니었다. 즉위 당시에는 카를 5세든 술레이만이든 막대한 함대를 움직일 힘이 없었다. 1500년에서 1510년 사이에 비록 에스파냐가 이탈리아에서 성공을 거둔 후, 이어 사나포선까지 장악하고, 나바르 왕 피에르가 바르바리아 지역의 에셀 상권을 손에 넣었으나, 그 다음은 여전히 기약할 수 없는 상황이었다. 하지만 투르크인들의 경우에는 막강한 함대를 구축하고 구비하기 위한 모든 조건을 다 갖추고 있었다. 무기도 충분했고, 바람막이가 유리한 항구도 많이 보유하고 있었다. 부족한 건 오직 숙련된 고위 장교와 해군제독뿐이었다. 시리아와 이집트를 정복하고, 이어 로도스 섬을 함락시키며 제국의 해상 권역이 상당히 확대된 건 사실이나, 술레이만은 아직 바다를 지배하진 못했다. 카를과 술레이만이 거의 동시에 각각 당대 최고의 해상왕 도리아와 바르바로사라는 인재의 힘을 빌리지 않았다면, 두 사람은 아마도 지중해 지역을 포기하고, 전통적으로 해상활동을 벌이던 베네치아와 라구사, 혹은 사나포선 등에게 이곳을 내주었을 것이다.

1. 해상왕 도리아 제독과 바르바로사 선장

1520년, 안드레아 도리아는 이미 50세를 넘긴 나이였고, 용병대장으로서의 오랜 경력도 갖고 있었다. 1397년 선친 중 한 명이 콘스탄티노플 황제 마누엘 팔라이올로구스Manuel Paléologue의 공주와 혼인을 함으로써 유럽 최고 명문가 반열에 오른 도리아 가문 출신의 부친은 제노바 시민으로서 갤리선 선장을 맡고 있었으나, 살림살이는 꽤 가난한 편이었다. 교황 인노첸시오 8세의 근위대에 들어간 안드레아 도리아는 차례로 위르뱅Urbin 공작, 나폴리 공국의 페르디난드Ferdinand 왕, 대공의 형제인 알폰스Alphonse 2세, 이어 지오반니 델라 로베레Jean de la Rovère 등을 모신다. 1522년, 함장으로서 유명세를 떨치며 여러 대의 갤리선을 보유한 안드레아 도리아는 프랑수아 1세 밑에서 일한다. 도리아 제독은 얼마 후 프로방스 연안에서 카를 5세의 함대를 격파했고, 지중해 패권은 이제 프랑스 국왕의 사정거리 안에 있었다.

하지만 프랑수아 1세의 재상 뒤프라Duprat의 영향이었을까, 아니면 그의 경솔함 때문이었을까? 프랑수아는 지중해 해상권을 장악하는 일이 얼마나 중요한 일인지, 또 카를과의 싸움에서 도리아를 손에 넣는게 얼마나 큰 강점인지 몰랐던 듯하다. 자신의 고향 제노바에 대해 유독 애착이 강했던 도리아는 지나칠 정도로 고향 자랑을 하고 다녔는데, 그런 도리아 제독의 입장에서는 제노바에 대한 프랑스 국왕의 태도도 마음에 안 들었고, 뿐만 아니라 자신에 대한 대우 역시 못마땅했다. 1515년, 마리냥 전투 이후 제노바를 손에 넣은 프랑수아 1세는 자부심 강한 이 도시에 대해 (무슨 이유에서였는지 모르겠지만) 서슴없이 반감을 표시했다. 경쟁도시인 사보나에 요새를 세우겠다는 의도를 내보이는가 하면, 제노바의 상업을 사보나로 이전시키겠다는 뜻도 표명하고, 염세塩税 이권을 사보나에 주겠다는 의사도 밝혔다. 제노바 사람들은 이미 프랑스 국왕에 대해 반감을 갖고 있던 도리아 제독에게 도움을 요청했다. 자신이 포로로 잡아들인 에스파냐 함대의 사령관 후고 데 몬카데Hugo de Moncade의 몸값 문제로 도리아 제독 역시 프랑스 왕에 대한 감정이 좋지 않았기 때문이다. 로트렉Lautrec 장군의 조언이 있었음에도 프랑수아는 결국 뒤프라의 말을 듣고 도리아의 갤리선과 인력을 모두 몰수하라는 명령과 함께 제노바에 바르브지외Barbezieux를 보낸다. 바르브지외에 대해 브랑톰Brantôme은 "바다와 항구, 갤리선이 무엇인지 정도밖에 모르는 인물"이라고 말했다. 도리아는 자신의 깃발을 달고 프로방스 해안을 항해하던 갤리선 몇 척을 바르브지외에게 건네며 이렇게 말했다. "당신네들이 이걸 가져갈 수 있을지는 모르겠지만, 이 배의 주인은 나요. 이건 굳이 설명하지 않아도 다 아는 사실이오."

이 날로 프랑스의 운명은 바뀌었다고 볼 수 있다. 도리아는 즉시 카를 5세에게로 돌아섰고, 카를은 도리아가 원하는 모든 조건을 다 들어주었으며, 그 가운데에는 제노바의 권위와 제도를 원래대로 복원시키고, 사보나를 제노바 밑에 복속하는 내용도 포함되어 있었다. 도리아가 취한 첫 번째 행동은 제노바 안의 프랑스인들을 추방하는 것이었다. 이제 프랑스는 해상에서 우위를 점하게 해줄 유일한 인재를 잃어버린 셈이었다.

가톨릭 진영의 왕이자 신성로마제국 황제인 카를 5세가 이제 도리아 제독을 손에 넣었다면, 오스만의 술탄인 술레이만에게는 바르바로사 선장이 있었다. 바르바로사는 전쟁의 기술에 있어서도 결코 제노바의 도리아에게 지지 않았고, 그 과감함과 교활함에 있어서는 외려 도리아를 뛰어넘는 수준이었다.

에게 해 동북부의 미틸레네Mytilème 섬에서 도기를 만들어 팔던 그리스인 부친에게서 태어난 바르바로사(혹은 하이레딘)는 형제인 오뤽Oruc, 엘리아스Élias, 이샤크Ishak 및 섬의 다른 주민들과 마찬가지로 일찍이 이슬람으로 개종했다. 태생적으로 이곳 사람들은 참치를 잡거나 포도나무를 재배하는 것보다 바다를 가르며 해적질하는 걸 더 좋아했다. 오뤽은 죽는 순간까지 부족장을 지냈다.

네 형제는 우선 이오니아 제도의 군도를 중심으로 활동했다. 두라조, 아르타 만, 프레베자 등을 기반으로 형제들은 기독교 선박을 습격하고, 마을을 강탈했다. 1501년, 로도스 기사단과 충돌하여 엘리아스가 목숨을 잃고, 오뤽이 포로로 붙잡혔다. 아버지가 몸값을 치르고 석방시켜줄 때까지 오뤽은 3년간 성 요한 기사단의 노예선에서 끌려 다녔다.

오뤽이 다시 바다로 나왔을 때, 동지중해에서의 노략질은 별로 건질 게 없는 상황이었다. 베네치아와 제노바의 속령이 점차 줄어들고, 터키의 함대가 에게 해와 이오니아 해를 가로지름에 따라 이곳에서의 상업이 점점 쇠퇴했기 때문이다. 바르바로사 형제들은 바르바리아 지역으로 활동 거점을 옮겼다. 유럽의 교역 중 상당 부분이 지중해에서 이뤄졌기 때문이다.

에스파냐의 영토 회복 전쟁인 레콩키스타가 시작되자마자 에스파냐는 북아프리카 연안의 주요 요새 대부분을 점하며 시칠리아와의 교통로를 확보했다. 곡물 대부분을 시칠리아에서 들여왔기 때문이다. 그리고 이는 특히 연안에서 노략질을 하던 사나포선을 항로에서 멀리 떨어뜨려 놓기 위함이었다. 이 사나포선 사람들은 대개 에스파냐에서 추방된 무어인들이었으며, 이들은 에스파냐 사람들에게 복수를 하고자 했다. 16세기의 가지 전사들은 과거 이슬람 세계와 기독교 세계의 경계에서 열심히 싸우던 무슬림과 마찬가지로, 이들에 대항하여 성전聖戰을 벌였다. 에스파냐는 이들을 메르 엘 케비르Mers-el-Kebir로 몰아내는 데에 성공했고, 이어 나바르 국왕 피에르는 이 지역의 도시들을 대거 점령했다. 하지만 시간이 지나면서 이들은 점점 이탈리아의 부에 관심을 갖기 시작했고, 대양에서의 과감한 항해로 눈길을 돌렸다. 바르바로사의 배는 이제 새로운 돌파구를 향해 파고들었다.

이렇게 하여 바르바로사 형제들은 북아프리카 연안에서 알제Alger

서부에 이르는 구역까지 폭넓게 사나포선을 끌고 다니며 튀니스의 하프시드 왕조와도 관계를 맺어두었다. 이들의 과감함은 점점 수위가 높아지고, 1506년 오뤽과 하이레딘은 페르디난트가 코르도바의 나폴리 부왕副王 곤살로에게 보내던 에스파냐 병력 500명이 탄 대형 범선을 탈취한다. 세상을 떠들썩하게 한 이 일이 있고 난 후, 톨레도의 돈 가르시아Don Garcia는 알제를 확보하라는 명을 받는다. 돈 가르시아가 튀니지 앞바다의 제르바 섬을 공략하려던 시도 이후, 튀니스 왕은 제르바 섬의 보호를 바르바로사 형제들에게 맡긴다. 제르바 섬의 널찍한 만은 천혜의 조건을 타고난 참호나 다름없었다. 형제는 이곳에 주둔하며 섬을 저항 거점으로 삼았다.

형제는 계속해서 북아프리카 마그레브 지역의 연안을 장악해나갔다. 베자이아Bougie에서는 실패했으나 셰르셸과 지젤리Djidjelli를 손에 넣었다. 1516년, 알제의 술탄 살람 알 타우미Salam-al-Tawmi는 오뤽에게 에스파냐에서 도시 앞에 구축한 요새 페논Peñon을 차지하고 있는 에스파냐 사람들을 몰아내달라고 부탁한다. 오뤽은 주저하는 척하며 이를 수락한다. 북아프리카 원주민 카빌리아 사람들과 오스만 제국의 터키인 300명으로 구성된 군대를 이끌고, 오뤽은 다른 형제들이 해로로 공격하는 동안 육로로 도시를 포위한다. 오뤽은 수월하게 알제로 들어갔으나, 페논 목전에서 좌초된다. 오뤽은 사실 페논에는 거의 관심이 없었다. 그는 알제의 주인 행세를 하며 국고를 탈취하고, 술탄의 관료들을 모두 자기 사람으로 만들었다. 자기 부족의 전사들을 데리고 도시를 떠난 살람 알 타우미는 오뤽의 말만 믿고 다시 돌아왔다. 곧이어 그는 욕실에서 시신으로 발견된다. 오뤽은 그 어떤 죄인보다도 더 크게 목 놓아 울었다. 사실 알제의 술탄을 죽인 건 바로 오뤽이었다. 그는 자신의 터번으로 그를 교살했던 것이다. 긴 행렬이 이어지며 오뤽의 뒤를 따랐고, 말 위에 올라탄 오뤽은 커다란 사원으로 가서 술탄으로 즉위했다. 알제는 이제 오뤽의 소유였다.

마그레브 지역 전체를 지배하려는 야욕을 숨기지 않았던 바르바로사 형제들은 이제 국제적인 영향력을 갖게 됐다. 이듬해 알제리 사람들이 튀니스 왕 하미드 르 네그르Hamid le Nègre에게 가서 술탄의 자리를 차지하고 있는 이들을 물리쳐 달라고 호소하자, 오뤽은 하미드와 담판을 하러 가서 그의 군대 대부분을 말살하고 튀니스 왕국마저 손에 넣었다. 이어 알제리 북서부의 틀렘센이 멸망하고, 전투가 벌어지는 과정에서 기독교 편이었던 술탄이 사살된다.

1년 전, 알제를 손에 넣으려 했으나 성공하지 못했던 에스파냐는 이제 무슨 수를 써서라도 알제를 차지하고 싶었다. 그 당시 아직 신성로마제국 황제가 되지 않았던 카를은 코마레스Comares 후작 휘하에 10만 병력을 보내어 군대를 움직였다. 그리고 이번에는 그의 계획이 성공적으로 완수됐다. 바르바로사의 사나포선은 수적으로 카를의 군대에 밀렸고, 오뤽은 목숨을 잃었다. 에스파냐 측에서는 좋아서 어쩔 줄을 몰랐다. 오뤽의 목을 벤 포상으로 가르시아 데 티네오Garcia de Tineo는 귀족 작위를 받았고, 그의 후손들은 그가 남긴 문장紋章을 영원히 간직한다. "바르바로사 가의 머리와 왕좌로 가문家紋 하나를 얻고, 투르크인 머리 다섯으로 가문 문장의 테두리 장식을 얻는다."

2. 오스만 해군 제독 카푸단 파샤 및 섬의 베이레르베이가 된 바르바로사

세 형제가 모두 죽고 난 뒤, 이제 바르바로사 가문에서 마지막으로 살아남아 그 이름을 빛낼 사람은 바로 하이레딘이었다. 과감하고 교활하며 난폭한 군인이었던 오룍은 잔인한 면모를 보이기도 했지만, 부당한 행위는 하지 않았다. 하이레딘은 오룍의 이 모든 점을 갖고 있는 동시에 정치적 감각과 군사적 재능도 겸비했다. 이 같은 기질을 발판으로 그는 최고 명장의 반열에까지 오른다.

그의 천재적인 기질이 발휘된 건 우선 마그레브 지역에 대한 정세 판단이었다. 하이레딘은 내부적으로 여러 술탄과 소국들의 왕, 그리고 여러 부족으로 나뉘어 있던 이 지역이 에스파냐의 공격으로부터 오래 버티지 못할 것이라고 생각했다. 오룍이 결국 제패하지 못했던 이 지역을 장악할 수 있는 건 군사 및 재정 면에서의 수단을 모두 갖춘 단 하나의 거대한 강국, 바로 오스만투르크 제국이었다. 1518년 말, 오룍이 사망한 뒤 몇 달이 지난 상황에서 하이레딘은 셀림 1세를 주군으로 받아들인다. 그 대신 하이레딘은 인력과 무기, 함대를 구축하기 위한 장비를 받는다. 술레이만의 부친 셀림 1세는 주저 없이 그를 받아들였고, 하이레딘이 셀림을 찾아온 시기도 때마침 시의적절했다. 그 당시 오스만 제국은 동남아시아 및 극동아시아 지역과의 교역이 포르투갈의 인도양 항로 개척으로 위협을 받던 상황이었고, 이에 어떻게 해서든 지중해 항로를 대대적으로 확보해야 했다. 또한 이집트와 시리아를 정복한 오스만의 술탄은 지상 군대만큼 막강한 함대를 해상에 구축해둘 필요가 있었다. 셀림은 하이레딘이 내민 손이 얼마나 큰 역할을 하게 될지 직감했다. 이듬해 셀림은 곧 하이레딘에게 병사 200명과 포대를 보내주었고, 하이레딘이 데리고 있는 병사들은 이스탄불의 예니체리와 같은 봉급을 받게 될 것이며, 이들과 동일한 권리를 누리게 될 것이라고 일러주었다. 알제는 이제 오스만 제국의 한 주州인 에야레트 eyaret가 되었고, 하이레딘은 베이레르베이라는 직함과 함께 그 총독이 되었다.

오스만 중앙정부로서는 저렴한 값에 마그레브 연안 일부를 병합한 셈이었다. 이와 함께 제국은 지중해 한가운데에 위치한 이 영토를 손에 넣음으로써 상당한 전략적 가능성을 거머쥐게 됐다. 에스파냐를 필두로 유럽 강국들도 이 같은 이점을 모르지 않았다. 곧이어 오스만 제국과 합스부르크 왕가 사이에서 북아프리카 연안을 소유하기 위한 전쟁이 개시되고, 이는 16세기 내내 지속된다.

그런데 오스만이 하이레딘과 그 사나포선을 십분 활용하기까지는 몇 년의 세월이 더 필요했다. 1520년 셀림 1세가 세상을 떠난 후, 술레이만은 일단 유럽과의 지상전에 빠져 있던 나머지 로도스 섬 함락 후 지중해 중부 및 서부에 관심을 쏟을 겨를이 없었다.[83] 바르바로사라는 별칭을 달게 된 하이레딘은 1529년에 가서야 비로소 공격을 감행하며 페논의 에스파냐 사람들을 물리친다. 알제는 난공불락의 요새가 됐다. 카를 5세는 몰타와 트리폴리 공국을 예루살렘의 성 요한 기사단에게 내어주며 반격한다. 이들에게 시칠리아 해협의 수호 임무를 맡긴 것이다. 이어 카를은 도리아 제독을 보내어 레판토와 함께, 펠로폰네소스 남부의 막강한 코론 요새를 손에 넣으라고 지시한다.

해상에서 오스만의 열세는 명백했다. 15세기 말, 바예지드 2세와 셀림 1세가 베네치아를 물리치기 위해 구축했던 함대 가운데 남아있는 것들이었기에 선박들도 노후했다. 비록 오스만 제국을 맨 처음 해상강국으로 만들어준 함대의 선박들이었으나 이젠 수적으로도 부족한 상태였고, 제대로 조종하기도 힘들었다.

하지만 프랑스와 손을 잡는다 하더라도, 바다를 장악하지 않으면 아무리 대단한 전략을 세우더라도 실현 불가능한 일이었다. 도리아가 언제든 보스포루스로 쳐들어올 수 있다는 사실을 잘 알고 있던 술레이만은 이에 바르바로사에게 도움을 요청하기로 결심한다.

1533년 말, 바르바로사는 갤리선 18척을 이끌고 떠들썩하게 이스탄불에 입성한다. 오스만 해군 제독 카푸단 파샤 및 섬의 베이레르베이로 임명된 하이레딘은 불과 몇 달 만에 막강한 함대를 구축했다(오스만 제국은 페르시아와 전투 중이었다). 지중해사에 있어 이는 결정적인 역사적 순간이었다.

그로부터 몇 달 후, 오스만은 코론과 레판토를 탈환한다. 프랑수아 1세는 술탄에게 이탈리아에도 상륙작전을 펴달라고 부탁했으나, 바르바로사는 칼라브리아와 나폴리 연안을 휩쓰는 정도로 그쳤다. 요새와 소도시들도 차례로 약탈당했다. 어느 날 밤, 바르바로사는 베스파시아노 코로나Vespasiano Colonna의 아내로 당대 최고의 미인이던 기울리아 곤차가Giulia Gonzaga를 납치하고자 은밀히 폰디Fondi로 잠입해 들어갔다. 술탄에게 기울리아 곤차가를 바칠 요량이었다. 일설에 따르면 대재상 이브라힘이 록셀란을 밀어내고 그 자리에 앉히기 위해 공주를 납치해오라고 요구했다고도 한다. 그러나 "미인 기울리아는 어느 기사와 함께 말을 타고 잠옷바람으로 탈출하는데 성공한 뒤, 기사가 너무 과감했던 탓인지, 아니면 그날 밤 너무 많은 것을 보았던 탓인지 칼로 그를 찔러 죽였다."[84]

이 웃지 못할 비극이 있은 뒤 얼마 후, 바르바로사는 당시 하프시드 왕조의 물라이 하산Moulay Hassan이 장악하고 있던 튀니스로 향한다. 물라이 하산은 특히 자신의 형제 마흔네 명을 죽이고 왕좌에 오른 것으로 유명하다. 군대를 강화시키기보다 400명의 어린 소년으로 이루어진 하렘을 키우는데 관심이 더 많았던 물라이 하산은 미약하게 저항한 뒤, 사막으로 도망쳤다. 튀니스의 병합으로 오스만 제국은 이제 지중해 중부에서 알제보다 더 나은 토대를 마련하게 됐다.

3. 튀니스를 장악한 카를 5세

카를 5세는 오스만의 위협을 더는 참을 수 없는 지경에 이르렀다. 바르바로사의 행보를 멈추기 위한 조치가 아무것도 이루어지지 않는다면 지중해 서부와 자신의 교통로인 시칠리아, 나폴리 등이 이교도의 손에 떨어지는 것은 물론 레콩키스타 운동이 시작된 지 이제 갓 50년이 된 마당에 에스파냐 자체도 위험에 빠질 수 있었다. 에스파냐의 전략적 국경이 지중해 남부에 있다던 이사벨 여왕과 그 고문 히메네스의 말은 그 어느 때보다도 딱 들어맞는 것 같았다. 오스만 제국에 속한 아랍 공국들과 사나포선들이 마그레브 연안을 완전히 장악하도록 방치하는 것은 위험한 일이었다. 더욱이 지중해 북부로는 프랑스와 오스만 연합군이 순항하며 신성로마제국의 황제를 위협하던 상황이었다. 하루 빨리 카를이 지중해 지역에 개입하지 않는다면 북아프리카 지역에는 거대한 무슬림 국가가 세워질지도 모를 일이었다. 오스만의 지원을 받는 무슬림 국가라면 이는 에스파냐로서 막대한 위협이 됐다. 따라서 대대적인 반격으로 무슬림들을 동지중해로 밀어붙여야 했다. 동지중해 지역이라면 이제 무슬림의 영역이 된 곳이다. 과거 기독교 영토였던 레반트 연안으로부터 무슬림을 몰아내는 데에 실패했기 때문이다.

카를 5세는 몸소 원정대를 이끌었다. 그는 바르셀로나에 엄청난 함대를 끌어모았다. 도리아 제독의 갤리선 16척, 포르투갈 왕의 중소형 쾌속 범선 23척, 에스파냐 선박 100여 척, 제노바와 나폴리 선박 각 12척, 예루살렘의 성 요한 기사단 선박 4척 등이 바르셀로나로 집결됐다. 아울러 280척 이상의 수송선도 모였다. 모두 412척 가량의 선박이 동원됐고, 총 지휘는 도리아 제독이 맡았다. 델 바스토del Vasto 후작이 군대를 지휘했으며, 에스파냐인 1만 명, 이탈리아인 8천 명, 독일인 8천 명, 성 요한 기사 700명이 그의 명령을 따랐다. 카를 측에서 이렇게 막강한 병력을 동원한 데에 반해, 바르바로사는 갤리선과 갈리온선 60여 척 및 아랍·터키 병사 몇 천 명 정도만을 가지고 이에 대항했다.

전투는 그리 치열하게 벌어지지 않았으며, 규모가 별로 크지 않은 소규모 교전만이 이뤄질 뿐이었다. 기독교 진영의 군대는 수적으로 우세했으며, 일부 군대는 끼어들 필요도 없는 전투였다. 튀니스의 저지 선인 라 굴레트La Goulette 요새가 무너지면서 바르바로사는 급격히 불리한 상황에 처했다. 이에 카를은 도시로 진군하라는 명령을 내렸고, 도시에 있던 기독교인 노예 5만 명은 사슬을 끊고 도시 안의 무슬림들을 공격하며 단호히 행동했다. 바르바로사도 알제리 북동부에 위치한 본Bône(지금의 안나바Annaba)으로 피신해야 했고, 이곳을 통해 알제에 도착했다.

카를은 튀니스와 주민들이 해를 입지 않도록 하려고 했으나 소용없는 일이었다. 그는 결국 군대에 사흘간의 약탈 기간을 주어야만 했다. 이에 주민 3만 명이 학살되었으며, 1만 명이 노예로 끌려갔다. 에스파냐인들은 그 탐욕스러움과 야만성에 있어서 독보적이었다. 이들은 온갖 예술작품과 건축물을 훼손하였으며, 값나가 보이는 건 무엇이든 가져갔다. 자신들을 따르지 않는 무슬림 노예들은 가차 없이 죽였다. 카를은 도시 안의 무질서 상태를 정리하느라 애를 먹었다. 그는 튀니스 왕국을 물라이 하산에게 돌려주었고, 물라이 하산은 카를의 봉신이 되었다. 병사 1천 명과 에스파냐 범선 열 척이 그에게 하사되었으며, 매년 그는 에스파냐로 1만2천 쿠론의 조공을 바쳐야 했다. 물라이 하산은 해적을 쫓고, 현지에서의 기독교 의식을 허용하기로 약속하였으며, 특히 라 굴레트와 왕국 내 주요 요새를 황제에게 내주기로 했다.

1535년 7월의 튀니스 정복에 대한 이야기로 유럽 전역이 시끄러웠다. 사람들은 카를 5세에 대해 전사로서의 덕목과 온갖 용맹스러움을 다 갖춘 인물로 치장했다. 파올로 지오비오는 자신의 책 〈만국사Histoire

Universelle〉에서 이번 전투에 대해 언급한 대목을 카를에게 보내며 다음과 같이 썼다. "그리스도의 신념에 따라 튀니스에서 폐하께서 거두신 그 독보적이고 영예로운 승리는 과거의 그 모든 위대한 업적을 뛰어넘는 위엄을 가진 것으로 여겨집니다." 이와 같이 황제를 치하하는 것은 지나치게 과장된 것이었다. 그런데 사람들은 터키인들에 대해 말만 많이 하고 그 어떤 행동도 결코 취하지 않았던 다른 기독교 군주들과 카를을 비교했다. 특히 카를과 비교 대상으로 오른 인물은 단연 프랑수아 1세였다. 카를은 그에게 튀니스 원정에 참여할 것을 제안했으나, 프랑수아는 카를이든 술레이만이든 모두 불만스럽게 생각하여 중립을 지켰다.

기독교 진영의 사람들은 이제 카를이 어떤 행보를 보여줄지가 궁금했다. 과연 그는 그리스, 나아가 콘스탄티노플까지 가서 이교도를 추격할 것인가? 어쩌면 오스만은 지금쯤 튀니스에서의 실패로 사기도 저하되고 실의에 빠져 있을지도 모르는 일 아닌가? 하지만 카를은 그렇게 순진한 왕이 아니었다. 그는 비록 튀니스가 함락되었다고는 해도 해결된 건 아무것도 없다는 사실을 잘 알고 있었다. 오스만의 병력은 전혀 타격을 입지 않았으며, 바르바로사는 지칠 줄 모르는 용맹한 전사였다. 다음 해 가을, 바르바로사는 지중해 서부의 에스파냐령 발레아르 군도를 휩쓸고, 에스파냐 동부 발렌시아를 초토화시켰다.

4. 골든 혼의 조선소

튀니스에서 있었던 에스파냐의 반격이 가져온 주된 결과는 터키인들이 해상전 준비에 더욱 박차를 가하게 되었다는 것이었다. 이번 일로 오스만은 연초 이브라힘과 프랑수아 1세의 대사 장 드 라 포레스트 Jean de la Forest가 논의했던 해상권 장악 계획을 실천해야겠다고 확신했다. 이제 곧 해상에서 2차전이 벌어지며, 프랑스 왕을 흡족하게 해줄 것이었다. 하지만 이 과정에서 프랑수아 1세는 거듭 약속을 어긴다. 다만 프랑스 함대와 오스만 함대 사이에 구축된 협력 관계는 지중해에서의 세력 균형을 뒤집어놓는다.

골든 혼의 오스만 제국 해군조선소에서는 술탄이 직접 시찰하는 가운데 1536년 내내 준비작업이 이뤄졌다. 프랑스 대사인 포레스트는 다음과 같이 적는다. "하루 두 번씩 술탄은 개인적으로 조선소와 포 제조소를 둘러보며 작업을 재촉하고 독려했다." 술레이만은 알렉산드리아로부터 갤리선 50여척을 끌어들였고, 대포도 들여왔다. 그는 또한 엄청난 양의 탄약과 보급물자도 그러모았다. 이에 대해서도 포레스트는 이렇게 적는다. "이탈리아에서의 작업상황이 너무나도 널리 알려졌기 때문에 아이들은 거리를 돌아다니며 이 모든 작업이 황제에게 대항하기 위해 이뤄지고 있는 것이라고 퍼뜨렸다." 이 무시무시한 소문은 멀리 갈수록 더욱 증폭되며 확산됐고, 이에 교황은 로마를 떠날 생각까지 한다. 이탈리아 남부는 엄청난 두려움에 시달렸다. 이듬해 봄, 선박 200여척이 출항했다.

서구인들에게 있어 함대를 구축하는 일은 상당한 재정이 소요되는 더딘 작업이었던 반면, 오스만 제국의 경우에는 선박 수백 척을 건조하여 물 위에 띄우기까지 고작 몇 달 정도면 충분했다. 술레이만의 황금기 동안에는 오스만의 국고 수입이 거의 실질적으로 무제한인 상황이었으며, 또한 배를 건조하고 유지하는데 필요한 모든 건 오스만의 속국들로부터 조달했다. 비티니아 지역의 삼림과 흑해 인근의 숲에서는 풍부한 목재가 제공됐고, 크림 반도와 불가리아에서도 목재를 가져왔으며, 불가리아는 특히 철도 보내주었다. 돛과 천막의 직조작업은 그리스와 이집트, 아나톨리아 몇몇 지역에서 담당하였으며, 삼마와 삼실은 흑해의 습지에서 들여왔고, 특히 밧줄을 주로 제조하던 삼순이나 트라키아, 이즈미트 등지에서도 이 같은 재료를 제공했다. 배의 널빤지 틈을 메우던 삼 부스러기는 트라키아와 마케도니아, 이집트에서 보내주었고, 송진은 알바니아에서, 기름은 불가리아, 발라키아, 트라키아에서 보내왔다. 카를 진영에서는 함대 구축에 필요한 모든 재료와 장비를 대부분 수입에 의존해야 했다. 선박의 제작에 쓰이는 직물도 플랑드르 지방에서 수입해 써야 했던 반면, 이스탄불의 술탄들은 모두 자국 내에서 조달이 가능했다.

오스만의 또 다른 강점은 의사 결정 및 지휘 체계가 일관적이라는 데에 있다. 합스부르크 왕가는 언제나 나폴리와 에스파냐 제독, 제노바 제독들과 논의하고 협상하는 과정을 거쳐야 했으며, 도움을 준 선주들과도 의견 조정을 해야 했다. 1528년의 경우, 도리아는 프랑수아 1세와 카를 5세 사이에서 망설였고, 카를 5세와 펠리페 2세는 해군 제독들의 요구 앞에 수차례 부딪혀야 했다. 이들은 또한 늘 자금이 부족했다. 술레이만의 경우에는 이 같은 문제를 해결해야 할 필요가 전혀 없었다.

골든 혼 동쪽 연안에 위치한 갈라타는 가장 규모가 큰 해군조선소였다. 1550년경, 이곳에는 120개 이상의 조선대가 있었고, 각각의 조선대는 선박 두 척을 수용할 수 있었다. 배들은 수리를 위해 작업대 위에 놓이거나 악천후 시 정박해두곤 했다. 해군 총사령관은 갈라타 해군조선소에 머물렀다. 그는 휘하에 부함장인 케튀다kethüda(정부의 대표·대리인, 혹은 정부에 파견된 대표·대리인, 또는 보좌관이나 한 길드의 대표를 의미)와 행정관료인 에민emin(재무부 업무를 주관하는 관료)의 두 고위 관료를 두고 있었다. 케튀다는 가장 계급이 높은 장교였고, 에민은 직원들과 일꾼들을 관리했다. 이들 중 대부분은 이스탄불이나 다른 섬에서 온 그리스인들, 개종한 기독교인들, 혹은 술탄이 주는 높은 급여에 끌려온 외국인들이었다.

오스만의 선박은 갈리폴리 반도의 다르다넬스 해협 입구에서 아직 건조 중인 상태였다. 갈리폴리는 바예지드 1세 때부터 전통적인 오스만 해군조선소로, 이후 메흐메드 2세 때 더욱 확장·보강되었으며, 술레이만이 개보수하여 제국 내에서 두 번째로 비중 있는 조선소가 되었다. 비티니아 숲 근처의 이즈미트나 흑해의 시노프Sinop보다 더 규모가 크다. 대대적인 해상원정을 떠나기 전, 필요하면 제국의 곳곳에서 선박들을 진수할 수 있었는데, 갤리선의 건조에는 막대한 시설이 필요하지 않기 때문이다.

불과 몇 달 만에 오스만 제국은 상당한 규모의 함대를 구축할 수 있었다. 로도스 섬 원정 때는 100척의 군함을 끌어모았으며, 1539년 카스텔누오보 원정 때는 135척을 규합했다. 1566년 몰타 원정 때는 전투용 갤리선 130척을 포함하여 모두 200척의 군함이 동원됐고, 레판토 해전 때에도 200척이 움직였는데, 그 가운데 150척은 겨울 동안에 갈라타에서 만들어진 것이었다. 따라서 오스만의 유명한 해군 제독 킬리치 알리Kılıç Ali가 대재상에게 그 많은 선박들에 쓰일 장비와 돛을 마련하기가 어려울 것 같다고 말하자, 대재상은 그에게 이렇게 이야기한다. "저 높은 오스만 정부의 권력과 자원은 그 끝이 없으므로, 명령이 떨어지면 얼마든지 비단으로 된 줄과 번쩍이는 천으로 된 돛을 구할 수 있을 것이다." 거의 비슷한 시기에 그때까지 베네치아 공국에 속해 있던 키프로스가 오스만 제국의 손에 떨어지자, (훗날 셀림 2세 시절에 대재상의 지위까지 올라가는) 소쿨루Sokullu는 콘스탄티노플 주재 베네치아 대사 앞에서 이렇게 확인시켜준다. "빼앗긴다는 것의 의미가 당신네들과 우리 사이에 굉장한 차이가 있는 듯하오. 당신들에게서 왕국을 하나 빼앗으면 우리는 그대들의 팔을 잘라낸 것과 같소. 당신들이 우리의 함대를 격퇴하더라도, 이는 그저 우리의 수염을 벤 것이나 다름없지. 한 번 잘라진 팔은 다시 자라지 않지만, 한 번 깎인 수염은 전보다 더 두껍게 올라오는 법이라오."

5. 에게 해에서 밀려난 베네치아

1537년, 술탄 술레이만은 아들인 메흐메드 왕자와 셀림 왕자를 데리고 콘스탄티노플을 떠나 알바니아 연안의 블로러로 향했다. 동부지역에서는 이탈리아와 가장 가까운 지점 중 하나였다. 함대의 지휘는 술탄의 매형인 뤼트피 파샤와 바르바로사가 맡았다. 이번 전쟁에 대해 프랑스 국왕이 동의한다는 표시로 포레스트 대사가 술레이만과 함께 동행했다. 포레스트 대사는 오스만 군대의 진지에서 굉장히 큰 감명을 받았다. "나는 술탄의 진지에 들렀다. 그때 술탄이 막사에 도착한 참이었는데, 술탄의 막사는 널찍한 성처럼 솟아올라 있었고, 안에는 양탄자와 자수, 비단 천 등으로 화려하게 치장이 되어 있었다. 이어 따라간 어떤 장소에서는 술탄의 군대가 얼마나 광활한 지역에 펼쳐져 있는지 그 어마어마한 규모를 알 수 있었고, 병영 막사 또한 셀 수 없이 많았다."

술탄의 원정대는 우선 브린디시를 공략할 생각이었다. 풀리아 지방과 나폴리, 로마로 이어지는 길목이었기 때문이다.[85] 그동안 프랑수아 1세는 제노바와 밀라노로 진군했어야 하는데, 프랑스 국왕의 잘못으로 이 계획은 실패하고 만다. 이번에도 군대를 회군한 것이다. 몽모랑시 공작의 조언에 따라 프랑수아 1세는 피카르디 지방과 플랑드르 지방에서 전쟁을 벌였다. 당초 술레이만과 합의하기로는 이탈리아에서 전쟁을 벌이기로 되어 있었다. 성 블랑카르 기사단이 이끄는 프랑스 함대는 바르바로사의 함대와 합류했어야 함에도 여전히 마르세유에 있었고, 술레이만은 이미 알바니아 남서부 블로러에 도착해 있었다. 술레이만은 반도 건너편에 있는 군대에 다시 승선하라는 지시를 내렸다. 목적지는 그리스의 코르푸 섬이었다. 즉 술레이만은 베네치아를 공략하려던 것이다.

'범선 귀족' 베네치아의 번영은 해상무역에 기반을 두고 있었다. 중개무역과 자국 생산품의 수출 무역으로 돈을 벌어들였는데, 먼 타지에서 유럽으로 들여온 향신료, 비단, 오일 등을 무역 거래하는 한편, 내륙에서 생산한 섬유, 유리제품, 제지 등을 바다 건너 먼 나라에 판매한 것이다. 이집트, 발칸 반도, 테살로니키, 시칠리아, 터키 등지에서 들여온 밀이 없었다면 베네치아 사람들은 아마 모두 굶어 죽었을 것이다. 따라서 베네치아 공국은 전쟁이 장기화되면 절대 안 되는 상황이었다. 물자를 조달하지 못해 곧 품귀 현상에 빠져버리기 때문이다. 베네치아의 전투 함대가 속전속결에 강한 이유도 여기에 있다. 밀 시장에 위기가 도래하면 베네치아는 곡물을 수송하는 외국 화물선까지 나포할 정도였으며, 대개는 라구사의 배가 포획됐다.[86]

19세기 영국의 경우와 마찬가지로, 베네치아 공국의 숨통이 막히지 않기 위한 해상거래의 절대적 조건은 해상에서의 자유로운 왕래이다. 베네치아 공국에게 있어서나 그 속령에 있어 오래 전부터 심각한 위협이 되었던 건 오스만 제국이 유일했다. 그리고 이에 대비하기 위한 유일한 정책은 가능한 한 오스만의 존재를 있는 그대로 받아들이며, 오스만과 다른 강국들 사이에서 눈치껏 줄타기를 하는 것이었다. 이에 베네치아 공국은 오스만과 최대한 좋은 관계를 유지하기 위해 모든 노력을 아끼지 않으면서, 이스탄불 내부의 세력 관계 및 간혹 예기치 못한 방향으로 급변하는 내부정세도 고려하고, 아울러 그 당시 해상에서의 악조건도 염두에 두어야 했다. 그 시절 배에 탄 사람들은 기독교인이든 무슬림이든 할 것 없이 일반 승객들과 함께 전원이 포로로 붙잡히거나 노예로 전락하는 경우가 다반사였다. 세월이 지나면서 베네치아 공국의 영토는 갈기갈기 찢어지고, 공국은 군도나 달마티아 연안의 요새도 서서히 잃어갔다. 나중에는 키프로스도 잃게 된다.

하지만 대체적으로는 오스만과의 순탄한 관계가 지속됐다. 베네치아 총독은 술탄의 승전보를 제일 먼저 전달받았고, 때로는 이 같은 소식을 전해 받는 유일한 군주이기도 했다. 뿐만 아니라 술탄궁의 연회에 초청받는 것도 베네치아 총독이 유일했는데, 오래 전부터 오스만 왕궁에서 인정한 공식 파견 대사는 콘스탄티노플 주재 베네치아 공국 대사밖에 없었다. 1502년 베네치아 공국이 수많은 고비 끝에 바예지드 2세와 평화협정을 맺은 후, 양국 사이에는 두 나라를 갈라놓는 그 어떤 심각한 사건도 일어나지 않았다. 하지만 이와는 별개로 베네치아는 방어진지를 굳건히 구축하고, 강력한 함대를 훈련시키며, 비좁은 해안가를 따라 촘촘하게 방어벽을 구축했다. 베네치아의 무기 제조소가 대표적인데, 기술 수준에 있어서는 그 당시 최첨단을 달리고 있었고, 해군과 병사들의 군사 역량도 타의 추종을 불허했다. 프리울 섬에서 키프로스에 이르기까지 이들은 서로 필사적으로 싸우며 길게 늘어진 취약한 영토를 지키려 노력했다. 매번 위기 상황이 닥칠 때마다 베네치아의 영토는 하나 둘 오스만에게 잠식당했다. 이어 외교단이 후속작업을 이어갔지만, 그렇다고 늘 피해를 제한할 수 있는 건 아니었다.

술레이만은 바예지드가 닦아놓고 셀림이 고수한 평화정책의 길을 따라간 지 오래였다. 로도비코 알로이시 그리티[87]와 친분이 있던 대재상 이브라힘은 그 같은 평화정책에 대한 열렬한 지지자였고, 그의 뒤를 이어 정부의 수장이 된 아야스 파샤 또한 같은 생각이었다. 그런데 이제는 바르바로사가 술탄궁에서 가장 영향력 있는 인물이 되었고, 그가 오스만의 해상 라이벌인 베네치아 공국과의 전쟁에 끌린 것은 당연한 이치였다. 노략질이 가능한 해상전은 그에게 있어 다뉴브나 아제르바이잔 원정보다 더 중요한 수입원으로 인식됐다.

베네치아의 경우, 오스만 제국과 프랑스가 가까워지는 게 별로 탐탁지 않았다. 베네치아가 레반트 해역에서의 우위를 잃어버린 게 프랑스 때문이었기 때문이다. 동지중해에서 무역을 시작하려는 기독교인들은 1536년 조약[88]에 의거하여 베네치아 사람들을 제외하곤 모두 프랑스 기를 달고 항해해야 하는 상황이 되었다. 따라서 프랑스인들의 정치적, 경제적 영향력이 어느 정도였을지는 쉽게 상상이 간다. 더욱이 그 과정에서 베네치아의 영향력은 상대적으로 약화되었을 것이다. 그러므로 베네치아로서 이는 한 시대의 종말을 의미했다.

프랑수아 1세가 술탄과 함께 카를 5세에게 대항할 것을 요구했을 때, 이러한 불만이 베네치아 원로원의 태도에도 영향을 미치지 않았을까? 베네치아 사람들은 프랑스-오스만 연합에 등을 돌리고 신성로마제국 황제에게로 갔다. 이러한 베네치아의 행동은 술탄의 심기에 거슬렸다. 더욱이 술탄은 베네치아의 선동으로 카를 5세가 튀니스 원정을 시도한 것이라는 사실을 (포레스트 대사의 부추김으로) 알게 된 뒤 더욱 크게 진노했다. 술탄은 콘스탄티노플 주재 베네치아 대사에게 "베네치아 사람들이 자신의 치명적인 적수인 신성로마제국 황제를 위해 공공연히, 그리고 은밀히 일을 벌였다는 사실에 대해 분개"하였음을 알리고, "베네치아와 맺은 기독교계 거류민 권리보장 협정을 포기해야 할 것"이며, "그렇지 않으면 저들을 적으로 선포하여 이듬해 피와 불의 전쟁을 벌일 것"이라는 점을 알렸다.[89] 그로부터 얼마 후, (아마도 프랑수아 1세의 선동으로) 술탄은 수석 통역관 유니스 베이를 베네치아 원로원에 특별히 파견하여 "그의 동맹과 동맹이며 그의 적과 적임을 공표하고, 그렇지 않으면 전력을 다해 전쟁을 일으킬 것"이라며 베네치아 측에 엄숙히 통보했다. 술탄은 분명 위협을 가했으나, 이후 딱히 달라진 건 없었다.

전쟁의 명분은 오스만 외교 사절단을 실어 나르던 오스만 범선을 베네치아 갤리선이 공격한 일이었다. 베네치아 함대가 술탄의 범선을 가로막는 행위는 이번이 처음은 아니었다. 그때마다 번번이 아야스 파샤가 문제를 해결했다. 하지만 이번엔 술레이만이 전쟁을 원하는 상황이었다. 이 같은 범법 행위에 대해 술레이만은 격하게 진노하였으며, 베네치아 정부가 사태의 책임자를 처벌하기 전에 이미 술레이만은 오스만 함대에 오트란토를 떠나 코르푸로 향하라고 지시했다.

오스만은 병력 2만5천 명과 대포 50문을 섬에 풀어놓았고, 이어 추가로 2만5천 병력이 더 들어오며 즉각 주변 마을들을 휩쓸었다. 코르푸 섬은 150여년 전부터 베네치아의 수중에 있었고, 베네치아는 이곳을 튼튼하게 요새화했다. 섬을 탈환하는 일이 쉽지 않으리라는 점은 오스만 측도 잘 알고 있었다. 그런데 섬의 저항력은 생각했던 것보다 더 막강했다. 오스만은 엄청나게 커다란 대포를 장전하여 닷새 동안 19발을 쏘아댔다. 그 가운데 5발만이 과녁을 맞혔고, 나머지는 모두 도시 위로 날아가 바다 속으로 빠졌다. 술레이만은 포위당한 세력에게 목숨과 재산은 무사하게 해주겠다고 약속하며 주둔군의 항복을 요구했다. 베네치아 사령부는 대포로 이에 응답했다. 이들이 쏘는 포는 매번 그 목표에 명중했다. 오스만의 갤리선 두 척이 침몰하였으며, 대포 한 방에 병사 네 명이 목숨을 잃었다. 이 믿어지지 않는 현실에 술탄은 포위를 풀기로 결심한다. 그때 술탄이 남긴 명언이 나온다. "무슬림 한 명의 목숨은 요새 천 개를 주고도 살 수 없다."

네 사람의 죽음에 더해 프랑스의 회군이 있었기 때문에 술탄이 이탈리아에서의 전투를 끝낼 수 있었으리라 생각된다. 남북 양방향으로 반도를 습격하겠다는 그의 계획은 무너졌다. 술레이만은 콘스탄티노플로 돌아가 바르바로사에게 에게 해에서 베네치아 패권을 완전히 종식시키라고 명했다.

그때까지만 해도 베네치아는 에게 해의 섬들을 별다른 방어수단 없이 고립된 상태로 수중에 유지할 수 있었다. 섬의 대부분은 오래 전부터 베네치아 명문가들의 지배 하에 있었고, 이들은 섬에서 막대한 이익을 끌어냈다. 섬 가운데 일부는 기독교 사나포선의 피난처 혹은 은신처로 이용됐다. 그러니 오스만으로서는 이 섬을 손에 넣을 이유가 얼마든지 많았다.

갤리선 70척을 이끌던 바르바로사로서는 이 정도 섬을 손에 넣는 건 식은 죽 먹기였다. 따라서 에게 해에 있던 거의 모든 섬들이 별다른 저항 없이 항복했다. 피사니 가문 소유였던 시로스, 파트모스, 이오스 섬, 퀴리니 가문 소유의 아스티팔라이아 섬이 바르바로사에게 무릎을 꿇었고, 바르바로사는 에기나 섬에서 주민 6천 명을 끌어내 노예로 만들었다. 브니에 가문이 지배하던 파로스와 안티파로스 섬의 운명도 다르지 않았다. 낙소스 섬의 경우에는 그리스포 공작이 매년 5천 두카를 조공으로 바치기로 약속했음에도 섬에 대한 약탈이 이뤄졌다. 제2차 원정 때에는 안드로스, 세리포스, 스키아토스, 스키로스 섬 등이 무너졌다. 베네치아 소유의 섬 27개가 술탄의 함대에 항복하거나 유린되었으며, 남자든 여자든 아이들이든 젊은 기독교인 수천 명이 납치됐다.

하지만 나프플리오의 함락은 그리 호락호락하지 않았다. 높은 해안 절벽과 탄탄히 구축된 요새 덕분에 강력하게 보호되던 나프플리오는 정복자 메흐메드 2세와, 이어 바예지드 2세의 공격에도 버텨낸 곳이었다. 술레이만은 모레아 총독 카심 파샤에게 이곳을 정복하라는 어려운 임무를 맡긴다. 오스만의 통상적인 전술에 따라 카심 파샤는 막대한 포대진지를 구축하고, 이어 300파운드 무게에 달하는 포탄들을 쏘아댔다. 하지만 별다른 성과는 없었다. 오스만의 포위 공격은 18개월이나 지속됐고, 베네치아의 영토 포기에 관한 조약이 서명되고 난 후에야 비로소 공격이 멈추었다.

6. 패배의 연속인 기독교 진영

유럽은 그때까지 기독교 진영에 속해 있던 해상구역에서 벌어지던 바르바로사의 공략을 놀라움 속에서 예의주시했다. 베네치아의 섬과 요새에서 약탈이 있고 난 후, 베네치아 사람들을 포함하여 오스만의 공격에 가장 직접적으로 노출된 사람들 사이에 두려움이 엄습했다. 오스만이 북진을 결심하여 달마티아 지역의 베네치아 속령을 공격한다면 어떻게 될까? 더 위로 올라와 베네치아 본토를 습격하면 과연 무슨 일이 일어날 것인가? 이탈리아의 강성 도시들은 서로 힘을 합치기로 결심한다. 로마를 잃을까 두려워하던 교황이 먼저 협력안을 내놓았고, 교황은 베네치아, 제노바, 카를 5세와 함께 신성동맹을 결성했다. 신성동맹은 갤리선 200척과 소형 범선 1백여 척을 내놓기로 합의하고, 병사 5만 명을 무장하기로 한다. 5만 병력 가운데 2만 명은 독일인, 나머지는 에스파냐인 및 이탈리아인으로 꾸려졌다. 도리아 제독과 아퀼레이아Aquilée 족장, 베네치아의 카펠로에게 지휘봉이 주어졌다. 언제나 그렇듯이 최악의 상황에서도 최고의 낙천주의를 보여주는 기독교 진영 사람들은 오스만 제국을 서로 나눠 가질 계획도 구체적으로 세워두었다. 과거 비잔틴 제국의 수도는 카를 5세가 갖기로 하고, 베네치아는 블로러, 카스텔누오보, 코토르 만 유역을 포함하여 기존의 모든 영토를 되찾기로 하였으며, 성 요한 기사단은 다시 로도스 섬으로 돌아가기로 했다. 하지만 현실은 이와 너무도 거리가 멀었다.

만일 서로 힘을 합치기로 한 기독교 열강들이 모두 승리할 의지만 있었다면 이들의 원대한 꿈은 실현됐을지도 모르겠다. 그런데 교황의 경우, 이 같은 의지가 분명히 있었던 반면, 베네치아는 조금 신중한 모습을 보였고, 카를 5세의 경우 전혀 그럴 의지가 없었다. 이미 독일 내의 종교개혁 문제로 고심하던 카를 5세는 이탈리아의 라이벌인 베네치아의 힘이 커지는 걸 원치 않았다. 안 그래도 거대한 제국이 뿔뿔이 흩어져 있는 것 때문에 고민이 많았는데, 이리로 동맹세력이 몰려드는 게 불편하고 두려웠던 것이다. 또한 교황이 지나치게 이득을 챙겨가는 것도 원치 않았다.[90] 그는 바르바로사를 매수하면 문제가 해결될 것이라고 생각했다. 노련한 해적인 바르바로사는 아프리카 연안 전체를 요구했고, 카를은 그 가운데 본(지금의 안나바), 베자이아, 트리폴리 만을 제안했다. 대신 바르바로사가 자신의 모든 함대를 넘기고 오스만 함대를 쳐부수는 조건이었다. 협상은 몇 년간 지속됐다. 하지만 서로 간에 전혀 신뢰가 없는 관계였다. 바르바로사가 과연 카를과의 약속을 지킬 것이며, 카를을 '물'먹이지 않을 수 있을 것인가? 결국 흥정은 실패로 돌아갔으나, 이 같은 술수는 프레베자에서 도리아와 바르바로사의 이상한 행동을 부분적으로 설명해주는 듯하다.

1538년 9월 28일, 책사들은 에페이로스 연안을 따라 공격을 개시하기로 결정한다. 기원전 31년, 옥타비아누스가 안토니우스와 클레오파트라의 함대를 격파한 바로 그곳, 악티온이었다. 도리아 제독의 도착이 늦어지자, 아퀼레이아 족장은 프레베자 성을 습격하며 작전을 개시했다. 보잘 것 없는 성공이었지만 그의 공격은 성공했고, 이 소소한 성공은 바르바로사의 경각심을 일깨워준다. 곧이어 바르바로사는 22척의 범선을 이끌고 이곳에 도착한다. 늑장을 부리던 도리아는 베네치아의 선박 81척, 교황의 갤리선 36척, 스페인의 범선 50척을 끌고 왔다. 그는 전투를 개시할 의욕이 별로 없었으나, 각국 정부의 명확한 지시를 받고 온 베네치아 및 교황청 지휘관들과 전시 작전회의를 거친 후, 결국 이에 동의한다. 이 전투가 결정적인 것이었는데, 전세는 불확실하기만 했다.

수적으로 열세였던 오스만 함대는 분명 전멸될 것이었는데, 하지만 거의 무사했다. 오스만 함대의 수장들은 바르바로사를 중심으로 투르구트Turgut 제독의 사나포선이 우익에, 살리히Salih 레이스Reis(군함의 함장)가 좌익에 포진하여 훌륭하게 작전을 수행했다. 베네치아 선박 2척이 침몰했고, 에스파냐 범선 2척, 베네치아 범선 1척, 교황 범선 1척이 포획됐다. 그래도 어쨌든 기독교 진영의 피해는 극도로 미미한 수준이었으므로, 도리아 제독은 수월하게 전투를 지속할 수 있었을 것이다. 하지만 날이 저물자, 그는 죽은 듯이 조용했다. 며칠 후에도 그는 또다시 오스만 함대에 대한 공격을 거부했다. 이번에도 그의 마음을 돌려놓을 길이 전혀 없었다. 도리아 제독은 오스만이 완전히 패할 수 없으리란 사실을 잘 알고 있던 카를 5세의 명령에 따른 걸까? 베네치아를 오스만 뜻대로 하게끔 내버려두려던 그의 명령을 따른 걸까? 이보다 개연성이 있는 설명은 카를이 자신의 함대를 무사히 보전하려고 했었다는 점이다. 카를은 이렇게 보전한 함대를 이용해 사나포선의 공격으로부터 서지중해를 지키려고 했을 것이다. 아울러 언제 있을지 모를 에스파냐에 대한 공격도 대비하고 싶었을 것이다. 이번에도 역시 베네치아와 신성로마제국 황제의 이해관계가 같지 않다는 점이 여실히 드러났다. 카를의 관심은 자신의 왕국이 있던 서쪽에 가 있었고, 베네치아의 관심은 동지중해에 가 있었다. 베네치아로서는 레반트 지역에 있던 마지막 영토를 지키고, 자신의 무역로를 보호하는 게 급선무였기 때문이다.

기독교 진영으로서 프레베자를 놓친 건 재앙이나 다름없었다. 아마 그로부터 31년 후, 오스만이 레판토 해전에서 대패한 이후의 후폭풍도 이 정도는 아니었을 것이다. 오스만의 경우, 거의 1년도 안 되어 손실을 다 만회했다. 기독교 진영은 단지 위신만 잃은 게 아니었다. 신성동맹을 저버린 베네치아는 도저히 혼자서 오스만 함대를 감당할 수 없었고, 더욱이 오스만 함대는 프랑스 국왕의 갤리선으로 힘이 더욱 보강된 상태였다. 베네치아는 단독강화를 요청했고, 프랑수아 1세도 지지 입장을 보였다. 술레이만도 이를 수락하였으며, 순전히 자신의 관용 덕분에 단독강화가 성사되는 것이라는 점을 부각시켰다.

이어 회담이 개최됐고, 88세의 노쇠한 토마소 콘타리니Tomaso Contarini가 베네치아 측 회담 대표로 나섰다. 술레이만은 그의 알현 요청을 받아들였고, 베네치아 측에서 오스만이 함락시킨 전 베네치아 지역 및 섬들의 반환을 요구하자, 술레이만은 즉시 불쾌감을 나타냈다. 오스만 측은 (아직 함락되지 않았던) 나프플리오와 모넴바시아를 즉각 넘겨달라고 요구했다. 몇 달 후, 베네치아 원로원의 루이지 바도에로 Luigi Badoero가 도착했다. 그는 30만 두카를 제공하는데 수락했고, 더 이상 영토반환은 요구하지 않았다. 협상은 이후로도 몇 달간 더 지속됐다. 결국 1540년 10월 20일, 교통로가 차단되고 곡물보급이 끊기자 베네치아는 무릎을 꿇었다.[91] 이에 베네치아는 30만 두카를 전쟁 보상금으로 지급했을 뿐만 아니라, 나프플리오와 모넴바시아도 포기하고, 에게 해에서 바르바로사가 점령했던 모든 섬들의 소유권을 넘겨주어야 했다. 몰타 공화국과 시칠리아 섬에는 새로이 대서양에서 건너온 무슬림들로 넘쳐났다.

이제 세비야까지도 사나포선의 출몰을 우려해야 하는 상황이었다. 해안선을 따라 곳곳에 거점을 두고 있었기 때문에 술탄의 갤리선들은 도처에서 모습을 드러냈다. 특히 술탄의 거점 가운데 강력한 건 알제였다. 얼마 후, 카를은 이를 공략할 시도를 해보지만 결국 허사로 돌아갔다. "게임은 거의 기독교 진영의 참패였다. 기독교 진영 내부의 분열이 원인이었다. 이는 엄청난 사건이었다."[92]

신성로마 황제와 교황, 베네치아 동맹군을 무찌른 술레이만은 이제 지중해 해상권을 장악한다. 프레베자가 함락된 몇 주 후, 패배를 설욕하기 위해 기독교 군대가 코토르 만 하구 근처 카스텔누오보의 성채와 요새를 점령했다. 이에 오스만 함대가 황급히 달려온다. 도리아 제독은 공격에 나서지도 않았는데, 그에 따르면 해상전을 수행할 시기가 지났다는 것이다. 그런데 몇 달 후, 오스만 군이 다시 돌아와 치열한 전투를 벌여 기독교인들을 내쫓고 다시 카스텔누오보를 탈환했다. 에스파냐와 베네치아, 그리고 교황의 군대는 오스만 군대에게 있어 그리 버거운 상대가 아니었다. 이제 기독교 진영은 그 어느 때보다 방어에 집중한다. "하늘이 이토록 이슬람을 향해 눈에 띄게 환히 비춰주고 있는데, 이슬람의 위대함에 어찌 그 한계가 있을 수 있겠는가? 이제 땅과 바다가 모두 술탄에게 굴복했다. 모넴바시아와 나프플리오를 내어준 후 암울해진 베네치아는 키프로스 부족들을 해방시켜 주었다. 도처에서 신성로마제국의 적을 찾으려 애쓰는 프랑스는 오스만 제국에 은밀히 군사지원을 해주었고, 부다에서는 오스만 깃발이 휘날렸다.”[93]

유럽은 위험을 의식하였으나, 바르바로사와 오스만 함대에 대항하여 할 수 있는 일이 없었다. 이들은 너무도 막강했고, 자원도 고갈될 줄을 몰랐으며, 한겨울에 조선소 한 곳에서 범선 150척 이상을 진수할 수 있는 건 오스만 제국이 유일했다. 저들의 갤리선과 범선은 동시에 발레아르 군도, 카딕스Cadix, 이탈리아, 다뉴브 연안에 출몰하였고, 1541년 여름 동안 바르바로사는 철제 및 화력 무기를 싣고 지중해 양안 사이를 휘젓고 다녔다.

기독교 진영에서 할 수 있는 유일한 일은 땅 위에서의 방어 태세를 강화하는 것뿐이었다. 오스만 군이 정박하지 못하도록, 땅 위에 발을 딛고 노략질을 하지 못하도록 막아내는 일밖에 달리 할 수 있는 게 없었으며, 기독교 진영과의 지상전을 못하게끔 방어하는 게 유일한 살 길이었다. 이를 위해 기독교 진영에서는 일단 전략적 요충지의 방어선을 강화한다. 지중해 중심에서 성 요한 기사단이 지키고 있는 몰타 공화국과 해협 중간의 메시나 등에는 새로운 요새와 안전하게 보호된 항구, 막강한 주둔군을 배치해두었다. 나폴리와 이탈리아 남부, 레기오, 오트란토, 갈리폴리, 트라니, 바를레타 등지에는 요새가 들어섰고, 전부 합하면 그 수가 수백여 개에 달했다. 또한 오스만의 공격에 보다 쉽게 노출되어 있는 시칠리아 섬의 동안과 서안에도 방어진이 구축됐다. 군대가 상주하는 요새가 구축되고, 해안가를 따라 경비 초소도 수백 개가 세워졌으며, 만일의 경우 즉각 경계경보를 알릴 수 있도록 조치했다. 이 같은 노력은 16세기 내내, 그리고 그 이후까지도 지속되었으며, 나중에는 결국 그 효력을 보게 된다.

에스파냐 역시 레반트 연안의 방어를 꾸준히 강화하고자 노력한다. 발렌시아에서는 해안 경비대가 꾸려졌고, 남부 연안 역시 상황은 마찬가지였다. 이곳에서는 특히 무어인과의 첨예한 대립이 문제가 되고 있었는데, 이 지역과 아프리카 북부의 무어인 거주 비중이 상당했기 때문이다. 더욱이 이들은 과거 이 지역이 자신들의 영토였다는 사실을 잊지 않고 있었다. 지중해에서 사람들은 거의 동시다발적으로 도처에서 오스만 함대가 보인다고 생각했다. 때때로, 아니 거의 연중 내내 에스파냐에서는 오스만 군대가 이 지역에 상륙해 무어인들의 봉기에 힘을 실어줄 것이라는 루머가 나돌았다. 어떤 때는 거의 성공할 뻔 했던 적도 있었다는 게 사람들의 믿음이다. 곧이어 알제의 오스만 총독 살리흐 파샤는 페스Fez까지 군대를 끌고가 4개월 가량을 머물렀다. 그로부터 얼마 후, 이번에는 가장 막강한 오스만 해군 제독 중 하나인 피얄Piyale 파샤가 150척으로 구성된 함대를 이끌고 에스파냐 메노르카Minorque 섬까지 가서 도시와 마을을 부수고 약탈했다. 과거 무슬림들을 에스파냐 밖으로 추방하며 투철한 기독교 신앙을 보여준 페르난도 2세의 후예는 5년 후, 아니면 1년 후, 어쩌면 당장 내일이라도 반도에서의 새로운 정복 전쟁을 벌여야 할지도 모를 일이었다.

신성로마제국의 황제 카를 5세는 오스만 제국 본토에 상륙하여 헝가리와 동시 공격을 진행할 생각을 했었다. 하지만 그는 곧 이 같은 계획이 유럽 전체의 원조를 요구한다는 사실을 깨달았고, 그로서 이는 생각하기 싫은 대안이었다. 그는 지중해에서의 자유로운 항해를 보장하고, 오스만의 숨통을 조일 수 있다면 그것만으로도 충분히 만족할 수 있었다. 그가 서둘러 쳐야 할 곳은 바로 알제였다. 1540년 가을, 카를 5세는 술레이만이 해상전 승리의 여세를 몰아 서둘러 대대적인 서부 유럽 원정을 준비하고 있을 것이라 확신했다. 하지만 다음 원정 지역은 과연 어디였을까? 그건 아무도 모르는 문제였지만, 모두가 그의 차기 원정 계획을 예측하며 두려움에 떨었다.

7. 지중해의 주인

카를은 군대와 함대를 얼른 끌어모으고 싶어 안달이었다. 그는 아마도 술탄에 대한 이번 공격이 이슬람 세계에 대한 기독교 세계의 공격이 되길 바랐을 것이다. 콘스탄티노플을 직접 공격하러 떠날 수야 없지만, 그래서 공략 대상이 된 것이 알제였다. 프레베자 함락 이후 2년이 채 안되었던 그 당시, 프랑스 국왕이 술레이만과 더없이 좋은 관계를 유지하고 있던 그 때, 카를이 어찌 자신의 꿈을 실현할 수 있었겠는가? 그에겐 병사보다도 군자금이 더 부족했다. 루카에서 카를을 떠나보내기 전, 교황은 엄숙한 미사를 거행하고 이어 카를이 떠났는데, 이에 대해 팜플로나 주교는 그가 "돈보다 신의 은총을 받아 떠났다"고 적었다.

축도를 거행할 때, 바오로 3세(알렉산드로 파르네세Alexandre Farnèse)는 황제에게 그대로만 따른다면 상당히 유용할 조언을 해주었다. 교황은 "10월에 아프리카 원정을 감행한다면, 그건 곧 실수를 범하는 것"이라고 주장하며, "봄을 기다려라"고 이야기했다. 도리아 제독 역시 같은 생각이었다. 페르디난트 대공이 현재 오스만의 위협은 헝가리와 빈 쪽이 그 어느 때보다 심각한 상태라며 자기 형을 말려봤지만 소용없는 일이었다. 카를은 이번의 십자군 원정이 40~50일 정도에 끝날 것으로 내다봤고, 시기상으로도 적절했던 것이 오스만 군대는 기후가 좋지 않을 때에 결코 전쟁에 나서지 않기 때문이었다.

1541년 8월 말, 카를은 선박에 올라 배들이 집결하는 팔마 데 마요르카Palma de Majorque로 향한다. 포르토 베네레Porto-Venere에서는 독일군과 이탈리아군을 싣고 선박 200척이 당도했다. 시칠리아와 나폴리에서는 에스파냐 군인들을 태우고 배 150척이 도착했다. 200척 가량은 에스파냐에서 포대와 탄약, 물자 및 기병과 보병 1천여 명을 싣고 왔다. 총 500척에 이르는 선박이 병사 2만4천 명을 싣고 왔으며, 해군도 1만2천 명이나 됐다. 에스파냐 함대는 도리아 제독이 지휘하고, 군병력은 알바 공작이 이끌었으며, 코로나 군주는 이탈리아 군인 5천 명을, 게오르게스 프론디스페로Georges Frontispero는 독일 군인 6천 명을 진두지휘했다. 에스파냐의 유명 장수들도 전투에 참여했다. 그 가운데 특히 멕시코 아즈텍 왕국을 정복한 에르난 코르테스도 끼어 있었는데, 그는 자신의 비용을 들여 두 아들과 함께 갤리선 한 척을 무장하여 공격 태세를 갖추었다. 코르테스를 무모한 졸부 취급하던 에스파냐의 왕자와 대공들은 전쟁의 작전에 관해 그에게 전혀 자문을 구하지 않았으며, 원정 중 가장 위급한 순간에도 그를 찾지 않았다.

알제에는 바르바로사의 아들 하산Hassan 아아Ağa(터키 군 장교)의 지휘 하에 고작 오스만 군인 800명과 무어인 5천 명이 있을 뿐이었다. 이렇게 적은 병력이면 기독교 진영의 원정이 간단한 나들이 정도로 끝날 수 있는 상황이었다.

하지만 기독교인들은 상륙할 장소에 대한 연구가 제대로 되어 있지 않았다. 알제 동부에 해변이 하나 있었는데, 도시에서 꽤 멀리 떨어져 있었으나 방풍은 잘 되는 편이었다. 그런데 기독교 원정대는 이보다 더 가깝되 해풍에 좀 더 노출된 해안을 선택한다. 일단 처음으로 태풍이 불면서 이들의 상륙이 지연됐고, 이어 예상치 못하게 언덕과 기복 있는 지형이 나타나며 진군이 더욱 늦어졌다. 10월 25일, 3열 종대로 나누어진 군대는 이윽고 도시 앞에 도착한다. 도시의 성벽 뒤에선 오스만 군대가 적의 공격을 기다리고 있었다. 밤 동안에 폭우가 쏟아지기 시작했다. 계속해서 이어지는 태풍으로 닻이 뽑혀나가고 닻줄이 끊어졌으며, 배가 하나둘 부서져나갔다. 돛을 단 배들이 먼저 침몰했고, 갤리선들은 이보다 더 오래 버텼으나, 갤리선의 노를 젓는 죄수들은 곧 노 저을 힘을 다 잃었다. 군대와 선원들은 모두 공황 상태에 빠졌고, 이들은 저마다 출신이 너무도 다양해 서로 간에 의사소통조차 제대로 되지 않을 정도였다. 이탈리아인들은 정신없이 퇴각했고, 독일인들 역시 한 번 싸워보지도 못한 채 도망쳤다.

이틀 후, 배 160척과 1천2백 명의 병력이 빠져나갔다. 이 같은 참극의 유일한 책임자인 카를은 계속해서 기도에만 매진했다. 도리아 제독이 분개하며 말했다. "황제가 내 조언을 헌신짝 버리듯 내팽개친 것에 대해 모멸감을 느낀다. 나는 바다에서의 경험이 많기 때문에, 내가 우려하는 부분은 고려할 만한 것이었다."[94] 코르테스는 전투를 속행했어야 한다고 생각했다. 알제 주둔군이 얼마 되지 않았기 때문이다. 오란Oran 총독도 그와 같은 생각이었다. 하지만 이들의 의견은 묵살됐다.

요새에서 나오며 "Allahou akbar(알라는 위대하다)"고 외친 투르크인과 아랍인들에게 모욕을 당했음에도, 기독교 병사들은 별 수 없이 다시 배에 올라야 했다. 이들은 아군의 배가 모여 있는 (혹은 남아있는) 마티푸Matifou에 이르는 데에만 닷새가 걸렸다. 이어 새로운 태풍이 몰아치며 여러 척의 배가 침몰됐고, 나머지 배들도 바람과 해류에 쓸려 뿔뿔이 흩어졌다. 카를 황제와 그를 따르던 군사들은 베자이아로 몸을 피했다. 하지만 이곳도 식량이 턱없이 모자라는 통에 사람들은 '개와 고양이, 풀' 등을 먹고 살아야 했다. 남은 배들은 에스파냐와 사르데냐, 이탈리아 등지로 향했다. 인적, 물적 손실 및 무기 손실이 막대했다. "포대, 전시 물자, 기병 등 그가 지금껏 살아오면서 이렇게 많은 손실을 본 적은 없었다. 완전한 참패였고, 너무 많은 사람들, 해군들이 목숨을 잃어 그 수를 헤아릴 수조차 없을 정도였다. 이 모든 손실을 계산해보면 금화 4백만 이상이 될 것이다."[95]

이번 사태의 여파는 엄청났다. 황제는 거의 포로가 될 지경에 이르렀고, 베네치아에는 그가 죽었다는 소문까지 돌았으며, 이에 "베네치아 귀족들은 적잖이 놀라며 두려움에 떨었다. 이는 비단 카를 황제의 개인적인 패배 때문이라기보다, 만일 그가 정말 불의의 사고를 당한 것이라면 더 이상 자기네 편으로 끌어올 권력 상대가 없기 때문에 술레이만이 자신들에게 불이익을 가할 경우 그의 야욕에 그대로 베네치아가 노출될 것이라는 사실에 기인한다."[96]

술레이만은 그 어느 때보다 확고히 지중해의 지배자로 거듭났다. 기독교 군주들에게 있어 카를 5세의 '개인적인 패배'는 별로 중요하지 않았다. 다만 오스만의 '야욕'에 대항하는 장벽이 무너졌다는 게 문제였다.

8. 헝가리-오스만의 새로운 영토

바르바리아 해안에서 홍해에 이르기까지 오스만의 기를 단 선박들이 자유로이 항해하는 가운데, 술레이만은 합스부르크 왕가와 끝없는 전쟁을 속행했다.

카를 5세와 페르디난트 대공에게 있어 술탄 술레이만은 기독교 세계의 영원한 적이었으며, 왕정 국가의 안위를 위협하는 존재이자, 지중해에서는 기독교 세력의 자유로운 항해 및 본국인 에스파냐 자체를 위협하는 존재였다. 이들의 궁극적인 목표는 사탄의 앞잡이인 '이교도'를 유럽 밖으로 몰아내는 것이었으며, 이 같은 목표는 이제 그 어느 때보다 당위성이 요구되는 과제였다. 하지만 그러자면 페르디난트가 자기 혼자 독차지하려는 헝가리에서 술레이만이 일단 떠나줘야 했다. 술레이만의 목표는 물론 이와 정반대였다. 오스만 군대로서 영토 정복은 군의 존재 이유였으며, 술레이만에게 주어진 소임은 이슬람 세계의 국경을 확장하는 일이었고, 제국이 안전하다면 그건 곧 지체 없이 적을 물리쳐야 한다는 뜻이었다. 자신이 조금이라도 틈을 보이면 적은 언제든지 자신에게 치명타를 가할 준비가 되어 있다는 사실을 술레이만 본인도 잘 알고 있었다. 그는 전쟁은 물론, 외교적 방식도 활용하며 온갖 수단을 다 동원했다. 특히 외교적 방식을 통해서는 유럽 기독교 진영 내의 반목을 유지하려 힘쓰는 한편, 합스부르크 왕가를 약화시키려 노력했다.

싸움은 술레이만이 세상을 떠날 때까지도 계속됐다. 페르디난트가 세운 기독교 국경 수비대 그렌처와, 남몰래 군데군데 심어놓은 작은 요새의 오스만 주둔군 사이에는 자잘한 교전이 벌어지기도 했고, 오스만의 비정규군 및 오스만 통치 하에 있던 나라들의 군대와도 소소한 싸움이 벌어졌다. 정부 지도부가 직접 지휘하는 대규모 군대가 개입하며 전열이 정비된 군대들의 대대적인 전투가 이뤄질 때도 있었다. 이후 해당 영토가 함락되어 오스만 군이 진군을 멈추면 국경이 확정되는 식이었고, 퇴각을 하더라도 멀리 물러나진 않았다.

1530년대 말의 상황에서 그 누구도 오스만 군대의 후퇴를 생각하지 않았다. 얼마 전에는 술탄을 위한 단순한 진압 작전만으로도 국경 지역의 베이들이 페르디난트의 2만5천 군대에 심각한 패배를 안겨주었다. 페르디난트가 오스만의 기습 공격을 차단하기 위해 드라바 강 오시예크에 집결시킨 군대였다. 이곳에서 오스만 군대는 독일군과 오스트리아군, 보헤미아군을 섬멸하고, 이들이 눈보라가 휘몰아치는 가운데 후퇴하게 만들어 거의 대부분이 눈 속에 파묻혀 죽었다. 그리고 이스탄불로 기독교 군대의 수장들 머리를 보냄으로써 모든 사태가 종결됐다. 드라바 강 유역을 따라 몇 달 간 다시 평온한 질서가 자리잡혔다.

1538년, 사태는 조금 더 심각해진다. 술레이만이 직접 원정군을 지휘하고 나선 것이다. 1516년 이후, 몰다비아는 오스만의 보호 하에 있었다. 몰다비아 군주인 페트루 라레스는 술레이만에게 자신의 나라를 바치며 항복 의사를 확실히 표명했다. 반 독립 상태를 보장받는 대신, 러시아 귀족들은 매년 술탄에게 4천 두카를 조공으로 바쳐야 했고, 암말 40필과 망아지 24마리도 같이 제공해야 했다. 라레스 역시 첫 선물을 가져온 뒤, 재상들만의 특권인 술탄의 하사품을 받았다. 지방 총독들과 마찬가지로 검은담비로 된 카프탄 한 벌과 말꼬리 두 개를 받았으며, 아울러 예니체리들의 약모略帽 하나도 하사받았다. 양측의 관계는 한동안 더없이 좋았으나, 라레스가 오스만의 동맹인 폴란드 지그문트 국왕을 곤경에 빠뜨렸다는 사실이 술탄에게 전해진 뒤에는 상황이 달라졌다. 더욱이 술레이만은 그가 서폴러이의 자문 그리티의 죽음에도 가담했다는 의심을 품고 있었다. 이에 술레이만은 그에게 본때를 보여주기로 결심하고, 군대의 지휘봉을 잡았다. 이야시Jassy에서는 성대히 군의 배치가 이뤄지는 가운데, 크리미아의 칸이 기병대 8천 명을 대동하고 아들과 함께 도착한다. 라레스의 궁은 불태워졌고, 기병대가 트란실바니아에서 그 뒤를 추격했으며, 트란실바니아의 수도인 수체아바Suceava는 저항 없이 항복했다. 라레스의 금고는 술탄의 금고를 불려준다. 라레스는 퇴위되고, 형제인 스테판이 대신 왕위에 올랐다. 이후 그 후임자들 또한 러시아 귀족들의 선거로 추천된 뒤, 술탄궁의 동의 하에 왕위에 오르는 신세가 된다. 베사라비아 남부 전체가 오스만 제국에 병합되었으며, 제국의 새로운 '산작'이 되었다. 오스만 군대는 아케르만Akkerman(세타티아 알바Cetatea Alba)과 킬리아Kilia 요새에 진주하였으며, 드네스트르 강 유역에도 오스만 제국이 세워졌다. 오스만은 1812년까지 이 지역을 다스린다.

술레이만은 다시 콘스탄티노플로 귀환하고, 사람들은 그의 성공적인 원정에 환호하는 동시에 지중해 지역에서 바르바로사가 거둔 승리를 축하했다. 페스트에 걸려 밀려난 아야스 파샤 대신 신임 대재상도 임명됐다. 알바니아 출신으로 술탄의 누이와 결혼을 한 뤼트피 파샤가 대재상에 올랐는데, 그는 2년 간 임기를 유지한다. 뤼트피 파샤는 아내와 극심한 다툼 이후 자리에서 물러났는데, 당대 최고의 지성으로 꼽히던 그가 이 날의 싸움에서는 거의 아내를 죽일 뻔 할 정도로 폭력적인 행동을 보였다.[97]

라레스에 대한 원정은 하나의 서곡에 불과했고, 모두가 술레이만의 이후 행보에 대해 걱정했다. 술레이만이 페르디난트에게 부여한 '수세기 동안의 평화'에도 불구하고, 신성로마제국 형제와 술탄궁 사이의 관계는 여전히 안 좋은 상태였다. 헝가리 왕좌를 포기하고 왕국의 3분의 1에 해당하는 북서부 지역만을 통치하는 데에 그쳐야 했던 페르디난트는 그 어느 때보다도 집요하게 헝가리 전체에 대한 통치권을 종용했다. 술레이만이 점령법으로써 자신의 영토로 인정한 헝가리는 비록 야노시 서폴러이가 군주 자리에 있었으나, 술탄이 오스트리아 대사들에게 "짐은 이를 도로 가져올 수도 있다. 이 나라와 그 국민들을 자유로이 처분할 수 있는 재량권이 짐에게 있기 때문이다"라는 말처럼 평화는 그저 하나의 휴전에 불과했다. 서로가 이를 잘 알고 있었고, 또한 이는 서로가 바라던 바였다.

그런데 1540년 7월, 야노시 서폴러이의 사망 후 문제가 터진다. 그의 죽음을 계기로 과거 서폴러이와 페르디난트가 술레이만에 대해 벌인 기만적 행위가 밝혀졌는데, 두 사람이 1538년 은밀히 협약을 체결한 것이다. 이에 따라 두 사람은 각자가 다스리는 헝가리 지역을 평화롭게 유지하고 있되, 그 당시 독신이었던 서폴러이가 죽고 나면 서폴러이의 왕국이 페르디난트에게 가는 것으로 함께 합의를 본 것이다. 하지만 그로부터 1년 후, 서폴러이는 폴란드 지그문트 왕의 딸 이사벨과 혼인했고, 얼마 후 둘 사이에 아들 야노시 지그문트가 태어난다. 이제 헝가리 문제가 다시 수면 위에 떠오른다. 너지버러드Nagyvarad의 주교 마르티누치Martinuzzi가 이끄는 헝가리 귀족들 상당수가 합스부르크 왕가의 지배에 대해 안 좋은 시선으로 바라보고 있었기 때문에 문제는 더욱 심각했다. 서폴러이의 아들이 태어난 지 2주 후, 서폴러이가 세상을 떴고, 이로써 상황은 더욱 심각한 국면에 접어들었다.

서폴러이가 사망하자, 페르디난트는 곧 서폴러이의 아들이 이사벨의 소생이 아니라고 주장하며 부다페스트를 점령했다. 이와 동시에 그는 이스탄불에 특사를 보내어 이사벨의 왕국을 자신에게 할당해달라고 요구했다. 술탄궁의 입장에서 합스부르크 왕가의 영토가 확대되는 건 분명 용납할 수 없는 일이었다. 서폴러이가 페르디난트와 함께 자신도 모르게 체결한 협약에 심기가 거슬린 술레이만은 일단 궁으로 고위 관료 한 명을 보내어 서폴러이와 이사벨 사이에 태어난 아들의 존재를 확인한다. 이때 아이가 서폴러이의 아들임을 보여주기 위해 "여왕은 자신의 품에 갓난아이를 안고, 오스만 대사에게 아이는 이제 술탄 외에 보호해줄 사람이 없는 고아가 되었다고 소개했다. 모성애의 표시로 여왕은 순백의 가슴을 드러내며 오스만 사람이 보는 앞에서 아이에게 젖을 물렸다. 오스만의 특사는 무릎을 꿇고 아기의 발에 입을 맞추었다. 이어 술탄의 보호 아래로 들어온 가련한 아이의 가슴 위에 손을 얹고, 다름 아닌 야노시 왕의 아들이 헝가리를 통치하게 될 것이라고 맹세했다."[98]

대사가 떠나자마자 페르디난트는 부다를 포위했고, 이사벨과 아이는 도시에서 도망쳐 나오면서도 술레이만에게 구조 요청을 보내두었다. 술레이만은 야노시 지그문트를 헝가리 왕으로 인정하고, 술탄궁의 봉신으로 받아들였다. 그리고 전쟁이 결정됐다. 페르디난트가 이스탄불에 보낸 특사는 아무것도 얻지 못했을 뿐만 아니라, 술탄이 크게 진노한 탓에 그는 코와 귀가 베일 뻔했다. 다행히 그가 데려온 매들이 크게 황제의 마음에 들었던 덕분에 코와 귀를 무사히 보전할 수 있었다.

술레이만은 이제 헝가리의 병합을 결심한다. 서폴러이의 아들 야노시 지그문트는 너무 어렸고, 그의 어머니는 싸우고 소동피우기 좋아하는 헝가리 봉신들에게 권위를 세우지 못했다. 더욱이 페르디난트는 전투를 개시했으며, 그는 이미 헝가리 여러 도시를 점령했다.

이에 술레이만은 다시금 군대를 이끌고 다뉴브 지역으로 향했다. 원정은 그냥 나들이에 불과했다. 술탄의 군대는 싸울 필요도 없었다. 보스니아와 세르비아의 터키 군대들이 이사벨의 군대에 합류하면서 로겐도르프가 이끄는 페르디난트 군대를 무찔렀다. 다뉴브 강을 거슬러 올라온 터키족의 소형 선단은 독일 병사들이 버리고 간 부다로 입성했다. 곧이어 파디샤와 그 아들 바예지드 왕자가 수도 앞에 숙영했다. 이들은 이사벨 여왕에게 선물을 보냈고, 술레이만은 오스만 법에 따라 여왕을 알현하는 게 금지되어 있으니 여왕이 자신에게 그 아들을 보내주면 좋겠다는 뜻을 알렸다. 겁에 질린 이사벨은 하룻밤 내내 고민을 하다가 결국 이를 수락했다. 나이든 유모 두 명과 주요 고문 여섯 명과 함께, 어린 야노시 왕자는 황금 마차를 타고 술탄 진영으로 향했다. 술탄은 잠시 왕자를 바라본 후, 이사벨의 고문위원들에게 헝가리를 오스만 제국에 통합하기로 결심하였으며, 부다가 자신의 소유 하에 들어간다고 알렸다.

1541년 9월 2일, 술레이만은 장엄하게 부다에 입성한다. 그는 언제나처럼 회교사원이 된 성당에 가서 기도를 드렸다. 바그다드의 전 총독이었던 쉴레이만 파샤는 군의 총사령관에 임명됐다. 그는 새로운 권한을 부여받고 재상의 반열에 오르면서 술탄궁의 허락을 받지 않고도 합스부르크 왕가의 공격에 대응할 수 있는 재량권을 갖게 됐다. 이틀 후, 한 고위 관료가 이사벨 여왕에게 "금과 청금석 글자로 쓰인" 증서를 가져다주었다. 이 증서에서 술레이만은 "선지자 무함마드와 그 검, 그리고 그 선조들에 의거하여" 야노시 지그문트가 성인의 나이에 이르는 즉시 자신의 왕국을 그에게 돌려주겠다고 맹세했다. 그 날이 오기를 기다리는 동안 두 모자는 곧 부다를 떠나 트란실바니아에 거주하고, 왕자는 술탄궁의 봉신 자격으로 이곳을 다스린다.

술탄이 부다에 있는 동안 페르디난트는 이에 전혀 굴하지 않고 다시 한 번 헝가리 왕좌를 손에 쥐려 노력했다. 당연한 말이지만 그가 보낸 특사들은 완강한 반대에 부딪혔을 뿐 아니라, 막강한 서열 2위의 재상으로 술레이만의 사위인 뤼스템Rüstem 파샤는 지난 번 원정 때 페르디난트가 함락한 도시들의 반환까지 요구했다. 뿐만 아니라 헝가리에서 페르디난트가 장악한 영토에 대해 매년 조공을 바치라고도 명령했다. 술레이만이 크게 관심을 보였던 천문학 시계를 포함하여 화려한 선물 공세도 해보았지만, 술탄의 결정은 조금도 달라지지 않았다. 술탄의 군사 진영에서 오스트리아 특사들은 오스만 군대의 막강한 위력을 확인할 수 있도록 안내되었다. 이들에게는 여정 동안 먹을 설탕과 술, 고기 등이 지급되었고, 특사들은 아무런 합의도 이끌어내지 못한 채 다시 빈으로 떠났다. 헝가리는 이제 오스만의 소유였다. 그리고 1699년 카를로비츠 조약이 체결될 때까지, 이후 150년 이상 그 같은 상태가 지속됐다.

9. 3,137개의 포탄

그렇다고 페르디난트가 무장 해제를 한 건 아니었다. 오스만의 점령으로 제일 크게 피해를 입은 귀족들에게 이런저런 약속들을 했음에도 그는 술레이만의 헝가리 정복을 막기 위해 할 수 있는 게 아무것도 없었다. 그의 외교적 접촉은 무용지물이었으며, 그의 군대는 격퇴되고 말았다. 헝가리에서도 그에 대한 경계심이 점점 더 높아졌다. 입장 양보를 통해 독일 내 신교도와의 관계를 개선했던 그는 이교도 진영에 맞서 유럽 내 기독교 진영이 단합을 이룰 수 있는 적기라고 생각했다. 원정에 들어가기 전, 페르디난트는 다시금 이스탄불과의 접촉을 시도했다. 페르디난트의 사신은 연간 10만 두카의 조공을 제시하며 다시 한 번 헝가리의 반환을 요구했다. 하지만 프랑스 국왕을 통해 술레이만은 이미 전쟁에 대한 페르디난트의 의지를 알게 됐기 때문에 그의 사신은 술탄을 알현하지도 못했다. 재상 중 한 명은 '비참한 운명'에 처할 것이라며 페르디난트를 협박했고, 뤼스템 파샤는 사신에게 다음과 같이 말했다. "예전에 이브라힘은 빈에 그저 손가락만 갖다 댔을 뿐이지만, 나는 두 손으로 이 도시를 움켜쥘 것이다. 만일 그대가 파디샤의 손에 입을 맞추도록 허락되지 않는다면, 그대가 이 같은 영광을 누리지 못하는 이유는 바로 그대의 가당치도 않은 제안 때문이다." 사신은 순간 자신의 목숨을 잃게 될까 두려움에 사로잡혔다. 결국 그는 무사히 이스탄불을 떠날 수 있었으나, 얻은 건 아무것도 없었다. 10만 두카, 혹은 그 이상을 제시하더라도 술레이만은 합스부르크 왕가의 세력을 약화시키겠다는 자신의 핵심적인 목표를 철회할 생각이 없었다.

술레이만은 합스부르크 왕가의 새로운 십자군 원정에 대해 강력하고도 장엄하게 대응했다. 개인적으로 그가 몸소 원정대를 이끌고 떠난 건 이번이 여덟 번째였다. 원정 준비는 평소보다 더 적극적으로 진행됐다. 식량 보급품의 선적만 하더라도 선박 371척이 소요됐고, 이 배들이 모두 보급 물자를 싣고 다뉴브 강을 거슬러 올라갔다. 대포와 탄약의 수송도 강을 통해 이뤄졌으나, 나머지 군수 물자와 보급품은 기나긴 낙타 행렬을 통해 육로로 운반됐다. 1543년 4월 23일, 술레이만은 늘 그렇듯이 성대한 의식이 펼쳐지는 가운데 아드리아노플 관문을 통해 이스탄불을 떠났다.

전투는 크로아티아 북동부 슬라보니아Slavonia와 헝가리에서부터 시작됐다. 얼마 안 가 페르디난트의 영지 및 동맹 지역 요새가 무너졌다. 다뉴브 강의 오른쪽에 위치하여 오시예크로부터 그리 멀지 않은 곳에 있던 발포Valpo 요새는 좀 더 오래 버텼으나, 결국 루멜리아의 베이레르베이 아흐메드 파샤의 공격에 쓰러지고 말았다. 연대사가들에 따르면, 아흐메드 파샤는 이곳에 돌로 된 포탄 3,137개를 비 오듯 쏟아부었다고 한다. 술탄에게는 70여 쌍의 코와 귀를 보내 전쟁에서의 승리 소식을 알렸다. 시클로시Siklós의 포위 공격은 일주일간 지속됐다. 페치Pecs가 함락되고, 이어 합스부르크 영주들이 지배하고 있던 요새들이 대부분 무너졌다. 술레이만은 순조롭게 다뉴브 유역을 거슬러 올라갔다.

7월 23일, 술레이만은 장엄하게 부다에 입성한다. 제국의 군대를 승리로 이끈 장수들에 대한 보상도 이뤄졌다. 이어 계절이 바뀌어가고 있었으므로 술레이만은 지체 없이 부다의 북부 그란(에스테르곰)으로 향하라고 군대에 지시한다. 헝가리 사람들에게 있어서는 정신적인 수도나 다름없는 곳이었다. 커다란 대포 40여 문과 보다 작은 포 400문이상이 소형 선박에 실려 다뉴브 강을 거슬러 올라갔고, 이어 도시에 대한 포위 공격이 시작됐다. 독일인과 이탈리아인, 에스파냐인 1,300명으로 이뤄진 주둔군은 용감하게 저항했다. 포탄 하나가 성당 첨탑위의 금 십자가를 강타했고, 이에 술레이만은 "그란은 우리 것이다!"라고 소리쳤다. 그로부터 이틀 후, 술레이만은 이제 회교 사원으로 변모한 성당 안에서 기도문을 읊조렸다.

얼마 후에는 세케슈페헤르바르Szekesfehevar도 무너졌다. 술레이만은 특히 이 도시의 함락에 공을 들였는데, 헝가리 왕들의 묘소가 있는 곳이라 상징적인 가치가 있는 도시였기 때문이다. 그리고 바로 이곳에서 그는 프랑스 국왕과 베네치아, 라구사, 오스만 제국의 지방 총독들에게 서신을 보내어 헝가리 요새의 점령 소식을 전했다. 9월 말, 술탄은 다시 이스탄불로 돌아갔다. 술레이만은 자신의 적으로부터 승리를 거두었고, 제국의 영토는 더욱 확대되었으며, 유럽 쪽 국경은 그 어느 때보다도 탄탄했다. 독일인들 위주로 구성된 기독교 기사들의 십자군 원정은 다시 한 번 좌초되고 말았다.

10. 카를 5세의 치욕

이제 페르디난트는 그 무엇으로도 오스만의 힘을 뚫을 수 없다는 사실을 깨달았으며, 어떤 새로운 노력을 시도하든 헛수고에 불과하다는 점도 알게 됐다. 대 오스만 공격은 출혈이 심할 뿐 아니라 위험할 수도 있었다. 터키의 거인에게서 승리를 거두려면 엄청난 군대를 끌어모아야 했고, 막대한 자금도 필요했다. 그리고 무엇보다도 유럽 전체가 참여해야 했다. 하지만 이는 요원한 일이었다. 카를 5세와 독일 지역 군주들을 비롯하여 대 오스만 전에 참여할 의사가 가장 높은 이들 또한 그에게 상징적인 도움밖에 줄 수가 없었다. 다른 사람들이야 말해 뭐하겠는가? 따라서 전투를 중지하고 강화를 체결할 필요가 있었다. 카를 5세도 같은 생각이었다. 그에겐 강화조약이 필요했고, 술레이만 또한 마찬가지였다. 헝가리와 다뉴브 지역 국가들에서의 권력을 공고히 다진 뒤, 술레이만은 다시금 빈을 공격할 수도 있었을 것이다. 하지만 그에겐 1529년에 깨달은 교훈이 있었다. 빈은 콘스탄티노플에서 너무 멀리 떨어져 있었고, 가을이 다가오고 있었다. 그리고 특히 그의 관심은 다시금 페르시아로 향했다. 이란과의 관계가 급속도로 악화되고, 국경 베이들 사이에서의 사소한 분란도 점차 늘어났기 때문이다. 이 지역에서는 전쟁이 불가피한 상황이었다.

페르디난트와의 회담은 꽤 오래 지속됐다. 평화 조약은 4년이 지나서야 간신히 체결될 수 있었다. 오스트리아의 첫 번째 전권 사절 제롬 아도르노Jérôme Adorno는 회담 개시 다음날 유명을 달리했다. 오스트리아는 곧바로 두 번째 사절 니콜라 시코Nicolas Sicco를 파견했다. 그는 너무 서둘러 오는 바람에 길에서 말 열 마리가 객사할 정도였다. 도착하는 즉시 그는 헝가리에 대한 현상 유지를 기반으로 하는 강화조약을 제안했다. 그리고 매년 술탄에게는 1만 두카를, 제1재상에게는 3천 두카를, 그리고 나머지 세 재상에게도 각각 1천 두카를 제공하는 안도 함께 내놓았다. 오스만은 제안을 받아들이지 않았다. 카를 5세의 대표로 파견된 벨트비크Veltwick 또한 이에 동의하지 않았다. 그럼에도 18개월간의 휴전 협정은 조인됐다. 이듬해 벨트비크는 카를과 페르디난트의 대표로서 다시 술탄궁을 찾았으나, 술탄이 와병 중이었다. 그리고 공교롭게도 벨트비크 또한 몸져누웠다. 둘 다 몸을 추스르고 난 후, 벨트비크는 일단 술탄에게 금은 화병을 선물했으며, 일장연설을 마치고는 매년 1만 두카를 제공하겠다고 제안했다. 페르디난트가 지배하는 헝가리 영토에 대한 연례 조공이었다. 이는 곧 헝가리 전체에 대한 오스만의 주권을 인정하는 것이나 마찬가지였다. 그리고 협상이 다시 재개됐다. 협상은 6개월간 지속됐는데, 오스만은 새로운 영토를 요구했고, 오스트리아는 물론 이를 받아들이지 않았다. 끝으로 페르디난트는 자신이 통치권을 유지하는 지역(헝가리 서부 및 북부 일부)에 대해 매년 3만 두카를 지불하기로 합의한다.

1547년 6월 13일, 평화협정이 체결되면서 1545년의 휴전 협정을 대신한다. 그렇다고 술레이만이 전쟁터에서 '에스파냐 왕'을 무찌르는 꿈을 포기한 건 아니었으나, 헝가리 원정 이후 많은 것들이 달라졌다. 프랑수아 1세가 카를 5세와 체결했던 크레피 조약이 술레이만의 기대를 저버린 데에 이어, 프랑수아 1세가 세상을 떠난 것이다. 술탄은 이제 프랑스에 기대를 걸 수가 없었다. 그리고 그는 페르시아 원정을 준비해야 했다.

협정문에는 카를 5세의 이름 또한 포함되어 있었다. 문서 하단에 그의 서명이 처음으로 술탄의 서명과 나란히 병기된 것이다. 오스트리아가 매년 현금을 지급하도록 규정한 협정은 이번이 처음이었다. 오스만

역사가들에 따르면 이는 "일종의 조공으로 신고"되었다.[99]

카를 5세에 대한 유럽의 심판은 가혹했다. 술탄은 기독교 세계의 적이자 요한계시록의 괴수로서 없애야 할 대상이었다. 그와 협상을 벌인 가톨릭 황제는 그를 자신과 동급의 존재로 다룬 셈이었기에 아무도 카를을 용서하지 않았다. 특히 오스만의 정복 전쟁으로 가장 큰 고통을 겪은 헝가리 사람들은 더더욱 분개했다. 황제는 이들을 저버렸고, 이들은 이제 나라를 되찾는 데에 있어 더는 황제에게 기대를 걸 수 없는 처지였다. 결정적으로 합스부르크 왕가는 헝가리를 다스릴 능력이 없었다. 사람들은 이미 상당한 굴욕을 당한 카를 5세에게 이 점을 주지시켰다. 카를의 사신은 헝가리 의회에서 카를을 대상으로 성토했던 사람들의 욕설에 대해서는 차마 황제에게 보고할 수 없었다.

프랑스와 교황, 베네치아까지 조인한 콘스탄티노플 조약으로 합스부르크 왕가와 술탄 술레이만 사이의 반목이 끝난 것은 분명 아니었다. 기독교 세계 제일의 군주를 자처하던 카를 5세는 이교도들의 수장에 대해 여전히 전과 같은 반감을 품고 있었다. 하지만 술레이만과 마찬가지로 카를 5세 또한 두 군데에서 동시에 싸움을 벌일 수는 없는 처지였다. 밖으로 오스만과 대적하고 있었다면, 안으로는 루터파라는 상대가 있었다.

종교개혁 시기, 유럽 대륙 내 터키인의 존재가 라인 강 및 다뉴브 강 사이 국가들을 필두로 대륙의 역사적 흐름을 얼마나 크게 바꾸어 놓았는지는 말로 다 못할 것이다. 신교도들은 카를과 페르디난트가 벌인 이교도와의 싸움에서 제일 큰 수혜자였다. "터키인들이 없었다면 종교개혁은 알비 종파 같은 이단과 똑같은 운명에 처했을 가능성이 높다.[100] 헝가리와 중유럽 지역에 대한 오스만의 압박이 있다 보니, 이에 저항하기 위해 독일 내 신교도들의 도움이 필요했고, 이에 카를은 결국 1526년 억지로 종교 문제를 해결하지 않을 수 없었으며, 슈파이어Speyer 국회도 해산해야 했다. 더욱이 1532년에는 뉘른베르크에서 신교도 군주들과 어쩔 수 없이 평화 조약을 조인했고, 파사우Passau 조약도 받아들여야 했을 뿐 아니라 1555년에는 결국 아우크스부르크 화의에 서명함으로써 독일 내 신교의 존재를 공식 인정해야 했다.

신교 지도자들은 카를만큼이나 터키인들도 끔찍이 싫어했으나, 합스부르크 왕가가 오스만과 끊임없이 싸움을 벌이는 동안 자신들에게 제공된 기회는 모두 십분 활용했다. 카를이나 페르디난트가 이들에게 요청한 도움의 손길을 제공한 적은 거의 한 번도 없었고, 마찬가지로 술레이만이 몇 차례 제안했던 동맹의 손길을 받아들인 적도 한 번도 없었다. 특히 1552년 술레이만이 독일 내 신교도 군주들에게 서신을 보내어 동맹을 제안했지만, 그들은 받아들이지 않았다. 술탄은 이후 네덜란드의 루터파에게 도움을 주었다. 독일의 종교개혁자 멜란히톤은 이스탄불의 정교회 총주교와 관계를 유지했으며, 총주교는 술탄궁과의 사이에서 중간 다리 역할을 해주었다.

터키-칼뱅주의라는 말이 나올 만큼 칼뱅파가 주도한 트란실바니아 및 헝가리 북부에서처럼 직접적으로 신교에 유리한 작용을 한 건 아니었지만, 오스만의 위협은 어쨌든 유럽 내에서 신교가 공고히 기반을 다지고 확대되는 주된 계기 중 하나가 되었다. 이에 따라 트란실바니아는 처음으로 종교의 자유를 선포한 나라라는 자부심을 가질 수 있었다.

오스만의 위협 때문에 합스부르크 왕가는 종교개혁 세력을 수월하게 잠재우지 못했고, 이 때문에 발목이 묶여 있는 경우도 다반사였다. 뿐만 아니라 카를과 페르디난트는 신교도와의 끝없는 싸움을 벌이느라 이교도와의 싸움에 전력을 다할 수 없었다. 카를의 인적·물적 자원에는 한계가 있었고, 그는 결코 자신의 동생에게 빌려줄 손이 없었다. 그의 도움이 있었다면 형제는 기독교 진영의 숙적에 맞서 결정적인 승리를 거둘 수 있었을지도 모른다. 신교도들을 다시 교회의 품으로 데려오고, 유럽에서 터키인들을 몰아낸다는 두 가지 목표를 동시에 추구할 수 없었던 탓에 결국은 오스만과의 싸움을 포기한 것이다.

가능하다면 어디서든 자신들에게 유리한 방향으로 신교를 활용했던 오스만 제국 또한 이 같은 사실을 잘 알고 있었다.[101] 더욱이 오스만투르크 사람들은 신교도들에 대해 일종의 공감대를 형성하고 있었다. 이들도 자신들과 마찬가지로 우상 숭배를 반대했기 때문이다. 합스부르크 왕가의 힘을 분산시킴으로써 터키인과 신교도는 어쩌면 16세기에 서로가 서로를 구제해준 것일지도 모른다.

제5장

프랑수아 1세와 술레이만

1525년 2월, 파비아 앞에서 프랑수아 1세가 카를 5세의 밀라노 측 사령관 란누아에게 항복했을 때, 프랑스 왕국은 중대한 위기에 봉착해 있었다. 남쪽으로는 에스파냐가, 북쪽으로는 영국이 압박을 가해오고 있었고, 부르봉 공작은 프로방스 지역에서 반란을 일으키려 했다. 파리는 위협을 받았고, 프랑수아 1세는 마드리드에 포로로 잡혀 있던 데다 병약한 상태였다. 모후인 루이즈 드 사부아Louise de Savoie와 재상 뒤프라의 힘이 없었다면 가장 안 좋은 경우의 수를 우려해야 하는 상황이었다. 이들의 강도 높은 외교적 노력 끝에 영국의 헨리 8세와 교황, 베네치아, 피렌체 공국은 오직 카를이 부르고뉴 대공 지위를 손에 넣지 못하게 하는 데에만 주력하던 프랑수아보다 유럽 전체를 다스리는 군주를 꿈꾸는 황제의 야망 쪽이 훨씬 더 위험하다는 사실을 믿게 됐다. 이 점에 대해서는 저마다 잘 인지하고 있었다. 기샤르댕Guichardin은 "황제군에 대항하여 우리가 단합을 이루지 않는다면 저들은 우리 모두를 지배하고 말 것"[102]이라고 적었다. 아직 구체적인 방식이 나온 것은 아니었지만 어쨌든 문제 인식은 있었다. '균형책'을 마련해야 한다는 것이다. 이는 곧이어 1526년 코냑 동맹으로 구체화된다. 헨리 8세도 이를 승인하였으나 동맹 가입은 하지 않았다.

하지만 프랑수아의 모후로 섭정을 하던 루이즈는 유럽 군주들의 정책이 얼마나 유동적일 수 있는지, 그리고 코냑 동맹이든 자신과 뒤프라가 함께 가담해 있던 정치 동맹이든 이것만으로는 충분하지 않다는 것을 잘 알고 있었다. 유럽의 지배자를 자처하는 카를과 페르디난트 형제에게 맞서려면 프랑스는 보다 힘 있는 세력이 필요했다. 합스부르크 왕가가 독실한 프랑수아를 공격하지 않도록 하려면 보다 강력한 적군이 동쪽에서 그들 형제에게 맞서줘야 했다.

이는 그리 새로운 발상이 아니었으며, 프랑스의 역사를 통틀어 봤을 때 이런 식의 사고를 한 흔적은 종종 나타난다. 심지어 파비아 전투가 끝난 직후도 예외는 아니었다. 프랑스 왕과 동유럽 군주들은 프랑수아 1세의 신성로마제국 황제 입후보 문제에 관해 수년 간 서로의 의견을 주고받았고, 얼마 후에는 폴란드와 헝가리를 오스트리아 왕가로부터 떼어놓기 위한 논의도 진행됐다. 이후 프랑스와 오스만 제국 사이의 협상에서도 등장하는 랭송이 회담을 주도했다. 프랑수아 1세의 대사인 랭송은 합스부르크 왕가의 야욕 때문에 지그문트 본인과 그 조카인 헝가리 왕 로요슈 2세가 어떤 위험에 노출되었는지를 설명하고, 프랑스 왕에게 모든 걸 협조해달라고 부탁했다. 대신 필요한 경우 오스만에 맞서 "호의와 지원"을 제공하겠다고 했다. 랭송의 협상은 대성공이었다. 지그문트 왕의 딸 중 하나를 프랑스 왕자와 결혼시키는 계획이 수립됐기 때문이다. 트란실바니아의 태수 야노시 서폴러이에 대한 외교도 성공을 거두었다. 그는 랭송에게 "오스트리아 왕가는 할 수 있다면 나를 무너뜨리고 싶어할 것"이라고 말했다. 그리고 이렇게 덧붙인다. "이 점을 확신하기 때문에 나는 오스트리아 왕가에 반대하는 것은 무엇이든 기꺼이 할 의사가 있다." 지그문트의 사신 야로슬라프 라스키가 파리로 왔고, 오를레앙 공과 지그문트의 장녀 사이의 혼인이 원칙적으로 결정됐다. 하지만 신중한 편이었던 폴란드 왕은 실제로 무언가를 실행한 건 거의 없었다. 혼인을 통해 카를 및 페르디난트 형제의 매형이 된 로요슈 2세는 더더욱 움직일 생각이 없었다. 그리고 이같은 상황에서 파비아 전투라는 참극이 일어났고, 프랑수아 1세는 포로로 붙잡힌 신세가 됐다. 이제는 좀 더 멀리 내다보고 보다 강력한 구원자를 물색해야 했다. 이에 프랑수아의 모후 루이즈 드 사부아와 프랑스 궁정은 주저 없이 오스만의 대군주를 찾아간다.

1. 오스만 군주의 공모자

첫 번째 사절단이 이스탄불로 떠난 날짜도, 사절단을 이끈 대표의 이름도 우리에겐 알려진 바가 없다. 다만 프랑수아의 섭정 모후가 직접 파비아 전투에서의 패배를 알리고 난 후 얼마 안 된 시기에 결정이 내려졌다. 프랑스의 대사는 화려한 루비와 금장 벨트, 네 개의 금 촛대 등 값비싼 선물을 들고 프랑스를 떠났다. 하지만 대사도, 그의 열두 수행원도 결코 이스탄불에 도착하지 못했다. 이들이 들고 가던 재물을 갈취하기 위해 보스니아의 파샤가 도중에 이들을 모조리 암살했기 때문이다. 프랑스 왕실은 즉시 또 다른 사절단을 파견했다. 이번에는 프랑스 편에서 일하던 크로아티아 귀족 장 프란지파니Jean Frangipani가 사절단을 이끌었다. 그는 모후의 서신과 프랑수아의 서신을 가지고 갔는데, 편지는 자신의 구두 밑창에 숨겨두었다. 프랑수아는 대재상 이브라힘에게도 편지를 썼다. 그의 막강한 영향력에 대해 익히 알고 있었기 때문이다. 프랑스 왕은 프란지파니에게 먼젓번 대사의 암살 사건에 대한 시정을 요구하도록 했고, 이 같은 요청은 곧 받아들여졌다. 문제의 보스니아 파샤가 이스탄불로 소환되어 프란지파니에게 사과의 뜻을 나타낸 뒤 일전에 가로챘던 재물들을 술탄궁에 상납했다. 이브라힘이 오랜 기간 과시하듯 끼고 있던 커다란 루비 반지가 이렇게 해서 그의 손에 들어간 것이었으며, 그는 이 반지가 프랑스 왕이 포로로 잡혀 있을 때 끼고 있던 것이라고 말했다.

술탄에게 보내는 편지에서 프랑수아 1세는 헝가리 왕을 공격해달라고 부탁하는 한편, 그 자신은 카를 5세를 치겠다고 이야기했다. 프란지파니는 "왕을 석방시키기 위한" 원정대를 꾸리는 것에 대해 보다 분명한 의사를 전달했고, 그렇지 않으면 카를 황제가 "세계의 주인"이 될 우려가 있다고 말했다. 술탄궁은 모든 걸 다 수락해주었다. 베네치아의 공조를 받아 해로를 이용해 에스파냐에 대한 공격이라도 감행할 술탄이었고, 이탈리아나 다뉴브 유역으로 오스만 원정대를 보내는 일이라고 못할 것도 없었다. 술탄에게 있어 중요한 건 그의 유럽 내 주적인 오스트리아 왕가에 대항하기 위한 막강한 동맹 세력이 생겼다는 사실이었다. 형식적으로도 화려했고, 정신적으로도 굉장히 의기양양했던 답신의 전문을 이곳에 인용해보면 좋을 듯하다.

그는(신은) 고귀하고 부유하며 관대하고 인자하시다.

영예로운 능력을 갖고 계시며 찬양고무적인 말씀을 내려주시는 그 분의 은총과, 예언을 내려주는 하늘의 태양이자 선교 무리의 별이며 예언자 집단의 수장인 동시에 선민 집단의 지도자 (신의 축복과 안녕이 깃든) 무함마드의 신성한 기적으로, 그리고 (신의 만족감이 충만한) 그의 네 친구인 아부베크르, 오마르, 오스만, 알리 및 신의 총애를 받는 모든 이의 신성한 영혼이 함께 만들어낸 조화로, 짐은 술탄 바예지드 칸의 후손이자 술탄 셀림 칸의 아들로 술탄 술레이만 칸에 오른 자로, 술탄들의 술탄이자 군왕들의 군왕으로서, 짐은 지상의 군주들에게 왕관을 나누어주는 자이자 이 땅 위 신의 그림자이니, 짐의 고귀한 조상들과 저명한 선조들이 그 무력으로써 정복하고 존엄한 황제인 짐 또한 불꽃같은 양날 검과 승리의 군도로 정복한 백해와 흑해, 루멜리아와 아나톨리아, 카라마니아, 로마 지역, 둘카디르, 디야르바키르, 쿠르디스탄, 아제르바이잔, 페르시아, 다마스쿠스, 알레포, 카이로, 메카, 메디나, 예루살렘, 아랍 전 지역, 예멘 등지를 관장하는 술탄이며 황제이다.

프랑스의 왕인 프랑수아 그대는 그대의 충실한 대리인 프란지파니를 통해 군주들의 피난처인 짐의 궁으로 편지 한 통을 보냈도다. 또한 그대는 그에게 구두로 전달할 몇 가지 사항을 일러주었다. 그대는 적이 그대의 나라를 장악하였다는 사실을 알려왔으며, 그대가 현재 감옥에 갇혀 있다는 사실을 전하면서, 그대의 석방을 위한 이곳의 지원과 구조를 부탁하였으니, 그대가 말한 모든 게 짐의 왕좌 아래로 보고되었던 바, 세상의 피신처인 짐의 황궁에서 연구진이 면밀히 이에 대해 살펴봄으로써 짐도 완벽히 상황을 이해할 수 있었다.

황제들이 싸움에서 패하고 포로가 되는 건 그리 놀라운 일이 아니다. 그러니 용기를 갖도록 하고, 체념하여 쓰러지지 않기를 바란다. (신께서 그 무덤 위로 은총을 내리실) 우리의 영예로운 조상들과 귀감이 되는 선조들은 적을 밀어내고 나라를 정복하기 위한 전쟁을 한 번도 멈추었던 적이 없다. 우리 또한 저들이 걸어간 길을 따라갈 것이다. 우리는 시종일관 여러 지역과 성채를 정복하였고, 접근이 어려운 요새도 쟁취했다. 우리의 말들은 낮이고 밤이고 안장을 내려놓는 법이 없으며, 검 또한 언제나 몸에 장착되어 있다.

저 위 지극히 높은 곳에 계신 신께서 선의 작용을 수월하게 하실지니, 그의 뜻이 닿은 무언가는 반드시 이뤄지고 말지어다. 나머지는 그대가 보낸 예의 그 사신에게 이런저런 사안들과 새로운 소식들에 대해 물어보면 이와 관련한 부분들을 알 수 있을 것이니, 그렇게 정황을 파악하도록 하라.

— 레비울 아크히르rebiul akhir 932년(1526년) 달이 뜨려던 때, 제국의 수도 콘스탄티노플의 안전한 거처에서 쓰다[103]

이 훌륭한 답장과 함께 술탄이 약조한 사항에 관한 소식을 들고 프란지파니는 곧 이스탄불을 떠났다. 그는 이탈리아 브레시아Brescia에서 프랑수아 1세를 만났다. 프랑스 왕은 얼마 전 카를 황제의 모든 요구 조건을 수용하며 마드리드 조약을 체결한 상태였다. 이에 따라 프랑수아 1세는 부르고뉴를 포기하고, 제노바를 포함한 이탈리아에서도 손을 떼며, 플랑드르 지역과 아르투아Artois에 대한 주권을 넘기기로 했다. 아울러 대 오스만 항전에도 참여하기로 약속했다. 하지만 공중인 앞에서 그는 이 같은 약속이 강압 속에서 이뤄진 것이므로 아무런 효력이 없다고 선언했다. 이제 그는 풀려났고, 중요한 건 바로 그가 풀려났다는 사실이다. 프랑수아의 아이들이 아직 볼모로 잡혀 있었지만, 이는 별로 중요하지 않았다. 프랑수아는 다시 프란지파니를 이스탄불로 보내어 술레이만에게 그의 "더없이 훌륭한 관대함에 대해 진심으로" 감사를 표하고, 술레이만이 자신에게 해준 약속들에 대해서도 감사의 뜻을 전했다. 현재로서 굳이 그렇게까지 할 필요는 없었다. 더욱이 술레이만은 헝가리에 대해 무력을 쓰기로 결정한 상황이었다. 그리고 이후에 벌어진 일에 대해서는 익히 알고 있는 바 대로다. 모하치 전투가 벌어지고, 로요슈 2세가 패망하여 세상을 떠난 것이다.

이 '기독교 세계의 참극'에 대한 책임이 과연 프랑수아 1세에게 있는 걸까? 터키의 사학자들은 거의 모두 프랑스 왕이 술탄으로 하여금 로요슈를 공격하도록 부추겼다고 확신한다. 그리고 술레이만은 "권력이 실추되고 원한에 사로잡힌 이 군주의 불우한 사정을 딱하게 여겨"104 이에 동의했다는 것이다. 하지만 알다시피 술탄은 사실 헝가리 국왕을 쳐야 할 다른 이유들이 많았다. 따라서 헝가리 함락에 있어 프랑수아는 아무런 역할도 하지 않았을 것이다. 다만 이 비극적인 사건이 그를 흡족하게 만들었을 수는 있다. 유럽 중부 지역에 오스만 세력이 자리 잡고 있으면 카를은 강력한 군대를 유지할 수밖에 없는 처지가 된다. 그리고 프랑수아가 바라던 건 바로 이 점이었다. 게다가 로요슈 2세는 카를 및 페르디난트와 매형매제 지간이었고, 로요슈의 패배는 곧 저들의 패배였다.

그러나 유럽인들의 눈을 속일 수는 없었다. 사람들은 비난의 목소리를 높였고, 독실한 기독교인 왕 프랑수아는 오스만 대군주의 공모자로 젊은 왕 로요슈의 죽음에 책임이 있었다. 오스트리아 왕가의 선전 공작이 사람들 사이에서 퍼져나갔다. 하지만 카를과 페르디난트는 프랑수아가 무슬림 군주들에게 찾아간 최초의 군주가 아니라는 사실을 간과했고, 혹은 간과한 척했다. 교황 인노첸시오 8세는 4만 두카라는 환상적인 금액에 바예지드의 형제인 셈 왕자를 거의 주저 없이 볼모로 두었다. 기샤르댕은 정복자 메흐메드 2세의 이 가련한 아들이 죽은 게 교황 알렉산데르 6세와 전적으로 무관하지 않다고 이야기한다. 알렉산데르 교황은 나폴리의 알폰스를 부추겨 오스만의 제왕과 동맹을 맺고 프랑스 왕 샤를 8세와 등지도록 했다. 밀라노 대공 스포르차 역시 이탈리아 전쟁에서 술탄에게 도움을 요청한 바 있다. 기독교 군주들은 오스만에 대항하여 때때로 이란 샤의 지원을 부탁하기도 했다. 파비아 전투가 있던 해에도 카를 5세는 샤 타흐마스프에게 편지를 썼고, 그로부터 4년 후에도 마찬가지로 서신을 보낸다. 1548년, 독실한 기독교 나라인 포르투갈 역시 술레이만을 무찌르기 위해 포 20문을 샤 타흐마스프에게 보냈다.

　그러므로 정치적 필요에 따라서는 '사탄의 앞잡이'가 늘 적이었던 건 아니다. 프랑수아 1세는 늘 교회의 열성적인 시종이란 이미지를 유지하였지만, 그의 임무는 우선 자국의 경계를 지키는 것이었다. 그리고 차례로 살펴보게 되겠지만, 그는 술레이만과의 영원한 우정을 다지고 함께 카를 5세와의 전쟁을 도모하는 한편, 간혹 동시에 십자군 원정에 가담하는 경우도 있었다. 그는 이 같은 균형견제책을 능수능란하게 펼칠 줄 알았으며, 매우 일찍부터 이 같은 방식을 썼다. 재위 초기부터 합스부르크 왕가와는 영국 및 이탈리아 정복 계획을 논의했고, 자신의 대사에게는 "기독교 진영의 의심"을 잠재울 지침을 내려준다. 교황 및 다른 군주들로 하여금 이교도 반대 협정에 참여하여 저들의 세력을 잠재우고, 보다 진취적인 생각의 기회를 과감히 잡으라는 것이다.

　모하치 전투가 끝난 이후의 행동도 거의 이와 비슷했다. 그는 공개적으로 오스만과 손을 잡는 것은 자제하였으며, 은밀히 이들과의 관계를 유지했다. 그리고 특히 합스부르크 왕가의 영토 동쪽에서 카를 및 페르디난트 형제에 대항하는 동맹 전선을 구축하기 위해 노련하게 움직였다. 페르디난트를 견제하기 위해 그는 헝가리 왕이 된 서폴러이를 지지하고, 폴란드 왕 지그문트에게 동맹을 제안했다. 서폴러이가 부다페스트에서 내몰리자, 술레이만에게 도움을 요청하라고 그에게 일러준 것도 아마 프랑수아였을 것이다. 프랑수아와 서폴러이 사이에는 동맹 조약이 체결됐고, 이를 바탕으로 서폴러이는 카를 5세에게 붙잡혀 있던 프랑스 왕자들이 석방될 때까지 페르디난트와 맞서 싸워야 했다.

서폴러이는 이어 이탈리아에서도 직접 프랑수아를 도와야 했다. 그는 또한 왕위 계승자가 없을 경우, 오를레앙 공을 자신의 후계자로 지명하기로 약속했다.

유럽 전역에서 공격을 받던 프랑수아는 자신이 이교도 측과 손을 잡은 게 단지 기독교 사회와 기독교인들의 안녕을 위한 것이었음을 입증하려 노력했다. 1527~1528년 사이에 프랑수아가 오스만 측과 벌였던 협상은 빠르게 마무리됐다. 술레이만은 프랑수아가 원했던 모든 것에 합의했고, 다만 한 가지, 회교 사원으로 바뀐 예루살렘 교회를 되돌려주는 건 합의 사항에서 제외됐다. 술레이만이 애정을 가득 담아 프랑수아에게 보낸 한 편지에서, 그는 이슬람 세계에 있어 사원은 그 목적이 바뀔 수 없다고 적었다. 하지만 술탄은 이렇게 덧붙인다. "사원 이외의 다른 곳이라면 기독교인의 수중에 계속 두어도 좋소. 우리의 형평적인 통치 하에서 그곳에 남아있는 그 누구도 박해를 당하지 않을 것이오. 이들은 우리의 보호 하에서 평화롭게 살아갈 것이며, 이들이 현재 차지하고 있는 예배당과 기관들 모두 안전하게 보존할 수 있소. 그 누구도 이들을 억압하거나 그 어떤 방식으로든 괴롭히지 않을 것이오."[105]

술레이만은 이집트에 거주하던 카탈로니아 사람 및 프랑스 사람들에게 맘루크조 시대에 합의된 보장 내용을 확대 갱신하는 것도 수락했다. 나라 안에서 돌아다닐 자유와 활동할 자유, 프랑스 해외 거주민에 대한 프랑스 영사 재판권, 교회 설립권 등이 이에 해당했다. 이 같은 특권은 프랑스와 오스만 제국의 교류에서 상당히 큰 역할을 했던 기독교계 거류민 권리보장 협정의 전신이었다.

동방 지역에 거주하는 기독교인들을 위해 얻어낸 이 같은 이점들이 있다고 해서 프랑수아에 대한 적대 세력이 화를 풀지는 않았으며, 이들은 계속해서 그를 기독교 세계의 '형리'로 취급했다. 뒤 벨레 가문을 포함하여 프랑수아의 선전 세력들은 특히 기독교 세계를 수호하는 사람으로서 그의 역할을 부각시켰지만, 저들을 누그러뜨리기엔 무리였다. 더욱이 술탄이 다시금 부다페스트와 빈에 대한 공격을 감행하지 않았던가? 합스부르크 왕가와 비방세력들은 물론 이 같은 참극과 프랑스 왕실 사이의 연관 관계를 빠짐없이 강조했다. 프란지파니가 움직인 이후 모하치 전투가 일어났다든가, 동유럽에서 랭송이 움직인 이후 빈 원정이 이뤄졌다는 식이었다. 오스만이 기독교 세계를 공격하도록 부추긴 게 번번이 프랑스 국왕이었다는 것이다. 이러한 공격은 그 영향이 없지 않았다. 특히 프랑수아가 합스부르크 왕가와의 싸움에서 필요로 했던 독일 내 신교도 군주들에게 영향을 미쳤다. 사람들은 술레이만이 다뉴브 지역에 대한 또 다른 공격을 준비하고 있다고 떠들었다.

프랑수아는 유럽 전체가 자신에게 대항하여 들고일어날 것임을 잘 알고 있었고, 그는 가급적 독실한 기독교인 군주로서 신의 적들에 대적하는 존재로 행세해야 했다. 사실 모두의 염원은 평화였다. 이탈리아를 들쑤셔 놓은 전쟁의 결과는 결국 카를 5세의 독일군에 의한 로마 약탈과 밀라노 및 나폴리 왕국의 침공뿐이었고, 빈곤과 폐허 외에 다른 성과는 없었다. 프랑스에서 프랑수아의 모후 루이즈는 여전히 황제의 포로로 잡혀 있던 손자들을 석방시켜 주고 싶었다. 오스트리아의 마르게리타는 전체적으로 헤이해진 틈을 타서 루이즈와 함께 일반 협정을 준비한다. 1529년, '여인들의 조약la paix de Dames'이라 불리는 캉브레 평화협정이 체결됐다. 카를 5세는 자신이 아끼던 부르고뉴에 대한 상속권을 포기했고, 언젠가 샤르퇴즈 드 샹몰Charteuse de Champmol에서 용맹공 장 1세Jean sans Peur와 대담공 필립 2세Philippe le Hardi 옆에 누우려던 꿈을 접어야 했다. 프랑수아는 이탈리아를 포기했으며, 그의 모든 동맹들과 베네치아, 술탄에게 등을 돌렸다.

프랑수아 1세는 자신의 신실함을 믿게 하려는 노력을 아끼지 않았다. 독일의 군주들에게 그는 자신에 관한 오해에 대해 끔찍한 혐오감을 드러냈다. 사람들이 자신에 대해 어떻게 '야만인들'로 하여금 헝가리를 침략하도록 부추겼다고 생각할 수 있는지 이해가 가지 않았던 것이다. 그는 오세르Auxerre 주교에게 편지를 써서 만일 어떤 대사가 그의 앞에서 자신에 대해 터키인들로 하여금 그 같은 일을 벌이도록 부추겼다고 말할 경우, "그가 말도 안 되는 거짓말을 하고 있다"고 반박하라고 했다. "선조들도, 그리고 나 자신도 우리 모두 상당히 오랜 기간 동안 명예롭게 이름을 지켜왔는데, 지금 그걸 왜곡하려 하기 때문이다."[106] 뒤 벨레는 틈만 나면 프랑수아의 신실함을 주장했다.

사람들이 그의 말을 믿었을까? 사람들이 과연 프랑수아를 믿었을까? 그가 자신의 정책을 뒤집었을 것이라고 생각할 수 있을 만한 계제는 없다. 카를이 (솔직히) 강압에 못 이겨 부르고뉴를 포기하고 자신의 실패한 허상으로 남겨둔 반면, 프랑수아는 여전히 제노바의 발루아 가문에 대한 욕심을 간직했다. 그는 밀라노와 제노바를 손에 넣고 싶었다. 그런데 동부 지역에서 교란 작전을 펴는 동시에 이탈리아에 상륙할 수 있는 수단과 능력을 갖고 있는 오스만 제국의 도움 없이는 그가 할 수 있는 게 아무것도 없었다. 그에게 필요한 건 진정한 동맹이었다. 그리고 프랑수아는 이를 이루기 위해 모든 수를 다 쓴다.

2. 프랑수아의 첫 사절단

술레이만은 프랑스 왕의 급변하는 태도에 대해 결코 좋게 보지 않았다. 하루는 믿을 수 있는 친구였다가, 다음 날에는 자신에 대해 별로 살갑지 않은 말을 하며 '야만인' 취급을 하던 프랑수아가 곱게 보일 리 없었다. 이에 프랑수아 1세는 우선 그를 안심시키고, 자신의 진솔한 우정의 마음은 전혀 달라지지 않았으므로 자신이 사람들 앞에서 했던 말들은 중요하지 않다며 그를 설득시키는 게 급선무였다. 이 일을 맡은 건 프랑수아를 대표하여 헝가리 왕궁에 가 있던 랭송으로, 그 역시 합스부르크 왕가라면 끔찍이도 싫어했다. 랭송은 술탄에게 자신의 군주가 캉브레 조약을 체결한 건 오로지 자신의 아이들을 석방시켜 주기 위해서였으며, 그 외 나머지는 하나도 중요하지 않다는 점을 설명했다.

프랑수아의 사신인 랭송이 왕에게서 부여받은 두 번째 목표는 술레이만이 유럽 중부가 아닌 이탈리아에서 카를 5세를 공격하도록 설득하는 것이었다. 중부 유럽에 오스만의 위협이 가해지면 독일 군주들이 황제를 중심으로 뭉치는 결과를 가져올 수 있기 때문이다. 하지만 프랑스로서는 독일 군주들이 분열되는 편이 더 유리했다. 병 때문에 라구사에 발목이 붙잡혀 있던 랭송은 1532년 3월 은밀히 프랑스를 떠났으나, 술탄이 있는 베오그라드에 도착한 건 이듬해의 일이었다. 그의 이동 경로는 철저히 비밀에 부쳐졌는데, 황제군이 그를 생포하여 고문을 가할 심산이었기 때문이다. 가까스로 술탄이 있는 곳까지 도착한 랭송은 오스만 포대의 축포가 환하게 터지는 가운데 환영을 받았다. 그는 프랑스 왕에게 이렇게 편지를 썼다. "터키인들은 끝에 횃불이 달린 창을 들고 있었는데, 그 수가 40만 개가 넘었습니다. 생 앙주Saint-Ange 성을 포함하여 로마의 모든 축하 횃불을 합하더라도 그 정도 불로는 파리 곁의 작은 마을 하나 정도밖에 되지 않을 것입니다."

술레이만은 그가 보낸 사신을 화려하게 접대하면서 프랑수아에 대한 자신의 우정을 표시했다. 그러나 프랑수아의 사신이 원하던 답변을 주지는 않았다. 유럽 중부에서의 원정(헝가리 서부 쾨세그에 대한 원정으로, 결과는 썩 좋지 않았던 원정)에 전념했던 술레이만은 군대를 회군시켜 이탈리아 공격을 감행할 수 있는 상황이 아니었다. 그는 랭송에게 이 점을 주지시키면서도, 이탈리아에서 바르바로사와 그의 함대를 지원해주겠다고 제안했다. 프랑수아 1세는 이를 받아들이지 않았다. 기독교 세계를 배신했다는 평판이 계속해서 커져 가고 있었으므로, 그는 반대로 여론을 잠재워야 하는 과제를 안고 있었다. 이에 프랑수아는 영국의 헨리 8세와 불로뉴 조약을 체결한다. 이에 따르면 양측은 "공동의 적인 터키인들의 난폭함과 그 끔찍한 행태에 대해 저항"하기로 한다. 프랑스 왕은 이 중 단 한 마디도 믿지 않았고, 이는 영국 왕도 마찬가지였다. 헨리 8세가 노리는 건 오직 첫째 왕비 아라곤의 캐서린과 이혼 승인을 얻어내기 위해 교황 클레멘스 7세를 감언이설로 꾀어내는 것뿐이었다. 심지어 양측의 공동 합의문에는 동 조약의 적용이 불가하다는 극히 제한적인 조항도 포함되어 있었다. 어쨌든 프랑스와 오스만 제국 사이의 더없이 순탄한 관계는 이전 그대로 유지됐다. 양측의 관계는 외려 더욱 공고해졌다.

유럽의 양 극단에 있던 둘에게 문제는 달라지지 않았다. 카를 5세의 정복 야욕으로부터 어떻게 벗어날 수 있을 것이며, 그의 가공할 위력을 어떻게 약화시킬 수 있을 것인가? 이에 대한 답은 단 하나였다. 대제국이 유럽을 위협할 때마다 늘 같았던 최고의 대응 전략, 바로 하나로 뭉치는 것이었다. 어느 날 프랑수아는 베네치아 대사에게 이런 이야기를 전한다. "오스만이 더욱 막강한 존재가 되길 간절히 바란다는 사실을 부인할 수는 없다. 그리고 나는 전쟁에 대비하고 있다. 오스만의 편에 서는 전쟁은 아니다. 저들은 이교도이고, 우리는 기독교인이기 때문이다. 하지만 황제의 권력을 약화시키고 그가 막대한 자금을 지출하도록 하기 위한 전쟁, 그리하여 그토록 어마어마한 적에 맞서 다른 모든 정부가 안심할 수 있도록 만드는 전쟁을 치를 것이다."[107]

술탄도 같은 인식이었다. 유럽 중부 지역에서 그의 적은 보헤미아와 오스트리아의 왕인 페르디난트였다. 그는 헝가리 영토의 일부를 점하고 있었고, 나아가 헝가리 전체를 소유하고 싶어했다. 하지만 진짜 힘 있는 존재는 바로 신성로마제국의 황제인 카를이었다. 술레이만이 땅에서든 바다에서든 물리쳐야 할 적은 바로 카를 황제였다. 자신의 모든 병력, 즉 동맹을 구축한 유럽의 병력으로 오스만 제국을 위협하는 것도 바로 카를이었다. 술레이만의 이 같은 문제 인식은 한 번도 틀린 적이 없었다. 유럽에서 사실 더 이상의 십자군은 없었다. 대대적인 군주제가 성립된 상황이었기 때문에, 유럽 군주들은 이제 자신의 직접적인 이해관계에 더욱 관심을 가졌다. 정치적 이해관계와, 나아가 경제적 이해관계에도 점점 더 관심을 두게 된 것이다. 사람들은 언제나 종교에 대한 이야기를 꾸준히 해왔지만, 이에 대해 진지하게 고민하는 적은 거의 없었다. 하지만 그럼에도 십자군 원정에 대한 생각은 여전했다. 사람들은 늘 십자군 원정 계획을 세웠으며, 저마다 교황에게 인적·물적 지원을 약속했다. 카를은 자신의 군대를 이끌고 콘스탄티노플에 입성하는 꿈을 버리지 않았다. 그러나 그 무엇도 이뤄진 건 없었으며, 다들 내부적으로 서로 헐뜯느라 여념이 없었다. 서로들 도시와 지방을 빼앗으려 난리였다. 오스만의 술탄은 그가 적이라는 걸 알았다. 만일 서방 군주들이 기적적으로 내분을 종식하고 모두 자신을 공략해올 수 있다는 것도 잘 알고 있었다. 술레이만은 물론 정복자이기도 했지만, 한 목소리로 자신을 무너뜨리려는 기독교 진영에 대해서는 언제나 방어책을 마련해두었다. 따라서 그에게는 서부 지역의 동맹 세력이 필요했다. 프랑스 왕과의 동맹이 이뤄진 건 그게 지극히 필연적이었기 때문이다.

양측 정부는 거의 4년에 가까운 시기 동안 이에 매진했다. 프랑수아 1세의 적대 세력에게 새로운 반발 구실을 제공하지 않기 위해서는 비밀리에 움직여야 했다. 그렇지 않으면 프랑스 왕 측에서 동맹 자체를 포기하거나, 아니면 좀 더 오래 때를 기다려야 할 필요가 있었다. 랭송이 베오그라드에서 벌인 협상은 다음 겨울(1532~1533) 베네치아에서 계속 이어졌는데, 이곳에서 그는 병환으로 몇 달 간 꼼짝하지 못했다. 협상 상대는 술탄궁의 수석 통역관인 유니스 베이였으며, 술레이만의 전적인 신뢰를 받는 인물이었다. 이브라힘과 마찬가지로 유니스 베이 역시 그리스 출신이었다. 얼마 후, 아니면 거의 동시였는지 정확히는 알 수 없지만, 프랑수아는 자신의 헝가리 주재 대표인 이탈리아 출신 카밀로 오르시니Camillo Orsini를 이스탄불로 보냈다. 주의를 기울였음에도, 페르디난트와 카를은 무언가 일이 꾸며지고 있다는 사실을 금세 알아챘다. 다른 시기도 마찬가지였지만, 그 당시에도 모두가 모두를 배신하던 시절이었다. 합스부르크 왕가 쪽 사신들은 오스만의 고위 관료 로도비코 알로이시 그리티를 통해 "제노바를 원하고 장차 이를 손에 쥐게 될" 프랑수아 1세가 "대 오스만투르크의 군주에게 사신단을 보내어 바르바로사와 그의 함대를 부탁할 수 있겠느냐고 물어왔다"는 사실을 알게 됐다. 정확한 정보였다. 프랑스와 오스만 사이의 관계가 발전한 건 일단 오스만 함대의 카푸단 파샤가 된 전직 사나포선 함장 바르바로사를 통해서였기 때문이다.

1533년 여름, 프랑수아 1세가 교황 클레멘스 7세를 만나러 마르세유에 갔을 때, 바르바로사의 사신 하나가 퓌 엉 벨레Puy-en-Velay에 그를 보러 왔다. 바르바로사는 사슬에 묶인 프랑스 포로 몇몇을 데리고 와서 프랑스 왕이 보는 앞에서 이들을 풀어주었다. 이에 프랑스 왕은 매우 기뻐했다. 바르바로사는 프랑수아에게 값비싼 선물들을 가져다주었으며, 그 가운데에는 사자도 한 마리 끼어있었다. 얼마 후 술레이만의 사신이 프랑스에 도착한다. 술레이만의 사신은 프랑스 왕에게 카를과 강화조약을 체결하지 말아달라고 부탁한다. "프랑스 왕이 포로로 잡혀 있던 기간 동안 황제가 그에게서 탈취한 모든 것을 다시 프랑스 왕에게 되돌려주도록 술탄이 그를 강제할 것이며, 아울러 충분한 군대를 보내주어 도움을 줄 것"이기 때문이다. 이는 다소 성급한 언사였고, 프랑수아는 이 정도를 요구하진 않았었다. 하지만 프랑스와 오스만 사이의 관계는 여전히 쾌청한 상태였다. 대재상 이브라힘도 이렇게 이야기했다. "프랑스 왕은 평화로울 것이며, 터키인들의 황제에게 있어 형제 같은 존재로 우리와 함께 조화를 이룰 것이다." 그리고 프랑수아는 교황에게 자신은 오스만의 기독교 진영 침입에 반대하지 않을 뿐 아니라, 가능한 한 이에 힘을 보탬으로써 "황제가 갈취하여" 그의 수중에 있는 것을 다시 가져올 수 있도록 하겠다고 말했을 것이다.

오스만의 사신들이 프랑스를 다녀간 이후, 논의는 점차 진전되기 시작했다. 랭송은 바르바로사를 만나러 아프리카, 이어 로도스 섬으로 발걸음을 했고, 이어 대재상이 있던 알레포에도 갔다. 그는 대재상과 함께 협정을 하나 체결했는데, 이를 통해 술탄은 단시일 내에 바르바로사를 나폴리 연안 및 아프리카로 보낼 것을 약속했다. 술레이만은 이 같은 결정을 비준한 뒤, 60만 두카라는 막대한 금액을 바르바로사에게 보냈다. 그는 곧 이탈리아로 떠날 예정이었다. 그리고 바로 여기에서 바르바로사는 칼라브리아와 캄파니아 유역을 휩쓸어버리고, 미녀 줄리아 곤차가의 납치를 시도했던 것이다. 얼마 후 그는 튀니스를 함락시킨다.[108] 프랑스로서는 성공을 거둔 셈이었다. 지중해 서부와 중부가 에스파냐의 지배권에서 벗어났기 때문이다. 카를 5세의 교통로는 이제 위협을 받기 시작했다. 술레이만은 곧 프랑스에 사절단을 보내어 이 기쁜 승리의 소식을 전했다.

1534년 10월, 마르세유에 오스만 사람들이 발을 내딛는다. 프랑스 사람들이 오스만의 전함을 보는 건 이번이 처음이었다. 마르세유 사람들은 도무지 무슨 말인지 알 수 없는 언어를 사용하고, 포도주도 마시지 않으며, 우스꽝스럽게 옷을 입은 이 낯선 사람들을 보고 놀라움을 금치 못했다. 하지만 무슬림들이 머무는 동안 불미스러운 일은 전혀 생기지 않았으며, 사절단은 프랑스 왕이 지내던 샤텔로Châtellerault에 이른 후, 왕과 함께 파리로 동행했다. 사람들은 성대한 축제로 오스만 사람들을 맞이해주었다. 물론 성직자들과 가톨릭교도들은 신중한 모습을 보이기도 했다. 이들은 이교도인들에게 베푸는 예우에 대해 격분했다. 하지만 프랑수아는 이에 거의 동요되지 않았다.

당혹스러운 — 혹은 걱정스러운 — 유럽은 프랑스의 정책 변화를 예의주시했고, 독실한 기독교 왕이 신의 천벌을 받아 마땅한 인물과 동맹을 준비 중이란 사실을 깨달았다. 프랑수아의 대사 하나가 이스탄불로 떠난다는 걸 알았을 때, 더는 의심의 여지가 없었다. 최초로 터키 주재 상설 대사관이 생기는 것이었다.

이 까다로운 임무를 맡아줄 인물로 프랑수아 1세가 선택한 인물은 장 드 라 포레스트였다. 그는 오베르뉴 출신의 명망 있는 귀족이었다. 사도좌 서기관(교황청 소속의 고위 성직자)이자 생 피에르 르 비프 드 상스Saint-pierre-le-Vif-de-Sens 신부로, 예루살렘 성 요한 기사였던 라 포레스트 대사는 어딜 봐도 무슬림 신도들과 결탁할 수 없는 인물이었다. 그는 이탈리아에서 그리스 학자 라스카리스와 함께 공부했고, 이탈리아어뿐만 아니라 고대 및 현대 그리스어도 꿰고 있었다. 그의 이 같은 소양은 그가 맡은 임무에 학술적 분위기를 풍기게 해주었고, 그는 당대 최고의 인문주의자 중 하나인 기욤 포스텔[109]도 함께 대동했다. 프랑스 왕립 도서관은 그에게 동방의 필사본에 대해 조사하라는 임무를 맡겼다. 하지만 여기에 속을 사람은 아무도 없었다. 라 포레스트가 맡은 임무는 학술적인 게 아니라 정치적 성격을 띠고 있었다. 프랑수아 1세가 사전에 미리 모든 기독교인들에게 이로운 것으로 소개했던 그의 임무는 무역 협정에 관한 단순한 논의 차원을 훨씬 뛰어넘는 것이었다.

라 포레스트가 고국을 떠나던 당시 받았던 지침은 분명했다. 그는 우선 바르바로사를 찾아가 제노바를 공격하려던 프랑스의 계획을 알려야 했다. 프랑스가 육로로 제노바를 치면, 바르바로사는 해로를 통해 제노바 공격을 감행해달라는 것이었다. 프랑수아 1세에 따르면, 제노바와 코르시카 섬의 정복은 술탄의 계획에도 유용할 수밖에 없었다. 라 포레스트 대사는 술레이만이 일전에 쓴 "그토록 호의 넘치고 인정과 애정, 경애심이 가득 담긴 관대한" 편지에 대해 프랑스 국왕이 감사해하더라는 뜻을 표했다. 이어 카를이 프랑스에 제노바와 밀라노, 플랑드르 지역을 넘겨주며 서폴러이에게 그대로 헝가리를 맡긴다는 조건 하에 "포괄적 평화협정"을 주장해달라고 제안했다. 만일 황제가 이를 거부할 경우에는 전쟁이 일어나는 것이었다. 술레이만은 프랑스에

"백만금"에 달하는 후원금을 지급하거나 전쟁에 돌입하기로 했으며, 바르바로사는 시칠리아와 샤르데냐를 공격하고, 이를 속국으로 만들어 술탄에게 조공을 지급하기로 했다. 라 포레스트는 또한 술탄의 다뉴브 유역 공격을 만류해야 했는데, 그렇지 않으면 독일의 군주들이 황제에게 합류하여 프랑스 국왕이 상당히 난감해질 것이기 때문이었다. 이는 유럽의 강국이 터키의 대 군주 파디샤와 처음으로 맺은 공격적이면서 동시에 방어적인 동맹이었다. 프랑스가 유럽의 무대로 터키를 끌어들인 것이다.

1535년 2월, 라 포레스트는 바르바로사의 사절단을 대동하고 파리를 떠났다. 그리고 열두 명의 관료도 그의 뒤를 따랐다. 라 포레스트 대사는 포스텔 외에도 의회 변호사인 샤를 드 마리약Charles de Marillac을 데려갔다. 그는 대사의 비서 역할을 해주었다. 라 포레스트는 일단 튀니스에서 바르바로사를 찾아간 뒤, 이어 1535년 6월에 그의 갤리선을 타고 이스탄불에 도착한다. 당시 술레이만은 페르시아에 가 있었는데, 바그다드 원정에서 돌아오던 길이었다. 사람들이 말하던 것과는 반대로, 대사는 개인적으로 술탄이 있는 곳에 가서 그를 만난 게 아니었다. 술탄은 아제르바이잔에서 프랑스 사신을 만났는데, 그를 라 포레스트 대사와 혼동됐던 것이다. 이 또 다른 사신은 프랑수아 1세가 술탄에게 현지 주재 상임 대사의 도착 사실을 알리기 위해 보낸 공식 정부 관료였을 것으로 추정된다. 술레이만은 다음 해 초가 되어서야 이스탄불로 돌아온다. 이에 따라 모든 계획이 다 틀어진다.

프랑수아 1세와 술레이만 사이의 관계는 조금도 달라진 게 없었으나, 카를 5세가 술탄이 자리를 비운 틈을 타 허를 찌른 것이다. 그는 지중해 해상 무역의 자유를 확보하고, 특히 유럽의 수호자는 이교도와 손을 잡은 프랑스인이 아니라 바로 자신이라는 점을 유럽 세계에 증명해 보이고자 했다. 이로써 카를은 라 굴레트와 튀니스를 함락시켰고, 카를이 그리스와 심지어 콘스탄티노플까지 칼을 겨눌 것이라는 소문이 돌았다. 게다가 그는 프랑수아와 술레이만의 관계에 찬물을 끼얹었다. 튀니스 원정 때 중립을 지켰던 프랑수아가 못마땅했던 술탄 술레이만은 프랑스 대사에게 이렇게 이야기한다. "그대의 왕이 언제나 기독교 신앙의 수호자를 자처하고, 언제나 그가 지킬 수 있는 것 이상으로 약속을 하는데, 짐이 어찌 그대의 왕을 신뢰할 수 있겠는가?"[110]

3. 프랑스–오스만 동맹

프랑스 왕의 입지는 다시 한 번 위협을 받았다. 그런데 프랑수아와 라 포레스트의 능숙한 솜씨로 술레이만의 믿음을 소생시킬 수 있었다. 양측은 다시금 이탈리아 원정 계획에 매진하기 시작했다. 그리고 라 포레스트는 기독교계 거류민 권리보장 협정의 전신이 된 저 유명한 통상 조약의 체결을 얻어냈다. 이 거류민 권리보장 협정으로 프랑스는 오랜 기간에 걸쳐 레반트 지역의 정치적, 종교적 보호자 행세를 할 수 있었다.

(이후에 체결된 건 권리의 양도에 관한 내용이었으므로) 최초이자 유일한 이 협정은 처음으로 오스만 제국 내에 프랑스 외교관의 상설 주재 원

칙을 수립한 조약이었다. 그리고 이후에는 다른 유럽 국가들의 외교관 또한 상설 주재가 가능해진다. 이스탄불 주재 대사와 대도시 영사들은 오스만 정부에 대해 자국의 거류민을 대표했다. 이들은 현지에 거주하는 자국민을 보호하고, 이들의 재산을 지켜주었으며, 동 조약에 따라 현지 거류민이 누리는 특권이 제대로 지켜지고 있는지도 감시했다. 무슬림과 소수민족에게 부과되는 세금의 면제 혜택도 주어졌고, 유언·유증의 자유도 부여되었으며, 오스만 사람과의 모든 소송에 대해 프랑스 측 공식 대표가 참석할 수 있었다. 영사는 민사든 형사든 자국민 사이의 모든 분쟁을 재판할 권리가 있었으며, 양측 국민들 중 누구라도 노예로 전락시킬 수 없게 하는 규정이 마련됐다. 그 어떤 형태로든 부역을 강제할 수도 없었으며, 지상으로든 해상으로든 자신의 재산을 가지고 자유로이 여행할 수 있었다. 제국 내 어디에서든 상업의 자유도 보장되어 있었다. 프랑스인들에게는 오스만 당국으로부터의 그 어떤 구속 없이 자신의 종교를 믿으며 신앙생활을 할 권리가 부여됐고, 강제로 이슬람 개종을 하지 않아도 됐다.

이 조약으로 프랑스는 또한 '선적기의 권리droit de pavillon'도 갖는다. 즉, 베네치아 상인들을 제외하고 다른 유럽 국가의 상인들이 오스만 제국과 교역을 원할 경우, 이들은 "프랑스의 깃발을 달고 프랑스의 보호 하에서" 항해를 해야 했다. 프랑스의 선박과 오스만의 선박이 서로 마주치면, 이들은 각자 군주의 기를 게양하고 축포를 터뜨리며 서로 환영했다.

17세기 초, 프랑스는 예루살렘에 가는 기독교 순례자를 보호하는 허가권을 얻는다. 이로써 프랑스는 실질적으로나 법적으로나 술탄의 나라에서, 특히 기독교 성지에서 가톨릭교도들과 그 재산을 보호하는 존재로 확고히 자리잡을 수 있었다. 그리고 바로 이 때부터 오리엔트 지역에서는 기독교인의 입장을 지지하는 전통이 생겨났다. 이후 프랑스의 모든 정권에서도 이 같은 전통이 유지됐다.

거류민 권리보장 협정은 다른 기독교 국가들로도 확대됐다. 영국과 네덜란드 등 일부는 16세기 말과 17세기 초에 프랑스와 동일한 권리를 보장 받는 거류민 권리보장 협정을 얻어냈다. 곧이어 다른 나라들도 마찬가지 특권을 누리게 되었으나, 1581년, 조약을 갱신하면서 프랑스 왕의 대사가 다른 모든 유럽 군주들의 대사보다 우선한다는 조항이 하나 규정됐다.

통상조약은 사람만 대상으로 하는 게 아니라 재산도 그 대상으로 하고 있었다. 하지만 이 조약은 그보다 더 멀리 내다보고 있었다. 즉, 카를 5세에 맞서는 양국 군주의 동맹을 상정하고 있었던 것이다. 문서상으로는 그 어떤 자료도 남아있지 않고, 더욱이 그런 문서는 존재하지 않았을 수도 있지만, 술레이만과 프랑수아가 상호 군사 협정을 체결했을 거라는 건 의심의 여지가 없다. 이탈리아 원정 계획은 두 가지 방향에서 공격 노선을 정해두었다. 술레이만이 육로와 해로로 나폴리를 공격하면, 프랑수아는 이탈리아 북부를 치는 것이었다. 양국의 함대는 상호 협력 공조 체제를 꾸리고, 오스만 측에서는 술탄과 바르바로사가 친히 군을 지휘하며 대대적인 준비를 했다. 이스탄불과 에디르네에서는 맹렬한 전쟁 준비가 이뤄졌다. 오스만은 육군과 해군의 질서를 바로잡으려 열과 성을 다했다.

하지만 그에 따른 결과는 보잘 것 없는 수준이었다. 잘못은 양측 모두에게 있었다. 프랑수아 1세는 여전히 이교도 진영과 손을 잡고 있다며 비난하는 사람들 때문에 불편해했고, 술레이만은 자신의 이익만을 우선했다. 서로의 약속과는 달리, 프랑수아는 이탈리아를 공격하는 대신 아르투아와 피카르디의 원정 공격을 시작했다. 프랑수아는 교황과 베네치아를 황제에게서 떼어놓는 외교적 방식으로 술레이만을 도와주려고도 했었다. 하지만 바오로 3세는 이를 거부했다. 프랑수아 1세의 조언에 따라 베네치아에 파견된 수석 통역관 유니스 베이는 베네치아에게 "그의 동맹과 동맹이며, 그의 적과 적임을 공표하라"고 요구했으나 이 또한 실패로 돌아갔다. 더욱이 오스만의 범선 여러 척을 좌초시킨 베네치아는 술레이만의 분노를 폭발시켰다. 그리고 코르푸를 점령하려 애쓰던 그에게 이를 위한 명분을 제공했다. 프랑수아는 플랑드르가 아닌 밀라노에서 황제를 공격하기로 되어 있었고, 밀라노라면 그의 목표에서 벗어날 수도 있었다. 하지만 어떤 식으로든 프랑수아는 결국 자신의 목표를 달성하지 못했다. 술레이만 또한 포위 공격을 감행한 지 열흘 후, 코르푸 섬을 포기하기로 결심하고 콘스탄티노플로 돌아간다.[111]

작전이 서로 잘 맞지 않았다고 말할 수 있을 듯하다. 각자 자기 편에서만 생각한 것이다. 프랑스 왕은 오스만과 협력하라고 지시하는 자국의 이익과, 그의 기독교적 신념이 부추기는 비난과 질책 사이에서 극심한 갈등을 겪었다. 교황은 결국 그를 설득하여 니스 동맹으로 끌어들였다. 니스 동맹은 교황이 얼마 전 신성로마제국 황제 및 베네치아와 합작하여 만든 동맹이었다.

프랑수아와 술레이만의 관계는 다시금 냉각기에 접어들었다. 프랑수아가 에그모르트에서 카를과 만난 일로 관계는 더욱더 악화되었다. 프랑수아는 카를에게 터키인들과의 관계를 끊기로 약속했던 것이다. 카를은 파리에서 융숭한 대접을 받았고, 그가 프랑수아에게 비잔틴 제국의 왕관을 약속했다는 소문이 떠돌았다. 사람들은 프랑스와 오스만의 동맹 관계가 완전히 끊겼다고 생각했고, 다시금 십자군 원정에 대한 이야기가 나돌았다. 하지만 그건 프랑수아를 잘 몰라서 하는 소리다. 아울러 랭송의 존재도 망각한 것이다. 이스탄불 주재 프랑스 대사관에서 라 포레스트의 뒤를 이은 랭송은 지치지 않는 에스파냐인의 기질을 보여준다.

육중한 몸 때문에 군인이 될 수 없었을 정도로 비대했던 랭송은 오래 전부터 술탄궁의 막강한 신임을 얻고 있었다.[112] 그는 누구에게 뇌물을 바쳐야 하는지 잘 알고 있었다. 이번에 그는 특히 아낌없이 정치 후원금을 대주었다. 그가 예산에서 쓴 돈이 너무 막대하여 이런 얘기까지 등장했다. "로트피에서 대재상의 선심을 얻고 왕에 대한 환심을 사기 위해, 그리고 카를이 프랑스에 들렀다 가는 일을 무마시키기 위해 각종 의상과 수많은 비단 천, 금사로 짜인 천 등을 주었으며, 심지어 300에큐 금화에 달하는 돈까지 썼다." 제3재상인 무함마드에게는 150에큐에 상당하는 의복을 주었으며, 뤼스템 파샤에게도 150에큐를 썼다. 요직에 있는 인물에서부터 근위병, 전령 등에 이르기까지 150여

명에 달하는 사람들이 대사의 방법에 힘입어 '누그러졌다.'

그의 방식은 완전한 성공을 거두었다. 술탄은 파리가 카를 5세를 화려하게 맞이한 것에 대해 잊었으며, 프랑수아가 이교도와의 전쟁을 치르겠다고 약속한 것도 잊었다. 술레이만은 "그대와 짐 사이에 지금까지 지속되어온 애정 어린 형제애"를 언급하며 프랑수아에게 편지를 썼다. 그리고 유니스 베이를 보내어 아들들의 할례의식에 프랑수아를 초대했고, 아울러 자신의 딸 미흐리마흐 공주와 뤼스템 파샤의 결혼식에도 그를 초대했다. 얼마 후 프랑수아는 랭송에게 황제와의 전쟁을 치르기 위한 술탄궁과의 동맹을 다시 갱신하라는 지침을 주었다. 카를 5세가 자신을 기만하려 했다는 걸 잘 알고 있었기 때문이다. 술레이만은 곧 그의 제안을 받아들였고, 랭송에게 프랑스로 가서 왕에게 가능한 한 빨리 전쟁에 돌입해줄 것을 부탁해달라고 애원했다. 그는 서폴러이의 죽음에 뒤이어 헝가리 원정을 준비했다. 그는 카를이 자신의 병력을 동생 페르디난트의 병력과 합치지 못하도록 막아야 했다. 술탄은 프랑수아가 카를을 공격하는 데에 지대한 관심을 갖고 있었다. 랭송이 프랑스로 떠나기 전, 술탄은 그에게 이례적으로 길고 호의적인 알현을 해주었다. 술탄과의 알현 시간은 두 시간에서 세 시간 가량 지속되었으며, 랭송은 "술탄이 기독교 사람이든 회교도 사람이든 그 누구에게도 그와 같이 한 적이 없었다"며 자랑스레 적었다.

하지만 기구한 운명의 랭송은 이후로 다시는 술탄을 보지 못했고, 오스만 제국의 땅도 밟아보지 못했다. 프랑스에서 왕의 극진한 치사를 받고 거의 영웅 대접을 받은 그는 카를 5세의 증오심을 부추겼다.

자신에게 맞서는 전쟁의 준비에서 그가 맡은 역할이 상당했기 때문이다.[113] 1541년 5월 8일, 랭송은 왕궁을 떠나 다시 이스탄불로 향했다. 그는 제노바 출신 장수 세자레 프레고소Cesare Fregoso를 대동하고 길을 떠났는데, 사람들은 이들에게 이탈리아 쪽 길에 도사리고 있는 위험에 대해 경고했다. 하지만 이들은 시간을 절약하기 위해 보다 안전한 알프스 쪽으로 가지 않고, 포Pô에서 배를 탔다. 다음 달, 카를을 대표하여 밀라노를 다스리던 델 바스티Del Vasti 후작 사람들은 이들의 배를 나포하여 두 사람 모두 살해했다. 둘의 죽음은 그로부터 두 달이 지난 후에야 비로소 세상에 알려졌다. 이 사건은 상당한 잡음을 만들어냈다. 배후에서 이를 주동한 사람이 카를 5세라는 것에 대해 그 누구도 의심하지 않았다. 화가 난 술레이만은 오스트리아 사신들을 모두 말뚝에 박아 처형하고 싶은 심정이었다. 교황을 포함하여 유럽 전체가 카를의 이 추악한 짓을 비난했다.

4. 프로방스 지역의 터키인들

가톨릭교도들의 왕인 신성로마제국 황제가 보여준 행위는 비열하기도 했지만, 또한 쓸데없는 짓이기도 했다. 프랑수아 1세는 곧 랭송만큼이나 활력 넘치고 유능한 대사를 발굴했기 때문이다. 기욤 뒤 벨레의 추천으로 기용된 라가르드 남작 폴랭Polin 대위는 전임 대사만큼의 자질을 갖고 있었다. 그는 금세 굉장한 명성을 얻게 됐다.[114] 프랑스 왕에게서 랭송과 같은 지시를 받은 그는 즉시 길을 떠나 술레이만을 만나러 갔다. 이번에는 헝가리였다. 술탄은 페르디난트의 군대를 물리치고 이제 막 헝가리 정복을 마무리한 참이었으며, 헝가리는 이제 오스만 제국의 파샬리크paşalik[115]로 격상됐다. 이와 동시에 카를 5세는 알제에서 참패했다. 술레이만은 바야흐로 치세의 절정기를 맞이하고 있었다. 이스탄불에서 술탄을 수행한 폴랭 대위는 즉각 자신의 외교적 자질을 보여주었다. 프랑스의 군인 겸 작가 브랑톰은 그에 대해 이렇게 적는다. "그는 앞으로도 갔다가 방향을 틀기도 했다가 걸음을 재촉하기도 했으며, 추진력 있게 끌고 가기도 하고 독점을 하기도 했다. 그리고 그가 너무 능숙하게 일을 잘하고 심지어 술탄궁 예니체리 대위의 마음까지도 샀기 때문에 그는 종종 술탄에게 가서 원하는 걸 말하고, 술탄은 흔쾌히 그의 의견을 따르기로 하여 그는 술탄에게서 자신이 원했던 것을 결국 얻어내고야 말았다."

폴랭이 프랑스로 떠났다가 다시 돌아오면, 사람들은 그의 이동 기간이 너무 짧아 놀라움을 금치 못했다. 이스탄불에서 퐁텐블로까지 가는 데에 21일밖에 소요되지 않았기 때문이다. 문필가 아레티노 역시 그의 경이로움에 대해 찬사를 보내는 편지를 쓰기도 했다. 그리고 이제 마침내 원정 계획이 준비됐다. 프랑수아는 플랑드르 지역에서 카를 군과 싸우고, 프랑스 함대 중 일부는 에스파냐를 공격하며, 다른 일부는 지중해에서 술레이만 함대에 힘을 보태주기로 하였다. 오스만의 함대는 바다에서 카를을 공격하기로 하고, 군대는 중유럽 지역에서 페르디난트와 전투를 벌인다. 술레이만은 프랑수아에게 편지 한 통을 썼는데, 이 편지 또한 유명하다. "예수교 군주들에게 영광을 돌리며 쓰건대, 그대의 신료인 폴랭의 청에 따라 짐은 필요한 모든 것을 갖춘 막강한 함대를 그에게 내주었다. 그리고 짐의 카푸단 파샤인 하이레딘에게 이르길, 그대의 요구를 들어주고, 그대의 적을 쓰러뜨리는 일을 도모하도록 지시했다. 그대의 적이 다시금 그대를 기만하지 못하도록 조심하고, 그 자는 결코 그대와 평화를 맺을 수 없을지니, 그대가 끊임없이 그와 전쟁을 벌이려는 의지가 강하다는 점을 인정해야 할 것이다. 내 우정의 뜻을 알아주는 모든 이에게, 그리고 패배를 모르는 내 군대의 보호를 받는 모든 이에게 신의 가호가 있기를."[116]

얼마 후인 1543년 4월 초, 오스만의 범선 150척(갤리선 110척, (돛과 노를 갖춘 기다란 모양의 배인) 퓌스트 선 40척)은 다르다넬스 해협을 건너 이탈리아로 향했다. 그리고 술레이만은 다시 한 번 '바다를 이루는' 수많은 군대를 이끌고 다뉴브 지역으로 향했다.

두 달 간 바르바로사 무리는 칼라브리아, 샤르데냐, 코르시카, 나폴리 등을 휩쓸었다. 가에타에서 바르바로사는 돈 디에고 가에타노Don Diego Gaetano 총독의 아름다운 딸과 혼인까지 했다. 총독의 딸은 고작 열여덟 살이었고, 바르바로사의 나이는 거의 여든에 가까웠다. 이슬람으로 개종한 도나 마리아Doña Maria에게는 몇 년 전부터 깊이 사랑한 연인이 있었다. 사람들은 바르바로사의 욕심으로 그 사랑이 속히 끝난 것이라고 했다.

로마 사람들은 잔뜩 겁을 먹었고, 도시를 떠날 준비를 했다.[117] 폴랭은 오스만의 대군주가 바르바로사에게 교황의 영지는 건드리지 말라는 명령을 내렸다고 알려주며 이들을 안심시켰다. 현재로서 니스는 오스만의 공격 대상이 아니었고, 바르바로사는 이제 마르세유로 향했다.

바르바로사는 처음으로 프랑스에 발을 내딛었다. 이곳에서 그는 융숭한 대접을 받는다. 앙기앙Enghien 귀족으로 레반트 해군 사령관인 프랑수아 드 부르봉François de Bourbon은 프랑스 왕을 대신하여 배 50척을 갖고 그를 기다렸다. 바르바로사 무리는 금은보화로 빛이 났다. 23세밖에 되지 않았던 젊은 공작은 오스만의 해군 대제독에게 명예의 검과 은제품을 건네줬다. 프랑스 왕의 뜻에 따라 그는 고가의 안장과 마의를 씌운 아랍의 준마 여러 필을 받았다. 궁금함을 참지 못한 마르세유 주민들은 인산인해를 이루며 항구 초입에서 술탄의 배들을 구경했다. 궁중 백작들은 이제 지중해의 왕이 된 전 사나포선 선장을 가까이에서 보기 위해 아내까지 데리고 먼 곳에서 달려왔다. 몰려든 사람들이 너무 많아서 프랑수아는 며칠 후 출항을 금지했다. 자기 주위에 사람이 아무도 남지 않을까봐 두려웠던 것이다.

오스만의 함대와 프랑스의 함대가 만난 것을 환영하던 축하연은 자칫 안 좋게 끝날 뻔했다. 사람들이 쏟아붓는 치사에 우쭐해진 카푸단 파샤 바르바로사는 자신이 여기에 연회나 열병식 정도에 참석하러 온 게 아니라는 점을 상기시켰다. 바르바로사는 프랑수아 1세의 계획이 원래 약조한 수준과 거리가 있다는 점을 금세 깨달았으며, 프랑스 측의 준비 상태 역시 제대로 준비 태세를 갖춰 온 오스만 측에 한참 못 미치는 수준이었다. 프랑스의 함대는 장비 구축 상태도 형편없었고, 규율도 제대로 잡히지 않은 상태였다. 프랑스 왕은 오스만의 대제독을 성대하게 맞이하기 위한 만반의 준비를 다 해두었으나, 정작 군수품의 보급 측면에 있어서는 제대로 신경을 쓰지 않았다. 코르테스의 부관이었던 산도발Sandoval에 따르면, 격노한 그가 노여움에 "포효"하였으며, "고작 이 '무기력'한 상태를 보려고 그토록 커다란 함대를 끌고 그 먼거리를 건너왔다는 것에 대해 분노하며 수염을 쥐어뜯었다."[118] 프랑수아는 오스만의 함대에 필요한 물자를 지원하라고 명령을 내렸다. 하지만 (이번에도 역시) 예정된 행동 계획의 문제가 제기됐다. 바르바로사는 도리아 제독의 함대가 있는 에스파냐에서 카를 5세를 공격하고 싶었던 것이다. 하지만 프랑수아 왕은 분개한 기독교 사회 앞에서 뒷걸음질을 쳤다. 그는 자신의 결정을 끝까지 밀고 나가지 못했고, 언제나처럼 그는 여론이 무서워 애매한 해결책을 채택하며 아무것도 해결하지 못하고 동맹국의 화만 돋우었다.

깜짝 놀란 폴랭은 서둘러 본국의 왕을 찾아갔다. 폴랭이 얻은 답변은 카를을 직접 노릴 수가 없어서 그의 동맹인 사부아 공작 샤를 1세를 친다는 것이었다. 그리고 니스에서 그를 공격할 것이라고 했다.[119] 앙기앙 공작에게는 갤리선이 18척 밖에 없었으므로, 그는 병사 1만2천 명을 다른 범선에 태워야 했다. 토스카나의 한 부대는 레옹 스트로치Léon Strozzi 제독이 지휘했고, 프로방스 지역의 자원군 부대 몇몇은 폴랭이 이끌었는데, 적어도 원칙적으로는 폴랭이 작전을 지휘한 셈이었다.

8월 5일, 프랑스와 오스만의 함대가 서로 합류한 프랑스 남부 빌프랑슈에서 폴랭은 니스 사람들에게 프랑스 왕에 대한 항복을 독촉했다. 그는 교섭단 두 명을 만나 이들을 설득하려 애썼다. 폴랭은 힘없는 사부아 공작의 지배 하에 있는 것보다 막강한 힘을 가진 프랑스 국왕과 동맹을 하는 편이 니스에게 더 이익이라는 점을 설명했다. 하지만 니스는 고작 화승총 부대 여섯과 병사 300명이 주둔군의 전부였고, 이 인원으로 요새를 지키고 있었을 뿐인 데도 폴랭의 제안을 거부했다. 이에 다음날 오스만 군대는 공격을 시작했다. 그러나 크게 성공을 거둔 건 아니었다. 폴랭의 2차 설득이 이어졌고, 이후 최후통첩이 날아갔다. 니스는 이를 거절했을 뿐 아니라, 전령인 장-브누아 그리말디Jean-Benoist Grimaldi까지 체포했다. 이후 그는 매질을 당한 뒤 교수형에 처해졌다. 곧이어 포위 공격이 시작됐다. 도시는 사면이 모두 적군에게 둘러싸였다. 공격군은 세 개의 각면보루를 설치하여 주요 방어벽으로 삼았는데, 하나는 거포와 함께 시미에Cimiez 언덕 위에 설치하고, 다른 하나는 보롱Boron 산허리에 설치하였는데, 여기에서 날아온 엄청난 포가 성을 격파시킨다. 그리고 마지막 세 번째는 빌프랑슈 길목 부근 몽 그로Mont-Gros 경사면 위에 세워졌다.

8월 15일까지 공격이 계속 이어졌고, 이렇다 할 결과는 나오지 않았다. 그 때 바르바로사의 갤리선 120척이 빌프랑슈에서 원군을 와주었으며, 갤리선은 일제히 화구를 열고 엄청난 굉음을 터뜨렸다. 페롤리에르Pairolière 성문 근처에서 돌파구 하나가 뚫렸고, 오스만 병사들과 토스카나 병사, 프로방스 병사들은 앞으로 진격했다. 오스만 기수가 요새 정상에 오스만 깃발을 꽂으려는 찰나, 전해오는 설에 따르면 빨래하던 여자였다는 주민 카트린 세귀란Cathierine Ségurane이 그에게서 깃발을 빼앗고, 후퇴하던 남자들을 끌고 왔다고 한다. 니스는 오스만의 공격을 격퇴했다. 프랑스와 오스만 진영에서는 300명의 사망자와 수많은 부상자가 속출했다.

　이후 며칠 간 새로운 포격과 공격이 시작됐다. 더 이상 어찌할 방도가 없었던 가련한 니스 사람들은 목숨과 재산을 지켜준다는 조건 하에 항복을 결심했다. 하지만 이 같은 요구 조건이 터키인들에게 통할 리 만무했다. 이들은 프랑수아 1세가 자신들 덕분에 카를 5세에게 승리를 거두었다는 점보다 도시의 약탈에 더 관심이 많았다.

　폴랭과 부르봉 공작 사이에 치열한 논의가 오고 갔다. 협상의 분위기는 험악해졌다. 여기에 종지부를 찍기 위해 오스만 측에서는 아직 항복하지 않은 성채를 공격했다. 프랑스 측에서도 공격을 준비했으나, 오스만 진영에선 곧 자신들의 동맹군 측에 엄청난 사태가 벌어졌다는 걸 깨달았다. 탄약이 부족해진 것이다. 바르바로사가 말하길 "마르세유에서 저들은 배에다 전쟁에 필요한 것을 싣기보다 와인 싣기를 더 좋아했다." 격노한 바르바로사는 성채의 사령부로 보낸 전언 하나가 중간에서 차단됐을 때, 프랑스 지도부를 쇠사슬로 묶어버릴 태세였다. 사부아 공작은 그를 며칠 더 기다리도록 하며 원군이 도착하길 기다렸다. 터키인들은 이 쓸모없는 원정이 지겨워지기 시작했다. 아울러 프랑스 사람들도 자신들과 너무도 다른 이 동맹군과의 힘겨운 공조체제에 지쳐갔다. 만일 원정이 계속된다면 아군끼리 서로 싸울 수도 있다는 게 중론이었다. 이제 끝을 내야 할 때였다.

　프랑수아 1세는 오스만 함대에게 툴롱을 권하며 그곳에서 겨울을 보내라고 했다. 배들이 출항 준비를 하려는데 일이 하나 생겼다. 바르바로사와 도리아가 서로 연계되어 있으며, 상호 간에 서로의 함대를 봐주고 있다는 생각을 확신시켜준 일이 생긴 것이다. 폴랭은 도리아가 빌프랑슈에 도착했다는 사실을 알게 됐고, 그는 바르바로사에게 이를 알려주었다. 폴랭은 바르바로사에게 "카를의 함대가 당신 손에 달려 있소"라고 말했다. 바르바로사는 닻을 올리라는 명을 내렸지만, 갑자기 앙티브 앞에 도착하여 배를 멈추었다. 그리고 "나는 더 이상 앞으로 갈 수가 없다. 도리아가 프레베자와 본(지금의 안나바)에서 보여준 명승부를 퇴색시키고 싶지 않기 때문이다"라고 말했다. 이에 대해 브랑톰은 다음과 같이 전한다. "한 쪽의 영예가 곧 다른 쪽의 영예였다. 저들의 주인은 서로를 존중할 수밖에 없었을 것이다. 배 위의 노예들은 '까마귀는 결코 다른 까마귀의 눈을 파먹지 않는다'고 말했다."

툴롱에 오스만 함대가 도착하기 전, 주민들은 다른 곳으로 피신하여 도시는 이미 텅 빈 상태였다. "툴롱의 시민들이 오스만 사람들과 함께 공존하며 지내는 것은 적절하지 않았기 때문"이다. 바르바로사는 이곳이 마치 자신의 점령 도시인 듯 행동했다. 하지만 질서는 완벽하게 지켜졌다. 당시의 상황을 목격한 한 사람은 이렇게 쓰고 있다. "당시의 툴롱은 마치 콘스탄티노플에 와 있는 것 같았다. 저마다 자기 일을 했고, 지극히 공정하고 질서 있게 터키 물건을 팔았다." 오스만의 군대는 철의 규율을 따라야 했다. 간혹 경이롭게 이를 바라보던 폴랭은 "그 어떤 군대도 이렇게 엄격할 수 없으며, 이보다 더 질서 있는 모습을 보일 수 없다"고 말했다. 양측 지도부끼리의 관계 악화에도 프랑스와 오스만의 장교들은 서로 선물을 주고받았다. 프랑스의 갤리선 함장 비르길리오 오르시니는 바르바로사로부터 상아와 흑단 한 상자를 받았으며, 여기에는 역대 오스만 술탄 11명의 초상화가 그려져 있었다. 폴랭은 오스만 해군 대장에게 왕의 금도금 은제품과 지구전도가 그려진 시계를 주었다.

터키인들은 시계와 도금 식기들만 받은 게 아니었다. 프랑수아 1세는 바르바로사에게 매달 3만 두카를 지급했다. 오스만 군대는 현지에서 아예 '생활'을 하고 있었다. 바르바로사의 식탁 위에는 닭고기와 말고기, 토끼고기, 과일들이 풍부하게 제공됐다.[120] 이 모든 게 프랑스 왕실 재무국으로서는 상당한 지출이 소요되는 부분이었다. 프로방스와 인근 지역도 비용을 부담해야 했다. 리옹은 6천 리브르를 빌려야 했고, 브내생Venaissin 백장령은 예니체리들이 "신선한 빵을 살 수 있도록" 600에큐를 쏟아부어야 했다. 프로방스 지역 총독인 그리냥Grignan 공작은 지역 소금 창고를 임대해주라는 명을 받았다. 스트로치 백작 같은 개인들은 돈을 빌려주었다. 사람들은 유유자적하고 있는 이 성가신 친구가 떠나는 시기를 앞당기려 노력했다. 이들이 오래 남아있으면 있을수록 이들에게 가는 수당은 점점 더 늘어났기 때문이다. 하지만 프로방스 연안은 터키인을 완전히 매료시켰다. 바르바로사의 원정에 대해 기록한 시난 차부쉬는 열의에 넘쳐 이렇게 적는다. "수많은 나무들에는 씁쓸한 오렌지와 레몬이 달려 있다. 이들 나무 하나하나마다 수없이 많은 꽃들이 달려 있다. 장미원에 장미들이 가득할 때면 꾀꼬리가 떠들어대는 소리로 귀가 시끄럽다. 프랑크인들의 지역에는 이와 비슷한 곳이 없으며, 여기를 보는 그 누구든 이곳의 매력에 빠져들고 만다."[121]

온화한 기후에도 불구하고 프랑수아 1세와 터키인들 사이의 불화는 날로 더 커져갔다. 제노바에 대한 침공 계획을 세웠다가도 다시 이를 백지화했고, 에스파냐 연안의 다른 도시들도 마찬가지였다. 프랑수아 1세가 이를 승인해주지 않았던 것이다. 하지만 살라히Salah 함장이 카다케스, 로사스, 팔라모스를 비롯하여 도시와 마을을 휩쓰는 건 막지 못했다.

유럽에서는 프랑스 왕에 대한 분노가 점점 더 들끓고 있었다. 프랑스 왕에 대한 해명을 하기 위해 슈파이어 의회로 파견된 뒤 벨레 추기경은 독일에 발을 들여놓지도 못했다. 슈파이어 의회는 프랑스 왕을 "기독교 진영에 있어 오스만과 동급의 적"으로 간주했다. 프랑수아는 유럽에서 따돌림을 당했다. 사람들 사이에서는 '독실한 기독교 왕'이라는 타이틀을 그에게서 박탈하고, 아예 그를 파문시키자는 이야기도 나왔으나, 교황이 이를 반대했다. 그리고 바르바로사와 도리아 사이의 관계에 대해 다시금 신기한 소문이 떠돌았다. 이에 따르면, 카푸단 파샤 바르바로사가 카를 군에게 툴롱을 팔 태세라는 것이다. 바야흐로 오스만 군대가 정말로 떠나야 할 때가 온 것이다. 더욱이 1544년 4월, 앙기앙 공작도 세리졸Cérisols에서 에스파냐 군대에 대해 눈부신 승리를 거두었고, 이렇게 오랫동안 이교도들이 자국 땅에 머무는 한, 프랑스가 카를 황제와 협상을 벌일 수 있을 리 만무했기 때문이다.

결국 오스만을 떠나온 지 1년이 넘은 바르바로사는 프랑스를 떠나겠다는 의사를 공표했다. 그는 80만 두카를 받았으며, 장정 서른네 명이 사흘 밤낮으로 꼬박 이를 하얀 천과 진홍색 천에 담아야 했다. 프랑스인들은 자신들의 갤리선에서 노를 젓던 무슬림 노예 400명을 풀어주었고, 오스만의 배들은 결국 닻을 올렸다. '레반트 군대 총사령관'으로 임명 받은 폴랭은 자신의 함대 다섯 척 가운데 하나에 몸을 싣고, 일이 일어난 그대로 "오스만 술탄에게 보고하기 위해" 발길을 재촉했다. 그는 "사람들이 난공불락의 요새라고 일컫던" 프로치타, 이스키아, 포추올리, 폴리카스트로, 리파리 등이 초토화되는 것을 두 눈으로 직접 목격했다. 그로선 "지금까지 한 번도 본 적 없었던 최고의 전투가 이곳에서 벌어졌다." 뿐만 아니라 프로토 에르콜레, 탈라모네 등도 무너졌다. 풀리아와 이탈리아 남부의 수많은 마을이 약탈당했으며, 주민들은 노예로 끌려갔다. 폴랭의 종군 사제 제롬 모랑Jérôme Maurand은 갤리선 레알레Reale 호에 있었는데, 그는 전투 상황에 대해 생동감 넘치면서도 무시무시하게 묘사했다.[122]

메시나 해협을 지난 폴랭은 바르바로사에게 자신이 먼저 이스탄불에 도착할 수 있게 해달라고 설득하는 데에 성공했다. 그는 바르바로사가 먼저 상황 보고를 하기 전에 자신이 먼저 술레이만에게 가서 자신의 입으로 그 간의 일을 설명하려던 것이었다. 술탄과 대재상의 환호를 받았던 그는 바르바로사가 도착하기 전에 보스포루스를 떠나는 데에 성공한다. 바르바로사도 발걸음이 신중할 수밖에 없었다. 그는 원정이 성공적으로 수행되지 못한 것에 대해 주군의 노여움을 살까 두려웠던 것이다. 하지만 결과적으로 그의 입성은 성대하게 이뤄졌다. 그의 실패를 문책하기에 술레이만은 너무도 예리한 사람이었다. 그는 이 실패의 책임이 바르바로사에게 있지 않다는 걸 알고 있었다. 잘못이 있다면 그건 프랑수아의 책임이었다. 프랑수아는 술탄이 자신의 함대를 그의 손에 쥐어주며 부여한 막대한 이점을 이용할 줄 몰랐거나, 이용할 수 없는 상황이었다.

프랑스 왕의 경우, 이번 작전에서 꽤 얻은 바가 많았다. 서유럽에 오스만 사람들이 있다는 존재 자체가 카를 5세를 두려움에 떨게 했고, 이 때문에 카를의 군대는 이동이 쉽지 않았다. 더욱이 세리졸에서의 승리 덕분에 프랑수아는 카를 5세와 당당하게 협상을 벌일 수 있었다. 이렇게 해서 체결된 조약이 일명 크레피 조약이다. 이 조약의 주요 조항 중 하나는 프랑수아의 아들 중 하나인 오를레앙 공 샤를을 카를의 딸이나 조카, 즉 페르디난트의 딸과 결혼을 시킨다는 내용이다. 이렇게 될 경우, 카를의 딸은 네덜란드를 지참금으로 받아오고, 페르디난트의 딸은 그에게 밀라노 공국을 가져다줄 것이었다. 프랑수아 1세는 플랑드르 지역과 아르투아에 대한 봉건 군주 지위를 포기하고, 사부아 지역에 대한 권리 주장을 접기로 했다. 카를의 경우, 다시 한 번 부르고뉴에 대한 권리 포기를 확인했다. 언제나처럼 이들의 조항 가운데에는 카를의 대 오스만 전쟁에 있어 프랑스 왕이 황제를 지원한다는 내용이 포함되어 있었고, 그리고 언제나처럼 이는 아무런 효력도 발휘하지 못한다. 조약의 내용을 알게 된 술레이만은 다시 한 번 크게 진노했다. 술탄은 자신이 기껏 내어준 막강한 함대를, 카를을 물리치는데 사용하지 않은 것에 대해 프랑수아를 비난했다. 이 일로 프랑스의 변리공사 가브리엘 다라몽Gabriel d'Aramon은 말뚝에 박혀 처형될 뻔했다. 사람들은 프랑스 왕이 카를의 편에 서서 터키인들과 싸우기로 한 건 여론을 속이기 위한 목적이었을 뿐이라고 설명하며 술탄을 달래주었다.

5. "우정과 지조"

하지만 술탄과의 우호 관계를 유지함에 있어 프랑수아 1세는 단순히 감언이설만을 퍼붓는 데에 만족할 수 없었다. 이스탄불에서도 이제 그의 말을 반밖에 믿지 않았다. 프랑수아는 그가 흔히 쓰던 방식 중 하나를 사용했다. 그의 이전 우방인 술탄 술레이만과 새로운 동맹인 합스부르크 왕가 사이를 중재하여 강화 조약을 맺도록 이끄는 것이다. 새로이 페르시아 원정을 준비하던 술레이만도 서부 지역의 안정이 필요했고, 페르디난트는 두 번의 혹독한 참패를 겪고 난 후였다. 부다를 빼앗긴 후 그는 좌절의 쓴 맛을 봐야 했다. 카를 5세와 페르디난트 형제는 페르디난트의 영지에 속해 있던 나머지 헝가리 영토 역시 오스만의 수중에 들어가는 건 아닌지 걱정했다. 그리고 독일 지역 나라들 또한 같은 운명에 처하는 게 아닐까 우려했다. 따라서 이들은 술탄으로부터 휴전 협정을 끌어내달라고 프랑수아 1세에게 부탁했다. (그만큼 양측의 관계가 이전과 달라진 것이다.) 오스만은 그리 호락호락하지 않았다. 술레이만의 의중을 살피는 일은 폴랭이 맡았고, 협상을 위해 장 드 몽뤽 Jean de Monluc이 이스탄불로 파견됐다. 그는 홀대를 받았다. 오스만에서는 프랑수아가 "친구에게 알리지도 않은 채" 체결한 크레피 조약에 대해 비난의 목소리를 높였다. 유능한 외교관이었던 몽뤽은 자신의 주군이 만국 평화 조약을 제안했던 건 동맹국에게 "신께서 부여하신 승리의 기쁨을 누리겠다는 욕구를 더욱 고취시키고 한층 여유롭게 이를 만끽할 수 있도록" 만들기 위함이라고 해명했다. 그는 일장 연설을 통해 강화조약의 체결로 득을 보는 것은 카를 5세가 아닌 술탄이며, 카를 5세는 현재 독일 기독교인들에 대한 영향력을 잃었다며 오스만 측을 설득했다. 카를이 "그에게 강화조약을 요구하러 오는" 굴욕을 겪어야 했다고도 말했다.

술레이만이 그의 말을 믿었을까? 평화는 언제나 모든 걸 해결해주게 마련이다. 몽뤽은 결국 1년 간의 휴전 협정을 체결해냈다. 그리고 바로 그 때, 오를레앙 공이 세상을 떠났다는 소식이 들려왔다. 대공의 혼인을 통해 밀라노나 네덜란드를 얻으려 했던 프랑수아의 희망도 물거품이 되고 말았다. 따라서 이제 그에게는 더 이상 휴전 협정이 필요 없게 됐다. 1547년 봄, 프랑수아는 가브리엘 다라몽 대사를 콘스탄티노플로 보냈다. 수많은 수행원들이 그의 뒤를 따랐으며, 아울러 그는 화려한 선물도 함께 들고 갔다. 그 중에는 "12시간 간격으로 물을 끌어올리는 샘이 있다고 하는 리옹에서 만들어진 고가의 걸작품 시계"[123]도 있었다. 다라몽이 맡은 임무는 술탄에게 즉각 헝가리에서 카를 5세에 대한 공격을 시행해줄 것과, 해상으로는 북아프리카 원정을 시행해달라고 부탁하는 일이었다.

하지만 술레이만은 페르시아 원정을 준비하고 있었으며, 한 번에 두 전선에서 싸우고 싶지는 않았다. 그는 강화조약에 찬성하였고, 6월 19일에 5년 기간의 휴전 협정이라는 형태로 강화조약이 체결되었다.[124] 그리고 "기독교 세계의 부흥자" 프랑수아 1세에게 쓴 정감어린 편지에서, 술탄은 "계절이 너무 빨리 바뀌고 있어" 그의 간청을 들어줄 수 없는 것에 대한 미안한 마음을 전했다. 하지만 그는 "우리의 친구를 보호하고 우리의 적을 무찌르기 위해" 크로아티아로 병력 30만에서 40만 명 가량을 보내주겠다는 뜻을 알렸고, 차기 함대도 출정시키도록 하겠다고 이야기했다. 아울러 이게 "제국의 위신에 걸맞은 일"이라고도 했다. 술레이만은 "과거와 마찬가지로 의연하게 유지해나갈 변함없는 우정"을 언급하며 편지를 끝냈다. 하지만 프랑스 왕은 아드리아노플의 휴전 협정에 대해서도, 이 편지의 내용에 대해서도 알지 못했다. 편지가 도착했을 때에는 이미 세상을 떠난 후였기 때문이다.[125]

---< 제6장 >---

비극의 시간

    어쨌든 현재로서는 서부 진영에 대한 걱정에서 벗어난 술레이만은 이제 페르시아에 전념할 수 있었다. 1535~1536년 원정 이후, 오스만 제국의 동쪽 국경지대에서는 결코 평화가 유지된 적이 없었다. 무슬림이든 그루지야인이든 봉건 영주들의 충성심은 언제나 의심스러웠다. 저마다 샤에게서 술탄에게로 옮겨붙었고, 당시의 순간적인 이해관계에 따라서는 반대로 술탄에게 있다가 샤에게로 옮겨가는 영주들도 있었다. 사파비조는 시아파를 이용하여 계속해서 아나톨리아 동부 지역을 중심으로 포교 활동을 벌였다. 이 지역에서 샤 타흐마스프의 밀사들은 사람들의 인기를 얻으려 노력했다. 셀림 1세가 시행했던 단호한 정책들로는 그 무엇도 해결되지 않았고, 찰디란 전투에서 승리를 했다고는 해도 상황은 마찬가지였다. 이 지역에서는 언제든 파디샤의 권위가 무너질 위험이 도사리고 있었다. 술레이만은 사파비조 내부의 분란을 틈 타 전쟁을 일으켜 오스만 제국의 힘을 공고히 하고 싶었다.

샤와 형제인 엘카스Elkas 미르자Mirza(이란의 왕자를 부르는 칭호)는 그와의 불화로 술탄에게 가서 피신한다. 술탄은 타흐마스프에게 대적시킬 경쟁자가 생기자, 이례적으로 성대하게 예의를 갖추어 왕자를 맞이했다. 사람들 말로는 왕자가 받은 선물 가운데 록셀란이 직접 손으로 뜬 셔츠도 있었다는 후문이다. "하렘에서 대 페르시아 전에 바람을 불어넣었다"는 말이 돌았으며, 굳이 이번이 아니라도 오스만은 얼마든지 다른 기회를 잡아 페르시아와 전쟁을 벌일 심산이었다.

사실 오스만에서는 모두가 이교도와의 싸움을 원했다. 록셀란의 경우, 자신의 아들인 셀림이 술탄의 원정 기간 동안 카임 마캄(총독)으로 임명되길 바랐고, 그렇게 되면 셀림은 장차 왕위에 오를 때에 대비하여 수도에 입지를 마련할 수 있었다. 술탄의 딸인 미흐리마흐 공주와 남편 뤼스템 파샤는 자신들이 왕위 후계자로 밀고 있던 바예지드 왕자가 이번 전쟁을 계기로 명성을 높일 수 있으리라 생각했다. 더욱이 이스탄불에서는 이교도와의 전쟁이라면 언제나 대환영이었다. 기구한 운명에 처했던 이브라힘 파샤에 대해서도 사람들은 늘 페르시아 진영에 대해 지나치게 호의적이라며 비난하지 않았던가?

1548년 봄, 술레이만은 다시 한 번 군대의 선봉에 섰다. 엘카스 왕자는 이미 아제르바이잔에 머물며 이란의 샤에 대한 반란을 선동했다. 코니아와 시바스를 통해 술탄은 에르주룸Erzurum을 손에 넣었다. 엘카스는 술탄을 만나러 와서 그에게 다음으로는 샤가 버리고 간 수도 타브리즈를 공략해 달라고 부탁했다. 엘카스는 주민들 모두를 학살하거나, 아니면 적어도 이들을 모두 마을에서 추방해달라고 했다. 술레이만은 이를 거부하고, 그보다는 역내의 주요 요새인 반Van 호수 앞에서 포위 공격에 들어가는 걸 더 선호했다. 1534년 그가 점령했던 곳이나, 이후 샤가 다시 재탈환한 곳이었다. 요새는 일주일도 견디지 못했다. 때는 이미 8월 말로, 아나톨리아 동부에는 빠르게 겨울이 다가오고 있었다. 술탄은 디야르바키르를 통해 알레포에 가서 겨울을 나기로 한다. 이 기간 동안 그의 군대는 사파비조를 몰아내고, 반 호수 지역의 요새를 점령했다. 엘카스의 경우, 이란 서부인 쿰과 이스파한을 휩쓸었다. 이곳에서 그는 형제를 배신하고 손에 넣은 막대한 전리품 가운데에서 일부 값진 물건들을 오스만의 후원자에게 선물로 보내주었다. 노략질에 정신이 팔려 있던 그는 자신의 또 다른 형제 소흐랍Sohrab이 쳐놓은 덫을 미처 알아채지 못했다. 타흐마스프는 포로로 잡힌 그의 목숨만은 구제해주었으나, 알라무트 요새에 그를 가두어두었다. 그리고 얼마 후 이곳에서 그는 암살당한다.

겨울이 끝날 무렵, 술레이만은 시리아를 떠나 에르주룸에 도착했다. 그리고 이곳에서 제2재상인 아흐메드 파샤를 보내어 카르드Kard와 아르트빈Artvin 사이의 사파비조 베이들을 숙청하라고 지시했다. 이는 이번 전쟁에서 가장 두드러진 성과였다. 20여 곳의 요새가 술레이만 군대에 함락되었고, 그 지역 일대가 오스만 군대의 통제 하에 들어갔다. 술탄은 콘스탄티노플로 돌아가 유럽 군주들에게 이 같은 승리의 소식을 알리며, 제국이 31개 도시를 함락시키고 요새 14곳을 무너뜨렸으며, 28개의 새로운 요새를 구축하였다고 전했다. 20개월 가까이 이어진 이번 원정으로 아나톨리아 동부에는 오스만 술탄궁의 권위가 확고히 세워졌다. 하지만 술레이만은 아직 자신이 진정으로 추구하던 목표를 달성하지 못했다. 대규모 전투에서 이란의 샤와 만나 그를 짓밟고, 사파비조를 완전히 멸망시키려는 꿈을 실현하지 못한 것이다.

몇 년 후, 사파비조와의 전쟁이 다시 시작됐다. 하지만 1552년 여름으로 예정된 이 전쟁은 16세기 오스만 제국이 겪은 심각한 내분으로 중단되어야 했다. 술레이만이 유능한 왕위 후계자인 아들 무스타파 왕자를 직접 처형한 것이다.

1. 국익 우선주의

술레이만은 두 왕비와의 사이에 아들 여덟 명을 두었고, 그 가운데 1550년대 초까지 살아있던 아들은 무스타파와 셀림, 바예지드, 지한기르 등 모두 네 명이었다. 이 가운데 장자인 무스타파 한 명만이 록셀란 소생이 아니었다. 무스타파의 모친은 굴바하 술탄으로, 술레이만이 마니사 총독으로 있던 시절 함께한 왕비였다. 이후 오랜 싸움과 끝없는 술책을 쓴 끝에 록셀란은 결국 파디샤 술레이만의 마음속에서 굴바하를 밀어내고 자기 혼자 술탄의 마음을 독차지하는 데에 성공했다. 그 날 이후 록셀란은 궁궐 내에서 절대 후궁으로 군림했다. 하지만 1550년 당시 술레이만의 나이가 이미 56세로 꽤 지긋한 상황이었으므로 록셀란은 언젠가 무스타파의 세력이 커지면 그가 자신의 형제들, 즉 자신의 아들들의 목을 조르며 왕위를 확보할 것임을 잘 알았다. 자신의 경우, 목숨은 부지할 수도 있겠지만, 총애를 잃은 후궁이나 아들이 왕위에 오르지 못한 왕비들처럼 술탄궁 뒷방에 처박힐 신세가 될 게 뻔했다. 록셀란에게는 선택의 여지가 없었다. 무스타파를 제거해버려야 했다. 그렇지 않으면 무스타파가 자신의 모든 아들들과 함께 자신의 목을 칠 것이었다.

무스타파가 뛰어난 능력을 갖추고 있었던 만큼 록셀란과 그 아들들은 더욱더 위험을 느낄 수밖에 없는 상황이었다. 무스타파를 가까이한 사람들은 모두 한결같이 그가 장차 아버지 같은 술탄이 될 것이라고 입을 모아 말했다. 이 사실을 알고 있던 유럽 역시 두려움에 떨었다. 1537년 포스텔은 이렇게 적고 있다. "술레이만의 아들 가운데에는 '무스타파'라는 이름의 아들이 있는데, 굉장히 교육 수준이 높은 데다 신중한 성품으로, 통치할 나이에 이르렀다. 24세 혹은 25세 정도가 되었기 때문이다. 신께서는 너무도 막강한 야만인의 나라를 우리와 지나치게 가까운 곳에 두셨다." 뷔베크도 그의 "눈부신 천부적 재능"에 대해 이야기한다. 반면 셀림의 경우, 오래 전부터 '주정뱅이sarhoş'라는 별명으로 명성이 자자했다. 바예지드에 대해선 이렇다 할 말이 없었다. 이렇다 할 말할 거리가 없었기 때문이다. 꼽추에 기형아였던 지한기르의 경우, 정신적 수준은 상당히 높았으나 왕위 계승 경쟁과는 거리가 먼 인물이었다. 이 가운데 오직 무스타파만이 사람들의 인기를 얻었다. 불만이 많은 티마리오트나, 이슬람으로 개종한 기독교인들(데브쉬르메) 때문에 자신들의 특권을 빼앗겼다고 생각하는 기존의 고위 계층 사람들, 유럽의 영향으로 생겨 서서히 오스만 제국에 영향을 미치던 경제 및 금융 위기로 피해를 입은 사람들, 그리고 술레이만이 집권한 지 30년이 지났으니 이제 그가 아들 중 가장 능력 있는 왕자에게 왕위를 물려줘야 한다고 생각하는 모든 사람들이 무스타파를 왕으로 점찍기 시작했다.

술레이만을 폐위시키고 그 자리에 무스타파를 앉히려는 역모가 있었을까? 이는 결코 확신할 수는 없지만, 무스타파가 록셀란과 그 아들들의 의중을 알고 있었던 건 확실하다. 이들 가운데 하나가 술탄이 될 것이고, 자신은 벙어리 시종들에게 목을 내줘야 할 처지였던 것이다. 자신의 능력과 인기가 어느 정도인지 알고 있던 37세의 이 청년은 나이가 들수록 점점 더 쇠약해지는 지도자의 수중에 제국의 운명이 처해 있음을 깨닫고, 단순히 왕위 계승 전쟁이 벌어지길 기다리기보다 스스로 권력을 거머쥐는 편이 더 낫다고 생각했을 가능성이 높다. 왕위 계승 싸움이 벌어지면 자신에게 엄청난 위험이 닥칠 것은 불 보듯 훤한 일이었다.

이에 목숨을 건 싸움이 시작됐다. 먼저 싸움을 시작하는 자가 이길 싸움이었다. 무스타파는 막강한 군사력을 손에 쥐고 있었고, 록셀란과 그 아들들은 술탄궁의 왕비로서 개인적으로 막강한 영향력을 미치고 있었다. 록셀란은 궁궐과 정부 조직을 장악하고 있었는데, 이런 경우에선 그 같은 힘이 보다 중요하다. 술탄과 록셀란의 사위인 대재상 뤼스템 파샤와의 즉각적인 공조도 이뤄졌다.

더없이 미천한 출신으로 대재상의 지위에까지 오른 이 기이한 인물은 오스만 제국 술탄의 사위가 되어 15년간 최고 재상 자리에 있었다. 헝가리 세게드 인근의 작은 마을에서 태어난 그는 돼지치기였다는 소문도 있는데, 다른 문무관들과 마찬가지로 기독교 출신 무슬림이었다. 그는 자신의 이전 종교를 연상시키는 모든 걸 극도로 싫어했다. 콘스탄티노플 주재 베네치아 대사 베르나르도 나바게로Bernardo Navagero에 따르면, "그는 기독교인들 가운데 그에게 가장 많이 내어주는 사람들을 염두에 두고 있다." 거의 혐오감을 일으킬 정도의 외모에 음침하고 탐욕스러운 그는 "돈만 있으면 그에게서 원하는 것을 모두 얻어낼 수 있다"고 소문이 나 있었다. 이를 잘 아는 뷔베크도 그가 "술탄의 정원에 피어있는 장미와 바이올렛까지" 내다 팔았으며, "포로의 투구와 갑옷, 말까지도 모두 내다 팔려고 따로 떼어두었다"고 이야기한다. 작은 키에, 거의 보라색으로 보일 만큼 혈색이 좋았던 그는 언뜻 보기에 잘생긴 외모는 아니었으나, 정부 관료로서의 자질과 행정 간부로서의 능력은 그의 부족한 외모를 채워주었다. 놀라운 기억력으로 엄청난 일을 해내던 그는 "거만하고 성질을 잘 내는 성미로, 야망이 끝이 없었고, 오스만의 어떤 군주도 그보다 더 현명하고 신중한 인물을 곁에 신하로 둔 적은 없었다고 말하는 걸 듣는 게 가장 큰 즐거움이었다." 국고를 채우는 데에 있어서도 그만한 자가 없었다. 물론 그는 자신의 금고를 채우는 데에도 뛰어난 능력을 보여주었다. 세상을 떠나면서 그는 "전례 없이"[126] 어마어마한 재산을 남기고 죽었다. 이 재산을 바탕으로 이스탄불과 제국 내 다른 도시들에 수많은 회교 사원과 신앙 기관을 건립할 수 있었다.

1552년, 페르시아 원정이 시작되고, 술레이만은 뤼스템 파샤를 세라스케르(총사령관)에 임명한다. 그리고 원정대는 아나톨리아 평원을 향해 나아간다. 군대는 터키 남부 카라마니아에서 겨울 한때를 보냈다. 그리고 바로 여기에서 무스타파의 제거 음모가 꾸며졌다.

뤼스템은 술레이만에게 시파히 대장 셈시Şemsi를 보냈다. 술레이만이 가장 신뢰하는 인물 중 하나였다. 그가 맡은 일은 술탄에게 병사들이 더는 그를 군대의 수장으로 보지 않으며, 군대가 그를 저버릴 생각을 한다고, 그리고 이제 보다 젊은 왕자를 왕위에 세울 때라고 여긴다고 말하는 것이었다. 또한 자기가 아는 바로는 무스타파가 이런 얘기들을 듣고도 크게 뿌리치지 않는다는 말도 흘렸다. 심지어 자신의 계획을 실현시키는 데에 도움을 얻기 위해 페르시아 사파비조와도 관계를 맺고 있을 정도라고 했다. 아울러 군대의 수장으로서 술탄의 자리를 지켜줄 필요가 있다는 얘기도 덧붙였다. 술레이만이 뤼스템의 전령을 받아들였을 때, 그는 엄청난 분노에 휩싸였다. 그는 "나의 살아생전에 무스타파가 감히 그런 파렴치한 짓을 하려는 것으로부터 신께서 우릴 지켜주고 계시다"라고 말했다. 그는 페르시아에 대한 전쟁을 뒤로 미루고, 뤼스템 파샤를 이스탄불로 불러들였다.

다음해 여름, 술레이만은 다시 군대의 총 지휘를 맡고, 무스타파에게 자기보다 앞서 출정할 것을 명했다. 록셀란과 그 일파가 이스탄불 궁에서 겨울 기간 동안 몇 달을 이용하여 술레이만이 장자와 좀 더 척을 지도록 만들었으리란 점은 쉽게 짐작이 간다. 어쨌든 확고한 결단력이 있는 사람으로서 술레이만은 무스타파의 배신에 대한 증거를 확신했고, 아들에게 편지를 써서 카라마니아의 에레일리Ereğli에 차린 자신의 진영으로 즉각 출두하라고 말했다.[127] 이 편지에서 술레이만은 무스타파에게 "그가 혐의를 받고 있는 죄악을 씻을 수 있을 것이며, 자기 곁에 오더라도 두려워할 게 전혀 없다"고 썼다. 무스타파는 어려운 선택의 길에 직면했다. 아버지에게로 가면 자신의 목숨이 위태로워진다. 그리고 이를 거부하면 아버지를 배신할 의도가 있었음을 자인하는 셈이다. 그는 보다 과감한 길을 택하기로 했다. 자신의 결백함에 믿음을 갖거나, 군대가 자신을 둘러싸고 있는 상황에서 자신에게는 아무런 일도 생기지 않을 것이라 생각한 것이다.

이를 목격한 증인들의 이야기를 수집한 뷔베크는 당시 상황에 대해 이렇게 전했다. "무스타파가 들어가고, 상황이 시작됐다. 그는 사방에서 포위됐다. 자기 생의 마지막이라고 생각했던 순간 왕자는 자신의 병력을 소환하였고, 영웅적인 기개로 살아 움직였다. 그는 자신의 승리로 곧 왕위에 오를 것이라고 생각했다. 작금의 혼란한 상황이 예니체리들의 연민을 건드릴 것으로 생각한 무스타파 왕자는 저들이 이미 술레이만의 잔인함으로부터 자신을 지켜주기 위해 무장하고 있다고 생각했다. 왕자는 모든 군대가 함께 자신을 황제로 선포해줄 것이라 생각했다. 그리고 술레이만이 가장 우려하던 부분도 바로 이 지점이었다. 술레이만은 또한 이 참극이 벌어질 자신의 막사 뒤에 천막을 쳐놓는 치밀함까지 보였다. 그 안에서 벌어지는 일을 아무도 눈치 채지 못하도록, 아무런 소리도 새나가지 않도록, 심지어 아무런 의심도 사지 않을 수 있도록 조치해둔 것이다. 하지만 삶에 대한 의지와 왕좌에 오르려는 불같은 욕심이 그를 무엇에든 꺾이지 않을 유일한 존재로 만들었다. 이제 싸움의 결과는 불투명해졌다. 맞은 편에 있던 술레이만은 성공하지 못할까 하는 다급한 마음에 천막 위로 고개를 들고 벙어리 시종들을 봤다. 시종들은 금방이라도 압도당할 분위기였고, 이에 술탄의 두려움은 배가되었으며, 그의 눈에는 노기가 서려 있었다. 그는 위협적인 시선으로 저들을 쏘아봤다. 저들의 미약한 용기에 대해 극도로 비난하는 매서운 눈초리였다. 이 같은 시선의 힘이 시종들에게 얼마나 강하게 영향을 미쳤던 걸까? 이에 대해 정확히 묘사할 수는 없지만, 술탄이 저들에게 퍼부은 노기는 그 무엇과도 견줄 수가 없다. 일순간 이들은 다시금 무스타파에게 달려들어 그를 제압하고, 그의 목숨을 빼앗았다. 이들은 곧 이 가련한 왕자의 시신을 술탄의 막사 앞 양탄자 위에 올려놓았다. 예니체리들로 하여금 그의 권위와 권력을 느끼게 해주려던 것이다. 아울러 술탄은 저들이 황제로 추대하려던 자가 결국 어떤 운명에 처하게 되었는지도 보여주었다."

무스타파 왕자의 죽음은 군대 내에 엄청난 반향을 일으켰다. 만일 예니체리들에게 자신들을 이끌어줄 수장이 하나 있었다면, 그 무엇으로도 이들을 막을 수 없었을 것이라고 한 뷔베크의 생각이 맞을 것이다. 저들이 나섰더라면 술레이만은 아마도 폐위됐을지도 모른다. 수장이 없는 한 "예니체리들은 자신들이 막을 수 없는 것에 대해 인내심을 갖고 견디는 수밖에 없다." 이들은 일단 술레이만에게 분노를 돌리며 그를 욕하고 미친 늙은이 취급했다. 이어 "오스만 왕가를 환하게 비추어줄 더없이 화려하게 빛나는 태양빛"을 꺼뜨린 록셀란과 뤼스템에 대해서도 분노를 표출했다. 이들을 진정시키기 위해 술레이만은 뤼스템을 희생했다. 사건의 주동자가 대재상이라는 사실을 술탄이 알게 됐다고 사람들을 호도한 것이다. 그리고 어명으로 그를 파직했다. 하지만 그의 비운은 그리 오래 가지 않았다. 그로부터 2년 후, 뤼스템은 다시 업무에 복귀했다.

무스타파 왕자가 죽은 후, 그의 아들 무라드가 남았다. 무스타파의 흔적과 핏줄을 모두 지워버리고 싶어했던 록셀란으로서는 무스타파의 아들 역시 자신에겐 적이었다. 속설에 따르면, 록셀란은 무라드가 예니체리들의 봉기를 유도하고, 그가 대중 앞에 나설 때마다 대중이 그를 미래의 술탄으로 환호하며 추앙할 것이라고 술탄을 설득했다는 후문이다. 술레이만은 한 번 더 록셀란에게 무릎을 꿇었다. 그는 자신의 손자가 기거하던 부르사에 처형 명령과 함께 고위 관료 한 명을 보냈다. 그는 무라드에게 말했다. "황제께서 즉시 하직하라는 어명을 내리셨소." 이에 대해 무라드는 간단히 이렇게 대답한다. "죽어드리겠소. 황제의 명에 따르기 위해서가 아니라 신의 명에 따르기 위해서요."

얼마 후, 술레이만이 총애하던 아들 지한기르는 무스타파의 갑작스러운 죽음에 고통을 이기지 못해 세상을 떠났다고 한다.

왕자들의 연이은 죽음은 오스만 제국 전체에서, 그리고 해외에서도 말이 많았다. 일각에선 왕위 후계자인 왕자의 암살 사건을 통해 술탄궁의 노예들과 이슬람으로 개종하여 오스만 정부의 요직을 차지하고 있는 기독교인들이 어느 정도로 영향을 미치는지 알게 되었고, 이 데브쉬르메들이 결국 제국의 주인 행세를 하고 있다는 점을 깨달았다. 술레이만에 대한 여론의 평가는 혹독했다. 록셀란과 뤼스템 파샤에 대해서는 더 큰 비난이 쏟아졌다. 무스타파 왕자가 비호해주던 작가 및 예술가들은 왕자의 죽음을 애도했다.[128] 시인들은 오스만 왕가의 더없는 희망의 불빛이었던 왕자가 말도 안 되는 상황 속에서 사라진 것에 대해 회한의 감정을 가득 담아 비가悲歌를 써내려갔다. 그 중 가장 대표적이었던 야히아Yahya의 비가는 뤼스템 파샤의 심기를 거슬렸고, 이에 그는 술탄의 판단에 대해 감히 대항하는 무모한 이 시인에 대해 처형 명령을 내려달라고 술탄에게 부탁했다. 하지만 술레이만은 감히 그럴 수가 없었다. 이미 너무 많은 피를 보았기 때문이다.

무스타파 왕자의 죽음 소식에 유럽은 일단 안도의 숨을 쉬었다. 오스만의 왕위 후계자가 똑똑하고 용감하며 의욕적이라는 사실은 유럽 사람들도 익히 알고 있었기 때문이다. 술레이만이 유럽에서 정복 전쟁을 벌이고 난 이후, 유럽은 그에 버금가는 군주의 치하에서 이제 오스만이 과연 어디까지 정복할 것인지가 걱정이었다. 술레이만의 건강 문제에 대한 소문이 오래 전부터 나돌았던 터라, 사람들은 무스타파의 즉위에 따른 끔찍한 미래가 두려웠으나, 이제 그의 죽음으로 이 같은 우려는 말끔히 종식됐다. 술레이만의 다른 왕자들에 대해서는 알려진 바가 전혀 없었기 때문이다. 다만 가장 두려웠던 상대가 이제 더는 세상에 없었다.

2. 사파비조와의 강화

이 무시무시한 처형을 마무리한 후, 술레이만은 군대를 진두지휘하여 알레포로 향하고, 그곳에서 겨울을 보내기로 한다. 영국의 여행가

앤서니 젠킨슨Anthony Jenkinson은 바로 이곳 알레포에서 술탄이 명예롭게 도시에 입성하는 것을 참관한다. 그의 설명에 따르면, 모두 진홍색 옷을 입은 경기병 '시파히' 6천 명이 열병식의 포문을 열었고, 이어 대오스만 제국의 1만여 조공 국가들이 노란색 벨벳 옷을 입고 같은 색의 타르타르인풍 머리 장식을 한 채 활을 들고 그 뒤를 따라갔다. 그 뒤로는 진홍빛 벨벳 옷을 입은 대위 네 명이 행진을 이어갔으며, 이들의 휘하에는 각각 1만2천 병사들이 있었다. 병사들은 머리에 투구를 쓰고, 손에는 언월도를 들었다. 이어 자색 옷을 입은 예니체리 1만6천 명이 각각 소총을 메고 있었으며, 머리에는 화려한 보석과 귀금속으로 장식된 하얀 벨벳 두건을 두르고, 그 위에 하얀 깃털을 꽂았다. 이들 뒤로도 궁중 시동 1천 명이 모두 황금색 천으로 만든 옷을 입은 채 반은 소총을 들고, 반은 활을 들었다. 이어 표범 가죽 옷을 걸친 남자 세 명이 머리에 투구를 쓰고, 끝에 붉은 색 말꼬리를 매단 군기를 들고 행진을 했으며, 그 뒤로는 은빛 옷차림을 한 궁중 시동 일곱 명이 은빛 마의를 입힌 백마 위에 올라타고 갔는데, 마구 장식은 에메랄드, 다이아몬드, 루비 등의 보석을 이용했다. 다른 여섯 명의 궁중 시동들은 금색 옷을 입고 술탄의 앞에서 행진을 했으며, 술탄 역시 양 옆에 황금빛 옷차림을 한 시동 두 명만을 대동하고, 값비싼 보석으로 수를 놓은 금색 천의 마의를 씌운 준마를 타고 갔다. 머리에는 고급 흰 천으로 만든 터번을 쓰고 그 위에 하얀 색 타조 깃털을 꽂았다. 그 뒤를 여섯 명의 여자들이 따라갔으며, 이들은 진주와 보석으로 수를 놓은 은색 천으로 씌운 온순하고 작은 말을 타고 갔다. 머리 장식도 정성껏 다듬었는데, 여자들 각각은 작은 활로 무장한 환관이 두 명씩 호위했다. 그 다음이 대재상 순서였으며, 대재상은 진홍빛 망토를 입고 예니체리 15명이 걸어서 호위했다. 이들도 모두 같은 색의 벨벳 옷을 입고 있었다. 이어 다른 파샤들이 노예들을 데리고 행진하였으며, 그 수는 모두 3천 명 정도였다. 무장한 기병대 4천 명이 제일 끝에서 행진했다. 젠킨슨에 따르면, 알레포 행진을 위해 수일 간 머물던 술레이만 군대의 수가 연대를 포함하여 모두 약 30만 명 정도였을 것이라고 한다.

술레이만 군대의 작전은 봄에 시작됐다. 군대에 전투 명령을 내리기 전, 술레이만은 디야르바키르에 주요 장교들을 불러 모았다. 그는 이들에게 다시 한 번 이슬람 세계에 위협이 되는 적들에 대해 이야기했다. 술레이만은 "우리는 저들을 무력화시켜야 하며, 이를 위해서는 저들의 나라에서까지 전쟁을 불사한다"고 이야기했다. 이에 모두가 환호했다. "우리는 파디샤의 명에 따라 즐거운 마음으로 행군할 것이다. 비단 인도와 중국에서뿐만 아니라 카스Kas 산(무슬림 전설의 산)까지 진군할 것이다." 술탄은 다시금 자신의 군대를 장악할 수 있었다. 무스타파의 비극은 이미 잊혀졌다.

유프라테스와 에르주룸 계곡을 통해 술레이만의 군대는 다시 한 번 페르시아를 향한다. 셀림 왕자가 선두에 서고, 그의 우익에는 아나톨리아 부대가, 좌익에는 루멜리아 군대가 베이레르베이 메흐메드 소쿨루Mehmed Sokullu의 지휘 하에 그를 보좌했다. 메흐메드 소쿨루는 장차 대재상의 지위에 오르는 인물이다. 카르스Kars에서 술레이만은 샤 타흐마스프에게 모욕적 언사가 담긴 서신을 보냈다. 과거 오스만의 술탄들이 시아파 이교도와 전쟁에 임할 때 늘 먼저 보내던 편지였다. "너희가 만일 정교의 품 안에 들어오지 않는다면 너희는 몰살되고 말 것이다. 코란에서 말하듯, 우리는 검을 뽑아 우리의 분노를 표현하리라. […]" 이제 본격적인 군사 작전이 펼쳐질 수 있었다. 오스만은 예레반 지역 일대를 모두 휩쓸었다. 이 도시에서는 샤의 궁전마저도 완전히 무너졌다. 나히체반도 도시가 송두리째 뽑히고, 아무것도 남지 않았다.

이때 샤 타흐마스프의 답신이 술레이만에게 당도했다. 술레이만의 서신 못지않게 모욕적인 편지였다. 타흐마스프 측의 답신에선 오스만 사람들에 대해 천박하게 무기를 굴리는 비열한 인간 취급했다. "당신들의 힘은 창과 검에 있는 게 아니다. 당신들은 총과 포의 힘에 기대고 있지만, 오스만 군대의 진가는 약탈과 방화에서 드러난다." 양측 재상들 간의 모욕적인 편지 교환도 이뤄졌다. 오스만 측에선 "우리 눈에는 어느 쪽에서 지각이 흔들리고 있는지 잘 보인다. 이제 나히체반에서 사람들이 퇴각하고, 말은 용감하게 산 속으로 간다. 페르시아 지방은 아직 오스만의 깃발로 어두운 상태다. 페르시아 사람들이 감히 평원에 모습을 드러낸다면 오스만은 다시금 이들을 제압할 준비가 되어 있다. 우리는 총도 대포도 필요 없고, 다만 창과 검으로만 싸워도 된다." 이에 대해 사파비조에서는 오스만이 마치 강화조약을 원하는 것처럼 답신을 하였으나, 이는 전혀 그렇지 않다며, 대재상이 사파비조를 무신앙자 취급하며 답변했다. 다만 페르시아의 샤가 강화를 맺고자 한다면 "관대한 술탄궁에서는 언제나 친구와 적에게 열려 있다"고 덧붙였다. 한때 정말로 사파비조와 전투를 벌일 수도 있을 것 같았다. 사파비조가 요새 여러 곳을 탈환했다는 소식을 들었을 때, 술레이만은 즉각 예니체리 4천 명, 루멜리아 및 아나톨리아의 모든 군대와 함께 대재상을 파견했다. 하지만 언제나처럼 샤는 군대를 데리고 이미 후퇴한 후였다. 오스만 군대는 주민들이 모두 떠나고 없는 황량한 지역만을 마주하게 되었다.

이번 전쟁은 계속해서 극심한 손해만을 야기한 채 별다른 성과도 없이 무기한 지속될 수도 있었을 것이다. 타흐마스프의 나라 전체가 황폐화되었으며, 이에 그는 강화 조약을 맺을 채비가 돼있었다. 체면 정도는 살리기 위해 몇 차례 성공을 거둔 후, 그는 에르주룸에 있던 술탄의 사령부에 자신의 근위대 대위를 전권 사절로 보냈다. 그는 즉각적인 휴전 협정의 체결을 요구했다. 술레이만 역시 이 전쟁에 지쳐 있던 터였다. 전투는 중단됐고, 술탄은 동계 숙영지인 아마시아로 떠났다.

그리고 이곳에서 샤의 시종장과 술탄의 대재상 사이에 몇 달 간 회담이 이뤄졌다. 페르시아의 전권 사절은 화려한 선물과 함께 신과 선지자 무함마드, 그리고 알리에 대한 찬양으로 가득 찬 편지 한 통을 들고 왔다. 아울러 평화 맹세문도 함께 가져왔다. 샤가 원하는 건 시아파 순례자들이 걱정 없이 이슬람 성지를 찾아갈 수 있도록 해달라는 것이었다. 술레이만은 이를 받아들였다. 그리고 페르시아 측에서 조약의 내용을 어기지 않는 한 강화 조약은 오래도록 지속될 것이라고 이야기했다. 또한 술탄은 무함마드가 "내 동료는 별처럼 많으니, 그 중 하나를 따르면 네가 좋은 방향으로 나아갈 수 있으리라"고 말했기 때문에, 비단 알리 한 사람만이 그의 동료인 것은 아니라는 점을 샤에게 주지시켰다.

1555년 5월 조인된 아마시아 평화 조약은 동부 지역에서 그토록 오랫동안 피를 흘리게 한 긴 싸움을 종식시켰다. 샤는 오스만의 국경을 술레이만의 최근 영토 합병 이후 상태 그대로 인정했다. 그는 또한 (적어도 말로는) 아나톨리아의 정교회 신도들에게 시아파 선전을 하거나 약탈을 하지 않기로 약속했다. 페르시아와 오스만의 태수들은 국경 지역에서의 평화가 흔들리지 않을 수 있도록 노력하기로 했다. 술레이만이 이 같은 내용에 충분히 만족한 건 아니었지만, 그는 조항이 엄격히 적용되게 하라는 명령을 내렸다. 한동안 술레이만은 옥서스 강 건너편을 다스리던 외즈벡의 칸과 좋은 관계를 유지하려 노력했다. 그렇게 해서 외즈벡의 칸이 타흐마스프에게 충분한 압력을 가하여 타흐마스프가 오스만 사람들을 공격하지 못하도록 하려는 것이었다. 술탄은 아무런 구속도 받지 않은 채 두 손이 자유롭길 원했다. 제국 내에서 중대한 정치적 지각 변동이 예고되고 있었기 때문이다.

3. '공산주의' 반란

술레이만은 이제 예순 살이 되었다. 16세기에 이 나이에 이르렀다는 건 기분 좋게 받아들일 일이었다. 그의 수염은 희끗희끗해졌으며, 몸은 꽤 야위었고, 가늘고 긴 목은 어깨에 푹 가라앉았다. 하지만 그의 외모에선 여전히 위엄 있는 분위기가 풍겼다. 아마시아 숙영지에서 그를 알현한 뷔베크는 "그의 노쇠한 얼굴이 서글프기는 해도, 그의 표정에는 굉장한 위엄이 서려 있었다"고 이야기했다. 술레이만의 건강 상태도 좋은 편이었다. "얼굴색이 안 좋은 게 무언가 숨기고 있는 병의 표시인 듯하나, 그는 여성들과 마찬가지로 시간의 흔적을 지우는 방법에 대해 잘 알고 있었다. 술탄은 붉은 색 옷차림을 하였으며, 특히 몇몇 대사들을 해임시킬 때에는 각별히 차림새에 신경을 써서 건강 상태가 호조라는 걸 보여주려 했고, 안색으로 미루어 그의 몸 상태가 좋다는 걸 알려주고자 했다." 술레이만은 평생 절도 있는 삶을 살았으며, 특히 나이가 들면서는 그런 경향이 더욱 강해졌다. 주사도 없었고, 그의 아들 셀림 2세와 후대의 파디샤들이 빠져 지냈던 다른 방탕벽도 모르고 지냈다. 그로서는 아내인 록셀란에게 지나칠 정도로 구속되어 있는 것 빼고는 딱히 심각하다싶을 만큼의 부적절한 행동이 아무것도 없었다.

종교적 의무의 수행에 충실했던 술레이만은 인생 말년에 가서도 선왕들의 간소한 삶으로 돌아가진 않았다. 그가 술탄궁에서 은제 식기를 도기 접시로 바꾼 것은 좀 더 시간이 흐른 후 죽음을 몇 년 밖에 남기지 않고 이뤄진 일이었다.

콘스탄티노플의 술탄궁은 언제나 화려하게 빛났으며, 외국인 여행객들은 이를 보고 놀라움을 금치 못했다. 혹자는 술탄의 마의에 대해 묘사하길 "동양의 고급 진주로 장식"하고, 술탄의 언월도에도 에메랄드와 루비, 다이아몬드 등으로 잔뜩 꾸며져 있었을 뿐 아니라, "그 외 호사스러운 천들은 세상에서 제일 값나가는 고급 천"이었다. 제국의 고위 관료들이 입은 옷도 저마다 "금사로 만든 옷이었으며, 벨벳이나

청·적·백색의 부드러운 새틴 소재로 만든 옷도 있었다. 옷들은 모두 화려한 장식 끈이 달리고 형형색색이었으며, 금실과 은실로 매우 정교하게 짜여 있었다." 뷔베크는 또 이렇게 이야기한다. "저마다 새하얀 비단 주름으로 감아올려 만든 터번을 쓴 사람들의 머리가 이렇듯 바다를 이루고 있는 것을 보라. 각양각색의 저 화려한 의복을 보라. 모두 금빛과 은빛, 자줏빛, 비단, 벨벳 등으로 반짝거린다. 이 놀랍고 기이한 장관에 대해 형언할 단어가 부족하다. 이건 지금껏 내가 봐온 것 중에 가장 아름답다."[129]

휘렘 술탄(록셀란)도 아직 살아 있었다. 그의 영향력은 여전히 상당했다. 록셀란은 술탄에게 엄청난 영향력을 행사했고, 대재상 뤼스템 파샤를 필두로 휘렘의 총애를 받는 자들이 정부 요직의 대부분을 차지했다. 그런데 술탄이 나이가 들어 가며 저지른 잘못이나 죄의 책임을 모두 록셀란의 탓으로 돌리는 건 무리다. 술레이만은 세상을 떠나기 몇 년 전까지도 혈기 넘치는 왕이었으며, 언제나 그러했듯 가차 없었고, 특히 자신의 왕국이나 스스로의 운명에 관한 문제라면 더더욱 그러했다. 그가 주위 사람들의 영향을 받은 건 사실이지만, 무스타파의 비극에 대한 책임도 바로 그에게 있었고, 그에 뒤이은 바예지드의 비극 역시 그의 책임이었다. 누구보다 명석하고 더없이 균형적이었던 바로 그가 모든 결정을 내린 것이다. 그는 마지막 순간까지도 권력의 고삐를 놓지 않았다.

그의 이 같은 권력은 물론 흔들림이 없었다. 제국은 언제나 강력하고 부강한 제국이었으며, 황제의 권위도 훼손되지 않고 온전하게 보전됐다. 제국은 아직 이렇다 할 고비를 맞이하지 않았으나, 몇 가지 우려할 만한 징후는 나타나기 시작했다.[130] 경제는 휘청거렸고, 돈은 줄어들기 시작했으며, 군대와 왕궁의 엄청난 지출이 굉장한 재정 부담으로 작용했다. 사람들의 불만을 억제하고 질서를 잡기 위해 지방에는 예니체리들이 파견됐다. 이에 따른 유일한 결과는 예니체리들이 토지와 재산을 착복하여 사람들의 불만을 더욱 고조시켰다는 점이었다. 군사 엘리트 계급 예니체리들의 단결심과 규율에 따른 영향도 있었다.

무스타파 왕자의 비참한 최후로 모든 게 다 해결된 건 아니었다. 폭넓은 계층의 국민들 사이에서 애석해하던 그의 죽음 이후 얼마 안 가 그에 대한 전설이 부풀려져 확대되어 나갔다. 이와 비슷한 상황에서는 종종 어디서 왔는지 모를 누군가가 벙어리 시종들의 올가미에서 가까스로 벗어난 왕자 행세를 하게 마련이다. 그는 아나톨리아 북부 에레일리에서 재상들과 함께 내각을 구성하고, 정부를 가장했다. 이어 수백, 수천 명의 반란 세력이 모였다. 그는 유럽 쪽 터키 지역으로 건너갔고, 이곳에서 트라키아, 마케도니아, 도브루자 사람들 대부분은 그를 술탄으로 여겼다. 하지만 자신이 수도로 삼으려던 에디르네는 장악하지 못하였다. 그가 전파하던 '공산주의communisme'는 그의 곁으로 가난한 사람 수만 명을 끌어들였고, 이들에게 그는 자산가와 정부에서 탈취한 재산을 나누어주었다. 이와 같은 움직임이 확산되어 결국 바예지드 왕자가 가짜 무스타파 왕자를 잡아들여 교수형에 처하기에 이르렀다. 반란은 진압되었지만, 이는 오스만 제국 사이에 내재되어 있던 세간의 반발심이 어느 정도였는지를 보여준다. 가짜 무스타파 왕자를 추종하던 반란 세력 수천 명이 처형되었지만 해결된 건 아무것도 없었다. 이로부터 얼마 지나지 않아 바예지드 왕자의 반란이 터진다. 술레이만 통치 기간 동안 마지막으로 있었던 '사건'이다.

오스만 제국의 반란 가운데 가장 심각한 수준이었던 바예지드 왕자의 반란은 지도층 사이의 갈등, 그리고 아나톨리아 지방을 중심으로 한 지방민 상당수의 불만이 무스타파 왕자의 처형 후 몇 년 간 도달했던 수준에 이르지 못했더라면 아마 그 정도 규모가 되지는 못했을 것이다. 상당한 파급 효과를 미친 이 사건은 '가짜 무스타파 왕자' 사건 이후에 벌어진 일로, 총체적 혼란을 가중시켰고, 조세부담이 커지는 동시에 인플레이션이 일어나면서 악화된 살림살이 속에서 농민들이 얼마나 힘겹게 버티고 있었는지를 잘 보여준다. 경작지의 확대는 매우 더디게만 진행되는 가운데 인구 증가가 이뤄지면서 상황은 더욱 악화됐다.[131] 이에 더해 시골 주민들 사이에 총기가 확산됐고, 자원병이 모집되면서 하락세의 티마리오트들이 대체됐다. '물가 혁명' 및 유럽의 값싼 은이 오스만 제국으로 몰려들며 통화 위기도 초래됐다. 심각한 혼란이 일어나기 위한 모든 조건이 다 모이기 시작한 셈이다. 이에 따라 세기 말경 제랄리Celali 봉기와 함께 문제가 터진다.

4. 오스만 왕가의 새로운 비극

사람들의 불만, 혹은 노여움이 일면서 결국 바예지드 왕자가 군대를 이끌고 아버지에게 대적하는 상황까지 발생한다. 바예지드는 이 군대와 함께 최종적으로 그의 목숨까지 잃게 되는 싸움을 벌인다. 무스타파가 세상을 떠남으로써 왕자들 간의 싸움은 이제 셀림과 바예지드 간의 싸움으로 압축됐고, 둘은 거의 비슷한 나이 또래로 약 35세 전후였다.

록셀란은 왕가의 미래에 대해 전혀 걱정이 없었다. 다만 두 아들이 서로 싸우지 않도록 아들들에게 꽤 영향력을 미치고 있는 상태였다. 록셀란은 그저 좀 더 똑똑한 데다 방탕벽도 없는 바예지드 쪽을 조금 더 편애했을 뿐이다. 반면 셀림의 경우, 성격이 거칠고 게으르며 술주정뱅이[132]로 정평이 나있었다. 1558년 록셀란이 사망한 후, 다시 말해 어머니가 세상을 뜨자마자 두 형제는 서로 달려들어 싸우기 시작했다.

바예지드와 셀림에게는 각자 지지 세력이 있었다. 불만이 쌓인 티마리오트와 농민들이 바예지드 편으로 기울었고, 셀림은 예니체리들의 지지를 받았다. 복잡한 술수를 써서 왕자들 사이에 참혹한 전쟁이 벌어지도록 만든 건 술책의 대가 뤼스템 파샤였다.

대재상은 궁정의 제2시종인 라라 무스타파를 굉장히 싫어했다. 그가 자신의 전임자인 아흐메드 파샤의 비호를 받았기 때문이다. 라라 무스타파가 바예지드를 위해서라면 모든 걸 헌신한다는 점을 알고 있던 대재상은 그를 셀림 궁정의 최고 시종으로 임명했다. 셀림을 완전히 끝장내려는 은밀한 바람으로 그 같은 계책을 쓴 것이었다. 하지만 라라 무스타파는 충성심을 그리 중요한 덕목으로 보지 않는 듯했다. 역으로 그는 자신의 새로운 지위를 이용하여 더 높이 올라가고자 했으며, 어쩌면 대재상의 자리마저 노렸을지 모른다. 그는 셀림에게 바예지드가 입지를 잃어버릴 만한 과오를 저지르도록 만들면 어떻겠냐고 제안했다. 이에 셀림은 바예지드에게 편지를 갖고 가도 괜찮다고 동의·수락했다. 바예지드에게 셀림을 제거할 수 있도록 그를 돕겠다고 제안하는 편지였다. 바예지드는 과거의 우정 때문에 라라 무스타파를 경계하지 않았고, 편지의 내용 또한 자신이 바라 마지않던 것이었기 때문에 흔쾌히 수락한다. 바예지드 왕자는 라라 무스타파가 놓은 덫에 제대로 걸려들었다. 라라 무스타파는 셀림에게 바예지드의 답을 보여주었고, 이에 셀림의 분노가 폭발했다. 몇 주 후, 셀림이 무스타파의 편지를 받아들었을 때 그의 노여움은 절정에 달했다. (실제로는 라라 무스타파가 쓴 편지였다.) 편지에는 온갖 모욕적인 언사가 다 들어있었으며, 여자의 치마와 모자, 여자들만 사용하는 물레의 부품(씨아)도 함께 보내졌다. 이에 셀림은 부친에게 이 같은 사실을 알렸다. 술레이만은 편지를 써 바예지드를 심히 질책했으나, 이 편지는 당사자에게 도달하지 못했다. 라라 무스타파가 중간에 전령들을 붙잡아 살해했기 때문이다. 모든 정황들을 미루어볼 때 술레이만은 전령을 죽인 게 바예지드라고 생각할 수밖에 없었다. 크게 노한 술레이만은 그에게서 코니아 총독 자리를 박탈하고, 이스탄불에서 보다 멀리 떨어진 아마시아 총독으로 그를 임명한다. 셀림은 퀴타햐로 보내졌다.

술레이만이 둘 사이를 잠재우지 못하고 있던 사이에 형제는 서로 전쟁 준비에 박차를 가했다. 바예지드는 코니아로 떠나는 걸 거부하며 자기 주변에 군대를 끌어모았다. 2만 명에 가까운 병력이었다. 이로써 반란의 고삐가 당겨졌다. 술레이만은 셀림에게 예니체리와 시파히, 포대 등을 보내주고, 제3재상으로 정부에서 가장 유능한 인물인 소쿨루 메흐메드 파샤가 이들을 이끌었다. 전투는 코니아 부근에서 이뤄졌다. 대부분 투르크멘 족과 티마리오트 위주로 구성된 바예지드의 군대는 군사력 면에 있어 열세였고, 결국 싸움에서 지고 만다. 바예지드는 아마시아로 도주하여 아버지가 살아있는 한 쓸데없는 이 싸움을 끝내기로 결심한다. 그는 술레이만에게 용서를 구한다는 편지를 보냈다. 하지만 이번에도 역시 라라 무스타파가 중간에서 편지를 가로챘다.

이제 바예지드에게 남은 선택지는 도피밖에 없었다. 역모를 짓고 술탄의 군대에 패한 아들의 운명은 이미 예정되어 있었다. 부친의 군대에 잡힐 경우, 벙어리 시종들에게 인도되어 형 무스타파 같은 최후를 맞이할 것이었다. 그는 1만여 명의 병력을 모아 네 아들을 데리고 페르시아로 떠난다. 셀림이 그의 뒤를 쫓아 출동시킨 기병들은 결국 그를 체포하지 못했다. 1559년 가을, 바예지드 왕자는 예레반에 도착했고, 이 지역 총독이 극진히 그를 맞아주었다. 얼마 후, 이렇게 굉장한 인질을 수중에 넣은 것에 대해 크게 기뻐한 샤 타흐마스프가 타브리즈를 친히 방문하여 그를 맞아주었다. 샤는 그를 위해 성대한 연회를 열었다. 30여 개 그릇에 담긴 금은보화와 진주가 "왕자의 머리 위에 쏟아졌다." 왕자에게는 화려한 마구 장식을 한 말 아홉 필도 주어졌다. 바예지드 왕자가 받기만 한 건 아니었다. "샤가 지나간 자리에는 새틴과 다마스커스 직물, 벨벳 등 값비싼 천들이 펼쳐졌으며, 은으로 안장깔개를 단 말 50마리가 그에게 제공됐다."[133]

이 요란한 무대 뒤에서는 비열한 협상이 오갔다. 술레이만은 바예지드를 돌려받는 대신 무엇을 내어줄 것인가? 서신 교환과 함께 외교 사절단의 교류가 시작됐다. 술레이만은 자신의 아들에 대해 극형에 처해 마땅한 반역자로 규정하고, 이어 타협을 원하는 듯한 분위기를 내비쳤다. 셀림은 페르시아 측에 자신의 형제에 대한 모욕이 가득 담긴 편지들을 쏟아부었다. 타흐마스프는 바예지드 왕자와 그 아들들의 죽음이 정당하다고 생각했다. 이는 "우상을 숭배한 자들과 반역자를 죽이라"던 코란의 계율에도 부합했다. 하지만 이들의 신병을 인도하는 대신 샤 타흐마스프가 원했던 건 다만 그 자신, 혹은 자신의 아들들에게 바그다드 총독 자리를 내어달라는 것이었다.

바그다드 지역에 다시금 사파비조를 끌어들일 생각이 추호도 없었던 술레이만은 얼버무리듯 답변을 회피했다. 술탄은 페르시아의 샤에게 아무것도 내어주지 않기로 결심했을 뿐만 아니라, 반역자에 대한 처단도 타흐마스프의 군대에 일임하고자 했다. 그는 외즈벡의 칸과 코카서스 지역 부족들의 칸에게 "죄를 지은 내 아들을 환대함으로써 이마에 이렇듯 비열한 자의 표식을 붙이고 강화조약을 위반한" 사파비조에 대한 공격을 부탁했다. 하지만 감히 타흐마스프와 그 가공할 위력의 군대에 맞설 생각을 하는 자는 없었다. 저들은 만일 술레이만이 그 우수한 군대를 이끌고 와준다면 즉시 그에게 합류하겠다고 대답했다. 술레이만은 자신의 군대가 다시금 그렇듯 혹독한 기후의 지방으로 출정을 떠나기에는 채비가 되지 않았다고 생각했다. 이에 술탄은 때를 보며 기다리기로 결심한다.

이렇듯 아무런 결론에 도달하지 못한 채 협상만 지속한 지 수개월이 흘렀다. 바예지드가 풀려난다면 그는 다시금 반란을 일으켜 아나톨리아 지역에서 대항 세력을 조직할 수도 있다. 술탄도 이를 알고 있었고, 샤 또한 이를 모르지 않았다. 샤 타흐마스프는 바예지드를 내어주는 대신 가능한 한 많은 것을 얻으려 했고, 술레이만은 가능한 한 아무것도 내어주지 않으려 했다. 그러는 동안 바예지드는 포로 신세가 되었다. 그는 여러 가지 명분으로 군대를 모두 빼앗겼으며, 이제 아무런 힘도 쓸 수 없었다. 하지만 그는 여전히 샤 타흐마스프의 주빈이었다. 결국 타흐마스프는 술레이만에게 편지를 보내 바예지드의 체류 때문에 너무 많은 지출이 있었으며, 술레이만이 이 점을 참작해야 할 것 같다는 뜻을 전했다. 술레이만은 샤의 의도를 간파했다. 샤가 원하는 건 바로 돈이었다. 술레이만은 타흐마스프에게 넉넉한 피해 보상을 약속하고 "사안의 비중에 비례하는" 선물을 제공하기로 했다.

어떻게든 바예지드 왕자를 체포하여 넘기려는 기회만 노리던 차에 1561년 9월, 그 기회가 찾아온다. 바예지드는 샤의 곁에서 축제에 참석하던 중이었는데, 그의 시종 중 하나인 마흐무드 파샤Mahmud Pacha라는 자가 샤의 곁에 다가가 그의 귀에 속삭였다. "자기 아버지를 배신한 자를 조심하십시오. 그 자는 당신의 목숨을 빼앗을 수도 있습니다." 깜짝 놀란 샤가 일어나서 밖으로 나갔다. 바예지드는 그 자리에서 마흐무드의 목을 베었다. 하지만 마흐무드의 두 공모자가 왕자를 모함하고 나섰다. 그가 자신들에게 샤 타흐마스프를 암살하도록 밀어붙이려 했다는 것이다. 천민들이 바예지드에 대해 반대의 목소리를 높이며 모여들었다. 샤 타흐마스프는 "왕자를 보호하기 위해서"라는 명목으로 그의 체포를 명령한 뒤, 동시에 그의 주위를 감싸고 있던 병사 1천 명을 사형에 처했다. 하지만 그는 왕자를 술레이만에게 인도하지 않겠다고 맹세한 터였기에 셀림의 사신에게 그를 내주었다.

비운의 바예지드 왕자는 곧 네 아들과 함께 교살됐다. 그로부터 얼마 후, 술탄이 예니체리 한 명을 대동하여 보낸 환관 하나가 바예지드의 다섯 번째 아들을 죽일 예정이었으나, 왕자는 아직 세 살밖에 되지 않았었다. 어린 왕자의 사형집행인이 되었어야 할 환관은 자신을 향해 달려오는 아이를 보고는 자취를 감추었다. 아들의 최후에 대해 알게 된 술레이만은 재상 중 한 명에게 금화 30만을 들려 샤에게 보냈다. 그리고 이제 오스만 왕가의 후계자가 된 셀림 왕자 편에서도 금화 10만 냥을 보내왔다.

무스타파 왕자가 세상을 떠난 후 몇 년 안 되어 바예지드 왕자마저 죽음을 맞이할 때, 이제 그 자신도 익히 그 무능함을 알고 있는 아들에게 왕위를 물려줘야 하는 상황에서 노쇠한 술탄이 무슨 생각을 했을지는 아무도 모른다. 베네치아 대사 마르칸토니오 도니니Marcantonio Donini는 술탄이 자신에게 들려준 이야기에 대해 소문을 퍼뜨린다. 이로 미루어보면 술탄은 이렇게 이야기했을 것이다. "나는 신에게 감사한다. 이렇게 오랫동안 살면서 무슬림들이 내 아들 간의 전쟁에서 벗어날 수 있었던 걸 내 눈으로 직접 확인하지 않았던가? 이에 나는 여생을 평온하게 보낼 것이다. 만일 반대의 상황이 벌어졌다면 나는 절망 속에서 살고 죽음을 맞이했을 것이다."[134] 그 무엇이든 제국이 갈라지는 것보다는 낫다.[135]

제7장

제국의 쇠락기

1550년경, 사나포선의 지원에 힘입어 터키인들은 지중해의 주인이 되었다. 도처에서 방어 태세를 펼치던 에스파냐인들은 몇 번의 습격 밖에는 성공하지 못했고, 이들의 대대적인 원정은 실패로 끝났다. 알제에서 고배를 마신 후 몇 년 간은 오스만에게 완전히 밀릴 뻔 했다.

바르바로사의 이탈리아 연안 원정은 거의 식은 죽 먹기나 다름없었다. 도리아 제독이 빌프랑슈에 있었을 때, 만일 바르바로사가 그를 공격했더라면 그는 아마 에스파냐 함대에 재기불능의 참패를 맛보게 했을지도 모른다. 1546년, 바르바로사가 세상을 떠난 후에도 이슬람 세력의 함대는 약화되지 않았다. 그가 떠나고 난 자리에 바르바로사 못지않은 실력자들이 포진해 있었기 때문이다. 크로아티아 출신으로 과거 기독교도였던 피얄레 파샤Piyale Pache도 그 중 하나다. 피얄레 파샤는 술레이만의 손녀와 혼인을 하기도 했다. 그밖에 사나포선 쪽 인물 중 가장 유명한 투르구트 레이스도 있는데, 그 역시 기독교 출신이었다. 살라흐 레이스뿐만 아니라 오크 알리Oc Ali라는 별명으로 유명한 킬리지 알리 레이스Kiliç Ali Reis도 칼라브리아에서 태어난 기독교 출신이었다.

1. 바다의 무법자

바르바로사의 자리를 직속으로 물려받은 투르구트는 코르시카 습격 도중 도리아에게 포로로 붙잡혔다가 바르바로사가 막대한 몸값을 치뤄준 덕에 풀려났다. 족쇄에서 풀려난 그는 다시 함대로 들어가 아프리카 연안을 휩쓸고 이탈리아로 간다. 포추올리, 카스텔람마레 등지는 문자 그대로 모든 주민들이 '싹쓸이'되었으며, 이들은 몸값을 받고 풀려나거나 아니면 노예로 끌려갔다. 아프리카에서 돌아온 투르구트는 수스와 모나스티르를 함락하고, 이어 마디아를 포위 공격했다. 명목상으로는 튀니스 베이의 통치 하에 있던 곳이었다. 합당한 금화를 지불하자, 함락시키기 어렵기로 소문이 나 있던 도시의 성문이 술술 열렸다. 그는 총 한 번 쏘지 않고 마디아를 함락했다.

마디아의 함락은 그에겐 별로 중요성을 띠지 않았으나, 마디아의 함락 이후 기독교 진영에서는 무슬림의 공격이 주기적으로 자신들을 뒤흔들어 놓으리라는 공포가 생겨났다. 카를 5세에게 의견을 묻지도 않은 채, 나폴리의 부왕 알바레스 데 톨레도Albarès de Toledo와 도리아, 코스메 데 메디치Cosme de Médicis, 교황 율리오 3세는 다시 '새로운 알제'를 공략하러 떠날 것을 결의한다. 이들은 갤리선 50척을 끌어모으고,

2개월 간 도시를 포위했다. 도시의 벽은 결국 공격군에게 길을 내주었다. 사다리 삼부카sambuca를 활용한 덕분이었다.[136] 투르구트는 요새를 떠났고, 그를 생포하진 못했지만 기독교 진영의 완승이었다. 투르구트의 배는 제르바로 퇴각했고, 기독교인들은 이곳이라면 그를 잡기가 수월할 것이라고 생각했다. 이에 투르구트는 그가 자주 사용하던 술책을 사용한다. 특히 메흐메드 2세 역시 자주 사용하던 방식으로, 적이 섬의 한 지점에서 공격해올 것을 알았던 투르구트는 기름칠을 한 판자로 길을 만들어 매끄럽게 슬라이딩시킬 수 있도록 한 뒤, 알칸타라Alcantara 항구의 굴림대를 이용하여 섬 반대편으로 배를 이동시켰다. 그러는 동안 포대의 불빛을 이용하여 항구에 정박해 있던 제국군 함대를 눈속임했다. 도리아는 자신을 도와주러온 선박을 투르쿠트가 나포하는 걸 자신의 눈앞에서 보았을 때에야 비로소 이 같은 전술을 깨달았다. 도리아의 완전한 참패였다.

제르바에서 가까스로 도망친 투르구트는 몰타 섬에 대한 공격을 시도한다. 술레이만에 의해 로도스 섬에서 쫓겨난 성 요한 기사단이 장악하고 있던 이 섬은 투르구트의 공격에 버텨냈고, 투르구트는 인근의 섬인 고초Gozzo에 정박하는 수밖에 없었다. 이곳에서 그는 5~6천 명에 달하는 주민 대부분을 포로로 붙잡았다. 그의 배는 이제 트리폴리로 항로를 잡았다.

튀니스와 몰타만큼이나 중요한 전략적 요충지였던 트리폴리는 1530년 카를 5세가 몰타 섬의 성 요한 기사단에게 내준 곳이었다. 트리폴리의 주둔군이 고작 기사 몇 명과 이탈리아 및 무어인 병사 몇 명 밖에 안 된다는 사실을 모르는 사람은 아무도 없었다. 트리폴리의 지휘를 맡은 건 라 랑그 오베르뉴La Langue d'Auvergne의 하사관 가르파르 드 발리에Gaspar de Vallier였다. 오스만의 포대는 늘 하던 대로 성벽을 격파하면서 전투를 개시했고, 성벽 일부는 쉽게 무너졌다. 주둔군은 곧 힘에 부쳤고, 이에 술레이만에게 파견된 프랑스 대사 장 다라몽Jean d'Aramon이 참석하는 가운데 회담이 개최됐다. 기사단장 장 돌메데스 Jean d'Olmedes는 그에게 선처를 부탁했다. 이후 조약이 체결됨에 따라 주둔군과 주민들의 목숨이 구제됐다. 하지만 도시에 입성하자마자 오스만의 코카 시난Koca Sinan 제독은 전원을 체포한다. 그가 자신의 말을 지키지 않은 이유는 로도스 섬 함락 후 술레이만이 기사단에게 자유를 내어주었을 때, 그 조건은 이들이 더 이상 해적질을 하지 않는다는 것이었는데, 기사단이 스스로 한 말을 지키지 않았다는 명분이었다. 사실은 사실이었다. 그럼에도 다라몽은 프랑스 기사들이 풀려나게 해주었다. 나머지는 사슬에 묶여 이스탄불로 끌려갔다. 이제 트리폴리에서도 오스만의 깃발이 휘날렸다. 투르구트는 곧 트리폴리의 총독으로 임명됐다. 트리폴리는 기사단의 무기력한 지배 상태에서 잃어버렸던 영화를 곧 되찾았다.

지중해 지역에서 오스만의 집요한 공격은 계속됐다. 몰타 섬은 새로운 공격을 받지 않을까 두려움에 떨었으며, 에스파냐는 이교도 진영이 안달루시아 연안이나 레반트에 상륙할까봐 걱정했다. 하지만 사파비조에 대한 전쟁을 준비하던 술레이만은 제국 내적인 문제로 정신이 없어서 서부 진영에서의 대대적인 원정에 뛰어드는 건 무리였다. 사나포선들은 계속해서 노략질을 하며 노예를 늘려갔다. 알제를 다스리던 살라흐 레이스는 에스파냐 연안의 습격을 시도하고, 포르투갈의 갤리선을 나포했다. 현재로서는 그 무엇도 결정적인 승부가 난 게 없었다. 그런데 1553년 여름, 투르구트는 (폴랭 드 라 가르드Polin de La Garde가 지휘하던) 프랑스 군대에 힘을 보태주고, 삼피에로 코르소Sampiero Corso의 코르시카 망명자들도 함께 도와 그때까지 제노바 수중에 있던 섬에 상륙 작전을 펼 수 있도록 해주었다. 섬 전체가 장악되었으나, 섬의 점령 상태는 오래 가지 않았다. 섬의 입지가 너무도 중요하여 제국군으로서 이를 포기할 수가 없었기 때문이다. 섬은 다시 제노바의 수중에 떨어졌다.

얼마 후, 시난이 맡았던 카푸단 파샤 자리는 피얄레 파샤로 대체된다. 새로운 해군 제독은 다시금 대 오스만 술탄의 함대를 이끌며 사나포선과의 보다 긴밀한 공조를 끌어낸다. 매년 봄이면 오스만의 함정이 보스포루스를 떠나 투르구트의 함대에 합류했다. 칼라브리아 연안이 휩쓸리고, 레지오가 함락되었으며, 주민들은 노예로 잡혀갔다. 1556년, 피얄레는 아프리카 북부에서 오랑Oran을 손에 넣고, 이듬해에는 비제르트Bizerte를 정복했다. 살라흐 레이스의 경우, 본거지인 알제에서 나와 모로코에서 페스까지 전광석화 같은 기습 공격을 실시하고, 요새 페논 데 벨레스를 정복한 뒤, 이어 베자이아를 손에 넣었다. 베자이아 총독은 항복했다. 그로부터 1년 후, 베자이아 총독은 바야돌리드에서 '태만 죄'로 참수된다. 같은 해인 1558년, 피얄레 파샤는 해상을 장악한다. 그는 자신의 갤리선 150척으로 소렌토와 마사Massa를 휩쓸어버릴 수 있었고, 곧이어 메노르카도 제압했다. 이 '바다의 무법자'들의 질주를 막을 길은 없었다. 이들의 갤리선은 노가 25~30열에 달했으며, 민첩하고 조작도 용이하여 번번이 기독교의 함정망을 벗어났다. 게다가 이들은 기회가 닿으면 주저 없이 '해적질'을 하곤 했다.

2. 제르바의 함락

도시를 갈취하고 주민들을 노예로 전락시키는 등의 만행은 바다 위에서 기독교 진영의 선박을 노리며 질주하던 사나포선이 미치는 위험에 비하면 아무것도 아니었다. 오스만 밑에서 움직이는 사나포선들은 시칠리아와 샤르데냐, 대서양의 카디스 등에 이르기까지 무척 광범위한 활동을 벌였으며, 카탈루냐와 레반트는 몇 년 간 기근의 위협을 받기도 했다. 따라서 어떻게든 끝장을 내야 했다.

얼마 전 에스파냐 왕으로 즉위한 펠리페 2세는 이제 막 프랑스 왕과 카토-캉브레지Cateau-Cambrésis 화약을 체결한 참이었다. 그는 지금이 터키인들과 사나포선들에 대한 대대적인 공격을 감행하기에 좋은 시기라고 생각했다. 오스만의 술탄도 이제 꽤 연로한 상태였고, 아들들 사이의 분란으로 걱정이 많았을 뿐 아니라 마지막 여생을 평온하게 보내고자 했기 때문이다. 그는 이제 더는 프랑스 함대에 기대를 걸 수 없었다. 이에 펠리페 2세는 1559년, 트리폴리 공략 작전을 승인한다. 트리폴리를 함락시키면 사나포선 일당의 본거지를 일소할 수 있고, 이들의 지속적인 위협으로부터 이탈리아를 구할 수 있을 뿐 아니라 오스만의 세력도 약화시킬 수 있다. 시칠리아 부왕 메디나 첼리Medina Celi 대공과 몰타 섬 기사단장 장 드 라 발레트는 오래 전부터 이 같은 계획에 찬성해왔다. 메디나 첼리 대공은 자신의 이름을 빛내고 싶었고, 기사단장은 함락된 트리폴리가 다시 기사단에게 돌아갈 것이라 생각했다. 하지만 운명은 이들의 계획을 실패로 만들어준다.

준비 기간은 상당히 길었다. 이탈리아와 에스파냐, 독일에서 군대를 끌어모아 제노바와 나폴리에 집결시키는 데에만 6개월이 소요됐고, 갤리선 53척을 포함하여 모두 1백여 척이 모였다. 1541년 알제에서의 참패는 기후가 좋지 않은 시기에 지중해 원정을 떠났을 때의 위험에 대해 펠리페 2세와 총사령관 메디나 첼리에게 교훈을 주었어야 했다. 다섯 번 연속으로 함대를 띄우면 다섯 번 모두 역풍이 불어오며 함대를 항구로 다시 옮겨놓았다. 이에 따라 함대가 몰타 섬까지 당도하는 데에 6주가 걸렸다. 이미 병으로 2천 병력의 손실이 있었다. 펠리페 2세가 실시한 기습 공격도 실패가 분명했다. 사나포선 함장 키리지 알리에게 소식을 전달받은 오스만 측에선 원정의 준비 과정에 대해 소상히 알고 있었다. 하루는 적의 군대가 (함정 260척으로) 상당한 규모의 함대를 무장했다는 소식도 들려왔다. 즉시 트리폴리를 공격해야 하는 것인가? 메디나 첼리는 일단 제르바에 머물며 그곳에 진지를 차리고, 더 좋은 때를 봐서 작전을 개시하는 게 좋다고 생각했다.

3월 초, 섬은 기독교 진영의 수중에 있었다. 이들은 요새를 구축하기 시작하고, 그러면서 시칠리아로부터 원군이 와주길 기대했다. 하지만 이곳에 등장한 건 다름 아닌 피얄레의 갤리선 함대였다. 기독교 진영 측에선 이들이 6월에나 당도할 줄 알았건만 모든 속도 기록을 갱신하면서 이들이 5월 중순에 나타난 것이다. 이스탄불에서 제르바에 이르기까지 이들은 고작 20일밖에 걸리지 않았다. 기독교 진영의 장수들은 서로 자문했다. 스치피온 도리아Scipion Doria의 제안대로 연안의 포대에 기대를 걸고 전투를 받아들일 것인가, 아니면 장 앙드레 도리아 Jean-André Doria와 (교황의 함정을 지휘하는) 오르시니의 조언대로 닻을 올리고 줄행랑을 칠 것인가? 사람들 사이에선 도망치자는 생각이 압도적이었다. 곧이어 병사들이 공황 상태에 빠져 서둘러 작은 배를 접안시켰고, 지도부는 이들을 막아낼 재간이 없었다. 갤리선은 총체적으로 무질서에 빠졌으며, 범선은 크게 일어난 바람 때문에 내동댕이쳐졌다. 피얄레 파샤는 기독교 지도부의 실수로 생겨난 결실을 거둬들이는 것밖에는 할 일이 없었다. 갤리선 20척과 수송선 27척이 침몰했고, 병사 1만8천 명이 익사하거나 터키인들의 칼에 목숨을 잃었다. 피얄레의 수중에 들어간 오르시니는 참수됐다. 기독교 진영의 완전한 참패였다.

제르바의 주둔군은 어떻게 됐을까? 새로 막 지어진 요새에는 병사 2천 명이 있었고, 1만4천 터키인들이 계속해서 폭격을 퍼부어댔다. 일단 이들을 구해주어야겠다는 생각을 한 기독교 진영에서는 군대를 모으고 보급 물자를 준비했다. 이어 펠리페 2세는 생각을 바꾸어 교란 작전을 시도하는 게 더 낫겠다고 판단한다. 그러나 포로로 잡혀 죽었다고 생각했던 메디나 첼리가 무사히 살아있다는 소식이 전해졌고, 제르바의 주둔군을 걱정하는 사람은 아무도 없었다. 주둔군은 요새에 물을 대주던 우물을 터키인들에게 빼앗긴 뒤 결국 항복한다.

피얄레는 개선장군이 되어 이스탄불에 귀환한다. 수많은 군중이 몰려와 골든 혼과 보스포루스 연안에서 그를 맞이했다. 항구의 입구를 내려다보는 정자에서 술레이만은 갤리선 행렬을 지켜보았다. 제독의 전함을 선두로, 후미에는 제르바 사령관인 알바로 드 산디Alvaro de Sandi, 시칠리아와 나폴리 제독 산초 데 레이바Sancho de Leyva와 베렌구에 데 레쿠엔세스Berenguer de Requenses 등 포로가 된 기독교인 지도부가 끌려왔다. 이들은 천민들의 구경거리로 전락했고, 이어 며칠 간 이스탄불에서는 다른 포로들도 마찬가지로 같은 신세에 처해졌다. 붉은색으로 칠해진 오스만 갤리선이 행진하고, 그 뒤로 마스키가 제거되고 키도 없는 기독교인들의 갤리선 행진이 이어졌다. 이들의 배는 비참한 시신처럼 질질 끌려갔다. 수천 관중들은 승리를 안고 온 선원들을 환호하며 맞이했다. 다만 술탄만은 별 감흥이 없어 보였다. 당시 콘스탄티노플에 있었던 뷔베크에 따르면, 술레이만은 무척 근엄하고 서글픈 표정을 짓고 있어 "마치 그가 이번 승리와 무관한 사람 같다는 생각이 들 정도였으며, 별로 새롭다거나 그다지 예기치 못한 결과가 아니라는 느낌마저 들었다."

오스만의 대 술탄은 온갖 일을 다 겪었고, 승리를 거머쥔 적도 한두 번이 아니었으며, 인생 말년에 숱한 고비를 다 넘겼으므로 그에게 중요한 건 이제 아무것도 없었다. 거기에 제국이 심각한 왕위 승계 위기를 겪고 있는 상황이었으니 파디샤의 슬픔도 괜한 게 아니었다.

하지만 오스만 제국이 거둔 승리는 실로 굉장했다. 동지중해에 이어, 터키인들은 이제 지중해 중부까지 지배권을 장악했다. 술레이만은 트리폴리의 열쇠를 손에 쥐고 있었으며, 그의 사나포선과 함정들은 알제와 베자이아, 그리고 모든 연안을 따라 유유자적했다. 에스파냐는 오랑을 버릴 수도 있었을 것이다. 겨울임에도 토스카나가 완전히 짓밟혔고, 이탈리아와 에스파냐에서 사람들은 두려움에 떨었다. 1560년대만큼 이렇게 터키인들이 해상권을 장악한 적이 없었다. 이번에는 라 굴레트에서 곧 술탄의 대함대가 몰려온다는 소문이 돌았고, 곧이어 오랑에도 들이닥친다는 소문이 있었다. 대개 거짓임이 밝혀진 이 소문들은 이스탄불에서 라구사, 나폴리, 빈 등지에서 떠돌았고, 특히 유럽 내 정보통인 베네치아에서 갖가지 소문이 들려왔다. 도처의 사람들은 '오스만 함대를 본 것 같다'고 생각했고, 갤리선 몇 척이 마르마라 해에서 모습을 보여도 곧 술탄의 전위 부대가 가까이 오고 있다는 소문이 금세 브뤼셀까지 퍼졌다. 1561년, 오스만 함정 50여 척이 아드리아 해 초입까지 나아갔다가 이어 셀림과 바예지드 간의 내분으로 갑작스레 우회했을 때, 혹은 대재상 뤼스템 파샤의 사망으로 그 같은 우회가 이뤄졌을 때의 상황도 비슷했다. 유럽은 이런 루머와 더불어 지내는 삶에 익숙해졌으며, 그 가운데 몇몇은 진짜였다. 오스만 측 역시 탄탄한 정보망을 갖추고 있었지만, 기독교 진영 또한 정보망이 그렇게 부실한 건 아니었기 때문이다.

3. 몰타에서의 패배

하지만 시간이 흐르면서 기독교 진영 사람들의 불안감은 사실로 확인되지 않았다. 터키인들은 거의 모습을 드러내지 않았으며, 소형 함대만이 여기저기에서 습격을 가할 뿐이었다. 오스만은 대대적인 해상전에 뛰어들지 않았고, 오스만 측과 기독교 측은 서로 헐뜯기만 할 뿐 그 이상은 하지 않았다. 그래도 간혹 보다 큰 규모의 군사 작전이 펼쳐질 때도 있었다. 1562년 가을도 그런 경우 중 하나였는데, 이때 에스파냐는 헤레두라 만에서 갤리선 (28척 중) 25척을 잃었고, 수천 명의 병력 손실도 있었다. 그로부터 몇 달 후에 북아프리카 지역 내 에스파냐의 요충지인 오랑이 공격을 받았으나, 메르 엘 케비르 요새는 알제 측의 폭격을 견뎌냈고, 이들은 결국 그냥 되돌아가야 했다.

바야흐로 전세가 역전되는 것일까? 기독교 진영이 오스만에 대해 거둔 성공은 유럽 전체에 큰 반향을 불러 일으켰다. 이번 승리는 펠리페 2세의 선박 건조 정책과 재무장 정책을 더욱 돋보이게 해주었다. 펠리페 2세의 함대는 1560년 당시 갤리선 50여 척에 불과하던 것이 그로부터 몇 년 후엔 거의 100여 척 가까이로 늘어났다. 1564년 가을, 펠리페 2세로부터 총 함장으로 임명 받은 가르시아 데 톨레도의 함대는 선박 150척과 병사 1만6천 명을 끌어모아 (마침내) 안달루시아 연안 맞은편에 가시처럼 박혀 있던 암벽 요새 페논 데 벨레스를 장악했다. 교황이 승인한 후원금과 카스티야 의회가 의결한 예산이 제대로 쓰인 셈이었다. 그리고 곧 이 소식은 술레이만의 귀에도 들어간다.[137]

페논 데 벨레스 요새를 잃은 건 오스만으로서 매우 애석한 일이었고, 에스파냐 사람들이 특유의 자만한 기질을 발휘하여 유럽 전역에 소문을 냈던 만큼 더더욱 쓸쓸한 결과였다. 일부는 이 요새의 중요성을 강조하며, 대 술탄의 해군이 이제 하향세에 접어든 것이라며 다소 성급하게 속단했다.

주위 사람들의 부추김으로 술탄은 기독교 진영의 도전에 응하였다. 대재상 본인과 투르구트, 클리지 알리 등 모두가 튀니스와 알제 연안에서 라 굴레트와 페뇬 같은 요새를 포기하는 게 얼마나 큰 위험에 해당하는지 역설했다. 술탄의 딸인 미흐리마흐 공주는 몰타 섬의 기사들이 바닷길로 메카를 순례하는 무슬림들에게 가한 부당한 행태에 분개했다. 하렘으로 보내질 물자 수송선이 이오니아 섬 앞바다에서 기사단에 의해 갈취되어 몰타 섬으로 예인되었다는 소식이 전해졌을 때, 술탄궁의 분노는 극에 달했다. 골든 혼 조선소는 밤낮으로 조업에 들어갔다.

1565년 초, 오스만의 엄청난 대 함대가 출정 준비를 끝마쳤다. 전투용 갤리선 150척을 포함하여 함정 200척으로 구성된 대규모 함대였다. 소문은 곧 라구사와 베네치아로 퍼졌다. 펠리페 2세도 이 소식을 접했다. 사나포선의 지원을 받아 오스만 측이 엄청난 규모의 원정을 실시할 것이라는 점에 대해 그 누구도 의심하지 않았다. 하지만 오스만의 포구가 과연 어디로 향할 것인가? 4월 초, 술탄의 함대가 마르마라 해협에서 벗어났을 때, 사람들은 저마다 질문을 던졌다. 시파히 9천 명, 예니체리 5천 명, 아자브 1만6천 명이 배 위에 올랐으며, 막강한 포대도 함께 배에 탔다. 술레이만은 이스펜디야르Isfendiyar 왕조 출신의 무스타파 파샤를 총사령관에 임명했다. 그의 집안은 과거 아나톨리아 지방을 다스렸으며, 선지자 무함마드의 기수 역할을 맡았던 자의 후예들이었다. 70세의 이 노장에게 이렇듯 막대한 임무를 맡긴 것에 대해 반발이 없지는 않았을 것이다. 더욱이 그는 함대의 함장인 피얄레 카푸단 파샤와 서로 거의 뜻이 통하지 않았다. 투르구트 레이스와는 더욱 사이가 안 좋았다.

늘 하던 대로 오스만의 함대는 전속력으로 돌진했다. 이들은 과연 라 굴레트로 향할 것인가, 아니면 몰타 섬으로 항로를 잡을 것인가? 기독교 진영의 사령부에서는 저마다 의견이 분분했다. 5월 중순에는 궁금증이 더욱 증폭됐다. 오스만의 목적지는 몰타였다. 펠리페 2세는 나폴리의 부왕副王을 통해 술탄의 연대가 시칠리아 남부 파세로에서 두 배로 늘어났다는 사실을 접했다. 몰타에서는 오스만의 함대가 이토록 빨리 도착한 것에 대해 놀랐으며, 사람들은 이들이 한여름에나 도착할 것으로 예상하고 있었다. 오스만과의 전쟁에 대한 준비는 아직 마무리되지 않은 상태였다. 하지만 이미 오래 전부터 적의 공격을 예상해온 기사단장은 성벽을 강화하고, 모든 기사들을 소환한 뒤, 원군을 동원했다. 그의 곁에 있는 병력은 8천5백 명이었으며, 그 가운데 700명이 기병으로, 다들 성 요한 기사단과 기독교 세계를 구하겠다는 용기로 무장한 상태였다. 라 발레트의 지원 요청에 대해 나폴리의 부왕副王 가르시아 데 톨레도를 필두로 해외에서도 답을 보내왔다. 나폴리와 라 굴레트가 혹시 모를 공격에 버텨낼 수 있으리라는 사실을 확인한 후, 나폴리 부왕은 몰타에 가서 요새를 점검했다. 그는 모든 방어 태세가 적절히 갖추어져 있다고 생각했으나, 이를 지킬 병사가 더 많지 않다는 점은 유감이었다. 따라서 그는 기사단장에게 보급품을 보내주고,

병력을 더 보내주기로 약속했다. 펠리페 2세의 경우, 코르시카 섬에서 병력 4천 명을 끌어모으는 수준에 그쳤으며, 톨레도가 에스파냐에서 밀과 돈을 보낼 수 있도록 허용했다.

5월 19일, 오스만 함대는 섬의 남부인 마르사Marsa와 시라코Sciracco 앞에 당도했다. 이들은 더없이 훌륭한 곳에 정박하고 있었으며, 무스타파는 여기에 병력 2만 명과 포 다섯 문을 내리도록 했다. 반대로 피알레는 투르구트를 기다리는 편이 더 낫다고 생각했다. 얼마 후 오스만은 섬 전체를 장악했다. 단 항구 두 곳을 지키고 있는 성 엘모 요새와 성 안젤로 요새, 성 미카엘 요새는 예외였다. 킬리지 알리에 이어 투르구트가 도착했을 때, 성 엘모 요새에 대한 폭격은 이미 시작된 상태였다. 전술의 변경은 불가능했다. 그리고 이게 바로 실패의 요인이었다.

늘 그랬듯이 오스만 포대의 준비 상태는 굉장했다. 포대는 3주가 넘게 쉴 새 없이 요새를 폭격했고, 요새는 결국 함락됐다. 요새를 지키던 방어진(기사 130명, 병사 300명)은 모두 전멸했다. 하지만 이에 따라 오스만은 3주간의 시간 손실이 있었고, 그러는 동안 섬의 주둔군은 전투태세를 준비할 시간을 벌었으며, 아울러 톨레도로부터 병사 600명을 받을 시간적 여유도 있었다. 라 발레트가 그의 병사를 얼마나 기쁘게 받아들였을지는 상상이 가고도 남는다. 또한 그러는 동안 가장 용맹스럽고 경험 많은 노련한 장군 투르구트 레이스가 포탄 파편에 머리를 맞아 세상을 떠났다. 라 발레트는 이제 막강한 원군을 지원 받을 상황이었다. 수송선 40척이 1만1천 명을 태우고 섬에 도착할 예정이었으며, 아울러 시칠리아의 갤리선 함장 알바로 데 바잔Alvaro de Bazan, 교황, 펠리페 2세가 보낸 갤리선 90척도 곧 당도할 것이었다. 펠리페 2세는 결국 에스파냐 정예부대 테르시오tercio의 출정에 동의했다.

성 엘모 요새의 함락에 너무 많은 힘을 썼다는 것을 깨닫고, 군의 진군이 지나치게 느리다는 사실을 인식한 무스타파 파샤는 (이미 병력 5천 명을 잃은 상황이었으므로) 크게 진노했다. 그리고 무슨 이유에서인지 모르겠지만, 그는 판자 위에 요새 방어진의 시신을 전부 늘어놓은 뒤 도시의 성벽 아래로 집어던졌다. 이에 대응하여 기사단장 역시 모든 터키인들을 죽인 뒤 이들의 머리를 탄환으로 삼아 적진에 날려주었다. 이어 무스타파가 라 발레트에 항복을 권고했던 것처럼 그 역시 오스만 군의 전령에게 성벽 주위의 외호外濠를 보여주며 이렇게 얘기했다. "내가 그대의 주군에게 내어줄 수 있는 땅은 이것뿐이다. 예니체리의 시신을 쌓아 이곳이나 채우라고 전하라." 그리고 곧이어 폭격이 다시 시작됐다.

무스타파는 요새 두 곳, 다시 말해 성 안젤로와 성 미카엘에 대한 총공격을 실시하기로 결심했다. 튀니스의 베이레르베이 하산이 데리고 온 병사 2천5백 명으로 병력이 증강될 것이었다. 7월 15일, 극심한 더위 속에서 하산은 6천 명의 병력을 이끌고 성 미카엘 요새를 공격했다. 그러는 동안 그리스 출신의 사나포선 선장 칸델리사Kandelisa는 항구를 공격했다. 하지만 소용없는 일이었다. 성 미카엘 요새는 물러서지 않았다. 군의 피해는 엄청났고, 오스만 측은 500명 정도만이 목숨을 부지했다. 투르구트의 목숨을 빼앗고, 총사령관의 무능함을 보여준 이번 원정은 값비싼 대가를 치렀다.

기독교 진영에서도 시신이 계속 쌓여갔으나 기사단장은 항전의 뜻을 굽히지 않았다. 그는 몸소 기병대를 이끌고 오스만의 혼잡한 전열 속으로 뛰어들었다.

9월 초, 시칠리아에서 기독교 연합군의 원군이 도착했다. 태풍이 난생 처음 보는 강도로 세차게 휘몰아쳤지만, 원군 병력 9천6백 명은 시칠리아 북동부의 메시나를 떠나는 데에 성공했다. 피얄레 파샤는 기독교 함대를 공격할까 생각했었지만, 만일 자신의 갤리선을 잃을 경우 지상 병력에 어떤 일이 미치겠는가? 이에 그는 이 생각을 접기로 한다. 그리고 새로운 원군으로 병력이 증강된 기독교 진영에 대한 최후의 공격을 실시한다. 오스만의 병사 수천 명이 목숨을 잃었으며, 완전히 전의를 상실한 일부 병사들은 나가 싸우기보다 그냥 바닥에 누워있고자 하는 마음이 더 컸다. 오스만 측의 패배였다. 9월 12일, 피얄레 파샤의 함대는 닻을 올리고 퇴각한다. 몰타 섬의 기사들은 자신들이 이교도를 무찔렀다고, 오직 자기들만이 이교도를 무찔렀다고 떠벌렸다. 에스파냐 사람들을 그리 좋아하지 않았던 교황도 맞장구를 쳐주었다.

10월 초, 이스탄불은 원정의 패배 소식을 알게 된다. 이번 원정의 실패로 오스만은 최소 2만 명의 병력 손실을 입었고, 자료에 따라서는 병력 손실을 3만5천 명까지 보기도 한다.[138] 이에 따른 여파는 굉장했으며, 기독교도들은 이스탄불 거리에서 폭행을 당했다. 대규모 해상전에서 술레이만이 패한 건 이번이 처음이었다. 하지만 오스만의 함대에는 아무런 타격이 없었다. 몰타전이 있고 난 후에도 지중해에서 오스만의 위협은 여전히 전과 동일한 수준이었다. 오스만은 그 무엇에도 굴하지 않았으며, 정말로 원할 경우 이들은 얼마든지 기독교 교통로 전체를 없애버릴 수 있었다. 재정이 한결같이 부족하고, 특히 에스파냐의 경우처럼 매번 전쟁을 치를 때마다 세금으로 국민들의 목을 조이는 상대국과 다르게 오스만 제국은 막대한 함대를 구축할 만한 여력이 있었고, 그렇듯 탄탄한 재정을 바탕으로 전쟁에 대비해 원하는 만큼 얼마든지 사람들에게 장비를 공급할 수 있었다.

1565년 말, 첩자와 변절자들은 오스만 함대가 이듬해 봄 몰타 섬에 다시 공격해 들어올 채비를 하고 있다는 소문을 퍼뜨렸다. 이번에는 고작 전투 한 번 패배한 것뿐이었다. 지상에서, 그리고 해상에서 벌어지던 터키인들과 기독교도 사이의 오랜 전쟁이 끝나려면 아직 멀었다. 거의 매년 오스만과 사나포선은 지중해 연안을 휩쓸었다. 키프로스는 곧 베네치아에 함락되고, 이어 (1571년 10월 17일) 레판토 해전이 벌어지며 오스만 제국은 무릎을 꿇어야 했다. 그로부터 3년 뒤, 기독교인들은 영원히 튀니스를 잃게 된다. 오스만의 해군은 세기 말에 가서야 비로소 힘을 잃고 거의 종적을 감춘다. 반면 포르투갈 전쟁 이후 에스파냐는 바다를 향해 본격적으로 시선을 돌린다.

4. 헝가리 전쟁

1547년 콘스탄티노플 조약 이후 중부 유럽 문제는 뒤로 밀려나 있었다. 오스만도, 그리고 합스부르크 왕가도 다시 전쟁을 개시하는 것 말고도 다른 걱정거리가 많았다. 무스타파 왕자와 바예지드 왕자의 비참한 죽음 이후 술레이만은 페르시아와의 전쟁 문제로 꽤 정신이 없는 편이었고, 이에 따라 그에게는 다뉴브 유역에서 새로운 영토 정복에 매진할 여유가 없었다. 술레이만은 그저 주요 거점의 요새 강화에만 주력하는 정도로 그친다.

유럽에서도 여러 가지 변화가 있었다. 카를 5세는 아우크스부르크 화의에 서명한 후 얼마 안 가 1556년 아들에게 왕좌를 양위한다. 독일 내 신교도를 없애버리겠다는 그의 노력은 실패했고, 그는 아들인 펠리페 2세와 동생 페르디난트에게 자신의 영토를 나누어주었다. 페르디난트는 신성로마제국의 황제가 되었다. 하지만 신대륙의 황금을 바탕으로 부를 가진 건 펠리페 쪽이었다. 새로운 황제는 비용이 많이 드는 장기전을 시도할 자금이 여전히 부족했다. 그럼에도 그는 중유럽 깊숙이 방어진을 구축했다. 부족한 자금줄만큼이나 미약한 방어진이었다. 하지만 이는 에스파냐와 이탈리아, 독일 병력이 점유하고 있던 작은 나무 요새와 함께 효력을 발휘한다. 꽤 튼튼하게 손질을 해두어서 몇몇 지점에서는 오스만 베이들을 꺾어놓을 수 있었다.

1550년대 초, 이사벨과 야노시 지그문트가 다스리던 트란실바니아 지역을 손에 넣으려던 페르디난트의 시도는 완전히 실패했다. 그는 이사벨로부터 왕위를 넘겨받기 위해 이사벨의 자문이었던 승려 게오르게스Georges를 이용한다. 곧이어 마르티누치Martinuzzi 추기경이 되는 그는 교활하고 야심이 강한 인물이었다. 그의 제안을 수락할 경우 이사벨에게는 슐레지엔 지역의 영토가 주어진다. 화가 난 술레이만은 콘스탄티노플에서 페르디난트의 대사 말베치Malvezzi를 잡아들이고, 칠탑성(예디쿨레 요새)에 그를 가두어둔다. (그는 이곳에서 2년 간 머물러야 했으며, 석방되고 나서 얼마 안 가 세상을 떠난다.) 이와 동시에 술레이만은 루멜리아의 베이레르베이 메흐메드 소쿨루 파샤[139]에게 바나트 평원에 대한 공격을 감행하라고 명한다. 티미쇼아라Temesvar와 베스프렘Veszprem, 솔노크Szolnok도 차례로 정복된다. 페르디난트의 에스파냐 군대에 포위되어 터키인들이 겨울을 보냈던 리파Lippa 역시 같은 신세였다. 황제군은 내부적으로 서로 반목하기 시작했으며, 독일인들은 추위와 음식에 대한 불평을 늘어놓았다. 마르티누치는 술탄궁과 은밀히 관계를 맺었다는 혐의를 받았고, 페르디난트는 그를 암살한다. (혹은 암살자들에게 암묵적으로 동의의 뜻을 표한다.) 이로써 해결된 건 아무것도 없었으나, 유럽 동부에서 합스부르크 왕가의 입장은 조금 더 불리해졌다.

하지만 아무런 결과도 끌어내지 못하는 이 소모전에 양측 모두 질려 있는 상태였다. 페르디난트가 뤼스템 파샤에게 협상 개시와 말베치의 석방을 요구했을 때, 술탄궁 역시 이를 수락했다. 술레이만의 눈은 다시금 페르시아로 향해 있었다. 사파비조가 얼마 전 에르주룸의 베이레르베이에게 패배를 안겨줬기 때문이다. 협상은 6개월 간의 휴전 협정으로 정리되고, 페치Pecs 주교 안토니오 베란티우스Antoine Verantius와 다뉴브 소형 함대의 함장 프랑수아 제이François Zay 등 페르디난트의 사신들은 콘스탄티노플을 향해 떠났다. 이들이 받은 지침은 순수하게 형가리 지역에 대해서만 조공 15만 두카, 헝가리 위쪽과 트란실바니아에 대해서는 4만 두카를 제시하라는 것이었다. 술탄 측에서는 이를 거부하고, 대사들은 다시 새로운 지침을 받으러 떠나야 했으며, 말베치는 빈에서 병으로 몸져누웠다. 그리고 바로 이때 기슬랭 드 뷔베크가 그를 대신하여 콘스탄티노플로 파견된다. 그가 도착한 때는 1555년 1월이었다. 그는 곧 술탄이 있는 아마시아로 떠났으나, 막대한 금액을 제시하였음에도 그가 얻어낸 결과는 고작 휴전 협정의 6개월 연장뿐이었다.

강화조약의 초안 작업과 휴전 협정의 갱신이 차례로 이어졌고, 페르디난트는 조약의 초안을 네 개나 콘스탄티노플로 보냈다. 그러는 동안에도 전투는 지속됐다. 코마롬Komarom 부근의 타타Tata 요새는 에스테르곰의 산작베이가 점령했으며, 술레이만은 세게드Szeged가 무릎을 꿇어오길 바랐다. 뷔베크는 라 비뉴La Vigne의 프랑스 대사 및 야노시 지그문트의 대표단과 동시에 맞서야 했다. 양쪽 모두 합스부르크 왕가와 척을 진 세력이었기 때문이다. 하지만 뷔베크는 자신의 능력과 자금을 총동원하여 술탄궁이 자신의 주군에게 합당한 조약을 체결하게끔 만들려 했다. 페르디난트에게 유리한 조약이라면 더욱 좋았겠지만 술레이만이 유럽 중부에서 정복한 영토를 포기할 리 만무했고, 트란실바니아에 대한 주도권을 내놓을 리도 없었다. 페르디난트의 이 가련한 특사가 주군에게서 받아온 초안을 내놓자, 심기가 불편해진 술탄은 강제 거주지 지정에 들어갔고, 실질적으로는 그가 자신의 거처에서만 지내도록 했다.

1561년, 뤼스템 파샤가 세상을 떠나면서 알리에게 권력이 넘어갔고, 알리는 곧 좀 더 수월한 협상 상대로 떠오른다. 마침내 1562년 6월, 조약이 체결되고, 8년 간 강화를 맺기로 합의했으며, 페르디난트는 매년 자신이 보유한 헝가리 지역에 대해 3만 두카를 지불하기로 했다. 또한 사태 해결이 지연되었던 부분, 특히 국경 문제에 관한 갈등부분도 중재를 통해 가장 형평적인 방식으로 해결되었으며, 페르디난트의 수중에 있던 오스만 사람들은 몸값을 지불하지 않고도 풀려날 수 있게 됐다. 변한 건 아무것도 없었다. 트란실바니아는 여전히 술탄의 속국이었고, 부다를 포함한 헝가리 중부는 술레이만의 소유였다.

2년 후, 페르디난트가 세상을 떠나면서 모든 문제가 다시 수면 위로 떠올랐다. 그의 아들로서 왕위를 이은 막시밀리안은 즉각적으로 트란실바니아 문제를 꺼내들고 나왔다. 그의 맨 처음 숙제는 기독교 진영의 적에 맞서 싸우는 것 아니었을까? 막시밀리안은 술레이만이 이제 나이 들고 병약해졌다는 걸 알았다. 그는 독일 의회와 교황, 펠리페 2세로부터 받은 인적 · 물적 자원을 이용하여 콘스탄티노플의 노쇠한 술탄에게 패배의 쓴 맛을 안겨줌으로써 오래 전부터 유럽이 꿈꿔온 숙원을 풀어줄 수 있으리라 생각했다. 하지만 (뷔베크에 따르면 전체병력이 4만 명에 지나지 않을 만큼) 군대가 탄탄하지 않았기 때문에 그는 보다 신중할 수밖에 없었다. 그에 따르면 "우리 군은 용기도 없고, 모두 반항적인데다 작업을 하는 것도, 무기를 다루는 것도 좋아하지 않는다. 장성들은 또 어떠한가? 대부분은 지극히 비열한 구두쇠 근성을 갖고 있다. 그 외 다른 장성들도 경솔하고, 규율을 무시한다. 대부분이 방탕함의 극치를 보여주는데, 장차 우리의 미래가 어떻게 될지는 불 보듯 훤한 일이 아니겠는가?"

유럽에서는 대개 이 같은 생각에 공감하는 분위기였다. 빈이 다시금 위협을 받았고, 영국에서도 신교도들 자체가 가톨릭 황제의 승리를 기원하는 기도를 올렸다. 황제는 술탄이 원정을 오기에 중부 유럽까지의 거리가 너무 멀어서 가을 전에는 대대적인 군사 작전을 펴지 못할 것이라 생각했다. 그리고 이는 틀린 생각이 아니었다.

군대의 수장이 된 막시밀리안은 야노시 지그문트를 공격했다. (모후인 이사벨은 1559년 사망했다.) 그리고 국경을 따라 터키인들도 집요하게 괴롭혔다. 그는 토카이와 세렌치를 빼앗았으며, 오스만은 신속히 반격했다. 대재상의 조카인 무스타파 소쿨루는 크로아티아 지역의 여러 도시를 점령했다. 이어 각자가 서로에게 자신이 정복한 지역에 대한 반환을 요구했다.

술레이만은 이스탄불에서 막시밀리안의 사신을 감옥에 가두도록 한다. 그는 제2재상 페르테브Pertev 파샤의 명령 하에 트란실바니아로 군대를 파병한 뒤, 이어 야노시 지그문트와 크리미아의 칸 데블렛 기라이에게 막시밀리안의 수중에 들어간 두 도시로의 진군을 명했다. 그리고 마지막엔 자신이 몸소 군대를 이끌었다. 그의 병력은 30만 대군과 막대한 포대로 구성되어 있었다.[140] 이로써 헝가리 전쟁이 다시 시작됐다.

5. 최후의 원정

술탄이 몸소 군대를 이끌지 않은 지도 10년이 지났다. 이에 대해 무슬림들은 그를 나무랐다. 가지의 후예로서, 그리고 칼리프의 후계자로서 수행해야 할 첫 번째 의무는 바로 '이교도'들을 무찌르는 것이었기 때문이다. 신앙심이 강한 딸 미흐리마흐 공주와 술탄 주위의 셰이흐, 수도사들도 그에게 이 같은 점을 상기시켜 주었을 것이다. 또한 그는 황제군의 방어선이 약해졌다는 정보도 보고받았다. 부다의 총독은 황제가 싸울 것도 없다고, 그저 도시들이 그에게 항복할 수 있도록 모습만 나타내도 충분하다고 말했다. 그리고 특히 술레이만은 몰타의 패배에 대한 기억을 지우고 싶었다. 단시일 내에 기독교 진영이 자신의 군대를 짓밟았던 기억에서 벗어나고 싶었던 것이다.

출정식은 평소보다 더 성대하고 화려했다. "그는 이전의 그 어떤 출정식에서도 보지 못한 화려함을 보여주었다." 대오가 움직이기도 전에 "시인들은 세계의 위대한 파디샤가 거둘 승리에 대해 미리 시로 읊었다."

1566년 5월 1일, 이스탄불을 떠났던 파디샤 술레이만은 다시는 수도로 돌아오지 못할 길을 떠났다. 이제 그도 노인이 다 되었다. 한 그림[141]에서는 양 볼이 움푹 패고 수염은 하얗게 새었으며 숱도 별로 없는 모습으로 그를 그려놓고 있다. 또 다른 초상화[142]에서는 등이 굽고 야윈 모습으로 그를 표현했다. 술레이만이 곧 이르게 될 일흔 살이라는 나이보다 더 늙어보이는 모습이었다. 말 위에 올라탈 힘도 없던 술레이만은 마차를 타고 긴 여정 길에 올랐다. 보스포루스에서 베오그라드까지 49일간을 꼬박 마차를 타고 이동한 것이다. 길이 움푹움푹 패어 있는 곳이 너무 많아서 술탄보다 하루 가량 먼저 앞서가던 대재상은 길을 보수해놓고 가야 했다. 다리의 통풍이 심했던 술레이만은 계속해서 마차에만 머물렀고, 대상들을 영접할 때도 마차 안에서 맞아야 했다.

진군은 악천후 때문에 더디게 진행됐다. 폭우로 강물이 불어나고 길이 움푹움푹 패었으며, 다리는 세우는 즉시 곧 떠내려갔다. 마차의 요동 때문에 술탄의 고통은 극에 달했다. 인내심이 강했던 그는 마차를 세우지 말라고 했다. 소피아에서 하루를 멈추었고, 니시에서는 이틀, 베오그라드에서는 사흘 정도만 머물렀을 뿐이다. 멀리 가면 갈수록 사태는 점점 더 심각해졌다. 짐을 싣고 가던 낙타들이 대거 익사했고, 술탄은 자신의 막사를 세울 수가 없어서 대재상의 막사에서 자야 하는 일도 있었다.

다뉴브 강을 건너고, 술레이만은 다뉴브의 좌안에 위치한 제문 Zemun에 성대히 입성한다. 이곳에서 술레이만은 부대의 전열을 정비한다. 그리고 야노시 지그문트 및 그와 함께 온 트란실바니아 귀족 40여 명을 호사스레 대접했다. 최고 시종장과 궁중 최고 지휘관, 의전 담당관 세 명의 뒤를 이은 네 명의 시동 또한 금사로 된 옷을 입고 나이 어린 왕자의 복대를 차고 있었다. 그 앞에선 예니체리 100명이 술탄에게 바칠 선물을 들고 행진하였으며, 그 가운데에는 화려하게 장식된 화병 열두 개와 5만 두카 상당의 루비도 포함되어 있었다. 왕좌 주위는 재상들 네 명이 들고 있던 금과 보석들로 환하게 빛이 났다. 등받이는 없지만, 왕좌에 착석할 것을 권유받은 술탄은 야노시 지그문트에게 "사랑하는 내 아들"이라고 부르며 그의 입맞춤을 받기 위해 손등을 내밀었다. 그리고 필요한 것은 무엇이든 다 제공해주며 도움을 지원해주러 오겠다고 약속했다. 야노시 지그문트는 술탄에게 티사 강과 트란실바니아 사이에 있는 영토를 양도해달라고 부탁했다. 그의 청은 즉각 받아들여졌다. 지그문트를 물리면서 술레이만은 두 번 자리에서 일어나 그를 안아주었고, 이어 보석이 각인된 장검과 단도를 몸에 걸쳐주었다. 화려하게 장식한 명마에 귀금속 장식이 된 안장도 얹어 내주었다. 제문에서 술레이만은 프랑스 대사 그랑트리 드 그랑샹 Grantrie de Granchamp도 맞이했다. 그의 주군인 샤를 9세의 청을 전하러 온 것이었다.

술레이만의 계획은 코마론Komaron과 죄르Győr를 탈환하기 전, 트란실바니아로 들어가는 좁은 길목을 통제하는 에를루Erlau를 정복하는 것이었다. 시게트바르Szigetvar의 영주 니콜라 즈리니Nicolas Zriny 공작이 술탄궁의 고위 관료 한 명을 죽였다는 소식과, 그가 막대한 전리품을 챙겼다는 소식을 전해들은 술탄은 즉각 시게트바르로의 진군을 결정한다. 다뉴브와 티사 강 사이의 평원에서 다시 한 번 악천후로 군대의 진군이 더뎌졌다. 계절은 한여름이었으나 강물이 비정상적으로 불어나 있었다. 다뉴브 강과 사바 강, 드라바 강을 건널 때 번번이 서둘러 다리를 놓아야 하는 상황이었기 때문에 이를 건너는 게 여간 힘든 일이 아니었다. 육중한 대포는 물웅덩이에 빠졌고, 군대는 진창 속에서 계속 질척댔다. 그럼에도 8월 5일, 술레이만은 시게트바르에 도착한다. 이곳에선 9만 명의 병력과 대포 300문이 그를 기다리고 있었다. 도시의 성벽 앞에서 그는 말에 오를 만한 기력을 되찾았고, 이어 포위를 시작하라는 명을 내렸다.

즈리니는 요새 위에 붉은 천을 내걸었고, 중앙의 탑은 "이토록 위대한 군주에게 영광을 돌리고자" 설치해놓은 강철판으로 반짝거렸다. 요새에서 쏘아 올린 포탄이 전투 개시의 신호탄이 됐고, 곧이어 오랜 역사를 간직한 도시는 화염으로 휩싸였다. 즈리니는 잔해 위에 포대를 설치하기 위해 도시에 불을 밝혔고, 공격과 포격이 연이어 계속됐다. 병상에 누워 있던 술레이만은 차례로 두 가지 전략을 번갈아 썼다. 즈리니를 위협하기도 했다가, 약조 사항을 제시하며 유혹해보려는 시도도 한 것이다. 그렇게 거의 한 달 가량의 시간이 흘렀고, 외부의 보루가 모두 오스만에 함락됐다. 중앙의 탑만이 즈리니 군의 수중에 남아 있는 유일한 보루였다. 이에 즈리니는 영웅답게 죽기로 결심한다. 목에는 금목걸이를 걸고, 머리에는 다이아몬드를 꽂은 모자를 썼으며, 손에는 '어린 시절 썼던 검'을 쥐었다. 그는 남은 병력 600명을 선두에서 이끌고, 세 차례 '예수'를 부르짖으며 적진을 향해 힘껏 달려 나갔다. 그는 부상을 입고 포로로 잡혔으며, 오스만은 그를 참수하기 위해 포구 앞에 머리를 가져다놓았다. 얼마 전 스스로가 오스만의 아아aǧa 하나를 처형한 방식 그대로 똑같이 당하는 셈이었다.

얼마 후 성채가 폭파됐고, 3천 명이 그 잔해 속에 파묻혔다. 하지만 술레이만은 요새가 함락된 소식을 전혀 알 수 없었다. 재상 페르테브

파샤가 줄러Gyula를 함락한 사실도 알지 못했다. 9월 5일에서 6일로 넘어가는 밤 사이에 자신의 막사 안에서 숨을 거두었기 때문이다. 그의 마지막 순간을 지켜본 건 술탄의 주치의와 대재상 소쿨루 메흐메드 파샤 두 사람뿐이었다.

왕위 계승에 있어서는 전혀 문제될 게 없었다. 셀림이 유일한 왕위 후계자였기 때문이다. 하지만 군대는 전쟁 중인 상황이었고, 만일 술탄의 부대 내에서 주군의 서거 소식을 알게 되면 전투는 중단됐을 것이다. 군 지도부도 규율을 유지할 수 없었을 것이고, 예니체리들도 즉각 즉위 하사금을 요구했을 것이다. 새로운 군주가 즉위할 때마다 이들이 매번 받는 축의금이었다.

대재상 소쿨루 메흐메드 파샤는 자신의 진가를 보여주었다. 그는 퀴타햐의 총독으로 있던 셀림에게 즉각 전령을 보냈다. 그리고 셀림이 도착하길 기다리는 동안 술탄의 죽음을 철저히 비밀에 부쳤다. 대재상이 술탄의 서거 소식을 털어놓은 건 자신의 비서인 페리된Feridun 베이와 자페르Cafer 아아 두 사람에게 뿐이었다. 페리된의 경우 그가 믿을 만한 사람이었고, 자페르는 아마도 술탄의 글씨체를 완벽하게 따라할 수 있었기 때문이었으리라 추정된다. 최근 몇 주간 술탄이 거동을 하지 못하게 만들었던 병세를 핑계로 대재상은 심지어 다른 재상들에게까지도 파디샤의 막사 안에 들어오지 못하게 했다. 소쿨루는 의사마저도 처리해버렸다. 그가 너무 많은 걸 알고 있기 때문이었다. 따라서 전투는 마치 술탄이 직접 이끄는 것처럼 계속됐다. 술탄이 서면으로 군 수뇌부에게 명령을 내린 듯이 꾸민 것이다. 물론 실제로 글씨를 쓴 건 자페르였다.

9월 8일, 어전회의가 열리고 술탄의 서명이 들어간 서신이 전쟁에서의 승리 소식을 전하며 지방 총독들에게 보내졌다. 크리미아의 칸과 페르시아의 샤에게도 서신이 전해졌고, 유럽의 주요 군주들에게도 승전보가 타전됐다.[143] 군에 대한 보상도 이뤄지고, 주군을 대신하여 대재상은 부다 총독에게 즈리니의 머리를 보내어 막시밀리안 황제에게 전달하도록 했다. 그는 술탄이 시게트바르 요새가 속히 원상복귀되길 바란다는 뜻을 전했고, 도시 안의 회교 사원 건립 공사도 적극적으로 추진되길 바란다고 전했다. 아울러 다리의 붓기가 빠지면 신에게 전쟁에서의 승리를 감사하기 위해 술레이만이 사원에 들르고 싶어한다고도 덧붙였다. 일손이 바빠진 병사들은 술탄의 서거에 대해 하등의 의심도 하지 않았으며, 군대의 규율은 아무런 문제없이 유지됐다.

그렇게 43일이 흘렀다. 소쿨루는 이어 귀환 명령을 내린다. 술탄은 여전히 내부가 안 보이는 가마에 태워진 채 이동하는 걸로 되어 있었다. 사서 기록관인 페체비Peçevi는 이렇게 적는다. "이따금씩 소쿨루는 왕좌 가까이로 가서 술탄에게 보고하는 시늉을 했다. 보고서를 읽은 뒤 그는 한동안 술탄과 이야기를 나누는 척 연기도 했다. 술탄의 근위대인 '실라흐다르silahdar'로 훗날 대재상의 사위가 되는 자페르는 고인의 곁을 지키고 있었다. 대재상의 보고에 대한 답변은 바로 그가 서면으로 작성했다. 간혹 사람들 사이에 수군거리는 소리가 있기는 하였으나 대재상의 능수능란한 행동 덕분에 의심은 해소될 수 있었다. 파디샤가 죽었는지 살았는지 확실히 아는 사람은 아무도 없었다." 시게트바르 원정 일대기에 대해 페리된이 작성한 미세화에서는 말 두 필이 끄는 술탄의 사륜마차 옆에 대재상이 말을 타고 가며, 군 수뇌부가 그 뒤를 따르는 모습을 보여준다.

그러는 동안 셀림은 퀴타햐를 떠나 콘스탄티노플을 들르지 않은 채 장엄한 행렬의 선두로 곧장 향했다. 그는 베오그라드 부근에서 대오에 합류했다. 그제야 소쿨루는 고위 관료들에게 술탄의 서거 소식을 흘렸다. 이어 어느 날 밤, 그는 코란의 구절을 언급하며 황제의 막사 앞에서 추모 기도를 올리기 시작하라고 명했다. "합창단의 우측에서 '모든 지배의 순간은 사라지게 마련이며, 모든 인간은 그 최후의 순간이 있기 마련이다'라며 선창하고, 좌측에서 '오직 영원한 신만이 시간의 영향을 받지 않고, 죽음에 순응하지 않을 수 있다'라며 이에 화답했을 때 군대 전체가 크게 흐느끼며 오열했다.""다음 날 아침, 해가 뜨기 전에 장례식이 시작됐다." 재상들과 주요 인사들은 검은 띠로 머리를 감쌌고, 술탄 개인의 근위병들은 머리의 깃털 장식을 내려놓았으며, 청색의 덧옷을 걸쳐 입었다. 군 전체가 침묵 속에서 눈물을 흘렸다. 해가 떴을 때 셀림은 온통 검은 색 복장을 하였으며, 가마 앞으로 나아가 두 손을 올리며 하늘에 기도를 올렸다. 그의 스승과 의전장이 팔로 그를 잡아주었다. 재상들은 우측에서 열을 맞추었고, 주요 인사들은 좌측에 자리했으며, 이어 기도 시간을 알리는 승려들이 망자의 기도를 큰 소리로 읊어댔다. 기도가 다 끝났을 때 후임 술탄이 다시금 하늘로 두 손을 올려들었고, 이어 물러나 막사 안으로 들어갔다.

바로 그 때 군대가 항의하기 시작했다. 병사들은 "술탄이 우리에게

줄 포상에 대해 아무런 언급도 하지 않았다"며 소리친 것이다. 이들은 "우리는 술탄을 만나러 다시 올 것이다!"라고 외쳤다. 이틀 후 군대에는 특별 수당이 배분되었으나, 이들이 만족할 만한 수준은 아니었다. 하지만 이들의 반발은 잠재울 수 있었고, 장례 행렬은 계속됐다. 세밀화 화가 로크만Loqman은 말을 탄 고위 관료들로 둘러싸인 긴 관을 그림으로 표현했고, 관료들 뒤로는 잔뜩 줄지어 늘어선 예니체리들의 모습도 보였다. 장례 가마 뒤로는 시파히 무리가 손에 창을 들고 행렬을 따라갔다.

셀림이 수도에 입성한 날 심각한 사고가 일어났다. 전날 밤 몰래 술판이 벌어졌고, 대오가 움직일 때 (대부분 만취 상태에 있던) 예니체리들이 대열의 간격을 좁히며 통로를 완전히 막아버린 것이다. 한바탕 소동이 벌어지는 가운데 카푸단 파샤와 제2재상 페르테브 파샤가 말에서 낙상하여 발아래 깔렸다. 소쿨루는 이들에게 돈을 던지며 가까스로 빠져나왔다. 술탄궁에 다다른 폭도들은 재상들을 붙잡아 술탄 앞으로 끌고 왔다. 술탄은 이들에게 양보할 수밖에 없었고, 군 봉급을 올려주기로 약속한다. 혼란스러운 난국이 계속되자, 대재상은 그들 중 몇몇의 머리를 베었고, 그에 따라 다시 모든 질서가 잡혔다. 셀림이 즉각적으로 의결한 사항들 가운데에는 (군사 재판관) 카즈아스케르 두 명의 해임안도 포함되어 있었다. 술레이만이 몇 년 전 공포한 음주 금지법의 유지를 주장하며 '조심스럽게 훈계'했던 이들이었다.

방부 처리가 된 술레이만의 시신은 위대한 건축가 시난이 몇 해 전 쉴레이마니예 사원 부근에 만들어둔 묘소에 안장되었다. 이슬람 국가에서의 관례에 따라 장례식은 매우 간소하게 치러졌다. 사서에는 이에 관한 기록이 거의 없다. 회교 신도의 묘는 한때 아무리 막강한 힘을 지녔다 한들 일개 인간으로서의 잔해를 간직한 임시 거처일 뿐이기 때문이다. 영묘가 균형이 잘 잡힌 상태로 꾸며졌지만, 규모가 그렇게 거대한 건 아니었다. 왕의 묘소로 향하는 통로는 근처에 있던 성대하고 화려한 사원에 걸맞도록 꾸며지지 않았으며, 사원을 찾는 사람들은 몇 발치 떨어진 곳에 술탄들의 술탄 술레이만이 잠든 영묘가 있다는 사실도 모른다. 술탄의 묘 약간 뒤쪽으로 휘렘 술탄 록셀란의 묘소가 있었다. 두 사람의 묘비 주위에는 묘지 이정표로 사용되는 작은 돌기둥이 세워져 있다. 세월이 흐르면서 돌기둥은 기울어지고 혹독한 날씨에 퇴화되었으나, 몇몇은 커다란 터번 모양으로 솟아올라 그곳에 묻힌 이들이 얼마나 중요한 자리에 있었는지 알려준다. 마치 말없는 근위대 같은 느낌으로 올라와 있다.

위대한 시인 바키Bâki는 술레이만의 죽음에 대해 유명한 비가悲歌 한 수를 지었다.

계속해서 새어나오는 야심과 영광의 빛줄기에 사로잡힌 그대여, 세상 만물에 대한 그대의 쉼 없는 열정은 언제까지 갈 것인가?

헝가리의 무신앙자들은 그대의 휘황찬란한 검 앞에 머리를 조아렸으며, 프랑크인들은 그대가 가진 검의 칼날이 얼마나 강한지 익히 알고 있었다.

태양이 떠올랐다. 세상의 왕이 잠에서 깨어나진 않을까? 하늘을 닮은 막사에서 그가 고개를 들고 나오진 않을까? 우리의 시선은 유심히 길을 쳐다본다. 영광이 머무는 왕좌가 있는 쪽에서는 그 어떤 새로운 소식도 없다! 뺨 위의 혈색이 사라졌고, 그는 붉은 진액이 다 빠진 장미처럼 메마른 입술로 누워 있다.

제2부

제국 중의 제국

L'empire des empires

제8장

술레이만 시대의 동방 지역

술레이만은 인도를 정복하겠다는 야심을 품고 있었을까? 술레이만의 부친 셀림 1세, 그리고 콘스탄티노플을 정복한 위대한 메흐메드 2세는 여느 다른 지도자들과 마찬가지로 알렉산더처럼 위대한 정복자가 되고 싶다는 원대한 꿈을 꾸었다. 막강한 군대와 막대한 재산을 보유한 술레이만도 위대한 정복자가 될 수 있는 요건을 충분히 갖추고 있었다. 콘스탄티노플을 정복한 술탄으로서 술레이만의 이름은 여기저기에 유명세를 떨쳤고, 존경을 받았다.[144]

인도 정복은 언뜻 보면 꽤 쉬울 것 같았으나 술레이만의 부친도, 술레이만 그 자신도, 술레이만의 손자도 정작 인도 정복의 꿈을 이루지는 못했다. 셀림 1세는 요절해 버렸고, 술레이만은 육지와 바다에서 합스부르크 왕가와의 전투를 치러야 했기에 유럽에서 해야 할 일이 너무 많아 인도에 신경 쓸 여력이 없었기 때문이다. 그나마 술레이만이 유일하게 인도 정복에 나서기는 했으나 제독 한 명의 어이없는 실수로 인도 정복에 실패하고 말았다.[145] 이에 대해서는 뒷부분에서 살펴보기로 한다.

역사를 다시 고쳐 쓸 수는 없겠지만 정복이라는 꿈 자체를 꾸지 못할 이유는 없었다. 만일 오스만 제국이 인도를 정복했다면 어떤 일이 일어났을까? 포르투갈인은 인도 반도에서 쫓겨났을 테고, 오스만 제국과 포르투갈이 희망봉 쪽 길목에서 차지하는 위상도 달라졌을 것이다. 뿐만 아니라 몇 십 년 후에는 극동으로 가는 길이 완전히 차단되어 네덜란드인과 영국인은 진입조차 못했을지도 모른다. 만일 오스만 제국이 인도를 정복했다면 동방 지역과 유럽의 상황은 얼마나 달라졌을지 모를 일이다! '인도를 정복한 오스만'. 처음에는 이러한 상상이 불가능하게 보이지는 않았다. 그러나 현실은 만만치 않았다. 16세기에 향신료 무역로를 차지하기 위한 투르크족과 포르투갈인의 싸움은 예상보다 오래 갔고, 운명이 상황을 예상치 못한 방향으로 변화시키기도 했기 때문이다.

인도양에 포르투갈인이 진출하기 전까지는 무슬림이 극동과 동남아시아의 대 유럽 무역을 장악하고 있었다. 향신료와 희귀하고 진귀한 상품(향신료, 상아, 용연향, 조가비, 진주, 보석, 황금, 주석)을 실은 함선들은 오르무즈 해협과 페르시아 만을 지난 다음 거상들이 바그다드의 알레포(시리아의 북서부 도시) 혹은 다마스쿠스로 상품을 실어 나르는 출발점인 바스라까지 갔고, 혹은 이집트 카이로와 알렉산드리아와 가까운 홍해와 수에즈 만을 지나기도 했다. 중개무역 국가들은 상품을 실은 함선들에게 세금을 걷거나 상인 및 각종 중개인을 통해 이익을 얻으며 막대한 부를 쌓아갔다. 카이로의 화려함과 아름다움은 외국인 여행가들을 사로잡았다. 카이로 상인 2백 명의 재산이 1백만 두카를 넘어섰고, 10만 두카 이상의 부를 소유한 상인도 2천 명 정도 되었다는 말까지 있었다.[146]

그러나 바스코 다 가마가 1497년에 동방으로 가는 항로를 발견하고 희망봉을 지나면서 모든 것이 달라졌다. 포르투갈인들이 이 지역에 들어온 것은 단순히 우연이 아니었다. 바스코 다 가마가 탐험여행을 떠난 것은 새로운 땅을 발견하고 기독교를 전파하기 위해서만은 아닌 다른 목적도 있었다. 무슬림들은 이를 재빨리 간파했다. 무슬림들의 예상대로 바스코 다 가마는 처음에는 우호적으로 나왔으나 이내 깐깐하고 무자비한 본성을 드러냈다. 결국 모잠비크의 군주는 바스코 다 가마에게 조공을 바쳐야 했고, 잔지바르(탄자니아의 자치령)의 군주와 그외 나머지 군주들도 마찬가지 신세가 되었다. 바스코가 희망봉을 발견한 지 10년도 채 안 되어 아프리카 연안은 포르투갈의 수중에 들어가고 말았다. 포르투갈인들은 인도 연안에 있는 코친, 디우, 캘리컷, 고아에도 요새를 짓기 시작했다.

1502년에 바스코는 무슬림 함선이 들어오지 못하도록 홍해와 아랍-페르시아 만을 봉쇄했다. 알부케르케Albuquerque(1453~1515, 포르투갈의 동양 식민지를 건설한 인물)는 홍해 입구에 위치한 소코트라 섬을 장악했다. 페르시아 만 입구에 위치해 이란의 지배를 받던 작은 왕국 오르무즈의 항구들도 점령되어 불에 탔고, 주민들은 학살되고 여성과 아이들은 사지가 잘려 나갔다. 인도와 지중해 사이를 연결하던 무슬림의 무역은 극도로 타격을 받았고, 역내 무슬림 국가들은 경제와 재정이 위축되었다.

특히 이집트의 맘루크인이 가장 큰 타격을 받았다. 맘루크조의 술탄 칸수흐 알 그후리Kansuh-al-Ghuri는 교황에게 서한을 써 포르투갈의 국왕에 대해 뭔가 조치를 취해달라고 요청했다. 그러나 한창 번영을 구가하던 포르투갈의 '부유한' 마누엘 국왕은 교황의 요청에도 아랑곳없이 함대를 증강할 뿐이었다. 상황이 이렇게 되자, 맘루크인들도 포르투갈과 맞서 싸우는 것밖에는 다른 방법이 없었다.

그러나 맘루크인들은 기마전술에는 능했지만 해상전에는 약했다. 해상전에 대한 지식이 많지 않았고, 포르투갈 함대와는 경쟁이 되지 않을 정도로 함대 수준이 보잘 것 없었기 때문이다. 맘루크인의 가벼운 함대는 원래 지중해에서 사용하기 위한 용도로 제작된 것이라 인도양의 큰 파도에는 견디지 못했다. 함대를 전부 다시 제작할 수밖에 없는 상황이었다. 그러나 숲이 없는 환경이라 목재를 수입해야 했고, 기술자와 노동자들을 외국에서 불러와 대포에서 못까지 하나하나 만들게 해야 했다. 오스만 제국의 술탄 바예지드는 칸수흐에게 목재, 돛대, 노, 3백 대의 대포를 제공했으나 도중에 로도스 섬 기사들에게 목재를 빼앗기고 말았다.

맘루크인들은 수년 간 힘든 시기를 살았다. 포르투갈인들은 히자즈Hijaz 연안에 상륙해 메디나로 가 선지자의 시신을 치워버리겠다고 위협했고, 알부케르케와 군대는 도시와 마을을 불태우고 주민을 학살하는 등 무자비한 횡포를 부렸다. 칸수흐는 구자라트의 술탄인 마흐무드

베가라, 캘리컷의 군주와 손을 잡았다. 포르투갈의 함대는 봄베이 근처에서 격퇴되었지만 얼마 지나지 않아 맘루크인들은 전투에서 패하고 말았다. 맘루크인들은 다른 전략을 세워 예멘을 공략하기로 했다. 예멘은 포르투갈에 맞설 기지로 이용할 수 있고, 오스만 제국의 침공으로 급박하게 이집트를 떠나야 할 경우에도 은신처로 삼을 수 있는 전략적 요충지였기 때문이다. 하지만 칸수흐가 예멘에서 벌인 원정은 실패로 돌아갔다.[147]

그러나 오스만 제국이 전면에 등장하면서 모든 것이 달라졌다. 오스만 제국은 무슬림과 포르투갈인 사이에 벌어진 전투에 직접 참여한 경험이 이미 있었다. 맘루크조 술탄은 원정이 실패로 돌아가자 오스만 제국에게 도움을 청했고, 오스만 제국은 해군 제독, 갤리선, 화승 총수 및 포병 2천 명을 지원해 주었다. 이들 중 칸수흐를 돕던 제독 셀만 레이스는 갤리선 함대를 구축했다. 홍해의 항구를 방어하는 함대를 지휘하고, 포르투갈 제독 로포 소아레스Lopo Soares가 제다(사우디아라비아 남서부 홍해에 면한 항구도시)를 앞에 두고 줄행랑을 치게 만든 것도 바로 셀만이었다. 성지를 위협하는 이교도에 맞선 투르크인의 전투는 더 이상 멀리 이어질 필요 없이 여기에서 끝이 났다.

이집트가 정복되자 오스만 제국은 직접적인 위협을 받았다. 칼리프의 승계자이자 성지의 수호자인 오스만 제국 술탄 파디샤는 에티오피아로부터 황금을, 나일 강 유역에서 물자를 지원받았고, 특히 국내에서 거둬들인 세금으로 막대한 부를 축적했다. 그 중 수송물자에 부과되는 세금은 오스만 제국이 징수하는 세금 중에서도 중요한 비중을 차지했다. 오스만 제국은 홍해를 자유롭게 드나들 수 있는 항해권을 계속 갖는 일뿐만 아니라 홍해에 이르는 길을 방어하는 일에도 남다른 관심을 보였다. 저 멀리 아시아에서 건너온 이민 정복자들이 아랍 남부로까지 세력을 확장한 사례는 역사상 처음 있는 일이었다. 또한 농경과 목축으로 살아가던 제국이 무역으로 번영을 누리면서 대양 혁명을 일으켜 탄생한 해양국가 한 곳과 접촉하며 세력을 확장한 것도 역사상 처음 있는 일이었다. 이 두 세력의 분쟁은 국경을 따라 계속 이어졌다. 두 거대 세력이 사회 및 경제적 위치와 함선 제작 기술을 놓고 겨루는 신경전이기도 했다. 다시 말해 연안을 방어하기에 유리하고 조정하기 쉬운 가벼운 지중해 갤리선과, 대양에 띄울 수 있고 귀한 식료품이 쌓이고 거래되는 곳을 보호하고자 만들어진 무거운 함선의 충돌이라 할 수 있었다. 홍해, 페르시아 만은 투르크인의 갤리선이 이용하는 영역이었고, 인도양은 포르투갈 함선이 이용하는 영역이었다. 투르크인과 포르투갈인이 서로의 영역을 침범하는 일이 거의 없었다.

셀림은 알렉산더 대왕처럼 세계를 다스리는 황제가 되고 싶었고, 이집트 정복이 인도 정복을 위한 준비 단계라고 생각했다. 이스탄불의 지도층은 오스만 제국이 아시아에 기원을 두고 있다는 것을 생생하게 기억하고 있었기에 동방으로 영토를 확장하겠다는 꿈을 늘 품고 있었다. 알리 아크바르 히타키Ali Ekber Hitaki는 〈히타이서Hitaynâme〉에서 20장章에 걸친 분량을 통해 셀림에게 중국에 대해 설명하며 중국 영토를 정복해야 한다고 부추겼다. 1517년, 사나포선 선장 피리 레이스는 크리스토퍼 콜럼버스의 세계 지도에서 영감을 받아 제작한 세계전도를 셀림에게 가져다주었다. 피리 레이스가 만든 이 지도는 현재 서방지역 부분만 남아있다(이스탄불 박물관 소장). 동방 부분은 셀림이 아시아 원정을 준비하기 위해 따로 떼어간 것으로 보인다. 분명 셀림의 관심은 유럽보다는 동방 쪽에 있었다. 하지만 셀림이 50세에 돌연 사망하면서 투르크인들의 야심은 동방이 아닌 다른 방향으로 향하게 되었다.

셀림과 달리 술레이만은 유럽 쪽에 관심을 가졌다. 술레이만이 유럽 쪽에 관심을 가진 이유는 개인적으로 유럽에 끌려서가 아니라 유럽을 정복해야 할 필요성을 느꼈기 때문이다. 술레이만의 적은 에스파냐 국왕 카를 5세였다. 남쪽이나 동쪽보다는 북쪽이 제국을 위협하는 근원이라고 생각했던 것이다. 신념의 전사 '가지gazi'의 일원이었던 술레이만은 이슬람 세력을 기독교 진영까지 확대하고 싶어했다.

오스만 제국은 해상무역보다는 상품의 유통 및 농작물에 세금을 부과해 재원을 마련하고자 새로운 영토를 정복하는 일에 관심이 있었다. 실제로 지중해 원정에서 거둬들인 수익보다 발칸 반도 및 중유럽 군사 원정에서 거둬들인 수익이 훨씬 많았다. 또한 콘스탄티노플의 술탄은 동시에 두 개의 전투를 치를 상황이 아니었다. 인도양 원정은 힘겨운 장기전이 될 것이 분명했고, 유럽에서의 전쟁도 오스만 제국이 장기간 원정을 떠날 경우 기독교 진영이 이 틈을 노리고 선제 공격해올 가능성이 높았다. 뿐만 아니라 먼 곳으로 원정을 떠나기엔 오스만 제국의 무기와 갤리선은 아직 장비와 훈련병도 미비했다.

초기에 술레이만은 확실한 결단을 내리지 않은 채 얼마 동안은 두 개의 전투를 동시에 치렀다. 1521년에는 다뉴브 국가들을 상대로 베오그라드 전투를 치렀고, 2년 후에는 로도스 섬을 탈환해 남쪽 길을 열어갔다. 1525년까지 오스만 제국은 특별한 결정을 내리지 않은 상태였다.

대재상 이브라힘 파샤는 피리 레이스의 저서 〈해양 지식의 서Livre du Savoir maritime〉 개정판을 이집트 카이로에서 가져왔다. 이 책은 술레이만에게 인도양 항해, 포르투갈의 무역 및 선박기술에 대한 정보를 주었을 뿐만 아니라 해양을 통해 오스만 제국의 영토를 확장하고, 이슬람 성지를 침범하려는 이교도들을 물리쳐야 한다는 결심을 불러일으켰다. 한편 셀만 레이스 제독은 술탄에게 포르투갈이 유럽과 인도의 무역을 장악해 온다고 알렸고, 인도와 페르시아 연안에 구축된 포르투갈 요새를 공격해 남쪽에서 치고 들어가야 한다고 조언했다. 기독교인들이 신대륙 발견을 위해 항해를 하고 무슬림들을 위협한다는 것은 이스탄불에서도 이미 잘 알려진 사실이었다. 때가 되자 마침내 술레이만은 홍해와 인도양 원정을 준비했고, 이집트 함대를 증강하라는 명령을 내렸다. 다뉴브 지역에서 전투를 벌여야겠다는 결심을 하게 된 술레이만은 처음에는 모하치, 그 다음에는 빈으로 진격한다는 계획을 세웠다.

그리고 술레이만은 같은 해인 1529년, 나일 강과 홍해 사이에 운하를 건설하라는 지시를 내렸다. 사실 술탄의 관심은 유럽을 향해 있었고, 오스만 제국의 함대도 수년 동안 판에 박힌 전투만을 수행했다. 그러는 가운데 인도 북부 지역이 타메를란의 후손으로 투르크족 혈통인 바부르Babur에게 점령되었다는 소식이 들려왔다. 바부르는 훗날 무굴 제국의 1대 황제가 되는 인물이다. 델리에 위치한 로디 왕국은 멸망했고, 반도 전체가 극심한 혼란 속에 빠졌다. 이 혼란스러운 상황에서 유일하게 안정을 유지한 곳은 서쪽 해안에 위치한 구자라트 왕국뿐이었다. 그러나 구자라트 왕국의 군주 바하두르Bahadur 샤는 노골적인 정복욕을 드러내는 바부르와 그의 아들 호마윤을 보면서 자신의 왕국도 언제까지나 지금처럼 안정을 유지할 수는 없을 것이라는 생각을 했다. 처음에 바하두르 샤는 포르투갈에게 도움을 청할까 하고 잠깐 고민했으나 나중에 더 큰 문제가 생길 수 있다는 판단에 또 다른 강국인 오스만 제국에게 도움을 청하기로 했다. 바하두르 샤가 파견한 대사는 선물과 황금을 푸짐하게 가지고 온 덕에 이스탄불에서 환대를 받았다. 한편, 로디인들도 터전이었던 왕국이 바부르에게 점령당해 왕국에서 쫓겨나게 되자 파디샤 술레이만에게 도움을 청했다. 로디의 특사는 술레이만에게 포르투갈 총독을 잡아다가 감옥에 가두어 보이겠다고 호언장담했다.

그러나 바그다드에 이어 바스라가 점령되기는 했으나 상황이 그리 심각한 것은 아니었기에 인도 지역 무슬림 군주들의 요청은 술레이만을 설득하지 못했다. 이제 오스만 제국은 홍해와 아랍−페르시아 만이라는 두 가지 경로로 접촉했다. 인도양에서 지중해로 이어지는 무역이 모두 이루어지는 통로였다. 오스만 제국은 포르투갈과도 접촉했다. 포르투갈은 인도양을 차지하며 무역, 특히 유럽과의 향신료 무역에서 이익을 얻고 싶어했다. 오랜 집권기간 동안 술탄은 동남아 쪽으로 제국의 영토를 확장해야겠다는 생각을 해왔는데 바로 지금이 그 때였다.

1538년, 오스만 제국은 24척의 갤리선을 포함한 60척의 선박을 제작하기로 했다. 알렉산드리아의 안티오크 해, 다미에타에서 카이로까지, 그리고 여기에서부터 낙타의 등에 실려 수에즈까지 운반되는 목재가 사용되었고, 제노바 출신의 건축가가 선박 설계를 맡았다. 당시 오스만 제국은 베네치아 공화국과 전쟁을 벌이고 있었다. 오스만 제국은 베네치아 공화국의 배 10여 척을 알렉산드리아에서 나포해 원정에 사용했다. 예니체리 7천 명을 포함한 병력 2만 명과 대포 및 각종 장비가 실린 78척의 소형 선박이 원정에 투입되었는데, 투르크인이 인도에 상륙할 의도가 있다는 것을 제대로 보여주는 부분이었다.

오스만 제국의 함대는 이집트의 베이레르베이 하딤 쉴레이만Hadim Süleyman이 지휘를 맡았다. 그리스 출신으로 80세 넘은 나이에 성격이 우유부단한 하딤 쉴레이만은 어찌나 뚱뚱하던지 장정 네 명의 도움을 받아야 자리에서 일어날 수 있을 정도였다. 잔혹하고 양심 없던 하딤 쉴레이만을 지휘관에 임명한 것은 오스만 제국의 실수였던 것 같다. 어쨌거나 하딤 쉴레이만 때문에 오스만 제국의 계획이 수포로 돌아갔다. 하딤 쉴레이만은 제다로 건너가 그곳 총독에게 고문하겠다는 협박을 하여 엄청난 액수의 돈을 뜯어낸 다음 아덴 쪽으로 방향을 틀었다. 그리고 아덴에서는 오마르 이븐 다우드 군주를 연회에 초대한다며 자신의 배로 유인한 후 커다란 돛대에 매달아버리는 야비한 작전을 써서 아덴을 함락했다. 그러나 이 같은 비열한 전략은 아랍 국가들에게 충격을 주어 엄청난 결과를 초래했다. 아덴을 점령하라는 명령을 내린 적이 없었던 술레이만은 크게 분노했으나, 최적의 위치에 있어서 홍해를 가장 쉽게 방어할 수 있는 요충지인 아덴을 포기할 생각도 없었다.

하딤 쉴레이만은 아덴에 주둔군 500명을 남기고 깃발(산작Sancak)
을 꽂았으며, 인도 서안에서는 강성 요새인 디우로 향했다. 포르투갈
이 강력한 방어시설을 세웠던 도시 디우는 투르크인과 손잡은 구자라
트의 인도인이 육지 쪽을 포위하고 있었다. 투르크인은 디우에 도착하
자마자 약탈을 일삼았고, 이를 목격한 인도인은 투르크인에 대해 좋
지 않은 인상을 갖게 되었다. 기상 상황이 좋지 않을 것이란 보고를 받
은 오스만 제독은 바람을 막을 수 있는 정박지로 함선들을 이끌고 갔
으나, 도중에 소형 선박 네 척이 침몰하면서 그 안에 실려 있던 것들이
해변에 널브러졌다. 그 중 말안장 여러 개가 인도인들의 눈에 띄었다.
그제서야 구자라트의 술탄은 오스만 제국이 적군을 물리치는데 도움
을 줄 지원군으로 온 것이 아니라 오히려 영토를 탈취하려는 침략군으
로 온 것을 눈치 채게 되었다.

그러나 오스만 함대는 포르투갈의 포위 공격이 시작된 디우 쪽으로
방향을 틀었다. 포르투갈군은 한 달 내내 거대한 대포 아홉 문으로 요
새를 끝없이 공격했지만 아무 소용이 없었다. 아무리 거대한 포탄이
라 해도 요새의 벽을 스치기만 할 뿐이었다. 모든 공격이 실패로 돌아
갔다. 포르투갈군의 식량과 무기가 바닥을 보이던 바로 그때 놀랍게도
오스만 제국의 배가 닻을 올리고 외양 쪽으로 오고 있었다. 하딤 쉴레
이만은 후퇴했는데 아마도 강력한 군함이 오고 있다는 소문에 놀란 듯
하다. 그런데 사실 이 소문은 디우의 군주들이 하딤 쉴레이만에게 겁
을 주기 위해 지어낸 것이었다. 하딤 쉴레이만은 아덴에서 저지른 비
열한 짓에 대한 대가를 톡톡히 치렀다. 인도인은 더 이상 투르크인의

말을 믿지 않았고, 어떻게 하면 투르크인을 물리칠까 하는 생각만 했다. 아직 확실히 결정난 것은 아니었지만 인도인은 포르투갈이 오스만 제국보다 유리한 입장에 있다고 생각했다.

이것이 오스만 제국으로선 처음이자 마지막으로 동남아에서 벌인 원정이며, 오스만 제국이 홍해를 넘어 영토를 확장하려고 한 유일한 시도이기도 했다. 술레이만이 인도 땅을 정복하고자 한 원정이었다. 어느 무슬림 역사학자가 이를 증언해주고 있다. "이 시기에 술탄 셀림의 아들 술탄 술레이만은 프렌지(오스만 제국은 유럽인이나 외국인을 터키어로 '매독'을 뜻하는 frengi로 불렀다)를 인도 항구에서 쫓아내어 이 지역을 장악하려는 야심을 보였다."[148] 오스만 제국이 원정에 실패한 것은 전적으로 하딤 쉴레이만의 탓이 컸다. 하딤 쉴레이만은 이집트에서는 사령관이자 행정관으로서 뛰어난 능력을 보였지만 디우에서는 실수에 실수를 거듭했고, 무엇보다도 난폭한 성질 때문에 연합군인 구자라트인의 분노를 샀다. 그나마 하딤 쉴레이만은 오스만 제국에게 새로운 지방인 예멘을 정복할 길을 열어주며 실수를 만회했다.

하딤 쉴레이만은 원정 실패 후 아덴에서 멈춘 뒤, 자비드(지금의 예멘 남부에 있는 역사 유적)와 모카 지역에서 홍해에 인접한 평원인 티하마 쪽으로 향했다. 자비드와 모카 지역에는 칸수흐 원정 때 상륙해 있던 나머지 맘루크인 병사 수백 명이 머물고 있었다. 눈엣가시 같은 존재는 즉각 제거해버리는 성격이었던 하딤 쉴레이만은 맘루크인 지도자들을 처형해 오스만 정부를 세웠다.

자비드에 오스만 제국의 정복 깃발이 꽂혔고, 하딤 쉴레이만은 돌아오는 길에 지잔도 차지해 오스만 정부를 세웠다. 그로부터 몇 년 뒤인 1547년에 사나(예멘의 수도)와 타이즈(예멘 남부의 도시)는 우베이스 파샤와 오즈데이르 파샤에게 정복당하게 되고, 오즈데이르 파샤는 아비시니아(에티오피아의 옛 이름)의 첫 베이레르베이가 된다. 오스만 제국은 1635년에 어렵게 예멘을 정복하게 되었고, 그 후 1849년부터 제1차 세계대전까지 예멘을 지배했다.

하딤 쉴레이만은 콘스탄티노플로 돌아와 재상으로 승진했고, 1541년에는 대재상이 되었는데 이 때 그의 나이는 90세를 바라보고 있었다. 술레이만은 하딤 쉴레이만에게 헝가리를 정복하는 원정 준비를 맡겼다. 그러나 술레이만은 남해 쪽으로 제국을 확장한다는 계획을 완전히 포기했다.

포르투갈인이 중동지역 해상로를 장악하면서 지중해 시장에서는 외국 제품이 너무나 부족해졌다. 그렇다고 외래 물품이 완전히 사라진 것은 아니었다. 베네치아인은 포르투갈의 후추를 안트베르펜에서 구입해야 했지만, 레반트의 교역소들은 여전히 많은 양의 식료품들을 보유하고 있었다. 무슬림들은 상대적으로 자유롭게 드나들 수 있는 해상로를 계속해서 이용했다. 무슬림들은 오스만 제국이 이 사태를 해결해주기를 바라는 마음에 술탄에게 뭔가 조치를 취해달라고 했으나 술탄은 움직이지 않았다.

오스만 제국의 술탄은 하딤 쉴레이만의 원정이 처참한 실패로 돌아간 것 때문에 원정에 대해 매우 신중한 입장이 되었다. 간간히 군사 공격이 이루어졌지만 별 성과는 없었다. 그래도 그나마 이러한 공격 덕에 무슬림 소형 선박들이 포르투갈이 장악한 지대를 지나갈 수는 있었다.

그러나 1551년에 아덴이 포르투갈인에게 점령당하자 이집트 함선을 지휘한 경험이 있는 유명한 지도 제도사 피리 레이스가 오스만 제국의 지시를 받아 30척의 함선을 이끌고 남쪽으로 향했다. 아덴의 탈환은 쉽게 이루어졌다. 무스카트(오만의 수도)는 점령되었고, 포르투갈인 총독 존 오브 리스본은 수감되었다. 피리 레이스는 술탄의 명령을 어기고 오르무즈를 포위 공격했으나 디우에서와 마찬가지로 요새는 난공불락이었고, 투르크인은 한 달 간의 포위 공격 끝에 바스라로 후퇴했다. 적들은 피리 레이스가 후퇴하는 대가로 호화로운 뇌물을 받았다는 소문을 퍼뜨렸다. 오스만 제국의 원정은 또 다시 완전한 실패로 끝났다.

포르투갈과의 전투에서 오스만 제국의 함선 여러 척이 침몰했고, 남은 함선들은 아랍-페르시아 만 입구에 있는 샤텔아라브 강으로 후퇴했다. 남아있는 오스만 제국의 함선 세 척 중 하나는 바레인의 바다에서 침몰했다. 피리 레이스는 겨우 함선 두 척을 이끌고 카이로로 돌아왔다. 피리 레이스는 카이로에서 막대한 선물을 갖고 왔지만 술레이만의 분노를 잠재우기에는 역부족이었다. 술레이만은 피리 레이스를 즉각 처형했다.

피리 레이스가 버려두고 온 함선들을 수습해 오라는 명령을 받고 또 한 명의 제독이 바스라로 파견되었지만 역시 실패를 거두고 말았다. 마침내 시디 알리 레이스가 출전 명령을 받았다. 시디 알리 레이스는 바르바로사의 지휘를 받으며 프레베자(그리스 서부에 있는 항구)에서 전투한 경험을 가진 뛰어난 해병 출신이었다. 시디 알리 레이스는 함정에 빠져 옴짝달싹 못하는 갤리선 15척을 구해오는 임무를 받고 출동했으나 역시 전투에서 쓰라린 패배를 맛보고 말았다. 포르투갈에 쫓기던 시디 알리 레이스는 구자라트로 가게 되어 그곳에서 군주의 환대를 받았지만, 포르투갈인을 자극하고 싶지 않았던 구자라트 군주는 시디 알리 레이스의 함선들을 침몰시켜 버렸다. 시디 알리 레이스는 육로를 통해 터키로 돌아와야 했다. 시디 알리 레이스가 신드(파키스탄 남동부 인더스 강 하류 지역), 펀자브(인도 북부와 파키스탄 중북부에 걸친 광활한 지방), 아프가니스탄, 트란스옥사니아(지금의 중앙아시아 지방), 호라산(이란 동북부를 중심으로 아프가니스탄, 투르크메니스탄에 걸쳐 있는 지방), 이란을 거쳐 이스탄불까지 오는데 약 4년이라는 세월이 걸렸다. 지리학자이자 수학자, 시인이었던 시디 알리 레이스가 남긴 탐험 이야기는 당시 중동 국가에서 가장 생생하고 교훈이 풍부한 모험담으로 알려지게 되었다.

시디 알리 레이스의 원정은 오스만 제국이 포르투갈인과 맞서려던 마지막 중요한 시도라고 할 수 있었다. 이후 수십 년 동안 술탄의 함선들은 아랍-페르시아 만에 어렵게 몇 번 다다를 수는 있게 되었다. 홍해는 늘 침략을 받을 가능성이 있었다. 술탄의 함선들은 포르투갈인이 이 지역을 장악하지 못하게 하기 위해 에리트레아(아프리카 동북부에 있는 공화국)의 연안지역 일부(수아킨[수단 동북부, 홍해에 면한 항구도시]과 마사와[에티오피아 북부, 홍해에 면한 항구도시])를 점령해야 했다. 술탄의 함선들은 아비시니아의 내부에 공격을 퍼부었지만 큰 성과를 거두지 못했다. 훗날 오스만 제국의 영토는 베이레르베이릭beylerbaylik(베이레르베이가 통치하는 지역)으로 삼은 연안지대에 한정된다. 하지만 오스만 함선들은 이곳에 오래 머물지 않았다. 냉담한 반응을 보이는 이 연안 지방을 소유해봐야 얻는 것이 별로 없고, 오히려 홍해에서 강력한 함대를 계속 유지하느라 비용이 더 많이 들 것 같았기 때문이다.[149]

그 동안 몇 가지 어려움과 문제가 있긴 했지만 인도와 중동의 무역이 완전히 중단된 적은 단 한 번도 없었다. 가령 1561년에 리스본은 향신료가 부족했고, 16세기 초에는 이집트 항구 역시 향신료가 부족하게 되었다. 1564년경에는 알렉산드리아가 리스본만큼 향신료를 많이 수입하게 되었고, 알레포는 다시 한 번 중개무역의 중심지가 되었다. 포르투갈은 완벽한 봉쇄작업을 하지는 못했다. 하지만 투르크인도 오스만 제국과 포르투갈 사이의 경계선을 넘으려 하지 않았다.

술레이만 시대의 오스만 제국은 막대한 재원을 갖추었고, 무슬림 세계와 인도에서 연합군의 지원을 얻을 수 있는 위치에 있었기에, 남해에서 포르투갈 함선들을 쫓아내고 동남아시아, 나아가 중동까지 세력을 확장할 수 있는 가능성이 충분했다. 그러나 포르투갈의 함대는 해상전을 위해 특수 제작된 것이라 육중하고 막강했으나 이에 비해 오스만 제국의 함대는 노가 달린 작은 선박에 불과했다.[150] 오스만 제국의 갤리선은 무게가 가벼워 해상전에서 불리한 입장이었을까? 하지만 무조건 오스만 제국의 함선이 불리하다고 단정하기에는 이르다. 포르투갈 함대는 해상전에 유리하긴 하지만 상륙 작전에서는 오스만 제국의 노가 달린 소규모 함정이 포르투갈의 돛이 달린 대형 선박에 비해 조종도 쉽고 유리했다. 하지만 해상 전투가 벌어졌을 때에는 돛이 달린 대형 선박이 노가 있는 소규모 함정보다 우세했다. 포르투갈 함선은 지중해용으로 건조되어 레반트 선원들이 모는 오스만 선박에 비해 항해와 해상전에 더 적합한 것은 사실이다. 하지만 그렇다 해도 오스만 제국은 마음만 먹으면 포르투갈 함대를 공격할 수 있는 막대한 함대를 구축해 홍해로 끌어모아 능력 있는 사령관들에게 함대 지휘를 맡길 수도 있었을 것이다. 결국 오스만 제국에게 부족했던 것은 배가 아니라 의지였다.

사실 술레이만은 영원한 숙적인 북부의 십자군을 물리쳐야 한다는 생각에 사로잡혀 있었다. 여기에 영향력을 행사하는 측근들 역시 제국의 내륙지방 출신, 특히 발칸 반도 출신이 대부분이었다. 세르비아, 알바니아, 크로아티아, 그리스 출신들로 이루어진 이 측근들은 시야가 그리 넓지는 않았다. 세상을 떠들썩하게 만든 사건은 속속들이 잘 알고 있었지만 생소한 지역이나 해상전에 대해서는 오스만 제국이 개입해야 한다는 생각 자체를 하지 않았다.

술레이만은 에스파냐의 국왕 카를 5세를 누르고 유럽을 정복하고 싶다는 생각에만 관심이 가 있었다. 만일 포르투갈이 오스만 제국의 안전, 재산과 경제를 위협하는 정복 전쟁을 벌였다면 술레이만도 포르투갈을 공격했을지 모른다. 그러나 포르투갈이 오스만 제국을 위협하는 전쟁을 벌이는 일은 일어나지 않았다. 포르투갈의 경우 동방으로 세력을 확장하는 작업을 벌이긴 했으나 단 한 번도 오스만 제국에게 위협을 가한 적은 없었다.

정복자보다는 상인다운 성향이 강했던 포르투갈의 국왕들은 무역의 거점이 되는 연안까지의 영토만 차지하는 것으로 만족했다. 반면, 오스만 제국의 술탄들은 세금과 물적 자원을 얻을 수 있는 광활하고 인구가 많은 영토를 정복하는 일에 관심이 있었다. 이처럼 포르투갈과 오스만 제국은 추구하는 목적 자체가 달랐기에 서로 대규모 전쟁을 벌일 이유가 없었다. 술레이만은 인도양 및 머나먼 섬에서 일어나는 일에는 그리 관심이 없었고, 유럽의 정치에만 관심이 가 있었다. 한마디로 술레이만은 아시아에 별로 관심이 없었던 것이다.

측근들 중에서도 앞을 내다볼 줄 알았던 이들은 술레이만의 이러한 성향에 대해 안타깝게 생각했다. 특히 19세기의 위대한 동양학자 중하나로 존경받던 아미니우스 뱀버리Arminius Vambery는 이런 말을 했다 "술레이만이 헝가리와 오스트리아에 예니체리를 대거 파병할 시간에 인도 정복을 중요한 목표로 삼아 힘을 기울였다면 다뉴브 강에서보다 더 원대한 성공을 오랫동안 누렸을 것이다. 술레이만은 승리를 가져다줄 수 있는 강력한 함대를 갖추고 있었으나 바부르의 후손들은 이와 같은 함선이 없었다. 술레이만의 명성은 아랍, 이집트. 나아가 전체 이슬람 세계까지 퍼져나갔다. 술레이만의 잘 훈련되고 무장한 보병과 비교하면 힌두교의 신 비슈누의 숭배자들을 누르고 승리한 중앙아시아의 병력은 어린아이 장난에 불과했다. 오스만 제국의 군주들이 인도를 지배했다면 그 어느 정복자들보다 역사에 더욱 이름을 찬란하게 떨쳤을 것이다. 만일 그랬다면 아시아의 운명은 어떻게 되었을까?"[151]

---- ≪ **제9장** ≫ ----

동서양을 잇는 최대의 도시

    15세기에 비잔틴 제국의 수도였던 콘스탄티노플은 오스만 제국에게 정복된 이후 자연스럽게 오스만 제국의 수도가 되었고, 오늘날은 이스탄불[152]이라 불린다. 콘스탄티노플은 제2차 십자군 전쟁을 일으킨 프랑크족에 의해 황폐해졌고, 오랜 기간 동안 쇠락과 빈곤으로 얼룩졌으나 오스만 제국에게 편입된 후 새롭게 복구가 되었다. 콘스탄티노플이 새롭게 재건되자마자 메흐메드 2세는 여기에 터를 잡았다. 부르사에 이어 에디르네Edirne(아드리아노플Andrinople)는 초기 오스만 제국의 술탄들에게는 언제나 임시 수도일 뿐이었다. 헤지라Hegira(이슬람 원년. 무함마드가 이슬람 교단과 함께 박해를 피해 메카에서 메디나로 옮긴 일을 말한다 – 옮긴이)의 시작부터 언제나 최고의 목표는 콘스탄티노플이었다. 선지자의 약속에 따르면 콘스탄티노플을 차지하는 순간 영원한 영광이 있을 것이라고 하지 않았는가? 동방 최대 제국인 오스만 제국에 걸맞는 수도가 콘스탄티노플 말고 어디가 있겠는가?

콘스탄티노플은 지중해에서 가장 아름다운 지형을 뽐내는 곳 중 하나였다. 로마처럼 일곱 개의 언덕이 서쪽 땅을 나누고, 골든 혼을 형성하는 넓은 바다를 굽어보고 있었다. 북쪽에서는 좁고 깊은 보스포루스 해협이 흑해와 지중해, 북쪽과 남쪽, 슬라브 땅과 무슬림 동방지역을 잇는 다리 역할을 했다. 톱카프 궁정Topkapi Saray의 테라스에서는 발칸 반도의 끄트머리 경사면과 아시아 고원의 도입부 경사면, 마르마라 해, 흑해의 입구가 한눈에 들어왔다.

수천 년 전부터 해양, 군사, 정치의 요충지였던 콘스탄티노플은 사람들의 왕래가 빈번한 곳이었다. 기원전 1000년, 유럽에서 온 것으로 추정되는 사람들이 골든 혼 깊은 곳, 지금 오스만 제국의 궁정이 세워진 골든 혼 끝자락에 있던 마을을 발견한 적이 있었다. 기원전 657~658년에는 메가레 출신의 원정군 대장 비자스가 자신의 이름을 영원히 남길 도시를 세웠다. 델포이의 신탁은 심지어 아시아 연안에 있는 칼케돈에 정착하면서 골든 혼이 얼마나 훌륭한 항구인지를 깨닫지 못한 다른 메가레인들을 가리켜 '장님들'이라고 부를 정도였다. 실제로 골든 혼은 북쪽과 남쪽에서 오는 폭풍우에도 끄떡없었고, 테살로니키에서 멀리 떨어진 피레우스와 흑해 사이에 위치해 있어 안전한 방어벽이 되는 유일한 최적의 항구였다. 역사를 통틀어 콘스탄티노플이 가진 장점을 모르는 위대한 정복자는 단 한 명도 없었다. 그렇기에 마케도니아의 필립 왕, 최초로 몽골 제국을 세운 아시아 부족 아바스, 페르시아인, 불가리아인, 아랍인은 골든 혼을 끼고 있는 콘스탄티노플을 차지하려고 애썼다. 하지만 그 누구도 콘스탄티노플을 정복하지는 못했다. 바예지드 1세는 1391년에, 무라드 3세는 1422년에 콘스탄티노플을 포위 공격했으나 실패했다. 하지만 1453년 5월 29일 아침, 메흐메드 2세는 마침내 콘스탄티노플을 정복하는 영예를 누렸다.

콘스탄티노플은 남아난 것이 없다고 할 정도로 심하게 훼손되었고, 중요한 건물도 모두 붕괴됐다. 사산조 페르시아 황제들의 궁정과 아바스 왕조 칼리프들의 궁정보다 화려했다고 전해지는 황궁들도 폐허가 되어 버렸다. 블라케르나에 궁정과 콘스탄틴 폴피로게니투스 황궁들도 예전의 화려한 모습을 잃어버렸다. 콘스탄티노플에 살았던 주민 70만 명 중에 몇 천 명만이 남아 있었다. 메흐메드 2세가 그나마 남아 있던 콘스탄티노플의 주민들을 지방도시로 보내라고 지시하면서 주민 수는 더욱 줄어들었다. 발칸 반도와 아나톨리아에서 투르크인, 유태인, 아르메니아인, 그리스인 수천 명이 콘스탄티노플로 건너오면서 기존의 주민을 대신해갔다. 또한 오스만 제국은 콘스탄티노플 곳곳에 주거지를 수리하고 공공건물을 짓기 위해 기술자들을 필요로 했다. 훗날 '옛 궁정'이라는 이름을 받게 되는 커다란 궁정이 세 번째 언덕 위 테오도시우스 포룸이 있던 자리에 세워졌다. 메흐메드 2세는 1457년에 이 궁전에서 살기로 했고, 골든 혼, 보스포루스와 마르마라 해를 굽어보는 암벽 위에 다른 궁정을 지으라고 명했다. 이 궁정은 지금도 유명한 명소인 톱카프 궁정이다. 옛 콘스탄티노플은 오스만 제국 아래에서 새롭게 활력을 찾아갔다.

콘스탄티노플은 오스만 제국에게 정복되고 나서 '이스탄불'로 바뀌었다. 그로부터 25년 후, 주민 수가 7만 명이 되었다. 그것이 술레이만의 통치 초기에 40만 명, 1550년경에는 50만 명으로 증가했으며, 통치 말기에는 70만 명 정도가 되었다고 한다. 이제 이스탄불은 지역 내에서 최대 인구를 자랑하는 거대 도시로 탈바꿈했고, 사람들은 끝없이 이스탄불로 밀려들었다. 자발적으로 오는 사람들도 있었고, 도시 재건과 환경 미화를 위해 최고 기술자 및 장인 자격으로 차출되어 오스만 군주들의 손에 이끌려 온 사람들도 있었다. 셀림 1세는 페르시아와 이집트에서 승리를 거둔 후, 오스만의 도예 기술을 발전시키고자 1천여 명의 이란 장인과 기술자들, 그리고 비슷한 수의 시리아와 이집트 장인들을 이스탄불로 보냈다. 술레이만도 베오그라드 원정 이후에 칠탑성(예디쿨레 요새) 근처에 세르비아인들을 거주시켰다.

1. 세계에 문을 연 개방적인 수도 콘스탄티노플

사람들이 끝없이 밀려들어 오면서 16세기에 이스탄불은 국제도시로서의 명성을 누리게 되었다. 술레이만 시대의 오스만 제국은 강력한 중앙집권 체제를 갖추고 절대왕권이 뿌리를 내린 덕분에 당시에는 유일한 국제적인 제국이 되었다. 카를 5세의 에스파냐 제국은 통일이 이루어지지 않아 군주만이 강성할 뿐 그 외에는 허술하기 이를 데 없어 국제적인 제국이라 할 수 없었다.

당시에 이스탄불만큼 개방적인 수도는 없었다. 다양한 출신의 사람들이 피신, 거주, 일자리 등 여러 가지 이유로 이스탄불에 모여들었다. 에스파냐에서 쫓겨난 유태인, 상인이자 선원인 그리스인, 아랍인, 수단에서 온 흑인, 모험을 좋아하거나 조국을 떠날 수밖에 없었던 가톨릭 신자들도 이스탄불로 몰려들었다. 이들 모두 오스만의 제국 안에서 번영을 누리며 자연스럽게 동화되어 갔다. 오스만 제국에서는 세금만 제대로 납부하고 별 문제만 일으키지 않는다면 출신 때문에 불이익을 받는 일 없이 편하게 살 수 있었다.

그들은 인종이나 지역에 따라 그룹을 이루어 살았다. 가톨릭 신자(프랑크족)는 베욜루와 갈라타에 살았고, 아르메니아인은 마르마라 근처, 술루 모나스티르, 혹은 사마티아에 모여 살았고, 그리스인은 보스포루스 해협에 위치한 베욜루와 갈라타에 살았으며, 유태인은 골든 혼 근처에 살았다. 세력이 큰 아르메니아인 커뮤니티는 서방을 상대하는 페르시아의 중개무역에서 독점권을 행사했다. 아르메니아인은 페르시아에서 이스탄불로 통하는 루트를 차지해오다가 아예 이스탄불에 살게 되어 금융 분야에서 막강한 영향력을 행사했다. 오스만 제국이 콘스탄티노플을 정복하는 과정에서 많은 수가 학살되었던 그리스인은 다시 수가 많아졌고, 주로 소상인, 소매상인으로 활동하거나 바다와 관련된 일을 하면서 동지중해의 무역을 장악했다.

술레이만 시대에 매우 부유한 삶을 영위하며 주요 직책을 맡은 그리스인들도 있었다. 술레이만의 통역을 담당한 유니스 베이가 대표적인 인물로 대사급의 고위 인사로 대접 받았고, 실제로 대사도 여러 번 지냈다. 유태인들은 주로 무역과 금융 분야에 종사하며 환전, 중개업, 알선업을 맡았다. 16세기 오스만 제국에서 유태인만큼 술레이만의 궁정에서 좋은 대우를 받은 소수 민족이 없었다.

크게 세 부류로 나뉘는 비非 이슬람 신자들(딤미Dhimmis) 외에도, 각지에서 온 사람들이 이스탄불에 자리를 잡았다. 알바니아인(행상인, 포장공) 가운데 일부(철제집기 제조상, 곰 조련사)는 17세기에 오스만 제국에서 중요한 직책을 맡기도 했고, 이란인은 조국 이란과 비단을 거래하는 무역을 했다. 이집트인과 시리아인(석공, 도예공)도 있었고, 몰다비아−발라키아인과 세르비아인은 치즈 혹은 파스티르마Pastirma(향신료가 들어간 육포)를 만드는 일을 했다.

오스만 제국은 이교도라고 해서 적대시하지는 않았다. 술탄이 집권하는 오스만 제국은 유태인을 박해하지 않는 관용적인 정책을 펼치는 통치 모델의 모범이었다. 오히려 기독교 국가들이 관용을 베푸는 일에 인색했다. 반면에 오스만 제국은 설령 투르크인과 소수 민족 사이에 다툼이 벌어지는 일이 있어도 개인적인 이유이거나 비양심적인 관리 때문이지 절대로 외국인 배척으로 인한 감정 때문은 아니었다. 무슬림, 기독교인, 유태인 등은 각자의 교회, 회교사원, 유태교회당 주변에 모여 얌전하게 살아갔다. 이스탄불 인구의 40%를 차지하던 비 무슬림 신자들은 대부분 기독교인으로, 동방정교를 믿는 그리스인, 아르메니아인, 소수의 가톨릭 신자들로 이루어져 있었다. 오스만 제국에서 동방정교 신자와 기독교 신자는 전체 인구의 30% 정도를 차지했고, 유태인은 10% 정도였다. 이 두 거대 집단은 '밀레트'라는 이름의 종교 공동체라고 불렸다. 각 밀레트는 해당 종교 지도자가 통솔하는 가운데 자체적으로 운영됐고, 밀레트의 지도자는 술탄에게 공식적으로 인정을 받았으며, 오스만 정부에 대해 자체적으로 신도들을 책임졌다. 주요 밀레트인 그리스인 동방정교회 집단 '룸 밀레티Rum milleti(로마, 즉 비잔틴 제국)'는 총주교가 이끌었다. 총주교는 술탄이 하사하는 최고 권력의 상징인 말꼬리 세 개를 받은 고위 관료에 준할 정도의 비중 있는 인물이었고, 오스만 제국 내에서 정교회 소속 그리스인 전체를 관할하는 사법권을 가졌다. 유태인도 밀레트를 형성했는데, 하함 바시Haham Basi, 즉 대제사장을 선출해 받들어 모셨다. 대제사장은 총주교와 동일한 특권을 가졌다. 아르메니아 그레고리오 교도 역시 마찬가지였다. 아르메니아의 총대주교는 주요 커뮤니티에 속하지 않은 술탄의 백성들, 즉 가톨릭 신자, 네스토리우스파 교도, 자코브파 교도를 다스리는 권한을 부여받았다. 각 커뮤니티의 대표마다 이교도들로부터 인두세인 디지예Ciziye를 거두어 술탄에게 납부하는 의무를 가졌다. 그러나 이교도라 해도 궁정 주치의처럼 궁전 내에서 중요한 역할을 하는 사람들은 면세 혜택을 누렸다. 밀레트마다 각 대표인 총주교, 총대주교, 대제사장에게 정해진 금액을 세금으로 납부했고, 각 밀레트의 대표는 이렇게 거둔 세금을 오스만 제국에 전하는 것이 의무였다. 가정의 생계를 책임지는 성인 남성들은 인두세만 내면 되었다.

이스탄불에서 비 무슬림 신자 못지않게 많은 수를 차지한 것은 투르크인이었다. 이스탄불을 거대한 무슬림 도시로 만든 것은 바로 투르크인이었다. 투르크인은 대부분 아나톨리아에서 온 소수 민족들과 같은 시기에 건너왔다. 즉, 콘스탄티노플이 오스만 제국에게 점령되고 수십 년 후에 건너왔고, 이후 16세기에도 계속 이스탄불을 채워갔다. 석조 토대 혹은 목조 토대 위에 흙을 바른 단층 목조 가옥들은 수세기 동안 모습을 그대로 유지해 1920년대에도 이스탄불의 역사를 보여주는 유적지가 되었다.

콘스탄티노플 정복 후, 투르크인은 멸망시킨 비잔틴 제국의 옛터 위에 새로운 모습의 화려한 수도 이스탄불을 세웠다. 비잔틴 제국의 옛 수도 콘스탄티노플의 흔적이라고는 저수지와 수로, 하수도밖에 남지 않았다. 오랜 유목민 생활에서 체득한 습관 때문에 투르크인은 세상이란 덧없는 것이라는 특유의 냉소적인 시각을 가졌고, 이러한 시각이 건축에 영향을 미쳤다. 투르크인은 가옥을 그저 삶의 공간에 지나지 않는다고 생각해 소박하게 지었다. 하지만 예외적으로 사원은 영원을 상징하는 공간으로써 화려하게 건축했다.

2. 궁정, 별장 그리고 회교사원

사람들이 사는 지역은 크게 세 곳이었다. 첫 번째 지역은 그리스의 옛 도시로, 성벽으로 둘러싸여 있고 투르크 족이 대다수를 이루는 이스탄불이며, 두 번째 지역은 선술집과 상인들, 창고들이 가득하고 과거 제노바의 도시이자 서쪽에서 온 배들이 정박하는 곳으로서, 프랑스를 필두로 강대국들이 차례로 대사관을 연 베욜루와 포도나무들이 우거진 갈라타이다. 세 번째 지역은 보스포루스 해협의 맞은 편, 아시아 쪽 연안에 위치한 곳으로 유럽인들에게는 '스쿠타리Scutari'라는 이름으로 알려져 있고, 왕성한 상업 활동과 해안가의 호화로운 별장으로 유명한 도시 위스퀴다르였다.

이 세 곳의 지역에서도 상대적으로 인구가 밀집되지 않는 곳들이 있었다. 첫 번째는 골든 혼의 스탐불리 해안에 위치한 곳으로, 선지자의 친구 에윱 엔사리Eyup Ensari가 잠들어 있는 에윱 성소의 방향을 향하고 있었다. 두 번째는 부유층이 '얄리Yali'라 부르는 여름 별장을 지은 보스포루스 해협을 따라 이어진 곳이었다. 세 번째는 마르마라 해에서 가까운 칠탑성 근처에 있는 곳이었다.

16세기 말부터는 이스탄불 내에서도 여기저기 장소를 가리지 않고 가옥이 들어섰다. 정부는 주택이 도로 위를 점령하지 못하게 했으나 별 소용이 없었다. 사람마다 자기 마음대로 자리를 잡으며 살아갔기 때문이다. 목조 건축이 많은 이스탄불에서는 화재가 한 번 발생하면 도시 전체가 폐허가 될 가능성이 컸다. 1546년에 발생한 단 한 번의 화재로 집 750채가 타버린 적도 있어 재건축이 이루어지기도 했다. 집집마다 널찍한 녹색 공간으로 나뉘어졌는데 개인 정원, 포도밭, 공터들이 이스탄불에 시골 같은 분위기를 연출했다. 자연을 좋아하는 투르크인이 선호하는 분위기였다.

이스탄불은 비잔틴의 옛 수도 콘스탄티노플의 모습을 전반적으로 간직하고 있었다. 1000년 이상 새로운 로마를 보호했던 멋진 벽들은 오스만 제국에 정복된 후 수년 동안의 수리를 거쳐 튼튼해졌다. 아우구스타이온 광장과 콘스탄틴 포룸, 과거의 메세 혹은 디반 올루 거리를 연결하는 도로는 주요 도로의 역할을 하곤 했다. 술탄이 다뉴브 지역의 국가들과 전쟁을 치르기 위해 아드리아노플(에디르네)에 갈 때 이용하는 길이 이스탄불의 유일한 대로였으나 이마저도 다니기가 불편했다. 좁고 구불구불하고 경사가 심해 겨울에는 진흙투성이였고, 여름에는 먼지가 가득했다. 짐수레가 많지 않았기 때문에 사람이 직접 등에 짊어지고 운반하는 방식이 주를 이루었다(이 같은 짐꾼 역할은 주로 아르메니아인들이 맡아서 했다). 무덤은 분수 옆에 위치했고, 부유한 상인의 저택이라 해도 주변은 온 가족이 한데 아울려 살아가는 흙벽으로 된 나무 오두막집이었다.

성 소피아 사원과 고대 그리스 경마장 히포드롬 광장 부근, 그리고 바예지드 사원 및 쉴레이마니예 사원 인근 지역은 술탄궁의 고위 관료들과 부르주아 상류층의 관심을 끌었다. 하지만 허름한 집들이 있어서 고위층과 상류층의 주거 지역으로는 적합하지 않았다. 거의 모든 구역이 상업 활동을 의미하는 이름을 가졌다. 예를 들어, 톱하네Tophane는 대포 주조공장, 카기타네Kaghitane는 제지 공장, 사흐파자Sahpazar는 화요 시장이라는 뜻이었다. 이 같은 명칭은 지금까지도 남아 있다.

재상, 고위 관리, 군 사령관 등 국가 요직에 있는 사람들의 집은 그야말로 궁궐 같았다. 술탄의 궁정처럼 꽃이 피고 나무가 울창한 정원이 딸려 있는 전각이 여러 곳에 있었다. 이 같은 초호화 저택은 높은 벽으로 둘러싸여 있어서 바깥에서는 안을 들여다볼 수 없는 구조였다. 처음에는 목재로 지어졌다가 16세기부터 석조로 지어진 대저택 '코낙Konak'은 1층 혹은 2층으로 되어 있었으며, 30개 혹은 40개의 방이 좌우로 균형 있게 배치되었고, 집이 큰 경우에는 1층 통로와 연결되기도 했다. 하렘릭Haremlik은 아내와 어린아이들, 그 외 집안의 여자들이 머무르던 공간이었다. 반면, 셀람릭Selamlik은 집안의 가장, 성인남자와 좀 더 큰 아들의 침실, 화려한 장식의 응접실이 있는 남성들의 공간이었다. 응접실을 장식하는 도자기, 목조 장식품, 태피스트리는 주인의 재산 정도에 따라 화려함의 수준이 달랐지만, 벽을 따라 긴 의자와 소파가 놓여 있는 구조는 공통적이었다. 서민이 주로 사는 흙집과 목조 가옥도 남녀의 공간은 엄격히 구분되었다. 아무리 누추한 집이라도 여성이 머무는 공간은 판자 벽 혹은 펠트 천이 드리워져 있었다. 아랍 지역 가옥은 안마당 쪽으로 통하는 구조이지만, 투르크인의 가옥은 길 밖으로 통하는 구조로 되어 있었다. 창문 아래 부분에는 무샤라비에 Moucharabieh라 불리는 창살무늬 병풍이 있어서 몰래 밖을 내다볼 수 있었다.

회교사원, 학교, 자선단체 등은 분수와 함께 도시에서 중요한 곳에 위치했다. 오스만 제국의 첨탑은 화살처럼 가느다랗고 우아한 것이 특징으로 하늘에 닿을 듯 높이 솟아 있었다. 사이프러스 나무들은 정원과 묘지에 그늘을 드리웠고, 그 나무들 사이로 첨탑들이 우뚝 솟아 거대한 돔 지붕들을 내려다봤다. 콘스탄티노플은 오스만 제국에 정복 당해 이스탄불이 된 후 그 많던 교회가 회교사원으로 바뀌었다. 그 중에서도 가장 먼저 회교사원이 된 성 소피아 성당은 오스만 제국이 특별히 부수지 않고 버팀벽을 강화하고 모자이크를 석고로 덮은 다음 네 개의 첨탑으로 주위를 둘러쌌다. 술레이만 시대에는 아직 첨탑이 두 개 밖에 되지 않았다.

지금의 이스탄불은 술레이만 시대의 풍경을 거의 그대로 간직하고 있다. 술레이만 시대의 이스탄불 때부터 이미 거대한 회교사원들이 건축되었다. 술탄마다 신의 영광을 축복하고 자신의 이름을 드높이기 위해 사원을 짓게 했다. 정복자 메흐메드는 거룩한 사도들의 교회(비잔틴 황제들의 팡테온)가 있던 자리에 사원을 세웠다. 바예지드 2세는 그랜드 바자르 근처에 자신의 이름을 딴 사원을 지었다. 셀림 1세는 통치기간이 8년 밖에 되지 않아 자신의 이름을 딴 사원을 지을 시간이 없었으나, 그 뒤를 이은 아들 술레이만 덕분에 자신의 이름을 딴 사원이 다섯 번째 언덕 위에 세워졌다. 그로부터 몇 년 후에는 술레이만의 이름을 딴 회교사원 쉴레이마니예가 세 번째 언덕 비탈길에 세워졌다. 쉴레이마니예 사원은 황실 회교사원 중 가장 웅장하고 아름다운 곳이었다. 세 번째 언덕 주변에는 많은 병원들, 종교대학 '메드레세Medrese', 양로원, 자선단체들이 있었다. 또한 술레이만은 왕자 메흐메드와 지한기르를 기리며 회교사원 세흐자드 카미를 짓게 했고, 딸 미흐리마흐의 이름을 딴 회교사원을 아드리아노플 입구 주변에 지었다.

16세기에 대재상과 해군 제독, 고위 관료들도 크고 작은 화려한 회교사원을 지었다. 동네에 세워진 소박한 예배당 같은 회교사원들도 있었다. 사람들은 이곳에 모여 예배를 드리고, 서로 소식을 전하곤 했다. 1550년경에 이스탄불을 방문한 피에르 달비에 따르면, 이스탄불에는 300개의 회교사원이 있었다고 한다. 17세기 여행가 에블리야 셀레비는 이스탄불에 예배당 1만 5,714곳이 있다고 했고, 프랑스인 탐험가 그렐로는 이스탄불에 예배당 5천 곳이 있다고 했다. 3백 곳의 회교사원을 합친다면 5천 곳이라는 수치가 가장 그럴 듯해 보인다. 회교사원, 그리고 회교사원에 속한 자선단체를 보수하는 일은 토지세, 마을 수입, 기부금 등을 받는 단체들이 담당했다. 이들 단체들은 언제나 재원이 풍부했다. 게다가 신실한 무슬림은 봉사가 의무였다.

3. 술탄궁

오스만 제국의 중앙정부이자 '파디샤Padichah로 불리는 오스만 제국 황제의 거주지는 술탄궁이라 불렸다.

단층으로 이루어진 술탄궁과 정원에 배치된 정자들은 16세기의 작품이지만 지금까지 잘 보존되어 있다. 동방 지역의 여느 궁정과 마찬가지로 오스만 제국의 궁정도 크게 외무부실, 공식 집무실, 술탄 개인 침소 이렇게 세 부분으로 나뉘어졌으며, 술탄의 거처에는 하렘이 딸려 있었다. 술탄궁 전체는 단단하고 높은 벽들로 주변이 둘러싸여 있었다. 메흐메드 2세가 직접 고른 술탄궁의 위치는 도시에서 유일하게 마르마라 해와 군주 섬Princes Isles, 보스포루스 해협, 골든 혼, 유럽 연안의 언덕, 아시아 연안의 언덕들이 한눈에 내려다보이는 곳으로 이상적인 위치에 있었다. "투르크인이 최고의 건축 지역을 고를 때 얼마나 안목이 대단한지를 볼 수 있는 대목이다."

제1궁정은 들어갈 때 술탄의 허락을 받을 필요가 없었다. 남자든 여자든 유태인이든 기독교인이든 가난한 사람이든 부자든 누구나 동등하게 술탄의 문 '밥 이 후마윤Bab-i-Humayun'을 지날 수 있었다. 술탄의 문은 흰색과 검은색 대리석으로 되었고, 높이 솟아 있었다. 사람들은 이 문을 지날 때 황제를 존경하는 뜻에서 조용히 침묵을 지켰다. 황제를 알현할 수 있는 낮 시간 때에도 황궁에 사람들과 말로 가득했으나 개미 소리 하나도 나지 않았다. 페르디난트 국왕의 대사가 쓴 표현에 따르면, "예니체리 2~3천 명은 살아 있는 사람이 아니라 마치 대리석에 그려지거나 새겨진 조각처럼 아무 말도 하지 않았다. 기마병도 수천 명이 있었지만 그 어떤 외침이나 말소리도 들리지 않았다. 참으로 인상적이었다." 또 다른 여행가는 동물인 말조차도 술탄궁에서만은 말발굽 소리를 좀 더 작게 내는 것 같다는 말까지 했다.

입구 오른쪽에는 멋진 나무들과 오렌지나무가 있었다. 입구 왼쪽에는 성 이레네 사원이 있었는데 비잔틴 제국 초기에 지어진 이후 늘 그 자리를 지키고 있었고, 무기고를 갖추고 있었다. 또한 행정 건물들뿐만 아니라 예술과 보석세공 작업장, 화폐를 찍어내는 조폐국, 술탄이 먹는 빵을 만드는 빵가게, 개인용 작은 회교사원도 있었다. 그리고 중앙 현관문 근처 혹은 제2궁정으로 이어지는 평안의 문 '밥 에스 셀람 Bab-es-Selam' 가까이에는 석조 기둥 두 개가 높이 솟아 있어 밖에서 내부를 볼 수 없었다. 바로 이곳에는 황제의 명에 따라 참수된 고관들의 잘린 머리가 전시되었다. 바로 옆에 있는 분수는 (특이하게도 평소에는 궁정의 정원사로 일하던) 사형 집행인과 그 조수들이 처형 일을 끝내고 손을 씻는 곳이었다. '본보기의 돌'이라 부르는 이곳은 1839년에 개혁(탄지마트Tanzimat)이 이루어지면서 파괴되었고, 분수는 창고로 바뀌었다. 도대체 얼마나 많은 고관들의 머리가 이곳에서 잘려나갔을까? 정확히는 알 수 없지만 아이러니컬하게도 술탄이 잔인할수록 고위 관직에 오르고 싶어하는 사람들의 수도 그만큼 많았다. 특히 셀림 1세 시대에 대신들은 언제 처형될지 몰라 늘 유언장을 가지고 다녔다. '셀림 술탄의 대신이 되겠소?'라는 말은 오랫동안 이스탄불에서는 저주의 말로 사용되었다.

4. 디반 궁정

4세기 전에도 지금과 마찬가지로, 어전회의(디반Divan)가 열리는 궁정은 중간 문 '오르타 카피Orta kapi'를 통해 들어가게 되어 있었다. 중간 문은 중세시대의 건축이 생각나게 하는 모양으로, 요새화된 탄탄한 건축물 주변에는 8각형 모양의 탑 두 개가 있었다. 황제가 머물며 국사를 돌보던 디반 궁정은 누구나 존경심을 갖고 다가갔다. 오스만 제국에서 모든 권력이 집중되어 있는 중심이 바로 디반 궁정이었다.

디반 궁정은 그야말로 아름다움 그 자체였다. 분수 주변에는 희귀한 나무와 꽃들이 심어져 있었고, 영양과 타조들이 자유롭게 뛰어 놀았다. 잔디밭 위에 흐르는 물소리 외에는 아무 소리도 들리지 않을 정도로 정말 조용했다. 주랑은 궁정을 전체적으로 바라볼 수 있게 해주는 곳이었다. 주랑에서 보면 재무부(하진Hazine), 비서실, 객실, 어전회의실 같은 다양한 부속 건물이 보였다. 어전회의실은 대재상과 재상들, 고위관료들이 모이는 곳으로, 술레이만 시대에는 매주 네 번 어전회의가 소집됐고, 이후 시대에는 더 띄엄띄엄 모였다. 아담한 크기의 방 두 개가 아케이드로 연결되었고, 각각 돔 지붕으로 덮여 있었다. 방 하나는 어전회의실이었고, 또 다른 방은 총리실이었다. 옆에는 대재상의 집무실로 사용되는 작은 방이 있었다. 술레이만 통치 초기에 재건축된 어전회의실은 화려함의 극치를 보여주었다. 윗부분은 절반이 대리석으로 깔렸고, 황금과 보석이 박힌 아라베스크 양식으로 장식되었다. 황금빛 굴뚝은 은으로 되었고, 크리스탈 분수 옆에 있었다. 돔의 내부 마루판은 황금으로 되었다. 방 안은 온통 황금과 보석으로 번쩍였다. 문의 맞은 편 벽에는 철망이 달린 작은 창문이 있었고, 술탄은 앉아서 이 창문을 통해 회의를 바라보곤 했다.

술탄은 세 번째 궁정의 입구에 위치한 알현 공간 '아르즈 오다시Arz odasi'에서 사신들을 맞이했다. 알현 공간은 술탄이 맞이하는 상대국 군주의 위치에 따라 장식의 화려함 정도가 달라졌으나 기본적으로는 황금, 보석, 귀한 천, 반짝이는 무기로 장식되어 있었다. 술탄의 식사는 소박한 접시에 담겨 나올 때도 있고, 은 접시에 담겨 나올 때도 있었으며, 독이 든 음식에 닿으면 색깔이 달라진다고 하는 청자 접시에 담겨 나올 때도 있었다. 행사를 주관하는 담당자는 사신과 수행원들에게 언제나 명예의 옷을 선물로 주었다. 사신들이 모시는 국왕이나 황제가 술탄에게 얼마나 중요한 존재이냐에 따라 선물로 나가는 옷의 품질과 수량이 달라졌다. 술탄이 가장 중요하게 생각하는 국왕이나 황제가 특사로 보낸 사신들은 금실 혹은 은실로 지은 옷 혹은 검은담비 모피로 된 옷을 받았다. 가장 평범한 선물에 해당하는 옷은 흰색 낙타 털로 되어 있었다. 선물로 나가는 옷은 늘 구설수 대상이었다. 특히 사신은 자국의 국왕이나 황제의 위치에 걸맞지 않는 옷을 술탄으로부터 선물로 받을 때 이런저런 불평을 했다.

여러 여행가들은 술레이만 술탄이 사신들을 맞이하는 장면을 이야기로 남겼다. 프로방스에 머문 후 1544년에 콘스탄티노플로 진격하던 투르크인을 따라간 적 있는 프랑스 앙티브 출신의 사제 제롬 모랑은 투르크인의 함선이 화려한 색을 뽐냈다고 전했다. 궁정을 방문한 제롬은 폴랭 함장의 뒤에서 술탄을 알현했다.

"술탄이 제2궁정의 입구로 가는 길 양쪽에는 시파히Sipahi의 말들이 서 있었는데 아주 화려하게 꾸며진 말들도 있었다. 말고삐와 등자는 전부 황금이나 은으로 되어 있었고, 대부분의 말은 이마에 루비, 히아신스 꽃, 혹은 터키옥이 박힌 장미 모양의 황금 조각을 장식으로 달고 있었고, 터키 식으로 만들어진 굴레를 갖추고 있었다. 굴레는 황금과 진홍빛 비단 자수와 터키옥으로 장식되어 있었다. 말들은 모두 황금이나 은 체인 모양의 장식을 갖추고 있었는데 여기에 사용된 황금이나 은의 양을 보면 500두카 정도의 가격은 족히 될 것 같았다. 말은 모두 터키식 장식으로 된 작은 안장을 갖추고 있었다. 말 엉덩이는 황금직물 혹은 황금으로 수가 놓인 비로드가 종려나무잎 모양으로 장식되어 있었고, 모서리마다 단추들이 달려 있었으며, 황금실과 진홍빛 비단으로 되어 있었다. 말들은 회색과 흰색의 둥근 반점이 있거나 흰색의 멋진 투르크산과 바바리아산으로 검은색, 고동색, 밤색 혹은 회색 천을 걸치고 있었는데, 가격은 최소 200두카는 되어 보였다. 궁정에서 술탄은 아프리카 원주민 출신 기마병 6천 명을 거느렸다고 전해진다.

술탄이 경호원들과 함께 아름다운 말들 사이를 지나갔고, 우리는 시파히가 지키고 있는 제2궁정의 넓은 입구에 도착하게 되었다. 보초를 서는 예니체리 1만2,000명은 모두 머리에 깃털 장식을 하고 있었다. 술탄이 제2궁정의 문을 지나자 회랑 주변에 정렬해 있던 예니체리들이 일어나 고개를 숙여 경의를 표했다. 수도원처럼 비밀스러운 회랑 가운데에는 커다란 광장이 있는데, 사이프러스를 비롯한 다양한 종류의 나무들 사이를 사슴, 노루, 타조, 인도산 염소 같은 다양한 동물들이 산책하고 있었다…. 이어서 술탄은 바사스 영주들이 평소에 알현하러 오는 곳에 도착했다. 영주 네 명은 술탄을 최고로 공손한 예의로 맞았다. 대사가 업무 목표에 대해 설명하면 술탄이 통역을 통해 대사에게 대답을 했다. 주변에는 바사스 영주들이 있었다. 대사는 수행원들과 함께 있는 술탄의 손에 입을 맞추었다.

제3실에서 술탄은 작은 터번을 쓴 채 하얀 새틴 천으로 덮인 화려한 비단 쿠션에 앉아 있었다. 술탄의 터번 위 6센티미터 정도의 높이에 주름 잡힌 진홍빛 벨벳이 약간 보였다. 이마 위 터번은 장미꽃 모양의 황금 장식이 달렸는데, 장식 가운데에는 호두 절반 크기의 동그란 루비가 영롱하게 빛나고 있었다. 술탄은 오른쪽 귀에 배梨 모양에 호두만한 크기의 정교한 진주 귀걸이를 달고 있었고, 병아리콩만한 크기의 예쁜 진주 10~12개가 단추처럼 달려 있는 물결무늬의 흰색 짧은 조끼를 입고 있었다. 대사는 술탄의 손에 입을 맞춘 후 바사스 영주들을 따라 접견실로 갔다. 접견실은 태피스트리가 깔려 있었고, 종려나무 하나 반 정도 높이의 작은 의자들 역시 태피스트리로 덮여 있었다. 바로 이곳에서 대사는 바사스 영주 네 명, 카푸 도시 시장, 그리고 술탄의 손에 입을 맞추었던 다른 사람들과 함께 터키식 저녁식사를 했다.

술탄 알현이 아니라 다른 일로 온 귀족들은 입구의 수도원 경내 혹은 궁정의 예니체리들이 지키고 있는 디반 궁정의 수도원 경내 한 곳에서 따로 저녁식사를 했다."

궁정의 다른 쪽에 있는 둥근 지붕 20곳마다 주방이 있어서 궁정 내부에 들어갈 식사를 준비했다. 정확히 술탄, 하렘의 여인들, 시동들, 시동 양성학교의 직원, 노예들(술레이만 시대에는 노예가 800명)을 위한 식사가 준비되었다. 겨울에는 하루 2식이 이루어졌는데, 아침 10시에 한 번, 오후 4시 혹은 5시에 또 한 번 식사하는 방식이었다. 여름에는 특별히 저녁 기도가 끝나고 한 번 더 식사를 했다.

술탄의 궁정은 물건이 매우 화려했으나 이와 대조적으로 음식은 소박했다. 아침에는 빵, 샐러드, 잼, 과일이, 저녁에는 고기(양, 어린 양, 가금류, 그리고 술탄을 위해서는 특별히 마련된 암수 비둘기 요리), 곡물 죽 혹은 허브 수프, 디저트(패스트리의 일종인 바클라바Baklava, 마할레비Mahallebi)가 나왔다. 식사와 디저트는 향이 있는 물을 재료로 사용했다. 식사 때 반주가 따로 제공되지는 않았다. 특히 술레이만은 말년에 술을 완전히 끊었다. 술탄궁의 정원에서 재배한 신선한 야채, 펠로폰네소스의 올리브 오일과 말린 야채, 설탕, 시럽, 알렉산드리아의 향신료가 메뉴로 나왔다. 낙타를 탄 상인들은 부르사가 내려다보이는 울루산Uludağ에서 엄청나게 많은 양의 겨울눈을 가져왔고, 이 눈은 여름에 셔벗을 만드는데 사용되었다. 셔벗은 하렘의 여인들이 매우 좋아하는 간식이었다.

술탄의 식사를 시중드는 일은 신속하게 이루어졌다. 멀리서 술탄의 식사 모습을 지켜 본 적이 있는 벤체스라스Wenceslas 남작에 따르면, 식사 시중을 드는 하인 2백 명 모두 붉은색 옷을 입고 황금 자수가 수놓인 모자를 쓰고 있었다고 한다. 식사 시중을 드는 하인들은 주방에서부터 술탄의 거처까지 일렬로 서서 절도있게 인사를 드린 후 조각상처럼 미동도 없이 가만히 서 있었다고 한다. 행정 감독관이 도자기로 된 접시를 가져오면 다른 행정 감독관이 이 접시를 받아 바로 옆에 있는 하인에게 건넸고, 이어서 옆에 있는 하인들에게 계속 건네지다가 별궁 입구 근처에 있는 총주방장에게 최종적으로 전해졌다고 한다. 의전 담당자들 역시 쟁반을 옆 사람에게 차례로 전달했고, 최종적으로 마지막 줄에 있던 의전 담당자가 전달받은 쟁반들을 술탄의 자리에 놓았다고 한다.

5. 시동 양성학교

제3궁정의 문은 '지복至福의 문'이라 불렸다. 제3문은 술탄궁의 사적인 공간, 즉 내궁 '엔데룬Enderun'으로 통하는 곳으로 술탄의 집안사람들, 노예들, 백인 환관장(카프 아스Kapı ğası)에게 출입을 허락받은 사람들(특히 의사들)만 들어갈 수 있는 성스러운 곳이라 할 수 있었다. 지복의 문을 지나가기 전에는 문지방에 입을 맞추어야 했고, 문지방을 넘은 후에는 침묵을 지켜야 하는 의식이 있었다. 지복의 문에는 25명의 백인 환관들이 보초를 서고 있었다. 제3궁정으로 통하는 문의 오른쪽과 왼쪽에는 대리석 기둥들을 끼고 있는 이중 문이 나오는데, 이곳은 훗날 문무고관직을 담당하게 될 기독교 출신 무슬림 청년 엘리트들을 길러내는 시동 양성학교였다.

궁정의 시동들(이초란라리Içoğlanlari)은 대형실(뷔윅 오다Büyük oda), 소형실(퀴척 오다Küçük oda)에 배치되었다. 제3궁정으로 통하는 문의 오른쪽에는 대형실, 왼쪽에는 소형실이 있었다. 시동 지망생은 시동 양성학교에서 동방의 신사이자 전사(일본의 사무라이와 비슷한 개념)가 되는 교육을 받았다. 대다수의 시동 지망생들은 터키어를 잘 몰랐기 때문에 먼저 터키어부터 배웠고, 이어서 이슬람 고전학, 코란의 언어인 아랍어, 궁정과 기사단의 언어인 페르시아어를 배웠으며 터키어, 아랍어, 페르시아어의 문법과 문학, 코란, 코란 해석법에 이어 이슬람 이론학, 법학, 역사, 수학 등을 배웠다. 지식을 쌓는 학문 교육 못지않게 신체를 단련시키는 교육도 중요하게 다뤄졌다. 술탄을 모시는 시동이 되려면 끈기가 있어야 할 뿐만 아니라 지적이고 교양도 갖추어야 했기 때문이다. 축제일에는 시합과 대회가 열렸고, 술탄은 시합과 대회를 지켜보다가 우승자들에게 상을 주었다. 특히 국민 스포츠인 격투와 승마는 중요하게 다루어졌다.

궁정의 시동은 엄격한 규칙을 따라야 했고, 외부 세계와 단절되었다. 시동들은 밤낮으로 백인 환관들에게 감시를 받았으며 여자도 멀리해야 했다. 장차 고위 인사가 될 시동은 충성심, 극기, 세련된 예의, 박학다식한 교양을 갖춰야 했고, 여기에 윗선의 눈에 띌 정도로 특출난 예술 능력까지 갖추면 더없이 좋았다. 시동의 교육을 무엇보다 중시한 술레이만은 시동 선발시험에 직접 참관했고, 시동들이 학습하는 장면을 보면서 질문을 하기도 하고, 가장 특출한 인재들을 선발하기 위해 애쓰기도 했다.

시동 양성교육은 대형실과 소형실에게 이루어졌고, 교육기간은 4년 정도였다. 시동이 새로 선발되면 최고의 능력을 갖춘 시동들이 궁정의 내부 일을 맡았다. 궁정의 내부에서는 술탄의 개인생활이 이루어졌다. 또 다른 시동들은 시파히 업무를 맡았다.

16세기에 궁정 내부는 방 세 개로 나뉘어졌다. 첫 번째 방은 '하스 오다Has oda'라 불리는 개인 방으로 40명의 인원이 술탄의 무기, 술탄의 의상을 담당했고, 밤에는 술탄의 안전을 책임졌다. 최정예 엘리트인 이들은 무함마드의 성 유물이 보관된 방도 관리했다. 하스 오다 바쉬Has oda başi라 불리는 시동장은 늘 술탄 곁을 떠나지 않았다. 이브라힘은 하스 오다 바쉬에서 곧바로 대재상이 된 인물이었다. 국쇄 세 개 중 하나를 맡아 보관하는 하스 오다 바쉬는 상당한 고위직으로 이를 뛰어넘는 건 궁정에서 거의 절대적인 권력을 행사하는 백인 환관장 카프 아스뿐이었다. 카프 아스는 정부 일을 비롯한 모든 정무에 대해 술탄에게 조언을 해주는 특별한 일을 했고, 은퇴 후에는 베이레르베이로 임명될 때가 많았고 간혹 이집트 총독으로 임명될 때도 있었다.

재무부(하진 오다Hazine oda) 소속 시동 60명은 술탄의 보물을 지켰으며, 서비스국(킬러 오다Kiler oda) 소속 시동 30명은 술탄의 식사 서비스를 맡았다. 술탄이 새로 즉위할 때마다 시동들에 대한 인사이동과 승진이 있었는데 평균적으로 2~5년마다 이루어졌다. 제3실 소속이었다가 제2실로 발령 받는 경우도 있고, 제2실 소속이었다가 제1실로 발령받는 경우도 있었다. 제1실은 가장 부러움을 받는 곳이었다. 특출한 재능을 가져 젊은 나이에 초고속으로 승진을 하는 경우를 제외하고는 인사이동과 승진은 근속 연수에 따라 이루어졌다. 나이가 젊은 데도 제1실에서 근속 연수가 오래되어야 발령 받을 수 있는 지위에 오르거나 지방 총독, 예니체리 장교 혹은 궁정의 외무 일을 담당하는 기병, 정원사, 기수, 경리관, 의사, 재단사, 기술자, 맹금류 사육자, 경호원을 모두 관리하는 대표에 오르는 것이 대표적인 고속승진이었다. 특히 경호원 중에서도 '무테페리카'라 부르는 엘리트 경호원은 시동 양성학교 출신이거나 고관의 아들이 되는 경우가 많았다.

근위 보병 8천 명과 기마대 담당 시동 1만5천 명이 소속된 외궁(비룬 Birun)은 1527년에만 해도 약 2만5천 명의 인원이 근무하고 있었고, 같은 시기 궁정의 내부에도 비슷한 수의 인원이 근무했다. 외무 총괄부와 궁정 내부는 근속 연수와 재능에 따라 승진이 정해지는 규칙을 똑같이 적용하고 있었다.

세습 귀족이 없었던 오스만 제국에서는 '쿨라Kulla'가 진정한 귀족이라 할 수 있었다. (쿨라Kulla는 '노예'라는 뜻을 가진 단어 '쿨Kul'의 복수형이다.) 쿨라는 술탄 곁에서 보좌하는 영예를 누렸다. 그러나 이 특권은 쿨라 당사자에서 끝나는 것이지 자식에게 물려주지는 않았다. 오스만 제국에서 모든 특권은 당사자 대에서 끝나는 것이지 후손이 조상의 특권을 물려받는 일은 없었다. 한마디로 세습 지위, 세습 재산이라는 개념 자체가 없었기에 특권으로 누리는 지위와 재산은 술탄이 원할 때 언제든 회수해갈 수 있게 되어 있었다.

고관들의 어마어마한 재산도 술탄의 금고로 반납될 수 있었고, 이에 대해 어느 누구도 이의를 제기할 수 없었다. 고관들의 재산과 지위는 술탄에게 속해 있기 때문이었다. 오스만 제국의 술탄 '파디샤Padishah'를 대신하여 권력을 행사하는 시동은 평생 술탄 곁에서 근무하며 중요한 업무를 담당할 수는 있지만 술탄의 눈 밖에 나면 쫓겨날 수도 있고, 심지어 사형될 수도 있었다. 아무리 특권을 누린다 해도 술탄의 신하일 뿐이었다.

시동은 파디샤에게 완전히 종속되긴 했으나 엄청난 특권을 누리는 것으로 충분한 대가를 받았다. 시동 양성학교에 들어가는 순간 엄청난 기회의 문이 열리게 된다. 지식과 도덕적 소양을 쌓을 수 있을 뿐만 아니라 훌륭한 심신 훈련도 받을 수 있기 때문이다. 주교이자 의사인 파올로 지오비오는 1538년에 다음과 같은 글을 썼다. "이들은 술탄의 자제와 다를 바 없이 문무 교육을 받았다". 플랑드르의 외교관 겸 문필가 뷔베크도 다음과 같은 내용의 글을 썼다. "투르크인은 특별한 인재를 찾아내면 귀한 물건을 손에 넣은 듯 기뻐했다. 특히 투르크인은 전쟁 기술에 재능이 있는 인물을 키우는데 노력을 아끼지 않았다. 우리와는 달라도 너무나 다르다. 우리 사회에서는 뛰어난 개, 매 혹은 말을 발견하면 그것으로 만족하지 완벽하게 훈련시키기 위한 노력을 하지 않는다. 마찬가지로 특별한 재능을 가진 사람이 나와도 굳이 그 재능을 더 길러주려고 하지 않는다. 대신 우리는 훈련이 잘된 말, 매, 개를 보면서, 그리고 재능 있는 사람들의 시중을 받으면서 기쁨을 느낄 뿐이다. 하지만 투르크인은 인간이 다른 동물보다 우월하다는 생각을 가지고 있어서 그런지 완벽하게 교육을 받은 인간을 보면 상당한 만족감을 느낀다."

술탄궁에서는 출신에 관계없이 재능이 뛰어나면 누구나 최고의 지위까지 올라 명예와 부를 보장 받았으나(명예가 있으면 부가 따르는 법인지라) 기대만큼의 능력을 발휘하지 못하거나 술탄 혹은 대재상의 눈 밖에 나면 명예와 부는 한순간에 날아가 버렸다. 무엇하나 영원한 것이 없기에 노력을 게을리할 수 없는 상황이었다. 오스만 제국에서는 남다른 재능이 있으면 초고속 승진을 하며 출세할 수 있었다.

어느 역사학자가 술레이만의 대재상을 지낸 적 있는 '알리'라는 인물의 행적에 대해 조사한 적이 있다.[153] 달마시에서 태어난 알리는 노예병 데브쉬르메Devşirme 훈련을 받은 후 궁정에 들어가 이브라힘이 책임자로 있는 시동실에 배치되었다. 얼마 후 궁정의 경호원으로 승진한 알리는 술레이만의 식사를 담당하는 책임자가 되었고, 궁정을 떠난 후에는 외무 관련 일을 맡았다. 이후 궁정 기마병의 4대 부서인 '구레바gureba'의 장군이 된 알리는 기마병 장군, 술탄의 기마 부교관을 거쳐 예니체리의 장군에 해당하는 최고의 기마 교관이 되었다. 1548~1549년 페르시아 원정에서 세운 공을 인정받아 이집트의 문무고관을 거쳐 대재상이 된 알리는 1553년에 콘스탄티노플로 돌아와 제3대신이 되었고, 세상을 떠난 뤼스템 파샤의 뒤를 이어 대재상에 올랐다. 알리는 양치기 혹은 평범한 레아야 집안 출신으로 알려져 있다.

데브쉬르메 제도에 관해서는 전해오는 이야기가 많은 데 이를 종합해보면, 오스만 제국에서는 기독교인들이라고 해서 특별한 차별을 받지는 않은 듯하다. 가난한 소작농 출신의 기독교 신자라 해도 대재상이나 예니체리 장교, 고위 관료로 승진하여 세르비아나 알바니아의 작은 마을까지 그 명성을 누린 사례가 있었다.[154] 유럽인 여행가들이 들려준 이야기에서 알 수 있듯이 오스만 제국에서는 유럽에서와 달리 노예라는 신분 자체가 치욕이 아니었다. 오히려 부와 명예를 가장 확실히 얻는 길로 여겨졌다. 오스만 제국 사람들은 불안한 미래보다는 확실한 현재를 선호하는 성향이 강했다. 자신의 의지에 따라 스스로 노예로 남겠다고 하면 노예로 남는 것이었고, 노예 생활을 그만 두고 싶다면 노예 신분에서 벗어날 수도 있었다.[155] 이처럼 오스만 제국에서는 노예라는 것은 평생 짊어지고 가야 할 숙명 같은 신분이 아니었다.

6. 셀람릭과 하렘

제3궁정 건물에는 남성 전용 공간 셀람릭이 있었는데 술탄이 잠자고 생활하며 용무를 보는 곳이었다. 술탄은 신실한 무슬림으로서 개인 회교사원에서 하루에 다섯 번 기도를 드렸고, 금요일에 특별히 화려하게 차려입고 성 소피아로 갔다. 성 소피아는 콘스탄티노플이 오스만 제국에게 정복당한 후 이스탄불 최대의 회교사원이 된 곳이다. 모든 건물은 단층 구조로 튼튼하게 지어졌다. 단층이다 보니 절대군주의 궁정이라기보다는 오히려 유목민의 야영지처럼 보일 수 있었으나 내부는 화려했다. 대리석, 금박, 화려한 천, 세밀하게 세공된 작은 가구들, 최고로 아름다운 태피스트리들이 이곳저곳을 가득 메웠다. 벽을 장식하는 이즈니크의 도기는 영롱하게 빛나는 컬러로 화려함을 더했다. 중반 시기에는 토마토빛 붉은색, 그리고 오스만 제국의 예술에 느낌을 더하는 투르크인이 사랑하는 자연의 꽃과 잎사귀 무늬가 등장해 더욱 풍부함을 안겨주었다. 술탄의 별궁마다 주변에 시동과 백인 환관들이 머무는 곳들이 있었다. 시동과 백인 환관들은 비밀의 문을 통해 록셀란 황후의 침실 쪽과 연락을 주고받았고, 바로 옆에 있는 성 유물 별궁은 셀림 1세가 이집트 카이로에서 가져온 무함마드의 외투, 막대기, 검, 인감, 수염 같은 성 유물이 보관되어 있었다.

이집트를 정복한 셀림 1세는 잔인한 정복자이긴 했으나 독실한 무슬림 신자라 무함마드의 물건과 수염을 보관하는 성 유물 궁정을 황궁과 아주 가까운 곳에 세워 언제든지 원할 때 예배를 드렸다. 술탄은 회교 지도자인 '이맘' 네 명이 낮과 밤에 교대로 코란을 읽는 성 유물실 근처 침대에서 밤을 보낼 때도 있었다. 술탄의 개인 업무를 봐주는 시동들은 성스런 유물을 지키고, 종교 축제에 열리는 의식을 주관하는 일을 맡았다. 의식을 위해 무함마드의 외투와 인감이 금고에서 모습을 드러냈고, 술탄은 시동들, 그리고 집안에서 가장 높은 위치의 사람들과 함께 무함마드의 외투와 인감에 경배하는 의식을 열었다.

성 유물 궁정과 별궁 옆에는 술탄의 처첩들이 머무는 '하렘Harem'이 있었다. 하렘은 16세기 중반까지는 별 특징이 없는 건물이었으나 17세기에 비로소 현재 남아 있는 것처럼 복잡한 건축 구조를 갖게 됐다. 술레이만은 록셀란이 술탄궁으로 데려온 하인들이 머물 수 있는 건물들을 짓게 했다. 초기에는 하렘의 여인들을 대상으로 한 음악회와 공연이 열리는 접견 홀만 있었으나, 다른 건물에 속하게 되고 안에 사는 여성들이 늘어날수록 확장 공사가 이루어지며 변화해 갔다.

처음에는 록셀란과 시녀들만이 머무르던 공간이었으나 나중에는 술레이만의 아들 셀림 2세에게 맏아들을 안겨준 애첩 누르 술탄이 하녀들과 함께 톱카프 궁정에 살게 되면서 하렘으로 발전해 갔다. 메흐메드 2세가 세 번째 언덕에 지은 옛 궁정은 세상을 떠난 술탄들의 애첩과 처첩들, 술탄의 미혼 누이들, 젊은 여성들에게 자리를 내주고 하렘을 떠난 나이든 여성들이 은둔하는 곳으로 사용되었다. 아들이 즉위해 모후(발리드 술탄Valide sultan)가 되거나 남편을 새로 얻을 때에만 이곳 궁정을 나갈 수 있었다. '눈물의 궁정'이라 불리기도 했던 이곳은 300년 이상 높은 벽에 둘러싸여 있었다. 그 안에 사는 많은 여성들이 자신의 처지를 한탄하다가 이름 없이 세상을 떠났다.

시간이 흘러 하렘은 문무고관과 대신보다 막강한 권력을 누리는 또 하나의 정부가 되었다. 150년 동안 하렘의 여성과 흑인 노예들이 막강한 영향력을 행사했고, 고관과 강대국 대사들마저 술탄으로부터 유리한 입지를 얻기 위해 하렘의 여인과 흑인 노예들의 도움을 받아야 했다.

하렘에는 몇 명의 여성들이 살았을까? 술레이만 통치기에는 약 3백 명이 살았고, 16세기 말에는 1천 명이 넘는 여성들이 하렘에 살았다. 여기에는 하렘에서 시중을 드는 하녀들도 포함되고, 그 중 흑인 노예 여성들은 가장 고된 일을 도맡아 했다. 하렘에서 최소한 한 번은 술탄과 잠자리를 한 여성인 '이크발Ikbal'은 16세기의 경우 몇 십 명을 넘지 못했고, 17세기에는 2~3백 명 가량이었다.

무슬림은 노예가 될 수 없다는 규정에 따라 노예 여성들은 예외 없이 비 무슬림 신자들이었다. 다시 말해 하렘 궁의 노예는 기독교 출신 여성들이었던 셈이다. 특히 아름답기로 소문난 시르카시아인 여성들이 많았고, 이 외에 그리스 여성, 세르비아 여성, 이탈리아 여성들이 있었다. 무라드 3세의 애첩 바파는 베네치아 출신으로, 세기 말에 오스만 제국을 조종하며 메흐메드 3세의 열아홉 형제들을 죽음으로 내몰다가 결국 침실에서 목 졸려 살해되었다. 기독교 신자인 노예 여성들은 노예시장에서 팔려오는 경우도 있었고, 술탄의 호감을 사려 하거나 술탄궁에 끄나풀을 심고 싶어 하는 문무고관들이 바치는 경우도 있었다.

이런저런 경로로 하렘에 들어온 젊은 여성들은 대부분 호화로운 술탄궁에서 살게 된 것을 기쁘게 생각했다. 술탄궁 생활에 관해 이미 여러 가지 놀라운 이야기를 들은 데다, 술탄궁에 들어가면 기본적으로 호화로운 생활과 즐거움을 맛볼 수 있고, 운이 좋으면 애첩이 될 수도 있다는 것을 알고 있었기 때문이다. 딸이 고위 공무원의 눈에 들 수 있도록 뇌물과 계략을 쓰는 집안도 많았다. 마찬가지로 아들이 황제의 측근 시동이 될 수 있도록 갖은 방법을 쓴 집안도 많았다.

데브쉬르메 소년들과 마찬가지로, 하렘에 들어간 소녀들도 훈련을 받았다. 소녀들이 받는 교육은 주로 바느질, 자수, 요리 등이었다. 특출한 재능이 있는 여성들은 재능을 키울 수 있는 훈련을 받았다. 여성마다 독방을 썼고, 서열이 높은 여성에게 지도를 받았다. 지도교사로서의 역할을 하는 여성이야말로 하렘에 갓 들어온 소녀의 미래를 좌지우지할 수 있는 권한이 있었기에 옷이나 음식, 돈 같은 뇌물을 받을 때가 있었다. 하렘도 군대처럼 서열이 엄격했다. 하렘의 여성들은 보석 관리인, 의상 담당자, 테이블 담당자, 목욕 관리인 등 각자 맡은 바 임무를 하며 승진해 돈도 많이 벌었다.

그러나 하렘에 들어온 여성들이 모두 가장 바라는 것은 술탄의 눈에 띄는 일이었다. 운 좋게 하렘을 방문한 술탄의 눈에 띄거나 접견실에서 열린 연회에서 술탄의 눈에 띄는 여성들이 있었다. 이들 여성들은 특별대우를 받으며 별궁과 노예들을 소유하고, 마사지나 제모 서비스를 받을 뿐 아니라 멋진 향수를 몸에 뿌리고 예쁜 옷을 입을 수 있었다. 하지만 하렘의 여성에게 기다림은 숙명과도 같은 일이었다. 운이 없으면 술탄과 하룻밤만 보내고 그 후로는 다시 부름을 받지 못해 결국 하렘으로 돌아가 나이가 들면 '눈물의 궁정'으로 보내지게 되었다. 그나마 운이 좋으면 술탄의 시동이나 고위층과 결혼을 할 수 있는 경우가 있었다. 어쨌든 하렘의 여성들은 알라를 대신해 지상에서 최고의 권력을 누리는 술탄과 잠자리를 할 수 있는 기회만을 바랐다.

술탄은 마음에 드는 여성이 있으면 흑인 환관들을 앞세워 그 여성이 머무는 방으로 직접 갔다. 이렇게 간택된 여성은 비밀리에 황제의 거처로 안내되었다. 수행원들은 황제 거처의 문과 창문을 모두 닫고 경호를 서는 환관들만이 술탄의 잠자리에 대한 소식을 들을 수 있었다. 술탄의 거처는 문과 방마다 횃불로 휜히 빛났다. 술탄이 들어오면 간택된 젊은 여성은 예를 갖추어 침대로 다가갔다. 여성은 이마와 입술을 이불로 가린 채 팔꿈치와 무릎을 이용해 침대까지 기어가 술탄에게 다가갔다. 이는 중국을 비롯한 일부 동양에서 볼 수 있는 풍습으로, 심지어 오스만 제국의 공주라도 남편에게는 이 같은 예를 보여야 했다.

아침이 되면 술탄은 밤을 같이 보낸 여성에게 전날 사놓은 옷들을 선물로 주었는데, 옷 속에는 돈과 보석이 들어있었다. 얼마나 술탄을 기쁘게 했느냐에 따라 선물의 규모가 달라졌다. 그리고 여성은 전날 밤과 마찬가지로 비밀리에 자신의 방으로 돌아가야 했다. 술탄과 하룻밤을 보냈다고 해도 술탄에게 다시 불려가지 않으면 그저 그런 무명의 첩들 중 한 명이 되는 것이다. 운이 좋은 여성은 술탄에게 계속 불려가 애첩이 되었다. 그야말로 운이기 때문에 하렘의 여성들은 늘 희망을 품었다. 특히 술탄의 아들, 그 중에서도 장남을 낳는 여성은 정실正室은 되지 않아도 정식 후궁이 되어 최고의 명예, 부와 노예, 특혜, 영향력 등 그야말로 모든 것을 손에 쥘 수 있었다. 만일 아들이 술탄이 되면 술탄 다음으로 막강한 권력을 누리는 모후가 되었다. 하지만 모후가 된다고 해도 궁정에서 최고 여인이 된다는 것이지 정실인 카딘kadin이 되는 것은 아니었다. 카딘이 되려면 치열한 세력 다툼에서 이겨야 했다. 그만큼 정실인 카딘은 얻기 힘든 자리였다. 일반적으로 이슬람 사회는 남성 위주로 알려져 있으나 사실은 여성, 특히 어머니가 집안을 좌우했다. 술탄의 개인 거처에 해당하는 하렘 역시 모후의 영향력이 컸다.

흑인 노예 수장인 '키즐라 아아시Kizlar ağasi(직역하면 여성들의 장군)'는 정실이 아닌 술탄의 모후를 모셨다. 누비아 출신의 노예 남성은 실질적인 권력을 누리며 외부 세계, 강대국의 대표들을 이어주는 역할을 했다. 막대한 권력을 누리는 만큼 재산도 엄청났다. 성지를 관할하는 남자 노예는 대재상과 셰이훌 이슬람의 바로 다음 서열이었고, 백인 환관장보다 높은 지위라 하렘에 사는 어린 왕자들이 12~13세가 될 때까지 교육을 하는 역할을 했고, 이후에 지방 총독으로 발령을 받았다.

술레이만의 하렘에 대해서는 록셀란의 등장 전까지는 연대 기록이 없었다. 그러나 후대로 가면서 하렘의 연대 기록이 생겨났다. 방탕했던 이브라힘 1세는 하렘의 여성들과 집단적으로 문란한 관계를 즐겼다고 알려져 있다. 수염에는 진주와 보석을 달고, 향수를 뿌리고 모피를 사랑했던 이브라힘 1세는 거처의 소파, 벽, 바닥까지 검은담비 모피로 장식했다고 전해진다.

7. 오스만의 사회

무슬림인 투르크인은 매일 무슬림 규율에 따라 다섯 번 기도를 드렸다. 누가 시키지 않아도 자발적으로 집에서 아침과 저녁 기도를 암송했고, 일터에서는 정오 기도를 드렸다. 불이 귀하고 비쌌기 때문에 모든 활동은 낮에 이루어졌다. 하루 일과를 마치는 마지막 기도를 하러 회교사원에 가는 것이 아니라면 저녁에는 집에 있었다. 밤에는 통행이 금지되어서 조용했다. 하지만 새벽이 되면 간단히 몸단장을 한 후 일터로 가는 사람들로 도시가 북적였다. 그리고 매주 한 번은 '하맘 Hammam'이라는 대중목욕탕에 가서 깨끗이 몸단장을 하는 것도 일상

중 하나였다.

: 남성과 여성

남성의 옷차림은 통이 큰 바지와 셔츠, 망토형 외투인 '돌먼dolman'으로 이뤄졌다. 돈, 필기구, 손수건을 넣는데 사용하는 벨트는 허리에 둘렀다. 기다란 카프탄caftan은 겨울에 추위로부터 몸을 보호해 주었다. 남성들은 가죽 신발을 신었는데, 무슬림은 노란색 신발을 신었고 이교도들은 색깔에 구애받지 않고 신었다. 재산이 많으면 옷차림은 화려해졌다. 돌먼의 경우, 린넨이나 비단, 고급 양모를 사용했고, 카프탄은 일반적인 품질의 모피나 고급 재질의 모피, 나아가 검은담비 모피를 안감으로 대거나 안감 없이 만들거나 했다. 무슬림들은 머리에 터번을 썼고, (비 투르크인과 외국인 등) 이교도들은 심플한 작은 모자를 썼다. 터번은 얇은 천으로 되어 있었고, 길이가 매우 길어서 챙 없는 모자 위에 둘둘 말게 되어 있었다. 터번은 주로 펠트 천으로 되어 있었다. 술레이만은 지위에 따라 터번의 모양과 높이를 정해 주었는데 이를 지키지 않을 경우 벌을 주었다. 술탄과 고위층은 터번에 다이아몬드로 된 깃털 모양 장식을 꽂았다. 마치 수백 그루의 사이프러스 나무와 수백 개의 서로 다른 터번 아래 죽 늘어선 이스탄불 묘지의 비석들이 생각날 정도였다. 서민 남성들의 터번은 짧게 깎은 머리 위에 간단히 천 조각을 둘둘 마는 형태였다. 지식인층과 종교인 남성들은 대체로 수염을 길러 위엄 있는 이미지를 주었다.

여성들은 집안에 있을 때에만 우아하게 치장을 할 수 있었다. 친척이나 친구 집에 갈 때에도 치장을 했고, 돈이 많은 여성들은 화려하게 차려 입었다. 워틀리 몬테규 부인은 하렘 혹은 상류층 여성의 옷차림을 이렇게 묘사했다. "바지는 발을 덮을 정도로 치마보다 길었다. 바지는 무늬가 들어간 핑크 천으로 되어 있었고, 은색 꽃무늬가 들어가 있었다. 흰색노루 가죽으로 된 신발은 황금 자수가 새겨져 있었다. 소매통이 넓은 큰 반팔 블라우스는 흰색 실크에 자수 장식이 있고 목까지 덮었으며, 목 부분에는 다이아몬드 단추가 달려 있었다."[156] 몸에 꼭 맞는 조끼인 안테리antery는 흰색과 금색이 섞인 다마 천으로 되어 있었고, 소매 부분이 넓었으며 황금 술 장식과 진주 혹은 다이아몬드로 된 단추가 달려 있었다. 바지는 발목 부분이 좁게 되어 있어서 다리를 길고 가늘어 보이게 했다. 길이 8센티미터의 벨트는 다이아몬드 혹은 보석으로 장식되어 있거나 자수가 들어간 고급 새틴 소재로 되어 있었다. 겨울에는 진주나 다이아몬드가 장식된 자수가 들어간 비로드 모자를 썼고, 여름에는 은색의 가벼운 천으로 된 모자를 썼다.

영국의 파이프 오르간 제작자 토머스 댈럼Thomas Dallam은 엘리자베스 여왕이 술탄 메흐메드 3세에게 선물로 준 오르간을 설치해 주고자 콘스탄티노플로 갔다. 그곳에서 토머스 댈럼은 디반 궁정 내 고관의 허락 하에 창살 사이로 하렘의 젊은 여성들이 공놀이 하는 모습을 볼 수 있었다. 하렘의 여성들은 머리에 황금색 작은 천 모자를 쓰고 있었고, 목에는 진주 목걸이를 걸었으며, 가슴에는 보석 장식을 했고, 귀걸이를 치렁치렁 달았다. 하렘의 여성들이 입은 튜닉은 붉은색도 있었고, 푸른색도 있었다. 하렘의 여성들이 입은 반바지는 얇은 린넨으로 되어 있어서 허벅지가 비쳤다. 신발은 다양해서 끈으로 된 우아한 높은 구두를 신은 여성들도 있었고, 맨발에 황금 고리를 단 채 4~5인치 높이의 비로드 반장화 같은 것을 신은 여성들도 있었다.

물론 이것이 모든 투르크인 여성의 대표적인 차림은 아니지만 긴 바지(살바르), 블라우스, 조끼(혹은 튜닉), 카프탄, 신발, 실내화, 챙 없는 모자나 작은 모자 등으로 구성된 기본 차림은 똑같았다. 무슬림 여자들이 집 밖에서 쓰는 베일인 야스막은 나라마다 모양과 천이 달랐다.

화려한 옷차림이건 심플한 옷차림이건 부유한 상인, 고위층, 평범한 기술자들의 아내들은 서구에 알려진 것과 달리 일부일처제의 결혼생활을 유지했다. 여성들은 집안에서 골라준 남편을 맞이했다. 최대 네 명의 아내를 둘 수 있다고 한 코란의 일부다처제법은 오스만 제국에서는 거의 행해지지 않았다. 몬테규 부인도 그렇게 밝히고 있다. "실제로 투르크인은 네 명의 아내를 둘 수 있다. 하지만 네 명의 아내를 두는 남성은 모범적인 이미지가 아니었다. 양가집의 규수라면 남편이 첩을 들이는 것을 허락하지 않았다." 이는 서민층에서도 마찬가지였다. 또한 아내를 여러 명 두게 될 경우 돈이 엄청나게 들기 때문에 남성으로서는 감당하기 힘들었다. 여러 아내를 맞이하는 것이 떳떳한 행위는 아니었기에 본처 몰래 따로 살림을 차려야 했다.

그리고 가부장적인 이슬람 사회의 이미지와 달리 여성은 아내가 되고 어머니가 되면 그 누구의 간섭도 받지 않고 집안 살림을 이끌었고, 가장은 필요할 때만 집안일에 나섰다. 아내는 남편을 고발해 오스만의 재판관 카디Kadı에게 불려가게 할 수 있었다. 아들, 며느리, 하인들은 나이를 막론하고 집안 살림을 도맡아 하는 여주인에게 복종해야 했다. 아내가 자녀의 배우자를 선택하면 남편이 최종 결정을 내리는 식이었다. 하지만 말이 결정이지 남편은 이미 아내가 고른 자녀의 배우자감을 그대로 맞아들였다. 딸은 결혼 전까지는 어머니 말을 따르다가 결혼을 하면 시어머니의 말을 따랐다. 부모와 같이 사는 아들은 부모의 말을 따랐고, 결혼하면 아버지에게서 보고 들은 것처럼 아내의 말을 따르며 살았다. 장자가 사망하면 장자의 아내인 맏며느리가 집안을 이끌어갔다. 가정은 하렘릭과 셀람릭, 이렇게 두 부분으로 나뉘어졌다. 가정 일은 전적으로 아내의 몫이었고, 가정의 분위기도 아내에 따라 정해졌다.

투르크인의 가정주부는 서구의 가정주부와 큰 차이가 있었을까? 몬테규 부인은 이렇게 말했다. "일반적으로 오스만 제국에서 유일하게 자유를 누리는 계층은 투르크 출신의 주부인 듯하다."

⠿ 동업조합

군인, 그리고 국가를 위해 일하는 사람들을 제외하면 콘스탄티노플에 사는 주민들과 지방도시에 사는 주민들은 수공업이나 상업에 종사하며 살아갔다. 거의 모든 사람들이 동업조합 길드에 소속되어 있었으며, 길드의 엄격한 규칙은 19세기 중반까지 이어졌다.

그리스·로마 세계의 동업자 조합이나 서구 중세시대의 길드와 대체적으로 유사했던 오스만 제국의 길드는 13세기와 14세기에 도시 주민 여러 명이 모여 만든 '아히ahi'라는 조직을 계승한 것이었다.[157] 어떻게 보면 종교적인 형제애와 비슷한 '푸투브바futuvva'에서 영향을 받은 조직 '아히'는 과거 동방 지역과 아바스 왕조의 전통에서 그 기원을 찾을 수 있다. 아히 조직은 셀주크 룸 치하에서 막대한 힘을 가진 독립 조직이 되었는데, 아나톨리아 공국 가운데 권위적인 중앙 정부를 수립한 오스만은 이 조직이 제국을 위협하는 세력이 되지 못하게 엄격하게 관리했다. 또한 오스만 제국은 국민들이 사기와 투기로 피해를 보지 않도록 '아히' 조직을 관리했다. 종교법에서 영향을 받은 상거래 규칙도 사기와 투기를 막기 위한 방법이었다. '아히' 조직은 이후 장인과 상인들의 동업자 조합이 되었다(단, 해외 무역을 하고 이흐티사브ihtisab에 속하지 않은 대상인들은 예외였다).

16세기 이스탄불에서는 동업자 조합만 1천 개가 넘었다. 동업조합은 다시 50여 개 집단으로 묶였는데, 조합은 장인과 직인職人, 도제생으로 구성됐다. 공방과 상점의 수가 제한되어 있었기 때문에 개업은 쉬운 일이 아니었다. 장인들은 별도의 사회 계층을 형성하며 특권을 유지하려 애썼다. 조합마다 대표자인 '케트후다kethuda'가 있었다. 케트후다는 기도를 주관하는 셰이흐şeyh와 두아지duaci를 포함해 선거로 선출되는 원로 위원회로부터 지원을 받았다. 동업조합은 원래 종교적인 성격이 강했으나 점차 이슬람 색채를 강하게 보였다. 동업조합마다 제1대 장인이 맡는 대표 한두 명이 있었다. 예를 들어 다비드는 무기제조 대표, 요셉은 시계공 대표, 요나스는 어부 대표를 맡는 식이었다. 셰이흐는 기도가 있는 입문식과 전통행렬에서 명예로운 위치를 차지했다. 도둑, 걸인, 매춘부, 어릿광대들조차 동업조합을 조직해야 했다.

오스만 제국에서는 개인이라는 개념이 존재하지 않았다. 정치조직과 마찬가지로 국가나 지역을 혼자 이끌어간다는 것은 생각할 수도 없는 일이었다. 오스만 제국에서 직업 세계는 당연히 공동체 생활이었다. 누구나 공동체 생활을 통해 일을 하며, 생활이 어려울 때 도움과 보호를 받았다. 동업조합은 당국과 합의해 가격, 경쟁, 부정행위 예방, 원료 분배를 정했고, 부정 상거래를 막기 위해 노력했으며, 특히 각 직업군의 권리를 보호하는 역할을 했다. 조합원이 규칙을 위반할 경우 동업조합은 당국에 신고했다. 그러면 재판관 카디가 판결을 내리고 공권력이 투입되어 해당 조합원에게 매질, 구금, 영업 금지 처분 같은 벌을 내렸다.

또한 동업조합은 무슬림 사회가 중시하는 연대의식을 실천했다. 진정한 상부상조 조직이라 할 수 있는 동업조합은 조합원들에게 소득에 따라 분담금을 차등적으로 받았다. 도제생이 조합에서 높은 자리에 올랐을 경우 장인은 조합에 기부금을 냈다. 특별 행사에서 조합원들이 술탄 앞에서 행진을 벌일 때면 술탄이 조합에 기부금을 출연했다. 이렇게 모인 분담금과 기부금은 동업조합 경영진이 관리하다가 병이 들거나 잠시 일을 쉬는 조합원이 있으면 지원하고, 자선활동(가난한 사람들에게 식량 배분) 혹은 종교 의식을 후원하는데 사용했다. 조합에서는 사업을 확장하려는 장인들에게 1%라는 명목상 금리로 돈을 빌려주었다. 이런 식으로 돌아가는 일종의 '사회 안전망'은 당사자들이 자체적으로 관리했다. 정부는 동업조합마다 경제 및 직업 관련 규칙을 잘 지키는지, 조합원을 규정대로 관리하고 통제하는지를 확인하기만 했다.

동업조합의 회원들은 1년에 여러 차례 열리는 행사를 맞아 다 같이 모였다. 도제생이 직인으로 승격됐을 때 열리는 행사가 대표적이었다. 축하연은 조합 본부에서 열렸으나 특별히 날이 화창하면 교외에서 열릴 때도 있었다. 교외로 나가는 것은 투르크인들이 좋아하는 여가 활동이었다. 행사는 기도로 시작되었다. 셰이흐가 앞에 무릎을 꿇은 도제생이 신실한 무슬림으로서 동업조합의 규칙을 준수할 수 있게 도와 달라는 것이 기도의 내용이었다. 기도 후에는 셰이흐가 도제생에게 작업복처럼 생긴 앞치마를 둘러주고 동업조합의 기밀 사항에 대해 귓속말로 살짝 알려주었다. 이어서 북과 피리 연주 공연이 열렸고, 도제생이 작업한 견본품을 판매하는 행사가 마지막 순서였다. 견본품을 팔아 얻은 수익은 도제생이 직인職人으로 자리를 잡을 때 기본적으로 도움이 되었다.

⦂ 투르크인의 목욕탕과 시장

모든 동네마다 자리 잡은 공중목욕탕 하맘은 이슬람의 규칙들을 지키게 해주는 곳이기도 했다. 이슬람의 독실한 신자는 금요일 정오 기도를 위해 몸을 깨끗이 해야 하고 더러운 행위, 특히 성관계를 했을 때는 온 몸을 깨끗이 씻어야 하는 의무가 있었다. (헬라인으로서 피난민이었던) 스판두지노Spandugino에 따르면, "오스만 제국 사람들은 목욕을 하면 영혼을 잠식할 수 있는 죄악을 씻어낼 수 있다고 생각했다." 이에 도시 곳곳에는 돔 지붕의 공중목욕탕이 있었다. 넓고 화려한 공중목욕탕은 남성 혹은 여성 손님을 받았다. 특히 시간 여유가 많은 여성들은 오후 내내 혹은 심지어 하루 종일 친구들과 함께 공중목욕탕에서 시간을 보냈는데 주로 마사지, 제모 및 메이크업 서비스를 받았다. 사람들은 공중목욕탕에서 서로 소식을 묻고 수다를 떨었으며, 건전한 놀이도 즐겼다. 공중목욕탕마다 탈의실, 온탕, 찬 물과 더운 물이 있는 한증막을 갖추고 있었다. 공중목욕탕은 기부금으로 운영되었기 때문에 이용료는 무료였다. 술레이만 집권 말기에 들어온 커피는 얼마 지나지 않아 공중목욕탕에서도 마실 수 있는 일상적인 음료가 되었다. 공중목욕탕에는 장작불에 커피를 끓이는 카흐베시kahveci가 근무했다. 이렇게 해서 커피는 빠른 속도로 대중화되었다.

이스탄불의 비즈니스 지역들, 특히 그랜드 바자르 근처와 에미뇌뉘 지구, 위스퀴다르 지구에는 '한Han'이라 불리는 여행자 숙소가 있었다. 현재에도 남아 있는 '한'이 있다. 한의 구조를 보면 1층의 아치형 실내는 마구간과 창고가 있었고, 2층은 공동침실과 방으로 되어 있었다. '한'은 종류가 다양했다. 예를 들어 상품을 보관하는 '한', 특정 국가에서 온 사람들이 머무는 '한', 상품을 도소매로 파는 '한', 상품을 포장해 소매상인에게 파는 '한'이 있었다. '한'은 단단한 벽과 육중한 문으로 되어 있어 보석, 황금, 모피처럼 귀한 물건들을 안전하게 보관할 수 있는 장소가 되기도 했다. '한'의 보수 및 유지는 주로 종교재단들이 담당했다.

이스탄불에서는 어디에서나 물건을 살 수 있었지만 이스탄불 최고의 상업 중심지는 그랜드 바자르였다. 현재 그랜드 바자르는 '카파르차르쉬Kapalı çarşı'라고도 불린다. 주변에 베데스텐Bedesten(지붕으로 덮인 실내 시장)이 있고 가게들이 많아 동지중해 지역에서 가장 중요한 경제 중심지가 되었다.

베데스텐과 차르쉬는 단층으로 된 아케이드형 상가인데 위는 작은 돔 지붕으로 덮여 있으며 천장과 벽의 열린 틈새로 햇빛이 들어왔다. 단단한 돌과 벽돌로 지어지고 두꺼운 철창이 달린 창문이 있는 베데스텐은 옷감과 귀중품을 파는 시장이었다. 베데스텐은 부유한 스탐불(이스탄불의 구 시가지) 주민들의 창고와 금고로도 사용되었기에 값나가는 귀중품을 안전하게 보관하고 싶어하는 부유한 주민들은 베데스텐을 찾았다. 또한 베데스텐은 대규모 국내외 자본이 오가는 거래가 이뤄지는 곳이기도 했다.

순수한 의미에서 시장이라 할 수 있는 곳은 차르쉬였다. 좁은 길을 따라 죽 늘어서 있는 작은 가게마다 대도시 사람들이 필요로 하는 각종 식료품을 팔았다. 요즘과 마찬가지로 품목이 비슷한 가게들이 서로 모여 있었다. 가죽제품 가게 혹은 옷감 가게가 모여 있는 거리들이 있었다. 이스탄불에서 유명한 이집트 시장은 400년 전부터 향신료를 팔았는데 향신료가 가득한 자루에서는 향이 퍼져 나왔다.

말 시장, 가금류 시장, 노예 시장 같은 상설 시장들도 있었다. 이스탄불을 지나는 메인 도로 디반 욜루에 있는 '불탄 기둥Burnt column'이라 불리는 곳 근처에 자리 잡은 노예 시장은 남자 노예들, 가사 일을 할 흑인 여성들이 '전시'되었다. 그루지야, 코카서스, 러시아에서 온 젊은 여성들은 '한'에서 완벽히 관리를 받아 부유한 상인이나 고위층에 팔려갔고, 그 중 가장 아름다운 여성들은 술탄궁으로 팔려갔다. 남녀 포함해 매년 이스탄불 시장에서 판매된 노예 수는 2만 명 정도로 알려져 있다.

오스만 제국은 수도인 이스탄불을 중심으로 소비자가 절대 손해를 보면 안 된다는 원칙이 있었기에 식료품과 원료 공급, 가격 결정과 검인은 대단히 중요한 업무에 속했다. 대재상은 술탄을 대신해 상업법의 준수 여부를 감시했다. 수요일마다 술탄궁에서 열린 어전회의는 식료품 공급을 포함한 이스탄불의 상업 관련 이야기가 다뤄졌다. 어전회의에서 정해진 식료품 분배와 판매 가격은 동업조합의 각 대표에게 전해졌다. 재판관인 카디는 법이 제대로 지켜지는지 감시했고, 법을 어긴 사례가 적발될 경우 벌을 내렸다. 카디들은 '무흐테시브Muhtesib'라 불리는 보좌관들에게 동업조합과 시장 감시 일을 맡겼다.

대재상은 수요일마다 직접 시장을 시찰했는데, 형식적인 시찰이 아니라 상인 및 고객들과 이야기를 나누었고, 필요한 경우 현장에서 처벌까지 내렸다. 대재상은 곡물시장, 청과물시장, 도살장 등을 살피며 감시했다. 그 어떤 점포도 감시의 눈길을 벗어날 수 없었으며, 상품의 품질도 당국의 검사를 받아야 했다. 상인들은 천, 가죽제품, 황금이나 은제품, 말발굽을 팔기 전에 검인을 받아야 했고, 제품이나 금속의 품질을 보장하는 검인을 받은 뒤 세금을 내야 했다. 무게와 치수를 재는 기구들도 사전 검인을 받아야 사용할 수 있었다. 이스탄불과 지방에서는 상인들이 점포세, 시장세 같은 특별 세금을 냈다.

술탄이 경제 분야에서 가장 관심을 가진 것은 국민을 투기로부터 보호하는 일이었다.[158] 중앙정부는 부당한 가격 인상을 막기 위해 끝없이 개입했다. 동업조합에 대한 조사가 이루어진 후 제품마다 적정한 최대 가격이 정해졌고, 상인들은 예외 없이 이 가격을 따라야 했다. 상인 대부분은 이미 오래 전부터 정해진 정가제를 지키며 정당하게 돈을 벌었고(허락된 이익은 10~15%), 소비자는 정당한 가격과 품질이 보장된 물품 가운데 필요한 것을 구입할 수 있었다. 오늘날 동방 지역의 여러 도시에서 여전히 볼 수 있는 풍경이긴 하지만 오스만 제국에서도 식료품 상인은 같은 시장에서 서로 다른 제품을 팔았다. 경쟁이란 것이 존재하지 않았지만 대대적인 할인이 이루어질 때가 많아 사실상 상인이 이익을 크게 올리기는 힘들었다.

16세기의 오스만 제국을 아무 문제없는 사회로 이상화시켜서는 안 된다. 오스만 제국이라 해서 누구나 일한 만큼 정당한 대가를 받고 원하는 것을 쉽게 얻는 완벽한 사회는 아니었다. 여느 곳과 마찬가지로 오스만 제국에도 사회적 불평등이 존재했다. 부유한 사람이 있으면 빈곤층이 있는 빈부격차도 존재했다. 술탄이 식량공급과 식품 판매 가격이 정당하도록 감시를 한다고 해서 주부가 돈 걱정 없이 마음껏 맛있는 재료를 장바구니에 담을 수 있는 것은 아니었다.

술레이만 대제가 다스린 오스만 제국이 프랑수아 1세의 프랑스나 헨리 8세의 영국보다 정의로운 사회라고 단정적으로 이야기할 수는 없다. 다만 오스만 제국은 기독교 유럽보다는 국민의 삶과 국민이 필요로 하는 것에 좀 더 세심하게 신경을 썼다는 것이다.

제10장

계획 경제

"오스만 제국만큼 사람도 많고, 예쁜 여자도 많은 곳은 없다."[159] 콘스탄티노플이라는 대도시에는 각종 제품들이 경이로울 정도로 많이 넘쳐났다. 먼저 식량이 매우 풍부했다. 그러나 콘스탄티노플 주변에서는 채소, 곡물, 목재, 양, 사냥한 야생동물 고기, 생선 등이 거의 생산되지 못했기 때문에 전부 먼 곳에서 수입해야 했다. 흑해 지역 국가들이 불가리아와 루마니아, 아나톨리아와 트라키아(발칸 반도의 에게 해 북동 해안지방), 이집트에서 수입했다. 흑해 지역 국가들은 고기, 곡식, 목재, 양모, 꿀, 금속이 풍부했고, 아나톨리아와 트라키아는 곡물, 과일, 말이 많았고, 이집트는 쌀, 면, 밀이 풍부했다. 특히 오스만 제국은 이집트에서 주로 쌀과 밀을 수입했다.

또한 오스만 제국은 아랍 국가들로부터 커피, 향신료, 말을 수입했고, 페르시아로부터 비단과 태피스트리를 수입했으며, 유럽으로부터는 가공품, 황금과 은제품을 수입했다. 오스만 제국의 가공품 수요는 나날이 높아져 갔다. 동남아시아나 극동아시아의 진주, 보석, 향신료, 비단 제품도 오스만 제국에 수입되어 들어왔다.

오스만 제국은 수입품 대부분을 복속 국가들로부터 들여왔고, 수입품을 철저하게 관리했다.[160] 뿐만 아니라 오스만 제국은 경제 분야에서 소비자 보호를 가장 우선으로 생각했기에 서민의 삶을 파탄낼 수 있는 투기를 예방하기 위한 각종 조치도 취했다.

특히 오스만 제국은 투르크인의 주식인 밀과 고기를 많이 수입했는데, 수입된 밀과 고기는 철저하게 검사를 받았다. 자금 여유가 풍부한 무역 상인, 자본가들을 위해 일하는 명의 대여인, 궁정의 고위 관리 등은 감시가 소홀해지면 담합을 하여 인위적으로 가격을 올릴 수 있기 때문에 특히 엄격하게 감시를 받았다. 가죽무역 상인도, 유럽에서 수입되는 사치품을 특별히 취급하는 자본이 풍부한 무역상도 언제든 기회가 생기면 담합할 수 있는 사람들이었다. 정부는 검사관, 감시원, 각종 전문가를 동원해 부유한 상인뿐만 아니라 소상인들이 규칙과 정가를 어기지 못하게 감시했다. 동업조합 역시 공정 거래 감시자로 나선 덕분에 술레이만이 집권한 이후인 16세기에는 특히 부당거래와 투기가 줄어들었다. 특히 정의에 관심이 많았던 술레이만은 선대 술탄들이 정한 공정 거래 규칙을 더욱 엄격히 강화했다.

소상인들, 그리고 직접 제품을 만들어 파는 수공업자들도 정부가 정한 틀 안에서 상업 활동을 했다. 함부로 가격을 올리거나 내릴 수 없었고, 작업 방식을 바꾸거나 기존과 다른 새로운 제품 팔아서도 안 되었다. 이스탄불에는 채소, 과일, 요구르트, 고물을 파는 많은 노점상을 포함해 소상인과 자영업자들이 수만 명에 달했다. 특히 가난한 고향 마을을 벗어나고자 오스만 제국에 들어온 사람들도 있었다. 요즘 이스탄불 거리에서 아침마다 시끌벅적한 소리를 내며 장사를 하는 사람들과 비슷한 부류의 사람들이었다고 보면 된다.

과거 동방 지역 및 비잔틴 제국에서 시작된 이 같은 전통적인 계획 경제는 소비자와 상인들을 보호하는 효과가 있었다. 모두 만족하기에 굳이 바꿀 이유가 없었다. 남자들은 생산을 하고, 동업조합에서는 장인과 상인들이 공평하게 수익을 얻도록 이끌어 주었다. 기존에 하던 것을 계속 해나가는 것이야말로 제일 현명한 방법이었다. 이때까지만 해도 그 누구도 미래에는 대탐험으로 세상이 달라지고, 오스만 제국과 투르크인의 전통적인 경제 체제 역시 위기를 맞을 것이라고 예상하지 못했다.

1. 소수민족과 외국인

투르크인뿐만 아니라 소수민족들 모두 술탄의 백성들이었기에 직업 활동 앞에서는 공평했다. 상황에 따라 투르크인이 아닌 외국 출신을 선호한다든지 무슬림을 꺼려하는 경우가 업종에 따라 있기는 했지만, 소수민족에게 금지된 것은 없었다. 특히 유태인들은 와인, 라키raki(터키의 전통 술. 터키식 발음으로는 '라크'에 가깝다), 노예, 향수, 금은 세공품, 진주를 팔았다. 유태인들은 금융 분야에도 진출해 환전상, 금융인,

각종 중개인으로 활동했다. 유태인들은 그리스인들과 함께 오스만 제국에 세금을 많이 내는 사람들이었다.

15세기와 16세기에 술탄들은 유태인들이 부유해서 상업에 활기를 가져다줄 것이라 기대하며 유태인 이민자들을 많이 받아들였다. 16세기 말에 콘스탄티노플과 테살로니키에 사는 유태인들의 수는 16만 명이었던 것으로 추정된다. 실제로 당시에 유태인들은 유럽 곳곳과 오스만 제국에서 경제에 활기를 불어 넣었고, 덕분에 오스만 제국의 수도와 인근 지역, 알레포, 카이로, 알렉산드리아, 시리아의 트리폴리, 북아프리카의 로도스 섬은 경제가 번성했다.

고위직에 오른 유태인들도 있었다. 포르투갈 출신으로 셀림 2세에 의해 나소스 공작으로 임명된 마라노Marrano(중세 스페인과 포르투갈에서 그리스도교로 개종당한 유대인) 요셉 나시가 대표적이다.

항해 분야에서는 그리스인들이 두드러진 활약을 보였다. 골든 혼의 뱃사공에서부터 밀을 거래하는 상인에 이르기까지 전부 그리스인들이었다. 하지만 곡물 수출이 금지되자 그리스인들은 에게 해 섬들을 근거지로 삼고 서쪽으로 암시장을 형성해갔다. 선원들, 모피 상인들도 그리스인이 많았다. 16세기의 오스만 제국에서 아르메니아인은 그리 많은 편은 아니었으나 국제 무역에 관심이 많아서 특히 아시아 지역 쪽으로 눈을 돌렸다.

오스만 제국에 사는 외국인들 가운데서도 유럽인은 교회를 관리하는 종교인을 제외하면 유럽 국가와의 무역을 장악하는 역할을 하고 있었다.

하지만 무역에서 늘 최고의 위치를 차지하던 베네치아인은 점차 영향력을 잃어갔다. 오스만 제국이 프랑스와 거류 외국인에게 거류민 권리를 보장하는 협정서를 체결하면서 베네치아인은 더 이상 거류민 권리보장 협정의 특혜를 누리는 유일한 외국인이 아니었던 것이다.[161] 콘스탄티노플이 오스만 제국에게 점령되어 흑해가 투르크의 바다가 되면서 베네치아인은 이 지역의 국가들에 대해 갖고 있던 무역권을 전부 오스만 제국에게 빼앗겼다. 여기에 베네치아 공화국과 오스만 제국 술레이만의 관계도 악화되자 베네치아인은 에게 해에서 누리던 소유권 대부분도 잃었다. 그러나 이 같은 상황에도 베네치아와 오스만 제국의 무역은 16세기 동안 활발히 이루어졌다. 베네치아는 이스탄불뿐만 아니라 레반트의 에셸과도 무역을 했다. 베네치아가 오스만 제국에 수출하는 품목은 사치품과 가공품, 오스만 제국이 베네치아에 수출하는 품목은 원료와 향신료였다.

라구사는 17세기부터 무역이 쇠퇴하기 시작했지만 여전히 이탈리아와 터키를 잇는 중요한 다리 역할을 했다. 오스만 제국과 베네치아 공화국 사이에 긴장이 높아질 때마다 라구사가 어부지리로 이득을 얻었다. 라구사는 오랫동안 레반트와 유럽 사이의 향신료 거래에서 중요한 자리를 차지했으나, 베네치아인은 손해를 많이 봤다.

제노바 공화국 역시 카파의 해외 지점을 비롯해 흑해에서 누리던 이권을 전부 잃었다. 제노바 공화국은 1453년에 비잔틴 제국의 마지막 황제를 도와준 일로 엄청난 대가를 치러야 했다. 메흐메드 2세가 갈라타에 있는 제노바 공화국의 요새를 전부 무너뜨리는 보복을 감행했던 것이다. 그 후 제노바 공화국은 오스만 제국과의 무역에서 영향력을 점점 잃어갔다. 하지만 제노바 공화국 사람들은 여전히 갈라타와 베욜루에 있었고, 이들의 배는 오스만 제국의 항구를 드나들며 상인들과 거래했다. 끝으로 제노바는 오랫동안 자산 운영을 담당한 대도시였기 때문에 오스만 사람들을 비롯해 모두가 이 도시에서 거래를 했다.

메흐메드 2세에게 거류민 권리보장 협정서를 얻은 피렌체는 여전히 레반트에서 활발하게 활동했다. 원래 토스카나 주민이었던 리보르노의 유태인 상인들은 이스탄불의 유태인들과 활발하게 교역했다.

오스만 제국에 새로운 외국인 세력이 등장했다. 프랑스인이 대표적으로, 프랑스인은 동방 무역에 대규모로 나섰지만 아직 베네치아인보다는 세력이 약했다. 그러나 프랑수아 1세가 술레이만과 동맹을 맺으면서 프랑스와 오스만 제국의 교역이 늘어났다. 이 시기부터 프랑스인들은 오스만 제국의 말기까지 거류민 권리보장 협정의 특혜를 누리게 된다. 16세기와 17세기에는 프랑스와 오스만 제국이 전쟁 없이 평화를 유지하면서 다른 나라 시민들은 어려움 없이 살게 되었다. 그렇다고 시민들이 늘 편하게 살았다는 것은 아니다. 대사는 콘스탄티노플에서, 영사들은 오스만 제국의 지방도시들에서 자국민들을 지원하거나 보호하기 위해 자주 개입해야 했다. 두 나라끼리 사이가 좋으면 일상의 어려움은 쉽게 해결되었다. 물론 자국의 공무원들과 정부의 탐욕 문제야 언제나 서민을 괴롭히는 골칫거리이긴 했다. 그러다가 술탄과 프랑스 국왕의 사이가 틀어지거나 대재상이 외국인 혐오 성향을 가졌거나 오스만 제국과 프랑스가 충돌을 하면, 문제가 복잡해지면서 오스만 제국과 프랑스 사이의 대화 창구가 폐쇄되었다. 이런 상황에서는 무역 상인들이 상대국에서 배상금을 내거나 모욕을 당하는 등 큰 어려움을 겪었다.

콘스탄티노플에 거주하는 프랑스인은 오랫동안 그 수가 한 손에 꼽을 정도로 아주 적은 숫자였으나, 17세기에 스미르나에 거주하는 프랑스인의 수가 늘어났고, 시간이 지나자 프랑스인은 점차 알레포, 사이다, 카이로, 트리폴리, 다마스쿠스에서도 자리를 잡았다. 100년 후에는 오스만 제국에 거주하는 외국인들 가운데 프랑스인이 가장 많았다.

술레이만 시대에는 거류민의 권리를 보장하는 협정서를 얻어낸 영국인도 오스만 제국에 들어오게 되는데, 특히 영국인은 스미르나와 알레포에 자리를 잡았다. 17세기에는 네덜란드인이 오스만 제국에 들어왔다. 술탄과 카를 5세, 이어 술탄과 펠리페 2세의 전쟁이 계속 되면서 오스만 제국과 스페인, 중앙 유럽 국가들과의 무역이 거의 전면 중단되었다. 결국 스페인과 중앙 유럽 국가들은 머나먼 길을 거쳐 레반트의 제품을 수입했다.

특히 16세기 후반에는 동지중해 국가들과 폴란드의 무역이 활발했다. 농산품이 늘어나자 돈이 몰려들면서 폴란드인들은 수입품을 살 수 있게 되었다. 오스만 제국이 흑해 북쪽 지역과 평화를 유지하면서 상품들이 쉽게 대량으로 이동했다. 오스만 제국은 크림 반도를 정복한 이후 흑해 북쪽 지역에 대해 평화를 유지했다. 오스만 제국의 시장에서 폴란드인들은 향신료, 쌀, 옷감, 부르사의 실크제품, 염료제품, 말, 그리스의 와인을 구입했다. 이들 제품 가운데 일부는 다시 독일, 발트해 지역 국가들, 러시아로 수출되었다. 투르크인은 필요한 금속뿐만 아니라 영국, 네덜란드, 독일에서 들어온 고급직물, 가죽, 용연향과 모피를 구입했다.

모피는 오랫동안 오스만 제국이 러시아에서 수입하는 주요 품목이었다. 오스만 제국의 왕자들이나 고관들은 옷의 가장자리를 검은담비나 흰담비 모피로 장식하는 것을 좋아했다. 뿐만 아니라 오스만 제국에서 고가의 모피는 공을 세운 사람들에게 하사품으로 전해지기도 했다. 돈 있는 사람들은 모피로 외투를 장식하고, 모피로 방한용 긴 외투나 털모자도 만들었다. 술탄을 위해 러시아 상인으로부터 모피를 구입하는 일을 담당하는 공무원까지 있을 정도였다. 오스만 제국 내에는 그리스 모피 가공 제품은 많았으나 러시아 상인은 보기가 힘들었다. 러시아 상인은 이스탄불뿐만 아니라 오스만 제국 내의 다른 도시에도 전혀 거주하지 않았기 때문이다. 하지만 흑해 북쪽의 아조프 해가 투르크인의 지배에 놓이자 러시아인은 이곳에서 활발히 활동하게 되었다. 또한 러시아 상인들은 카파와 크림 반도의 항구에서도 활동하며 터키, 이란, 기타 국가의 상인들로부터 실크 제품, 진주, 옷감, 귀한 무기들을 사들여 다시 러시아로 보내는 일을 했다.

2. 개방된 시장

경제는 술탄들의 정책에서 어느 정도 고려의 대상이긴 했으나 오스만 제국 자체를 움직이는 원동력까지는 아니었다. 술레이만은 집권 초기에 대재상 이브라힘과 함께 이스탄불에 향신료 국제시장을 형성하고 중앙아시아로 새로운 교역로를 열기 위해 페르시아와 전쟁을 했고, 인도양을 장악하고 있던 포르투갈 세력을 물리치려 애썼다. 또한 오스만 제국은 이란 사파비조를 견제하기 위해 우즈베크인과 우호관계를 맺었고, 이후 러시아의 제국주의를 견제하기 위해 돈 강과 볼가 강을 연결하는 운하를 건설했다. 동기는 비슷했다. 오스만 제국은 특정 외국 국가 국민들의 거류권을 보장하는 협정서를 체결해 해당 국가들과 우호적인 관계를 맺고 경제와 금융에서 더 큰 이익을 얻고자 했다.

과거 오리엔트 지역에서는 전통적으로 인간과 또 그들이 생산하는 부가 모두 군주를 위한 것이라는 생각이 지배적이었다. 경제 기구와 활동은 군주의 권력을 위한 수단이었다. 군주는 정부 기관들을 통해 경제 기구와 활동에 절대적인 지배력을 행사했다. 오스만 제국에서는 모든 것이 〈군주에게 들려주는 조언의 책〉에 나와 있는 오랜 원칙에 따라 움직였다. "병사 없이는 권력이 없고, 돈 없이는 병사가 없으며, 국민의 행복 없이는 돈이 없고, 정의 없이는 국민이 없다." 술탄은 막강한 권리를 누리는 대신 백성에 대한 의무도 다했다. 즉, 백성을 다스리고 백성의 행복을 결정할 수 있는 영향력이 있었으나, 동시에 정의롭게 행동하고 백성이 행복할 수 있도록 나라를 제대로 다스릴 의무가 있었다.

오스만 제국의 경제는 기본적으로 시장경제가 아니었다. 정확히 말하면 서유럽에서 탄생한 자본주의 시스템과는 완전히 다른 구조였다. 서유럽 자본주의는 정부의 간섭을 전혀 받지 않고 누구나 자유롭게 물건을 사고팔며 자본을 축적해갈 수 있게 해주었다. 하지만 16세기 오스만 제국의 경제 체제는 정부에게 재원을 조달하고 백성들이 생활용품이나 사치품을 구입하며 만족감을 얻게 하는 수단이었다. 오스만 제국은 생산과 판매가 백성의 재원과 행복에 깊은 영향을 미친다고 봤기에 중앙정부가 생산과 판매를 통제했다. 이는 시장경제 법칙을 따르는 방식이 아니었다. 오스만 제국에서 "경제는 정부의 기능이며, 정부를 유지하기 위해 존재했다."[162]

특별히 오스만 제국은 교역의 균형 문제를 겪지 않았다. 오스만 제국은 세수로 국고를 채우기 위해 수입을 했고, 사람들이 필요로 하는 물건을 시장이 갖추도록 하는 것을 경제에서 가장 중요하게 생각했다. 오스만 제국이 유럽 강대국 국민들에게 거류민의 권리를 보장해주는 협정서를 체결한 것은 유럽 제품을 수입해 관세 수입을 얻기 위해서였다. 하지만 오스만 제국은 수출을 굳이 장려할 필요성을 느끼지 못했다. 금화와 은화를 벌어들이는 것은 오스만 제국의 관심사가 아니었기 때문이다. 서유럽이 이익을 위해 화폐제도를 구축하며 자본주의 시대를 맞이하고 있을 때, 오스만 제국은 여전히 전통과 과거의 원칙에 갇혀 있었다. 오스만 제국은 관세, 세금, 조공을 통해 국고를 늘려가고 있었다. 오스만 제국의 백성들도 특별히 물질적인 부족함을 느끼지 않았다. 그러다보니 오스만 제국은 과거에만 갇혀 미래를 내다보지 못했다.

　오스만 제국은 프랑스에 이어 영국과 네덜란드, 나아가 거의 모든 유럽 국가들에게 인기 있는 수출시장이었다. 16세기에는 프랑스 상인들이, 1580년부터는 영국 상인들이 린넨 직물을 오스만 제국에 수출했다. 투르크인은 린넨을 생산하지 않았기 때문에 린넨 수입이 경제에 타격을 주는 일은 없었다. 하지만 17세기가 되자 유럽인은 비단과 양모를 시작으로 오스만 제국이 생산에 관심을 갖는 품목까지 오스만 제국에 수출하기 시작했다. 서구는 신대륙에서 온 금화와 은화가 몰려들면서 막대한 생산 수단을 갖게 되어 새로운 시장을 장악할 수 있었고, 이로 인해 가격 혁명이 일어났다. 유럽인들은 새로운 판로를 찾아 나섰고 금화와 은화, 인플레이션을 통해 이익을 얻으며 동방에서 원료를 사들이기도 했다. 그 결과 두 가지 변화가 일어났다. 첫째, 서구는 오스만 제국과의 무역에서 우위를 점하게 되었다. 둘째, 오스만 제국은 가내 수공업에서 벗어나지 못해 자본주의 생산체제로 전환할 수 있는 기회를 갖지 못했다.

3. 실크에서 후추까지

　오스만 제국이 시대의 변화에 뒤처지면서 16세기, 정확히 말해 1550년 이후부터 본격적으로 문제가 나타나기 시작했다. 이 같은 문제가 훗날 1백 년, 2백 년 후에 얼마나 큰 결과를 불러오게 되는지는 아직 그 누구도 예상하지 못했다. 무엇보다 가격 혁명 1차 쇼크로 인플레이션이 나타나고 화폐 가치가 떨어졌다. 오스만 제국의 은화 '아크체'는 평가절하의 위험에 처했으나 술레이만의 영광스러운 통치시대에는 술레이만과 대신들 모두 이 문제를 대수롭지 않게 생각했다.

사치품과 그 외 화려한 물품이 무역을 통해 계속해서 오스만 제국에 들어왔다. 오스만 제국은 유럽으로부터 직물, 종이, 설탕, 철물(프랑스), 유리, 판유리, 귀한 향신료, 주석과 납 같은 금속을 수입했다. 아나톨리아, 트라키아, 발칸 반도 국가들은 이스탄불을 통해 농산물과 축산물을 수출했는데 가죽과 양모가 대표적이었다. 다른 항구들을 통해서는 면, 실크, 밀랍, 명반을 수출했다. 오스만 제국의 밀은 이탈리아 쪽에 많이 수출되었다. 이탈리아는 수입 밀을 통해 수요를 충당해야 했고, 16세기 중반쯤에 밀 부족 현상을 심하게 겪었다. 1551년에는 밀 50만 퀸틀(100kg)이 오스만 제국 항구를 떠나 베네치아, 제노바, 라구사의 배에 실려 이탈리아 반도 쪽으로 수출되었다. 1551년과 1559년 사이에는 밀 가격이 두 배로 뛰었다.

그러나 곡물이 부족해지고 질병이 발생하는 일이 생기면서 오스만 제국은 1555년부터 밀 수출을 금지했다. 그 결과 밀이 밀거래되는 일이 많아졌고, 오스만 제국의 감시선과 유럽의 함선이 충돌하는 사건이 벌어지기도 했다.[163]

오스만 제국에서 실크는 중요한 수출 품목이었다. 실크는 특히 상당량의 고급 실크를 생산하는 카스피 해 인근의 이란 지역인 길란과 마잔다란, 호라산에서 수입했다. 상인들은 오래 전부터 무역 중심지인 부르사에 아나톨리아 지방을 통해 실크를 가져왔다. 실크는 이탈리아인(피렌체인들과 베네치아인들)이 구입했다. 이탈리아인들은 150kg 당 70~80두카의 상당한 이익을 챙겼다. 오스만 제국은 1516년에 시리아를 정복했고, 이후에는 실크 무역의 또 다른 중심지인 알레포를 장악했다. 아르메니아 상인과 타타르 상인이 유프라테스 계곡이나 디야르베키르 계곡을 통해 페르시아에서 건너와 알레포로 왔다. 오스만 제국과 이란이 16세기 동안 전쟁을 벌이면서 무역은 여러 문제를 겪으며 중단되기도 했다. 한편, 유럽이 화려한 실크, 새틴, 타프타, 작잠면 등을 선호하는 경향이 뚜렷해지고 고급 직물산업이 성장하면서 덩달아 오스만 제국의 실크 무역도 성장을 하게 되었다.[164]

실크 산업은 무역과 함께 터키의 여러 도시에서 급격히 발전했는데 부르사가 대표적이었다. 16세기 초에 부르사에서 국내 시장과 수출을 위해 옷감을 만드는 기술자들만 해도 1천 명을 넘을 정도였다. 공장의 주인은 주로 무슬림 투르크인이었다. 1560년경 알레포에 있는 직조공의 수는 5천 명에 달했다.[165]

향신료의 무역 규모는 실크 무역의 규모를 넘어설 정도로 엄청났다. 향신료는 세계 무역에서 가장 중요하게 거래되는 품목이었고, 레반트 무역에서도 중요한 품목이었다. 12세기에서 17세기 말까지 서유럽 지역과, 이어 북유럽 지역에서는 향신료에 대한 수요가 폭발적으로 늘었다. 러시아와 폴란드도 향신료를 많이 필요로 했기에 서구권 판매사업자들의 반발이 컸다.

후추를 필두로 향신료 대부분은 오스만 제국을 거쳐 갔다. 서방 지역에서 포르투갈 상인들을 통해 직접 후추를 수입한 후에도, 오스만 제국은 후추가 수출되는 주요 통로였다. 아주 오래 전부터 향신료는 바닷길을 통해, 혹은 아시아를 거쳐 온 상인들을 통해 운반됐다. 15세기에는 상인이 더 이상 직접 운반하지 않고 해상 운반이 이루어졌다. 인도네시아와 인도(캘커타는 남쪽 해안의 무역 중심지였다)에서 홍해와 아랍-페르시아 만의 항구들에 이르기까지 해로가 주요 운반 통로가 되었다. 짐을 많이 싣지 않은 가벼운 배들은 시나이 연안에서 수에즈 항구 혹은 엘 투르 같은 먼 곳까지 갔다. 순풍만 분다면 문제없었다. 대형 선박들은 제다에 정박했지만 계절풍을 잘 이용하면 아덴 혹은 아라비아의 남해 연안에 있는 작은 항구들에 도착할 수 있었다. 계절풍이 불 때마다 10~15척의 배들이 캘커타에서 많은 짐을 싣고 출발해 필요한 물품을 챙겨갔다. 상인들은 캘커타 항구에서 물건을 배에 싣고 출발해 전통적인 중개무역 중심지 메카로 향했고, 외국인 고객들이 기다리는 카이로, 알렉산드리아, 다마스쿠스, 알레포로 가고자 다시 메카에서 출발했다. 많은 양의 수입품이 바다를 거쳐 이스탄불 혹은 소아시아의 항구로 향했고, 상인들을 통해 아나톨리아를 지나 이스탄불 혹은 부르사로 향했다. 이스탄불과 부르사에서는 피렌체와 베네치아 상인들이 직물과 향신료를 물물교환했고, 크림 반도, 몰다비아, 왈라키아(유럽 남동부의 옛 공국)와 무역하는 상인들은 필요한 것을 구매했다. 이 세 지역은 폴란드와 러시아처럼 주요 수입 국가들을 상대하는 주요 중개지역이었다.[166]

상품은 중개지역을 지날 때마다 가격이 점점 붙었다. 상인들은 돈을 벌었고, 오스만 정부는 이들로부터 세금을 걷었다. 1517년부터 오스만 제국은 시리아와 이집트에서도 세금을 거두면서 금고를 엄청나게 채워갔다. 후추의 경우 첫 번째 항구에 도착해서 동지중해 지역에서 시장으로 나가기까지 가격이 2000% 올랐다. 오스만 제국의 지배 하에 놓인 중동과 발칸 반도는 안전하게 무역을 할 수 있었고, 덕분에 이슬람 도시들은 많은 돈을 벌 수 있었다.

흔히 알려진 것과 달리 지중해에서 후추 무역은 포르투갈의 희망봉 항로 발견 이후에도 그리 큰 타격을 받지 않았다. 인도 항구와 인도네시아 항구에서 지중해에 이르는 길까지 이른바 향신료 무역로는 완전히 끊긴 적이 한 번도 없었다. 16세기 초기 10년 동안 인도양에서 포르투갈 함선들이 엄중한 감시를 받으면서 무역이 쇠퇴했으나, 16세기 중반쯤에 무역은 예전 수준을 회복했다. 포르투갈인은 한 번에 여기저기로 갈 수가 없었고, 바다는 감시가 심해 잘못 가다가는 엄청난 벌금을 물어야 했다. 1550년경에 향신료 4만 퀸틀이 매년 알렉산드리아 만을 통과했다. 베네치아인만 해도 향신료 1만2000퀸틀을 샀는데 16세기 초 향신료가 최대로 팔린 것과 같은 양이었다. 덕분에 오스만 제국의 재정은 탄탄해졌다.

4. 무역로

오스만 제국과 유럽 사이의 무역은 해상을 중심으로 이루어졌다. 특히 베네치아에서 들어오는 상품들만 라구사(이탈리아 시칠리아에 있는 도시)나 스플리트(크로아티아 남부에 있는 항구도시. 이탈리아어로는 스팔라토Spalato라 불린다)를 출발해 육로를 지났고, 다른 물품들은 펠로폰네소스 남쪽의 모돈과 코론에 가까운 시칠리아 만에서 지중해를 지나거나 크레타를 지나기도 했다. 함선들은 다르다넬스 해협(터키의 서부, 에게 해와 마르마라 해를 이어주는 해협)을 지나 콘스탄티노플로 가거나 레반트의 상업중심지(스미르나[터키의 도시 이즈미르의 옛 이름], 알렉산드리아, 베이루트, 트리폴리)로 갔다. 배가 무역로를 통과하는 기간이 서로 달랐기에 상품이 정확히 언제 들어올지는 알 수 없었다. 날씨가 좋고 순풍이 불면 마르세유나 베네치아에서 콘스탄티노플까지 물건이 이동하는데 한 달밖에 안 걸렸으나 대개는 60~80일이나 걸렸다. 기항시간을 포함하면 콘스탄티노플에서 알렉산드리아까지 15일 걸렸다. 메시나(이탈리아 시칠리아섬 북동쪽에 있는 항구도시)에서 시리아의 트리폴리까지는 약 20일 걸렸다. 리보르노(이탈리아 토스카나 주에 있는 도시)에서 튀니스까지는 예외적으로 6일밖에 걸리지 않았지만 문제가 생기면 20일이나 걸렸다. 16세기 말에는 무역로가 점차 짧아져 어느 종류의 배를 이용하든 이동시간이 오래 걸리지 않았다.

지중해, 특히 동지중해 지역은 해적, 베르베르인, 기독교인의 공격 때문에 늘 위험했다. 상인들은 안전을 위해 무리지어 배를 몰면서 전함의 에스코트를 받았으나, 이런 혜택을 받을 수 있는 것은 거대 무역선뿐이었고, 혜택을 받을 수 있는 날도 1년에 한두 번밖에 안 되었다. 술레이만 시대에는 전함이 무역선을 에스코트하는 수단으로 이용되는 것이 금지되었기에 무역선들은 무방비 상태로 스스로 조심해야 했다. 미리 위험을 예방하는 것이 최선이었다. 상품을 실은 무역선들이 나포되면 배에 탄 승객들은 베르베르족의 갤리선이나 알제, 또는 튀니스의 하렘에서 평생을 보내는 처지로 전락했다.

해상무역은 지중해와 에게 해를 건널 때 만날 수 있는 위험, 갑작스런 폭풍우와 예상치 못한 강한 바람 같은 장애물 때문에 쉽지 않았다. 1604년에 J. 드 공토 비롱 살리냑 남작은 2개월 반 만에 콘스탄티노플에 도착했다. 살리냑 남작은 오스만 제국에서 앙리 4세의 대사를 지내기도 한 인물이었다. 11월 1일에 베네치아를 출발한 그는 가까스로 해적의 손아귀를 빠져나온 후 폭풍우를 여러 번 만났으며, 눈과 차가운 비가 내리는 다르다넬스 해협의 입구에서 배가 좌초되어 1월 19일에야 콘스탄티노플에 도착했다. 훌륭한 배와 선원 덕분에 무사히 항해를 마칠 수 있었던 것이다. 하물며 짐을 가득 실은 작은 배와 중간 배들은 어느 정도로 운명을 운에 맡겨야 했는지 짐작할 수 있다.

그렇다고 육지 여행이 빠르고 안전한 것도 아니었다. 이스탄불과 유럽을 연결하는 육로는 크게 세 가지였다. 첫 번째는 에디르네와 마리차 강, 모라바 계곡, 플로브디프(불가리아 제2의 도시), 소피아, 니시를 지나 베오그라드로 향하는 길이었다. 군대가 북쪽 수비대를 향해 이용하는 길이기도 했고, 술탄이 기독교 적군을 물리치러 원정을 떠날 때 이용하는 길이기도 했다. 두 번째는 옛날 에그나티아 가도Via Egnatia를 통하는 길과 거의 비슷한 길이었다. 테살로니키를 출발해 튀니지 모나스티르, 마케도니아 남서부 오흐리드, 라구사, 아드리아 해의 항구로

가는 길이었다. 세 번째는 에디르네를 통해 이스탄불과 다뉴브 하류 계곡을 연결하는 길이었다.

길은 돌이 깔려 있었고, 간혹 포장도로가 있기도 했다. 길을 정비하는 것은 마을 주민들의 몫이었다. 당시 오스만 제국의 교통로는 최고 수준이었다. 14, 15, 16세기에 지어진 여러 다리들이 지금도 사용될 정도다. 이스탄불에서 에디르네까지는 5일, 소피아까지는 10~12일, 베오그라드까지는 적어도 20일 걸렸다.

발칸 반도는 아시아보다 더 위험했다. 불량배들, 직업이 없는 용병들, 탈영병들이 무방비 상태의 여행객들을 공격해 돈을 뺏고 살해하는 일이 빈번했기 때문이다. 심지어 1566년에 술레이만도 마지막 원정을 위해 발칸 반도 국가들을 지날 때 이를 미리 알고 잠복해 있던 많은 산적들을 처치해야 했다.

아시아는 범죄의 위험은 덜했지만 거리가 더 멀고 기후가 좋지 않아 여정이 힘들었다. 프랑스인 탐험가 타베르니에Tavernier의 기록은 이렇게 적고 있다. "아시아에는 황폐하고 사람이 살지 않는 지역들이 많았다. 사막도 거대했고, 물이 부족하고, 아랍인들이 약탈을 해 위험했다".[167] 상인들은 콘스탄티노플에서 출발해 이즈미트(옛 니코메디)로 간다음 부르사, 볼루(아나톨리아 내륙도시), 아마시아(터키 아마시아주의 주도), 토카트(터키의 도시)에서 온 상인들이 지나가는 사판자, 그리고 스미르나의 여행객들이 지나는 토카트 쪽으로 향했다. 상인들은 토카트에서 헤어져 각자의 방향으로 갔다. 이란의 에르주룸(아나톨리아 지방의 대표적인 도시), 예레반(아르메니아의 수도), 타브리즈(이란 서북부의 지방도시)로 가는 상인들도 있었고, 시바스(터키 중부의 도시)를 지나 디야르베키르(터키 동남부)로 가거나 알레포로 가는 상인들도 있었다. 알레포는 시리아와 홍해로 가는 요충지였다. 또한 바그다드와 모술(이라크 북부의 도시)에서 출발해 알레포에 도착할 수도 있었고, 타브리즈를 출발해 다이르 앗 자우르(시리아 북동부 유프라테스 강변에 위치한 도시)를 거쳐 알레포에 도착할 수도 있었다. 상인들은 이스탄불에서 출발하거나, 혹은 날을 정해두고 이곳에 왔다. 스미르나에서 온 상인들은 매주 이스탄불에서 볼 수 있었고, 알레포 상인들은 매년 3~4번, 페르시아 상인들은 1년에 6~8번 눈에 띄었다. 이스탄불에서 스미르나까지 가는데 10~20일, 페르시아까지 가는데 2~3달 걸렸다.

오스만 제국에서 그나마 수월한 것은 육로 여행이었다.[168] 오스만 제국의 길은 정비가 잘 된 편이었다. 주요 여정 길에는 상인들이 머물 수 있는 숙소들이 들어서 있었고, 특히 아시아 지역에는 30~40킬로미터마다 숙소들이 있었다. 13세기에는 럼 셀주크인이 상인을 위한 숙소를 많이 지었다. 오스만 제국도 상인을 위한 숙소를 많이 지었다. 숙소 역시 도시의 호텔과 마찬가지로 종교단체들이 관리를 했다. 오스만 제국의 프랑스 대사 가브리엘 다라몽을 따라 함께 간 피에르 벨롱은 카발라(북부 그리스 도시)에 대해 이런 글을 썼다. "이브라힘 파샤가 세운 거대한 건축물로 이곳에서 이브라힘 파샤와 동료들은 3일 동안 숙식과 식사를 해결했다. 죽이 완성되면 먹고 싶은 사람 누구나 나무 그릇을 가져오면 된다. 고기와 빵도 얻을 수 있다. 종교나 인종과 관계없이 누구나 공짜로 즐길 수 있다". 지금도 몇몇 상인 숙소들이 남아 있는데,

1236년에 카이세리(터키 중부에 있는 도시)에서 시바스로 통하는 길에 세워진 술탄 한이 대표적이다. 아직 남아 있는 상인 숙소들은 두꺼운 벽과 둥근 지붕으로 된 넓은 방을 갖추고 있다. 주변에는 넓은 마당이, 중앙에는 작은 회교사원이 있다. 오스만 제국 시대에는 이곳에서 많은 사람과 동물들이 머물렀다.

사람들은 단거리나 짐수레 이용이 가능한 평야지역 외에는 전부 낙타, 당나귀, 말과 같은 동물을 타고 이동했다. 16세기 말쯤에는 노새가 등장했고, 18세기가 되면서 마차가 유럽에 처음 등장했다. 아시아에 마차가 등장한 것은 이보다 훨씬 뒤의 일이었다.[169]

제11장

도시와 농촌

이스탄불이 오스만 제국의 생활을 대표한다고 생각해서는 안 된다. 수도 이스탄불의 생활 방식과 이스탄불에서 멀리 떨어진 지방도시의 생활 방식은 완전히 달랐다. 아나톨리아의 생활 방식, 발칸 반도에서의 생활 방식, 더 멀리 떨어진 속국이나 외딴 지방의 생활 방식은 차이가 많이 났다. 높은 지위와 많은 재산을 누리는 것은 소수였고, 대부분의 사람들은 힘겹게 살아갔다. 하지만 아무리 그렇다 해도 서민 입장에서는 중앙 유럽, 동유럽, 서유럽의 기독교 국가에서 생활하는 것보다 오스만 제국에서 생활하는 것이 더 힘들었을까? 그렇다고는 할 수 없다. 주민들의 생활은 기독교 봉건 영주의 지배를 받을 때보다 오스만 제국에게 정복당하고 나서 더 나아진 지역들이 많았다. 아나톨리아에 이어 유럽과 동방 지역은 원래 이슬람 공국의 전제정치와 기독교 지역의 전체정치로 극심한 혼란에 처했으나, 오스만 제국의 지배를 받으면서 이러한 전제정치가 무너지고 대신 공평한 통치를 표방하는 강력한 중앙

집권 정부를 맞이하게 되었고, 환경과 주민의 생활이 더 나아졌다.

1. 농민들의 생활

투르크 농민 '레아야reaya'는 자유로운 신분이라 노예처럼 사고 팔리지 않았을 뿐만 아니라 거주지도 자유롭게 옮겨 다닐 수 있었다. 대신 레아야는 납세의 의무가 있었다. 레아야는 토지세를 걷는 시파히의 요청으로 다시 돌아와야 할 때도 있었지만, 그 전에 카디에게 호소해 판결을 기다릴 수 있었다. 지역과 상황에 따라 규칙이 달리 적용될 때도 많았다. 레아야는 도시에 머물러도 좋다는 허락을 금방 받을 때도 있었고, 오스만 세속 법전 카눈나메Kanunname에 따라 20년 더 기다리라는 지시를 받을 때도 있었다. 그래도 전반적으로 오스만 제국의 농민은 중세시대의 서유럽과 근대 초기 동유럽의 농노보다는 생활이 나았다. 예를 들어 오스만 제국의 농민은 카디에게 도움을 요청하거나 스스로 문제를 해결할 수 있었기 때문이다. 카디는 술탄들이 공표한 이슬람의 신성한 율법인 성법 '샤리아Şeriat'와 카눈나메에 따라 문제를 해결했다. 시파히 계급은 판결을 집행하고 벌금을 받으면 그걸로 끝이었다. 시파히는 흔히 유럽의 영주와 비교되는데, 이들과 달리 오스만 제국의 시파히에게는 그 어떤 재판권도 없었다. 권력 분배는 그야말로 공평하게 이루어졌다.

농민이 살고 있는 토지는 함부로 빼앗을 수 없게 되어 있었다. 예외적으로 오스만 제국이 땅을 술탄에게 귀속시키고(공공시설을 위해 남겨둔 토지 바크프vakf, 개인 소유의 토지 뮐크mülk는 제외) 농민이 오랫동안 땅을 차지하면 규칙에 따라 아이들과 과부인 아내가 물려받았다. 규칙은 지역마다 달랐다. 농민은 정부 대표의 허락만 있으면 토지를 팔 수 있었다. 이 같은 유연한 제도 덕에 정부는 땅을 계속 경작시킬 수 있었고, 국가를 위해 일한 시파히 계급은 수입을 지속적으로 얻을 수 있었다.[170] 레아야 계급 역시 가족과 살아가기에 충분히 넓은 토지를 경작하며 살 수 있었다.

농민이 내는 토지세는 토지의 규모에 따라 정해졌다. 무슬림 레아야가 내는 토지세는 '레스미-이-치프트resmi-i-çift', 기독교인 레아야가 내는 토지세는 '이스펜스Ispence'라 불렸다. 토지세는 지방마다 달랐는데, 지방마다 기존의 조세 시스템이 있기 때문이었다. 오스만 제국에서는 공국마다, 주마다 조세제도가 각각 달랐다. 또한 토지세 금액은 납세자의 지위에 따라 매겨졌다. 토지세와 관련된 내용의 장부(타흐리르tahrir)는 30년마다 갱신되었고, 여기에는 성인이 된 주민들의 이름, 소유한 토지의 면적, 토지세 금액이 적혀 있었다. 토지세는 현금으로 계산되었으나 납부는 현물, 즉 곡물로 이루어졌다. 또한 특정 상품에 매겨지는 세금(양, 돼지, 방앗간에 매기는 세금)과 특정 상황에 매겨지는 세금(결혼식, 건물 등록)도 있었다. 이러한 납세는 '외르프Örf'(군주가 세속법 '카눈kanun'을 공포할 수 있는 특권)의 권리 범주에 속하는 것으로, 당국의 관할 하에 속하는 일이었다. 뿐만 아니라 종교세도 있었다. 토지세는 티마리오트timariote에게 직접 납부하였고, 그 외 나머지 세금은 지방 총독 '산작베이sancakbey'가 거둬들였다.

오스만 제국이 거둬들이는 다양한 세금이 레아야에게 심한 부담으로 다가왔을까? 각종 세금을 다 내고 나면 레아야에게 남는 것은 무엇이었을까? 레아야는 가난하게 살거나 겨우 입에 풀칠이나 하면서 산 것은 아니었을까? 지역에 따라, 시대에 따라 이에 대한 답은 다르게 나올 수 있었다. 그러나 적어도 오스만 제국의 레아야는 유럽의 농촌 주민보다는 삶의 질이 좀 더 나았던 것으로 보인다.

유럽 기독교 국가에서 사는 농부가 영주의 가혹한 수탈을 견디다 못해 반발심으로 집과 밭에 불을 지르고 난 후 이슬람 지역으로 도망친 예도 있지 않은가? 유럽 기독교 국가의 백성들이 술탄의 군대가 들어오자 오히려 환대했다는 이야기도 있다. 술탄은 정복자이기는 했지만 레아야에 대해서는 권위적이지 않고 공평하게 대했다. 치안은 재판관의 소관이었고, 그 어떤 강제 조치도 취해지지 않았으며, 세금은 규칙에 따라 납부하면 그걸로 끝이었다. 오스만 제국은 중앙집권화가 이루어졌기 때문에 오지에 사는 농민들도 정의롭게 문제를 해결하고 싶다면 술탄에게 호소할 수 있었다.

어처구니없는 실수가 발생한 경우가 아니라면 술레이만 집권 시기에는 재판이 공정하게 이루어지는 편이었다. 하지만 오스만 제국 말기부터는 재판의 공정성에 금이 가기 시작했다. 세금 부담이 커지고, 이에 대한 백성들의 반발로 제국의 권위가 추락하기 시작하던 시기였다. 농사를 짓는 것만으로는 먹고 살기 힘들어진 농민들은 자기 땅을 버리고 떠났고, 대지주라는 새로운 계급이 등장하며 수탈을 시작했으며, 티마리오트 제도도 점차 사라져갔다.

아나톨리아와 루멜리아의 레아야들의 상황은 행복하다고도 할 수 없었고, 그렇다고 절망적이라고도 할 수 없었다. 이들은 어디서, 어떻게 살았을까?

이들 대부분은 작은 마을이나 소도시에서 살았다. 오스만 제국뿐만 아니라 지중해 전역에서 인구가 갑자기 불어났고, 사람들은 여기저기 흩어져 살았다. 집이 몇 채만 있는 마을도 있었다. 최소 400가구가 되어야 도시라 할 수 있었다(행정 중심 도시가 되려면 400가구로는 부족했다). 도시 주민들도 마을 주민들과 마찬가지로 농사를 지으며 살아갔다.

통신이 아직 발전하지는 않았지만 마을에서 마을로, 마을에서 도시로의 연락은 이루어졌다. 생각했던 것보다 무슬림과 기독교인 사이의 경계가 분명하게 나뉜 것은 아니었지만, 연락 단위의 구분은 지역과 지역 사이보다 외려 무슬림과 기독교인 사이가 더 뚜렷했다. 상호 간의 적대감 표출은 드물었다. 투르크인들 특유의 관용적인 측면이 양측의 대립보다 우세했기 때문이다.

오스만 제국이 지배한 유럽 지역 중에서도 루멜리아는 평야지대와 도심지역에 사는 주민 대부분이 무슬림이었다. 저지대는 투르크인 개인 소유의 땅이 많았는데, 그리스의 동부지방 테살리아가 대표적이었다. 기독교인은 산 속에서 살면서 고유의 종교와 민족을 유지했고, 덕분에 쉽게 성장할 수 있었다.

아나톨리아에서는 무슬림과 기독교인(대부분 동방정교 신자인 그리스인)들이 서로 어울려 살았다. 고원, 계곡, 내부 연안에는 비무슬림 주민과 투르크인이 충돌 없이 잘 지냈다. 이들 비무슬림은 1923년 인구 교환 시기(1923년 그리스–터키 인구 교환은 그리스–터키 전쟁의 결과로 1923년 1월 30일 스위스 로잔에서 체결된 '그리스와 터키 인구의 교환에 관한 협정'에 따라 터키 영토 내의 그리스 정교도와 그리스 영토 내의 무슬림을 대상으로 실시되었다. 그 대상자 수가 약 2백만 명에 달하였고, 이들 대부분은 강제로 난민상태가 되어 법적으로 자신들의 고향에서 영주권을 잃고 쫓겨났다 – 옮긴이) 때까지는 남아 있었다. 각자 종교에 따라 회교사원이나 교회, 때로는 (데르비시 공동체) '자비예zâviye' 주변에 살며 종교와 인종이 달라도 서로 미워하지 않았다. 미신에 가까운 예배소들도 마찬가지였다. 무슬림들은 기독교 성인을 존경하기도 했고, 기독교인들도 아랍의 성인들을 존경했다. 성인의 묘소를 참배하러 온 무슬림 순례자들은 교회에서 밤을 보내기도 했다. 투르크인은 술탄을 위해 일하는 인재가 아니면 특별히 무슬림으로 개종시키려 하지도 않았다. 또한 오스만 제국은 기독교인으로부터 계속 특별세를 꼬박꼬박 받고 싶은 마음에 특별히 종교 탄압은 하지 않았다.

주민 대부분, 특히 외진 지역에 사는 주민은 폐쇄적인 경제 체제 속에서 살았다. 주로 자급자족이었다. 여자들은 솔질을 하고 실을 뽑고 가족을 위한 털옷을 짰고, 남자들은 가죽을 준비하고 가죽으로 된 물건이나 농기구로 쓸 나무도구를 만들었다. 양모나 털을 여러 개 겹쳐 만드는 펠트는 오랜 작업시간이 걸렸다.

아나톨리아의 추운 고원과 발칸 반도는 펠트를 많이 사용했다. 태피스트리, 텐트 천, 담요, 양치기 외투, 모자에 펠트 천이 사용되었고, 군대에서도 펠트 천이 필요했다.

식량은 전부 목축과 채소밭 경작에서 얻었다. 특히 유제품이 식량에서 중요한 위치를 차지했다. 식사마다 양파, 빵, 소금, 오이, 신선한 과일, 건과일과 함께 치즈, 요구르트를 많이 섭취했다. 축제일에는 쌀, 양고기 필라프, 우유, 꿀, 호두, 아몬드로 만든 간식을 먹었다. 음료수는 물 혹은 보자Boza(보리나 조를 발효시킨 걸쭉한 음료)를 마셨다. 육류 지방은 아나톨리아 산양의 꼬리에서 얻었다. 양꼬리는 요리에도 사용했고, 양초를 만드는 데도 사용했다(양꼬리의 무게가 무려 5~6킬로그램까지 나갈 때도 있었다). 양꼬리로 만든 양초는 밭의 자갈과 가시덤불로부터 손수레 바퀴를 상하지 않게 보호하는 역할도 했다.

가정마다 가축을 길렀다. 살아가는데 없어서는 안 되는 소중한 재산이었다. 암소 한두 마리, 소 한 쌍, 물소 한 쌍, 말이 가축을 이루었지만 제일 많은 것이 당나귀와 염소였다. 주변 밭에서 모이를 취하는 가금류도 사육했다.

지역에 따라 주로 기르는 가축의 종류와 수도 달랐다. 고원은 평야보다 염소와 양을 많이 길렀고, 남쪽은 낙타를 많이 길렀고, 루멜리아에서는 말을 많이 길렀다. 지중해 주변에서는 양의 지방 대신 올리브 오일을 사용했고, 다른 곳은 아마 오일이나 해바라기 오일을 사용했다. 과자를 만들거나 음식에 단 맛을 내기 위해 꿀이 많이 사용되었고, 꿀벌을 기르는 양봉이 흔했다. 트라브존(흑해 연안 동부에 있는 항구) 같은 지역들은 꿀을 이스탄불까지 보냈다. 생선을 그다지 좋아하지 않았던 투르크인들은 식사 때 생선을 거의 먹지 않았다. 심지어는 연안 지역에 사는 투르크인들도 생선을 잘 먹지 않았고, 어쩌다 생선을 먹을 때도 건조시켜 먹었다.

이 지역의 식량은 당시 유럽 지역과 마찬가지로 곡물이 주가 되었다. 아나톨리아의 고원에서는 주로 밀을 먹었는데, 다뉴브 평야와 테살리아도 오스만 제국과 마찬가지로 보리와 함께 밀이 중요한 재배 작물이었다. 오스만 제국의 밀 수확량은 서유럽의 밀 수확량보다 적었다. 서유럽의 밀 수확량이 6이라면 오스만 제국의 밀 수확량은 4에도 미치지 못했다. 이 양으로는 투르크인 5인 가족에게 필요한 1500킬로그램을 겨우 채우는 정도였다. 발칸 반도 지역에서는 밀 수확량이 그나마 좀 나았다. 그러나 세금은 1/7 줄었기 때문에 레아야가 먹고 살기에 상황이 좀 나아졌다.

쌀은 돈 있는 사람들이나 먹을 수 있는 고급 곡물이었다. 쌀은 아나톨리아 서쪽, 시칠리아, 발칸 반도, 이집트처럼 관개시설이 있는 곳에서 재배되었다. 사탕수수는 이집트와 키프로스에서 생산되었고, 와인은 그리스, 트라브존, 다뉴브 지역에서 생산되었다.[171]

집들은 소박하기 그지없었다. 흙과 지푸라기를 섞어 바른 벽, 나뭇가지와 흙을 섞어 짠 지붕 위에 바람을 막아줄 큰 돌을 얹은 것이 전부였다(대신 지진이 나면 돌이 떨어져 위험할 수 있었다). 언덕 비탈길에 구멍을 뚫어 그 안에서 사는 사람들도 있었다. 흙으로 된 벽은 구멍이 나 있었다. 바닥에는 '킬림kilim'이라는 카펫이 깔렸는데 염소 털이나 펠트 천으로 된 것이었다. 언덕 동굴 안쪽에는 벽걸이 천이 여성들의 공간과 남성들의 공간을 나누었고, 앞에는 안방에 해당하는 곳이 있었다. 그리고 화덕 위에는 큰 솥이 걸려 있었다. 불을 붙일 때는 지푸라기와 쇠똥을 이용했다. 햇볕이 쨍쨍한 계절에 여자들은 이 지푸라기와 쇠똥을 연료로 만들어 햇볕에 말렸다. 주요 방 옆에 있는 외양간은 아나톨리아와 발칸 반도의 혹독한 겨울에 동물들의 온기로 열을 전해주는 역할을 했다. 가죽가방이 가구 역할을 했으며, 옷을 넣는 나무상자는 드물었다. 식량(곡식, 지방, 고기, 말린 과일)은 항아리에 넣어 보관했다.

1년 365일은 희로애락이 함께 했다. 밭일이 어떻게 이루어지냐에 따라, 또 종교 축제나 나이를 먹을 때 기쁘기도 하고 슬프기도 했다. 중요한 두 축제로는 라마단이 끝났음을 알리며 마음껏 단 음식을 먹을 수 있는 스위트 축제인 셰에크 바이람Şeker bayram과 이슬람교의 희생절 쿠르반 바이람Kurban bayram 행사가 있었다. 셰에크 바이람은 라마단이 끝나는 날을 가리켰다. 이 두 축제 동안에는 선물을 주고받고, 고기와 과자를 먹었다.

겨울이 끝나면 춤과 제사를 통해 낮이 길어지고 따뜻한 봄이 오는 것을 기념했다. 마을 전체가 동참했는데, 지역마다 오래 전부터 내려오는 고유의 춤이 있었다. 언제나 남성은 남성과, 여성은 여성과 춤을 추었다. 둘이서 춤을 추는 경우도 있었고, 원이나 반원을 그리며 춤을 출 때도 있었다. 남녀 모두 축제 때 입는 옷을 입었다. 여성들은 모자에 황금 장식을 달았고, 남성은 벨트에 반짝이는 무기를 달았다.

무슬림의 춤과 노래는 기독교의 영향을 받았을까? 그보다는 발칸 반도를 정복한 투르크인들이 이 지역 민속 분야에 상당한 영향을 미친 듯하다. 어쨌든 투르크인의 민속은 중앙아시아 투르크인의 민속을 기반으로 하고 있고, 보통 (데르비시 공동체) '자비예'를 통해 이슬람 영향을 받았다. 여러 지역에 살고 있는 이 데르비시 공동체 덕분에 오스만 농민 레아야들은 음유시인과 만담가의 공연을 즐길 수 있었다. 특히 외진 곳에 사는 레아야에게 음유시와 만담은 유일하게 즐길 수 있는 문화생활이었다. 춤과 노래에는 음악이 곁들여졌고, 춤은 주로 피리 연주, 간혹 탬버린 연주의 반주에 따라 이루어졌다.

어떤 마을에서는 1년에 한 번, 혹은 여러 번 장이 열렸다. 장터는 이웃마을 사람들과 만날 수 있는 사교의 장이었다. 장터에서 이웃마을 사람들과 물물교환도 하고, 함께 모여 놀이를 즐기기도 했다. 17세기, 특히 18세기에는 상업적 농업이 발전하면서 마을 장과 시장도 많아졌다. 마을마다 시장이 중요해지면서 시골의 장이 쇠퇴하게 되었다. 시장의 발달로 도시민과 농민들이 긴밀하게 가까워졌으며, 특히 도시로 나와 대출을 해가는 농민들이 많아지면서 도시는 농업에 더욱 큰 영향을 미치게 되었다.

2. 유목민

원래 유목민이었던 투르크인들은 셀주크투르크 시대에 아나톨리아에 빠르게 정착했다. 많은 오구즈족들이 나뉘어져 중앙아시아 지역과 기후 및 식생이 비슷한 고원에 자리 잡았다. 원래 이들은 중앙아시아에서 넘어온 종족들이었다. 흑해와 지중해의 덥고 습기찬 고장에 비해 고원을 선호한 이유다. 술탄들은 오구즈족들이 자리 잡을 수 있게 해 주었다. 이렇게 해야 오구즈족들을 잘 감시할 수 있기 때문이다. 오구즈족들은 레아야들과 싸우는 일이 많았고, 사는 게 어렵다 싶으면 쉽게 불량배로 돌변해 상인들을 공격하고 여행자들을 위협해 갈취를 일삼았으며, 마을사람들을 약탈하는 등의 문제를 일으켰다. 뿐만 아니라 오구즈족들이 일단 정착을 하면 오스만 정부로서는 세금을 걷기가 더 쉬워졌다.

모든 유목민들이 다 정착을 한 것은 아니었다. 아무리 수가 줄었다 해도 요즘도 유목민이 있지 않은가. 16세기에는 여러 유목민들이 동방 아나톨리아와 남서부를 지났는데, 이 지역에서는 이들 유목민을 가리켜 '걸어다니는 종족'이라는 뜻의 위뤼크yürük라고 불렀다. 앙카라와 타우루스 지역의 에스키세히르(터키 서부의 도시) 사이의 대초원을 지나는 유목민들도 있었다. 루멜리아에서는 특히 마케도니아와 트라키아에 주로 살았다. 유목민들의 이동 경로는 어디서나 똑같았다. 여름에는 연안의 산으로 이동했다가 겨울에는 좀 더 따뜻한 저지대 평야 쪽으로 이동했는데, 이동 거리는 100~200킬로미터였다.

루멜리아에서는 부족의 조직력이 약해지면서 정부가 이들 부족을 관리하고 군복무를 시키기가 쉬워졌다. 반면, 아나톨리아에서는 정부가 부족들에 대해 경계심을 늦추지 않았다. 이란은 가까이 있었고, 시아파를 통해 퍼져가는 사파비조의 포교는 오스만 제국의 안전을 위협할 수 있는 존재였다. 대다수 페르시아인들을 부추겨 일어난 여러 반란으로 인해 16세기뿐만 아니라 16세기 이후의 오스만 정부는 오래 전부터 정치와 사회를 위험한 혼란 속으로 몰아넣는 이단 종파의 유목민들을 통제하게 되었다. 오스만 제국은 이란으로 건너가려는 유목민을 못 가게 막았다. 16세기와 17세기에 오스만 제국과 사파비조는 끝없이 전쟁을 벌였으며, 이에 따라 오스만 제국과 사파비조 사이의 국경 지역은 오랫동안 유혈전쟁으로 물들었다.

농민들과 유목민의 관계가 항상 원만했던 것은 아니다. 농작물을 훼손하고 좀도둑질을 하는 유목민은 농민들과 갈등을 겪었다. 정부는 유목민이 경작지에서 멀리 떨어진 길을 다니도록 했고, 같은 장소에 연속 3일 이상 머물지 못하게 했다. 유목민이 점차 정착해 살면서 농민들과의 관계는 더욱 나아졌다. 유목민은 종파에 따라 다양하게 나누어졌지만 서로 폭력적으로 대립하는 경우는 드물었다. 유목민과 농민들은 서로 경제적인 거래를 했다. 유목민은 농민들에게 가죽 제품, 양모 제품, 철 도구를 만들어 팔았다.

사실 농민과 유목민이 뚜렷하게 구분되지 않는 지역이 많았다. 살던 토지와 집을 버린 후 유목민처럼 텐트를 치고 가축을 이끌고 살다가 시간이 지나면 다른 곳으로 이동하는 농민들도 있었다. 유목민처럼 떠돌아다니기도 하다가 정착민처럼 한 곳에 사는 어중간한 생활을 하는 사람도 있었다. 이런 사람은 겨울에는 땅을 경작하며 오두막을 짓고 평야에 살다가 따뜻한 계절이 되면 텐트를 거둔 뒤 가축들을 이끌고 산으로 갔다.

그러나 이렇게 유목민과 정착민의 중간 생활을 하는 사람은 소수에 불과했다. 대개는 일년 내내 여기저기 자리를 옮기며 텐트를 치고 살았다. 가족마다 텐트를 하나 혹은 여러 개 가지고 있기도 했고, 커다란 텐트 하나를 태피스트리나 펠트 천을 사용해 남녀 공간을 나누어 사용하기도 했다. 그러나 여성들이 베일을 쓰지는 않았다. 일부다처제는 전반적으로 생활 곳곳에 자리잡았다. 부인마다 각자 맡은 일을 했는데 베를 짜는 부인, 가축을 돌보는 부인, 음식을 준비하는 부인 등으로 역할이 나뉘어져 있었다. 이들 유목민들은 태피스트리 혹은 킬림 위에서 자거나 가시덤불을 염소 털이나 양모로 싸 매트를 만들어 침구로 사용하기도 했다. 유목민은 농민에 비해 살림살이는 많이 마련하지 않았다. 살림도구라고는 구리나 목재로 된 도구들, 자루, 가죽가방, 베틀이 전부였다. 음식도 유제품, 치즈, 요구르트, 과자가 중심인 소박한 형태였다. 과자는 햇볕에 말린 동물의 배설물이나 숲 속 지역에서 얻은 땔감으로 화덕을 데워서 그 위에 곡물을 넣어 익혀 만든 것이었다.

유목민들은 대부분 목동 생활을 하면서 지역에 따라 양떼나 염소 떼를 기르기도 하고, 말떼나 낙타 떼를 기르기도 했다. 이 경우 유목민들은 상인들 혹은 군대에게 가축 떼를 빌려주었다. 영주가 수십만 명의 군사를 이끌고 원정을 떠날 때 병사들에게 음식과 군수품을 보급하는 것이 대표적인 경우였다.

16세기에 여러 쿠르드인 부족은 대다수가 유목민이었다. 지금도 쿠르드족은 터키 동부의 대초원과 산을 끊임없이 다니다가 잠시 정착하기 위한 노력을 하며 살아가고 있다. 메이다 왕국[172] 후예로 추정되는 투르크인들은 지금의 이란과 이라크에 광범위하게 퍼져 살고 있고, 흑해에서 메소포타미아, 안티타우루스에서 이란 고원에 이르기까지 여러 지역에 폭 넓게 분포하고 있다.

쿠르드족의 일상생활은 투르크족 유목민의 일상생활과 별반 다르지 않았다. 쿠르드인 역시 오스만 유목민처럼 계절에 따라 커다란 텐트를 짊어지고 평야에서 산으로 이동해 목축 생활을 했다. 텐트는 염소 털을 길게 이어서 만들어 밧줄로 땅에 고정시켜 사용했다. 여성의 방은 갈대나 펠트 천으로 된 칸막이를 통해 응접실과 나뉘어졌고, 응접실은 남성의 방으로 이용했다. 여자들은 실을 잣고 베를 짜고 살림을 맡았고, 남자들은 가축 떼를 돌보고 양털을 깎았다. 쿠르드족의 음식은 곡물과 흰 치즈가 기본이었다.

쿠르드족 마을도 오스만 농민의 마을과 마찬가지로 햇볕에 말린 벽돌을 이용하고 그 위를 갈대나 나뭇가지로 덮고 흙을 섞어 집을 지었다. 뒤쪽에 있는 유일하게 큰 공간은 여성들을 위한 곳이었다. 바닥은 흙을 잘 밟아 만들었고, 가운데에 있는 화덕(탄티르tandir)은 항아리 모양으로 바닥에 묻어 사용했는데 가족을 상징하는 물건이었다. 가구는 없었고 쿠션, 펠트 천 태피스트리가 있었으며, 간혹 나무상자도 있었다. 산에 사는 일부 쿠르드족은 복층 집에서 살았다. 위층 지붕은 테라스로 사용되었다.

쿠르드족이 대개 수니파 무슬림이라는 점에서 일상생활과 종교도 투르크인과 비슷했다. 하지만 16세기 말에도 쿠르드족은 오스만 제국에 완전히 편입되지 않은 상태였다. 오스만 제국이 쿠르드족을 완전히 정복한 것은 그 이후의 일이었다. 셀림 1세는 1516~1517년에 쿠르드족의 영토를 정복했고, 쿠르드족 고급관리 대부분에게 자치권을 주었다. 술레이만은 두 번의 이라크 원정 동안 쿠르드족 지역에 대한 지배를 강화했으나, 쿠르드족 지역 대부분은 여전히 불안정한 상태였다. 이란의 샤에서 오스만의 술탄으로 지배자가 바뀌는가 하면 다시 술탄에서 샤로 군주가 바뀌었고, 더욱이 곳곳에서 영향력 있는 현지 부족장들의 지배를 받았다. 쿠르드족 주민들은 오랫동안 자기들끼리만 살았다. 사파비조의 세력이 약화되다가 이내 완전히 사라지면서 드디어 이 지역에도 안정이 찾아왔고, 오스만 제국은 아나톨리아 동부의 유일한 지배세력이 되었다.

3. 기독교 신자들

오스만 제국 여기저기에 퍼져 살았던 기독교 신자들은 무시할 수 없을 정도로 그 수가 많았다. 루멜리아에서는 세르비아인, 불가리아인, 그리스인들 같은 기독교 신자 대부분이 동방정교를 믿었다. 아나톨리아에서는 기독교 신자들이 아르메니아인들이었다. 아나톨리아 동부에 사는 기독교인들은 오스만 제국의 지배 아래에서도 일상은 예전과 같이 이어갔다. 유럽의 기독교 신자들은 오스만 제국의 지배를 받으며 오히려 삶이 나아졌다.

오스만 제국이 주민들에게 요구하는 것은 딱 두 가지였다. 첫째, 세금을 제때 납부할 것, 둘째, 평화를 깨지 말 것이 그것이다. 대신 오스만 제국은 종교의 자유, 다양한 생활방식, 사유지를 보장해 주었다. 주민들은 오스만 정부를 따르고, 이슬람을 존중하는 의무를 지켜야 했다. 이것만 잘 지키면 주민들은 전통 생활습관과 풍습을 자유롭게 계속 이어갈 수 있었다. 종교와 미신이 뒤섞일 때도 많았다. 기독교와 이교도가 섞인 축제들이 매년 여러 차례 열려, 모두 휴식을 취하고 가족들과 즐거움을 나누었다. 부활절은 머나먼 이교도 과거에서 섞인 전통과 함께 축하했다. 부활절에는 난로 위에 양초를 가져가 불을 붙였고, 달걀은 붉은색으로 칠해 일부는 질병을 쫓는 부적으로 사용했다. 성聖조지 축일에는 기독교인들 역시 무슬림들과 마찬가지로 봄이 오는 것을 축하하는 행사를 열었다. 봄이 오면 기독교인들은 축제를 열어 맛있는 음식을 먹고 노래와 춤을 추며 고유의 전통을 생각했다. 기독교인들은 출생, 결혼, 장례를 특히 성대하게 치렀다. 누군가가 세상을 떠나면 묘지까지 시신을 배웅하며 울고 곡소리를 냈고, 죽은 이를 기억하며 익힌 밀과 마른 과일을 먹었다.

마을마다 사제가 있었지만 사제는 가난했고 신도들보다 교육 수준이 높지 않았다. 나이든 여성은 나쁜 기운을 쫓아내고 병자들을 치료했다. 초인적인 힘은 두려움의 대상이었지만 강력한 나쁜 기운을 쫓으려면 주술과 무녀를 찾아가는 것 외에는 방법이 없었다. 사람들은 순례지를 방문하기 위해 멀리서 왔고, 성인들의 무덤과 성스러운 분수를 방문했다. 여인숙이 없었기 때문에 신도들은 근처 교회에서 잠을 잤다. 간혹 아르메니아인들과 쿠르드인들이 유혈 분쟁을 벌일 때면 마을 전체가 서로 싸우기도 했다. 기독교인의 가옥은 무슬림의 집과 전혀 차이가 없었다. 햇볕에 말린 벽돌로 지은 큰 방, 마구간, 채소밭이 주변에 있었다. 대개 아르메니아인들은 자연적으로 생긴 동굴에 살거나 같은 지역의 무슬림처럼 언덕, 혹은 굴을 파고 그 안에 살았다. 집집마다 성상이 놓여 있었고, 그 앞에서는 밤낮으로 불이 비춰졌다.

기독교인은 땅을 경작하기도 하고, 원시적인 도구를 이용해 무슬림과 같은 방법으로 가축도 길렀다. 여성들은 실을 잣고 베를 짜며 살림을 돌보았고, 치즈도 만들었다. 그 외의 일은 남성들이 맡았다. 언어와 지역에 관계없이 삶은 거의 비슷했다. 목축을 주로 하는 지역도 있었고, 농업을 중시하는 지역도 있었다. 그리스 도처와 발칸 반도 일부, 아나톨리아 지방 등에서는 포도나무를 재배했다. 키오스 섬(에게 해, 터키 서해안에 가까운 섬)에서는 유향수지 등이 생산됐다. 그리스인들은 연안을 다니며 해면 혹은 물고기를 잡아 말리는 어업 활동도 했지만, 과거 몇 십 년까지는 농업이 주요 활동이었다. 그리스 사람들은 농업을 통해 식량을 얻고 살아갔다.

4. 외딴 시골지역에서의 생활

중앙정부의 영향력이 미치는 곳에서 더 멀리 떨어진 다른 민족들, 즉 자치지방이나 국경지방, 주요 속국에 사는 민족들도 오스만 제국의 황제 파디샤padichah의 지배 하에 살았다.

일일이 다 나열하기에는 벅찰 정도로 많은 민족들이 이렇듯 오스만 제국의 지배 하에 살았지만, 이들은 오스만 제국의 지배 하에 놓이기 이전의 관습을 그대로 따르며 살았고, 대부분 중앙정부에 대해 별 두려움을 갖지 않았다. 중앙정부는 너무나 멀리 떨어진 수도에 있기 때문에 그 영향력이 미처 피부에 와닿지 않았던 것이다. 대개 사람들은 그저 족장, 전통 풍습과 규칙을 전부라 믿으며 살았다. 오스만 제국은 이들 민족들이 세금을 꼬박꼬박 납부해 정부의 국고를 채워주고, 특별히 평화를 해치지 않을 때는 전통 관습에 따라 사는 것을 허락해주고 특별히 생활에 간섭을 하지 않았으나, 이들 민족들이 위협이 될 경우에는 배려 따윈 없이 가차없이 대했다. 투르크멘인과 드루즈인은 가장 호전적인 민족이었고, 베두인족은 약탈을 많이 일삼았다. 총기류는 금지되어 있었지만, 모두가 어느 정도 무장은 하고 있었다.

중앙정부 역시 일부 지역에 대해서는 치안 유지를 위해 부족들이 자체적으로 무기를 갖는 것을 허용할 때가 많았다. 오스만 제국은 힘으로 부족들을 굴복시키기보다는 세금을 면제해주는 조건으로 일부 지역의 치안을 이들 부족들에게 맡겼다.

콘스탄티노플이 오스만 제국에 점령되었다고는 하나, 이곳은 그저 총독 한 명과 판사, 금융 중개인, 주둔군이 존재하는 하나의 지역에 지나지 않을 뿐이었고, 이들은 다만 오스만 제국이 수도를 점령하기 이전의 조직을 통제하는 수준에 그쳤으며, 오스만 제국은 기존의 조직을 거의 바꾸지 않았다. 지방도시의 총독들은 봉토(하스hass)가 아니라 고정 월급을 받았다. 술탄은 그저 지방 지출 부분을 공제한 뒤 정해진 조공만을 거둬들일 뿐이었고, 필요할 경우 군사비용을 걷었다. 가령 이집트는 16세기에 매년 술탄에게 금화 40만~80만 냥을 보냈고, 설탕, 쌀, 솜, 질산칼륨 등 여러 가지를 현물로 보냈다. 이라크와 시리아처럼 티마르timar 제도가 실시되는 일부 지역을 제외하면 아랍의 모든 지방은 비슷한 대우를 받았다. 중앙정부에서 멀리 떨어진 지역과 아르메니아, 쿠르디스탄Kurdistan(쿠르드족이 다수를 차지하는 고원과 산악지역), 알바니아의 북쪽, 아나톨리아 중앙지역에 사는 투르크멘인 커뮤니티에서는 족장이 자치권을 갖고 있었다. 더구나 기존의 봉토들은 오스만 제국에 예속되어 있기는 했지만 예속의 정도는 느슨했다. 예를 들어 알제리, 튀니스, 트리폴리의 베이레르베일릭(베이레르베이가 다스리는 지역), 칭기즈칸의 기레이 왕조가 다스리는 크림한국이 대표적이었다. 셰리프와 메카도 동유럽 기독교 국가인 몰다비아, 왈라키아, 몬테네그로, 트란실바니아처럼 자치권을 갖고 있었다.

5. 도시에서의 생활

오스만 제국의 도시들은 역사적으로 다른 환경에서 태동하고 발전했으며, 서로 수백 킬로미터나 떨어져 있었지만 이슬람이라는 공통된 문명으로 연결되어 있었다.[173] 이슬람 도시들은 서구의 여러 도시, 비무슬림인 동남아시아와 극동의 도시와 점차 구분되는 특징을 갖추어 갔다.

오스만 제국은 다른 무슬림 국가와 도시 배치가 똑같았다. 중앙에는 대형 회교사원이 있고, 성스러운 장소로 여겨지는 회교사원은 도시의 중심부에 위치하는 것이 기본 배치 구도였다. 종교와 지식은 회교사원이 중심지였다. 사원 주위에는 상점가, 시장, 여인숙 '한', 공중목욕탕이 있었다. 상점 배치도 엄격한 서열을 따랐다. 서점, 향 가게, 향수 가게, 비단 가게 같은 고상한 품목의 상점이 사원 가까이에 있었고, 가죽 장인 가게, 양탄자 가게, 보석 가게, 천 가게 같은 평범한 가게는 사원에서 좀 더 멀리 떨어진 곳에 위치했으며, 무두질 직공 염색업 가게처럼 천박한 품목을 팔거나 악취가 나는 가게일수록 사원에서 아주 멀리 떨어져 있었다. 하찮은 취급을 받은 업종의 가게들은 한데 모여 있되 각자 정해진 구역이 있었다. 빵집도 하찮은 취급을 받긴 했으나 생활필수품이기 때문에 예외적으로 도심 곳곳에 골고루 퍼져 있었다. 좀 더 먼 곳에는 정원이 딸린 주거 구역, 시골에서 막 상경한 사람들이 사는 소박한 집들이 있었다. 끝으로, 묘지들은 여기저기 도시를 둘러싸며 커다란 외곽 경계를 이루었다. 간혹 성벽들도 있었는데, 밤에는 성벽의 문이 닫혔다.

여느 수도에서와 마찬가지로 콘스탄티노플에서도 사람들은 인종이나 종교에 따라 모여 살았다. 중앙정부가 유일하게 인정한 조직인 동업조합은 중요한 역할을 했다. 동업조합의 대표는 회원들의 세금, 행동, 규칙 준수를 책임졌다. 이스탄불보다는 다른 일부 지역에서 동업조합과 종교단체가 긴밀하게 뒤섞였다. 중앙정부는 감시의 끈을 놓지 않되 공공질서가 위협을 받을 때에만 개입했다. 예니체리는 대도시와 중간 규모의 도시에서 치안을 담당했고, 티마리오트timariote들이 소도시의 질서유지를 담당했다.

질서도 유지되고 필수품 보급도 이루어졌지만 시 조직은 아직 없었다. 시장 및 동업조합 감찰관 무흐테시브muhtesib가 시장의 감시를 맡고 있을 뿐이었다. 거리의 청결이나 개인이 공공장소를 잠식하는 행위 등을 따로 감시하고 책임지는 시의원 같은 것은 없었다. 사람들은 무질서하게 하고 싶은 대로 했다. 이러한 상황에 대해 프랑스 여행가 테브노는 놀라움을 금치 못했다. "누구나 원하는 곳에 집을 짓고 살았다. 집이 도로를 점거해도 그 누구도 신경을 쓰지 않았다." 이슬람 도시에서 지역 공동체에 대한 소속감이란 건 존재하지 않았다. 종교와 인종이 가장 중요한 기준이었다. 오스만 제국에는 도시라는 개념이 없었던 관계로 '집단 공동체'나 '구역'이라는 개념이 '시' 개념을 대신했다. 오스만 제국은 도시의 미관과 도시화 계획에는 애당초 관심이 없었다고 할 수 있다.

도로도 계획 없이 마구 설치되었다. 술레이만 통치 후반기까지 수도 및 다른 지방도시에서는 비잔틴 제국 때부터 뚫려 있던 널찍한 대로들이 그대로 사용되었다. 도시생활의 질이 떨어지자 건축물도 방치되고 주민 수도 점점 줄었다. 인구가 급증하고 경제가 발전하면서 도시가 새로운 모습으로 바뀐 것은 16세기 후반부터였다. 하지만 아직도 혼란스러운 무질서가 남아 있었고, 현대 시대까지 이러한 혼란은 이어지고 있다. 이스탄불에 도시화 계획이 처음으로 이루어진 것은 불과 19세기 초였다. 이후 지방도시들도 대부분 도시화 계획이 이루어졌다. 1960년대와 1970년대에 들어서면 아나톨리아 동부도 도시화 계획을 실시했다. 근대의 지방도시를 보면 두 사람이 겨우 같이 걸을 수 있을 정도로 좁은 골목길들이 서로 얽혀 있고, 도로는 정비가 전혀 되어 있지 않았다. 겨울철이 되면 시궁창이 따로 없었고, 여름에는 먼지가 풀풀 날렸다. 정돈과 청결을 중시하던 서구인들은 당혹감을 감추지 못했다. 프랑스의 탐험가 타베르니에는 스미르나에서 괴어 썩는 엄청난 물에 대해 이야기했다. "물만 제대로 흐르게 했어도 페스트가 이렇게 자주 창궐하지는 않았을 것이다."[174]

수도인 이스탄불이나 지방도시에서나 이곳저곳 대중없이 지어진 집들은 주로 가볍고 약한 건축자재로 만들어졌다. 삼림지대 인근 지역에서는 주로 목재와 진흙을 건축자재로 사용했는데, 마을 전체에 큰 화재가 나면 엄청난 피해를 일으킬 수 있는 자재들이었다. 특히 흙집은 화재 피해가 컸다. 벽돌과 석재가 주요 건축자재였던 비잔틴 제국 및 지중해 지역에서와 달리 오스만 제국에서는 흙집이 대세였다. 비잔틴과 지중해 지역 사람들은 무슬림과 다르게 집을 매우 튼튼하게 지어 오랫동안 보존하는 경향이 있었다. 따라서 가난한 동네에 사는 사람이 아니라면 비잔틴과 지중해 사람들은 견고한 건축 재료를 사용했다. 오스만의 일부 가옥은 1층을 석재로 구축하고, 2층을 목조 구조로 만든 뒤 진흙이나 붉은 벽돌을 덧대어 골조를 완성했다. 앙카라 지역의 집이 대표적으로 이런 형태였다. 코니아(터키 중부의 코니아 주의 주도) 지역의 집은 벽돌로 지어졌고, 평평한 지붕은 흙으로 발랐다.

여러 가구가 세 들어 사는 집들은 북아프리카, 이집트의 인구 과밀 지역이 아니면 보기가 힘들었고, 메카, 제다 같은 순례 중심지 역시 마찬가지였다. 이곳에 있는 집들은 3~4세기 때의 모습이 그대로 남아 있었다. 이러한 셋집들은 안마당이 없었고, 앞마당이 있다 해도 비좁았다. 셋집은 유리창을 통해 길이 보이거나 격자창으로 된 돌출 형태의 발코니 '무샤라비에moucharabieh'로 장식된 창문을 통해 거리를 볼 수 있는 구조로 되어 있었다. 이슬람 세계에서는 낮은 집 구조가 대세였다. 지역은 물론 기후, 재료, 오랜 전통에 따라 설계도는 달라도 집은 공통적으로 낮았다.

아나톨리아의 경우에 도심지역 가옥은 대개 이층집 형태였고, 거주지는 여름용 주거 공간과 겨울용 주거 공간, 혹은 남자들의 공간인 '셀람릭'과 여자들의 공간인 '하렘릭' 등 둘로 나뉘었다. 여자들의 공간은 보통 1층에 위치했고, 비좁은 창문은 안마당과 정원, 주방 등이 있는 내측을 향해 있었다. 나무 층계로 연결된 위층 공간은 거리 쪽을 향하고 있으며, 돌출되어 나와 있는 형태의 방들이 배치되어 있었는데, '쿰바cumba'라고 일컫는 이곳에서는 눈에 띄지 않은 채 밖을 볼 수 있었다. 몇 세기 전이나 지금이나 터키의 도심지 여성들은 바로 이곳에서 휴식을 취하고 바느질도 하였으며, 수다도 떨고 거리의 행인도 바라봤다. 겨울이 길게 이어지는 추운 지방은 불이 놓여 있는 주방이 주된 생활공간이었다. 한편, 남쪽지방에서는 공기와 신선한 바람이 가장 많이 들어오는 공간에서 생활하는 시간이 많았기 때문에 여름에는 주로 테라스에서 보내는 시간이 많았다. 열대야 기간 동안 테라스에서 잠을 잤기 때문이다. 오스만 제국에게 정복된 지 얼마 안 된 발칸 지역 도시들은 점차 발전을 이루었고, 투르크인이 이주해오면서 기후는 물론, 얻을 수 있는 재료에 맞게 전통 가옥을 변형했다. 원래 살던 주민들은 투르크인과 함께 공존하며 주거지를 비롯한 전반적인 생활양식을 그대로 이어갔지만, 시간이 지나면서 투르크인의 생활 방식에 영향을 받았다.

주된 생활공간인 '바슈 오다baş oda'는 다른 공간보다 장식이 더욱 화려했으며, 벽을 따라 선반이 있었고, 긴 의자와 여러 쿠션, 양탄자와 킬림kilim(터키 융단)이 있었다. 그 위에서 사람들은 책상다리를 하고 앉았다. 사람 키만큼 큰 알코브는 일상물건을 정리해두는 공간이었고, 선반과 장롱에는 아침에 침구와 담요를 넣어두었다가 저녁에 꺼내 잠을 잤다. 석고로 된 벽난로에서 불을 때었으며, 벽난로가 있으면 적어도 화로는 필요 없었다. 화로(만젤mangal)는 벽난로가 없는 집에서 유일한 난방 수단이었다. 화로는 이 방 저 방으로 옮기며 사용했고, 겨울에는 석탄과 땔감을 이용해 따뜻한 열을 낼 수 있었다. 화로를 커다란 천으로 덮어 그 아래에 들어가 고개만 내민 채 있을 수도 있었다. 다만 화로는 질식사와 화재를 일으킬 수 있다는 단점이 있었다. 호화로운 저택의 주요 공간은 주로 크로키, 쇠시리로 장식되었으나 이후에는 소박한 그림으로 꾸며졌다. 문 역시 진주모 장식으로 되어 있었다. 부속 공간은 침구를 넣는 선반만 있을 정도로 간단했다. 가구는 없었고, 상자 몇 개가 있을 뿐이었다.

6. 도시에서의 일상

요리는 일반적으로 구리 접시 위에 담겨져 나왔다. 접시들 주변으로 사람들은 양탄자가 깔린 바닥에 오른쪽 무릎을 들고 앉았다. 수프나 국물 음식일 경우 소매를 걷고 음식을 접시에 담았다.[175] 식사가 끝날 때쯤 수프나 국물 음식에 빵조각을 적셔 먹고, 오른손을 사용해 미리 썰어놓은 고기를 먹었다. 도시나 시골이나 삶은 소박했다.[176] 가장 중요한 식사는 저녁으로 수프, 쌀, 고기, 야채는 부르주아 층의 메뉴였고, 보통사람들은 고기를 먹는 일이 흔치 않았다. 아침에는 빵, 치즈, 올리브가 식사였다. 점심에는 전날 저녁에 남긴 음식을 먹었다. 단 음식은 인기가 아주 많았다. 셔벗, 빵, 잼, 각종 과자(주로 유제품과 꿀로 만든 과자)가 대표적이었다. 과일은 매 끼니 식사 중간에 먹는 것이었지 결코 디저트로 먹는 음식이 아니었다. 음료로는 맑은 물 혹은 시럽을 넣은 물을 마셨다. 집안에서 와인을 마시는 경우는 없었다. 무슬림에게 와인은 금지되어 있었으나, 술집에서는 아니스 술의 일종인 터키 전통주 '라키raki'와 함께 와인을 마시기도 했다. 와인과 라키는 시골보다는 콘스탄티노플에서 더 많이 소비되었으며, 주로 소수민족이 만들거나 외국에서 수입되었다. 타베르니에의 말에 따르면, 아나톨리아 지방과 심지어 에르주룸에서도 기독교인들이 주류를 만들었다고 한다.

오스만 제국의 도시들은 지역적, 종교적 특징만 있을 뿐 일상생활은 거의 비슷했다. 도시마다 같은 축제를 즐기며 동일한 경조사를 치렀다. 아들의 할례의식과 결혼식, 장례식이 대표적인 행사였고, 여기에 쿠르반 바이람과 셰에크 바이람 같은 두 가지 중요한 종교 축제가 더 있었다.

일반적으로 남자아이들은 7~12세가 되면 할례의식을 치렀다. 보통은 이발사가 외과의사 역할을 하며 할례의식을 담당했는데, 한 가정의 아들 여러 명을 동시에 수술하는 경우도 많았다. 가정 입장에서도 이것이 돈이 적게 드는 방법이었다. 친척과 친구들은 할례 행사를 축하하는 잔치에 초대되어 식사를 즐겼다. '통과의례'인 할례의식은 남자아이들에게 있어 종교행사 이외에 가장 중요한 행사였다. 할례를 거친 소년은 어엿한 성인 남자가 되어 아버지의 권한 하에 들어갔다. 이때부터 아버지는 손수 아들의 교육을 담당했고, 때가 되면 아들의 결혼 시기도 결정했다. 결정을 내리는 건 아버지의 일이었지만 집안의 대를 이을 며느리의 선정은 그 절차가 다소 복잡하여 어머니가 도맡았다. 대개는 어머니가 며느릿감 후보를 생각해 놓았다가 골랐다. 가까운 친구의 딸을 며느리로 삼는 경우가 아니라면 제3자가 중매쟁이 역할을 해 신붓감 후보의 부모 집에서 선이 이루어졌다. 신붓감 후보는 가장 아름답게 치장을 하고 나와 다소곳하게 시선을 아래로 내린 채 커피와 과자를 내왔다. 신붓감이 마음에 안 들면 다른 신붓감 후보의 집으로 가서 같은 절차로 신붓감을 살폈다. 이러한 과정을 거쳐 마침내 며느릿감이 정해졌다. 배우자 선택은 당사자들이 아니라 부모가 했다. 당사자들은 의견을 낼 수조차 없었다. 혼수 교환이 이루어지고, 회교 지도자 이맘과 증인 두 명이 있는 앞에서 혼인계약서 서명이 이루어졌으며 결혼식 날짜가 정해졌다. 결혼식은 일주일에 걸쳐 열렸는데, (혼수

전시, 집 꾸미기, 거리 행진 등) 매일 여러 가지 행사가 벌어졌다. 이 같은 행사는 두 집안의 부와 생활 수준을 보여주기 위한 것이었다. 서민층의 경우는 결혼식이 좀 더 간소했고, 신부는 혼인계약서 서명이 이루어진 바로 그 날에 시댁으로 와서 살았다. 과부나 이혼녀가 재혼할 경우에는 결혼식이 무척 간소하게 치러졌다.

오스만 제국은 다른 이슬람 국가와 마찬가지로 장례식은 언제나 아주 간단했다. 인간은 먼지에 불과하고 신만이 위대하다는 생각에서였다. 장례식은 죽은 당일이나 다음날 아침에 이루어졌다. 매장이 이루어지기 전에 회교사원의 안마당에서 석조 테이블 위에 관이 놓였다. 이맘 혹은 가까운 지인이 코란의 구절을 암송한 다음 시신은 매장지로 옮겨졌다. 매장지는 주로 성인의 무덤 가까이였다. 시신은 오른쪽 방향으로, 머리는 메카를 향한 채 관이 없이 묻혔다. 그 다음에는 시신의 머리가 있는 무덤 부분에 석상이 세워졌는데 주로 고인이 착용한 터번을 묘사한 석재 조각상이었다. 무덤은 관리가 이루어지지 않았다. 그래서 터키의 커다란 묘지들은 기울어진 묘석과 빽빽하게 드리운 사이프러스들이 엉켜 우울한 느낌인데 많은 예술가와 시인들에게 매력과 영감을 주었다.

술레이만 집권시대 역시 오스만 제국의 다른 시기와 마찬가지로 사람들의 일상은 여유로웠다. 아침에 해가 뜨면 자리에서 일어나 목욕과 아침식사 후 가게나 작업실로 가기 위해 걷거나 당나귀를 탔다. 무슬림은 작업 중 점심과 오후에는 기도를 위해 일손을 멈추었고, 간단히 그 자리에서 점심을 해결했다. 해가 지면 집으로 돌아와 저녁식사와 기도를 마치고 일찍 잠자리에 들었다. 집안은 주로 면으로 된 심지를 기름에 적셔 불을 밝혔는데, 몇 가지 일만 할 수 있을 정도로 불빛은 희미했다. 그리고 다음날 새벽에 다시 하루가 시작되었다. 일 년 중 유일하게 밤이 활기찬 시기는 라마단이었다.

이때 이야기 작가(메다meddah)가 암송하는 투르크족의 옛 전설이나 재미있는 이야기 혹은 서사시를 듣거나, '사즈saz'라 불리는 간단한 기타 반주와 함께 시를 작곡하고, 노래하는 가수(사즈 셰를레리saz şairleri)의 노래를 들었다. 특히 사람들은 천을 무대로 이루어지는 그림자 연극을 봤다. 오스만 최초의 연극으로, 100년 후 '카라괴즈karagöz'의 기원이 되었다.[177] 회교사원은 밝게 빛났고, 사람들은 밤늦게까지 잔치를 열었다. 날이 밝고 다시 단식이 시작될 때까지 잔치는 계속됐다.

28일간의 단식기간이 끝나면 다시 일상은 조용해졌다. 도시의 규모, 중앙정부와의 거리에 따라 다소 단조로운 일상이 이어졌다. 다만 대재상이 행차할 때에는 도시가 시끌벅적했다. 심지어 술탄의 행차 때보다 규모가 더 컸다. 사람들은 대재상의 행차를 별로 달가워하지 않았는데, 이 때문에 도시가 술렁거리기도 했거니와 기본 조세에 더해 추가로 세금이 걷혔기 때문이다. 이런 세금이라면 물론 없는 편이 더 좋을 일이었다.

도시주민들 역시 지방 거주민과 마찬가지로 세금을 납부했다. 원칙적으로는 성법 샤리아로 정해진 세금만이 합법적인 세금인데, 이 때문에 '샤리아 세금'이라고도 불렸다. 비무슬림에게 걷는 세금은 '시지예

sizye'라고 불렸는데, 전리품의 1/5이 기독교 복속 국가들이 내는 세금, 관세, 십일조, 광산, 염전의 소득세 등이었다. 하지만 오래 전부터 이들 세금만으로는 정부의 지출을 메울 수 없게 되자 다른 세금이 정해졌다. 이러한 세금을 가리켜 '외르피örfi' 혹은 디반 세금(아바리디 디바니예aváridi divaniye)이라고 불렀다.

재정상 필요하거나 술탄이 대규모 원정을 준비할 때 오스만 정부는 이 같은 특별세를 거두었다(술레이만의 경우는 모하치 원정 전에 이 특별세를 거두었다). 하지만 특별세는 차츰 정기적으로 내는 세금이 되었고, 정부와 궁전이 필요로 할 때마다 금액이 늘어났다. 게다가 세 가지 계층(부유층, 중산층, 서민층)으로 나뉜 세금, 각종 서비스 세금도 있었다. 공무원이 수속을 밟아주면 이에 대한 대가로 내는 세금(정부는 제외), 여행객이 일부 지역에서 도로와 다리 관리에 대해 지불하는 세금, 선원이 닻을 올리기 전에 내는 세금이 대표적이었다.

상인 역시 세금을 내야 했다. 이들이 내는 세금은 영업세의 일종인 '가게세'(예브미예이 뒤카킨yevmiyei dükâkin), 도시의 시장에서 팔린 각종 상품에 대해 걷는 매매세(바치 파자르bâçi pâzâr), 제조품의 품질, 무게, 길이를 보장하는 검인세(담가 레스미damğa resmi)였다.

오스만 제국은 세금 체계가 일정하지 않았다. 어떤 지역에서는 오스만 제국에게 정복당하기 이전에 있던 세금이 그대로 유지되었고, 어떤 지역에서는 기존의 세금이 폐지되거나 변경됐다. 가장 가혹한 세금은 폐지됐다. 여기저기서 영업세는 무흐테시브에게 지불되었는데, 무흐테시브는 장인, 상인, 동업조합, 무역에 지방세 분배, 식량 분배를 동시에 담당하는 시 공무원이었다. 이처럼 세금 종류가 많다니 놀라울 정도였다.

오스만 제국이 16세기 말에 처음으로 위기를 맞게 되기 전까지는 이같은 다양한 종류의 세금이 어느 정도 유지가 되었던 듯하다.[178] 오스만 제국은 호황기 때는 세금을 적게 거두었으나 불황기 때에는 세금을 많이 거두었다.

7. 아시아의 도시들

오스만 제국은 이스탄불 이외의 도시들도 풍요로운 경제를 누렸고, 국내외의 교역 증가로 부를 축적해 갔다. 특히 아나톨리아는 인구가 늘어났다. 술레이만이 통치한 약 45년 동안 남서부 지역(에게 해를 기준으로 정해지는 지역, 마니사[터키 서부, 에게 해에서 가까운 도시]에서 카이세리[터키 중부에 있는 주도]까지가 동서부 라인, 이 도시에서 바다까지가 북서부 라인)은 도시 인구가 11만5천 명에서 약 30만 명으로 늘어났다. 대도시와 중간도시의 인구도 늘어났는데, 몇몇 도시의 경우 인구가 세 배까지 늘어났다. 중간 규모의 도시와 대도시의 인구는 소도시의 인구에 비해 매우 큰 폭으로 증가했다. 소도시의 인구 증가율은 전반적으로 50% 밖에 되지 않았다.

도시에서 인구가 폭발적으로 늘어난 이유는 무엇일까? 경제 발전이 큰 이유였다. 인구 증가 속도가 가장 빠른 도시의 중심지는 주요 무역로에 위치해 있었다. 거대한 농업지역 근처에 위치한 곳 역시 인구가 크게 늘어났다. 무역과 농업은 행정이나 정치 활동보다 도시를 확장시키는데 큰 기여를 했다. 도시가 황태자들이 즉위하기 전에 머무는 거처로 사용될 경우에는 행정이나 정치 역할이 중요했지만, 도시 전반의 발전에는 무역과 농업 활동이 더욱 중요했다. 특히 술레이만이 1512년에서 1520년까지 통치한 아마시아와 마니사가 오랫동안 이러한 상황이었다. 아마시아는 종교 건축물, 아름다운 회교사원, 21곳의 메드레세가 있었지만 단 한 번도 대도시가 되지는 못했다. 16세기 말에 농민들의 '이농 현상'이 나타나면서 도시 인구가 늘어나기도 했다.

16세기의 부르사는 아나톨리아 지방에서 단연 인구가 가장 많은 도시였다. 술레이만 시대에 부르사의 인구는 시대에 따라 5만에서 7만 명이었다. 이스탄불의 인구 50만에서 70만 명에 비하면 적은 수치이지만, 카이세리 같은 다른 대도시 지역에 비하면 인구가 많은 편에 속했다. 카이세리도 16세기 말에는 인구가 3만5천에서 4만 명을 기록해 상대적으로 인구가 많은 도시였다. 1550년에 카이세리는 인구가 이미 3만 명을 넘었다. 1500년부터 카이세리의 인구는 4배로 급증했는데, 왜 이렇게 갑자기 증가했는지는 정확히 알 수 없다(아마도 카이세리가 북서 무역, 동서 무역로에 위치해 있고, 농업지역의 중심에 있었기 때문이 아닌가 한다). 카이세리에는 거대한 대상隊商의 숙소들, 커다란 시장, 베데스텐, 곡물, 면, 와인, 꿀이 교환되는 시장, 이스탄불, 이란, 인도에서 들어오는 상품이 있었고, 이 때문에 술레이만의 통치 말기에는 아나톨리아에서 가장 중요한 도시가 되었다.

그 다음 중요한 도시는 인구 2만에서 2만5천 명을 기록하는 앙카라였다. 앙카라 역시 중요한 무역 중심지였고, 유럽까지 염소의 털(앙고라)을 수출했다. 그리고 중간 규모의 도시 중심지(인구 1만에서 2만 명)로는 토카트, 시바스, 우르파, 아인타부스Ain Tabus, 카스타모누가 있었다. 특히 대상들이 장기 여정을 떠나는 곳인 토카트는 타베르니에가 훗날 말했듯이 "동방을 통하는 가장 큰 길 중의 하나이고, …터키에서 최고의 도시 중 하나였다."[179] 산카크의 도청 소재지를 포함해 다른 도시 대부분은 큰 마을이었지만 점차 중간 규모의 도시가 되었는데 악사라이, 카라히사르Karahisar, 코니아, 마니사, 티르Tir 등이 대표적이었다. 몇 년 뒤 데미르시Demirci, 에레글리Eregli, 닉데Niğde, 아크셰히르Akşehir, 보르Bor, 카라만Karaman, 울루보를루Uluborlu, 세이히셰히르Seyhişehir, 에르메크Ermek도 중간급 도시가 되었다. 어떤 도시들은 계속 성장해갔고, 어떤 도시들은 단조로운 삶을 이어갔다. 쇠퇴의 길을 걷는 도시들은 거의 없었다.

오스만 제국의 교통이 발전한 것은 연안지역과 상인들을 이어주는 국제 무역보다는 국내 교역 덕분이었다. 오스만 제국의 교통은 18세기에도 계속 성장했다. 왕래가 빈번한 길목에는 소도시가 발전했고, 그 주변의 촌락에서는 이곳으로 물건을 팔러왔다. 그러면서 하나의 수공업 종목이 태동하며 발전하곤 했는데, 특히 제품의 품질이 뛰어나 '특산품'을 만들어내면 도시의 인기가 높아졌다. 인기가 높아져 도시의 명성이 올라가면, 너도나도 이곳으로 몰려들었다. 살기 힘든 도시의 주민들, 먹고 살기 힘들어져 땅을 버리고 떠난 농민들, 그리고 세기 말엽에 급여가 깎여 좀 더 수익성 있는 일을 찾아 나선 예니체리들이 이리로 몰려왔다. 19세기 중반까지 아나톨리아 지방의 도시와 마을들은 유럽의 경제 침투에도 불구하고 제 기능과 생산력을 잃지 않아 번영했다.

터키의 매력적인 도시 뮈시안 마운트 올림푸스Mysian Mount Olympus 아래에 위치한 부르사 역시 번영했고, 이 번영은 먼 과거에서부터 계속되었다. 1431년에 베르트랑동 드 라 브로키에르Bertrandon de la Broquière는 이렇게 말했다. "부르사는 터키에서 가장 상업이 발달한 최고의 도시다." 그리고 16세기에 피에르 벨롱은 이렇게 덧붙였다. "부르사의 부는 비단에서 나왔다." 실제로 타브리즈Tabriz, 에르주룸, 토카트를 통해 들어온 페르시아산 비단이 부르사를 부유한 도시로 만들어주었다.

게다가 이집트와 시리아에서 들어온 향신료, 향수, 설탕 그리고 후추 무역도 부르사의 부를 늘려주었다. 이 모든 제품은 이스탄불로 보내지거나, 발칸 반도와 동유럽으로 수출됐다. 제노바인, 베네치아인, 피렌체인은 비단을 주고 대신 양모 천을 얻었다. 그러나 길란과 카스피해 인근 페르시아의 다른 지역에서 들어오는 비단은 대부분 부르사에서 가공되었다. 16세기 초에는 부르사에서 무슬림 투르크인이 소유한 베틀 수가 1천 대를 넘었다. 화려한 비단, 벨벳, 타프타는 술탄궁에서 구입하거나 유럽으로 팔려나갔다.

유럽인들이 '브루스'라 부른 도시인 부르사 역시 발칸 반도 쪽으로 아나톨리아산 면제품을 수출했다. 상인과 공장주인은 막대한 이익을 얻었고, 정부 역시 막대한 세금을 거두어들였다. 1362년에서 1402년까지 오스만 제국의 점령을 받은 부르사는 언제나 콘스탄티노플, 에디르네와 함께 3대 수도 중 하나였다. 16세기와 17세기의 오스만 제국 술탄들은 부르사에 있는 오래된 궁전에 머물렀고, 궁전은 계속 보수되었다. 그러나 16세기에 일어난 오스만 제국과 사파비조의 전쟁으로 부르사는 쇠퇴하기 시작했다. 마침 유럽 국가들은 17세기에 스미르나의 급속한 발전으로 비단을 생산하기 시작했다.[180]

중동에서 알레포는 오스만 제국 최대의 무역도시였다. 맘루크족 시대에 이미 흑해의 제노바 해외지점이 붕괴하고, 그 이전에는 시칠리아의 아르메니아 왕국이 멸망하면서 알레포는 페르시아 상인들이 가장 많이 몰려드는 곳 중 하나가 되었다. 알레포는 변화를 맞이했다. 인구가 많은 변두리 지역으로 상인들이 도로로 이용하던 곳까지 면적이 두 배로 커진 도시가 되었다. 아름다운 건축물이 지어졌고, 많은 기독교 신자들(마론파 교도Maronite와 아르메니아인)이 중개상인과 외국인 상인의 통역관 자격으로 왔다. 셀림 1세가 1516년에서 1517년까지 점령하여 시리아가 오스만 제국에 편입되면서 거대한 세계시장이 열렸고, 알레포의 중요성도 커졌다. 이와 함께 오스만 제국은 마침내 이란의 무역 대부분을 장악했다. 얼마 후 유럽인에게 오스만 제국의 거류민 협정서가 발급되면서 다른 외국 상인들인 베네치아인, 프랑스인, 그리고 영국인과 네덜란드인이 들어와 해외지점을 세웠다. 나중에 알레포는 스미르나가 경쟁력을 갖추면서 심각한 타격을 받았다. 하지만 여전히 얼마간 알레포는 유럽산 제품(천, 종이, 유리)이 들어오는 곳이었다. 알레포는 이렇게 들어온 유럽산 제품을 페르시아와 동부 아나톨리아에 다시 보냈다. 알레포의 면제품과 비단제품, 인근 지역에서 생산된 원료가 수출되었다. 당시 알레포에 건설된 여인숙과 시장은 무슬림 세계에서 가장 멋진 여인숙과 시장이 되었다.

훗날 타베르니에는 다음과 같이 적었다. "알레포는 규모와 아름다움, 맑은 공기로 따지면 오스만 제국에서 가장 유명한 도시 중 하나다. 더구나 알레포는 모든 것이 풍부하고, 대규모 무역이 세계 여러 나라와 이루어지는 곳이다." 유명한 여행가이자 상인인 타베르니에는 알레포에 대해 칭찬을 아끼지 않았다. 그의 기록에 따르면, 알레포에는 회교사원 120곳, 상인 숙박소 40곳, 공중목욕탕 50곳이 있었고, 인구는 25만 명에 달했다고 한다. 다만 인구수는 꽤 과장된 듯하다. 타베르니에는 "이렇게 크고 아름다운 도시에서는 지루할 틈이 없다. 확실히 알레포는 콘스탄티노플과 카이로 다음으로 오스만 제국에서 가장 대단한 도시"라고 덧붙였다.

옆에 위치한 다마스쿠스는 알레포에 비하면 작은 도시처럼 보였다. 거류민 권리보장 협정의 발효로 다마스쿠스에서는 산업활동이 늘어났다. 여행자가 머물고 상품을 보관하는 상인 여인숙 여러 곳도 지어졌다. 하지만 오스만 제국이 홍해 쪽에 평화를 유지시키면서 다마스쿠스의 주 수입원은 메카 성지 순례가 되었다. 오스만 제국 북부지역에서 온 순례자들이 사막을 건너기 전에 다마스쿠스에서 모였기 때문이다. 순례자들은 다마스쿠스에서 3개월치 식량과 말, 고된 순례여행에 필요한 장비를 구입했다. 순례를 끝내고 돌아오는 길에 순례자들은 아라비아에서 가져온 것을 다마스쿠스에 다시 팔았는데, 주로 커피가 많았고, 그 다음은 흑인 노예였다. 술레이만은 다마스쿠스에 건축가 시난의 설계도에 따라 거대한 회교사원 하나를 지으라고 명했다. 다마스쿠스에는 오마야드Omayyad인과 아유비드Ayyubid인이 세운 건축물 외에도 아름다운 건축물이 추가로 세워졌다. 이 덕분에 다마스쿠스는 동방에서 가장 매력이 넘치는 도시 중 하나가 되었고, 지금도 여전히 그렇다.

16세기 중반 이집트의 도시들은 맘루크조 전성기에 누렸던 번영의 일부를 되찾았다. 커다란 궁전의 지붕과 문들이 황금으로 빛났다. 오스만 제국이 들어서기 전 수년 간에 걸쳐 포르투갈의 인도양 침략으로 이집트 도시들은 본격적으로 혼란을 겪으며 쇠퇴했으나, 셀림이 나일강 지역 국가들을 점령하고, 몇 년 뒤 술레이만의 대재상 이브라힘이 행정과 법률제도를 재정비하면서 이집트 도시들은 다시금 평화와 질서를 되찾았다.

경제 위기도 한풀 꺾였다. 얼마 안 있어 카이로와 알렉산드리아는 후추, 향신료, 진주, 흑인과 백인 노예를 수입하고 재수출했다. 오스만 제국은 다른 점령지역에서 그랬던 것처럼 이집트 도시에도 회교사원, 분수, 자선사업센터를 세웠다. 1518년부터 하딤 쉴레이만 파샤는 맘루크조의 멋진 회교사원 옆에 시타델 회교사원을 세웠다. 몇 년 뒤 이스켄더 파샤는 또 하나의 회교사원과 이슬람 수도원 하나를 세웠다. 이후 재상들도 분수, 테케tekke, 이마렛imaret을 세웠다.

거의 황폐화되어 많은 여행가들(특히 1511년에 테노)의 마음을 아프게 한 알렉산드리아는 황량한 유적지 속에서 한없이 작아보였다. 하지만 오스만 제국에 편입되어 무역 거래가 다시 활발해지면서 새로이 번영기를 누렸다. 1560년에는 많은 양의 후추가 알렉산드리아로 들어왔고, 리스본은 후추 거래를 거의 잃게 됐다. 하지만 20년 후에 포르투갈은 다시 무역의 우위를 점했다. 이어 네덜란드와 영국이 무역에서 유리한 자리를 차지하면서 이집트의 중간상인이 타격을 입었다.

8. 루멜리아의 도시들

발칸 반도와 다뉴브 국가는 오스만 제국에게 점령당하면서 정치와 경제의 장벽이 허물어졌고, 영주의 특권도 사라졌다. 이에 따라 발칸 반도와 다뉴브 국가의 도시들은 그때까지는 누리지 못한 발전과 번영의 시기를 맞았다. 소아시아 이민자들도 늘어났고, 도시로 몰려드는 농촌 인구도 늘어나면서 15세기 초반부터 점차 인구가 증가한다. 새로이 이곳으로 온 무슬림 대부분은 (아나톨리아 지방의 유목민인) '위뤼크yürük'족과 타타르인이었다. 오스만 정부는 위뤼크족과 타타르족을 가급적 발칸 반도 동부의 전략지대와 교통로를 따라 나 있는 곳에 머물게 했다.

이슬람으로의 개종도 이뤄지고, 일부 도시에는 에스파냐에서 추방된 유태인이나 포르투갈, 남프랑스, 이탈리아 등지에서 박해를 피해 건너온 기독교 개종 유태인 '마라노Marrano'가 유입되면서 인구 구성도 달라졌다. 거의 대부분의 지역에서 기독교도는 여전히 다수를 차지했고, 대개는 그 수도 상당히 많았다. 다만 행정적 혹은 정치적인 이유로 오스만 제국이 세운 도시와, 무슬림이 오랫동안 다수로 머물고 있던 도시에서는 기독교인의 수가 적었다. 그런데 원래 현지에서 살던 사람들이 평원에서 쫓겨나 산으로 들어가게 되었다는 설은 정확하지 않다. 비무슬림은 경제활동에서 계속 중요한 자리를 차지했다.

15세기와 16세기에는 기존의 오래된 도로들이 여전히 주요 도로로 쓰였다. 오스만이 지배하는 지역과 콘스탄티노플 사이의 교류도 대부분 이 길을 통해 이뤄졌고, 발칸 반도 지역이나 다뉴브 지역, 심지어 러시아와의 사이에서 이루어진 교역도 대부분 이러한 기존의 도로를 통해 이뤄졌다. 불가리아와 루마니아 지방 사이에서의 교류도 상당히 활발했고, 이들 지역에서의 교역은 계속해서 증가일로를 걷게 된다. 이스탄불에서의 수요가 커지면서 흑해, 연안지역(마리차 강Maritsa, 스트루마Struma)이 생산하는 각종 제품의 양이 많이 필요하게 되었다. 마을과 도시는 육로를 통해 인적·물적 교류가 끝없이 이루어졌다. 라구사에서 노비 파자르Novi Pazar와 에디르네를 거쳐 이스탄불까지 연결되는 도로는 이탈리아와 인근 유럽 지역으로 이루어지는 무역 대부분의 교역로라서 더욱 중요해졌다. 보스니아-헤르체고비니아만 해도 여인숙 332곳, 상인 숙소 18곳, 호텔 32곳, 베데스텐 101곳, 교량 42곳이 오스만 제국 시절에 지어졌다.[181]

오스만 제국의 지배 하에 놓인 유럽의 이 지역들을 15세기부터 횡단

한 여행가들은 도시의 활동, 동방 스타일의 건축, 풍부한 공예품과 농산물에 대해 이야기했다. 16세기 말에 기록을 남긴 콘타리니에 따르면, 소피아에서 만들어진 물건과 무기만으로도 거대한 군대의 수요를 만족시킬 수 있다고 했다.

전략적인 대로에 위치한 도시들과 중요한 행정 중심지가 된 도시들은 빠르게 번영했다. 새로 들어온 투르크인이 주로 종사한 수공업은 오스만 제국의 군대와 정부의 수요에 힘입어 빠르게 성장했다. 이에 따라 지역 전체의 산업구조가 완전히 바뀌었다.

예를 들어 16세기에 오스만 제국의 유럽산 물품 공급에서 중심적인 위치를 차지한 불가리아에서는 수공예와 무역 산업이 북쪽과 동북쪽에서 남쪽으로 이동했다. 마을과 도시를 연결해주는 경제 지점은 많은 병사들과 정부 관료들을 먹여 살리고 필요한 원료를 수공업에 공급해야 하기 때문에 성장할 수밖에 없었다.

부다 역시 오스만 제국이 점령하고 투르크인 주둔군이 자리를 잡으며 다수의 무슬림이 유입됨에 따라 변화를 겪게 된다. 거의 모두가 이슬람화된 슬라브족으로, 오스만 제국의 점령 전에 5천 명도 되지 않던 현지 주민이 이후 대거 유입된 오스만 사람들로 대체됐다. 부다도 동방 도시로서의 모습을 갖춰가면서 투르크인의 수공예가 발전하고, 회교사원과 하맘이 건설되었으며, 무슬림 거주지역이 늘어났다.

오스만 제국에 속한 지중해 유럽 지역의 다른 많은 도시들 역시 술레이만과 초기 선조 술탄들의 통치시대에 아름다움을 간직했다. 가장 활기찬 항구 중 하나였던 테살로니키는 투르크인과 해외의 대규모 선박들이 끝없이 정박했다. 에스파냐와 포르투갈에서 추방된 유태인과 마라노가 들어오면서 인구도 급증했는데, 16세기 초부터는 이들 유태인과 마라노가 주민의 다수를 차지했다. 즉 무슬림이 7천 명, 기독교인 5~6천 명인데 반해, 이들의 수가 1만5천 명이 된 것이다. 이들의 활약에 힘입어 테살로니키는 동지중해의 주요 무역 중심지로 발돋움한다. 유태인과 마라노는 양모 산업을 거의 독점하다시피 했고, 오스만 제국 전체에 테살로니키산 직물을 팔았다. 유태인과 마라노는 자신들의 자본력을 바탕으로 금융 산업과 대부 산업을 키웠다. 그 결과 세르비아 중북부의 요새도시 스메데레보Smederevo는 오스만 제국의 서방 원정 기지였다가 거대한 무역 중심지가 되었다. 스메데레보에 대해 몬테규 부인은 "땅이 너무나 비옥해 풍부함이 이루 말할 수 없을 정도였다"라고 말했다.[182] 아테네는 16세기 초에 주민 수가 1만2천 명을 넘었는데 거의 모두 기독교인이었다. 루멜리아의 주요 도시인 에디르네는 오스만 제국에서 가장 중요한 교통 요지 중 하나였다.

발칸 반도와 다뉴브 유역 국가로 향하는 소아시아의 중심 도로에 위치한 에디르네는 부르사에 이어 오스만 제국의 수도였고, 1402년부터 콘스탄티노플 점령까지 제국의 수도로 쓰였다. 이스탄불을 떠날 때 제일 먼저 지나는 여정 길이자 유럽에서 오스만 제국의 군대를 징집하는 중심지인 에디르네는 16세기에 한창 번영을 구가했다. 오스만 제국의 다른 대도시, 이슬람 세계의 다른 대도시와 마찬가지로 가장 많은 부를 축적한 사람들은 환전상, 보석상, 해외 무역에 투자하는 사업가(주로 고위 공무원)였고, 그 다음이 제조상과 (수출입) 직물상, 곡식을 재배해 파는 대지주, 수공업자(피혁 제조인, 비누 제조인, 장미수 제조인)였다. 특히 수공업자는 주로 군대 및 발칸 반도 국가들과 거래했다. 16세기에 에디르네에는 상인 숙소 및 아케이드형 시장이 20개를 넘었다. (시장 가운데 여러 개가 오늘날까지 남아 있다.) 프랑스인과 영국인 상인도 여기에 터를 잡았고, 멋진 기념물이 세워졌다. 술레이만이 죽은 지 몇 년 후에 시난의 걸작이자 '에디르네의 영광'인 셀리미예Selimiye 사원도 바로 여기에 세워졌다. 데르비시 사원 테케tekke와 데르비시 공동체 자비예가 50개 이상이었던 종교와 지식의 중심지인 이곳에서 최고 교육기관인 메드레세는 수준 높은 교육을 제공했다. 많은 여행가들이 이 아름다운 도시에서 받은 깊은 인상에 대해 알렸다.

18세기 초에 몬테규 부인은 상업이 발달한 에디르네를 가리켜 이렇게 묘사했다. "50마일 길이의 시장은 아치형으로 아주 깨끗하다. 각종 상품이 전시된 365개의 가게들이 입점해 있는데, 런던의 새로운 환전소처럼 보인다. 그런데 런던 바닥보다는 여기 바닥이 훨씬 깨끗하다…. 아주 가까이에 셰르쉬shershi[sic: '차르쉬çarşi(시장)'] 가 있었는데, 수많은 상점들이 잔뜩 늘어선 시장의 길이가 1마일이 넘고, 가게마다 아름다운 상품으로 가득하다…. 비지스텐Bisisten[sic: '베데스텐 bedesteb(귀중품 전문 아케이드 상가)'] 옆에는 돈주머니 하나가 받침대 위에 놓여 있고, 주머니 안 여기저기에 황금, 화려한 자수, 보석이 반짝여 아름다운 풍경을 연출한다." 오스만 제국 주재 영국 대사의 아내였던 몬테규 부인은 오스만 제국에서 가장 번영한 시대는 아니지만 이 시기의 분위기에 대해 썼다.

그 당시 불가리아의 중심지는 소피아였다. 소피아에서는 무슬림 인구도 상당히 늘어났는데, 1530년에서 1580년까지 이 지역의 무슬림 인구는 두 배로 늘어났다. 필리브 역시 라구사의 도로에 위치했다. 다뉴브 하류와 왈라키아 방향으로 실리스트라Silistra(불가리아의 동북부 도시)가 있었고, 비딘vidin, 루세ruse, 바르나varna 등 세 곳의 항구도시는 인구가 세 배로 늘어났는데, 16세기의 오스만 제국이 경제적으로 크게 발전했음을 보여준다. 다뉴브 강 하구 니코폴리스, 벨리카 티르노보Velika Turnovo, 슬리벤Sliven 역시 성장했고, 스코페Skopje도 인구가 두 배로 늘었다. 이 모든 도시에서 수공업과 무역이 빠르게 확대됐다. 특히 무슬림이 사는 새로운 지역(불가리아는 가장 급속하게 투르크화 된 지역 중 하나였다)에는 새로운 산업(의류, 특히 펠트 천)이 생겨났다. 곡물, 쌀, 목재, 양은 대규모로 이스탄불과 오스만 제국에 보내졌다. 술탄이 평화를 유지하면서(1450년에서 1595년까지 침략은 물론 봉기도 없었다) 경제가 발전하고, 인구도 증가했다.

같은 시기에 보스니아는 오스만 제국의 여러 무슬림 지역에서 대규모로 온 이민자들의 영향을 받아 무역과 수공업이 발달했다. 16세기 후반은 라구사를 통해 이탈리아 도시들과의 중개무역에 힘입어 빠르게 성장하는 시기였다. 농업은 근대화 되었다. 사라예보, 바냐루카Banja Ruka 같은 도시들은 동방도시로서의 모습을 갖춰갔고, 오랫동안 이 모습을 유지했다. 16세기 말에 사라예보는 인구가 가장 많은 도시가 되었다. 50년 만에 인구는 네 배가 되었고, 이제 인구수는 30만 명에 가까웠다. 이곳에서는 무슬림이 대다수였다. 기독교 신자였다가 무슬림으로 개종한 현지 농민들도 있었다. 봉건 군주가 모이면서 이슬람화도 가속화됐다. 오스만 제국으로 동화가 많이 된 보스니아와 헤르체고비나는 술탄궁에 고위 공무원을 가장 많이 배출한 지방일 것이다. 그 중 대재상 메흐메드 소쿨루가 가장 잘 알려진 인물이었다.

술레이만이 처음으로 대규모 정복을 통해 얻은 베오그라드는 오랫동안, 심지어 오스만 제국에게 점령당한 초기까지도 침체되었다가 16세기 중반에 급속히 발전했다. 사바sava와 다뉴브의 접점에 위치하고, 북쪽으로 대규모 교통로 중 하나에 위치한 베오그라드는 가장 큰 창고역할을 하였으며, 오스만 제국의 무역소, 중앙유럽, 북유럽 사이의 중개 무역지였다. 오스만 제국이 부다를 점령하고 티미쇼아라(Temesvar의 헝가리 이름)를 점령하면서 산업이 발달했다.

수공업은 인구 대다수가 종사하는 사업으로 16세기 말에는 기독교인과 무슬림인 50만 명 이상이 수공업에 종사했다. 특히 무슬림이 대다수였다. 이에 따라 도시의 분위기도 점점 오리엔트 풍이 되어갔다. 100개가 넘는 회교사원, 궁전, 많은 여인숙, 하맘, 메드레세가 생겨났고, 교회와 유태교 회당도 생겼다. 예니체리도 대거 상주했다. 여행가들마다 지리적인 위치와 산업을 칭찬했고, 대도시로 묘사했다.

지금까지 살펴본 도시들은 서유럽과 중앙유럽, 지중해 전역을 중심으로 각기 다양한 이유에서 도심 인구가 밀집된 지역으로 16세기 내내 확산되었다. 하지만 이후 도시가 쇠퇴기를 맞이하고, 경제 위기와 전염병이 발생하면서 많은 사람들이 목숨을 잃었다. 그리고 다시 인구가 증가하면서 도시도 풍요로워졌다. 오스만 제국의 경우 도시가 급격히 발전한 데에는 셀림의 레반트와 이집트 정복, 술레이만의 유럽과 지중해 정복도 큰 몫을 했다. 오스만 제국은 정복을 통해 부를 쌓아갔고, 새로운 시장과 교역을 늘려갔다. 이처럼 새로운 시장과 교역이 늘어나면서 오스만 제국과 도시들은 상처를 회복하고 새로운 성장시기를 맞이했다.[183]

제12장

술레이만의 화려한 시대

술레이만이 통치하던 시대는 오스만 문명의 황금기였다. 술레이만
자체가 교양이 넘쳤고, 코란과 종교학에 대한 지식도 해박했다. 오스
만 터키어와 챠가타이Çagatai(동방 터키어)로 시를 지은 부친[184]과 마찬
가지로 술레이만 역시 완벽한 페르시아어로 디반(오스만 시대의 운문집)
을 남겼다. 술레이만은 '사랑스러운'이라는 의미를 지닌 '무히비Muhibi'
라는 필명으로 아주 고전적인 서정단시 '가잘gazel'을 지었고, 사랑, 지
나가는 시간, 지상의 허영 등과 같은 일상적인 주제를 택했다. 술레이
만의 시가 당시 여러 전문 시인들의 수준까지는 아니었지만 고상함,
겸허함이 넘쳐 군주로서는 뛰어난 시인이었다.

술레이만은 집권 초기부터 자신의 이름을 드높이고 자신의 통치 시
대를 미래에 보다 명성으로 빛나게 해줄 유물들을 미래 세대에게 남기
고 싶다는 야심을 품었다. 유럽은 술레이만을 가리켜 '화려한 왕'이라
는 별명을 붙여주었는데, 서방 세계에서 오스만 제국의 수도와 술탄궁

에 얼마나 깊이 감동했는지 알 수 있다. 당시 서방 세계는 15세기의 위기와 비참한 상황을 막 극복한 때였다.

술레이만은 모든 창작물을 후원했다. 예술가, 시인, 신학자, 법률학자, 역사학자, 과학자들을 궁전으로 맞아들여 전폭적인 지원을 아끼지 않았다. 술레이만의 눈에 띈 2행시 작가에게는 큰 상을 하사했다. 일례로 고전 시기의 가장 완벽한 서정시인 바키Bâki는 원래 마구직공의 도제였다가 페르시아 원정에서 돌아오는 술탄에게 '가잘' 시를 보내면서 명성을 얻었다. 바키는 그 후 곧바로 법률가 교육을 받고 법률가의 길을 갔다. '시인들의 술탄'이라 불린 술레이만은 바키에게 자작시를 보내기도 했다. 술레이만 시대의 또 다른 시인 하얄리Hayali는 터키 은화 15만 냥에 상당하는 티마르를 받았다. 위대한 건축가 시난도 큰 존경을 받았다. 특히 세밀화를 그리는 30명 정도의 화가들은 계속 궁전에서 작업했다. 술탄의 명령으로 도시 여기저기와 연안지역에 회교사원, 메드레세, 상인 숙소, 대상 숙소, 교량, 수로, 병원, 자선단체들이 세워졌다. 다마스쿠스, 바그다드, 메카, 메디나, 예루살렘은 아름다워졌다. 코니아에서 술레이만은 유명 신비론자이자 시인인 셀랄레딘 루미Celalenddin Rumi의 묘지 가까이에 새로운 데르비시 수도원과 회교사원을 지으라고 명했다. "술레이만이 건축물에 새겨 넣은 글은 동로마 제국의 황제 유스티니아누스의 건축물이 프로코프의 책에 영감을 주었던 것처럼 책에 영감을 주었다."[185]

1. 오스만의 건축

　예술의 중심지도 역시 수도였다. 술레이만이 집권하면서 이스탄불은 이미 대도시가 되었다. 술레이만이 지으라고 명한 회교사원들, 여기저기 세워진 건물들이 이스탄불의 모습을 더욱 아름답게 했다. 하지만 이스탄불에는 모든 궁전이나 건축물이 종교나 공공 용도로 지어졌다. 16세기에도 서방의 궁전과 비견될 만한 화려한 궁전은 없었다. 톱카프 궁정은 프랑스의 퐁텐블로, 영국의 햄프턴 궁전처럼 화려하지 않았다. 오스만 제국에는 비잔틴 황제의 궁전처럼 화려한 것이 없었다. 오스만 제국의 별궁[186]은 우아하고 매력적이기는 했지만 유럽의 황제나 왕이 사는 궁전처럼 화려하지는 않았다. 술탄들은 나무 사이에서 휴식과 안정을 찾았다. 또한 술탄의 건축물도 대단히 심플하고 기능적이었고 우아했다.

　사무용 건물이나 학교, 궁궐 및 술탄 자신의 여러 가지 용도로 쓰이는 건물, 회의용 건물, 관료들의 거처 등도 모두 소박한 형태였고, 하렘의 건물들 역시 설계에 따라 체계적으로 지어진 것이 아니라 그때그때 필요한 건물을 하나씩 추가하는 식으로 지어졌다. 코쉬크koshk(여름 별장)는 무조건 풍경이 아름답거나 주변 환경이 편리해 보이는 곳에 지어졌다. 의회실 같은 경우, 술탄의 거처 근처에 세워져 술탄이 쉽게 이동할 수 있게 했고, 성 유물실 역시 마찬가지였다. 술레이만이 톱카프 궁정에 추가로 지으라고 명한 건축물 역시 다른 술탄들의 건축물과 마찬가지로 화려하지 않았다. 인간이란 이승에서 살다 사라져가는 존재이며 자신의 거처와 자기 자신도 역시 예외가 아니라는 생각에 건축물을 화려하게 지을 필요가 없다고 술탄은 생각했다. 어차피 모든 것은 사라져버리는 덧없는 존재이기 때문이었다. "이 땅에 사는 모든 이들은 사라지는 존재다." 코란에 나오는 구절이다.[187]

인간 세상은 덧없다는 생각은 19세기까지 터키의 민간 건축에도 반영되었다. 그래서 진짜 궁전다운 궁전은 하나도 없었고, 오스만 제국의 위엄과 힘을 보여주는 건축물도 없는 것이다. 비록 건축물의 외관은 소박했지만, 내부와 생활은 화려하기 그지없어 묘한 대조를 이루었다. 그러나 회교사원, 가난한 사람들에게 치료와 식사를 제공하는 이마렛imaret, 학교, 젊은이들에게 종교와 인간에게 유용한 학문을 가르치는 메드레세, 인간의 삶을 편리하게 해주는 토목공사는 소박했다.

2. 건축가 시난Sinan

16세기 오스만 제국을 대표하는 건축가는 시난이었다. 시난이 없었다면 투르크인의 예술은 완성되지 못했을 것이고, 오늘날의 터키 모습도 없었을 것이다.

가장 믿을 만한 의견에 따르면 시난은 그리스 출신으로 추정된다. 카이세리Caesarea in Cappadocia(가이사랴 도시) 근처에서 태어난 시난은 데브쉬르메의 일원이 되어 술탄궁에서 장차 국가의 관료와 정예 부대가 되는 교육을 받았을 것으로 추정된다. 다른 자료에 따르면[188] 시난은 카파도스 출신 혹은 투르크인이라고도 전해진다. 어쨌든 시난의 출생에 대해서는 의견이 분분하다. 하지만 분명한 것은 터키에서 태어나 투르크인 학교에서 교육을 받았다는 사실이다. 비록 혈통은 투르크인이 아니었지만 투르크인으로서 교육을 받았다는 의미다. 시난은 1491년에 태어나 100세 넘게 산 것으로 알려져 있다. 시난은 학업을 마친 후 군에서 경력을 쌓았고, 로도스 섬 원정, 베오그라드 원정, 모하치 전투 등에 참여했다. 모하치 전투 이후 보병대의 대장으로 임명되었고, 성을 공격하는 무기의 지휘관도 되었다가 술탄의 개인 경호대장에도 임명된다. 그 후 거의 50세의 나이에 접어들면서 궁정 건축가가 된다.

시난은 군인 시절에 다리, 병영, 수로, 포위탑을 짓는 일에 참여했다. 발칸 반도와 동방 원정을 나가면서 과거와 현재 시대의 외국 건축가들이 만든 작품을 접하기도 했다. 페르시아와의 전쟁에서 시난은 배를 만들어 군대로 하여금 반 호수를 지나게 해 술레이만을 감동시켰다. 왈라키아 원정에서는 다뉴브 강에 다리를 세우면서 유명해졌다. 시난에게 건축기술을 가르쳐 준 것은 누구일까? 셀림이 타브리즈에서 데려온 페르시아 건축가 아셈 알리Acemi Ali로 추정된다.

시난의 건축가로서의 뛰어난 재능은 건축물에 잘 반영되어 나타났다. 특히 시난은 회교사원 건축에서 천재적인 재능을 발휘했다. 하지만 시난이 비잔틴 건축을 베꼈으며, 그의 회교사원은 성 소피아 성당의 변형에 가깝다는 소문도 있다. 실제로 성 소피아 성당은 6세기에 트랄레스의 안테미우스Anthemius of Tralles와 밀레토스의 이시도루스Ishidorus of Miletos가 지은 것이다. 시난이 비잔틴 건축과 성 소피아 성당에 모두 영향을 받았고, 시난 외의 다른 투르크인 건축가들도 역시 이 두 건축에 영향을 받은 것만은 확실하다.[189] 오스만 제국의 회교사원은 콘스탄티노플 점령 이전과 이후가 다르다. 부르사의 초기 회교사원에서부터 가장 오래된 회교사원 에디르네의 우츄 세레플리 카미Uç Şerefeli cami('카미'는 회교사원을 의미한다)에 이르기까지 투르크인 건축가들이 종교 건축물을 지을 때 완벽함을 위해 얼마나 심혈을 기울였는지 알 수 있다. 시난은 건축물 안팎의 균형을 맞추기 위해 노력했고, 성 소피아 성당과 비잔틴 시대의 교회로부터 영감을 받았다. 오스만 제국의 건축가들은 비잔틴 건축 스타일을 단순히 베낀 것이 아니라 자기 나름대로 새롭게 재해석했다고 볼 수 있다. 1453년 이전, 심지어 소아시아에 투르크인이 진출하기 전에도 투르크인의 전통 건축 양식은 엄연히 존재했기 때문이다. 투르크의 건축 양식은 다른 예술 작품과 마찬가지로 여러 영향을 받아 변형·발전되었다고 볼 수 있다.[190]

12세기와 13세기의 초기 투르크 회교사원들은 다른 무슬림 국가들, 특히 11세기 초부터 셀주크인에게 점령당한 호라산에 지어진 회교사원과 상당히 비슷했다. 내외부가 조화와 통일을 이루지 않은 다주식多柱式 구조로 육중한 문이 화려하게 장식된 회교사원이다. 코니아에 있는 알라에딘Alaeddin 회교사원의 다섯 곳 중앙 홀은 다섯 개의 기둥으로 나뉘어졌다. 문의 스타일은 고풍스러운 건축물에는 다소 어울리지 않아 보인다. 미흐라브 위에 놓인 둥근 지붕은 기반이 되는 원형과 사각형을 홍예虹霓로 연결하는 첫 번째 시도라 할 수 있다. 홍예는 훗날 셀주크 건축의 특징 가운데 하나가 된다. 둥근 지붕은 회교사원의 주요 특징 중 하나가 되기도 한다. 디브리이Divriği에서 미흐라브mihrab[191]의 둥근 지붕은 매우 중요하다. 회교사원의 주요 특징인 둥근 지붕은 열두 개의 부분으로 나뉘는 '리브' 구조로 되어 있고, 위에는 8각형 원통 위에 놓인 피라미드가 있다. 문에는 잎사귀와 꽃무늬, 원판, 원형 쇠시리 장식이 가득했다. 이국적인 양식의 영향을 받은 것일까? 터키에서는 독특한 건축물이라 할 수 있다.

지식과 예술 활동이 활발한 '공국' 시기에는 내부 공간이라는 개념이 처음으로 등장해 이후 16세기 건축이 추구하는 주요 특징이 되었다. 시간이 지나자 내부와 외부의 통일성과 안정을 추구하는 경향이 나타났다. 미흐라브 위의 둥근 지붕이 커졌고, 기둥 수가 줄어들었다. 부르사의 거대한 회교사원의 지붕은 12개이지만, 에디르네의 에스키 카미는 기둥이 네 개 밖에 안 되었다. 15세기 중반에 에디르네의 우츄 세레플리 회교사원이 합리적인 기둥 방식을 제시했다. 처음으로 커다란 둥근 지붕(지름 24.10m, 높이 28m)이 등장했고, 작은 둥근 지붕은 네 개만 필요했다. 대형 둥근 지붕은 버팀벽으로 받쳐졌고, 기반은 기둥에 받쳐졌다.

이렇게 하면서 공간은 높아지고 넓어지게 되었다. 문, 식물무늬 장식은 점점 사라졌다. 회교사원의 겉모습은 소박해졌고, 심플한 대리석 판으로 덮였다. 첨탑의 수는 많아졌고(에디르네는 4개), 외부에 있던 마당은 회교사원 안으로 들어갔다.

회교사원은 점차 완벽한 모습으로 변해갔다. 16세기 초에 이스탄불의 바예지드 회교사원과 함께 오스만 제국의 고전적인 회교사원이 등장했다. 바예지드 카미는 지름 18미터의 커다란 둥근 지붕이 기도실을 두 개의 반구형 지붕으로 덮고 있다. 그리고 커다란 둥근 지붕은 네 개의 사각형 기둥으로 받쳐져 있다. 둥근 천장을 받치는 원기둥 몸통은 반원형 창문이 34개 나 있다. 24개의 작은 둥근 지붕을 받치며 주랑으로 둘러싸인 안마당은 기도실과 함께 전체적인 조화를 이룬다. 내부와 외부의 균형이 점차적으로 이루어졌다. 커다란 둥근 지붕의 앞과 뒤에 있는 두 개의 반구형 지붕은 평평하고, 동쪽과 서쪽 부분은 장식이 없이 밋밋하다. 이 시기에 피라미드 형태의 회교사원은 아직 등장하지 않았다. 공국의 회교사원 양식은 점차 사라져 가기는 해도 여전히 존재했으며, 성 소피아 성당의 건축 영향도 나타났다.

바로 이러한 시기에 시난이 등장한 것이다. 술레이만이 아들 메흐메드를 기리기 위해 세운 회교사원 세흐자드를 지으면서부터 "시난은 오스만 제국 초기의 건축 양식 수준을 높였다."[192] 피라미드 형태의 회교사원이 등장하고, 회교사원은 점차 높아졌다. 높이 37미터, 지름 19미터의 둥근 지붕은 단순한 덮개가 아니라 오히려 그 자체가 하나의 건축 작품처럼 보인다. 마치 둥근 지붕이 홍예문, 반구형 지붕, 건축물 전체를 탄생시키는 것 같다. 압력이 작용하는 부분에서 시난은 종유석 모양의 장식을 통해 균형 감각을 살리고 싶어했다. 종유석 모양의 장식은 셀주크 시대에서 전해오는 장식 요소로 마치 나무에 새겨진 것처럼 보였다. 첨탑의 비율과 섬세함은 대단했다. 그로부터 몇 년 후, 술레이만과 록셀란 사이에서 태어난 딸 미흐리마흐 공주의 의뢰를 받아

시난은 다시 회교사원을 건설했는데, 이 때 시난은 비잔틴 건축양식을 적극 도입해 극도로 소박한 양식을 추구했다. 보그트 괴크닐Vogt-Göknil의 글에 따르면 "공중에 떠 있고 무한하게 넓은 건축의 모습이 사라지고, 그저 얇은 도자기 조각처럼 보였다."

술레이만의 이름이 새겨진 이스탄불의 거대하고 화려한 회교사원 쉴레이마니예도 시난의 작품인데, 이를 계기로 시난은 더욱 완벽한 건축을 향해 도약하게 되었다. 특이하게도 쉴레이마니예를 지을 때 시난은 성 소피아 성당의 설계도와 비슷한 설계도를 선택했다. 아마도 그리스 건축가들을 능가하고 싶었던 것 같다. 시난은 평평한 표면과 구형 표면을 번갈아 사용했으며, 두 개의 반구형 지붕은 삼각면과 합해져 세공된 다이아몬드 같은 느낌을 주었다. 마치 회교사원이 정육면체에 구멍을 뚫은 것 같은 모습을 연상시켰다. 높이 26미터, 지름 50미터의 둥근 지붕은 지면에서 약 48미터 높이에 있는데, 두 개의 반구형 지붕만이 옆에 나란히 있어 가벼운 느낌을 주었다. 둥근 지붕 밑에는 반원형의 창문 32개가 있고, 반구형 지붕에 각각 반원형 창문이 열세 개 있었으며, 벽마다 여러 반원형 창문이 나 있어 회교사원 여기저기에 빛이 들어왔다. 반암의 원기둥 위로 종유석 모양의 장식이 난 기둥머리가 있는데, 원기둥들은 측랑의 아케이드를 받쳐주고 회랑의 2층은 둥근 천장을 안에서 받쳐주는 역할을 했다. 삼각형의 표면은 종유석 모양의 장식으로 되어 있었다. 회교사원의 내부는 술레이만이 바라는 대로 웅장한 느낌을 주었다. 회교사원은 마치 피라미드처럼 주변을 둘러싸는 건물 쿨리예Kulliye 위로 높이 솟아있어 한층 더 웅장하게 보인다. 메드레세 두 곳, 의무실 한 곳, 상인 숙소 한 곳, 의학 학교 한 곳, 하맘 한 곳이 입주해 있는 회교사원은 검소한 느낌을 주고자 시난이 일부러 낮게 지어 마치 반석 같은 느낌을 준다. 웅장하고 거대한 쉴레이마니예는 오스만 제국 전성기를 상징하는 건축물이다.

시난은 말년에 이런 말을 했다. "세흐자드Şehzade는 도제 때 완성한 작품이고, 쉴레이마니예는 건축 일을 본격적으로 시작하면서 완성한 작품이며, 셀리미예는 건축 장인이 되고 나서 완성한 작품이다." 에디르네와 주변의 편안한 정경을 굽어보는 셀리미예는 터키의 위대한 건축가 시난이 모든 건축가들에게 남긴 걸작이다. 전반적으로 보면 첨탑 4개로 둘러싸인 셀리미예는 벌판에서 보면 언덕 위에서 가볍고 호리호리하게 보인다. 커다란 둥근 지붕은 8개의 지붕으로 받쳐지고, 외부에서 여덟 개의 버팀벽이 전체 건축물을 받치고 있다. 반구형 지붕이 없어지고, 반구형 지붕과 삼각면이 같이 사용된다. 두 가지 색의 석재로 된 벽은 세공된 것 같은 느낌이고, 내부 공간과 완벽한 조화를 이룬다. 회교사원의 몸통 부분에 반원형 창문이 여러 개 나 있어 투명한 느낌도 강조된다. 안마당은 사방이 18개의 둥근 지붕으로 덮인 주랑으로 둘러싸여 있다. 안마당 중간에는 가운데가 8각형인 샤디르반 Şadirvan(목욕탕 분수)이 심플하고 웅장한 현관문과 마주보고 있다. 현관문은 대리석으로 되어 있고, 종유석 모양의 장식으로 꾸며져 있다. 안에는 미흐라브의 벽과 창문의 합각이 가장 아름다운 이즈니크의 도기로 되어 있다.

셀리미예 건축 공사를 시작한 지 20년 후인 1588년 시난은 세상을 떠났다. 시난은 살아생전에 이스탄불과 오스만 제국 전체에 그야말로 창의적인 건축물을 세웠다. 시난이 건축한 회교사원 중에는 셀리미예처럼 반구형 지붕으로 되어 있는 것이 있다. 이러한 지붕은 위스퀴다르Üsküdar의 아티크 발리드 카미라 불린다. 이스탄불 톱하네에는 킬리추 알리 카미처럼 쉴레이마니예의 설계 도면에 따라 지어진 회교사원도 있었다. 시난은 모든 건축물을 심플한 미학으로 발전시키는 데 탁월한 재능이 있었다.[193]

시난이 키운 여러 제자들은 훗날 유명한 투르크인 건축가로 이름을 날렸다. 인도의 황제 아크바르Akbar는 시난의 제자 중 한 명인 유수프를 초빙해 아그라, 델리, 라호르(파키스탄 북동부에 있는 펀자브 주의 주도)에 궁전 건축을 의뢰했다. 17세기에는 아크바르의 손자 샤 자한Shah Jahan이 투르크인 이사 에펜디Issa Efendi에게 아내의 죽음을 영원히 기리기 위한 건축물을 짓게 했는데, 이것이 바로 아그라에 있는 그 유명한 타지마할이다.

3. 완벽한 도자기 기술

16세기와 17세기에 건축된 오스만 제국의 회교사원들은 소박한 모습을 하고 있다. 단문은 종유석 모양의 장식으로 되어 있고 때로는 희고 검은 돌이 번갈아 장식되어 있다. 그러나 회교사원들의 내부는 도자기로 장식되어 마치 빛나는 보석 같은 느낌을 준다. 소쿨루 메흐메드 파샤의 회교사원은 둥근 지붕에 이르기까지 전체가 반짝이는 도자기로 되어 있고, 술탄 아흐메드 회교사원은 마치 청색 도자기로 덮인 것 같은 느낌을 준다.

13세기부터 투르크의 도자기는 셀주크 시대의 건축물을 장식하는 데 사용되었다. 투르크의 도자기 기술은 다른 예술과 마찬가지로 16세기에 완벽한 경지에 올랐다. 회교사원 전체, 황궁의 일부 방들도 다채로운 도자기 타일이 깔려 있었다. 이들 도자기 타일은 주로 이즈니크에 있는 투르크의 예술가와 직공들이 페르시아인들과 손을 잡고 만들었다. 처음에 바닥 타일은 모자이크처럼 단색의 조각들이 석고판 위에 조립되는 구조로 되어 있다가, 200년이 지나면서 표면에 그림 장식과 광택이 들어가게 되었다. 색은 처음에는 진한 푸른색(세브르차이나sèvres china의 푸른색과 가까운 색), 터키 옥색, 흰색, 검은색이었다가 기술이 발달하면서 노란색과 피스타치오 녹색으로 발전해갔다. 16세기 후반에는 잎사귀 녹색과 토마토의 붉은색이 오스만 제국에 사용되었다. 오스만 제국에서 사용되는 색은 17세기 초까지 종교 건축물과 황궁 어디에서도 볼 수 없는 화려한 색채를 더해주었다.

오스만 제국은 수준 높은 도자기 기술을 자랑했다. 도자기 장식은 13세기와 14세기에는 기하학적이고 비문체였다가 나중에는 잎사귀(루미rumi), 그리고 연꽃과 중국 구름처럼 세련된 무늬가 사용되었다. 이후 (튤립, 히아신스, 패랭이꽃 등의) 꽃무늬와 잎사귀 무늬가 나타났다. 16세기에는 꽃무늬와 잎사귀 무늬가 도자기뿐만 아니라 양탄자, 천, 세밀화에서도 주를 이루었는데, 아마도 이탈리아 르네상스의 영향인 듯하다.

오스만 제국의 예술은 서방, 특히 이탈리아와 교류하면서 접하게 된 테마를 동양식으로 독특하고 세련되게 재해석하고 있다. 동시에 이란, 아시아의 옛 문명과는 점점 거리를 두었다.[194] 오스만 제국이 차용한 중국과 티무르 왕조(원나라)의 문양은 점차 완전히 현지화 되어 원형의 흔적을 찾기 힘들 정도가 되었다(페르시아는 100년 이후에야 꽃무늬를 받아들였다). 술레이만의 초기 집권시대에 등장한 기하학적이고 추상적인 장식은 이후 사라져갔고, 16세기 말에는 사실적이면서도 몽환적인 꽃무늬가 풍부해졌다. 회교사원, 궁전의 기도실은 풍부한 꽃무늬에 힘입어 정원이나 환상적인 온실 같은 느낌을 주었다. 오스만 제국이 얼마나 자연과 꽃을 사랑했는지를 엿볼 수 있는 대목이다.[195]

'자연주의' 시기를 대표하는 가장 아름다운 도자기 중 하나는 이스탄불 뤼스템 파샤 회교사원의 입구에 있는 왼쪽 패널의 도자기로, 들장미의 연보라빛 줄기가 히아신스, 튤립, 수선화, 장미꽃봉오리와 완벽하게 조화를 이루는 무늬가 훌륭하다. 회교사원의 기도실과 회랑도 여러 무늬를 볼 수 있는데, 주로 흰색 배경으로 붉고 푸른 튤립, 패랭이꽃, 녹색 잎사귀, 붉은색 모란과 푸른색 모란이 많다. 미흐라브에는 푸른색과 흰색의 커다란 꽃이 같은 색의 꽃병에 꽂혀 있는 무늬를 볼 수 있다. 록셀란의 무덤(튀르브turbe) 입구 주변을 에워싸는 패널들 역시 같은 시대의 작품이다. 짙은 색의 밑동과 가지가 있는 나무에는 꽃술이 붉은색이고 잎사귀가 푸른 톤인 흰색 들장미가 피어 있고, 그 아래에는 패랭이꽃과 튤립이 피어 있는 모습이다.

위스퀴다르 위에 있는 작은 회교사원 아티크 발리드 카미는 터키 도자기 예술의 정점을 보여준다. 장식이 독특해서라기보다는 도자기 자체의 품질이 워낙 뛰어나기 때문이다. 푸른색 바탕에 산호색이 짙은 붉은 꽃병에 같은 색의 튤립과 패랭이꽃이 얽혀 있는 무늬가 새겨진 패널은 더없는 매력을 자아낸다. 또 다른 패널은 하늘색 바탕을 배경으로 붉은 꽃병에 녹색 잎사귀와 가느다란 줄기가 얽혀 있는 무늬가 새겨져 있다. 그리고 흰색 패랭이꽃들이 푸른색 바탕에 방패꼴 무늬처럼 퍼져 피어 있다.

셀림 2세의 무덤(패널 하나는 프랑스 루브르 박물관에 보관되어 있다), 라마잔 에펜디의 회교사원, 셀림 2세의 목욕탕, 톱카프 궁정의 무라드 3세의 방도 이 시기의 뛰어난 기술과 예술적인 감각이 어우러진 도예 기술을 볼 수 있는 곳이다.

이즈니크의 공방들(로도스 섬의 공방들은 존재한 적이 없다) 역시 16세기 얇은 도자기 판, 도자기로 된 꽃병, 물병, 잔, 회교사원의 램프를 생산했는데 도자기 역사상 최고로 아름다운 작품에 속한다. 페르시아, 중국, 이탈리아의 영향을 받으면서 고유의 전통미가 살아있는 연꽃, 구름 그림, 녹색 잎사귀 문양 등을 혼합하여 당시 이즈니크에서 만들어진 커다란 판과 잔은 진정한 걸작이다. 장인들의 뛰어난 예술 감각이 마음껏 발휘되어 있다. 도기 제조 장인들은 주로 궁전의 세밀화에서 영감을 받아 밑그림을 그렸다. 어느 정도의 기교도 엿보이고, 도안은 자연을 소재로 하면서도 환상적이다. 뛰어난 색깔과 스케치의 가느다란 선도 멋지다. 게다가 도자기 기술은 완벽한 경지에 이르렀다. 1520년에서 1540년까지는 푸른색과 터키 옥색이 주를 이루다가 이후 색깔이 다양해졌다. 바닥 타일을 보면 도자기 기술이 황금기를 맞이했음을 보여준다.[196] 외국의 영향에서 벗어나 오스만 제국만의 독특함을 간직하게 된 것이다. 도자기의 무늬는 주로 동물과 새이고, 드물게는 인물도 있다. 오스만 제국의 도자기는 저 멀리 유럽까지 명성이 자자했으며 '단아함과 자연스러운 우아함'을 가졌다는 극찬을 들었다. 당대의 명사들은 오스만 제국의 도자기를 구입해 서로 논평했다.[197]

하지만 오스만 제국의 도자기와 바닥 타일이 구가하던 황금기는 오래 가지 못했다. 17세기 전반기부터 도자기의 품질이 떨어지고, 문양은 개성을 잃었으며, 색채도 별로였다. 생산 역시 줄어들었다. 16세기 초에 이즈니크에는 도예 장인이 3백 명 있었지만, 1648년에는 아홉 명밖에 되지 않았고, 1720년에는 도예 공방들이 아예 문을 닫았다. 도예 공들은 이스탄불의 테크푸르 샤라이Tekfur Saray 구역에 머물며 고급 도자기를 만들었다. 도자기의 생산지는 이즈니크에서 퀴타햐Kutahya로 넘어갔다. 아르메니아인이 주를 이룬 도예 장인들은 19세기까지 다양한 모양과 색깔의 도자기를 만들어냈다. 아름다움과 특이함이 있는 도자기는 맞지만 이즈니크의 전성기 때에 비해 품질이 떨어지긴 했다.

4. 화가와 명필가

이제 회화를 살펴보기로 하겠다. 혹시 이슬람의 회화라는 말에 의아하게 생각하는 독자들도 있을 것이다. 이슬람에서는 살아있는 것을 그림으로 그리는 행위를 엄격히 금지한다고 알려져 있기 때문이다. 하지만 오스만 제국의 회화는 서방의 미술 애호가들 사이에서 유명한 편이었다. 오스만 제국에도 회화는 존재했다. 특히 16세기 오스만 제국의 회화는 관심을 갖고 지켜볼 필요가 있다.

이슬람에서 인간을 그림으로 그리는 것을 금지한다는 규정은 해석이 분분하다. 코란의 두 구절(Ⅴ. 92-1, Ⅵ.74-2)이 증거로 제시되는데, 일단 코란에서는 우상화偶像化를 금지하고 있다. 즉, 앞에서 절을 하는 우상 숭배용 그림만 아니라면 인물화 자체가 금지는 아니라는 해석이다. 코란의 세 번째 구절(LIX-24)은 더 분명하게 설명이 되어 있다. 신이 유일한 '창조자'(무사비르musavvir)라는 것이다. 무사비르는 아랍어와 터키어로 '화가'를 뜻하기도 한다. 그래서 신학자들은 신 외에는 그 누구도 창조를 할 수 없다고 결론을 내렸다. 선지자 무함마드의 언행록인 '하디스hadith'에서는 선지자와 선지자의 친구들이 한 말을 내세우며 살아있는 생물을 소재로 한 그림들을 맹비난했다. 그러나 하디스가 글로 작성된 것은 18세기 말, 즉 선지자 무함마드가 세상을 떠난 지 150년이 넘어서였다. 아마도 신학적인 이유보다는 역사적인 배경 때문인 것 같다.[198]

여전히 이슬람 세계에서는 사람과 생물을 그린 그림은 전면 금지되어 있었다. 설령 인물과 생물을 소재로 한 그림이 있다 해도 일반인들에게는 공개되지 않는다. 그렇기 때문에 이슬람 국가에서는 회교사원, 사람들이 모이는 회합의 장소, 그 외 개방된 장소에서 그림을 보기가 힘들었다. 그런데 이와 관련해 셀주크 투르크인들이 정한 규정은 워낙에 제각각이라 일관성이 없었다. 예를 들어 술탄과 명사들의 개인 사저에 대해서는 규정이 엄격하지 않았다. 궁전에 걸린 그림들에 대해 묘사하는 여러 텍스트는 최근 몇 십 년 동안 아프가니스탄(가즈나 왕조), 이집트(파티마 왕조), 시리아(우마이야 왕조) 등지에서 발견되었다. 우마이야 왕조의 쿠세이르 암라 궁전에서는 나체 여성의 그림들이 발견되었는데, 여성들의 육체는 로마나 그리스보다는 동방 여성의 인체 비율에 가깝다. 이를 통해 740년경, 즉 선지자 무함마드가 사망하고 100년 이상이 지난 후에도 우마이야 왕조의 무슬림 왕자는 궁전의 방 안에 사람(여성)의 그림을 걸었다는 것을 알 수 있다. 그로부터 100년 후, 아바스 왕조의 군주 한 명은 사마라의 별장 벽에 술을 따르는 여성 무용수 두 명의 그림을 그리게 했는데, 동방 지역 여성의 특징이 뚜렷이 나타나 있다. 또한 메흐메드 2세는 톱카프 궁정의 벽을 다소 풍기 문란한 그림으로 장식하기도 했다. (이에 바예지드는 선친 사망 후 벽에 그려진 그림들을 없앴고, 이젤에 있던 그림들은 시장에 내다팔아 버렸다.) 나머지 이슬람 벽화들도 시대에 비난을 받고 이슬람 근본주의 교리에 어긋난다는 이유로 사라져 버렸다. 안타깝게도 오스만 제국의 인물화는 자료 상에서만 볼 수 있게 되었다.[199]

5. 사실주의 회화

16세기 투르크인의 회화는 이미 오랜 역사를 거쳐 발전해 왔다고 할 수 있다. 투르크인들이 이슬람을 받아들이기 이전 시기에, 투르크인 화가들은 당시 중동지역 거의 전체를 다스리던 왕조의 몽골계 투르크인 문명에다 중국, 이란, 인도 지역의 요소를 접목시키고 있었다. 가장 오래된 삽화와 수많은 도자기 작품에서 찾아볼 수 있는 미의 이상형은 몽골계 투르크형이었다. 즉, 볼이 통통하며, 가늘고 긴 눈을 가진 얼굴을 이상적으로 본 것이다. 흔히 페르시아 회화와 자주 혼동되는 오스만 제국의 회화에서는 감정적인 면이 배제되고, 인물을 이상화 하지 않는다. 사실주의에 가까운 오스만 회화는 소재와 인물을 미화하지 않고 객관적으로 묘사한다. 여기에 서정적인 독창성과 색채의 서정성이 더해진다. 이처럼 오스만 제국의 회화는 매우 뚜렷한 개성을 자랑해 다른 동방 지역의 회화와는 뚜렷이 구분된다.

오스만 제국의 회화는 사랑 장면을 소재로 삼지 않는다.[200] 그보다는 전투 장면, 행렬 장면, 축제 장면이 주요 소재로 다루어졌으며, 술탄 혹은 술탄 앞에서 행진하는 서민이나 즐겁게 노는 서민들이 묘사된 그림이 많다. 페르시아 회화와 달리 오스만 제국의 회화는 인물을 폄하하거나 미화시키지 않고 그야말로 객관적이고 사실적으로 그린다. 뚱뚱하면 뚱뚱한 대로, 날씬하면 날씬한 대로, 아름다우면 아름다운 대로, 못생기면 못생긴 대로 보여준다. 술탄들조차도 미화되지 않는다. 셀림 2세만큼 매력 없는 인물은 찾아보기 힘들 정도로 그림 속 셀림 2세는 뚱뚱하고 얼굴이 붉은 모습으로 나온다. 니가리가 그린 셀림 2세는 이런 모습으로 활을 쏜다. 셀림 2세의 손자 메흐메드 3세는 덥수룩한 수염에 거구를 이끌고 말에 올라탄 모습으로 나오는데, 그의 무게를 견디지 못해 한껏 몸을 숙이고 있는 말은 웃기기까지 하다. 술레이만을 그린 여러 초상화 가운데 니가리의 세밀화는 흰 수염이 난 술레이만의 늙고 야위고 초췌한 모습을 보여준다. 다만 현재 남아 있는 니가리의 세밀화는 모사작인 경우가 많다.

오스만 제국의 회화도 페르시아 회화처럼 왕실의 사냥, 폴로 게임을 그림 소재로 많이 삼는다. 왕자들은 꽃나무 아래 그늘에서 쉬고, 하인들은 왕자들에게 음료수와 셔벗을 가져다 주는 장면이 대표적이다. 그러나 기법적으로는 터키 회화가 실루엣과 색채를 좀 더 분명히 표현하고, 의상과 헤어 스타일의 묘사법도 개성이 있다. 16세기 초부터 오스만 제국의 회화는 섬세함보다는 묵직하고 투박한 특징을 보이게 된다. 디테일보다는 전체적인 조화가 중시되는 것이다. 페르시아 회화와 비슷한 경향을 보이고는 있지만 투르크인의 개성도 반영된다. 훗날 터키 회화는 동방 예술과 서구의 영향이 합쳐져 이란 회화와 뚜렷이 구분된다.

오스만 제국의 세밀화는 오랫동안 페르시아의 영향을 받았는데, 이는 일상을 주제로 한 동방의 시를 발전시킨 오스만 시집 '디반divan'의 삽화로 들어간 세밀화에서 극명히 드러난다. 단, 군대의 연대기를 장식하는 세밀화는 페르시아의 영향이 상대적으로 덜하다. 오스만 제국의 세밀화가들은 초기에는 페르시아 화가들을 모방하는 경향을 보이다가 이후 페르시아의 영향에서 점차 벗어나 독자적인 예술 세계를 구축했다. 오스만 제국의 세밀화는 사실적이면서 유머가 느껴지는 것이 특징이다. 전투 장면을 그린 세밀화는 예니체리, 기병, 포병들이 활을 쏘거나 총을 쏘거나 손에 창을 쥐고 있는 모습, 기독교인 기병들이 투구와 갑옷을 착용한 채 말을 타고 있는 모습을 묘사한다. 투르크인과 형가리인의 전투 장면은 생생하게 묘사되어 있다. 죽은 병사와 부상병들이 누워 있고, 기병이 무기를 내려놓은 말은 절뚝이며 도망가는 모습이 그려진다. 반면, 유명한 세밀화 〈회의를 여는 루이 왕〉에서 인상이 뚜렷한 인물들은 서양인임을 나타낸다. 이 인물들은 기독교인 화가가 그린 것으로 보이는데, 거대 서사시를 그린 삽화들은 화가 한 명의 작품이 아니라 수십 명의 화가가 있는 공방에서 완성한 작품이라는 것을 감안하면 놀랄 일은 아니다. 1557년에 톱카프 궁정 공방에는 35명의 예술가가 소속되어 있었는데, 26명은 투르크인, 7명은 페르시아인, 1명은 형가리인, 1명은 '프랑크인(중동 지역에 거주하는 유럽인 - 옮긴이)'이었다. 무사비르는 얼굴을 그렸고, 나카쉬는 인물과 몇몇 장면을 그렸으며, 다른 예술가들은 종이에 황금 가루를 뿌리고 꽃, 구름 등의 배경을 넣었다.

오스만 제국의 회화에 개성뿐만 아니라 새로운 기법을 발전시킨 화가들도 있었다. 마트라키 나수흐가 대표적이다. 수학자, 작가, 군인, 화가 및 과학자였던 그는 오스만 제국의 유명한 원정기들을 사실적으로 묘사한 〈술레이만의 이라크 원정 이야기〉와 〈쉴레이만 나메흐와 바예지드 2세 역사〉를 작품으로 남겼다. 마트라키 나수흐의 그림은 인물이 거의 나오지 않는 것이 특징으로, 디테일이 매우 과학적으로 표현되어 있고, 건축물 및 장소가 사실적으로 묘사되어 있다. 마트라키 나수흐의 작품은 마치 지도처럼 객관적이고 사실적이며, 이상주의가 배제되어 있다. 이러한 스타일은 오스만 제국의 회화에서 처음으로 등장한 경향이다. 이후 오스만 제국의 회화는 사실주의의 영향을 받게 된다. 이라크 원정을 떠난 술레이만을 따라간 마트라키는 그곳에서 세밀화 107점과 삽화 25점을 가져왔다. 마트라키는 회화를 통해 원정에서 생긴 주요 에피소드, 원정의 길, 도시, 숲, 산, 동물에 대해 묘사한다. 예를 들어 사자의 입 속에 있는 토끼, 날개가 노랗고 핑크빛인 오리들과 안티오크 근처 호수에서 헤엄을 치는 백조들이 대표적인 소재다. 풀을 뜯는 사슴, 풍경을 바라보는 토끼도 자주 등장한다. 마트라키는 바그다드를 둘러싼 사막을 배경으로 호랑이, 영양, 토끼를 그려 넣기도 했다.

1542년 바르바로사의 함대가 프랑스에 머물렀을 때에도 마트라키가 동행했을까? 마트라키 혹은 같은 공방에서 근무하는 화가는 마르세유, 툴롱, 니스, 앙티브antibes의 입구를 묘사한 작은 그림들을 남겼다. 벽으로 둘러싸여 있는 성을 굽어보는 니스, 인근 언덕들, 파이용Paillon의 하구, 성벽과 탑이 있고, 문 앞에 기다란 터키식의 방, 깃발이 있는 앙티브 등 그림이 무엇을 표현한 것인지 알아보는 건 어렵지 않다. 1543년 작 〈헝가리 원정 연대기〉의 삽화를 그린 화가가 마트라키인지는 확실하지 않지만, 그림에서는 마트라키의 스타일이 잘 나타나 있다. 다뉴브 강의 두 지류 사이에 성과 섬이 있고, 붉은 꽃들이 가득한 초원에 둘러싸여 있는 도시 에스테르곰Esztergom, 세케슈페헤르바르Szekesfehervar, 성채와 다리, 성과 교회 위에서 펄럭이는 오스만 제국의 깃발 등이 잘 그려져 있다. 초원과 숲을 이상적으로 표현하며 왕실의 사냥 장면을 그린 페르시아풍 세밀화와는 큰 차이가 있다.

술레이만 사후 몇 년 간의 회화는 정확성이 중시되었다. 원근법이 제대로 적용되지 않았지만 그 덕에 색채의 감각이 생생하다는 평가를 받고 있다. 무라드 3세의 아들 세흐자드 메흐메드의 할례의식을 맞아 열리는 축제를 묘사하는 그림, 오스만 1대 술탄의 집권에서부터 술레이만의 집권 말까지 일어난 사건들을 묘사하는 그림이 대표적인 삽화다. 당시 오스만 제국의 유명 화가 가운데 한 명인 나카쉬 오스만 Nakkaş Osman이 다른 화가들의 도움을 받아 그린 삽화들로, 예술성도 뛰어나지만 16세기 오스만 제국의 모습을 풍부하고 자세하게 보여준다. 게임, 대회, 동업조합의 행진, 좌석에 앉은 손님들, 술탄과 가족의 모습이 잘 묘사되어 있다. 그림 속 사람들이 무엇인가를 바라보고 있는 모습은 이스탄불의 일상이 잘 담겨 있는 삽화라고 할 수 있다. 〈휘네르나메Hünername〉는 형태와 색채가 더욱 뚜렷하게 표현된다. 빠른 속도로 달리는 말들, 사냥감 동물이 도망치는 모습이 매우 생생하다.

6. 초상화

터키는 중동 국가 가운데서도 초상화가 가장 먼저 나타난 곳이라 할 수 있다. 유럽이 가까이에 있고, 이스탄불 왕실이 이탈리아 화가들과 급속도로 긴밀한 관계를 맺었기 때문이다. 겐틸리 벨리니가 그린 메흐메드 2세의 초상화가 좋은 예다. 하지만 베네치아에서 공부한 시난 베이는 이보다 앞섰다. 시난이 그린 메흐메드 2세의 초상화는 오스만 제국의 스타일을 배경으로 이탈리아의 영향이 잘 녹아 있다. 이국적이면서도 동방의 전통이 살아있는 초상화는 술레이만 시대의 왕실과 그 이후의 왕실에서도 크게 유행했다.

당대 유명 화가 중 한 명인 니가리Nigâri 역시 초상화로 유명해졌다. 니가리는 '하이다르 레이스'란 별명으로 불리며 전함 지휘자로 명성을 떨쳤으나 화가로서의 명성은 그에 미치지 못했다. 하지만 니가리가 그린 바르바로사의 초상화는 수염과 콧수염이 하얗게 세고 야위어 있는 바르바로사를 매우 생생하게 묘사하고 있다. 바르바로사의 손에는 패랭이꽃이 하나 들려 있고, 또 한 손에는 검이 쥐어져 있다. 한 손에 패랭이꽃을 들고 있는 것은 동방의 초상화에서 흔히 볼 수 있는 포즈다.

니가리는 술레이만의 노년 모습을 담은 전신 초상화를 그린 화가로도 유명하다. 초상화 속에서 술레이만은 장신에 새틴 소재의 청색 외투를 걸치고 있고, 소매에는 흰색 모피가 덧대어져 있다. 하얗게 센 수염과 흰색 터번을 쓴 초췌한 얼굴은 술레이만의 위엄과 권위의 느낌을 높여준다. 초상화 속에서 술레이만은 두 명의 호위병을 대동한 채 천천히 걷고 있다. 호위병 한 명은 녹색 옷을 입고 있고, 또 한 명은 붉은색 옷을 입고 있다.

니가리는 육중한 셀림 2세를 사실적으로 묘사한 초상화도 남겼다. 활을 쏘고 나서 그 활을 바라보는 셀림 2세는 육중하지만 금색 수염에 왼손의 제스처가 생생하게 묘사되어 있다. 방탕한 파디샤였지만 섬세한 감성의 시인이기도 했던 셀림 2세는 검소하게 차려입은 아버지와는 대조적으로 화려한 옷차림으로 묘사되어 있다. 셀림 2세는 금색과 다채로운 꽃무늬로 자수 장식이 있는 푸른색 카프탄, 황금색 의상, 왜가리털 세 개와 보석으로 장식된 커다란 터번 차림을 하고 있고, 뒤에는 시동 한 명이 오른손에 패랭이꽃 하나, 왼손에 술탄의 화살들을 들고 있다. 통통하고 붉은 셀림 2세의 얼굴은 술과 음식을 탐하고 게으른 성격을 잘 나타내준다.[201] 초상화에서는 전반적으로 군주의 위엄과 동방의 섬세함이 느껴진다.

이처럼 오스만의 초상화는 실제 모델을 매우 사실적으로 묘사하고 있다. 술탄을 '지상의 신'으로 묘사하기보다는 사실적으로 그린 것도 오스만 제국 초상화가 보여주는 특징이다. 16세기 오스만 제국의 회화가 독특한 이유는 점차 서구와의 접촉이 늘어나면서 영향을 받았기 때문으로 보인다.

7. 서예

16세기의 투르크인들은 서예에도 능했다. 서예는 무슬림의 특기이기도 했다. 당대 이슬람 서예가 셰이흐 함둘라와 (도예 분야의) 그 제자들은 회교사원의 벽과 기둥에 우아한 글씨, 코란의 구절, 혹은 알라와 초기 칼리프들의 이름을 새겨 넣었다. 술레이만 집권 당시 최고의 서예가는 아흐메드 카라히사리Ahmed Karahisari라 할 수 있다. 아흐메드는 쉴레이마니예 사원의 여러 비문을 작성했고, 터키와 이슬람 고문화재 박물관에 보관된 앨범은 아흐메드의 다양하고 우아한 서체 재능을 보여준다.

인간을 표현하는 것은 일체 금지되어 있었기 때문에 인체를 상징하는 듯한 입체감 있는 조각품은 이슬람 국가에서는 알려진 것이 없다.

대신 이슬람 국가에서는 16세기부터 꽃무늬 조각이 유행했다. 이 시기 전에 무덤, 분수, 문, 회교사원의 외벽은 특히 문자, 엮음무늬, 아시아권의 배경무늬에서 유래하여 투르크화 된 각종 무늬로 장식되었고, 이러한 무늬를 만든 것은 셀주크와 오스만 조각가들이었다. 술레이만 시대에는 도자기와 양탄자의 문양으로 각종 식물 무늬가 대세였다. 가장 아름다운 스테인드글라스로 꼽히는 쉴레이마니예 사원의 스테인드글라스와 이스탄불 출구에서 안드리노플Adrianople의 문 가까이에 위치한 미흐리마흐Mihrimah 카미의 스테인드글라스 역시 식물 무늬가 대세였다.

8. 가죽 직공과 직조공

오스만 제국에서 모직 짜는 기술은 도예 기술과 마찬가지로 오랜 역사를 지니고 있었다. 유목민, 대초원의 주민으로 오랫동안 살아왔던 투르크인은 양모를 꿰매어 잇는 기술에 능했고, 아나톨리아 지방에 정착하던 11세기 초에 이미 이들은 오래 전부터 습득한 직조 기술을 보유하고 있었다. 현재는 이 기술이 거의 남아있지 않지만 근대 초기의 터키 양탄자에 대해서는 알려진 것이 많다. 15세기와 16세기의 훌륭한 양탄자가 잘 보존되어 있기 때문이고, 독일의 화가인 홀바인Holbein 및 베네치아 사람들을 필두로 유럽의 화가들이 내부 장식용 양탄자를 만들었기 때문이다.

페르시아의 양탄자에 비해 터키의 양탄자는 꽃무늬나 동물 무늬보다 '건축학적인' 무늬를 보이는 것이 특징이다. 이는 도자기의 발달 과정과는 반대의 행보를 보이고 있다. 술레이만 시대에는 페르시아의 영향이 거의 사라졌다. 그에 따라 페르시아 양탄자의 특징이던 과장된 꽃무늬와 잎사귀 무늬가 사라졌다. 페르시아 양탄자의 이 같은 무늬는 울창한 정글의 느낌을 주기도 했다. 터키 양탄자의 경우에는 토마토빛 붉은색, 또는 간혹 푸른색이나 상아색을 배경으로 기도실 '미흐라브'의 윤곽이나 램프, 촛대 등의 윤곽이 뚜렷이 드러난다. 표면에는 도안화된 꽃그림으로 채워졌고, 가장자리는 엮음무늬, 마름모꼴 무늬가 정교하게 새겨졌다.

다른 가장자리에는 '부처의 입술'이라 불리는 물결띠 무늬(천과 도자기에 새겨진 것과 같은 무늬), 같은 색의 얼룩 무늬가 있다. 중국에서 온 것으로 전해지는 구름(치tchi) 그림이 도자기 등에 나타나기 시작한 것은 1530년경이었다.

이후 시기의 양탄자에서 이러한 특징이 나타난 것은 15세기 말과 16세기로, 터키 양탄자가 최고의 품질을 자랑할 때였다. 우사크Uşak, 이스탄불, 괴르데쉬Gordeş의 공방은 최고 품질의 양탄자를 만들었고, 아나톨리아의 크고 작은 서민 공방에서는 세련된 양탄자가 만들어졌다. 서구의 유명 인사들과 부유한 서구 상인들은 오스만 제국의 양탄자를 수십 점씩 사갔다. 울시Wolsey 추기경은 60점 정도나 구매했다고 알려져 있다.

같은 시기에 자수, 벨벳, 새틴 기술도 양탄자 기술 못지않게 최고였다. 오래 전부터 톱카프 궁정은 장기간 보관되어 정성스럽게 라벨이 붙여져 있는 술탄들의 의상을 전시하고 있다. 그것을 통해 비단과 양모를 짜는 기술이 오스만 제국에서 얼마나 정교하고 세련되게 발전했는지를 엿볼 수 있다. 화려한 군주 술레이만의 옷은 크림색 비단옷으로, 핑크색과 노란색의 튤립과 패랭이꽃 무늬가 들어 있고, 갈색의 기다란 줄기 그림이 뚜렷이 나타나 있다. 술탄의 바지(살바르şalvar) 역시 비단으로 되어 있으며, 색상은 황금색이나 은색으로, 태양이 초승달과 별로 둘러싸인 그림이 그려져 있다. 튤립과 잎사귀 그림이 그려져 있고, 가장자리가 녹색인 붉은 벨벳의 무덤 덮개는 록셀란 황후의 능에서 나온 것이다. 이 같은 멋진 작품들은 다마스쿠스, 바그다드, 부르사, 이스탄불의 공방에서 만들어졌다. 16세기에는 이들 공방들만이 금실과 은실을 사용할 수 있는 허락을 받았다. 공방마다 전문 분야가 있어 금실, 새틴, 벨벳 등 각각 전문 분야가 달랐다. 술탄과 대신들은 전통적으로 명예로운 사람들에게 옷을 하사했기 때문에 공방들은 많은 양의 천을 제작해야 했다. 술탄궁으로 가는 천은 황실 공방의 화가들이 만든 그림 도안을 기본으로 만들어졌다. 양탄자보다 자연에서 모티브를 얻은 무늬가 환상적으로 표현되어 있는데, 같은 시기의 세밀화 장식을 연상시킬 때가 많다.

9. 문자

콘스탄티노플 점령 후, 마침내 오스만 사람들은 기독교 세계와 조우한다. 이에 따라 기독교 헬레니즘 문화가 투르크 문명에 영향을 미쳤으며, 과거의 유사한 경우와 마찬가지로 투르크 문명의 흐름까지 바꾸어 놓았을 것이라 생각하기 쉽다. 그러나 오스만 제국의 경우는 좀 달랐다. 15~16세기에 오스만인은 기독교인으로부터 포병술에서 항해술까지, 그리고 과학에서 지리까지 다양한 분야에서 영향을 받기는 했지만, 오랫동안 아시아와 무슬림 전통을 이어받은 오스만 제국의 문화는 전혀 변질되지 않았다. 기독교인이 오스만투르크 문화에 미친 영향은 미미했다.

오히려 기독교인이 오스만 제국에 동화되어 갔다. 데브쉬르메 제도가 대표적이다. 오스만 제국 측에 '납치'되어 무슬림이 된 어린 기독교도 소년들은 놀라울 정도로 쉽게 투르크인이 되었다. 오스만 제국으로 끌려온 어린 기독교도 소년들은 예외 없이 몇 년에 걸쳐 훈련을 받은 후, 충실한 오스만투르크인이 되어 오스만 제국의 풍습, 종교, 문화를 받아들였다. 강력하고 의기양양한 오스만 제국이라는 용광로 속에 모든 것이 동화된 것이다. 오스만 제국은 그리스와 기독교의 지적 유산에서 영향을 받은 것이 거의 없었다. 이븐 시나Avicenna(아비센나)의 신플라톤주의와 이븐 루시드Averroes(아베로에스)의 아리스토텔레스 철학은 알 가잘리의 신비주의, 아랍과 페르시아의 철학에 밀려 흔적도 없이 사라진 지 오래였다. 정복당한 그리스-헬레니즘 문명은 정복자인 오스만 제국에 정신과 지식 측면의 영향을 전혀 미치지 못했다.

오스만 왕가의 군주들이 벌인 활발한 정복 전쟁 이후, 투르크 문화는 통일성을 갖추었다. 오스만 제국이 정복한 지역은 터키어를 강제로 사용해야 했다. 오스만 제국의 정치 및 지식 중심지인 이스탄불은 나날이 힘이 커져 우방이든 속국이든 일단 제국에 점령된 지역의 주민들에게는 투르크어를 강제로 사용하게 했다. 예를 들어 아제르바이잔의 시인과 작가들은 터키어로 글을 써야 했으며, 술탄의 백성들 역시 술탄궁의 병사와 공무원들이 사용하는 터키어로 말하고, 글을 써야 했다.

　터키어의 우위가 확립된 건 16세기의 일이었다.[202] 이 시기에는 투르크의 전통과 페르시아 및 아랍 문자의 영향으로 형성된 투르크 문학이 두각을 나타냈다. 페르시아 문학은 쇠퇴 중이긴 했지만 여전히 영향력이 있었다. 메흐메드 2세는 시인 세흐디Sehdi에게 터키어로 된 사흐나흐메shahname(구어화 된 서사시)를 페르시아어로 쓰게 했으며, 투르크인의 반발에도 불구하고 호라산과 이란에서 온 작가와 시인들을 궁에 두며 후원했다. 그러나 메흐메드 2세 이후에는 페르시아 문학의 영향력은 다소 줄어들었다. 하지만 호라산 출신의 위대한 시인 알리 시르 나바이Ali Şir Nevai가 투르크 세계에 미친 영향으로 투르크 문학에 대한 관심이 높아졌다. 알리가 터키어로 쓴 작품은 지금도 중앙아시아에서 읽을 수 있다. "알리는 정적인 터키어에 활기를 불어넣었다." 술탄 후사인 바이카라Husayn Baykara가 했던 말이다. 후사인은 헤라트 궁에서 알리와 흉금을 털어놓는 친구로 지냈다. 사랑이 숭고하면서도 세속적으로 표현된 에로틱하고 신비한 알리의 시는 위대한 페르시아 시인들인 오마르 카이얌Omar Kayyaam, 니자미Nizami, 사디Sâdi, 셀랄레딘 루미Celaleddin Rumi 등에게 영감을 준 시의 형식과 같다. 알리의 시는 오스만 제국 작가들에게도 영향을 주었다. 오스만 제국 작가들은 알리의 시를 통해 특유의 문학성을 살리고 터키어를 더욱더 고귀한 글자로 발전시켜 나갔다.

10. 시인들

술레이만 시대에는 푸줄리Fuzuli, 바키Bâki 등 유명한 투르크인 시인들이 많이 배출되었다. 하지만 술레이만 통치기에 투르크 시가 황금기를 맞은 것은 시인들의 명성보다는 시인들의 작품 수 덕분이었다. 술탄, 왕자, 고위 고관들은 시인들을 곁에 두며 후원했다. 시인들이 모두 이스탄불에서만 영향을 준 것은 아니다. 오스만 제국 곳곳에 문학 집단이 꽃을 피웠다. 문화의 옛 도시인 부르사, 오스만 제국에게 막 정복당한 바그다드, 디야르베키르Diyarbekir, 카스타모누Kastamonu, 술탄과 술탄궁 사람들이 자주 머물렀던 옛 수도 에디르네에서 문인 집단이 꽃을 피웠다. 이스탄불에서와 마찬가지로 다른 도시에서도 시인들은 가장 부유한 코나크Konak, 테크tekke(수도원)에 모여들었다. 특히 당시에는 수도회가 꽃을 피웠다. 이단 수도회, 특히 베크타시Bektaşi, 후루피Hurufi 등에서도 여러 편의 시를 내놓았다. 그리고 케흐베하네Kahvehane에 카페가 도입되면서 시들이 많이 나왔다. 예니체리 병영, 인형극 극장에는 대중 시인들이 많았다. 순회 음악가들은 시 낭송에 악기로 반주를 해주었다. 이러한 시에서 다뤄지는 테마는 주로 페르시아와 이슬람에 관한 것이었다. 좀 더 투르크의 전통을 다루는 순회 음악가들도 있었고, 일상을 다루는 음악가들도 있었다. 고전시든 대중시든 시는 투르크인의 모든 부분에서 중요한 위치를 차지했다. 최근까지도 터키에서는 유명 시인이 정부나 외교 부문에서 고위직을 차지하는 경우가 많았다.

16세기 오스만 제국의 최고 시인은 푸줄리, 혹은 바키였을까? 터키 시를 연구하는 역사학자 깁E. J. W. Gibb은 이렇게 말했다. "오스만 제국의 진정한 시인 가운데 한 명이라 할 수 있는 푸줄리는 술레이만 시대를 빛낸 천재다."[203] 푸아드 쾨프륄뤼Fuad Koprulu는 푸줄리가 투르크 문학 사상 최고의 시인이며, 감정 표현에 있어서는 바키를 앞선다고 보았다. 특히 푸줄리는 음악적인 매력과 완벽한 구성으로 바키를 능가했다는 것이다.

푸줄리는 바그다드 근처에서 태어나 계속 그곳에서 살았던 것으로 알려져 있다. 시아파 무슬림이었던 푸줄리는 나자프Najaf에 있는 알리의 무덤을 지켰다. 무엇보다도 샤 이스마일의 백성이었던 알리는 1554년에 바그다드가 오스만 제국에 점령된 후 술탄궁에 들어갔다. 투르크인 출신인 푸줄리는 먼저 아제르바이잔 터키어로, 그 다음에는 오스만 터키어로 시를 썼지만, (종교적인 영향으로) 아랍어 시도 썼으며, 페르시아어로 된 운문과 산문시를 쓰기도 했다. 푸줄리가 터키어로 쓴 300편의 가잘[204]은 일상의 관능미와 신비로움을 다룬 장르에 속하는데 사랑, 슬픔, 가슴 아픈 열정, 지나간 시간, 다가올 죽음, 실망을 노래하고 있다.

푸줄리의 시는 극도로 우아한 형식, 완벽한 언어의 멜로디가 특징이다. 푸줄리의 시에 나타난 화려한 언어는 원본뿐만 아니라 번역본을 통해서도 독자들을 사로잡았다.

"영롱한 푸른색의 하늘, 와인을 비추는 크리스탈 잔처럼 튤립색의 황혼빛에 물들어 핑크색이 되네."

푸줄리는 사랑을 노래하는 시를 읊을 때는 세련된 재치를 중시했다.

"사이프러스가 고통의 사막에서 나의 무덤이 있는 땅 위로 피어오르는 것처럼 회오리바람이 분다. 시냇물의 신기루가 이 사이프러스에게 물을 주는 것을 거부하지 않네."

푸줄리가 탄식을 읊는 시에서는 진지함이 묻어 나왔다.

"그대가 나를 당장에 잔인한 검으로 치지 않으면 그대는 나를 무시해서 죽일 것이다. (검고 향기가 나는) 사향과 비슷한 그대의 검은 점과 그대의 붉은 뺨을 열망하는 나의 눈은 가슴에서 나오는 피눈물에 잠긴다…. 오래 전에 푸줄리는 그림자처럼 그대가 짓이기는 날이 된다는 희망에서, 그대 발의 먼지에서 떨어지지 않는다."

다른 가잘에서는 사랑은 덜 순수하지만 더 자세히 그려진다.

"이른 아침부터 매력적인 이 사이프러스가 확실히 욕실로 향한다. 욕실은 양초와 비슷한 얼굴로 빛난다. 벌어진 깃을 통해 그의 몸이 나타났다. 그는 옷을 완전히 벗고 보름달 같은 몸을 보여주었다. 그는 인디고 색의 목욕 타월로 몸을 감쌌다. 그대는 껍질이 벗겨진 아몬드가 제비꽃 사이에 떨어질 것이라고 생각했을 것이다. 연못의 가장자리는 아몬드의 발에 입 맞추는 것이 명예였다. 둥근 지붕의 스테인드글라스의 눈이 우아하게 빛났다…. 물이 그의 몸과 부딪쳤다. 질투 때문에 나의 몸은 평화를 잃었다."[205]

푸줄리의 시적 영감이 언제나 신비주의에서만 나오는 것은 아니다. 거의 모든 시에서 다뤄지는 불행한 동성애라는 주제는 전통적인 테마였다. 그는 평생 활기차고 명랑하며 양성을 사랑하는 사람이었던 것 같다. 페르시아인과 오스만인 시인들의 사랑의 탄식은 언제나 문자 그대로 해석해서는 안 된다.

푸줄리의 걸작은 장편시 〈레일라와 멕눈Leyla et Mecnun〉이다. 이 작품은 가잘, 카시드와 마찬가지로 터키 세계에서 명성을 떨칠 만하다. 8세기경에 태어난 두 아랍인 주인공 레일라와 멕눈의 전설적인 사랑은 동방 전역에서 유명하다. 〈트리스탄과 이졸데〉, 〈로미오와 줄리엣〉이 유럽에서 유명한 것보다 더 유명하다. 〈레일라와 멕눈〉은 카미, 미르 알리 시르를 통해 수십 번 집필되고, 또 재집필되었다. 그러나 푸줄리가 쓴 시가 가장 아름답고 독특한 버전으로 꼽힌다. 이뤄질 수 없는 사랑을 노래하는 시에서 두 연인의 모험은 길고도 복잡하다. 탈출, 싸움,

광기, 마법, 기적이 3천 개의 2행시를 통해 다뤄진다. 마지막에서 두 주인공은 세상을 떠나 같은 무덤에 묻혀 저승에서 다시 만나지만 육체적인 결합은 결코 이루지 못한다. 레일라는 모든 매력을 동원한다.

"나는 레일라, 당신 영혼이 간절히 원하는 욕망, 당신의 병들고 슬픈 마음이 원하는 열망. 나와 결합하는 영광을 누려요. 내게로 와요. 찾아온 기회를 놓치지 말아요. 자, 결합하는 은밀한 연회에 참가해요. 잠시 내 동반자가 되어줘요! 튤립으로 수선화의 명예를 높이고, 백합을 연한 우슬초로 장식해요. 터키 옥색과 루비를 만나게 해요. 앵무새에게 맑은 설탕을 먹여요. 태양 같은 내 뺨을 보여줄게요. 열정을 보이지 않는군요! 잔을 들어 당신에게 소개할게요. 내 발 위로 달려들지 않는군요."[206]

숭고한 아름다움에 대한 인간의 사랑을 노래하는 이 장편시는 사실성과 은유, 신비한 사랑이라는 소재, 그리고 사랑에 대한 인간적인 묘사가 섞여 묘한 조화를 이룬다. 이런 점에서 푸줄리의 장편시는 동방 사람들의 감성과 맞닿아 있고, 지금도 그렇다고 할 수 있다.

바키의 시는 형식에서는 더 완벽하고 전통적이지만, 인간적인 면이 덜하다는 점에서 16세기 서정시의 전형을 보여준다. 미르 알리 시르 Mir Ali Şir의 영향을 깊이 받은 바키는 위대한 페르시아 시인들을 모델로 삼은 서정시 작가에 속한다. 그러나 바키는 아랍, 페르시아 시의 구성

및 어휘와는 거리를 두고 있다. 바키와 당대의 다른 시인들이 근대 민족주의 경향을 나타낸 선구자라 보는 이들도 있다.[207] 근대 민족주의 경향은 거의 완전히 언어가 투르크화 되는 아타튀르크Atatürk 치하에서 절정에 달했다. 궁정시인인 바키는 언제나 술레이만과 왕자들의 곁에 있었다. 술레이만이 세상을 떠난 후에도 바키는 후대 술탄들의 총애를 받았다. 바키는 영광을 가득 안고 세상을 떠났고, 그의 장례는 성대하게 치러졌다.

바키는 몇몇 종교적인 글과 페르시아어, 아랍어로 쓴 많은 시를 제외하면 가잘과 카시드가 작품의 정수다. 그는 많은 서구 시인들과 달리 전설에서 영감을 받거나, 쇼스로에스와 시린Chosroes et Sirin, 레일라와 멕눈Leyla et Mecnun, 조제프와 쥘레이크하Joseph et Zuleykha, 아름다움과 마음Beauté et Cœur 같은 이야기에서 영감을 받거나, 상징적인 커플(마르스와 비너스, 장미와 나이팅게일)로부터 영감을 받아 터키, 페르시아, 아랍 문학을 아우르는 다른 작가들이 상상한 낭만적인 작품을 일체 남기지 않았다. 완벽한 표현 양식이 살아있는 기법이 바키가 필요로 하는 것이었다.

언어의 대가로 꼽힌 바키는 언어유희에 있어서는 최고의 경지를 보여주었다. 바키의 비범한 기술은 언어의 모든 기교와 미묘함을 사용한다는 것이다. 바키는 두운법, 이중의미를 통해 시에 놀라운 숨은 뜻을 전했다. 예를 들어 이런 식이다.

"핑크빛 와인이라는 상품이 지금 잔에 담겨 있다. 고집불통의 천과 위선의 천이 계속 밑지고 팔린다."

어느 잘 생긴 청년을 대상으로 한 다음 시는 두 가지 의미로 해석될 수 있다.

"그대의 육체가 가장 부드러운 크림처럼 맛있다고 말한다면 그대는 순식간에 손상된다. 그대는 너무 약하고 너무 신선하다."

혹은 이렇게도 해석이 가능하다.

"그대의 몸이 크림처럼 맛있다고 말해준다면 그대는 순식간에 화를 낸다. 그대는 너무 섬세하고 쌀쌀맞다!"

기교가 엿보이는 시이지만 작가가 노력해서 만든 작품으로, 개인적이면서도 진지하고 일상어를 사용하고 있다. 그 때문에 이 시가 오늘날까지 터키에서 사랑받고 있는 것이다. 바키의 시에서 끝없이 다뤄지는 테마는 '이 세상에서 느끼는 기쁨은 장미가 피었다 지는 철만큼 덧없다'는 것이다. 바키의 시는 인생의 즐거움, 이스탄불 주변의 풍경, 꽃의 아름다움, 새의 노랫소리, 한낱 꿈에 지나지 않는 세상에서 인간에게 주어진 덧없는 기쁨 등을 노래한다. 바키의 감정이 진실에서 우러나온 것인지 의심하는 경우가 많다. 바키는 거짓말을 여러 번 들켰기 때문이다.

예를 들어 바키는 이렇게 말한 적이 있다. "얼굴이 순수한 발랄한 청년이 인생보다 중요하다. 내게 접근한 여성은 한 명도 없었다. 포도밭의 딸(와인을 의미)만이 내게 말을 걸었을 뿐이다." 하지만 이는 거짓으로 드러났다. 바키에게는 아들 하나가 있었기 때문이다. 그리고 당시 시인은 으레 동성애자인 경우가 일반적이었다. 그렇지만 바키는 동성애자가 아니었다.

또한 바키는 페르시아와 투르크 시인들과 마찬가지로 와인을 찬양하는 시를 많이 지었다. 그런데 바키는 울레마 집단에서 커리어를 쌓았으며, 울레마Ulema에서는 음주가 금지됐다. 하지만 바키는 술을 즐겨 마시는 사람이었다. 바키의 감성이 진실되었는지 아닌지의 문제는 그리 중요하지 않다. 바키는 미소를 자아내는 회의주의도, 자신의 시에 깊이가 없다는 사실도 숨기지 않았기 때문이다. 어느 터키 문학의 역사가는 완벽한 예술가이자 천재적인 언어의 마술사인 바키의 시를 동방의 도자기 예술에 비유했다. 동방의 시는 흔히 꽃의 세상을 환상적으로 그린다. 하지만 바키의 시는 꽃의 세상을 섬세한 아라베스크 양식으로 바꾼다. 아라베스크 양식은 페르시아와 터키 도자기에 나타나는 꽃무늬와 비슷한 느낌을 준다. 도자기의 문양은 언제나 같지만 도자기는 언제나 서로 다르다.[208]

11. 그 외 시인들

푸줄리와 바키가 술레이만 시대를 대표하는 시인들이긴 하지만 그

외에도 터키어로 시를 쓴 위대한 시인들은 많다. 독창성이 돋보이는 자티Zâti는 대중적인 언어와 비유법을 사용해 시를 지었다. 마케도니아에서 태어나 이슬람 수도승 생활을 하다가 술레이만의 측근이 되어 고관이 된 하얄리Hayâli는 너무나 유명해져 '하피즈 드 룸Hafiz de Rum'이라는 별명을 얻었다. 주로 신화에서 영감을 얻어 이해하기 쉽지 않은 하얄리의 시는 형식 면에서는 완벽하다. 하이레티 루미Hayreti Rumi(부르사 출신), 아시크 셀레비Aşik Çelebi는 살아생전에 가잘과 카시드로 엄청난 명성을 얻었다. 피가니Fighani는 오스만 제국이 모하치 원정에서 승리한 뒤에 콘스탄티노플 경마장과 부다페스트 조각상을 설치하려 하자 이에 대해 풍자하는 시를 썼다는 죄로 대재상 이브라힘의 명령에 따라 처형되었다. 16세기 이후로 터키 문학사에서 다른 시인들도 많았다. 두니 자드 울비Duni Zade Ulvi(이스탄불), 마칼리Makali, 루히Ruhi(바그다드), 세나니Cenani(부르사), 리야지Riyazi 등이다. 가잘과 카시드의 작가들과 루바이Rubai의 작가들은 모두 신화, 해학적 시, 수수께끼에 관한 테마를 다루었으며, 상을 받고 고정 수입과 직위를 하사 받았다. 술탄처럼 상층부 사람들에게 재능을 인정받는 것이 중요했다.

16세기 역시 잘 알려진 동방 테마를 다룬 운문인 메스네비mesnevi가 가장 발달한 시기다. 그 중 불행한 왕자 무스타파에게 바치는 파즐리Fazli의 〈장미와 나이팅게일〉은 최고의 작품 중 하나로 꼽힌다. 라미Lamî는 일곱 편을 썼는데, 그 중 〈봄과 겨울 사이의 논쟁〉은 겨울의 승리로 끝나고 봄은 겨울이 제공한 휴식에 들어가게 된다는 내용이다.

메스네비 장르에서는 도시에 대한 묘사로 나온다. 쉽게 그림을 그릴 수 있을 정도로 풍경이 묘사되는 부르사, 이스탄불, 에디르네, 툰카 기슭이 대표적이다. 성인들의 삶, 신화 작품도 역시 많이 다뤄지는 소재다. 모든 것이 운문의 소재가 되었다. 서민 시인들도 같은 테마를 다루고 있지만 다른 방식으로 노래했다. 서민 시인들의 작품은 일상어로 되어 있으며, 옛 형식의 터키 시와 비슷하다. 서민 시인들은 산문과 운문을 뒤섞었으며, 현악기 사즈로 반주해 읊는 경우가 많았다. 사즈는 현재도 터키에서 널리 연주되는 악기다.

이 당시에는 카라괴즈karagöz의 바람도 불었다. 물론 카라괴즈[209]의 역사는 이보다 오래되었다. 인형극 '카라괴즈'는 상스럽지만 꾀가 많고 진지한 카라괴즈와, 교육을 잘 받고 자라 솜씨가 좋은 하시바트 사이의 대화를 중심으로 한 장면들을 다루고 있다. 작품 공연에 따라 다른 많은 인물들이 등장하기도 했다. 인형은 한 사람이 조종해 여러 역할을 했는데 목소리를 바꿔가며 했다. 종교계의 비판에도 불구하고 인형극은 죄를 통해 미덕을 가르친다는 이유로 그대로 유지되었다. 라디오와 음반이 등장하기 전까지 인형극은 서민들이 사랑하는 오락거리 중하나였고, 어떤 때에는 사회, 정치적 역할을 했다.

술레이만 이전의 술탄들은 오래 전부터 자신들의 업적을 노래하는 시인들을 키웠다. 풍부한 전쟁 운문은 무라드 2세, 정복자 메흐메드, 바예지드 2세의 공적과 전투에 대해 알려준다. 술레이만은 운문을 제도화 한 최초의 술탄이었다. 술레이만은 황실 연대기 작가직인 '샤나메지shahnameci'를 만들었다. 황실 연대기 작가는 술레이만 집권시대에 일어난 일을 운문으로 묘사하는 일을 했는데, 그 기술 방식은 피르두시Firdousi가 쓴 〈국왕의 서〉와 같았고, 오스만 왕가의 역사에서 가급적 오래된 기원으로 거슬러 올라가며 황실 연대기를 작성했다. 황실 연대기 '샤나메şahname'는 페르시아어로 적혀 있다. 이를 터키어로 적으라고 명령한 것은 세기 말의 메흐메드 3세다. 얼마 후에 황실 연대기 작가 직위는 폐지되었는데, 그 이유는 술탄들의 정복과 업적이 너무나 위대해 시 몇 백 편으로 표현할 수 없다는 생각에서였다.

운문 연대기 문학은 길고 지루해 일반적으로 질적 수준은 그저 그랬다. 이 당시 위대한 시인 중 군사 연대기를 남긴 이는 한 명도 없었다. 푸줄리나 바키는 술탄의 무훈을 찬미하고자 카시드를 썼다.

12. 산문 작가

산문은 시보다는 상대적으로 명성을 많이 누리지는 못했다. 산문은 기본적으로 과장되고 인위적인 스타일이라 최고의 작가가 쓸 때만 주목을 끌긴 했으나 예외도 있었다. 예를 들어 당시 많은 역사가들은 술레이만의 전쟁 승리를 서사적인 산문으로 썼다.

오스만 제국의 무훈을 묘사한 사료 편찬자들 가운데 가장 뛰어난 인물은 케말파샤자드Kemalpashazade일 것이다. 케말파샤자드가 모하치 전투를 묘사한 산문은 대담하면서도 무궁무진한 이미지를 주는 작품의 예라고 할 수 있다. 또 다른 위대한 산문작가로는 호카 사두딘 에펜디

Hoca Saduddin Effendi가 있다. 호카 사두딘 에펜디가 쓴 〈역사가들의 왕관〉(탁-알-테바리스Tac-al-Tevarih)은 오스만 왕조의 역사를 그리고 있다. 특히 백과사전을 집필한 박식한 학자 무스타파 알리는 〈만국사〉와 〈오스만 미술사〉를 집필했다. 타스괴프륄뤼자드Taşkopruluzade는 아랍어로 무슬림 학자 6백 명의 전기를 간결한 형식으로 썼는데 기념비적인 작품이다. 또한 오스만 왕조 혹은 술레이만 집권에 대해 글을 쓴 위대한 역사학자들 외에도 바르바로사, 병사, 투르크 해병들이 지상과 해양에서 이룩한 영광스러운 업적을 그린 학술논문도 많았다.

특별히 유명 법학자 에뷔수위드Ebüsuüd를 언급할 필요가 있다. 에뷔수위드는 술레이만 곁에서 법률 대부분을 집필했으며, 술레이만이 '입법가'라는 별명을 얻게 된 것은 에뷔수위드의 공이 컸다. 술레이만의 처남이었던 대재상 뤼트피 파샤 역시 뛰어난 집필가로 기억할 만하다. 뤼트피 파샤는 뛰어난 작품을 남겼는데 일종의 '왕후 귀감Mirror of Magistrates'이라 할 수 있는 〈아사프나메Asafname〉는 가장 유명한 작품이다.

오스만 제국의 항해술이 발달하고 사나포선들이 공적을 세우면서 자연스레 지리학 관련 학문도 급격히 성장했다. 이 당시 가장 잘 알려진 지도는 단연 피리 레이스의 작품이다. 피리 레이스가 만든 유명한 세계지도는 두 부분으로 나뉘어져 있는데, 한 쪽 부분은 포르투갈의 탐험발견 지도에서 영감을 받은 것으로 현재 남아 있다. 그리고 이 지도는 크리스토퍼 콜럼버스의 세 번째 탐험여행의 지도에서 영감을 받았다. 피리 레이스가 집필한 〈바다의 서〉(키타브-이-바흐리예Katab-i-

Bahriye)는 총 89장章으로 이루어져 있는데, 각 장마다 지도가 하나씩 수록되어 있다. 선원들을 타깃으로 한 지중해의 항해 매뉴얼이라 할 수 있는 이 책은 하구, 강, 해저 등을 아주 상세히 묘사하고 있다. 피리 레이스가 술레이만에게 바친 두 번째 책은 바다, 선원의 직업에 관해 1200행으로 쓴 서문이 실려 있다. 또 다른 항해 전문가 시디 알리 레이스Sidi Ali Reis[210]는 앞에서 살펴봤듯이 육로를 통해 인도에서 이스탄불로 돌아와야 했던 인물로, 이 기나긴 여정을 작은 책 〈나라들의 거울Le Miroir des Pays〉(미라트 울 메말리크Mirat ul Memalik)로 펴냈는데 매우 생동감 있고 다채롭다. 시디 알리 레이스는 또한 선원들을 위한 전문서적들, 그리고 인도양의 선원들을 위한 새로운 항해술 매뉴얼 〈바다 L'Ocean〉(알 무후Al Muhit) 등을 펴냈다.

지리학에서 가장 유명한 작품은 삽화가 가득한 나드라키 나수흐Matraki Nasuh의 〈성지순례 모음집Le Recueil des Stations〉이다. 이 책은 술레이만이 이스탄불에서 바그다드까지 지나간 원정길을 묘사하고 있다.

13. 교육기관 메드레세

오스만 제국의 교육기관 '메드레세'는 초기 셀주크 시대[211]에 세워져 메흐메드 2세 치하에서 크게 발전했다. 술레이만 역시 교육의 발전을 크게 장려했는데, 이에 힘입어 메드레세의 수도 늘어났다. 메흐메드 2세는 자신의 이름을 딴 회교사원 파티흐Fatih('정복자'라는 의미) 주변에 최고 교육기관 메드레세 여덟 곳을 세웠고, 메드레세 입학을 준비하는 또 다른 메드레세 여덟 곳을 세웠다. 술레이만은 수도와 제국 전체에 메드레세 여러 곳을 세웠는데, 메드레세 여섯 곳은 쉴레이마니예에 있었으며, 그 중 의학 전문 메드레세 한 곳은 과학 분야에서 아주 유명했다. 당시 타키위드딘 메흐메드Takkiyuddin Mehmed는 톱하네Tophane에 관측소를 세워 사마르칸트에서 울루그 베이가 이전 세기에 정리한 천체력을 수정하기 시작했다. 수학자이자 기하학자인 알리 이븐 벨리는 유럽 학자들보다 이미 몇 십 년 전에 대수에 대해 연구했다.

16세기에 오스만 제국의 수도에는 여러 종류의 메드레세가 100곳 넘게 있었고, 메드레세에서는 터키어와 아랍어 문법 기초, 수사학, 신학, 철학, 천문학, 수학, 법학, 코란 판례 연구를 가르쳤다. 술탄들이 세운 메드레세도 있었고, 황태자들과 울레마들이 세운 메드레세도 있었고, 기부금을 통해 유지비를 마련한 고위관료들이 세운 메드레세도 있었다. 대도시에도 메드레세가 여러 곳 있어서(1529년에 에디르네에는 메드레세 14곳) 신학자들, 예배 보는 외근사제들, 법률가, 교사들이 배출되었다. 메드레세를 졸업하지 않고는 종교나 법률 관련 고위직을 할 수 없었다. 메드레세는 술레이만이 최종적으로 정한 서열에 따라 기초교육부터 대학 고등교육까지 다양한 교육을 제공했다. 술레이만은 메드레세를 11등급으로 나누고, 다시 크게 두 종류로 나누었다. 한 곳은 학문을 가르치는 메드레세, 또 한 곳은 종교를 가르치는 메드레세로 나누었다. 각 등급마다 졸업자는 성적을 통해 상급 학급으로 진학할 수 있는지 정해졌다. 교육은 무상으로 이루어졌으며, 숙식을 제공받는 학생들도 있었다.

메드레세는 수세기 동안 오스만 제국에서 서구의 대학 같은 역할을 했다. 평생 모든 학습이 메드레세에서 이루어졌으며, 메드레세는 막대한 재원을 보유하고, 술탄의 보호를 받았다. 서구 문화의 최고 지식을 습득한 교사진도 두고 있었다.

코란은 전승, 즉 무함마드의 언행을 담은 하디스Hadith와 함께 교육의 근간이었다. 오스만 제국에서는 추론을 등한시하는 경향은 있었지만 그래도 논리학, 천문학, 수학 같은 학문에 대해 가르치는 건 합법적이었다. 그 당시 알 가잘리의 사상은 이슬람 수니파를 지배하고 있었는데, 알 가잘리 역시 무리 없이 이런 학문을 가르칠 수 있었다. 논리를 키워주는 학문은 신이 전해준 진실을 탐구하는데 도움을 주었기 때문이다. 이후 시기에는 광신적인 숭배주의가 맹위를 떨쳤다. 울레마는 논리를 키워주는 과목의 학습과 관련한 책을 금지시켰다. 하지만 반대로 술레이만 집권 시대와 메흐메드 2세 집권 시대에는 선지자 무함마드의 가르침과 위배되지 않는 지식이라면 장려했다. 신중한 지식 탐구가 이루어진 것이다. 또한 오스만인은 천문학, 수학처럼 울레마가 금지시킨 학문 이외에 다른 학문도 발전시켰다.

신학에서는 대담하고 독창적인 사색이 허락되지 않았다. 낯설고 새로운 것은 일단 의심을 받았다. 신학 공부에서는 이성적인 논리가 금지되었다. 합리적인 철학과 절대적인 믿음을 중시하는 종교는 양립할 수 없었기 때문이다. 신학자 몰라 카비즈는 예수가 무함마드보다 우위에 있다고 주장했다가 법정에 서게 되었다. 1심 재판에서 몰라 카비즈는 무죄판결을 받았지만 술레이만이 몰라의 재판을 다시 요청했다. 그에 따라 몰라는 유죄판결을 받고 처형되었다. 오스만 정부에게 이단적인 것은 모두 위험했다. 특히 당시 아나톨리아에서는 페르시아 왕과 연계된 키질바시Kazilbaş 교단이 오스만에 반기를 들도록 사람들을 현혹하고 있었기 때문이다. 16세기에 세워진 이 이단 종파는 100년도 채 안 되어 광신주의를 부추겼고, 오스만 제국의 학문을 쇠퇴시키는 결정적인 원인 중 하나가 되었다.

3백 년에 걸친 쇠퇴와 몰락

술레이만이 세상을 떠나자 오스만 제국 전체가 큰 슬픔에 잠겼다. 투르크인은 선대의 그 어떤 술탄보다 뛰어난 최고의 술탄 술레이만을 잃었다. 콘스탄티노플을 정복한 메흐메드 2세의 영광도 로도스 섬과 베오그라드, 부다, 바그다드를 정복한 술레이만의 영광에 비하면 빛을 잃었다. 술레이만이 세상을 떠났던 당시 오스만 제국은 반 호수, 아랍-페르시아 만에서 카파트Carpathians, 아드리아티크Adriatic, 나일 폭포까지 이어져 있었다. 동방과 중앙 지중해 역시 오스만 제국에 속했다. 알제와 트리폴리에서 온 술탄의 사나포선은 기독교 선박들을 끊임없이 공격했고, 이탈리아와 스페인 연안을 약탈했다. 2년 뒤에 스페인을 뒤흔든 그라나다Granada 전투는 만일 오스만 제국이 부추기지 않았다면 일어나지 않았을 전쟁이다. 술탄의 선박들은 홍해를 장악했고, 인도양에서는 포르투갈 선박과 부딪쳤다. 오스만 제국의 군대는 아제르바이잔에서 젬머링Semmering에 이르기까지 공포심을 부추겼다.

유럽은 방어 체제를 갖추고 최악의 상황에 대비했다. 뷔베크는 투르크의 끝없는 야심, 엄청난 부, 호전적인 수많은 병사를 기독교 세계와 비교했다. "우리의 방종, 무기력, 불행을 피하려면 군대가 유일한 희망이다. 군을 징병해 잘 훈련시켜야 한다." 시간이 흘러 유럽은 다시 안정을 찾았다. 술레이만의 뒤를 이어 주정뱅이 셀림 2세가 즉위했다는 소식을 들었기 때문이다. 그러나 셀림 2세는 베네치아로부터 동지중해의 마지막 기독교 보루인 키프로스 섬을 빼앗았다.

반세기 만에 오스만 제국이 영토를 확장하고 강한 군대를 갖추어 정복 전쟁을 성공시킨 것은 술레이만의 강한 의지 덕분이었다. 증조부 메흐메드 2세와 마찬가지로 술레이만도 세계를 정복해 다스리고 싶다는 야망을 품었다. 실제로 술레이만은 북쪽에서 카를 5세와 페르디난트에 맞서 전쟁을 벌였고, 동쪽에서는 페르시아 황제와 전쟁을 했다. 술레이만이 이렇게 전쟁을 벌인 이유는 정치적으로 크게 두 가지다. 첫째, 기독교 국가의 십자군 원정으로 무슬림들이 아시아 쪽으로 점차 밀려나고 있었기 때문이다. 둘째, 아나톨리아와 이스탄불까지 시아파와 사파비 왕조의 영향력이 점차로 퍼졌기 때문이다. 술레이만은 오스만 제국의 재정, 경제를 보호하기 위해 전쟁을 벌이기도 했지만, 오랫동안 알려진 것과 달리 경제 상황은 그리 큰 결정적인 요인이 아니었다.

하지만 이 같은 정치적 이유 말고도 또 다른 이유가 있었다. 바로 이슬람을 확장하려는 파디샤의 야심이다. 파디샤는 자신이 신의 도구이자, 이슬람을 이교도 땅에도 퍼뜨리는 존재가 되어야 한다고 생각했다. 술탄은 지상에서 신을 대리하는 전사의 대표로서 알라의 왕국을 확장하고 다신교로 오염된 세상을 정화시켜야 했다(삼위일체는 다신교로 간주되었다). 술탄은 저주받은 이교도 국가에 대해 전쟁을 벌여야 신의 의지를 따르는 것이라는 생각이 지배적이었다. 술탄이 이를 잊는 것 같을 때는 종교계와 가족 같은 측근이 끊임없이 술탄의 의무를 상기시켜 주었다. 술탄의 위엄 있는 태도와 공평한 정신은 진정한 신앙을 세상에 퍼뜨리기 위해 술탄이 신의 선택을 받았다는 논리였다. 아바스 왕조의 몰락 후 술탄은 칼리프의 후계자가 되지 않았던가? 그는 강력한 이맘, 힐라페트-이-울야Hilafet-i-Ulya가 아니던가?

1. 정복 시대의 종말

술레이만이 세상을 떠났을 때도 오스만 제국은 가장 강력한 군대, 넓은 영토, 풍부한 부를 보유했을 뿐만 아니라 가장 많은 인구를 가진 곳이기도 했다. 북아프리카와 아라비아 반도까지 포함해 오스만 제국의 인구는 3천만~3천5백만 명으로 인구 5백만 명의 영국, 6백만~7백만 명의 에스파냐, 1천2백만 명의 이탈리아(여러 주에 흩어짐), 인구 1천6백만~1천8백만 명의 프랑스를 저 멀리 따돌렸다. 유럽 전체 인구는 약 8천만 명이었다. 8천만 명의 1/3 이상에 해당하는 인구가 오스만 제국에 살았다. 술레이만이 집권한 오스만 제국은 인구 이동이 용이하다는 것이 장점이었다. 반면 카를 5세가 다스리는 곳에서는 인구가 분산되어 있었다. 이스탄불의 인구는 70만 명이었으나 대륙 최대 도시 두 곳인 나폴리와 파리의 인구는 이에 비해 적었다. 나폴리의 인구는 이스탄불의 인구에 비해 절반 정도 밖에 안 되었고, 파리의 인구는 1/3 밖에 안 되었다. 런던의 인구는 12만 명, 세비야의 인구는 10만 명이었다. 오스만 제국의 도시는 유럽과 아시아를 압도했다. 바다의 교차로이고, 범상치 않은 술탄이 46년 동안 제국을 지배했고, 도시는 화려했고, 행정부의 조직은 완벽했고, 군대는 최강이었다.

이 때문에 술레이만이 다스리는 오스만 제국은 유럽을 공포에 몰아넣었다. 심지어 뷔베크는 기독교 문명이 사라질지도 모른다는 말까지 했다. "투르크 제국이 페르시아와 평화관계를 유지하면 동방의 다른 강국들과 힘을 합쳐 우리를 공격할 것이다. 그러면 우리는 이에 대항할 수 있을까? 상상만 해도 끔찍하다." 뷔베크가 술레이만이 세상을 뜨고 몇 년 후에 쓴 글이다. 오스만 제국은 덩치도 컸던 데다 패배를 모르는 군대를 앞세우고 있었기에 그 무엇으로도 오스만 제국의 군대를 막을 수는 없어 보였다. 철의 규율을 따르는 막강한 오스만 군대는 빈 성벽 아래에까지 진출해 학살과 약탈을 일삼았으며, 그런 입소문이 돌면서 오스만 제국의 군대에 대한 유럽의 공포는 커져 갔다.

오스만 제국은 술레이만이 세상을 떠나기 전부터 이미 삐걱이기 시작했다. 앞을 내다볼 줄 아는 사람들은 지방의 인구 감소, 경제 및 사회적 상황으로 인한 봉토 제도의 위기, 술탄의 애첩과 여성들의 국정 관여, 그 외 여러 심상치 않은 기운을 느끼며 오스만 제국의 미래를 걱정했다. 물론 이 같은 쇠퇴의 기미는 오스만 제국에만 나타난 것이 아니었다. 몇 년 뒤에 유럽에서도 이와 비슷한 쇠퇴의 기미가 나타나 위기가 발생했기 때문이다. 이후로도 오스만 제국은 300년이라는 시간을 더 버티며 무너지지 않았다. 1571년에는 키프로스를 정복하였으며, 1617년에 빼앗겼던 바그다드는 22년 후 무라드 4세가 다시 재탈환한다. 크레타 섬도 1669년에 오스만 제국의 영토가 되었으며, 1683년에는 빈이 오스만 제국의 포위공격을 받았다. 하지만 장기간 집권했던 술레이만의 시대가 막을 내리면서 투르크인에게도, 다른 유럽 지역에도 '영광의 16세기'는 이로써 끝이었다.

이는 단순히 우연이 아니었다. 영국, 프랑스, 독일과 다른 유럽이 겪은 위기의 이유는 오스만 제국이 겪지 않았다. 일부 역사가들이 오랫동안 주장한 것처럼 무슬림의 정신이 쇠퇴한 것도 이유는 아니었다.[212] 오스만 제국은 오히려 근대시대로 진입하는 때를 놓쳤다. 오스만 제국의 존재 이유였던 정복 의지가 갑자기 부족해졌고, 서방 강국에게 유리한 위치를 가져다준 가격 혁명과 이윤 추구로 인해 생겨난 새로운 경제 조건에 제대로 적응하지 못했다. 그리고 오스만 제국은 전통만을 고집했고, 지나간 황금기만을 그리워하면서 점차 유럽 국가들에게 밀렸다. 처음에 유럽 국가들은 오스만 제국의 경쟁자였지만, 이후는 오스만 제국보다 우위에 서 지배하는 입장이 되었다. 오스만 제국이 3세기 이상 승승장구했던 이유는 전사 정신 덕이었다. 스스로 신의 전투병이라 생각한 오스만 제국은 이슬람 제국을 끝없이 확장해 기독교인들이 이슬람법을 따르게 하는 것을 의무로 생각했다. 이러한 강한 의지가 있었기에 오스만 제국의 군대는 계속 승리를 거둘 수 있었다. 그러나 한 번의 심각한 패배를 겪으면서 오스만 제국은 사기가 떨어졌고 분열되었다. 바예지드가 타메를란Tamerlane에게 패한 것이다. 그 후 무기력 상태가 오랫동안 지속됐고, 오스만 제국의 군대는 불만을 품게 되었다. 신망 있는 술탄이 다시 지도력을 발휘하면서 오스만 제국은 점점 성공했다. 군대는 새로운 영토와 꽤 이익이 되는 전리품을 위해 진격했기 때문이다. 정복 계획이 세워지면 현지의 오스만 제국 군대는 기독교 영토의 도시와 마을을 약탈했다. 계절이 몇 번 바뀌어 북쪽으로 새로운 원정이 시작되면 예니체리, 시파히, 아자브azab는 술탄의 지휘에 따라 새로운 이교도 땅 정복에 나섰다. 성전에 나선 군대와 함께 이슬람교 수도승들은 무함마드의 이슬람 신앙을 가져왔다. 오르한Orhan에서 술레이만에 이르기까지 그랬다. 10명의 술탄이 불가리아와 세르비아의 차르, 보스니아와 몰다비아의 국왕, 비잔틴의 황제, 헝가리의 국왕을 굴복시켰다. 오스만 제국은 빈을 포위공격했고, 로도스 섬, 베오그라드, 부다페스트, 헝가리의 대부분 지역을 정복했으며, 기독교 교황 정치를 위협했다. 그러나 어느 순간 오스만 제국의 정복 전쟁이 멈추었다. 그 이유는 무엇일까?

술레이만이 벌인 전쟁을 보면 오스만 제국의 군대는 가을이 오면 진흙바다를 뿌리치고 눈보라를 헤치며 돌아가야 했다. 이스탄불을 출발해 봄비로 젖은 길을 지나가야 했다. 1529년 5월 10일에 콘스탄티노플을 출발해 빈 원정을 떠난 오스만 제국의 군대는 비로 불어난 강을 건너느라 고생했다. 마리차Maritsa 강에 유일하게 있던 다리 하나는 사라져 버렸고, 많은 병사들이 물에 빠져 죽었다. 모라바Morava, 사바Sava, 드라바Drava 역시 급류가 되어버렸다. 거대한 군대가 빈 앞에 도착하자

가을을 알리는 추분 비가 내리기 시작했고, 10월 16일에 술레이만은 철수하라는 명령을 내려야 했다. 그렇지 않으면 병사 12만 명과 낙타 2만 마리가 돌아오는 길에 죽을 수도 있었기 때문이다. 악천후 상황에다 방어벽이 단단한 도시를 정복하기란 불가능했다. 빈에 대한 오스만 제국 군대의 포위공격은 20일도 채 안 되었다. 1541년 6월에 술레이만은 헝가리로 원정을 떠났다. 그러나 이스탄불을 떠나자마자 3일간 폭우가 내려 원정을 취소해야 했다. 매번 이런 식이었다.

오스만 제국의 군대가 아무리 조직이 잘 된 정예부대라 해도 16세기 당시 군 기지에서 멀리 떠나 장기 원정을 수행하기란 불가능했다. 16세기에는 작은 빙하기가 도래하고 있었다.[213] 술레이만은 페르디난트, 카를 5세와 전투를 개시하려 했으나 실패했다. 술탄은 악천후 때문에 매번 멈춰야 했던 장기 원정이 아니라 에스파냐와의 전투가 답이라고 생각했다.

페르시아에 대해서도 마찬가지였다. 페르시아를 정복하기란 여전히 힘들었다. 길은 울퉁불퉁했고, 날씨는 안 좋았다. 술레이만의 군대는 봄이 시작되어 출발했지만 6월이 되어서야 페르시아에 도착했다. 사파비조의 기병과 키질바시 세력의 집요한 공격, 시아파와 사파비조의 영향을 받은 주민들의 적대적인 태도 때문에 술레이만의 병사와 동물들에게는 힘든 여정이었다. 결국 3~4개월 만에 원정을 끝내야 했다. 여기에 눈 때문에 수천 명의 사망자가 나오기도 했다. 지형 역시 술레이만 군대에게 어려운 조건이었다. 사막에서는 전투가 힘들었기 때문이었다. 유프라테스 강 동부에 있는 찰디란은 1514년에 셀림 1세가 샤 이스마일을 물리치는 전투를 경험한 적이 있는데, 이때의 교훈은 페르시아에 여전히 통용되었다. 페르시아 국왕은 술탄과 직접 싸우기보다는 방어를 철저히 하는 길을 택한 것이다.[214]

오스만 제국의 유럽 정복도 진전이 없었다. 유럽 역시 방어를 조직적으로 했기 때문이다. 1538년부터 크로아티아 북부의 슬라보니아 쪽의 경우 강력한 요새가 오스트리아 국가들을 보호했다. 나중에 헝가리 쪽에도 요새가 구축되어 오스만 제국의 약탈과 공격을 오랫동안 막을 수 있었다. 이 지역에서는 세르비아인이 땅을 받고 그 대가로 투르크인의 공격을 막는 보초를 섰다. 아드리아티크에서도 세르비아인이 역시 보초를 섰고, 우즈코크족Uzkok 역시 오스만 제국의 공격을 막는 역할을 했다(이들은 해적이 되었다). 동쪽으로는 몰다비아와 왈라키아 쪽에서 타타르인이 침입해 와 막아내기가 힘들었다. 이처럼 오스만 제국의 전성기는 점점 시들어가고 있었다.

2. 제도의 위기와 경제 위기

영토 확장을 계속하던 오스만 제국이 쇠퇴하자 엄청난 결과가 발생했다. 오스만 제국의 모든 구조, 재정, 경제, 기관들이 혼란에 빠진 것이다. 더구나 그 당시는 마침 서구 세계가 큰 변화를 겪고 있는 시기였다. 오스만 제국은 더욱 혼란에 빠졌다. 오스만 제국의 국민과 군대의 사기에도 큰 타격을 입었다. 지금까지 이슬람을 확장하겠다는 전통 속에서만 살았기 때문이다.

오스만 제국처럼 강력한 제국이 내재적으로는 쇠퇴 요인을 갖고 있었다고 볼 수도 있다. 그러나 오스만 제국은 제국의 패망을 피할 수 있는 기회가 여러 번 있었다. 만일 이 기회를 활용하지 못했다면 술레이만과 후대 술탄들의 책임이 크다.

오스만 제국은 부가 쌓이고, 고관, 행정가, 군과 종교 지도자, 왕자와 공주가 정치 중심에 나서면서 점차 음모와 부패 문제가 끊이지 않게 되었다. 술레이만이 거처하는 궁전은 형 바예지드의 궁과는 달랐고, 초기 술탄들의 간소한 풍속과는 거리가 멀었다. 톱카프 궁정에 하렘이 생기면서 그 전까지는 존재하지 않았던 일도 일어났다. 여성, 환관, 애첩들이 정치에 관여하게 된 것이다. 궁과 정부가 뒤섞여 구분이 가지 않았고, 술탄들은 궁전 내부의 파벌 싸움에서 꼭두각시가 되는 경우도 많았다. 몇 십 년 후에 코치 베이Koçi Bay는 오스만 제국의 상황을 안타깝게 묘사했다. "하렘은 신념도, 종교도 없는 여성들이 들어와 자연스럽게 질서와 규율은 느슨해졌고, 법도 없어졌다." 코치 베이는 이 같은 상황의 원인을 두 가지로 봤다. 하나는 술탄이 국사를 등한시해서였고, 또 하나는 대재상들이 개인의 능력보다 총애에 따라 임명되어 업무 능력이 떨어졌기 때문이다.

술레이만 집권 때까지는 왕자들은 지방으로 보내져 정치에 대해 배웠으나, 그 중 한 명이 권좌에 오르면 제거될 가능성이 생겼다. 잔인하기는 했지만 정권에 위협이 되는 형제인 나머지 왕자를 제거해야만 국사의 경험이 있는 왕자가 확실히 권좌에 오를 수 있었다. 왕권 보호를 위해서는 형제를 살해해도 된다는 법이 폐지되자, 정권에 위협이 될 수 있는 왕자들은 감옥(카페스kafes)에 유폐되었다. 권좌에 오른 왕자의 모후가 대재상 혹은 대재상 대행을 통해 섭정을 하기도 했다. 총리대신도 자신의 이익이나 당파를 위해, 술탄의 누이나 딸과 결혼했을 경우 특히 권력을 남용했다.

17~18세기에 오스만 제국은 무라드 4세(1623~1640년), 쾨프륄뤼 대재상 부자처럼 범상치 않은 지도력을 가진 유명 인물들이 이끌어갔다. 하지만 모든 지도자들이 다 이들처럼 뛰어난 것은 아니었다. 오스만 제국은 권력 남용과 부패 문제가 끊이지 않으면서 점차 위험에 빠졌다. 이제는 울레마도 부패하여 궁정 하인들과 결탁해 자신의 이익만 챙겼다. 술탄후, 애첩, 고관들은 국고와 세금을 탕진했으며, 수출이 금지된 상품은 대거 밀수입했다. 이들은 또한 봉급과 봉토를 가로채기도 했다. 그 결과는 참담했다.

군에서 시파히의 역할은 이미 줄어들었는데, 특별한 경우가 아니라면 총기를 지급받지 못했기 때문이다. 시파히는 구식 보병총(투펭 tufeng)으로 무장했을 뿐이다. 또한 시파히는 창, 활, 검 같은 구식 무기로는 끝까지 싸울 의지가 없었다. 궁전의 성직자들이 군에 지급되는 봉급을 가로채 시파히는 쇠퇴했다. 시파히는 점차 사라져 갔는데, 1550년 20만 명이었던 시파히가 1630년에는 7천 명에 불과했다. 시파히는 도로와 요새 건설 같은 잡무를 담당했고, 이들이 가진 영지는 치프틀리크çiftlik(농장)나 말리칸malikhane(종신 봉토) 등 그 당시 형성되던 보다 큰 단위의 영토로 흡수되었다.

시파히가 쇠퇴하자 예니체리의 역할이 커졌다. 예니체리는 은화로 꽤 두둑한 봉급을 받았다. 예니체리의 수는 100년도 채 안 되어 1만 명에서 4만 명으로 불어났다. 동시에 예니체리가 정부에 미치는 영향도 커졌고, 봉급도 늘어났다. 그러나 화폐 가치가 떨어지면서 예니체리의 봉급은 부족했다. 결국 예니체리는 직업을 따로 가질 수밖에 없는 상황이 되었고, 예니체리 체제도 급격히 쇠퇴했다. 그러자 정부는 땅도 없고, 총기도 없는 젊은이들을 징병했다. 이들은 총기를 소지한 지방 민병대원 '세그반segban'이 되는데, 나중에는 그 수가 많아지면서 정부에 큰 골칫거리가 되었다.

16세기 말에 오스만 제국이 사파비조, 합스부르크 왕가와 전쟁을 벌이면서 오스만 제국의 재정은 점점 바닥이 났다. 오스만 제국은 새로운 영토를 정복했지만, 수익을 얻기는커녕 지출만 늘어났다. 정부는 새로운 수익원을 확보해야 했다. 하지만 인플레이션 때문에 오스만 제국의 국고는 비어갔다. 오스만 제국의 정부는 세금 징수 제도를 사용했다. 가장 많은 금액을 부르는 입찰자에게 세금을 징수하는 권리를 주는 제도로, 당장은 수익을 가져다주었다.

그러나 오스만 제국에게 이 시스템은 커다란 독소로 작용했다. 궁전과 고관들이 땅을 차지했고, 부정한 방법을 통해 세금을 징수한 것이다. 국가의 권한에서 벗어나 사적인 이익을 채워주는 영토로 전락한 땅들도 있었다. 정부의 재원은 금방 부족해졌다. 궁전의 어마어마한 사치, 국가가 책임져야 하는 군사의 봉급도 정부의 재정 적자를 일으키는 원인이었다. 군을 근대화하기 위해서는 국방비 역시 많이 소요됐다. 여기에 화폐 가치가 떨어지면서 물가가 오르고, 각종 사회 및 정치적인 영향이 나타났다.

전반적으로 술레이만이 통치한 시기는 경제적으로 번영하고 안정된 시기였다. 이익보다는 소비를 추구하는 시스템은 큰 위기나 충돌 없이 움직였다. 외부의 충격이 있기는 했지만 오스만 제국은 강력한 정치적인 힘을 갖춘 덕분에 어려움 없이 헤쳐 나갈 수 있었다. 술레이만은 지중해 거의 전역을 다스렸고, 흑해는 오스만 제국의 관할에 들어갔다. 오스만 제국은 시리아와 이집트를 정복하며 많은 농산물, 무역 이익, 세금을 얻을 수 있었다. 문제는 서방, 즉 유럽과 아메리카였다. 술탄도 서방의 공세를 제대로 막지 못했다.

에스파냐와 포르투갈이 신대륙을 발견하면서 미 대륙으로부터 금과 은이 연달아 유럽으로 몰려들었는데, 이 시기의 두드러진 특징인 '가격 혁명'을 불러온 이 물가상승은 그에 따른 결과였을까? 그럴 수도 있고, 아닐 수도 있다. 갑작스레 유입된 귀금속의 어마어마한 양이 상품에 대한 귀금속의 가치 하락을 유발하고, 이에 따라 상품 가격이 상승했기 때문이다. 미 대륙으로부터 건너온 금과 은은 확실히 16세기 물가인상과 연관 관계가 있다.[215] 하지만 미 대륙으로부터 귀금속이 유입되기 이전인 15세기에는, 즉 귀금속의 양이 그리 많지 않던 시기에는 물가 자체가 굉장히 낮은 수준이었기 때문에 경제가 도약할 수밖에 없는 상황이었다, 더욱이 인구도 급증하고, 기술·상업적 혁신도 이뤄지면서 경제 발전에 유리한 조건이 갖춰진 상태였다. 이 당시 마을 주민 수는 서너 배로 늘어났고, 마을에는 개간이 다시 확대되었으며, 1

차 산업이 나타났다. 근대 정부와 화폐경제의 기틀도 나타나기 시작했다. 가격의 변화 역시 이 같은 영향을 받았다. 유럽에서는 미 대륙 발견 이전에 이미 물가 변동이 시작됐다. 그리고 "유럽의 경제 정세는 저 멀리까지 영향력을 미치며 모든 것을 결정했다."[216]

가격 혁명이 곧바로 오스만 제국에 영향을 미친 것은 아니었다. 16세기 초반까지만 해도 변화는 미미했다. 이스탄불 지역의 이마레트 imaret(종교 및 자선사업 용도로 세워진 건물)에서 지출한 비용을 기준으로 계산해보면,[217] 16세기 초반에서 중반까지 물가는 약 40% 올랐는데, 서구 유럽과 거의 같은 수준이었다. 그러나 1560년 이후에 멕시코의 은, 그리고 소량이나마 금이 오스만 제국의 시장을 장악했고, 이에 따른 영향은 어마어마했다. 1588년에 물가가 약 300% 오른 것이다. 물가 상승률이 최대치에 도달한 건 1606년의 일로, 이 시기에는 평균 물가 상승률이 500%였다. 터키의 옛 화폐인 아스프르 은화(아크체akçe)는 가치가 절반이나 떨어졌다. 아스프르 은화의 은 함유량은 술레이만 통치시대에는 0.731그램이었으나, 술레이만이 세상을 떠난 그 다음날에는 0.682그램으로 떨어지며 점차 폭락해갔다. 1585년의 화폐 가치 절하로 은 함유량은 약 절반 가량 떨어져 0.384그램이 되었고, 16세기 말에는 0.323그램, 0.306그램으로 계속 떨어졌다. 화폐는 점점 얇아졌고, 구리 함유량이 높아지는 대신 은 함유량이 낮아졌다. 이제 화폐는 "아몬드 잎사귀처럼 얇고, 이슬만큼 아무런 가치가 없어졌다"라고 할 수 있다.

오스만 제국의 정부는 은이 싼 값으로 몰려오는 것을 막을 재간이 없었으며, 유럽은 이 상황을 이용했다. 유럽인들은 오스만 제국에 은을 싸게 들여왔을 뿐만 아니라 질이 안 좋은 합금으로 된 화폐를 퍼지게 했다. 그 결과 질 좋은 화폐가 사라져 갔다. 여기에 위조 화폐(구리 화폐)가 17~18세기에 프랑스 중부와 오스만 제국 사이에 대량 거래되었다. 네덜란드인, 영국인, 베네치아인, 제노바인 역시 예외는 아니었다. 이들은 이탈리아 북부에서 위조 화폐를 제작해 금고에 가득 채워 이스탄불에 직접 보냈고, 에게 해의 그리스 환전상을 통해 보내기도 했다. 상인들은 위조 화폐로 상품을 사게 되어 아무런 이득도 보지 못했다. 외국인의 물건 구입으로 가격이 올라 인플레이션이 심화됐고, 투르크인이 피해를 입었지만 오스만 정부는 무기력했다. 연이은 평가절하도 소용이 없었다. 1620년, 오스만 제국은 새로운 화폐 파라para를 만들었고, 16세기 말에는 쿠루시kuruş를 만들었다. 이 새로운 화폐 모두 이전 화폐와 같은 운명에 처해졌다.

화폐의 쇠퇴를 막을 길은 없었다. 화폐 가치가 절하되면서 사회 각층은 불만을 쏟아냈다. 이 같은 화폐 혼란 속에서 유일하게 이득을 얻은 것은 투기꾼이었다. 투기꾼 가운데는 소수민족들이 있었고, 고관들과 첩들은 필요한 돈을 외화로 충당했다. 그 외 다른 모든 사람들은 화폐 혼란으로 피해를 입었다. 1584년 시파히는 평가절하된 화폐로 봉급을 받자 분노해 술탄궁을 점령했고, 루멜리아의 베이레르베이와 평가절하된 화폐로 봉급을 지급한 사법 최고대신 데프테르다르defterdar의 목을 내놓으라고 요구했다. 그로부터 몇 년 후 술탄궁의 시파히가 반란을 일으켰고, 예니체리는 반란을 진압하는 임무를 맡았다. 공무원들, 나라의 녹을 받는 사람들은 다른 곳에서 수입원을 찾았다. 부패가 만연했으며, 동시에 엘리트 지식층, 술탄궁의 관료들, 울레마의 수준 역시 떨어졌다. 이들은 오랫동안 제국을 유지해온 힘이었다.

오스만 제국의 경제 및 사회를 더욱 추락시킨 또 다른 원인은 16세기에 폭발적으로 늘어난 인구다. 13~14세기에 발생한 위기 이후 유럽 전역의 인구는 다시 늘어났다. 1450년경에 시작된 인구 이동은 16세기 말까지 계속됐다. 15세기에는 인구가 두 배로 늘어난 것으로 보인다. 이로 인해 유럽의 상황도 변했다. 인구 증가는 다른 정치나 경제 상황보다 큰 영향을 미쳤다. 오스만 제국도 이 영향에서 제외될 수 없었다.

오스만 제국의 인구는 1520년에 1천2백만 명이었다가 1580년경에는 1천8백만 명으로 늘어났다. 1600년경에는 3천5백만 명이 아니었을까로 추정된다.[218] 특히 도시의 인구가 폭발적으로 늘었다. 인구 증가율을 보면 코니아가 202.98%, 앙카라가 95.04%, 부르사가 101.28%, 사라예보가 316.9%였다. 지방 인구 증가율은 도시보다는 덜했으며, 인구 증가율도 일정치 않았다. 예를 들어 아나톨리아의 평균 인구 증가율은 41.74%였고, 앙카라 지역은 129.1%, 아이딘(터키 서부에 위치)은 0.88% 밖에 안 되었다.

지방 거주민의 수는 경작지에 비해 너무 많아졌다. 오스만 제국은 정복을 통해 새로운 영토를 편입하면서 오랜 지방에 사는 초과 인구는 발칸 반도로 보내져 인구를 채웠다. 이곳은 아직 비어 있는 공간들이 많았다. 이처럼 강제 이주(수르군surgun)가 이뤄지면서 동유럽은 오스만 제국 속에 편입됐다. 하지만 1550년대부터 오스만 제국의 정복 활동은 점차 줄었다. 키프로스 섬은 약 20년 뒤에 투르크인의 지배를 받았지만 점차 지배에서 벗어났다. 늘어난 인구를 해소할 방법은 없었다. 정부가 군을 유지하고, 군은 정부 권력을 보호하기 위해 만들어졌던 티마르 제도가 없어지고, 대신 토지 소작 제도가 들어서면서 시파히는 생계수단이 없어졌다. 새로운 소작 제도로 레아야가 피해를 입었고, 살기 힘들어진 레아야는 도시로 떠났으나 일자리는 없었다.

오스만 제국의 또 다른 문제는 무능력한 동업조합 시스템이었다. 동업조합은 지나치게 폐쇄적이었다. 그리고 오스만 제국의 경제, 사회, 정치 상황이 나빠진 것은 유럽의 경쟁에 대항하지 못해서였다. 동업조합은 폐쇄적이라 혁신, 모든 개인적인 노력, 변화를 거부했다. 거류민 권리보장 협정 덕분에 여러 편의를 누리던 유럽과의 경쟁 앞에서도 오스만 제국의 산업은 여전히 움직일 기미를 보이지 않았다. 투르크의 장인은 뛰어났지만 이전 선배 장인이 만든 제품을 그대로 따르며 질 좋은 상품을 내놓는 것에 만족했을 뿐이었다. 동업조합과 정부는 밀려오는 서방 제품을 막을 수 없었다. 17세기에 프랑스 산업의 절반이 오스만 제국 내 국가들과 거래했다. 심지어 중산층도 유럽산 린넨, 실크, 앙고라로 된 옷을 입을 정도였다. 오스만 정부는 수입품이 관세를 가져오고 소비자들을 만족시킨다는 것을 알았다. 오스만 제국이 수출하는 것은 원료 밖에 없었다. 그 결과 오스만 제국은 현지에서 쉽게 가공될 수 있는 제품이 없었다.

오스만인은 유럽인의 중상주의를 무조건 이상한 사상으로 봤다. 그 결과 오스만 제국은 산업자본주의에 도달하지 못했고, 고용을 창출할 수도, 새로운 재원을 생산할 수도 없었다. 지배층은 대규모 무역 혹은 대부사업에 투자했다. 특히 대부사업은 고금리로 오스만 제국에서 엄청나게 성장하고 있었다. 또한 지배층은 대규모 농업 경작에도 투자했지만 수공예에는 투자하지 않았다. 오스만 제국에서 수공예는 서방에서와 마찬가지로 쇠퇴해갔다. 무기 제조와 군수 산업을 제외하고는 많은 인력을 고용하는 산업이 없었다. 오스만 정부는 산업을 탄생시킬 수 있는 요건에 무관심했다.

이처럼 모든 판로들이 막혔고, 땅을 경작하지 못하는 사람들이 늘어났다. 큰 영토에 땅이 편입되거나, 부채 때문에 땅을 빼앗기거나, 세금 압박이 심해 도망치는 사람들이 늘어났다. 오스만 제국은 합스부르크 왕가 및 페르시아와 16세기 말에 오랜 전쟁을 치르면서 지출이 늘어났고, 이를 메우기 위해 1580년부터 새로운 세금을 거두었으며, 소작이 발달하면서 세금 징수원들은 레아야를 착취했다. 이제 그 누구도 레아야 계층을 보호해주지 않았다.

1608년에 출간된 〈정의의 법령〉에서 아흐메드 1세는 지방 총독들과 관료들이 지나치게 높은 세금을 거두고, 세금 징수원들이 법으로 정해진 액수보다 더 많은 세금을 거두려 한다며 비판했다. 판사들도 부패해 원고에게서 돈을 받고 부당하게 벌금을 매겼으며, 재판관직을 팔았다. 재판관직을 사고 싶은 사람은 레아야에게 필요한 돈을 거두었고, 마을에 갈 때는 자신과 가족의 식비까지 레아야에게 지급하게 한다고 아흐메드 1세는 한탄했다. 레아야 계층은 붕괴했고, 고리대금업자는 부채를 상환 받기 위해 채무자에게 노동을 시켰다. 아흐메드 1세는 채무자가 거의 노예와 다름없다고 했다.

이처럼 레아야들은 시골을 떠나 대도시로 갔고, 그곳에서 근근이 입에 풀칠을 하며 살거나 실업자로 사는 경우가 많았다. 이들은 대개 군사학교와 종교학교에 들어갔고, 그 결과 군사학교와 종교학교는 해당 교육을 받기에 부적절한 사람들로 넘쳐났다. 울레마와 군 지휘관의 질도 하락했으며, 학생들의 불만도 높아졌다. 도적떼에 들어가는 사람들도 늘어났다. 이들은 술레이만 집권 말기 아나톨리아에 자리를 잡았는데, 바예지드 왕자의 반란이 진압된 이후였다. 바예지드 왕자는 티마르를 잃은 시파히, 거주지를 이탈한 예니체리, 반란을 지지하는 고관들을 중심으로 궁핍하거나 약탈에 관심 있는 사람들은 자기편으로 끌어들였다. 바예지드 왕자의 반란이 실패하고 왕자가 죽자, 이들은 우두머리도, 일자리도 잃은 채 아나톨리아를 방황하며 생계 수단을 찾아다녔다. 이들은 이스탄불, 루멜리아, 시리아, 크림 반도에 정착했다. 이러한 대규모 이탈로 오스만 제국에는 반란 세력 혹은 세랄리celali가 들끓었다. 이들은 주로 직업이 없는 세그반segban들 주변에서 교육을 받았다. 이들은 특히 적은 돈으로도 총기를 살 수 있었고, 해고된 이후에도 무기를 그대로 갖고 있었기 때문에 위험한 존재들이었다.

16세기 말 레아야 사이에 총기가 보급되면서 상황은 더욱 혼란스러워졌다. 무질서와 기아로 점철되고, 부유층의 일탈로 빈곤해진 아나톨리아는 유혈사태가 끊이지 않았다. 시파히와 예니체리가 다시 질서유지를 위해 파견되었다. 그러나 이들은 오히려 이 기회를 이용해 상인, 관료들과 결탁해 토지를 손에 넣었고, 새로운 세력으로 등장해 18세기까지 오스만 제국을 좌지우지했다. 술레이만의 영광스러운 집권 시기가 끝나고 50년도 채 안 되어 아나톨리아 전역은 백년 전쟁 이후의 프랑스처럼 혼란스러웠다.

이 같은 무질서는 오랫동안 계속되었다. 시간이 지나 무질서한 상황은 어느 정도 해결되었으나 그 후유증은 막대했다. 제국의 관리와 부유층이 봉토를 갖게 되면서 정치권력을 휘두르며 사리사욕을 채웠다. 농업이 상업화 되면서 아나톨리아와 발칸 반도의 사회 및 경제 조직이 근본적으로 달라졌고, 심지어 예니체리들이 투르크인의 생활 이곳저곳에 대거 들어왔다. 예니체리도 과거에는 데브쉬르메에서 선출했지만 이제는 무슬림 투르크인 사이에서 선출하는 방식으로 바뀌었다. 투르크인 가운데 특혜나 부를 누리기 위해 예니체리에 지원하는 일도 있었다. 자신의 이익을 위해 예니체리가 된 경우 더 이상 술탄을 정성껏 섬기는 전사가 아니라, 오히려 권력을 탐하는 적대적인 세력이 되었다. 예니체리는 결혼도 할 수 있고, 직업도 가질 수 있게 되었으며, 주로 가게를 많이 운영했다. 그러다보니 더 이상 예전처럼 제국의 정예부대가 아니었고, 세그반들이 더 호전적인 병사였다. 하지만 오스만 제국 곳곳에 주둔하는 예니체리들은 공포의 대상이었다. 그로부터 2백년 후에야 이 같은 위협적인 예니체리들은 술탄 마흐무드 2세에 의해 제거되었다.

3. 황금기에 대한 추억

지금까지 오스만 제국의 쇠퇴 과정을 살펴보았다. 그 이후의 역사에 대해서 잘 모른다 해도 오스만 제국의 쇠퇴는 예견된 일이었다. 그 누구나 예견하는 일이었다. 한편, 페르낭 브로델은 "오스만 제국의 쇠퇴는 섣부른 예견이다"라고 썼다. 오스만 제국은 가장 암울한 시기에도 여전히 거대 강국의 위치를 차지하고 있었다. 17세기에 오스만 제국은 특히 뛰어난 지식인, 작가, 예술가들을 배출했는데, 그들은 이슬람 시대 최고 수준이었다. 그리고 예니체리와 시파히는 부패하고 기강도 엉망이었지만, 300년 동안 적국의 공격을 물리쳤다. 오스만의 적들은 틈만 나면 제국을 공격해 부를 축적할 생각 밖에 없었다.

정력적이고 사려 깊은 술탄이 권좌에 오르면 다시 질서가 잡혔다. 17세기 초반에 오스만 제국은 무질서 그 자체였다. 수도는 반란군과 떠돌이들의 손에 들어갔고, 지방은 산적과 불한당들이 돌아다니는 주 무대였다. 하지만 10년도 채 안 되어 무라드 4세는 제국의 기강을 다시 세웠다. 2만 명이 처형되었고, 셰이흘 이슬람, 대재상, 그 외 많은 사람들이 교수형이나 참수형을 당했다. 군의 기강이 다시 세워졌고, 도시와 농촌지역의 치안도 다시 살아났으며, 빼앗겼던 바그다드는 재탈환되었다. 아랍-페르시아 만으로 향하는 길이 다시 열렸으며, 동쪽 지방은 페르시아군의 위협으로부터 한동안 걱정을 덜 수 있었다.

그로부터 몇 년 뒤 유약한 술탄이 권좌에 오르면서 다시 쾨프륄뤼 부자처럼 총명한 대재상 가문이 세력을 잡으며 개혁을 시도했다. 다소 잔인하긴 하지만 무질서와 부패를 뿌리 뽑고 기강을 다진 뒤 예산의 균형을 맞추려면 엄격한 특단의 조치가 필요했다(메흐메드 쾨프륄뤼는 이스탄불에 잘린 머리 1만2천 개를 보내기도 했다). 오스만 제국은 1689년에 크레타 섬을 정복함으로써 투르크인 군대가 여전히 건재하다는 것을 보여주었다. 게다가 1683년에 20만 명을 보내 빈을 포위공격했을 정도로 술탄 역시 여전히 힘을 갖고 있었다.

1699년부터 유럽에서는 오스만 제국의 세력이 물러나기 시작했다. 카를로비츠가 평화를 찾았고, 헝가리와 트란실바니아는 합스부르크에, 아조프는 러시아에 넘어가고 말았다. 유럽에서 오스만 제국의 세력이 물러나는데 3백 년이 걸렸다. 서구의 교과서는 오스만 제국이 끝없이 전쟁을 하면서 쇠퇴했을 것이라고 가르친다. 19세기 초에 셀림 3세와 마흐무드 2세는 머나먼 조상들의 기운을 되찾아 정부를 새롭게 개혁했다. 정복자 메흐메드와 화려한 왕 술레이만이 다스리던 제국은 무엇이 부족했기에 16세기 중반 때처럼 유럽을 떨게 하지 못했을까?
오스만 제국의 쇠퇴 이유로는 여러 가지가 있다. 술레이만의 영향으로 무스타파가 처형된 것도 그 중 한 원인이다. 모두가 천재라고 했던 무스타파가 무능한 셀림 대신 오스만 제국의 지도자 자리에 올랐다면 여러 가지가 달라졌을지도 모른다. 술레이만이 제대로 단속하지 못해 하렘이 정치에 관여하며 설친 것도 제국을 쇠퇴시킨 한 원인이었다. 왕자들 사이에 권좌를 보좌하고자 형제 살해를 정당화하는 법 대신 형제를 유폐하는 법이 들어서고 티마르 제도가 붕괴된 것도 제국의 몰락을 재촉한 원인일 수 있다.

　술레이만은 통찰력이 부족했을까? 그렇다고 주장하는 역사학자들[219]이 있다. 술레이만이 프랑스가 아니라 베네치아와 손을 잡고, 빈을 포위 공격하는 대신 모로코를 정복해야 했으며, 러시아의 위협을 미리 예상하고 기존과는 다른 새로운 지중해 정책을 폈어야 한다고 이들 역사학자들은 주장한다. 400년 전의 일을 지금의 기준으로 해석하는 일은 쉽다. 16세기에 오스만 제국을 가장 위협한 존재는 어느 날 갑자기 모스크바의 숲과 초원에서 튀어나온 적이 아니라, 고드프루아 드 부용이라는 제1차 십자군 지도자와 생 루이 시대의 활발한 십자군처럼 호전적인 정신으로 무장한 실질적인 적이었을지도 모른다. 오스만의 위협한 적은 아직 태어나지 않은 러시아의 표트르 대제가 아니라 카를 5세와 페르디난트, 그리고 기독교 군주들의 오스만 침략 계획을 재정적으로 지원하는 로마 교황들이었다. 그리고 유럽이 오스만 제국을 앞서면서 오스만 제국의 경제를 짓눌렀다. 술레이만과 그 이후의 술탄 후계자들이 저지른 최대의 실수는 주변 세상이 변하고 있다는 것을 눈치 채지 못한 점, 이어 전통의 고수만으로는 나라를 재건함에 있어 부족하다는 걸 미처 생각하지 못한 점이었다.

　16세기 중반에 오스만 제국은 그저 요지부동일 뿐이었다. 술레이만이 세상을 떠나고 20년 후에도 오스만 제국은 여전히 술레이만 시대를 황금기로 추억하기만 했고, 50년이 지나도, 그리고 그 이후에도 마찬가지였다. 1630년에 술탄의 고문 코치 베이는 무라드 4세에게 보내는 비망록에서 화려한 왕 술레이만의 영광스러운 시기를 추억했다. 코치 베이에 따르면, "과거에 숭고한 술탄 술레이만은 헌신적이고 호의적이며 제대로 자격을 갖춘 울레마들이 모셨고, 순종적이며 선의를 가진 노예들이 곁에서 시중을 들었다. 하지만 지금은 모든 것이 변했고, 혼란과 반란, 내분이 도를 넘어섰다." 코치 베이는 이런 처방을 제안했다. 다시 무함마드의 법으로 돌아가자는 것이다. 그리고 이런 결론을 내렸다. "그 동안 평온하게 안정 속에서 산 무슬림의 적국들은 다시 두려움과 놀라움에 휩싸여 이렇게 말할 것이다. 오스만 제국이 60년 동안 무기력하게 잠들었지만 이제 다시 깨어나 과거의 실수를 바로잡기 시작했다…."

19세기의 개혁가들은 전통의 틀 안에서 오스만 제국을 개혁할 수 있을 것이라 믿었다.

술레이만의 집권이 막을 내리면서 오스만 제국은 보수적인 이슬람으로 인해 경직되었으며, 이것이 쇠퇴를 불러왔다고 역사가들은 흔히 말한다. 그러나 이는 원인과 결과를 혼동한 것이다. 어떤 기준에 따라 종교를 보수적이냐 진보적이냐로 구분하기가 힘들다. 이슬람의 초기 시기는 종교적인 광신주의가 있기는 했지만, 지식의 역사에서는 여전히 가장 풍부하고 빛나는 시기 중 하나였다. 실질적으로 응용할 수 있는 객관적인 학문과 철학이 발달했고, 헬레니즘 유산이 서구에 전해졌으며, 건축과 장식술이 발달했다. 동방과 지중해 유산이 종합되며 무슬림의 황금기는 가장 독특하고 성취가 이루어진 문명 가운데 하나로 거듭났다. 이슬람은 어느 정도로 오스만 제국의 탄생과 발전에 기여했는가? 적어도 이슬람이 장애물은 아니었다. 선지자 무함마드의 종교는 오스만 제국의 특정 시기에 그 어떤 알 수 없는 이유로 '강박적'이고 '경직된' 종교가 된 것일까?

이슬람이 광신주의로 치닫던 무렵에 마침 오스만 제국은 정복 사업을 접었고, 지배층은 부패하기 시작했다. 페르시아가 지원하던 키질바시 세력과의 싸움, 셀림 1세가 술탄의 존재를 이맘과 신앙의 수호자로 만든 후부터 술탄궁의 수호자 역할을 한다는 의식이 오스만 제국의 이슬람을 경직되게 만들었다. 울레마는 특권을 지키기 위해 자신의 지위에 도전할 수 있는 모든 지식을 차단했다. 18세기 초까지 오스만 제국은 외국서적과 종이서적 수입을 금지했는데, 이것이 좋은 증거다. 이슬람이 광신주의의 길을 가고, 물가가 오르며 기존의 경제가 상업 경제로 바뀌면서 제국은 쇠퇴의 길을 걷기 시작했다.

오스만 제국은 서구와의 경쟁에서 밀리고, 낙후된 노동 시스템으로 인해 더 이상 경제가 발전하지 못해 근대사회로 진입하는 데 실패했다. 또한 과거 황금기만 추억하다가 산업혁명과 자본주의경제 시대에 진입하지 못했다. 그 결과 오스만 제국은 서서히 몰락의 길을 간 것이다.

오스만 제국 술탄 연표

오스만 1세Osman I(+1326)

오르한Orhan(1326-1362)

무라드 1세Murad I(1362-1389)

바예지드 1세Bâyezîd I(1389-1402)

메흐메드 1세Mehmed I(1413-1421)

무라드 2세Murad II(1421-1444, 1446-1451)

메흐메드 2세Mehmed II(1444-1446, 1451-1481)

바예지드 2세Bâyezîd II(1481-1512)

셀림 1세Selim I(1512-1520)

술레이만 1세Suleyman I(1520-1566)

셀림 2세Selim II(1566-1574)

무라드 3세Murad III(1574-1595)

메흐메드 3세Mehmed III(1595-1603)

아흐메드 1세|Ahmed I(1603-1617)

무스타파 1세|Mustafa I(1617-1618, 1622-1623)

오스만 2세|Osman II(1618-1622)

무라드 4세|Murad IV(1623-1640)

이브라힘 1세|Ibrahim I(1640-1648)

메흐메드 4세|Mehmed IV(1648-1687)

술레이만 2세|Suleyman II(1687-1691)

아흐메드 2세|Ahmed II(1691-1695)

무스타파 2세|Mustafa II(1695-1703)

아흐메드 3세|Ahmed III(1703-1730)

마흐무드 1세|Mahmud I(1730-1754)

오스만 3세|Osman III(1754-1757)

무스타파 3세|Mustafa III(1757-1774)

압둘하미드 1세|Abdülhamid I(1774-1789)

셀림 3세|Selim III(1789-1807)

무스타파 4세|Mustafa IV(1807-1808)

마흐무드 2세|Mahmud II(1808-1839)

압둘메지드 1세|Abdülmecid I(1839-1861)

압둘아지즈|Abdülaziz(1861-1876)

무라드 5세|Murad V(1876)

압둘하미드 2세|Abdülhamid II(1876-1909)

메흐메드 5세|Mehmed V(1909-1918)

메흐메드 6세|Mehmed VI(1918-1922)

압둘메지드 2세|Abdülmecid II(1922-1924)

1566년 오스만 제국 지도

오스트리아

무스카트
호르무즈 해협

이엔
모카 1538

시나이
홍해

메카
메디나

수아킨

마사와
제다

나일 강

카스피 해

테브리즈

하마단
에리반

바그다드
쿠드스

알레포 1514
에루수룸

반 호수
티그리스 강
모술
유프라테스 강 1516

이스파한

에데사
앙카라
콘야
토카트
카이세리
시바스
이코니아

다마스쿠스
예루살렘

토로스
수에즈

카이로

흑해
시노페
바르나

이스탄불
부르사

이즈미르

키프로스 섬 1571

알렉산드리아

볼로뉴
에게 해 1522
아테네

로도스 섬

돈 강

드네프르 강

드네스테르 강

포돌리아

리보프

부다페스트
모하치 1526

부쿠레슈티
세게드 1566
베오그라드 니시
소피아

필립폴리스

에디르네

베네치아
밀라노

라구사

스쿠타리
두라초

마니사

크레타 섬

마니

벵가지

지중해

트리폴리 1551

제르바 섬 1560

몰타 섬 1565

페라라 1538
레판토 1571

나폴리

팔레르모

튀니스 1574

에브로 강
그라나다
발렌시아
마르세유

바르셀로나
제노바
피사
로마

코르시카
사르디니아

알제 1541
오란

1566년 오스만 제국의 국경

주석

● 프롤로그

1) 사파비 왕조의 기원은 셰이크 사피 알딘Safi al-din으로 거슬러 올라가는데, 14
세기에 사피 알딘은 사파비 족 수도승들의 맹신적 교리(수피 교단)를 정립한
인물이다. 유럽에서 사파비 왕조의 군주에 대해 종종 '소피Sophi'라는 호칭을
붙이는 이유도 여기에서 비롯된다.

2) 시아파는 이슬람교를 창시한 선지자 무함마드의 사촌이자 그 딸 파티마의 남
편인 알리의 후계자 이맘Imam들에 대한 믿음을 근간으로 하고 있는 종교 유
파이다. 이들에게 있어 이맘은 신자들의 공동체를 다스릴 수 있는 유일한 존
재이며, 정통 이맘의 혈통은 873년, 12대 이맘 무함마드가 후손을 남기지 않
고 '은둔'한 이후 맥이 끊긴다. 12대 이맘 무함마드는 '숨은 이맘' 혹은 '시간의
지배자'로 불리며, 언젠가 다시 세상에 모습을 나타내어 타락한 이 세상을 정
의로써 채워줄 것이라는 구세주적 존재로 여겨진다.

시아파 중에서도 이스마일 파는 일찍 세상을 떠난 선대 이맘 자파르 알 사디
크의 장남으로 7대 이맘을 승계한 이스마일로 이맘의 혈통이 끊겼다고 보는
입장이다. 이스마일 시아파는 다시 '(오늘날 아가 칸을 정신적 지도자로 삼고 있는)

동 이스마일 파'와 '서 이스마일 파'로 나뉘며, 서 이스마일 파는 파티마 왕조의 이맘으로 이어진다. 서 이스마일 파에서는 21대 마지막 이맘이 1130년 '사라짐'으로써 그 맥이 끊기고, 그 또한 다시 세상으로 돌아올 것으로 여겨지고 있다.

3) René GROUSSET L'Empire des Steppes, 1939. 투르크족이 정확히 어떤 이유에서 중앙아시아를 떠나 서쪽으로 향했는지는 알 수 없다. 아마도 기후가 변하고, 하천의 상태가 달라졌기 때문이 아닐까 싶다. 가령 부족 간의 전쟁 같은 정치적 이유 또한 언급될 수 있다. 일부 역사가들은 중국에서 정치 · 경제적 발전이 이뤄짐에 따라, 남쪽으로의 확장이 전적으로 불가했던 북방 스텝 지대 유목민들이 원래 살던 지역을 버리고 서쪽으로 떠나게 된 것으로 보고 있다. 어쨌든 서쪽으로의 이동은 서서히 진행되었으며, 침략자의 침입에 따른 급격한 이동이라기보다는 서서히 유입된 쪽에 더 가깝다.

4) Louis BAZIN, Mélanges E. Benveniste, 1975.

5) A. BOMBACI & I. MELIKOFF, Histoire de la littérature turque, Ed. Klincksieck, Paris, 1968.

6) 아크리타이는 11세기부터 비잔틴 제국의 국경을 따라 진지를 치고 있었는데, 이는 아마도 아랍 사람들과 터키족을 따라한 것으로 보인다. 적에 맞서 군데군데 세워진 초소는 서로 눈짓으로 의사소통을 했다.

7) 비잔틴 제국의 명문가 딸들 가운데 터키 왕자들과 혼인한 사례는 상당히 많으며, 개중에는 왕족 출신의 여인도 있었다. 술탄 오르한과 그 아들 카릴은 둘 다 칸타쿠제누스 가문의 딸과 결혼하였으며, 트라브존의 마지막 황제 딸이었던 카트린 콤네누스는 백양 왕조의 술탄 우준 하산의 아내가 된다. 마리 콤네누스는 쿠툴루 베이의 아내가 되었고, 마리라는 이름의 또 다른 여인은 같은 가문의 귀족과 혼인했다. "그리스인들과 터키인들 사이에서 주민들의 구분은 뚜렷하지 않았다. 그리스 왕자들은 혼인이나 군대 지원을 통해 정략적으로 터키인과 섞여 들어갔고, 새로운 정치 동맹을 형성하여 터키 왕

국을 통째로 집어삼키려는 욕심도 있었다."(Nicolas JORGA, Histoire des États balkaniques, Paris, 1925).

8) F. Babinger, Mahomet II le Conquérant et son temps, Paris, 1954.

9) F. BRAUDEL, La Méditerranée et le monde méditerranéen, t. 2.

10) F. GRENARD, Grandeur et décadence de l'Asie, Paris, 1947.

11) 오지에 기슬랭 드 뷔베크Ogier Ghislain(혹은 Ghislin) de BUSBECQ는 1522년 플랑드르 지방 코민Comines에서 태어났다. 카를 5세와 펠리페 2세 옆에서 여러 가지 업무를 맡아본 뒤, 1555년 카를 5세의 형제이자 후대 왕인 페르디난트 1세의 대사로서 콘스탄티노플에 파견된다. 그는 이곳에서 1562년까지 머물렀다. 오스만 제국의 수도에서 그가 장기간 체류하며 쓴 4통의 편지는 16세기 오스만 제국에 대해 가장 깊이 있는 정보를 알려주는 자료로 손꼽힌다. 교양 있고 호기심 많은 정신의 소유자였던 그는 앙카라에서 '아우구스투스의 유언Testament d'Auguste'과 '안키라의 유적monument d'Ancyre' 등도 발견한다. 서유럽에 튤립과 라일락을 들여온 것도 바로 그였다. 콘스탄티노플에서 돌아온 뒤, 뷔베크는 샤를 9세의 비妃가 되는 엘리자베스 대공녀의 집안에 스승으로 들어간다. 이어 다시 루돌프 2세의 대사로서 프랑스 궁에 파견된 그는 1592년 루앙에서 세상을 떠난다.

12) Paolo GIOVIO, Turcicarum rerum commentarius, Rome, 1531.

13) 'Porte(성문)'이란 뜻의 이 표현은 오스만 제국의 정부를 가리킨다. 이 표현이 쓰이기 시작한 역사는 아주 오래 전으로 거슬러 올라가는데, 아마도 맨 처음에는 군주가 왕궁의 성문에서 신하들의 상소를 받아주었기 때문에 이런 말이 쓰이게 된 게 아닐까 싶다. 콘스탄티노플에서 '밥 이 알리Bâb-i-Ali(최고 성문)'란 표현은 18세기까지 '어전회의실'을 가리키는 말로 사용되었으며, 이어 행정 본부가 대재상의 집으로 옮겨진 후에는 대재상의 사무국들이 자리했던 건물을 가리키게 되었다.

14) W. E. D. ALLEN, Problems of Turkish Power in the Sixteenth Century,

London, 1963.

15) 667년, 우마이야 칼리프의 군대는 콘스탄티노플을 포위한다. 그리고 다음 해에 이곳을 포기하였다가 674년, 보스포루스 해협을 가로막는 엄청난 함대를 이끌고 2차 공략을 시도한다. 비잔틴의 수도는 석유를 기반으로 혼합하여 만든 '그리스 연초(중세시대에 사용하던 화약의 일종 - 옮긴이)' 덕분에 구제됐다. 그리고 677년, 아랍인들은 이곳에서 물러나 비잔틴 황제와 화해한다.

16) 이탈리아와 프랑스에서의 순례기나 젬 왕자의 사랑, 그에 대한 기독교 군주들의 말 많았던 태도와 미스터리한 그의 죽음에 이르기까지 젬 왕자에 대해 다룬 책은 굉장히 많다. 가장 최근에 이뤄진 신뢰 높은 연구는 르네 부다르 René BOUDARD의 연구였다. Le Sultan Zizim vu à travers les témoignages de quelques écrivains et artistes italiens de la Renaissance, Turcica, VII, p.135-156.

17) 스플리트, 두라조, 자라, 모레아(펠로폰네소스) 지방의 코론, 모돈, 모넴바시아 등은 오래 전부터 베네치아가 장악하고 있던 곳이었다.

18) 터키의 해상전쟁사 전문가 하지 할리파Haci HALIFA에 따르면, 배 300척이 정박하고 있었고, 그 가운데에는 선원과 병사 2천 명을 갑판 위에 수용할 수 있는 2층 갑판선 두 척이 포함되어 있었다. 배는 양쪽에 달린 노 42개로 추진되는 형태였으며, 각각의 노에는 장정 아홉 명이 달라붙어 노를 움직였다 (The History of Maritime War of the Turks, London, 1831).

19) ('정통'에서 갈라진 '분파'라는 어원을 갖고 있는) '시아파chiite'라는 용어보다는 (정교에 대한 상대적 개념으로) '이단hétérodoxe'이라는 말이 더 적절할지도 모르지만, 우리는 여기에서 '시아파'라는 표현을 쓰는 게 더 좋을 것이라 생각했고, 아울러 (무함마드의 사촌이자 사위인 제4대 칼리프) '알리'를 추종하는 측면이나 시아파 순교자에 대한 부분이 아니라면, 15세기와 16세기의 시아파가 오늘날의 시아파와 별로 공통적인 면이 없다는 점을 비롯하여 독자들이 시아파에 대해 잘 알고 있으리라 생각한다.

20) 오스만 제국에서 말하는 '칼리프'라는 직위의 개념은 압바스 왕조 시대의 개념과 전적으로 달랐다. 오스만 사람들은 선지자 무함마드가 속했던 부족인 쿠라이쉬Koreich 부족의 후예가 아니었기 때문이다. 오스만 제국이 알라의 뜻으로 무슬림 세계에서 가장 강력한 존재가 되었고, 또 이러한 역사적 맥락에 따라 오스만이 다른 이슬람 군주들보다 우세하게 됨과 동시에 칼리프라는 직위를 사용할 권리를 부여받아 칼리프라는 직위를 사용하게 되었다는 게 저들의 설명이다. 한참 후에 만들어진 전설에 따르면, 셀림 1세가 성 소피아 사원에서 칼리프 알-무타와킬의 천거를 받았다고 한다. 하지만 이를 진지하게 받아들이기에는 너무 최근에 만들어진 이야기라 신빙성이 떨어진다. 국운이 기울던 시기, (1774년, 크리미아의 독립을 인정했던 쿠츠크 카이나르지 조약 같은 경우처럼) 술탄들이 무슬림들의 칼리프로서 몇몇 권리를 더 얻기 위한 명분으로 정통 칼리파 이론을 다시 끄집어냈기 때문이다.

21) "1517년, 셀림 1세가 회교도의 국왕으로 격상된 게 이슬람 세계에서 엄청난 잡음을 불러일으켰으리란 점에 대해서는 의심의 여지가 없다. 당시의 상황은 기독교 사회에서 에스파냐의 카를로스 국왕이 신성로마제국 황제로 선출된 것에 버금가는 이슈였다(1519년, 카를로스 1세는 신성로마제국 황제 '카를 5세'로 즉위하였다 - 옮긴이). 이 시기를 기점으로 오스만은 엄청난 권력을 지닌 국가로 부상하고, (모든 일에는 그 대가가 있듯이) 종교적 비관용주의가 기승을 부린다. 사전에 시리아와 이집트가 정복되지 않았다면 술레이만의 위대한 통치기가 그토록 화려할 수 있었을까?" (F. BRAUDEL, op. cit.).

22) 제8장 참조.

● **제1장**

23) 이와 같은 관행에 대해 일각에선 '반란'의 위험 때문이라고 설명하고, 또 다른 일각에선 메흐메드 2세가 선포한 '형제 살해법'에 의거한 것이라고 주장

하나, 전자의 경우가 더 설득력이 있어 보인다. '형제 살해법'은 즉위한 술탄이 자신의 형제를 모두 살해할 수 있도록 허용하는 법이다. 셀림은 그저 자신이 왕위 계승자로 선택한 술레이만 대신 이 일을 맡아준 것으로 보인다. 한 오스만 사학자의 표현에 따르면, 이렇게 함으로써 셀림은 아들에게 "길을 열어 주었고", 이게 그의 방식이었다.

24) 지역에 따라 Khawaja, Khwaja, Khoja 등으로 표기되며, 선지자 무함마드의 율법을 가르치는 학자를 말한다.

25) 세빈카라히사르는 아나톨리아 중북부의 작은 도시로, 흑해에서 약 100km 떨어진 곳에 위치해 있다. 이보다 더 큰 아마시아는 훨씬 더 서쪽으로 치우쳐 있다. 볼루의 경우, 앙카라와 이스탄불의 중간에 있으며, 이스탄불에서 약 250km 떨어진 곳에 위치한다.

26) 다니슈멘드Danişmend는 Osmanli Tarihi Kronoloji(II. 5)에서 역사가 아흐메드 테브히드Ahmed Tevhid의 견해를 전하는데, 이에 따르면 "야부즈(셀림 1세)가 술레이만 이외에도 무라드, 마흐무드, 압둘라 등 세 명의 아들을 더 두었을 것이라는 추측이다. 이 아들들은 1514년 11월 20일 목숨을 잃는데, 이같은 추측이 사실이라면 야부즈 술탄 셀림은 자신의 마지막 형제를 죽인 지 18개월 24일 후에 그 자신의 아들들을 모두 암살하고, 술레이만 왕자만을 왕위 계승자로 남겨둔 셈이 된다. 그런데 혹자는 이들 왕자가 술레이만 치하에서 목숨을 잃었을 것으로 추정하기도 한다."

The Structure of the Ottoman Dynasty에서 앨더슨A. D. ALDERSON 역시 "셀림 1세는 자신의 세 아들을 처형할 수밖에 없는 처지였다"라며, 세 왕자의 존재와 그 처형에 대해 확신한다. 로베르 망트랑R. MANTRAN은 저서 〈술레이만 치하 및 그 이후 시기, 콘스탄티노플에서의 일상La Vie quotidienne à Constantinople sous Soliman le Magnifique et ses successeurs〉을 통해 다음과 같이 확신한다. "셀림 1세는 재위 직후 몇 달 간 조카 네 명과 두 형제, 그리고 얼마 후에는 반발하던 아들 셋을 처형했다."

27) 아크체akçe는 0.723g의 소액 은화로, 술레이만 시대에 사용되던 주화였다. 50아크체는 금화 한 냥과 같았으며, 베네치아의 두카 금화보다는 조금 더 가치가 높았다. 이슬람 사회에서 돈다발 한 묶음의 단위인 1키세kise는 주화 2만 아크체에 해당했다.

28) Marino SANUTO, Diarii, Venezia, 1889.

29) 런던 국립 미술관 소장.

30) 이 초상화가 채색된 건 16세기 후반 크리스토파노 델 알티시모Cristofano Dell'Altissimo에 의해서였다. 아마도 1543년, 오스만 함대가 툴롱에 있었을 때, 붉은 수염 바르바로사 하이레딘 제독이 프랑스 갤리선 함장 비르길리오 오르시니Virgilio Orsini에게 주었던 걸 채색한 것으로 추정된다. 오르시니는 이를 파올로 지오비오에게 빌려주었거나 그냥 주었을 것이다. 〈터키사Turcicarum Rerum Commentarius〉의 저자 파올로 지오비오는 코모 호수에 있는 자신의 별장에 유명인과 군주들의 초상화를 수집했다. 오늘날 그의 초상화 컬렉션은 피렌체에 있는 사무국 갤러리 '콜레치오네 지오비아나Collezione Gioviana'에 소장되어 있다.

31) Coran XXI, 79.

32) N. JORGA, Histoire des États balkaniques, Paris, 1925.

33) 그때까지 기독교 진영으로부터의 위협은 사실 그리 크지 않았다. 1453년 니콜라오 5세, 1455년 갈리스토 3세, 1460년 비오 2세, 1466년 바오로 2세, 1484년 인노첸시오 8세, 그리고 1503년 (바예지드에게 나폴리 왕국을 점령하라고 조언했던) 알렉산데르 6세와 율리오 2세 등의 호소는 공허한 메아리가 되었을 뿐이었다.

34) 제5장 참조.

35) 다음은 이 서신 내용의 일부이다. (출처: 바타르 드 부르봉Bâtard de Bourbon) "그대들에게 고하노니, 그동안 나날이 입은 손해와 피해에 따라 우리가 이 섬을 점하고자 함을 선고하는 바이며, 섬 안의 성을 포함하여 섬 전체를 제

국에게 기꺼이 내어준다면, 하늘과 땅을 창조하신 신에 대해, 우리의 2만6천 선지자 및 하늘에서 내려진 4대 경전(기독교, 유대교, 이슬람교, 조로아스터교의 경전)에 대해, 그리고 우리의 선지자 무함마드에 대해 맹세하건대, 우리의 존엄한 황제께서는 섬 안의 크고 작은 모든 것들에 그 어떤 위해도 가하지 않을 테니 염려하지 말라. 만일 순순히 항복하지 않는다면 우리는 그대들의 성을 송두리째 뽑아 뒤집어엎을 것이며, 그대들의 가죽을 벗겨 처참히 죽음에 이르게 할 것이다. 이전의 선례가 많으니 이에 대해서는 그대들 모두 다 잘 알고 있으리라 생각한다."

36) 바타르 드 부르봉에 따르면, 오스만 군대는 강철로 된 대포 6문을 가지고 로도스 섬을 향했으며, 이 대포들은 6팜palm 정도에 이르는 크기의 포탄들을 쏘아댔고, 철로 된 대포 15문은 5~6팜 정도의 대포들을 쏠 수 있는 장치였다. 이외에도 철포환을 쏘아대는 구포 10대와 강철 박격포 12대도 들고 갔다(1팜palme=약 25cm).

37) 기사단의 구성원은 백색 십자가가 들어간 적색 의복을 입는 기사 계급, 신부 혹은 사제 계급, 조수사助修士 계급 등 세 계급으로 구분됐다. 이들은 다시 프랑스, 프로방스, 오베르뉴, 이탈리아, 영국, 독일, 아라곤, 카스티야 등 8개의 '언어군langue' 혹은 '국가군nation'으로 나뉘는데, 각 집단 별로 대법관이 단위집단의 수장을 맡는다. 8명의 대법관이 하나의 참사회를 구성하며, 참사회는 모든 기사들이 선출한 기사단장이 주재한다. 1309년에서 1522년까지 기사단을 이끌었던 19명의 기사단장 가운데 14명이 프랑스 출신이었으며, 이는 곧 기사단 내부에 프랑스 기사들의 비율이 높다는 것을 방증한다.

38) J. von HAMMER-PURGSTALL이 인용, op. cit.

39 릴 아당이 조카인 몽모랑시Fr. de Montmorency에게 보낸 편지. 출처: E. CHARRIÈRE, Négociations de la France dans le Levant, Paris, 1840-1860.

40) FONTANUS, J. von HAMMER-PURGSTALL이 인용, Histoire de l'Empire ottoman depuis son origine jusqu'à nos jours, Paris, 1835-1848.

41) 배정되는 토지의 연 수입 규모가 2만 아크체에서 10만 아크체 사이인 경우
는 티마르가 아닌 '제아메트zeamet'로 분류되며, 대개 (티마르를 받는) 시파히
의 상위 계급 수바쉬들이 받는 봉토였다. 이보다 상위 계급인 군사들은 '하
스has'라는 봉토를 지급받았다.

42) Inventaire de l'Histoire générale des Turcs, Paris, 1617.

43) 루멜리아 지방은 유럽 쪽 터키 영토를 가리키며, 보스니아와 헝가리, 알바니
아, 모레아, 그리스 제도 등은 제외된다.

● **제2장**

44) J. von HAMMER-PURGSTALL, op. cit.

45) 9세기, 마자르 기마족은 우랄 산맥에서 카르파티아 산맥, 다뉴브 삼각
지, 흑해 등지로 이동했다. 아랍 지리학자들은 이 마자르 기마족 '마드가
리Madghari'들이 투르크족이었다는 견해다. 헝가리라는 이름도 오노구르
Onoghours 족에서 유래한 것인데, 불가리아 기원의 이 부족은 카르파티아
남동부 지역에 정착하고 살다가 마자르족과 섞였다. 그로부터 얼마 후, 마
자르족은 대 모라비아Great Moravia 왕국에 가서 정착하였으며, 이들은 수년
간 북이탈리아와 독일, 프랑스 북부 로렌 지방에서 중남부 부르고뉴 지방과
프로방스 지방에 이르기까지 여러 지역을 침탈했다. 오토 1세가 마자르족을
소탕한 후, 그 수장이었던 바이크Vaik는 가톨릭으로 개종하고 이스트반 1세
가 되었다. 이제 마자르족은 야만족의 침입에 맞서 기독교 진영을 열심히
수호하는 방어세력이 되었으나, 귀족의 기강이 잡히지 않고, 선거로 왕위를
승계하는 방식으로 인해 헝가리는 동유럽에서 가장 취약한 나라 중 하나가
되었다. 야노시 후냐디와 그 아들 마티아스 코르비누스는 1444년에서 1490
년이라는 비교적 짧은 기간 동안 중앙정부의 명령에 따르는 용병 부대를 창
설하고, 귀족의 권력을 축소했다. 하지만 후대 왕인 라디슬라스와 로요슈

치하에서 귀족들은 용병 부대를 해산시키고, 자신들의 특권을 되살렸다.

46) 군사원정 기간 동안 황궁 상서국 직원들이 관리하던 술레이만 '일지'에서는 틈이 날 때마다 그 날의 주요 사건에 대해 기록하고 있다. 가령 1526년 터키의 원정일지는 이렇게 시작한다. "4월 23일 (11 receb) 콘스탄티노플 출발. 군대가 할타리 비나르Haltali Binar에서 진군을 멈춤. 22° Çat Alca... 5월 8일 ─ 술탄이 군대를 검열. 5월 9일 ─ 휴식. 병사 하나가 수확물을 망쳐 놓았다는 이유로 참수됨. 8월 27일 ─ 전쟁 군수물자를 기다리기 위해 진군 중단. 28, 휴식, 황제가 다음 날 공격이 있을 것이라 공지. 젊은 병사 하나가 명령을 듣지 않고 앞서 나갔다 하여 참수됨. 29, 모하치 평원에서 진지 구축. (이후 전투에 대한 상세 설명) 31, 황제, 황금 왕좌에 앉아 재상과 베이들의 하례 인사를 받음. 포로 2천 명 학살. 비가 억수같이 퍼부음." ─ J. von HAMMER-PURGSTALL은 자신의 기념비적인 저서 〈오스만 제국사Histoire de l'Empire ottoman〉의 주석에서 이 일지의 내용을 대거 발췌하여 수록했고, 일부는 미간행됐던 것으로 추정된다.

47) 1534년 세상을 떠나게 될 때까지 고위직인 셰이홀-이슬람을 맡았던 케말파샤자드는 굉장한 학식의 소유자로 알려졌다. 과감한 비유와 과장으로 가득한 그의 문체는 그 당시 특유의 생동감 넘치고 다채로운 문체로, 당대 최고의 문체 중 하나였다.

48) 16세기 터키 사학자 페셰비PEÇEVI.

49) 이 동상들은 아야 소피아Aya Sofia와 궁전으로부터 조금 떨어진 경마장에 세워져 있던 것이었다(피에테르 코에케 반 아엘레스트Pieter Coecke Van Aelest의 1553년 작 판화에는 술레이만이 행렬을 이끌고 경마장을 지나가는 모습을 담고 있는데, 이 판화의 후경에서 꽤 높은 좌대 위에 세워진 이 세 개의 동상이 등장한다). 이는 엄청난 사건이었다. 마티아스 코르비누스의 서재에 있던 장서들은 술탄의 궁전으로 모두 옮겨졌다. 장서들은 1574년과 1665년을 중심으로 술탄궁에서 일어났던 여러 차례의 화재로 대부분 소실됐다.

50) 오래 전부터 오스만의 영토 점령은 2단계로 나뉘어 이뤄졌다. 첫 번째 단계에서는 패망한 지방 군주들이 술탄의 봉신이 된다. 이어 다소 긴 시간에 걸쳐 이들이 제거되고, 이어 오스만 정부가 직접 그 지역을 다스리며 티마르 제도가 설치된다. 오스만 제국은 이렇게 하여 헤르만스카야Hermanskaya의 수장 쾨세 미흘Köse Mihl 및 다른 여러 관료들과 함께 통치 구조가 수립된다. 코니아의 카라만 족들은 우선 술탄의 봉신이 되고, 세르비아와 불가리아의 군주들도 마찬가지 신세였다. 이들은 곧 제거된 뒤, 오스만 정부에 그 자리를 내어주었다. 1단계 과정에서 발칸 반도의 기독교 진영 군대는 일단 보조 병력으로 활용된 후, 원할 경우 티마리오트가 될 수 있었다.

51) M. BANDELLO, Novelle, London, 1791-1793.

52) 페르디난트는 로요슈 국왕이 왕으로 있던 보헤미아의 왕좌도 손에 넣었다.

53) 1523년에서 1538년까지 총독을 지낸 안드레아 그리티Andrea Gritti의 아들 로도비코 알로이시 그리티는 당시 콘스탄티노플 주재 베네치아 대사였던 부친이 투옥되어 있던 동안 콘스탄티노플에서 태어났다. 모친이 그리스 출신이었던 덕분에 완벽하게 그리스어를 구사할 줄 알았던 로도비코 그리티는 터키어도 능통했고, 대재상 이브라힘의 환심을 사는 법도 깨우쳤다. 그는 이브라힘과 친구가 되고, 헝가리 왕 서폴러이와도 친분을 쌓아갔다. 페르디난트와 술레이만 사이에 강화가 체결되고 난 후, 로도비코 그리티는 예니체리 1천 명과 시파히 200명을 데리고 헝가리에 가서 크로아티아 바라즈딘의 주교 치바초Cibaco를 살해한다. 이 같은 중죄는 국민들의 엄청난 노여움을 샀고, 그는 끔찍한 형벌에 처해졌다. 그는 아침에 손이 잘리고, 점심 때 발이 절단되었으며, 저녁 때 목이 잘려나갔다. 오스만 사람들은 그를 '베이의 아들'이란 뜻으로 '베이올루Beyoglu'라고 불렀다. 그는 페라Pera 포도밭에 사저를 지었고, 이후 그곳은 베이올루라는 명칭이 유지됐다.

54) J. von HAMMER-PURGSTALL, op. cit.

55) J. von HAMMER-PURGSTALL, op. cit.

56) 제1장 주석 5 참조.

57) YOUNG, Constantinople, London&NewYork, s. d.

58) 제5장 참조.

59) H. INALÇIK, op. cit.

60) R. MANTRAN, Istanbul dans la seconde moitié du XVIIe siècle, Paris, 1962.

61) De la République des Turcs, 1560, III, 12.

62) Voyages, Paris, 1649, III. 4.

63) 제9장에서 술레이만 임종 당시 이스탄불의 상황에 대한 설명 참조.

● 제3장

64) '로마인의 왕'이라는 타이틀은 독일의 신성로마제국에서 황제의 살아생전 그 대를 이을 후계자로 선제후들이 지명한 군주에게 주어지는 칭호이다. 페르디난트는 선제후 선거인단 7명(성직자 3명, 일반인 4명)의 표를 얻어 신성로마제국의 후계자로 선출됐다. 그를 뽑은 7명은 마인츠와 트리어, 쾰른의 주교 3명과 보헤미아 왕, 라인 궁중 백작, 작센공, 브란덴부르크 변방 총독 등이었다.

65) 제5장 참조.

66) P. GIOVIO, op. cit, chap. XXX.

67) 1532년 9월 2일자 크로이Croy 대공의 서신.

68) 펠로폰네소스 지방을 말함.

69) 이사벨 여왕의 자문이었던 히메네스 데 시스네로스Ximènes de Cisneros 추기경은 무어족에 대항하는 '마지막 십자군 원정' 기간 동안 그를 고무시키고 지지해주었다.

70) 제4장 참조.

71) B. JACQUART, J. BENASSAR, Le XVIe siècle, Paris, 1972.

72) 제2장 주석 44 참조.

73) 수피교의 다양한 종파에 연계된 데르비시 수도회는 9세기부터 동방 지역에 나타나기 시작했다. 투르크족의 소아시아 정복 과정에서 이들은 가지 전사들에 준하는 상당한 역할을 맡았으며, 데르비시 수도승과 가지들이 종종 섞이는 경우도 있었다. 오스만 제국 하에서 이들은 정부 권력이 의지할 수 있는 세력으로 거듭났다.

74) 정복자 메흐메드 2세는 알 수 없는 화를 입어 목숨을 잃었는데, 그의 이런 예기치 못한 죽음이 이 같은 조치와 무관하진 않았을 것이다. 그는 특히 군비 지출로 고갈된 자신의 금고를 채우기 위해 이런 조치를 취했었다.

75) 셀림은 거의 수십만 명에 이르는 시아파를 처형했다.

76) '키질바시'라는 용어는 이스마일의 부친 셰이크 하이다르Haydar 시대에 등장했다. 하이다르는 1460년에 태어나 1488년 목숨을 잃었다. 키질바시는 붉은 두건을 착용했던 초기 사파비조 지지자를 가리켰다. 처음에는 정치적 성격을 지녔다가, 이어 초기 사파비조의 종교적 선전의 성격을 띠었으며, 일종의 투르크메니스탄형 시아파를 지칭하는 말이 되었다. 이들은 12이맘파에 연계되어 있으면서도 극단적 시아파의 모든 성격을 다 갖고 있으며, 테젤리 tedjelli, 즉 인간의 형상으로 신이 나타나는 것을 믿었고, 형이상학, 보다 정확히는 신이 여러 가지 형태로 변형되어 나타난다는 테나쉬흐tenassüh에 대한 믿음을 갖고 있었다. 또한 신의 마즈하르mazhar, 즉 인간의 모습으로 신이 나타난 알리의 환생인 사파비조 군주에 대해서도 절대적 헌신을 보인다. 이후 사파비 왕조는 키질바시 시아파 고유의 속성에서 벗어나 이란의 정신세계에 보다 부합한 종교에 다가간다.

77) 하나피 파는 정통 이슬람(수니파)의 4대 법학파 중 하나이며, 나머지 세 개는 말리키 학파, 샤피이 학파, 한발리 학파 등이다.

78) 포르투갈과 교황은 이란의 샤에게 여러 차례 밀사를 보내어 그가 오스만을

공격하는 데에 도움을 제공했다. 그 당시 카를 5세의 사신들은 폴란드를 통해 육로로 오거나 곶Cap을 통해 해로로 건너 와 타흐마스프의 궁정에 기거했다. 분명 술레이만에 대항하려는 적대적 목표 때문이었다. 1548년, 포르투갈은 타흐마스프에게 대포 20문을 보내어 술레이만과의 항전에 사용되도록 한다.

79) 15세기 말, 트란스옥시아나 지역에는 느닷없이 외즈벡 부족이 출현한다. 투르크족 혈통의 외즈벡 부족은 부크하라, 사마르칸트 지역을 점령한 뒤, 이어 하레즘과 아랄 해 유역을 정복한다. 이들 때문에 바부르는 자기 나라를 포기해야 했고, 이때 그는 인도를 정복하러 떠났다. 샤 이스마일은 이들과 싸운 뒤, 결국 평화협정을 맺었다. 투르키스탄에 자리를 잡으며 막강한 세력으로 거듭난 외즈벡 부족이 오스만 제국의 사람들과 함께 페르시아를 압박할 수 있었을지 모르지만, 이들은 오스만 제국의 국경 주민이 되는 것에 별로 관심이 없었던 듯하다.

80) 제8장 참조.

81) 제9장에 콘스탄티노플에 대한 설명을 할애해 두었다.

82) 이렇게 해서 여러 명의 술탄이 폐위되었으며, 1648년의 이브라힘과 1730년의 아흐메드 3세가 대표적이다.

● 제4장

83) 여기에서 우리는 기독교 진영과 이슬람 진영 양측이 곧이어 좀 더 본격적으로 싸움을 벌이지 않았던 것에 대해 '동시정황conjoncture synchrone'이라는 말로 설명할 수 있을 듯하다. "기독교 세력은 싸움에 별로 전념하지 않았고, 동시에 오스만도 그만큼 싸움을 도외시했다. 오스만이 헝가리 국경이나 내해에서의 해상전에 관심을 두긴 했었으나, 오스만의 관심은 홍해와 인도, 볼가Volga 지역 등으로도 적잖이 쏠리고 있었다. 시대에 따라 터키인들이 주

안점을 두는 부분과 주된 행동 노선은 실로 '세계적' 전쟁의 양상을 띠었다. 어떤 때는 기독교와 무슬림 양측이 서로 충돌했다가도, 이어 서로 뒤돌아서 내부적 갈등으로 돌아갔다." (F. BRAUDEL, La Méditerranée…, op. cit., t. II).

84) J. von HAMMER-PURGSTALL, op. cit.

85) 술레이만과 바르바로사는 로마의 성 베드로 성당에 선지자 무함마드의 깃발이 휘날리는 꿈을 꾸었던 걸까? 대재상 이브라힘이 외국 사신들 앞에서 이에 대해 언급한 게 한 번은 아니었으며, 베네치아 대사도 "술탄 술레이만은 '로마로, 로마로 가야 한다!'고 말했다"는 이야기를 전했다.

86) 베네치아 공국은 국민들에게 먹일 밀을 상당 부분 수입에 의존해야 했다. 오스만 제국 한 곳에서만 50만 퀸탈(1퀸탈은 약 100kg)을 사들여야 하는 해도 있었다. 밀은 공식적인 통로로 구입한 경우도 있었고, 오스만 고위 관리들의 공모로 에게 해의 밀수입자들을 통해 조달하기도 했다. (술레이만의 사위였던 대재상 뤼스템 파샤는 이 같은 밀거래로 재산을 일부 축재했다.) 오스만의 상선은 특별히 밀 수송을 위해 구축된 경우가 많았으며, 도착지는 거의 대부분 베네치아였다. 16세기 말이 되어서야 비로소 베네치아는 무역 의존도에서 벗어나기 시작했으며, 내륙 지역 영토의 토지 개량을 통해 자급자족의 첫 발을 내딛었다. 하지만 베네치아 공국은 이보다 한참 후에 가서야 힘겹게 자급자족을 달성한다.

87) 제2장 주석 53 참조.

88) 제5장 참조.

89) E. CHARRIÈRE, Négociations de la France dans le Levant, Paris, 1840, t. I.

90) 프랑수아 1세는 동맹 가담을 거부했다. 그는 당시 카를 5세가 추구했던 목표가 단지 그의 계획을 가로막는 베네치아를 약화시키기 위한 것일 뿐이라고 주장했다.

91) 나중에 안 사실이지만, 오스만 정부 측에서는 콘스탄티노플의 베네치아 측 협상가들에게 내려진 지침에 대해 프랑수아 1세를 통해 사전에 숙지하고 있

었다. 1540년 5월 1일자로 내려진 이 지침의 내용은 다음과 같았다. "만일 오스만 정부의 윗선에서 공국의 도시 중 나프플리오와 모넴바시아의 양도를 요구한다면, 협상단은 모넴바시아를 내어줄 수 있는 권한을 가진다. 하지만 저들이 이를 원하지 않는다면, 나프플리오만 주도록 한다. 협상단은 가급적 최대한 능수능란하고 교묘한 방식으로 이를 유도한다. 하지만 만일 두 도시를 내어주지 않는 것 때문에 조약의 체결 가능성이 희박해진다거나, 저들이 두 도시의 양도 없이는 강화조약 체결을 거부할 경우, 협상단은 신의 이름으로 두 도시의 양도를 수락하여 조약을 체결시키도록 한다." (O. FERRARA, Le XVIe siècle vu par les ambassadeurs vénitiens, Paris, 1954.) 따라서 오스만은 안전한 상황에서 협상에 임한 셈이었다. 베네치아 사람들이 그 어떤 대가를 치르더라도 강화조약의 체결을 원한다는 걸 알았기 때문이다. 프랑수아 1세는 베네치아 공국에 주재하는 대사 기욤 펠리시에Guillaume Pellissier로부터 직접 정보를 얻었는데, 펠리시에 대사는 콘스탄티노Constantino 및 니콜라 카베차Nicolas Cavezza와 관계를 맺고 있던 아고스티노 아본디오Agostino Abondio에게서 정보를 입수했다. 콘스탄티노와 카베차 두 사람은 각각 베네치아 10인 위원회의 제1서기관 및 상원의 제2서기관이었다. 두 사람 모두 유례없이 긴밀했던 두 조직에서 일했던 셈이다. 자신이 수배자로 지정된 사실을 안 아본디오는 프랑스 대사관에 망명을 요청했고, 대사관은 그의 망명을 받아들여 주었다. 크게 노한 10인 위원회는 무력으로 대사관 진입을 시도하여 아본디오를 잡아오도록 군대에 명을 내렸다. 프랑스 대사의 반대에도 이들은 아랑곳하지 않았다. 오래 전부터 배신을 지속해온 두 서기관은 아본디오 아내의 애인 지롤라모 마타로시Girolamo Mattarossi에게 보내진다. 물론 이들은 아본디오와 마찬가지로 처형됐다. 이 같은 배신 행위는 베네치아 공국의 연감에서도 드문 사례였다.

92) F. BRAUDEL, La Méditerranée…, op. cit., t. II., p.227.
93) J. DE LA GRAVIÈRE, Les Corsaires barbaresques, Paris, 1887.

94) Ibid.

95) 한 관리가 프랑수아 1세에게 한 보고 (E. CHARRIÈRE, op. cit., t. I).

96) 몽펠리에 주교가 프랑수아 1세에게 보내는 서신 (E. CHARRIÈRE, op. cit., t. I, p.525).

97) "심지어 하루는 회교도 여성이 방탕한 행위를 하다가 도중에 적발된 경우, 차마 부끄러워 입에 담을 수 없는 신체 부위 중 일부를 절단하라는 명령까지 내린다. 이렇듯 외설적이고 야만적인 처벌 방식에 모두가 반발했다. 뤼트피 파샤는 술탄의 누이와 결혼을 했었는데, 공주 역시 이에 분개하여 그에게 지극히 격렬하고 신랄한 비난을 퍼부었다. 어떻게 그렇듯 잔인하고 천박한 형벌을 생각해낼 수 있느냐는 것이었다. 이에 재상은 범죄에 대한 처벌로 만들어진 것이며, 이제 앞으로는 종교에 위배되는 행위를 하고 법을 어겨 명예가 훼손된 모든 여성들에게 이 같은 벌을 가할 것이라고 대답했다. 이 말에 공주는 그에게 욕설을 퍼부었고, 그를 야만적인 폭군 취급했다. 화가 나서 흥분한 그는 짐승같이 변모하여 무기 더미로 손이 갔고, 공주에게 정신없이 달려들려 했다. 공주가 비명을 지르자 시녀들과 공주의 호위 업무를 하던 환관들이 달려들어 공주를 구하고 주먹질을 가해 재상을 처소에서 몰아냈다. 이 놀라운 사건으로 뤼트피 파샤는 추락했고, 술레이만 또한 그의 행동을 강도 높게 비난하고 공주와의 별거를 명했다. 술탄은 그를 직위 해제하고 데모티카로 유배보냈으며, 재상은 이곳에서 생을 마감했다. (J. von HAMMER-PURGSTALL, op. cit., t. V).

98) J. von HAMMER-PURGSTALL, op. cit.

99) J. von HAMMER-PURGSTALL에서 인용.

100) Kenneth SETTON, Lutheranism and Turkish Peril, Balkan Studies 3, 1962.

101) 오스만 사람들은 유럽의 기독교 세력이 계속해서 분열될 수 있도록 이스탄불 회교사원에서 수차례 기도를 올렸다.

● 제5장

102) 프랑수아 기샤르댕François GUICHARDIN(1483-1540, 프란체스코 귀차르디니 Francesco Guicciardini), 메디치 가의 고문 겸 사학자.

103) E. CHARRIÈRE, op. cit., t. I.

104) Winczerer, 바이에른 왕의 대사.

105) E. CHARRIÈRE, op. cit.

106) Ibid.

107) Ibid.

108) 제4장 참조.

109) 그가 술레이만 시대 오스만 제국에 대해 남긴 기록은 현재 남아있는 서술 자료 가운데 가장 뛰어난 자료 중 하나로 손꼽힌다.

110) Cf. J. URSU, La politique orientale de François Ier, Paris, 1908.

111) 성 블랑카르 기사단은 술레이만이 코르푸를 떠나기 직전에 함대를 이끌고 도착했다. 프랑수아 1세의 대리인으로 크게 환대를 받은 마리약Marillac과 그 수행원들은 선물로 뒤덮이며 술탄에게서 여정에 필요한 모든 걸 다 얻었다. 하지만 이는 결국 쓸데없는 짓이었다. 레반트와 콘스탄티노플에서 겨울을 보낸 후, 기사단은 이듬해 프랑스로 돌아갔기 때문이다. 하지만 기사단이 여정 중에, 그리고 술탄 및 재상들과의 면담을 바탕으로 남긴 견문기는 당시의 여행 기록 가운데 가장 활기차고 다채로운 여행 후일담 중 하나였다. (E. CHARRIÈRE, t. I).

112) 랭송은 프랑수아 1세를 위해 일하던 에스파냐 귀족이다.

113) 프랑스로 가면서, 랭송은 베네치아에 들러 공국 측에 프랑스-오스만 동맹의 합류를 제안했다. 베네치아 측에서는 이 제의를 거절했으나, 황제군 진영에선 크게 진노했다. 황제는 그를 제거하려 했고, 술레이만의 요청으로 베네치아에서는 무장 호위병을 그에게 붙여주었다.

114) 몽테뉴는 자신의 저서 〈수상록Essais〉에서 그에 대해 언급한다.

115) 파샤가 다스리는 행정 단위.

116) P. GIOVIO, Epistolarum turcicarum, IX, p. 1, Paris, 1598.

117) 결혼한 여자든 결혼할 여자든 수녀든 상관없이 집 밖, 담장 밖으로 나와 체면 같은 건 모두 잊은 채 애처로운 목소리로 어두컴컴한 가운데 처음 만나는 사람 아무에게나 가장 가까운 다른 성문이 있는 곳으로 가는 길을 가르쳐 달라고 부탁하고는 이들 앞으로 불빛을 들이밀었다.

118) J. de LA GRAVIÈRE에서 인용, op. cit.

119) 당시 니스는 카를 5세의 동맹인 사부아 공작 샤를 1세에게 속해 있었다.

120) 툴롱의 고문서 자료를 보면, 오스만 함대에 제공된 각종 물품의 목록이 나와 있다. 하지만 카를 5세의 연대사가 산도발의 주장과는 달리, 미슐레에 따르면 주민들에 대한 학대는 한 번도 없었다. 프랑스 고문서 자료에도 남녀 주민들과 아이들의 납치에 관해 미슐레가 보고한 사례는 없었다. 반면 보세Bausset 근처 코닐Conil에서 터키인 두 명이 죽었다는 보고는 남아있다 (J. DENY 및 J. LAROCHE 기술, Turcica, I, 1969).

121) Trad. J. DÉNY & J. LAROCHE, op. cit.

122) Jérôme MAURAND, Itinéaire d'Antibes à Constantinople, 1544.

123) J. CHESNEAU, Le voyage de Monsieur d'Aramon ambassadeur pour le roi au Levant, Paris, 1887.

124) 제4장 참조.

125) 영국의 헨리 8세와 루터는 프랑수아가 사망하기 몇 년 전 세상을 떠났다. 같은 해, 바르바로사 역시 작고했다.

● 제6장

126) 그의 재산 가운데에는 농장 815개, 방앗간 476개, 노예 1700명, 은 장식

이 들어간 안장 600개, 보석과 금으로 장식된 안장 500개, 금으로 된 말 등자 130쌍, 보석 장식이 들어간 장검 760개, 코란 800권, 1천1백만 혹은 1억 아스프르 상당의 값비싼 보석 32개도 포함되어 있었다(in A. G. de BUSBECQ, op. cit.).

127) 일부 역사가들에 따르면 코니아 근처 악테페_{Aktepe}라고 한다.

128) 무스타파는 직접 쓴 가잘(Ghazal, 서정 단시) 시집 3권도 펴낸 바 있다.

129) A. G. de BUSBECQ, op. cit.

130) 서유럽에서도 '화려했던 16세기'는 끝났다. 경작지와 농업기술은 이제 인구 급증의 속도를 따라가지 못했고, 이에 따라 식량 위기와 식료품 물가 인상이 초래됐다. 임금은 계속해서 정체되고 조세 압박은 늘어나면서 사회적 긴장이 고조됐다. 아울러 '작은 빙하기'가 시작된 것도 농작물 작황에 영향을 미치지 않은 건 아니었다.

131) M. A. COOK, Population Pressure in rural Anatolia, 1450-1600, London, 1971 참조.

132) 독한 술을 즐겨먹던 그의 습관이 결국 그의 생명에도 지장을 초래한다. 얼마 전 궁 안에 새로 지은 목욕탕에 술 한 병을 다 마신 후 들어갔다가 그는 그만 균형을 잃고 축축한 타일 위에서 미끄러지고 말았다. 그로부터 11일 후, 그는 세상을 떠났다.

133) J. von HAMMER-PURGSTALL, op. cit.

134) ALBERI, Relazioni degli ambasciateri veneti durante il secole XVI, Firenze, 1839-1863.

135) 술레이만은 동북부 지역에서 새로운 위험이 윤곽을 나타내고 있다는 걸 모르지 않았을 것이다. 모스크바의 차르 왕조가 얼마 전 카잔_{Kazan}과 아스트라칸_{Astrakhan}을 장악했기 때문이다. 이 같은 맥락에서, 볼가 강 하구와 코카서스 북부 지역에서 러시아 세력이 팽창하는 것을 저지하고, 중앙아시아 지역의 순례자들이 메카로 찾아오는 루트를 자유롭게 만들기 위해 공격을

감행해야 한다는 생각이 자리잡기 시작했다. 1563년, 크리미아 타타르조의 칸 데블렛 기라이Devlet Giray에게 그는 아스트라칸을 공격하고 돈 강과 볼가 강 사이에 운하를 건설하겠다는 계획을 알렸다. 이렇게 함으로써 군대와 보급 물자의 보다 원활한 이동 경로를 확보하고 상품의 거래를 용이하게 하려던 것이다. 이 계획은 1569년 좌절되었는데, 충분한 사전 연구가 이뤄지지도 못했지만, 데블렛 기라이 또한 그리 적극적인 의지를 보이지는 않았다. 자기 영역을 자처하는 곳에 오스만 주둔군이 자리 잡고 활동하는 데에 별 흥미가 없었기 때문이다.

● 제7장

136) 성곽 공격용 이동 사다리 삼부카sambuca는 일종의 임시 다리로, 공격할 요새의 성벽에 세우던 도구였다.

137) 스페인 사람들이 중앙 지중해 밖으로 오스만 사람들을 밀어내려 했던 제일 큰 이유 중 하나는 레콩키스타(국토회복운동) 이후에도 이베리아 반도 내에 남아 가톨릭으로 개종한 무어인moriscos의 존재로 골치가 아팠기 때문이다. 이들은 여러 차례 봉기를 일으키기도 했고, 무어인의 기독교화 정책도 실패했다. 무슬림들이 다시금 자신들의 이전 땅을 되찾고, 나아가 에스파냐 사람들을 몰아내려는 꿈은 유럽과 지중해에서 오스만의 세력이 점점 커지면서 더욱 고조됐다. 따라서 에스파냐 내에는 '이적 세력'이 있는 셈이었다. 북아프리카에 망명한 수많은 무슬림들과 오스만 사람들의 지원을 받아 이들은 50-60년 전 레콩키스타 운동을 완수한 에스파냐 사람들에게 심각한 난관을 초래할 수도 있었다. 에스파냐 사람들의 불안감은 1609년 모든 무어인들이 다 추방될 때까지 계속됐다. 술탄궁에서 기독교 세력에 대항하기 위해 에스파냐 무슬림들과 협력하려 노력했다는 자료가 남아 있으므로, 이들의 걱정이 괜한 기우는 아니었다.

138) F. BALABI DE CORREGIO, Verdadera Relacion.

139) 메흐메드 소쿨루 파샤는 1565년에 대재상이 된다. 술레이만이 서거하기 18 개월 전의 일이었다. 그는 14년 연속으로 대재상 자리를 유지하고, 술레이 만과 셀림 2세, 무라드 3세 치하에서 모두 대재상을 지낸다.

140) 프랑스 왕궁에 전해진 정보에 따르면 이와 같다.

141) 뮌헨 박물관 소장.

142) Nigari 자료 기준.

143) 크로아티아 쪽에서는 규모가 별로 크지 않은 전투가 계속되고 있었으나 전 쟁은 끝난 상태였다. 가장 괴로워했던 건 바로 파리였다. 합스부르크 왕가 가 당분간은 유럽 중부 지역에서 발이 묶여 있길 바랐기 때문이다. 몇 달 후, 셀림과 막시밀리안은 강화 조약에 서명한다.

● 제8장

144) 북인도는 당시 투르크-몽골족의 후예인 바부르의 지배 하에 놓여 있었다. 투르크인이 이미 상당수 들어와 있던 남인도는 극심한 혼란에 휩싸이고 있 었다. 무슬림 군주들의 궁정에는 오스만 제국 사람들이 많이 있었다(오스만 제국은 경비병, 포병으로 있었다).

145) 나중에 기회가 생겼지만 무라드 3세는 이 기회를 잡지 못했다.

146) 맘루크 왕조의 궁정에는 주방도구를 비롯한 모든 도구들이 금으로 되어 있 었고, 커다란 궁정의 바닥은 대리석과 황금으로 되어 있었으며, 벽은 황금 조각으로 장식됐다. 개인들 역시 호화로운 삶을 살기는 마찬가지였다. 그 어느 곳에서도 볼 수 없을 정도로 모자이크, 상아와 흑단 상감장식, 조각 상이 풍부하게 널려 있었다. 카이로는 고도의 문명을 이룬 유럽과 아시아 의 도시만큼이나 인문학과 예술이 번영을 이루었다. 유명한 아랍 문학가들 과 최고의 실력을 자랑하는 건축가들이 카이로에 머물렀다. 지방도시인 다

마스쿠스도 카이로에 뒤떨어지지 않았다. 고도의 문화, 멋진 건축물, 수많은 예술작품의 중심지 카이로는 그야말로 번영의 도시였다. 정원마다 물을 충분히 머금고 있어 언제나 푸르렀는데 이 역시 카이로의 번영을 잘 보여 주었다. 맘루크 왕조의 다른 도시들도 무시할 수 없는 수준이었다. 예루살렘, 메카, 메디나, 그 외 작은 도시들도 엄청난 번영을 누리고 있었다.

147) 칸수흐의 뒤를 이어 투만이 맘루크 왕조의 마지막 술탄이 되었다. 그러나 투만은 즉위한 지 몇 달 후 셀림 1세에게 패하고 말았다.

148) FIRICHTA

149) 17세기 초에 오스만 제국은 아비시니아를 포기하게 된다.

150) F. Braudel, op. cit.

151) 〈투르크인 제독 시디 알리 레이스의 여행과 모험Travels and Adventures of the Turkish Admiral Sidi Ali Reis〉(Lahore et Londres, 1899, 1975, VI-VII)의 서문.

● 제9장

152) 이스탄불의 어원은 '도시로'를 뜻하는 그리스어 '이스 틴 폴린is tin polin'에서 유래했다고 전해진다. 그 후 변화와 이슬람화를 거쳐 '이슬람이 가득하다'는 의미의 '이슬람불Islambol'로 불렸고, 케말리 혁명 이후에야 지금의 이름 '이스탄불'로 공식적으로 불리게 된다. 오스만 제국 아래에서 수도 이름은 이스탄불이 아니라 콘스탄티노플로 불렸다.

153) A. H. Lybyer는 투르크인의 노예 신분에 대해 다음과 같이 의견을 밝혔다. '인간의 역사 중 오스만 정부처럼 오랫동안 순수한 지성에 지배되고 완벽하게 목표에 도달한 정치 제도가 없었는데 여기에는 여러 가지 이유가 있다.' 〈술레이만 시대의 오스만 제국The Ottoman Empire in the Time of Suleiman〉, New York, 1913.

154) 무슬림 투르크인은 기독교인들에게 돈을 쏟아 부어 기독교인들의 아들을

징집 때 데려갔다. 역사학자 L. V. Schloezer는 다음과 같이 쓰고 있다. "자원자의 수는 엄청났다. 기독교 소년들은 술탄의 하인이 되어 술탄궁의 화려한 풍경을 보거나 시동의 방에 갈 수 있고, 부와 명예를 누리고 싶어 했다."

155) 오스만 제국의 고위층 역시 궁궐 같은 집에 쿨라를 두었다. 쿨라는 꼼꼼한 교육을 받았고, 주인의 교육관에서 봉토 티마르Timar를 받았다. 행정기관과 군기관 모두 시스템은 같았다. 술탄과 선조들이 작성한 일반법 카눈Kanun은 노예에 대한 조항도 포함되어 있는데 술탄의 허락 없이는 그 누구도 위반할 수 없는 법이었다.

156) 〈여성의 책임 하에 있는 이슬람L'Islam au péril des femmes〉, Paris, 1981.

157) 제11장 참조.

158) '너무나 심각한 부분이라 총리대신, 심지어 술탄까지 정부 고위층이 대단히 관심을 기울인 문제가 되었다.' CR. MANTRAN, 〈화려한 술레이만과 선조들의 시대, 콘스탄티노플의 일상생활La vie quotidienne à Constantinople au temps de Soliman le Magnifique et de ses successeurs〉, 작가 동일, 〈17세기 후반의 이스탄불Istanbul dans la seconde moitié du XVIIᵉ siècle〉, Paris, 1962.

● 제10장

159) 뤼트피 파샤의 표현.

160) F. Braudel, Ibid.

161) 14-15세기에 베네치아는 오스만 제국으로부터 무역권, 특히 오스만 제국의 곡물을 수입해 해외 거점을 세우는 권리를 얻었다. 베네치아 공화국은 이 같은 권리를 갱신하고 조합을 추가해 레반트에서 거의 완전한 무역 패권을 갖게 되었다. 특히 맘루크 족 술탄들에게 시리아와 이집트에서 특권을 얻으면서 더욱 그러했다. 카탈루냐인과 프랑스인은 나중에 이 같은 특

권을 얻었다. 셀림 1세는 정복 이후, 그리고 술레이만은 술탄으로 즉위하면서 이들을 붙잡아 1535년 조약의 기반으로 활용했다. 프랑스 국왕의 백성들에게 지위를 주는 거류민 권리보장 협정이었다.

162) I. Sunar, 〈오스만 제국의 경제와 정치Économie et politique dans l'Empire ottoman〉, Annales E.S.C (3 · 4), 1980.

163) 밀뿐만 아니라 광석, 골조용 목재처럼 수출이 영구 금지된 물품의 밀수출이 다음 세기에 활발히 늘어난다. 중앙정부가 약해지자 그리스인과 유태인을 필두로 한 소수민족들이 밀수에 더욱 과감히 나서게 되었다.

164) '금사 직물의 벌판'이라 불리던 시기다.

165) L. Tiepolp(Braudel, 앞서 소개된 저서에서 인용). 또한 H. Inalcik의 〈오스만 제국, 정복, 조직과 경제The Ottoman Empire, Conquest, Organization and Economy〉(London, 1978)와 〈오스만 제국, 고전 시기The Ottoman Empire, the classical Age〉(London, 1973) 참조.

166) 트란실바니아는 매년 3만5천 플로린(피렌체 금화) 어치의 후추 3백 퀸틀 이상을 왈라키아에서 수입한다.

167) J. B. Tavernier, 〈여섯 차례의 터키, 페르시아, 인도 여행Les six voyages en Turquie, en Perse et aux Indes〉, Paris, 1717.

168) '오스만 제국의 치안은 안전하고 위협자나 노상강도 소식을 접한 적이 없다. 황제가 강도나 도둑에 대해서는 가차 없기 때문이다' 1528년에 무명 프랑스인이 쓴 글(브로델Braudel의 앞서 나온 저서에서 인용).

169) 오스만투르크에서는 마차보다는 철도가 먼저 등장한다. 19세기와 20세기에 아나톨리아를 연결한 것은 바로 철도였다. 도로가 널리 이용된 것은 1960년경부터로 1950년대에 멘데레스 정부가 세운 도로망 개발 정책으로 시작된다. 앙카라에서 근무한 어느 외교관이 1939년에 이스탄불 여행기에 관한 브로셔를 발행했다. 1950년경에는 앙카라에서 이스탄불까지(560킬로미터) 12시간 좀 넘게 걸렸다. 지금은 5-6시간밖에 걸리지 않는다.

제11장

170) 일반적으로 새로운 거주자에게 입장권을 받는 시파히.

171) 다음 세기에는 옥수수도 경작하고 소비하게 된다. 이 당시 옥수수는 서쪽에서 동쪽으로 퍼져 나가 동유럽과 소아시아까지 이른다. 옥수수를 가리켜 '이집트인'을 뜻하는 미시르misir라 불렀다.

172) 인도 유럽어(이란어)를 구사했다.

173) J. THÉVENOT, Relation d'un voyage du Levant, Paris, 1917.

174) J. B. TAVERNIER, op. cit.

175) 부유층은 수프와 야채를 먹을 때 숟가락을 사용했다.

176) 뷔베크는 이를 여러 번 언급했다. "사람들은 식사하는 기쁨에 대해서는 거의 몰랐다. 그저 빵과 소금을 마늘과 양파와 조금 곁들여 먹었을 뿐 더 이상은 부탁하지 않았다. 큰 축제 때도 이들의 식사는 과자, 빵, 각종 간식, 다양하게 조리된 쌀이 전부였고, 간혹 양고기와 가금류 고기를 곁들여 먹었을 뿐이다. 물에 꿀이나 설탕을 약간 타서 마시는 것만으로도 크게 만족해 제우스의 감미로운 음료도 부러워하지 않았다."

177) 제4장 참조.

178) 1527-1528년에 오스만 제국이 거둔 총 세수는 5억3,792만9,006아크체(약 금화 1천만 닢)이었고, 이 중 51%를 차지하는 금액인 2억7,697만7,724아크체는 국고에 속했고, 37%는 군비(티마르, 제아메트, 하스)에 사용되었고, 나머지 12%는 바크프에 사용되었다. 금화에서 명반이 차지하는 비율은 16세기 전반에는 3.59그램이었고, 금의 그램 시세가 현재 약 100프랑에 해당되면서(1983년 2월) 오스만 정부의 총 예산액은 약 40억 프랑으로 추산된다. 현재 화폐의 구매력보다 높은 화폐 구매력을 고려한다면 매우 적은 금액이다. 1530년경, 밀 1킬레(2만5.650kg)의 가격은 약 2.50프랑이었고, 같은 양의 쌀 가격은 5프랑, 꿀 1아카(1.283kg)은 3.50프랑, 같은 무게의 지방 역시

3.50프랑 정도였다. 오스만 제국의 백성 약 3천만– 3천5백만 명이 내는 세수의 부담은 그 당시에는 그리 과하지 않았다.

179) J. B. TAVERNIER, op. cit.

180) 당시 스미르나는 거의 존재하지 않았다. 스미르나는 16세기 말에 급성장하기 시작했다. 이와 관련해 타베르니에는 이렇게 말했다. "스미르나는 레반트 전역에서 가장 유명한 도시, 유럽에서 아시아, 아시아에서 유럽을 통과하는 모든 상품이 모이는 최대 항구가 될 정도로 성장했다."

181) H. INALCIK, op. cit.

182) Op. cit.

183) F. BRAUDEL, op. cit. 상세하게 보려면 B. A. CVETKOVA, 〈15–16세기 발칸 반도 도시와 항구의 경제생활La vie économique dans les villes et les porst balkanique aux XVᵉ et XVIᵉ〉, Revue des études islamiques, XXXVIII, 1970, 그리고 N, TODOROD, 〈15–16세기 발칸 반도 도시La ville balkanique aux XVᵉ et XVIᵉ〉, Bucarest, 1980 참조.

● 제12장

184) 그의 다섯 아들도 운문을 썼다. 아들 다섯 명은 각자 재능이 달랐다. 그 중 (음주벽이 심한) 셀림의 재능이 가장 뛰어났다. 가장 감동적이었던 시는 아버지의 손에 죽음을 맞이한 비운의 왕자 바예지드가 쓴 시였다.

185) J. von HAMMER-PURGSTALL, op. cit.

186) 에디르네 궁전은 19세기에 거의 전면 파괴되었고, 폐허만 남았다. 에디르네 궁전도 여러 건물로 이루어져 있었다.

187) Coran, LV, 26.

188) R. MANTRAN, op. cit.

189) R. ETTINGHAUSEN은 투르크인이 기독교 예술을 현지화시킨 것과 오스

만 제국이 기독교인을 이용한 것을 흥미롭게 비교했다. 그리고 이런 글을 썼다. '개조된 성 소피아 성당은 데브쉬르메 시스템의 기술과 같다. 데브쉬르메 시스템으로 기독교인들이 충실한 오스만 제국을 위한 사람들이 되었다.'(Turkish Miniatures, New York, 1965).

190) 투르크인은 언제나 성 소피아 성당에 감탄했다. 16세기의 어느 작가는 다음과 같은 2행시를 지었다.
'그대가 천국을 찾는다면, 오 수피
하늘 중의 하늘은 성 소피아 성당이다.'
그리고 다음과 같은 또 다른 2행시도 지었다.
'아홉 개의 천구와 경쟁할 수 있을 정도의 둥근 지붕이다'(Tursun).

191) 메카 방향으로 향한 기도실.

192) U. VOGT-GÖKNIL, Architecture de la Turquie ottomane, Fribourg, 1965.

193) U. VOGT-GÖKNIL, op. cit., S. T. YETKIN, L'architecture turque en Turquie, Paris, 1962.

194) 언어의 특징이 나타나는 예술과 문학.

195) 이 같은 열정은 멀리까지 가게 되어 터키 역사 중 18세기 초는 튤립(La le dervri)의 시기라 불릴 정도였다. 귀한 튤립들은 가격이 상당히 비쌌고, 남자들은 튤립을 사기 위해 집안을 거덜냈다. 어느 고관은 튤립을 돈 대신 받았다.

196) 빅토리아와 알버트 박물관, 세브르 박물관, 브리티시 박물관, 장식 예술 박물관, 아테네의 베나키 박물관의 컬렉션 작품들.

197) 대사의 사제 막시밀리안 2세는 일기에 이런 글을 썼다. '대사가 잘츠부르크의 주교에게 편지를 써 니케아(이즈니크의 옛 이름)의 벽돌을 구입할 수 있게 1000탈레르를 쓸 수 있게 해달라고 요청했다. 파샤들은 니케아의 벽돌을 사용해 방의 외벽을 지었다. 벽돌의 원료는 석회처럼 하얗다. 그 위에

아라베스크 문양과 꽃무늬를 그렸다. 이는 베네치아에 100두카 넘는 비용으로 팔렸다.' 인용된 출처 — MIGEON, SAKISIAN, La ceramique d'Asie Mineure, Paris, 1923.

198) O. GRABAR, The Formation of Islamic Art, Yale, 1973 참조.

199) 이슬람 문화권에서는 인체를 떠올리는 듯한 둥근 곡선의 조각은 거의 존재하지 않는다. 그러나 인간과 동물을 소재로 한 조각 장식은 예외로 박물관에서 몇 가지 견본을 볼 수 있다. 코니아에 있는 인제 미나레Ince Minare 박물관은 셀주크 시대의 조각 장식을 여러 점 보유하고 있다. 날개 달린 인물 조각 장식은 오르무즈Ormuz와 아리만Ariman을 상징한다. 투구를 쓰고 쇠줄로 엮은 갑옷을 입은 두 명의 투르크 병사, 장갑 낀 오른손에 매를 잡고 있는 수염 난 남자 등.

200) 그런데 관능적인 세밀화가 톱카프의 서고에 있었다.

201) BUSBECQ, op. cit.

202) 터키어가 우월한 것은 오스만 제국의 피 묻은 검이 우월한 것과 마찬가지로 자명하다(ATAI, 인용 — F. KOPRULU, Les Origines de l'Empire ottoman, Paris, 1935).

203) History of Ottoman Poetry, London, 1900–1909.

204) 가잘은 5–6행시다. 이 행은 서로 운이 맞다. 카시드는 좀 더 긴 서정 단시다. 루바이는 4행시다. 디반은 작가가 직접 모아 출간한 시집이다.

205) Gazel 20 ; 29 ; 150 ; 201, MELIKOF, 번역, A. BOMBACI, Histoire de la litterature turque, Ed. Klincksieck, Paris, 1968.

206) 번역 — I. MELIKOF.

207) F. KOPRULU, op. cit.

208) A. BOMBACI, op. cit.

209) 터키의 그림자 연극의 기원은 제대로 알려져 있지 않다. 어떤 이들은 터키의 그림자 연극이 중국에서 비롯되었다며 중앙아시아의 투르크인과 몽골

인이 가져왔다고 한다. 또 어떤 이들은 불교 포교 과정에서 그림자 연극이 아시아로부터 들어왔거나, 인도에서 들어왔을 것이라고 한다. 그리고 터키 전문가들은 그림자 연극이 중앙아시아의 투르크인이 처음 만들었다고 주장한다. 10세기 전에 카이로에서, 13-14세기에 디마스쿠스에서 아바스조에 알려진 그림자 연극은 분명 16세기 이전에 오스만 제국에 들어왔다. 천을 무대로 무언의 그림자 연극이었을 것으로 추정된다. 지금까지 전해지는 그림자 연극은 17세기의 그림자 연극과 형식이 같다. 그림자 연극은 19세기에 다양해져 몰리에르의 연극 장면이 대사로 삽입되기도 했다.

210) 제1장 참조.

211) 11세기부터 원리주의 수니파 교육을 받은 사람들을 양성할 목적으로 이 교육기관을 세운 초기 셀주크인들. 당시에는 시아파와 이전 세기에 널리 퍼진 여러 이단에 대항하는 강력한 수니파 운동이 있었다. 셀주크 왕조가 수니파 운동을 이끌며 지원했다. 메드레세는 당시 원리주의가 성공하는데 중요한 역할을 했는데, 이곳에서 공무원과 카디가 배출되었기 때문이다. 오스만 제국의 술탄들이 발전시킨 메드레세는 교육의 중요한 기초가 되었다. 1331년부터는 이즈니크에서 옛 수도원이 메드레세로 개조되었다. 무라드 1세는 부르사가 수도가 되자 부르사에 메드레세를 지었다. 무라드 1세를 계승한 술탄들 역시 부르사에 메드레세를 지었고, 에디르네가 수도가 되자 이번에는 에디르네에 메드레세를 지었다. 이스탄불에서는 모든 오스만 제국의 술탄들이 황실 회교사원을 짓게 했고, 회교사원 옆이나 안에 메드레세를 크게 지어 지원했다.

● 에필로그

212) Peter von SIVERS, ANNALES S. C. I, 1980, 5-6.

213) 1526년의 모하치 원정은 이스탄불을 출발하자마자 집중호우 속에 이루어

졌다. 6월 달에 오스만 군은 물이 불어난 강가와 냇가를 겨우 건넜다. 아시아에서도 어려움은 계속 되었다. 1534년, 이라크 원정 때도 8월임에도 아나톨리아에 눈이 왔다. 1563년, 이스탄불 지역에는 오스만 연대기가 언급할 정도로 최악의 홍수가 발생했다. 수로들이 파괴되었고, 골든 혼 근처와 보스포루스 근처의 건물들이 파괴되었다. 이 당시 도시 밖에 있던 술레이만은 다행히 매우 키가 큰 어느 남자의 어깨에 올라타 익사를 면했다. 1566년 다뉴브 국가를 술레이만이 마지막으로 원정할 때 심각한 악천후가 방해가 되었다. 다리들이 파괴되고, 낙타 수백 마리가 익사했다. 1540년에서 1856년까지 작은 빙하기가 계속 되었다. 하지만 16세기 전반기에는 수년 동안 폭우가 이어져 작황이 줄었고, 기아가 많이 발생했다. 폭우와 선선한 여름은 이후 일어날 기후 변화를 알리는 것이었을까?

214) 술레이만의 군대는 종파가 달라도 무슬림이 아니라 오직 이교도만 무찌르기 위한 가지 군대였다.

215) 그러나 확실하게 넘어가지 않은 면이 있다. 유럽 전역에서 똑같이 가격이 오른 것은 아니었다. 가격은 화폐 양이 증가한다고 그것에 비례해 오른 것은 아니었다.

216) F. BRAUDEL, op. cit.

217) O. L. BARKAN.

218) O. L. BARKAN, The Price Revolution of the XVI th Century, Intern, Journal of the Middle-East Studies, 6, 1975.

219) S. LAHIB, The Era of Suleyman the Magnificent : a Crisis of orientation, Journal of the Middle East Studies, 10, 1979. 토인비 역시 이란과 서구 기독교 국가에 인접한 지역을 정복하려는 욕망에서 벗어나지 못한 것은 술레이만의 실수였다고 생각하고 있다.

감사의 말

이 책을 집필한 주된 목적은 한 인물과 하나의 제국, 그리고 한 시대를 되살리는 데에 있다. 상대적으로 꽤 가까운 과거에 속하면서도 그리 잘 알려지지 않았으며, 마치 고대와 중세 시절의 국가와 군주들만큼이나 동떨어진 듯 느껴지는 역사의 한 부분을 되살려보려는 것이다. 나는 오스만 제국의 술탄 가운데 가장 막강한 권력을 지녔던 인물에 대해 깊이 있게 알아보고, 특히 대제국의 국민들과 제도, 경제, 지역 그 자체에 대해서도 야심차게 탐구해보고 싶었다.

하지만 필자가 대략적인 개론적 설명에만 그치는 게 좋겠다고 생각한 데에는 몇 가지 이유가 있다. 나는 일단 교양 있는 독자들이 이 책을 읽고 자극을 받아 터키의 역사와 문명을 비롯하여 터키라는 나라에 대해 보다 심층적으로 공부하게 되길 바랐다. 터키의 역사와 문명에 대해서는 깊이 연구해볼 가치가 충분히 있다.

이 책이 나오기까지 도움을 주신 분들께 감사를 표하지 않을 수 없다. 일단 파리 3대학의 터키 연구원장이신 루이 바쟁Louis Bazin 교수님께 감사의 인사를 드린다. 이 책을 기획하는 과정에서 필자를 독려해주신 교수님께서는 내게 수많은 길을 열어주셨으며, 이 책의 최종 원고를 살펴봐주시면서 학문적인 조언과 지적을 아끼지 않으셨다. 아울러 오스만 제국과 이란의 역사에 정통한 전문가인 프랑스국립과학연구센터(CNRS)의 장루이 바케그라몽Jean-Louis Bacqué-Grammont 연구원에게도 감사를 표한다. 내게 수많은 연구 자료를 제공해준 것에 더해, 그 역시 이 책의 원고 교정 작업에 기꺼이 참여해주었으며, 내게 수많은 교정 사항을 제안해주었다. 아비딘Abidin과 귀진 디노Güzin Dino는 여러 분야에서의 조언을 통해 무지했던 나를 일깨워주었으며, 두 사람이 제공해준 자료와 번역물은 이 책의 집필 과정에서 더할 나위 없이 유용하게 쓰였다. 시망카스Simancas 종합기록보존소의 자료를 이용할 수 있도록 힘써준 페르낭 브로델Fernand Braudel에게도 감사의 뜻을 전하며, 16세기의 기후 문제에 관해 귀중한 조언을 해준 엠마뉘엘 르 루아 라뒤리Emmanuel Le Roy Ladurie에게도 고마움을 전한다.

앙드레 클로André Clot

술탄들의 술탄 술레이만 대제

터키는 흔히 형제의 나라로 불린다. 지리적으로도 꽤 거리가 있는 데다 이슬람 문화권이라 가까이 하기엔 너무 먼 나라인 터키가 왜 형제의 나라로 불리게 된 것일까? 터키 민족인 '투르크Turk'를 한자로 음역하여 '돌궐突厥'이라 표기하면 그 답은 생각보다 쉽게 나온다. 우리가 중고등학교 국사 시간에 삼국시대에 대해 공부할 때 심심치 않게 들어 왔던 그 '돌궐족'이 바로 오늘날 터키인들의 조상이기 때문이다. 물론 몇 차례 제국의 분열과 민족 이동을 거치면서 아나톨리아 지방에 정착한 터키인과, 과거 우리나라 고구려와 동맹을 맺었던 돌궐족 사이에 다소 거리가 생기긴 하였지만 그래도 돌궐족과 터키인의 기원을 거슬러 올라가보면 하나의 조상이 나오기 때문에 아나톨리아 지방의 터키인과 고구려 동맹 돌궐족이 아주 무관하다고 볼 수는 없다.

그런데 우리는 이러한 형제의 나라에 대해 아는 게 너무 없다. 터키가 멀리 중동지방에 떨어져 있는 나라이기도 하고, 우리로선 생소

한 이슬람 문화권이라 괜히 더 멀게만 느껴지는 탓이다. 하지만 이 때문에 우리는 세계사 시간에 말로만 들었던 '오스만투르크 제국Osman Turk Empire'이 얼마나 굉장했던 나라인지 체감하기 힘들다. 1299년부터 1922년까지 무려 600년 이상이나 지속했던 오스만투르크는 지금의 터키 지역을 중심으로 동유럽과 북아프리카 지역, 이슬람 성지인 메카와 메디나를 포함한 아라비아 반도 일부, 중동지역의 중심지인 카이로와 바그다드를 다스린 대제국이었다. 현재 전 세계적으로 문제가 되고 있는 IS의 목표 영토 또한 과거 오스만 제국이 다스리던 영토와 거의 일치한다(IS의 경우, 여기에서 이베리아 반도와 아라비아 반도 전체를 포함하고 사하라 이북의 북아프리카 지역 전체를 아우르는 이슬람 국가의 건설을 지향한다). 그러니 그 당시 터키인들에 대한 유럽 사람들의 공포도 괜한 것은 아니었다. 그리고 그런 오스만투르크 제국이 황금기를 누렸던 때가 바로 이 책의 주인공인 술탄들의 술탄 파디샤 술레이만(1520~1566)이 다스리던 시기였다.

이 책에는 술레이만 재위 당시 오스만투르크 영토 확장의 역사와 오스만 군대의 활약상은 물론, 오스만 제국의 경제와 사회, 예술과 문화 전반을 담고 있다. 책 말미에 수록된 '감사의 말'을 통해 저자는 이 책을 계기로 사람들이 터키에 대해 좀 더 깊이 있게 알아볼 수 있도록 일부러 '개론적 설명'에만 그쳤다고 했지만, 이 책을 작업하기 전 터키에 관해 아는 게 별로 없던 역자로서는 이 책에 실린 내용만으로도 충분히 '상세한 설명'이 되었다. 물론 술레이만의 재위 기간 46년을 이 책한 권에 다 담을 수도 없고, 오스만투르크 제국 600여년의 역사를 이

책 하나에 모두 아우를 수도 없다. 하지만 이 책을 작업하면서 술레이만은 역자에게 있어 삼국시대나 조선 왕조의 왕들 못지않게 친숙한 군주가 되었다.

이 책을 작업하는 동안에는 유럽으로 진격하던 술레이만 군대의 모습도 생생하게 그려졌고, 오스만 제국의 군기 잡힌 병영 막사 분위기도 두 눈에 훤히 보였다. 또한 술레이만의 일대기에 지나치게 감정을 이입하여 따라갔던 나머지, 노년의 술레이만이 마지막 원정길에서 객사하던 대목에선 나도 모르게 눈물이 났다. 어쩌면 역사책이라기보다는 평전에 가까운 제1부의 문체가 역자의 감정을 자극했던 것인지도 모르겠지만 그만큼 이 책은 먼 나라 터키의 한 황제가 얼마나 위대한 업적을 남겼는지에 대해 극적인 문체로 생생하게 전해준다.

하지만 저자는 술탄들의 술탄인 파디샤 술레이만의 일대기에만 초점을 맞추는 것만으로 끝내지는 않았다. 우리에게 잘 알려지지 않은 오스만투르크 제국의 생활상에 대해 제2부에서 개괄적으로 전해주고 있기 때문이다. 다시 말해 제2부에서는 술레이만 대제를 있게 한 토양이 되는 오스만투르크 제국의 모든 사회상에 대해 아우른다. 덕분에 터키의 목욕탕 문화와 커피 문화에 대해서도 알아볼 수 있고, 투르크인들의 가옥과 의복 형태, 술탄 궁의 구조와 금단의 하렘 구역에 대한 이해를 넓히는 동시에, 오스만 시대의 문인과 예술에 대해서도 살펴볼 수 있다. 술레이만 대제의 활약상을 중심으로 이야기가 전개되는 제1부에 더해, 제2부에서 오스만 제국의 사회 · 경제 · 문화 전반에 대해 소개하고 있으므로 터키에 대해 문외한이었던 독자들이라도 형제의 나라 터키에 대해 좀 더 깊이 알아갈 수 있을 것이다.

공정한 지도자이자 법적 정의를 세운 입법자 술레이만과, 세력 확장을 위해 영토 확대를 꾀하면서도 이교도에 대한 관용을 베풀었던 오스만투르크 제국, 이슬람의 교리를 실천하면서 남을 속이거나 배신하지 않았던 투르크인들을 보면서 역자가 느낀 한 가지는 술레이만 통치 당시의 이 이슬람 국가에 '정의'가 살아 있다는 것이었다. 율법에 위배되는 것은 가차 없이 처단하는 이슬람의 종교적 특성상 다소 융통성 없이 가혹하게 처신하는 부분도 없지는 않았지만, 오스만 제국 시절의 이슬람 사회는 신 앞에 모두가 동등하며 공평한 사회였고, 능력 중심의 정의로운 사회였다. 물론 저자의 당부처럼 지나치게 오스만 사회를 미화해서는 안 되겠지만, 신분이나 출신에 따른 불평등이 존재하지 않고 구성원 간에 상도가 지켜지며, 세금 납부의 의무만 지킨다면 이교도의 종교도 존중했던 오스만 사회는 분명 정의로운 사회였다.

따라서 이 책을 통해 국내 독자들이 터키라는 나라에 대한 이해를 넓혀가는 한편, 술레이만이 기틀을 닦은 오스만 제국의 정의로운 가치에 대해 배울 수 있기를, 그리고 IS 테러 때문에 안 좋은 편견을 사고 있는 이슬람 문화권에 대한 이해가 제대로 이뤄지기를 바란다.

술레이만 시대의 오스만 제국

지은이 | 앙드레 클로
옮긴이 | 배영란 · 이주영
펴낸이 | 박영발
펴낸곳 | W미디어
등록| 제2005-000030호
1쇄 발행 | 2016년 2월 29일
주소 | 서울 양천구 목동서로 77 현대월드타워 1905호
전화 | 02-6678-0708
e-메일 | wmedia@naver.com

ISBN 978-89-91761-89-6 (93910)

값 24,900원